中国法治变革

(上册)

CHINA'S RULE OF
LAW REFORM

李 林 著

中国社会科学出版社

图书在版编目（CIP）数据

中国法治变革：全二册/李林著 . —北京：中国社会科学出版社，2019.11（2022.9 重印）

ISBN 978 − 7 − 5203 − 5551 − 3

Ⅰ.①中… Ⅱ.①李… Ⅲ.①社会主义法制—研究—中国 Ⅳ.①D920.0

中国版本图书馆 CIP 数据核字（2019）第 233442 号

出 版 人	赵剑英
责任编辑	王　茵
特约编辑	李溪鹏
责任校对	冯英爽
责任印制	王　超

出　　版	中国社会科学出版社
社　　址	北京鼓楼西大街甲 158 号
邮　　编	100720
网　　址	http://www.csspw.cn
发 行 部	010 − 84083685
门 市 部	010 − 84029450
经　　销	新华书店及其他书店
印刷装订	北京君升印刷有限公司
版　　次	2019 年 11 月第 1 版
印　　次	2022 年 9 月第 2 次印刷
开　　本	710×1000　1/16
印　　张	60
字　　数	724 千字
定　　价	288.00 元（全二册）

凡购买中国社会科学出版社图书，如有质量问题请与本社营销中心联系调换
电话：010 − 84083683
版权所有　侵权必究

摘　　要

　　1978年中国实行改革开放以来的40年，是探索和开辟中国特色社会主义道路，推进现代化国家建设，实现中华民族从富起来迈向强起来的40年，是决定和改变中华民族前途命运的40年。40年来，中国共产党领导人民发展社会主义民主、建设社会主义法治，坚定不移走中国特色社会主义法治道路，从人治走向法制、从法制走向法治和全面依法治国，推进中国法治深刻变革和全面发展，切实尊重和保障人权，维护社会公平正义，增进和实现人民福祉，繁荣中国特色社会主义法治理论，建设社会主义法治国家，取得了前所未有的成就。

　　40年来，中国法治变革与改革开放紧密结合、相辅相成，相互促进、共同发展。从某种意义上讲，中国改革开放的历史，就是一部中国法治不断变革、日趋完善和持续发展的"变法史"，是中华民族走上中国特色法治道路、形成中国特色法律体系、建设中国特色法治体系、建设法治中国的"发展史"。40年中国法治建设和法治变革的历史，就是否定人治和专制，确立法治和民主，把依法治国作为治国理政基本方略，用法治引领、确认、规范、促进和保障改革开放和经济社会发展的法治史。

本书立足于中国国情和实际，围绕中国为什么要实行法治和怎样实行依法治国、为什么必须走中国特色社会主义法治道路等根本问题，着眼于21世纪中叶把中国建设成为社会主义现代化法治强国的奋斗目标，从中国推进全面依法治国的理论探索与实践过程切入，阐释了中国从新时期到新时代法治变革的法理依据、实践历程、内在逻辑、主要观点、改革举措、重大成就、面临挑战等重大问题，描绘了法治中国建设的奋斗目标和未来图景。

本书用一个"绪论"和"十章"的较大篇幅，因循当代中国法治建设的历史逻辑、实践逻辑和理论逻辑，分别深入探讨了当代中国改革开放与法治建设的辩证关系，中国民主发展与法治变革、选举民主与协商民主，依法治国与政治文明建设、中国政治体制改革，把经济社会发展纳入法治轨道、法治对经济社会的促进保障，法治变革与和谐社会建设、通过法治实现公平正义，中国法治文化建设、依法治国与以德治国，中国司法制度和司法改革现状与未来，法治变革背景下中国共产党党内法规建设的法理问题，依法治国与网络社会治理的法治模式，新时代加快推进法治中国建设的新目标新征程。

本书通过对当代中国法治变革和依法治国等一系列重大理论和实践问题的系统梳理和深入研究，所总结的一些基本经验、阐释的一些重要观点、作出的一些基本判断、提出的一些积极建议、描绘的一些愿景目标……对于深刻认识新时期中国坚持"一手抓改革开放，一手抓法治建设""两手都要硬"的重大历史意义，对于深刻理解新时代中国深化法治领域改革，推进全面依法治国、建设现代法治强国的深远战略意义，具有较高的理论意义和学术价值。

Abstract

The 40 years since the start of the reform and opening-up in 1978 has been a process of exploration of the road of socialism with Chinese characteristics, construction of a modernized country, and realization of the goal of making the Chinese nation rich and strong. It has been the 40 years that determined and changed the fate of the Chinese nation. During this period of time, the Communist Party of China has led the Chinese people in developing socialist democracy, constructing socialist rule of law, unswervingly following the path of socialist rule of law with Chinese characteristics, moving from the rule of man to the rule by law and ultimately to the rule of law and ruling the country by law in a comprehensive way, promoting the profound reform and comprehensive development of the legal system, truly respecting and effectively safeguarding human rights, upholding social fairness and justice, improving and realizing the people's well-being, enriching the theory of socialist rule of law with Chinese characteristics, and constructing a socialist state under the rule of law, and achieved unprecedented successes in all the above endeavors.

During this period of time, the development of the rule of law has been closely integrated with the reform and opening-up, forming a relationship of mutual supplementation, mutual promotion and mutual development. In a sense, the history of reform and opening-up in China has also been a history of "legal transformation" in which the legal system has been continuously reformed, improved and developed, as well as a "development history" in which the Chinese nation has taken the path of socialist rule of law with Chinese characteristics, developed a system of law with Chinese characteristics, constructed a system of the rule of law with Chinese characteristics, and built a state under the rule of law. The 40 years history of construction of the rule of law and legal transformation in China is a process of negating the rule of man and despotism, establishing principles of the rule of law and democracy, taking ruling the country by law as the basic strategy of state governance, and guiding, confirming, regulating, promoting and safeguarding reform and opening-up and economic and social development through the rule of law.

Basing on the actual situation in China, focusing on such fundamental questions as why and how China should implement the rule of law and why China must take the road of socialist rule of law with Chinese characteristics, having in mind the objective of building China into a strong modernized socialist state under the rule of law, and taking the theoretical exploration and practicing process of ruling the country by law as the entry point, this book expounds such major issues relating the legal transformation in China in "the new historical period" and in "a new era" as jurisprudential basis, practicing process, inherent logic, main standpoints, reform measures, major achievements and challenges, and describes the objective of struggle and the future prospect of the construction of the rule of law in China.

The book, which is divided into one introduction and ten chapters, applies historic logic, practical logic and theoretical logic to explore the following issues relating to the construction of the rule of law in contemporary China: the dialectic relationship between the reform and opening-up and the construction of the rule of law; the relationships between development of democracy and legal transformation and between electoral democracy and consultative democracy; ruling the country by law, building political civilization, and reforming the political system; bringing economic and social development under the rule of law and the role played by the rule of law in promoting and safeguarding economic and social development; legal transformation, construction of a harmonious society and realization of social justice and fairness through the development of the rule of law; building the culture of the rule of law, ruling the country by law and ruling the country by virtue; the current situation and the future prospect of the judicial system and judicial reform; jurisprudential issues relating to the construction of the intra-Party regulation system of the Communist Party of China against the background of legal transformation; ruling the country by law and the law-based mode of online social governance; and the new objective and the new journey of accelerating the construction of the rule of law in a new era.

Through a systematic review and in-depth study of a series of major theoretical and practical issues relating to the legal transformation and the work of ruling the country by law in contemporary China, the book sums up some basic experiences, expounds some important viewpoints, makes some basic judgments, puts forward some positive suggestions, and describes some long-term objectives...all of which are of great historical significance to deepening the understanding of the adherence by China to the strategy of attaching equal importance to the reform and opening-up on the one hand and the construction of the rule of law on the other hand in a new era. They are also of high theoretical importance and academic value to the understanding of the strategic significance of deepening the reform in the field of the rule of law, advancing the work of ruling the country by law in a comprehensive way, and building China into a strong modernized state under the rule of law.

总目录

上 册

绪论 建设社会主义现代化法治强国 …………………………… （1）
第一章 改革开放与中国法治 …………………………………… （46）
第二章 中国语境中的民主与法治 ……………………………… （97）
第三章 依法治国与政治文明建设 ……………………………… （166）
第四章 把经济社会发展纳入法治轨道 ………………………… （234）
第五章 法治与和谐社会建设 …………………………………… （321）

下 册

第六章 中国法治文化建设 ……………………………………… （439）
第七章 中国司法制度和司法改革 ……………………………… （526）
第八章 中国共产党党内法规 …………………………………… （689）

第九章　网络社会治理的法治模式……………………………（748）

第十章　开启新时代法治中国建设新征程……………………（809）

主要参考文献……………………………………………………（879）

索　引……………………………………………………………（893）

Contents

Content Ⅰ

Introduction: Constructing a Strong Modernized Socialist
　　　　　　State under the Rule of Law ·················· (1)
Chapter One: Reform and Opening-up and the Rule of Law
　　　　　　in China ··· (46)
Chapter Two: Democracy and the Rule of Law in the
　　　　　　Chinese Context ······································ (97)
Chapter Three: Ruling the Country by Law and Building
　　　　　　Political Civilization ································ (166)
Chapter Four: Bringing Economic and Social Development
　　　　　　under the Rule of Law ···························· (234)
Chapter Five: The Rule of Law and Construction of a
　　　　　　Harmonious Society ································ (321)

Content Ⅱ

Chapter Six: Constructing the Culture of the Rule of Law in China ·············· (439)

Chapter Seven: The Judicial System and Judicial Reform in China ·············· (526)

Chapter Eight: Intra-Party Regulations of the Communist Party of China ·············· (689)

Chapter Nine: The Law-based Mode of Online Social Governance ·············· (748)

Chapter Ten: Starting a New Journey of Constructing the Rule of Law in China in a New Era ·············· (809)

References ·············· (879)

Index ·············· (893)

上册目录

绪论　建设社会主义现代化法治强国 …………………………（1）
　第一节　中国特色社会主义法治道路的探索…………………（1）
　第二节　建设社会主义法治国家的历史性成就 ………………（19）
　第三节　开启建设社会主义法治强国新征程 …………………（33）

第一章　改革开放与中国法治 ………………………………………（46）
　第一节　改革开放与中国法治的历程 …………………………（46）
　第二节　中国特色社会主义法治理论探索与发展 ……………（53）
　第三节　改革与法治紧密结合 …………………………………（72）
　第四节　改革开放与中国法治40年的基本经验………………（86）

第二章　中国语境中的民主与法治 …………………………………（97）
　第一节　民主概念解读 …………………………………………（99）
　第二节　民主的功能及其局限 …………………………………（112）
　第三节　选举民主与协商民主…………………………………（120）

第四节　社会主义民主与法治的关系……………………（146）
　　第五节　社会主义法治对民主的保障………………………（154）

第三章　依法治国与政治文明建设……………………………（166）
　　第一节　马克思主义关于政治文明的基本观点……………（166）
　　第二节　社会主义政治文明的主要内容和特征……………（180）
　　第三节　依法治国是建设政治文明的重要内容和
　　　　　　根本保障…………………………………………（199）
　　第四节　全面推进依法治国本质上是政治体制改革………（206）
　　第五节　坚持依法治国,推进社会主义政治文明建设………（217）

第四章　把经济社会发展纳入法治轨道………………………（234）
　　第一节　把经济社会发展纳入法治轨道是中国特色
　　　　　　社会主义建设规律的集中反映…………………（235）
　　第二节　推进科学民主立法,引领经济社会发展……………（263）
　　第三节　加强法治政府建设,促进经济社会发展……………（279）
　　第四节　深化司法体制改革,保障经济社会发展……………（287）
　　第五节　强化法治宣传,为经济社会发展营造良好
　　　　　　法治氛围…………………………………………（301）
　　第六节　推进依法执政,加强党对经济社会发展的
　　　　　　领导………………………………………………（308）

第五章　法治与和谐社会建设…………………………………（321）
　　第一节　中国语境下的法治…………………………………（321）
　　第二节　法治是和谐社会的基础……………………………（339）

第三节　统筹"两型社会"法治建设 ……………………（355）
第四节　加强法治社会建设……………………………（360）
第五节　通过法治实现公平正义…………………………（385）
第六节　推进新时代社会治理法治化……………………（420）

Content Ⅰ

Introduction: Constructing a Strong Modernized Socialist

    State under the Rule of Law ……………………… (1)

 1. Exploring the Road of Socialist Rule of Law with Chinese

  Characteristics ………………………………………… (1)

 2. Historical Achievements in the Construction of a Socialist

  State under the Rule of Law ………………………… (19)

 3. Starting a New Journey of Constructing a Strong Socialist

  State under the Rule of Law ………………………… (33)

Chapter One: Reform and Opening-up and the Rule of Law

    in China ……………………………………… (46)

 1. Reform and Opening-up and the Development Process of

  the Rule of Law in China …………………………… (46)

 2. Exploration and Development of the Theory of Socialist

  Rule of Law with Chinese Characteristics …………… (53)

3. Close Integration of the Reform and the Rule of Law ············ (72)

4. Basic Experience of Reform and Opening-up and Construction of the Rule of Law in China in the Past 40 Years ··············· (86)

Chapter Two: Democracy and the Rule of Law in the Chinese Context ································· (97)

1. Interpretation of the Concept of Democracy ····················· (99)

2. Functions and Limitations of Democracy ······················ (112)

3. Electoral Democracy and Consultative Democracy ············· (120)

4. The Relationship between Socialist Democracy and the Rule of Law ································· (146)

5. The Role Played by Socialist Rule of Law in Safeguarding Democracy ································ (154)

Chapter Three: Ruling the Country by Law and Building Political Civilization ····················· (166)

1. Basic Marxist Views on Political Civilization ···················· (166)

2. Main Content and Characteristics of Socialist Political Civilization ································· (180)

3. Ruling the Country by Law as an Important Content and Basic Guarantee of the Construction of Political Civilization ········· (199)

4. The Reform of the Political System as the essence of Comprehensive Advancement of Ruling the Country by Law ···································· (206)

5. Adhering to the Strategy of Ruling the Country by Law and Advancing the Construction of Socialist Political Civilization ·· (217)

Chapter Four: Bringing Economic and Social Development under the Rule of Law ······························· (234)

1. Bringing Economic and Social Development under the Rule of Law as the Concentrated Reflection of the Objective Law of Construction of Socialism with Chinese Characteristics ······ (235)
2. Advancing Scientific and Democratic Legislation to Guide Economic and Social Development ································· (263)
3. Strengthening the Construction of a Law-based Government to Promote Economic and Social Development ···················· (279)
4. Deepening Judicial Reform to Safeguard Economic and Social Development ·· (287)
5. Strengthening the Publicity of the Rule of Law to Create a Good Rule of Law Environment for Economic and Social Development ·· (301)
6. Advancing Administration by Law and Strengthening the Party's Leadership over Economic and Social Development ············ (308)

Chapter Five: The Rule of Law and Construction of a Harmonious Society ··· (321)

1. The Rule of Law in the Chinese Context ························ (321)

2. The Rule of Law as the Foundation of a
   Harmonious Society ………………………………………… (339)
3. Making an Overall Plan for the Construction of the Legal
   System of a Resource-conserving and Environment-friendly
   Society …………………………………………………………… (355)
4. Strengthening the Construction of a Law-based Society ……… (360)
5. Realizing Fairness and Justice through the Rule of Law …… (385)
6. Bringing the Social Governance in a New Era under the
   Rule of Law ……………………………………………………… (420)

绪　论

建设社会主义现代化法治强国

◇ 第一节　中国特色社会主义法治道路的探索

法治兴则国兴，法治强则国强。坚定不移走中国特色社会主义法治道路，把我国建设成为富强民主文明和谐美丽的社会主义现代化法治强国，是中华民族孜孜以求的长期目标，是中国共产党带领中国人民从站起来富起来迈向强起来的必然要求。

一　新中国社会主义法治创立和经验教训

新中国社会主义法治是中国共产党领导人民彻底摧毁国民党反动政权和旧法统，建设人民当家作主的新国家，把马克思主义国家与法的理论和中国的现实国情和政治实践结合起来，汲取中华法治文明的优秀历史文化养分，学习借鉴人类法治文明的有益实践经验，逐步创立和发展起来的。

法律是治国之重器，法治是国家治理体系和治理能力的重要依托，法治理论则是国家治理体系理论的重要组成部分。"一个国家选择什么样的治理体系，是由这个国家的历史传承、文化传统、经济社会发展水平决定的，是由这个国家的人民决定的。我国今天的国家治理体系，是在我国历史传承、文化传统、经济社会发展的基础上长期发展、渐进改进、内生性演化的结果。"①

中国是一个具有五千多年文明史的古国，中华法系源远流长。"在几千年的历史发展中，中华民族创造了悠久灿烂的中华文明，为人类作出了卓越贡献，成为世界上伟大的民族。"② 我们的先人们早就开始探索如何驾驭人类自身这个重大法治课题，春秋战国时期法家主张"以法而治"，偏居雍州的秦国践而行之，商鞅"立木建信"，强调"法必明、令必行"，使秦国迅速跻身强国之列，最终促成了秦始皇统一六国。汉高祖刘邦同关中百姓"约法三章"，为其一统天下发挥了重要作用。汉武帝时形成的汉律60篇，两汉沿用近400年。"唐太宗以奉法为治国之重，一部《贞观律》成就了'贞观之治'；在《贞观律》基础上修订而成的《唐律疏议》，为大唐盛世奠定了法律基石。"③ 中国古代法制蕴含着十分丰富的智慧和资源，"春秋战国时期就有了自成体系的成文法典，汉唐时期形成了比较完备的法典。我国古代法制蕴含着十分丰富的智慧和资源，中华法系在世界几大法系中独树一帜"④。中华法系深刻影响了亚洲诸国，古老的中国为人类法治文明作出了重要贡献。

然而，1840年鸦片战争后，中国逐渐沦为半殖民地半封建社会，中华法系的古老文明逐步走向衰落。为了改变国家和民族的苦难命运，一些仁人志士试图将近代西方国家的宪制和法治模式移植到中国，以实现变法

---

① 习近平：《习近平谈治国理政》第一卷，外文出版社2018年版，第105页。
② 习近平：《在庆祝中国共产党成立95周年大会上的讲话》，人民出版社2016年版，第1页。
③ 习近平：《加强党对全面依法治国的领导》，《求是》2019年第4期。
④ 习近平：《加快建设社会主义法治国家》，《求是》2015年第1期。

图强的理想。先后尝试过君主立宪制、帝制复辟、议会制、多党制、总统制等各种宪制形式，经历了从清末的"十九信条"到民国元年的《中华民国临时约法》[①]，到北洋军阀政府的几个宪法和宪法草案，到蒋介石反动政府的《中华民国训政时期约法》，一直到蒋介石的伪宪法。"自戊戌变法和清末修律起，中国人一直在呼吁法制，但在当时的历史条件和政治条件下，仅仅靠法制是不能改变旧中国社会性质和中国人民悲惨命运的。"[②] 中国依然是山河破碎、积贫积弱，列强依然在中国横行霸道、攫取利益，中国人民依然生活在苦难和屈辱之中。

1921年，在中华民族内忧外患、社会危机空前深重的背景下，在马克思列宁主义同中国工人运动相结合的进程中，诞生了中国共产党。从此，中华民族的历史发生了天翻地覆的改变。在中国共产党成立后90多年波澜壮阔的历史进程中，我们党紧紧依靠人民，为中华民族作出了伟大历史贡献：一是团结带领中国人民进行了28年浴血奋战，完成了新民主主义革命，建立了中华人民共和国，实现了中国从几千年封建专制政治向人民民主的伟大飞跃；二是团结带领中国人民完成社会主义革命，推进了社会主义建设，实现了中华民族由不断衰落到根本扭转命运、持续走向繁荣富强的伟大飞跃；三是团结带领中国人民进行改革开放新的伟大革命，开辟了中国特色社会主义道路，形成了中国特色社会主义理论体系，确立了中国特色社会主义制度，使中国赶上了时代，实现了中国人民从站起来到富起来、强起来的伟大飞跃，[③] 迎来了实现中华民族伟大复兴的光明

[①] 毛泽东同志指出："民国元年的《中华民国临时约法》，在那个时期是一个比较好的东西；当然，是不完全的、有缺点的，是资产阶级性的，但它带有革命性、民主性。"《毛泽东文集》第六卷，人民出版社1999年版，第325—326页。

[②] 习近平：《加强党对全面依法治国的领导》，《求是》2019年第4期。

[③] 习近平：《在庆祝中国共产党成立95周年大会上的讲话》，人民出版社2016年版，第3—4页。

前景。

实现中华民族伟大复兴是近代以来中华民族最伟大的梦想。中国共产党登上中国历史舞台后，就把实现共产主义作为党的最高理想和最终目标，义无反顾地肩负起实现中华民族伟大复兴的历史使命，在团结带领人民进行艰苦卓绝斗争的伟大实践中，高度重视宪法和法制建设，经过长期探索和不断实践，逐步创立了中国社会主义法治，走上了中国特色社会主义法治道路。

1949年2月，中共中央发布了《关于废除国民党的六法全书与确定解放区的司法原则的指示》，宣布"在无产阶级领导的工农联盟为主体的人民民主专政的政权下，国民党的六法全书应该废除，人民的司法工作不能再以国民党的六法全书为依据，而应该以人民的新的法律为依据"。这个重要指示，为彻底废除国民党政权的伪法统、六法全书及其立法、执法、司法制度，确立中华人民共和国新生政权的合法性，创立新中国社会主义法治，廓清了障碍，奠定了基础。张友渔先生曾经指出："解放初，我们废除国民党的'六法全书'，这是完全正确的，因为'六法全书'代表国民党的法统，不废除这个法统，我们就不能确立自己的革命法制。"[1]

1949年10月1日，中华人民共和国的成立，开启了中华民族站起来和新中国法治的新纪元。1949年制定的具有临时宪法性质和作用的《中国人民政治协商会议共同纲领》（以下简称《共同纲领》），宣告了中华人民共和国的成立，标志着中国人民从此站起来了，人民成为新国家、新社会的主人。《共同纲领》总结了1840年鸦片战争以来，特别是我们党领导人民反对帝国主义、封建主义、官僚资本主义的革命斗争经验，确定了新国家应当实行的各项基本制度和重大政策，

---

[1] 张友渔：《关于法制史研究的几个问题》，《法学研究》1981年第5期。

是一部真正切合人民需要的具有临时宪法性质的建国纲领和建设蓝图。《共同纲领》和新中国颁布的其他一系列法律、法令，对巩固新生的共和国政权、维护社会秩序和恢复国民经济，起到了重要作用。

1954年第一届全国人民代表大会第一次会议制定的《中华人民共和国宪法》，确认了中国共产党领导人民夺取新民主主义革命胜利、中国人民掌握国家权力的历史变革；总结了新中国社会改造与社会建设的经验，规定了国家的国体和政体、公民的基本权利和义务，规定了国家在过渡时期的总任务和建设社会主义的道路、目标，是中华民族从此站起来的最高政治法律标志，是中国历史上第一部真正意义上的"人民的宪法"。① 以"五四宪法"为核心初步构建的新中国法治，为巩固社会主义政权和进行社会主义建设发挥了重要保障和推动作用。

这一时期，党的工作重心从阶级斗争转向经济建设。1956年中共八大召开，刘少奇同志在党的八大政治报告中指出，"我们目前在国家工作中的迫切任务之一，是着手系统地制定比较完备的法律，健全我们国家的法制"②，"革命的暴风雨时期已经过去了，新的生产关系已经建立起来，斗争的任务已经变为保护社会生产力的顺利发展，因此社会主义革命的方法也就必须跟着改变，完备的法制就是完全必要的了"③。

---

① 1948年9月8日，毛泽东同志在中央政治局的报告中指出：我们是人民民主专政，各级政府都要加上"人民"二字，各种政权机关都要加上"人民"二字，如法院叫人民法院，军队叫人民解放军，以示和蒋介石政权不同。我们有广大的统一战线，我们政权的任务是打倒帝国主义、封建主义和官僚资本主义，要打倒它们，就要打倒它们的国家，建立人民民主专政的国家。1954年5月28日，在宪法起草委员会第三次全体会议上，黄炎培说："'中央人民政府'的名称很庄重，其中'人民'二字，很亲切。"在中央人民政府宪法草案通过后，黄炎培对"人民"二字出现在宪法中的频率，高度赞赏。他说：全部宪章多少字呢？8954个字，而中间"人民这个名词有多少呢？有262个"。此外，黄炎培还特意赋诗一首，赞颂宪法文本，题为《人民的宪法》。

② 中共中央文献研究室编：《建国以来重要文献选编》（第九册），中央文献出版社1994年版，第92页。

③ 同上书，第93页。

20世纪50年代后期以后，特别是"文化大革命"十年内乱，中国社会主义法制遭到严重破坏：全国人大及其常委会的活动被停止，"中央文革小组"成为事实上的最高权力机构；全国各地踢开党委、政府闹革命，合法的政权机关被革命委员会代替；"公检法"机关被砸烂，和尚打伞无法无天，公民权利遭到严重侵害，个人的生命自由财产得不到法制保障，宪法和法制遭到严重破坏和践踏①。

---

① "'文化大革命'的10年，是社会主义法制荡然无存，公检法机关被林彪、'四人帮'一伙肆意践踏的10年。一些同志在发言中谈到了这一情况。华北组在讨论中提到，林彪、'四人帮'砸烂公检法，公安机关至今还未恢复元气。公安部原有9个正副部长，被整了7个。该组还有人介绍说，北京市公安局10名正副局长全被定为'反革命'，其中7名被逮捕法办，使北京市的公安工作遭到严重破坏。鉴于'文化大革命'的惨痛教训，许多人都提出了恢复健全法制，严格实行法制的建议。徐向前在西北组发言提出，动员全党全国人民实现四化，一方面要加强政治思想工作，另一方面也要加强法制的施行。有的同志在发言中提出，要使群众有讲话的条件和机会，要保证宪法规定的民主权利得以实现，无论什么人违法，都要受到法律制裁。叶剑英在大会的讲话中专门讲了发扬民主，加强法制的问题。他指出，我国的法制从建国以来还没有很好地健全起来。林彪、'四人帮'所以能够为所欲为也是钻了我们这个空子。他们砸烂公、检、法，践踏社会主义法制，有多少人被整死，这是一个血的教训。这使我们从反面懂得，一个国家非有法律和制度不可。这种法律和制度要有稳定性、连续性，它是人民制定的，代表社会主义和无产阶级专政的最高利益，一定要具有极大的权威，只有经过法律程序才能修改，而不以任何领导人个人的意志为转移。在人民自己的法律面前，一定要实行人人平等，不允许任何人有超于法律之上的特权。我们党、国家、人民受林彪、'四人帮'之流个人特权的灾难太深重了。如何来加强法制呢？叶剑英认为必须充分发挥人大常委会的作用。他说，人大常委会要立即着手研究、修改、制订民法、诉讼法、刑法、婚姻法和各种经济法，等等，尽快完善法制。人大常委会如果不能尽快担负起制定法律、完善社会主义法制的责任，那人大常委会就是有名无实，有职无权，尸位素餐，那我这个人大委员长就没有当好，就愧对全党和全国人民。邓小平也在大会上讲了这个问题。另外，各个组在讨论中还普遍提出了对林彪、'四人帮'反党集团主犯依法在全国公开进行审判，以体现社会主义法制权威的建议。三中全会根据大家的上述意见，专门做出了加强法制的决定。全会公报提出：从现在起，应当把立法工作摆到全国人民代表大会及其常务委员会的重要议程上来。检察机关和司法机关要保持应有的独立性；要忠实于法律和制度，忠实于人民利益，忠实于事实真相；要保证人民在自己的法律面前人人平等，不允许任何人有超于法律之上的特权。这一决定，标志着我国的社会主义法制建设开始走上了一个新阶段。"《中共十一届三中全会》，2001年6月22日，http://njdj.longhoo.net/dj80/ca16601.htm。于光远在回忆十一届三中全会历史时写道："邓小平还提出要建立必要的法律，他列举了六个法律名词，并且说要研究国际法，不懂外国法，国际交往越多，将来要栽很大跟头。"于光远：《1978：我亲历的那次历史大转折》，中央编译出版社2008年版。

习近平总书记从总结中国社会主义法治建设经验教训的角度深刻指出："全面推进依法治国，是深刻总结我国社会主义法治建设成功经验和深刻教训作出的重大抉择。我们党对依法治国问题的认识经历了一个不断深化的过程。新中国成立初期，我们党在废除国民党旧法统的同时，积极运用新民主主义革命时期根据地法制建设的成功经验，抓紧建设社会主义法治，初步奠定了社会主义法治基础。后来，党在指导思想上发生'左'的错误，逐渐对法制不那么重视了，特别是'文化大革命'十年内乱使法制遭到严重破坏，付出了沉重代价，教训十分惨痛。"[1] 回顾中华人民共和国成立和中国共产党成为执政党以来的曲折历史，"我们党执政60多年来，虽历经坎坷但对法治矢志不渝，从'五四宪法'到前不久新修订的宪法；从'社会主义法制'到'社会主义法治'；从'有法可依、有法必依、执法必严、违法必究'到'科学立法、严格执法、公正司法、全民守法'，我们党越来越深刻认识到，治国理政须臾离不开法治"[2]。

二　新时期中国特色社会主义法治道路的形成

1978年召开的党的十一届三中全会，标志着中华民族伟大复兴进入了改革开放和社会主义现代化建设的新时期。新时期形成了中国特色社会主义法治道路，首要的任务是"要通过改革，处理好法治和人治的关系"[3]，解决好法治和人治的问题。历史和现实都告诉我们，

---

[1]　中共中央文献研究室编：《习近平关于全面依法治国论述摘编》，中央文献出版社2015年版，第8页。
[2]　习近平：《加强党对全面依法治国的领导》，《求是》2019年第4期。
[3]　《邓小平文选》第三卷，人民出版社1993年版，第177页。

法治兴则国兴，法治强则国强。① 因为"法治和人治问题是人类政治文明史上的一个基本问题，也是各国在实现现代化过程中必须面对和解决的一个重大问题。综观世界近现代史，凡是顺利实现现代化的国家，没有一个不是较好解决了法治和人治问题的。相反，一些国家虽然也一度实现快速发展，但并没有顺利迈进现代化的门槛，而是陷入这样或那样的'陷阱'，出现经济社会发展停滞甚至倒退的局面。后一种情况很大程度上与法治不彰有关"②。2018年3月10日，习近平总书记参加十三届全国人大一次会议重庆代表团审议时再次强调指出，我们要"坚持法治、反对人治"。

在新时期领导人民探索和开辟中国特色社会主义道路的伟大实践中，我们党总结中国社会主义法治建设的成功经验和深刻教训，特别是汲取"文化大革命"的惨痛教训，作出把国家工作重心转移到社会主义现代化建设上来的重大决策，实行改革开放政策，明确了一定要靠法制治理国家的原则，提出"为了保障人民民主，必须加强社会主义法制，使民主制度化、法律化，使这种制度和法律具有稳定性、连续性和权威性，使之不因领导人的改变而改变，不因领导人的看法和注意力的改变而改变"，做到有法可依，有法必依，执法必严，违法必究，强调制度问题更带有根本性、全局性、稳定性和长期性，要靠法制、搞法制靠得住些；③一手抓建设，一手抓法制；加强法制重要的是进行教育，根本问题是教育人；等等。这些重大决策和重要法治思想，引领改革开放新时期中国特色社会主义法治道路的形成，推动

---

① 习近平：《加强党对全面依法治国的领导》，《求是》2019年第4期。
② 中共中央文献研究室编：《习近平关于全面依法治国论述摘编》，中央文献出版社2015年版，第12页。
③ 《邓小平文选》第三卷，人民出版社1993年版，第379页。

中国法治建设进入了一个新的发展阶段。

改革开放以来，我们党一贯高度重视法治。1978年12月，邓小平同志就指出："应该集中力量制定刑法、民法、诉讼法和其他各种必要的法律，例如工厂法、人民公社法、森林法、草原法、环境保护法、劳动法、外国人投资法等等，经过一定的民主程序讨论通过，并且加强检察机关和司法机关，做到有法可依，有法必依，执法必严，违法必究。"[①] 由此，我们翻开了新时期开辟和形成中国特色社会主义法治道路的新篇章。

20世纪90年代，中国开始全面推进社会主义市场经济建设，由此进一步强化了中国特色社会主义法治的经济基础，同时对法治的制度完善和理论发展提出了更高的要求，对在"法治经济"基础上形成中国特色社会主义法治道路产生了巨大的推动力。1997年党的十五大提出依法治国、建设社会主义法治国家，强调依法治国是党领导人民治理国家的基本方略，是发展社会主义市场经济的客观需要，是社会文明进步的重要标志，是国家长治久安的重要保障，提出了到2010年形成中国特色社会主义法律体系的重大任务，肯定了党和国家"尊重和保障人权"的原则，在党的最高政治文件上实现了从"社会主义法制"向"社会主义法治"的转变。1999年全国人大通过宪法修正案，将"中华人民共和国实行依法治国，建设社会主义法治国家"载入宪法，标志着中国特色社会主义法治道路初步形成。

进入21世纪，我们党领导人民沿着中国特色社会主义法治道路继续向前推进。2002年党的十六大提出，发展社会主义民主政治，

---

① 《邓小平文选》第二卷，人民出版社1994年版，第146—147页。

最根本的是要把坚持党的领导、人民当家作主和依法治国有机统一起来，并将社会主义民主更加完善，社会主义法制更加完备，依法治国基本方略得到全面落实，作为全面建设小康社会的重要目标。"三者有机统一"是中国特色社会主义民主政治的本质特征，是中国法治建设的本质属性和内在要求，是形成中国特色社会主义法治道路的重要标志。2007年党的十七大提出，依法治国是社会主义民主政治的基本要求，强调要全面落实依法治国基本方略，加快建设社会主义法治国家，并对加强社会主义法治建设作出全面部署，推进了沿着中国特色社会主义法治道路实行依法治国的伟大实践。

在改革开放新时期，我们党领导人民积极探索和形成中国特色社会主义法治道路，取得了"中国特色社会主义法律体系已经形成，法治政府建设稳步推进，司法体制不断完善，全社会法治观念明显增强"[①] 等历史性成就，为在新时代的历史新起点上拓展中国特色社会主义法治道路，形成中国特色社会主义法治理论，建设中国特色社会主义法治体系，建设社会主义法治国家，奠定了深厚坚实的实践和理论基础。

三　新时代中国特色社会主义法治道路的拓展

中国特色社会主义进入新时代，意味着近代以来久经磨难的中华民族迎来了从站起来、富起来到强起来的伟大飞跃，迎来了实现中华民族伟大复兴的光明前景；意味着科学社会主义在21世纪的中国焕发出强大生机活力，在世界上高高举起了中国特色社会主义伟大旗

[①]《中共中央关于全面推进依法治国若干重大问题的决定》，人民出版社2014年版，第3页。

帜；意味着中国特色社会主义道路、理论、制度、文化不断发展，拓展了发展中国家走向现代化的途径，给世界上那些既希望加快发展又希望保持自身独立性的国家和民族提供了全新选择，为解决人类问题贡献了中国智慧和中国方案。我们党坚持以习近平新时代中国特色社会主义思想为指导，领导人民推进全面依法治国，加快建设法治中国，从中国特色社会主义的法治实践和法治理论两大方面，与时俱进地深化和拓展了中国特色社会主义法治道路。

（一）新时代拓展中国特色社会主义法治道路的重大实践

党的十八大以来，中国取得了改革开放和社会主义现代化建设的历史性成就。党中央对全面依法治国作出一系列重大决策、提出一系列重大举措。我们适应党和国家事业发展要求，完善立法体制，加强重点领域立法，中国特色社会主义法律体系日趋完善。我们坚持依宪治国，与时俱进修改宪法，设立国家宪法日，建立宪法宣誓制度，宪法实施和监督全面加强。我们推进法治政府建设，大幅减少行政审批事项，非行政许可审批彻底终结，建立政府权力清单、负面清单、责任清单，规范行政权力，推动严格规范、公正文明执法。我们坚定不移推进法治领域改革，废止劳教制度，推进司法责任制、员额制和以审判为中心的刑事诉讼制度改革，依法纠正一批重大冤假错案，司法质量、效率、公信力显著提高。我们坚持把全民普法和守法作为依法治国的基础性工作，实行国家机关"谁执法谁普法"的普法责任制，将法治教育纳入国民教育体系，全社会法治观念明显增强。我们推进法治队伍建设，发展壮大法律服务队伍，加强法学教育和法治人才培养。我们坚持依法执政，加强党内法规制度建设，推进国家监察体制改革，依法惩治腐败犯罪，全面从严治党成效卓著。①

2012年,党的十八大围绕"全面推进依法治国,加快建设社会主义法治国家"的战略目标,确认法治是治国理政的基本方式,强调要更加注重发挥法治在国家治理和社会管理中的重要作用;明确提出"科学立法、严格执法、公正司法、全民守法"的法治建设"新十六字方针";明确提出到2020年法治建设五大阶段性目标任务,即依法治国基本方略全面落实,法治政府基本建成,司法公信力不断提高,人权得到切实尊重和保障,国家各项工作法治化;明确提出要"提高领导干部运用法治思维和法治方式深化改革、推动发展、化解矛盾、维护稳定能力";重申"任何组织或者个人都不得有超越宪法和法律的特权,绝不允许以言代法、以权压法、徇私枉法"。②

2013年,党的十八届三中全会作出《中共中央关于全面深化改革若干重大问题的决定》,提出要"紧紧围绕坚持党的领导、人民当家作主、依法治国有机统一深化政治体制改革,加快推进社会主义民主政治制度化、规范化、程序化,建设社会主义法治国家"③,将"推进法治中国建设"作为全面依法治国和全面深化改革的重要任务,首次提出"建设法治中国,必须坚持依法治国、依法执政、依法行政共同推进,坚持法治国家、法治政府、法治社会一体建设"④。

2014年,党的十八届四中全会专题研究全面依法治国重大问题

---

① 习近平:《加强党对全面依法治国的领导》,《求是》2019年第4期。
② 中共中央文献研究室编:《十八大以来重要文献选编》(上),中央文献出版社2014年版,第22页。
③ 《中共中央关于全面深化改革若干重大问题的决定》,人民出版社2013年版,第4页。
④ 同上书,第31—32页。

并作出《中共中央关于全面推进依法治国若干重大问题的决定》，提出了全面推进依法治国的指导思想、基本原则、总目标、总抓手和基本任务、法治工作的基本格局，阐释了中国特色社会主义法治道路的核心要义，回答了党的领导与依法治国的关系等重大问题，制定了法治中国建设的路线图、施工图，按下了全面依法治国的"快进键"。执政的共产党专门作出依法治国的政治决定，这在世界共运史上、在中共党史上、在中华人民共和国国史上，都是史无前例、彪炳千秋的第一次，在中国法治史上具有重大的里程碑意义。

2015年，党的十八届五中全会明确提出"创新、协调、绿色、开放、共享"的新发展理念，强调法治是发展的可靠保障，必须加快建设法治经济和法治社会，把经济社会发展纳入法治轨道，明确了到2020年全面建成小康社会时的法治中国建设的阶段性目标，为实现全面依法治国的总目标奠定了坚实基础。

2016年，党的十八届六中全会专题研究全面从严治党问题，凸显了思想建党和制度治党的主题，体现了依规治党与依法治国的结合，通过完善"四个全面"战略布局进一步深化了全面依法治国的战略地位和重要作用，进一步强化了全面从严治党对推进全面依法治国、建设法治中国的政治保障作用。

2017年，党的十九大作出了中国特色社会主义进入新时代、中国社会主要矛盾已经转化等重大战略判断，确立了习近平新时代中国特色社会主义思想的历史地位，明确提出了新时代坚持和发展中国特色社会主义的基本方略，深刻回答了新时代坚持和发展中国特色社会主义的一系列重大理论和实践问题，作出了社会主义现代化建设"两个阶段"的重大战略安排，绘就了高举中国特色社会主义伟大旗帜、决胜全面建成小康社会、夺取新时代中国特色社会主义伟大胜利的新蓝图，开启了迈向社会主义现代化强国的新征程。中国特色社会主义现代化建设进入新时代的重大战略判断，不仅确立了中国社会主义现代化建设和改革发展新的历史方位，而且进一步确立了推进全面依法治国、建设法治中国新的历史方位，不仅为法治中国建设提供了新时代中国特色社会主义思想的理论指引，而且对深化依法治国实践提出了一系列新任务、新要求，指明了推进全面依法治国的战略发展方向，开启了新时代拓展中国特色社会主义法治道路的新征程。

2018年1月，党的十九届二中全会审议通过了《中共中央关于修改宪法部分内容的建议》，强调为更好发挥宪法在新时代坚持和发展中国特色社会主义中的重要作用，需要对宪法作出适当修改，把党和人民在实践中取得的重大理论创新、实践创新、制度创新成果上升为宪法规定。党中央决定用一次全会专门讨论宪法修改问题，充分表明党中央对新时代首次宪法修改的高度重视。

2018年3月，十三届全国人大一次会议高票通过了新时代首次宪法修正案，实现了现行宪法的又一次与时俱进和完善发展。这次宪法修改确立了习近平新时代中国特色社会主义思想在国家政治和社会生活中的指导地位，调整充实了中国特色社会主义事业总体布局和第二个百年奋斗目标的内容，完善了依法治国和宪法实施举措，充实了坚持和加强中国共产党全面领导的内容，调整了国家主席任职方面的规定，增加了有关监察委员会的各项规定。"这次修改宪法，在宪法序言确定党的领导地位的基础上，我们又在总纲中明确规定中国共产党领导是中国特色社会主义最本质的特征，强化了党总揽全局、协调各方的领导地位。宪法修改后各方面反响很好。"① 这次宪法修改是党中央从新时代坚持和发展中国特色社会主义全局和战略高度作出的重大决策，是推进全面依法治国、推进国家治理体系和治理能力现代化的重大举措，是党领导人民建设社会主义现代化强国的必然要求，对于进一步加强以习近平总书记为核心的党中央集中统一领导，具有十分重大的现实意义和深远的历史意义。

2018年8月，中央全面依法治国委员会举行第一次会议，这是在中国特色社会主义进入新时代、全面依法治国进入新阶段召开的一次重要会议。习近平总书记在中央全面依法治国委员会第一次会议上的重要讲话，深刻阐述了成立中央全面依法治国委员会的重要意义，明确提出了全面依法治国新理念新思想新战略，系统部署了全面依法治国的重点任务，是指导新时代法治中国建设的纲领性文献。党中央成立中央全面依法治国委员会，是全面依法治国领导体制的重大创新，是推进新时代法治中国建设的战略举措，在社会主义法治建设史上具有里程碑意义。② 根据党中央印发的《深化党和国家机构改革方案》，中央全面依法治国委员会是党中央的决策议事协调机构，负责全面依法治国的顶层设计、总体布局、统筹协调、整体推进、督促落实。委员会管宏观、谋全局、抓大事，重点推动解决部门、地方解决不了的重大事项，协调解决部门、地方之间存在分歧的重大问题，实现集中领导、科学决策、高效执行。委员会下设立法、执法、司法、守法普法四个协调小组，负责本领域法治工作重大问题研究，组织开展督导检查、跟踪问效，推动落实委员会决策部署。委员会下设办公室，是委员会常设办事机构，负

---

① 习近平：《加强党对全面依法治国的领导》，《求是》2019年第4期。
② 陈一新：《加快建设更高水平的法治中国》，《求是》2018年第21期。

责处理委员会日常事务，组织开展全面依法治国重大问题调查研究，协调督促有关方面落实委员会决策部署。《中央全面依法治国委员会工作规则》《中央全面依法治国委员会协调小组工作规则》《中央全面依法治国委员会办公室工作细则》等规范性文件，坚持集中统一、协同高效、职责明确、程序规范等原则，明确了中央全面依法治国委员会的运行体制和工作机制。

2019年2月，习近平总书记在中央全面依法治国委员会第二次会议上进一步强调指出，改革开放40年的经验告诉我们，做好改革发展稳定各项工作离不开法治，改革开放越深入越要强调法治。要完善法治建设规划，提高立法工作质量和效率，保障和服务改革发展，营造和谐稳定社会环境，加强涉外法治建设，为推进改革发展稳定工作营造良好法治环境。党的十八届四中全会专题研究了全面推进依法治国重大问题。党的十九大描绘了2035年基本建成法治国家、法治政府、法治社会的宏伟蓝图。要贯彻中国特色社会主义法治理论，贯彻新发展理念，同我国发展的战略目标相适应，同全面建成小康社会、全面深化改革、全面从严治党相协同，扎扎实实把全面依法治国推向前进，确保制度设计行得通、真管用，发挥法治固根本、稳预期、利长远的保障作用。[①]

在全面依法治国新阶段，成立中央全面依法治国委员会对于加强党对全面依法治国的集中统一领导，推动依法治国、依法执政、依法行政共同推进，法治国家、法治政府、法治社会一体建设，科学立法、严格执法、公正司法、全民守法齐头并进，促进法治中国建设迈入系统推进的新阶段，具有重大意义。

---

① 习近平：《完善法治建设规划提高立法工作质量效率 为推进改革发展稳定工作营造良好法治环境》，《人民日报》2019年2月26日。

(二) 新时代拓展中国特色社会主义法治道路的重要思想

在以习近平同志为核心的党中央领导人民不断探索和拓展中国特色社会主义法治道路的实践进程中,大力加强中国特色社会主义法治道路的理论建设,以新时代习近平总书记全面依法治国新理念新思想新战略引领和促进中国特色社会主义法治道路的不断拓展。

习近平总书记高度重视中国特色社会主义法治道路、法治理论问题,深刻指出:中国特色社会主义法治道路,本质上是中国特色社会主义道路[①]在法治领域的具体体现。全面推进依法治国必须走对路。要从中国国情和实际出发,走适合自己的法治道路,决不能照搬别国模式和做法。[②] 坚持党的领导,坚持中国特色社会主义制度,贯彻中国特色社会主义法治理论……这三个方面实质上是中国特色社会主义法治道路的核心要义,规定和确保了中国特色社会主义法治体系的制度属性和前进方向。

坚持中国特色社会主义法治道路,最根本的是坚持中国共产党的领导。依法治国是我们党提出来的,把依法治国上升为党领导人民治理国家的基本方略也是我们党提出来的,而且党一直带领人民在实践中推进依法治国。全面推进依法治国,要有利于加强和改善党的领导,有利于巩固党的执政地位、完成党的执政使命,决不是要削弱党

---

① 党的十八大报告指出:中国特色社会主义道路,就是在中国共产党领导下,立足基本国情,以经济建设为中心,坚持四项基本原则,坚持改革开放,解放和发展社会生产力,建设社会主义市场经济、社会主义民主政治、社会主义先进文化、社会主义和谐社会、社会主义生态文明,促进人的全面发展,逐步实现全体人民共同富裕,建设富强民主文明和谐的社会主义现代化国家。

② 习近平:《加强党对全面依法治国的领导》,《求是》2019年第4期。

的领导。① "党的领导是社会主义法治最根本的保证。全面依法治国决不是要削弱党的领导,而是要加强和改善党的领导,不断提高党领导依法治国的能力和水平,巩固党的执政地位。"② 坚持走中国特色社会法治道路,目标是要建设中国特色社会主义法治体系,建设社会主义法治国家。中国各族人民在中国共产党的领导下,坚定不移走中国特色社会主义法治道路,就是要把中国建设成为社会主义现代化法治强国③,实现国家富强、人民幸福、中华民族伟大复兴的中国梦、强国梦。

习近平总书记在中央全面依法治国委员会第一次会议上的重要讲话中指出:"历史和现实都告诉我们,法治兴则国兴,法治强则国强。从我国古代看,凡属盛世都是法制相对健全的时期……从世界历史看,国家强盛往往同法治相伴而生。3000多年前,古巴比伦国王汉谟拉比即位后,统一全国法令,制定人类历史上第一部成文法《汉谟拉比法典》,并将法典条文刻于石柱,由此推动古巴比伦王国进入上古两河流域的全盛时代。"④ 在当代中国,推进全面依法治国的重要目标之一,就是要建设社会主义现代化法治强国。建设"社会主义现代化法治强国"的基本含义:一是坚定不移走法治强国之

---

① 习近平:《加快建设社会主义法治国家》,《求是》2015年第1期。
② 习近平:《加强党对全面依法治国的领导》,《求是》2015年第4期。
③ 在人类历史上,法治的力量是更加久远深入强大的力量,是国家强盛和文明进步最重要的世界性历史性标志。拿破仑说过:"我真正的荣耀不在于赢得了四十来场战役,滑铁卢战役抹掉了所谓的胜利,那真正不能被从记忆中擦去的,将永存于世的,是我的民法典"——《拿破仑法典》。德国历史法学派的代表性人物耶林在《罗马法的精神》中说"罗马帝国曾经三次征服世界,第一次以武力,第二次以宗教(天主教),第三次以法律,武力因罗马帝国的灭亡而消失,宗教随着人民思想觉悟的提高、科学的发展而缩小了影响,惟有法律征服世界是最为持久的征服"。
④ 习近平:《加强党对全面依法治国的领导》,《求是》2019年第4期。

路，通过推进全面依法治国、加快建设法治体系和法治国家，使中华民族和中华人民共和国日益强盛起来；二是把法治文明状况和国家法治实力作为建设社会主义现代化强国的一项重要内容、作为国家治理体系和治理能力现代化的一个重要指标，成为现代化强国建成与否的重要衡量标准；三是通过全面依法治国的目标指引、规范促进和制度保障，实施法治强国战略，落实法治强国规划，实现法治强国理想。

◇ 第二节　建设社会主义法治国家的历史性成就

一　全面依法治国提到战略新高度

党的十八大以来，我们党更加重视依法治国，更加注重法治在现代化建设和治国理政中的重要作用，明确提出全面推进依法治国、加快建设社会主义法治国家的战略任务，并把全面依法治国提到"四个全面"战略布局的新高度，开启了加快建设法治中国的新征程。

党的十九大作出中国特色社会主义进入新时代的重大战略判断，确立了中国社会主义现代化建设和改革发展新的历史方位，进一步确立了全面推进依法治国、建设法治中国新的战略高度，开启了新时代中国特色社会主义法治新征程。总体来看，党的十九大从历史与逻辑两大维度，把建设社会主义法治国家提到了新的战略高度。一是历史维度。党的十八大以来的五年，我们党领导人民推进全面依法治国，中国特色社会主义民主法治建设迈出重大步伐，在八个方面取得显著成就；全面依法治国是"四个全面"战略布局的重要组成部分，未来要坚定不移推进全面依法治国，加快建设社会主义法治国家，到2035年达成"人民平等参与、平等发展权利得到充分保障，法治国家、法治政府、法治社会基本建成，各方面制度更加完善，国家治理体系和治理能力现代化基本实现"的战略目标。二是逻辑维度。建设社会主义现代化强国，必须坚持全面依法治国，加快建设中国特色社会主义法治体系、建设社会主义法治国家，从全面推进科学立法、严格执法、公正司法、全民守法等八个方面，深化新时代的依法治国实践。党的十九大的这些新目标和新要求，进一步强化了全面依法治国在坚持和发展中国特色社会主义实践进程中的历史方位和战略地位，提升了新时代全面依法治国的时代特征和战略高度。

全面依法治国是完善和发展中国特色社会主义制度、推进国家治理体系和治理能力现代化的重大战略问题。我们要站在党和国家事业发展和人民整体利益的战略高度和全局角度，深刻认识和准确把握全面依法治国的战略定位。全面依法治国是党领导人民治国理政的基本方略。如何治好国理好政、实现"两个一百年"奋斗目标，是中国共产党新时代执政兴国必须面对和解决的重大时代课题。习近平总书记明确指出，"必须坚持把依法治国作为党领导人民治理国家的基本方略、把法治作为治国理政的基本方式，不断把法治中国建设推向前进"。[①] 坚持把依法治国作为治国理政的基本方略、把法治作为基本方式，是我们党领导人民在社会主义革命、建设和改革实践探索中得出的重要结论和作出的重大抉择。坚持依法治国基本方略，并不排斥政治领导、组织保障、方针政策指导、发动依靠群众、思想政治教育等的重要作用，而是强调应形成诸种政略方略共治的国家治理体系，

[①] 习近平：《在庆祝全国人民代表大会成立60周年大会上的讲话》，人民出版社2014年版，第8页。

其中依法治国是基本治国方略；确立法治为基本方式，并不排斥道德、纪律、行政、经济、乡规民约等方式方法的重要作用，而是强调要综合运用多种规范手段，形成规范共治体系，其中法治是基本治国方式。加强法治建设，推进全面依法治国，既要警惕法治虚无主义，也要防止法治万能主义，确保全面依法治国沿着正确方向推进。

全面依法治国是统筹推进"五位一体"总体布局的重要抓手。统筹推进经济建设、政治建设、文化建设、社会建设和生态文明建设，是中国共产党着眼于全面建成小康社会、实现社会主义现代化和中华民族伟大复兴，对推进中国特色社会主义事业作出的总体布局。要推动中国经济社会持续健康发展，不断开拓中国特色社会主义事业更加广阔的发展前景，必须全面推进社会主义法治国家建设，为解决各方面问题提供法治化方案。要实现经济发展、政治清明、文化昌盛、社会公正、生态良好，必须更好发挥法治的引领和规范作用，统筹推进法治经济、法治政治、法治文化、法治社会和生态法治建设；必须充分发挥全面依法治国的统筹和抓手作用，用法治思维和法治方式把"五位"整合为"一体"，纳入宪法框架和法治轨道，统筹建设、一体推进。

全面依法治国是"四个全面"战略布局的重要组成部分。"四个全面"战略布局的提出和形成，把全面依法治国提到了党和国家战略布局的新高度，赋予了新时代全面依法治国新的战略角色和战略使命。这个战略布局，既有战略目标，也有战略举措，每一个"全面"都具有重大战略意义。从"四个全面"战略布局看，做好全面依法治国各项工作意义十分重大。没有全面依法治国，就治不好国、理不好政，战略布局就会落空。要把全面依法治国放在"四个全面"的战略布局中来把握，深刻认识全面依法治国同其他"三个全面"的关系，"我们党把全面依法治国纳入'四个全面'战略布局，就是要为全面建成小康社会、全面深化改革、全面从严治党提供长期稳定的法治保障……在'四个全面'中，全面依法治国具有基础性、保障性作用"①，努力做到"四个全面"相辅相成、相互促进、相得益彰。实现"两个一百年"的奋斗目标，把中国全面建成小康社会，在法治轨道上推进全面深化改革，推进从严治党、依规治党、制度治党，都需要从法治上提供可靠保障和根本遵循。

全面依法治国是实现国家治理体系和治理能力现代化的重要依托。推进国家治理现代化，是全面深化改革的根本目标，也是推进全面依法治国的基本追求。全面依法治国具有基础性、保障性作用，法治具有固根本、稳预期、利长远的保障作用。② 推进国家治理现代化，必须坚持和推进全面依法治国，为党和国家事业发展提供根本性、全局性、长期性的制度保障。建设中国特色社会主义法治体系，是完善和发展中国特色社会主义制度、推进国家治理现代化的重要方面，是国家治理体系的骨干工程。推进国家治理体系现代化，形成一整套系统完备、科学规范、运行有效、成熟定型的国家制度体系，就要建设更加科学完善的法治体系；推进国家治理能力现代化，提高运用国家制度体系治党治国治军的能力，就要切实实施宪法和法律，切实遵守党章及其他党内法规，不断提高运用全面依法治国基本方略治国理政的法治能力和整体水平。

---

① 习近平：《加强党对全面依法治国的领导》，《求是》2019年第4期。
② 参见习近平总书记2018年8月24日在中央全面依法治国委员会第一次会议上的重要讲话，新华网，2018年8月24日。

二 中国特色社会主义法治建设迈出重大步伐

党的十八大以来,在习近平新时代中国特色社会主义思想的指引下,全面依法治国在各领域、各环节深入推进,一系列重大举措有力展开,依法治国基本方略在各领域、各地方得到全面落实,中国特色社会主义法律体系不断完善发展,法治政府建设成绩突出,司法权威和司法公信力不断提高,人权法治保障不断加强,全社会法治观念得到普遍提高,开辟了全面依法治国理论和实践的新境界,中国特色社会主义法治建设迈出重大步伐,取得了显著成就。

党的十九大报告指出,五年来民主法治建设迈出新步伐,积极发展社会主义民主政治,推进全面依法治国,党的领导、人民当家作主、依法治国有机统一的制度建设全面加强,党的领导体制机制不断完善。科学立法、严格执法、公正司法、全民守法深入推进。法治国家、法治政府、法治社会建设相互促进。以宪法为核心的中国特色社会主义法治体系日益完善。全社会法治观念明显增强。依法行政、司法体制改革、权力运行制约和监督体系建设有效实施。

依规治党深入党心,依法治国才能深入民心。在依规治党方面,我们党着眼于全面从严治党的战略布局,先后对制度建党、制度治党、依规治党等重大事项作出部署。党的十八届三中全会提出,要紧紧围绕提高科学执政、民主执政、依法执政水平深化党的建设制度改革;四中全会把形成完善的党内法规体系规定为建设中国特色社会主义法治体系的重要部分和全面推进依法治国总目标的重要内容;五中全会提出,必须坚持依法执政,全面提高党依据宪法法律治国理政、依据党内法规管党治党的能力和水平,把依规治党的重要性提高到了确保"制度治党"的前所未有的高度；六中全会开启了全面从严治党、制度治党、依规治党的新征程。党的十八大以来，我们制定和修订了140多部中央党内法规，出台了一批标志性、关键性、基础性的法规制度，有规可依的问题基本得到解决，下一步的重点是执规必严，使党内法规真正落地。① 党的十八大以来的五年，立案审查中管干部240人，处分223人，移送司法机关105人。按照"形成完善的党内法规体系"的要求，共制定、修订了66部中央党内法规，占168部现行有效的中央党内法规的四成，出台了一批标志性、关键性、基础性的法规制度，为全面从严治党提供了坚实的制度保障，初步形成了指导思想明确、规范效力清晰、结构相对完整、门类比较齐全的党内法规制度体系。

在科学立法方面，强调全面依法治国首先要有法可依，坚持立法先行，发挥立法引领和推动作用；全面贯彻实施宪法是建设社会主义法治国家的首要任务和基础性工作；实现立法和改革决策相衔接，做到重大改革于法有据、立法主动适应改革发展需要；完善科学立法、民主立法机制，抓住提高立法质量这个关键，使社会主义法治成为良法善治；提出健全有立法权的人大主导立法工作的体制机制，发挥人大及其常委会在立法工作中的主导作用；立法人员必须具有很高的思想政治素质，具备遵循规律、发扬民主、加强协调、凝聚共识的能力等，为新时期加强和改进立法工作提供了重要指导。② 党的十八大以来的五年，共制定或修改法律48部、行政法规42部、地方性法规2926部、规章3162部，同时通过"一揽子"方式，先后修订法律57部、行政法规130部，启动了民法典编纂、颁布了《民法总则》，中

---

① 习近平：《加强党对全面依法治国的领导》，《求是》2019年第4期。
② 乔晓阳：《十八大以来立法工作的新突破》，《求是》2017年11期。

国特色社会主义法律体系日益完备。① 截至2018年12月,全国人大及其常委会制定的现行有效法律269部,国务院制定的现行有效行政法规800多部,有立法权的地方人大及其常委会制定的地方性法规12000多部,以宪法为核心的中国特色社会主义法律体系更加完备。

在建设法治政府方面,党的十八大把基本建成法治政府确定为到2020年全面建成小康社会的重要目标。党的十八届四中全会把深入推进依法行政、加快建设法治政府确定为全面推进依法治国的重大任务,要求各级政府必须坚持在党的领导下、在法治轨道上开展工作,建立权责统一、权威高效的依法行政体制,加快建设职能科学、权责法定、执法严明、公开公正、廉洁高效、守法诚信的法治政府,为加快建设法治政府指明了方向,明确了任务。各地区、各部门认真组织落实,法治政府建设稳步推进,取得了重大成就。按照法治政府建设的路线图,五年来,"放管服"改革持续推进,国务院先后取消、下放行政审批事项618项,彻底终结了非行政许可审批,极大地激发了市场和社会活力;清单管理全面实行,31个省级政府公布了省市县三级政府部门权力和责任清单;国务院各部门设置的职业资格削减70%以上,中央层面核准的投资项目数量累计减少90%。政府法律顾问制度普遍建立,行政决策科学化、民主化、法治化水平进一步提高;行政执法体制改革深入推进,严格规范公正文明执法水平明显提升;法治政府建设考核评价制度正在建立,督促检查力度显著加强。②

---

① 袁曙宏:《党的十八大以来全面依法治国的重大成就和基本经验》,《求是》2017年第11期。
② 张维:《把权力关进制度的笼子里——党的十八大以来法治政府建设综述》,《法制日报》2017年8月25日。

在司法体制改革方面,紧紧围绕维护社会公平正义,抓紧落实有关改革举措,取得了重要进展,改革主体框架基本确立。司法责任制改革全面推开,以审判为中心的刑事诉讼制度改革深入推进,省以下地方法院、检察院人财物统一管理逐步推行,干预司法记录、通报和责任追究制度制定实施,知识产权法院、最高人民法院巡回法庭、跨行政区划法院检察院设立,实行了立案登记制,废止了劳教制度,一批重大冤假错案得到坚决纠正,司法职权配置不断优化,执法司法规范化建设进一步加强。司法质量、效率和公信力大幅提升,人民群众对司法领域公平正义的获得感明显增强。[①] 党的十八大以来,政法战线坚持正确改革方向,敢于啃硬骨头、涉险滩、闯难关,做成了想了很多年、讲了很多年但没有做成的改革,司法公信力不断提升,对维护社会公平正义发挥了重要作用。截至2018年3月,由最高人民法院牵头的18项改革任务已经完成,全面深化人民法院改革意见提出的65项改革举措全面推开,做成了想了很多年、讲了很多年但没有做成的改革,人民法院司法改革取得重要阶段性成效;由最高人民检察院承担的29项改革任务全部完成或结项,司法改革呈现全面发力、多点突破、纵深推进的局面。经过几年努力,新一轮司法体制改革的"四梁八柱"已经基本形成,一些重要改革已经完成,但由于司法改革在国家法治建设中"牵一发而动全身",司法体制改革仍需深入推进,尤其是深入推进综合配套改革。

与此同时,也要清醒地看到,推进全面依法治国的工作还存在许

[①] 袁曙宏:《党的十八大以来全面依法治国的重大成就和基本经验》,《求是》2017年第11期。

多不足，也面临不少困难和挑战①，主要表现在"社会矛盾和问题交织叠加，全面依法治国任务依然繁重，国家治理体系和治理能力有待加强"等方面②。

---

① 例如，据一项调查研究显示，在党内法规执行力建设方面，还存在以下主要问题。一是对抓党内法规执行重视不够，存在重领导轻制度、重制定轻执行的惯性思维。二是对抓党内法规执行标准不高、能力不强，存在形式主义、官僚主义、本领恐慌等问题。三是党内法规学习宣传仍是短板，存在不尊规、不知规、不懂规的问题，对法规的尊崇和信仰有较大差距。四是对党内法规执行的监督不到位，存在监督乏力、评估缺失、问责不严等问题。参见中央办公厅法规局课题组《党内法规执行力建设调研报告》，《党内法规研究》2018年第4期。

② 例如，2018年3月，在向全国人民代表大会所作的工作报告中，最高人民法院院长周强指出，人民法院工作还存在不少问题和困难：一是司法理念、司法能力、工作机制等与新时代形势发展和人民群众需求相比还有不小差距；二是司法体制改革仍需进一步深化，一些关联度高、相互配套的改革举措推进不同步，改革的系统性、整体性、协同性有待进一步增强；三是基层基础建设还存在薄弱环节，有的法院队伍断层、人才流失问题较为突出，基层司法能力有待进一步提升，最高人民法院对下监督指导机制还需完善；四是内部监督机制尚待进一步健全，司法作风不正、司法行为不规范问题仍然存在，反腐败斗争形势依然严峻复杂，有的法官徇私枉法、以案谋私，严重损害司法公正；五是人民法院受理案件数量呈逐年攀升态势，一些法院办案压力巨大，有的法官长年超负荷工作，身心状况堪忧；六是司法人员履职保障还需加强，司法环境有待进一步改善。2018年3月，在向全国人民代表大会所作的工作报告中，最高人民检察院曹建明检察长指出，全国检察工作还存在许多不足，也面临不少困难和挑战：一是对社会主要矛盾变化给检察工作带来的机遇挑战，对新时代人民群众在民主、法治、公平、正义、安全、环境等方面日益增长的需要，认识有待进一步提升，措施需要进一步完善，服务经济社会发展、回应人民期待的及时性、有效性有待进一步增强；二是检察工作发展不平衡，法律监督职能发挥还不充分，一些地方民事、行政、刑事执行检察工作仍较薄弱，国家监察体制改革和公益诉讼立法使检察职能发生新的变化，需要进一步调整和适应；三是司法责任制改革需要进一步深化，综合配套改革措施不够完善，思想政治工作存在薄弱环节；四是检察队伍素质能力还不能完全适应新时代要求，金融、知识产权、生态环境、信息网络等专业人才缺乏；五是违法违纪、司法不规范等问题时有发生，极少数领导干部和检察人员以案谋私、以案谋钱。

三　党对全面依法治国的统一领导不断加强

党的十九大明确提出，党政军民学，东西南北中，党是领导一切的。必须增强政治意识、大局意识、核心意识、看齐意识，自觉维护党中央权威和集中统一领导，自觉在思想上、政治上、行动上同党中央保持高度一致，完善坚持党的领导的体制机制，坚持稳中求进的工作总基调，统筹推进"五位一体"总体布局，协调推进"四个全面"战略布局，提高党把方向、谋大局、定政策、促改革的能力和定力，确保党始终总揽全局、协调各方。

党的十八大以来，把党对一切工作领导的原则贯彻落实到全面依法治国的全过程和各方面，党对全面依法治国的统一领导，从思想观念、制度规范到实践贯彻的各个方面、各个领域、各个层次，得到全方位的不断加强。

一是旗帜鲜明地强调和坚持党对全面依法治国的统一领导。坚持党的领导是中国社会主义法治建设的一条基本经验。习近平总书记指出，全面推进依法治国这件大事能不能办好，最关键的是方向是不是正确、政治保证是不是坚强有力，具体讲就是要坚持党的领导，坚持中国特色社会主义制度，贯彻中国特色社会主义法治理论。

二是正确把握和深刻理解党和法治的关系。党和法治的关系是法治建设的核心问题。党的领导和社会主义法治是一致的，社会主义法治必须坚持党的领导，党的领导必须依靠社会主义法治。而"党大还是法大"是一个政治陷阱，是一个伪命题。因为不论我们怎么回答"党大还是法大"的问题，都会陷入两难困境。我们回答说"党大"，人家就会攻击说你们主张"把党凌驾于法之上、以党代法、以党治国";我们如果回答说"法大",人家又会说既然如此,那还要党的领导干什么?① 中国宪法确立了中国共产党的领导地位。只有在党的领导下依法治国、厉行法治,人民当家作主才能充分实现,国家和社会生活法治化才能有序推进。加强和改进党对全面推进依法治国的领导,必须把依法治国基本方略同依法执政基本方式统一起来,把党总揽全局、协调各方同人大、政府、政协、审判机关、检察机关依法依章程履行职能、开展工作统一起来,把党领导人民制定和实施宪法法律同党坚持在宪法法律范围内活动统一起来,善于使党的主张通过法定程序成为国家意志,善于使党组织推荐的人选通过法定程序成为国家政权机关的领导人员,善于通过国家政权机关实施党对国家和社会的领导,善于运用民主集中制原则维护中央权威、维护全党全国团结统一。必须把坚持党的领导、人民当家作主、依法治国有机统一起来是中国社会主义法治建设的一条基本经验。中国宪法以根本法的形式反映了党带领人民进行革命、建设、改革取得的成果,确立了在历史和人民选择中形成的中国共产党的领导地位。对这一点,要理直气壮讲、大张旗鼓讲。要向干部群众讲清楚我国社会主义法治的本质特征,做到正本清源、以正视听。

三是全面依法治国是中国特色社会主义的本质要求和重要保障,必须把党的领导贯彻落实到依法治国的全过程和各方面,坚定不移走中国特色社会主义法治道路。依法执政,既要求党依据宪法法律治国理政,也要求党依据党内法规管党治党。"坚持党的领导,不是一句空的口号,必须具体体现在党领导立法、保证执法、支持司法、带头

---

① 参见李志昌《"党大还是法大"暗藏思维陷阱》,《中国社会科学报》2015年第725期。

守法上。"①

四是坚持党对政法工作的绝对领导。2018年1月习近平总书记明确提出，全国政法战线深入学习贯彻党的十九大精神，强化"四个意识"，坚持党对政法工作的绝对领导，坚持以人民为中心的发展思想，增强工作预见性、主动性，深化司法体制改革，推进平安中国、法治中国建设，加强队伍建设，深化智能化建设，严格执法、公正司法，履行好维护国家政治安全、确保社会大局稳定、促进社会公平正义、保障人民安居乐业的主要任务，努力创造安全的政治环境、稳定的社会环境、公正的法治环境、优质的服务环境，增强人民群众获得感、幸福感、安全感。政法委员会是党委领导政法工作的组织形式，必须长期坚持。各级党委政法委员会要把工作着力点放在把握政治方向、协调各方职能、统筹政法工作、建设政法队伍、督促依法履职、创造公正司法环境上，带头依法办事，保障宪法法律正确统一实施。政法机关党组织要建立健全重大事项向党委报告制度。加强政法机关党的建设，在法治建设中充分发挥党组织政治保障作用和党员先锋模范作用。2019年1月，在中央政法工作会议上，习近平总书记再次强调，要坚持以新时代中国特色社会主义思想为指导，坚持党对政法工作的绝对领导，坚持以人民为中心的发展思想，加快推进社会治理现代化，加快推进政法领域全面深化改革……不断谱写政法事业发展新篇章。②《中国共产党政法工作条例》把"坚持党的绝对领导，把党的领导贯彻到政法工作各方面和全过程"，明确规定为政法工作应当坚持的一项基本原则。

---

① 习近平：《加快建设社会主义法治国家》，《求是》2015年第1期。
② 参见习近平总书记2019年1月15日至16日在中央政法工作会议上的重要讲话，新华网，2019年1月16日。

五是坚持全面依法治国，必须把党的领导贯彻落实到依法治国全过程和各方面。① 把党的领导贯彻到依法治国全过程和各方面，是中国社会主义法治建设的一条基本经验。习近平总书记在中央全面依法治国委员会第一次会议上提出，当前我国正处于实现"两个一百年"奋斗目标的历史交会期，坚持和发展中国特色社会主义更加需要依靠法治，更加需要加强党对全面依法治国的领导……继续推进党的领导制度化、法治化，把党的领导贯彻到全面依法治国全过程和各方面。② 党的十九大报告明确要求，我们党要增强依法执政本领，增强政治领导本领，坚持战略思维、创新思维、辩证思维、法治思维、底线思维，科学制定和坚决执行党的路线方针政策，把党总揽全局、协调各方落到实处。③

六是健全党领导依法治国的制度和工作机制，完善保证党确定依法治国方针政策和决策部署的工作机制和程序。加强对全面推进依法治国统一领导、统一部署、统筹协调。完善党委依法决策机制，发挥政策和法律的各自优势，促进党的政策和国家法律互联互动。党委要定期听取政法机关工作汇报，做促进公正司法、维护法律权威的表率。党政主要负责人要履行推进法治建设第一责任人职责。各级党委要领导和支持工会、共青团、妇联等人民团体和社会组织在依法治国中积极发挥作用。

七是统筹推进依法治国与依规治党。加强党内法规制度建设是全

---

① 习近平：《决胜全面建成小康社会　夺取新时代中国特色社会主义伟大胜利——在中国共产党第十九次全国代表大会上的报告》，人民出版社2017年版，第22、38页。

② 参见习近平总书记2018年8月24日在中央全面依法治国委员会第一次会议上的重要讲话，新华网，2018年8月24日。

③ 习近平：《决胜全面建成小康社会　夺取新时代中国特色社会主义伟大胜利——在中国共产党第十九次全国代表大会上的报告》，人民出版社2017年版，第68页。

面从严治党的长远之策、根本之策。我们党要履行好执政兴国的重大历史使命、赢得具有许多新的历史特点的伟大斗争胜利、实现党和国家的长治久安，必须坚持依法治国与制度治党、依规治党统筹推进、一体建设。"要发挥依法治国和依规治党的互补性作用，确保党既依据宪法法律治国理政，又依据党内法规管党治党、从严治党。"① 党内法规既是管党治党的重要依据，也是建设社会主义法治国家的有力保障。党章是最根本的党内法规，全党必须一体严格遵行。完善党内法规制定体制机制，加大党内法规备案审查和解释力度，形成配套完备的党内法规制度体系。注重党内法规同国家法律的衔接和协调，提高党内法规执行力，运用党内法规把党要管党、从严治党落到实处，促进党员、干部带头遵守国家法律法规。

八是提高党员干部法治思维和依法办事能力。党员干部是全面推进依法治国的重要组织者、推动者、实践者，要自觉提高运用法治思维和法治方式深化改革、推动发展、化解矛盾、维护稳定能力，高级干部尤其要以身作则、以上率下。把法治建设成效作为衡量各级领导班子和领导干部工作实绩的重要内容，纳入政绩考核指标体系。把能不能遵守法律、依法办事作为考察干部的重要内容，在相同条件下，优先提拔使用法治素养好、依法办事能力强的干部。对特权思想严重、法治观念淡薄的干部要批评教育，不改正的要调离领导岗位。

九是组建中央全面依法治国委员会。党的十九大报告提出：成立中央全面依法治国领导小组，加强对法治中国建设的统一领导。《深化党和国家机构改革方案》进一步明确：组建中央全面依法治国委员

---

① 习近平：《加强党对全面依法治国的领导》，《求是》2019年第4期。

会。习近平总书记指出:"党中央决定组建中央全面依法治国委员会,这是我们党历史上第一次设立这样的机构,目的是加强党对全面依法治国的集中统一领导,统筹推进全面依法治国工作。"成立中央全面依法治国委员会具有重大意义:第一,这是贯彻落实党的十九大精神,加强党对全面依法治国集中统一领导的需要;第二,这是研究解决依法治国重大事项、重大问题,协调推进中国特色社会主义法治体系和社会主义法治国家建设的需要;第三,这是推动实现"两个一百年"奋斗目标,为实现中华民族伟大复兴中国梦提供法治保障的需要。[①]

◇ 第三节　开启建设社会主义法治强国新征程

一　以习近平总书记全面依法治国新理念新思想新战略作为法治建设的根本遵循

党的十八大以来,习近平总书记以中国特色社会主义法治道路、法治体系、法治实践、法治中国等重大理论概念为基础,围绕推进全面依法治国、建设法治中国作出一系列重要论述和重大判断,深刻回答了中国特色社会主义法治向哪里走、跟谁走、走什么路、实现什么目标、如何实现目标等一系列重大问题,形成了主题集中、主线鲜明、内容丰富、内涵深邃的习近平总书记全面依法治国新理念新思想新战略。

---

① 习近平:《加强党对全面依法治国的领导》,《求是》2019年第4期。

习近平总书记全面依法治国新理念新思想新战略是中国特色社会主义法治理论的灵魂，是中国特色社会主义道路的旗帜，其深刻蕴含和阐释的统筹布局的战略观、治国理政的方略观、公平正义的价值观、党法统一的政治观、人民为本的主体观、宪法至上的权威观、全面推进的系统观、良法善治的治理观、于法有据的改革观、依法治权的监督观、民族复兴的强国观、命运共同体的全球观等新思想，其提出的"十个坚持"的新理念新思想新战略，是马克思主义法治思想中国化的最新成果，是全面依法治国的根本遵循，必须长期坚持、不断丰富发展。

习近平总书记全面依法治国新理念新思想新战略，是以马克思列宁主义、毛泽东思想、邓小平理论、"三个代表"重要思想、科学发展观和新时代中国特色社会主义思想为指导，坚持"三者有机统一"，坚定不移走中国特色社会主义法治道路，坚决维护宪法法律权威，依法维护人民权益、维护社会公平正义、维护国家安全稳定，是为实现"两个一百年"奋斗目标、实现中华民族伟大复兴中国梦提供有力法治保障的中国特色社会主义法治理论体系。

习近平总书记全面依法治国新理念新思想新战略，明确了全面依法治国的指导思想、发展道路、工作布局、重点任务，是对马克思列宁主义经典作家关于国家与法学说的中国化继承和最新发展，是对全面依法治国和中国特色社会主义法治最新实践的科学总结和理论升华，是全党全国人民为建设社会主义现代化法治强国、实现中华民族伟大复兴而奋斗的指导思想和行动指南。

推进全面依法治国、建设法治强国的新征程，必须坚定不移地坚持以习近平总书记全面依法治国新理念新思想新战略为法治建设和政法工作的指导，坚定不移走中国特色社会主义法治道路，努力开创法治中国建设的新局面。

二　新时代推进全面依法治国的新形势新要求

(一) 新时代推进全面依法治国的新形势

经过长期努力，中国特色社会主义进入了新时代，这意味着近代以来久经磨难的中华民族迎来了从站起来、富起来到强起来的伟大飞跃，实现了从新纪元、新时期迈向新时代的历史巨变。

中国特色社会主义现代化建设进入新时代的重大战略判断，表明中国仍处于并将长期处于社会主义初级阶段的基本国情没有变，中国是世界最大发展中国家的国际地位没有变，但是，中国社会的主要矛盾已经从党的十一届六中全会提出的"人民日益增长的物质文化需要同落后的社会生产之间的矛盾"，转化为人民日益增长的美好生活需要和不平衡不充分的发展之间的矛盾。人民的美好生活需要，不仅对物质文化生活提出了更高要求，而且在民主、法治、公平、正义、安全、环境等方面的要求日益增长。新生活矛盾的变化，集中体现在"两个变化"上：一是从需求方来看，人民日益增长的"物质文化需要"已经转化为"美好生活需要"，而以"民主、法治、公平、正义、安全、环境"为主要内容的人民对美好生活的新需要，都直接或间接关涉法治及其涵盖的民主自由、公平正义、安全环保等政治文明的内容，基本上是广义的法律调整和法治运行需要面对的重大问题，是推进科学立法、严格执法、公正司法和全民守法应当高度重视和积极回应的现实问题，是建设法治国家、法治政府、法治社会、法治经济、法治文化、生态法治和深化依法治国实践亟待解决的根本问题；二是从供给方来看，"落后的社会生产"已经转化为"发展的不平衡不充分",这里的发展包括了政治发展、法治发展、社会发展、文化发展以及新发展理念要求的"五大发展",尤其是执政党引领法治发展的决策供给,国家权力机关立法体系的规则供给,国家行政机关执法运行的服务供给,国家司法机关居中裁判的正义供给,全体民众自觉守法的秩序供给,等等,基本上既存在法治供给不充分、不到位、不及时的问题,也存在法治供给和法治资源配置不平衡、不协调、不合理的问题。

新时代面临的新形势,要求把推进全面依法治国与中国共产党带领人民实现中华民族伟大复兴的崇高历史使命紧密结合起来、深度融合起来,把全面依法治国融入我们党进行伟大斗争、建设伟大工程、推进伟大事业、实现伟大梦想的历史洪流,成为实现中华民族站起来、富起来和强起来的法治守护神,成为统筹推进"五位一体"总体布局、协调推进"四个全面"战略布局的法治助推器,成为决胜全面建成小康社会、开启全面建设社会主义现代化国家新征程的法治定盘星。

新时代面临的新形势,要求推进全面依法治国必须始终坚持以习近平新时代中国特色社会主义思想为指导思想和行动指南,从理论和实践结合上系统回答新时代坚持和发展什么样的中国特色社会主义法治、怎样全面推进依法治国、建成法治中国等重大理论、制度和实践问题。习近平新时代中国特色社会主义思想,不仅是建设社会主义现代化强国的指导思想,而且是新时代全面深入推进依法治国、加快建设中国特色社会主义法治体系、建设社会主义法治国家、开启中国特色社会主义法治新征程的根本指导思想。将习近平新时代中国特色社会主义思想载入宪法,把党的指导思想转化为国家指导思想,充分反映了全党全国各族人民的共同意愿,体现了党的主张和人民意志的高度统一,对于巩固全党全国各族人民为实现中华民族伟大复兴而奋斗的共同思想基础,夺取新时代中国特色社会主义伟大胜利,具有重大的现实意义和深远的历史意义。

新时代面临的新形势,应当把党领导人民治国理政的依法治国基本方略与新时代坚持和发展中国特色社会主义的基本方略有机结合起来、完整统一起来。依法治国基本方略是党领导人民治国理政的基本方略,也是新时代坚持和发展中国特色社会主义的一条基本方略。依法治国基本方略与"十四个基本方略",两者的内涵外延不尽相同。任何时候都不能用依法治国基本方略取代或者否定新时代坚持和发展中国特色社会主义的基本方略,任何时候依法治国基本方略必须统一于"十四个基本方略"之中。坚持全面依法治国基本方略,应当与新时代坚持和发展中国特色社会主义的基本方略有机结合起来、完整统一起来,在习近平新时代中国特色社会主义思想"十四个基本方略"的理论指引下和整体格局中,重新认识和把握依法治国基本方略的现实定位和科学内涵。

新时代面临的新形势,必须坚定不移推进全面依法治国。推进全面依法治国涉及改革发展稳定、治党治国治军、内政外交国防等各个领域,必须立足全局和长远来统筹谋划,必须着眼于中华民族伟大复兴中国梦、实现党和国家长治久安来长远考虑,用不断完善的法治体系促进和保障党和国家治理体制更加成熟、更加定型,为党和国家事业发展、为人民幸福安康、为社会和谐稳定提供一整套更完备、更稳定、更管用的制度体系。必须坚定不移推进法治领域改革,坚决破除束缚全面推进依法治国的体制机制障碍。不仅政法机关各部门要跳出自己的"一亩三分地",而且全面依法治国关涉的其他各系统、各部门、各地方、各单位,也要跳出"部门本位

"地方本位""系统本位"等窠臼，破除一切束缚推进全面依法治国的体制机制障碍。

（二）新时代推进全面依法治国的新要求

党的十九大从中国特色社会主义法治道路、理论、制度、文化等方面，对新时代推进全面依法治国提出了一系列新要求。

一是坚定不移走中国特色社会主义法治道路。中国特色社会主义法治道路是中国特色社会主义道路在法治领域的具体体现，是建设社会主义法治国家的唯一正确道路。坚持中国特色社会主义法治道路，最根本的是坚持党的领导。为了加强对法治中国建设的统一领导，党的十九大决定成立中央全面依法治国领导小组（委员会），发挥党在法治领域总揽全局、协调各方的领导作用，把党的领导贯彻落实到依法治国全过程和各方面。

二是完善以宪法为核心的中国特色社会主义法律体系。以习近平同志为核心的党中央丰富和发展了完善法律体系的理论，阐明了新形势下立什么样的法、怎样立法这一重大命题，为立法工作和立法体制改革指明了方向。党的十九大明确提出以良法促进发展、保障善治，将科学立法、民主立法的原则发展为科学立法、民主立法、依法立法，体现了我们党对立法工作重要意义和立法规律的深入认识，必将推动中国特色社会主义法律体系进一步发展完善。

三是建设中国特色社会主义法治体系、建设社会主义法治国家。这既是全面推进依法治国的总目标，也是新时代全面依法治国基本方略的重要内容，对全面推进依法治国具有纲举目张的重要意义。其中，建设中国特色社会主义法治体系，既是总目标的重要组成部分，又是实现总目标的总抓手。中国特色社会主义法律体系形成后，中国法治建设的总抓手转向建设中国特色社会主义法治体系，体现了我们党对法治建设规律认识的不断深化，体现了全面推进依法治国的整体要求。

四是发展中国特色社会主义法治理论。党的十八大以来，习近平总书记结合现阶段中国国情和推进国家治理现代化、建设法治中国的丰富实践，提出了一系列开创性的全面依法治国新理念新思想新战略，创造性地发展了中国特色社会主义法治理论，为社会主义法治建设开新局、谱新篇提供了强大思想武器和科学行动指南。中国特色社会主义进入新时代，中国社会主要矛盾已经转化为人民日益增长的美好生活需要和不平衡不充分的发展之间的矛盾，人民在民主、法治、公平、正义、安全、环境等方面的要求日益增长。这些要求在一定程度上与法治问题息息相关，蕴含着理论创新的巨大动力、潜力和活力。我们要始终保持与时俱进的马克思主义理论品格，不断推进中国特色社会主义法治理论创新发展。

五是坚持依法治国、依法执政、依法行政共同推进，法治国家、法治政府、法治社会一体建设。党的十八大以来，法治国家、法治政府、法治社会一体建设、相互促进，取得显著成效。党的十九大在两个阶段的战略安排中明确指出，到 2035 年法治国家、法治政府、法治社会基本建成，各方面制度更加完善，国家治理体系和治理能力现代化基本实现；到 21 世纪中叶，实现国家治理体系和治理能力现代化。这为法治中国建设进一步指明了方向，明确了目标。

六是坚持依法治国和以德治国相结合。法安天下，德润人心。治理国家、治理社会必须一手抓法治、一手抓德治，既要重视发挥法律的规范作用，又要重视发挥道德的教化作用，在把法治作为治国理政基本方式的同时，注重弘扬社会主义核心价值观，着力实现法律和道德相辅相成、法治和德治相得益彰。

七是坚持依法治国与依规治党有机统一。以习近平同志为核心的党中央高度重视党内法规同国家法律的衔接和协调。"坚持依法治国与制度治党、依规治党统筹推进、一体建设。"党的十九大将"依法治国和依规治党有机统一"作为全面依法治国基本方略的重要内容，并提出要加快形成覆盖党的领导和党的建设各方面的党内法规制度体系，增强党依法执政的本领。

八是深化司法体制改革。以习近平同志为核心的党中央把深化司法体制改革作为全面推进依法治国的重中之重，以建设公正高效权威的社会主义司法制度为目标，以提高司法公信力为根本尺度，以"让人民群众在每一个司法案件中感受到公平正义"为检验标准，深刻阐释司法体制重大理论问题，使中国司法体制改革呈现出前所未有的力度、广度和深度。党的十九大将"深化司法体制改革"写入全面依法治国基本方略，必将推动司法体制改革进入新阶段。

九是提高全民族法治素养和道德素质。以习近平同志为核心的党中央高度重视全民法治观念的增强和思想道德素质的提升，把全民普法和守法作为全面依法治国的长期基础性工作。党的十九大明确提出提高全民族法治素养和道德素质，并把培育和践行社会主义核心价值观、加强思想道德建设作为新时代文化建设的重点任务。

三 新时代建设现代化法治强国的新目标新任务

（一）新时代建设现代化法治强国的新目标

建设法治现代化强国的新目标，是从属于并决定于党和国家在新时代的整体战略目标的。党的十九大指出，改革开放之后，我们党对中国社会主义现代化建设作出战略安排，提出"三步走"战略目标。据此，新时代建设中国特色社会主义现代化法治强国，我们党提出了三个阶段性法治建设目标。

一是党的十八大以来，我们党提出到 2020 年实现全面建成小康社会的战略目标时，提出了新时代建设现代化法治强国第一阶段的奋斗目标，这就是到 2020 年，要实现"依法治国基本方略全面落实，中国特色社会主义法律体系更加完善，法治政府基本建成，司法公信力明显提高，人权得到切实保障，产权得到有效保护，国家各项工作法治化"，总体上实现"全面法治小康"。

二是党的十九大明确提出，从 2020 年到 2035 年，在全面建成小康社会的基础上，再奋斗十五年，基本实现社会主义现代化。到那时，我国经济实力、科技实力将大幅跃升，跻身创新型国家前列；人民平等参与、平等发展权利得到充分保障，法治国家、法治政府、法治社会基本建成……中华文化影响更加广泛深入；等等。与此相适应，应当在基本实现社会主义现代化的同时，把中国基本建成现代化法治强国，即我们党和国家顶层设计提出的全面建设法治中国的各项战略任务和重大改革举措顺利完成，新时代中国特色社会主义法治理论发展、法治体系建设、法治实践推进达成预定目标，一整套更加完善的制度体系基本形成，党和国家治理体系和治理能力现代化基本实现。在把经济建设、政治建设、文化建设、社会建设、生态文明建设纳入法治轨道，用政治思维和法治方式推进全面深化改革、全面依法治国、全面从严治党、全面从严治军取得新成就，在基本实现社会主义现代化的进程中，基本建成法治国家、法治政府、法治社会，基本建成现代化法治强国。

三是从 2035 年到 21 世纪中叶，在基本实现现代化的基础上，再奋斗十五年，把中国建成富强民主文明和谐美丽的社会主义现代化强国。应当在把中国建成富强民主文明和谐美丽的社会主义现代化强国的同时，把中国全面建成现代化法治强国。

在建设社会主义现代化法治强国的指导思想上，党的十九大在提出习近平新时代中国特色社会主义思想的"八个明确"中，重申并明确"全面推进依法治国总目标是建设中国特色社会主义法治体系、建设社会主义法治国家"。根据党的十八届四中全会决定，全面推进依法治国，总目标是建设中国特色社会主义法治体系，建设社会主义法治国家。我们党提出推进全面依法治国的这个总目标，既明确了全面推进依法治国的性质和方向，又突出了全面推进依法治国的工作重点和总抓手。一是向国内外鲜明宣示我们将坚定不移走中国特色社会主义法治道路。二是明确全面推进依法治国的总抓手。全面推进依法治国涉及很多方面，在实际工作中必须有一个总揽全局、牵引各方的总抓手，这个总抓手就是建设中国特色社会主义法治体系。依法治国各项工作都要围绕这个总抓手来谋划、来推进。三是建设中国特色社会主义法治体系、建设社会主义法治国家是实现国家治理体系和治理能力现代化的必然要求，也是全面深化改革的必然要求，有利于在法治轨道上推进国家治理体系和治理能力现代化，有利于在全面深化改革总体框架内全面推进依法治国各项工作，有利于在法治轨道上不断深化改革。

（二）新时代建设法治强国的新任务

党的十八届四中全会制定了推进全面依法治国的顶层设计、路线图、施工图。党的十九大对新时代推进全面依法治国提出了新任务，明确到2035年，法治国家、法治政府、法治社会要基本建成。① 党的十九大为新时代深化依法治国实践、建设法治强国指明了前进方向、基本任务和实践路径。全面依法治国是国家治理的一场深刻革命,必须坚持厉行法治,推进科学立法、严格执法、公正司法、全民守法。成立中央全面依法治国领导小组(委员会),加强对法治中国建设的统一领导。加强宪法实施和监督,推进合宪性审查工作,维护宪法权威。推进科学立法、民主立法、依法立法,以良法促进发展、保障善治。建设法治政府,推进依法行政,严格规范公正文明执法。深化司法体制综合配套改革,全面落实司法责任制,努力让人民群众在每一个司法案件中感受到公平正义。加大全民普法力度,建设社会主义法治文化,树立宪法法律至上、法律面前人人平等的法治理念。各级党组织和全体党员要带头尊法、学法、守法、用法,任何组织和个人都不得有超越宪法法律的特权,绝不允许以言代法、以权压法、逐利违法、徇私枉法。我们要按照党中央的战略部署,奋力推进新时代全面依法治国基本方略的各项要务。

切实维护宪法权威,加强宪法实施和监督。党的十八大以来,以习近平同志为核心的党中央高度重视宪法作为根本大法在治国理政中的重要地位和作用,多次强调依法治国首先是依宪治国,依法执政关键是依宪执政,任何组织和个人都必须尊重宪法法律权威。党的十八届四中全会对"依宪治国"提出了一系列制度上的要求。在此基础上,党的十九大报告明确提出"推进合宪性审查工作"的要求,牵住了"依宪治国"的"牛鼻子"。宪法具有最高的法律地位、法律权威、法律效力。要加快形成完备的法律规范体系、高效的法治实施体系、严密的法治监督体系、有力的法治保障体系,形成完善的党内法

---

① 习近平:《加强党对全面依法治国的领导》,《求是》2019年第4期。

规体系，用科学有效、系统完备的制度体系保证宪法实施。要完善宪法监督制度，积极稳妥推进合宪性审查工作，加强备案审查制度和能力建设。应当按照党中央决策部署，进一步加强宪法实施和监督，切实维护宪法权威。

实现以良法促进发展、保障善治。"立善法于天下，则天下治；立善法于一国，则一国治。"中国共产党在反思古今中外各种法治模式的基础上，提出"法律是治国之重器，良法是善治之前提"。党的十九大提出"以良法促进发展、保障善治"，将立法与国家治理、社会发展有机统一起来，丰富和发展了良法善治思想。实现"良法善治"，要处理好改革与法治的关系，在法治轨道上推进改革，在改革过程中完善法治，不仅做到重大改革于法有据，而且做到特别重大的改革于宪有据。要及时修改完善宪法，为特别重大的改革提供宪法依据和宪法保障；要切实推进科学立法、民主立法、依法立法，不断提高立法质量，做好法律法规的立、改、废、释、授权工作，以立法引领、促进和保障各项改革顺利进行。

努力提升法治政府建设水平。党的十八大以来，在全面推进依法治国的号角声中，法治政府建设换挡提速，依法行政成为鲜明的时代特征。党的十九大充分肯定了五年来法治政府建设的成就，同时指出了法治政府建设的着力点。应当按照党的十九大部署，深入推进依法执政，做到严格规范公正文明执法，建设人民满意的服务型政府。

积极推进司法体制综合配套改革。党的十八大以来，各级政法机关按照党中央的决策部署，坚持正确改革方向，司法改革取得了阶段性成效，"四梁八柱"性质的改革主体框架基本确立。但相关的综合配套制度还需进一步完善。应当继续以让人民群众在每一个司法案件中感受到公平正义为目标，注重深化司法改革与现代科技相结合，加强正规化建设，打造对党忠诚的队伍，落实司法责任制，规范司法权力运行，强化监督制约，提升司法公信力，健全保障机制，提高职业化水平。

大力加强社会主义法治文化建设。随着中国特色社会主义文化写入党章，作为中国特色社会主义文化重要组成部分的法治文化建设也摆在了更加重要的位置。党的十九大将全民普法提升到法治文化建设的高度，提出要加大全民普法力度，树立宪法法律至上、法律面前人人平等的法治理念。习近平总书记明确提出，要加强宪法学习宣传教育，弘扬宪法精神、普及宪法知识，为加强宪法实施和监督营造良好氛围。[①] 宪法法律的权威源自人民的内心拥护和真诚信仰，加强宪法学习宣传教育是实施宪法的重要基础。要在全社会广泛开展尊崇宪法、学习宪法、遵守宪法、维护宪法、运用宪法的宣传教育，弘扬宪法精神，弘扬社会主义法治意识，增强广大干部群众的宪法意识，使全体人民成为宪法的忠实崇尚者、自觉遵守者、坚定捍卫者。要坚持从青少年抓起，把宪法法律教育纳入国民教育体系，引导青少年从小掌握宪法法律知识、树立宪法法律意识、养成遵法守法习惯。要完善国家工作人员学习宪法法律的制度，推动领导干部加强宪法学习，增强宪法意识，带头尊崇宪法、学习宪法、遵守宪法、维护宪法、运用宪法，做尊法学法守法用法的模范。应当按照党的十九大部署，深入开展全民普法工作，真正让法治理念深入人心，让法治成为一种信仰、成为全社会的生活方式和行为模式。

[①] 《学习宪法 尊崇宪法——三论宪法修改的重大意义》，《人民日报》2018年3月15日第1版。

第 一 章

改革开放与中国法治

◈ 第一节　改革开放与中国法治的历程

我们党高度重视法治建设。长期以来，特别是党的十一届三中全会以来，我们党深刻总结我国社会主义法治建设的成功经验和深刻教训，提出为了保障人民民主，必须加强法治，必须使民主制度化、法律化，把依法治国确定为党领导人民治理国家的基本方略，把依法执政确定为党治国理政的基本方式，积极建设社会主义法治。

1978年党的十一届三中全会解放思想、拨乱反正，做出了党和国家工作重心转移到经济建设上来的重大战略决策，开启了改革开放和建设社会主义现代化国家的新时期。对内改革、对外开放的40年，是探索和开辟中国特色社会主义道路的40年，是推进中国特色社会主义现代化建设、实现中华民族从富起来迈向强起来的40年，也是我们党领导人民发展社会主义民主、健全社会主义法治，从人治走向法制、从法制走向法治和依法治国，切实尊重和保障人权，不断推进全面依法治国、建设社会主义法治国家的40年。40年来，中国法治与改革开放始终紧密结合、相辅相成，相互促进、共同发展。变法就是改革，改革必须变法，变法与改革相辅相成。从某种意义上讲，改革开放40年的历史，就是一部中国法治不断变革、日趋完善和持续发展的"变法史"，是党领导人民走上法治道路、建设中国特色社会主义法治体系、建设社会主义法治国家的历史；换言之，40年中国法治的建设、发展和变法史，就是一部用法治引领、确认、规范、促进和保障改革开放和经济社会发展的法治史。没有改革开放原动力和内在需求，就不可能有中国特色社会主义法治和全面依法治国的成功实践；同样，没有法治和依法治国如影随形的重要保障，改革开放也难以取得真正的成功。从改变既有法律规则和秩序以适应改革开放需要的角度，有学者把我国40年改革开放进程说成古今中外历史上覆盖人口最多、持续时间最长、取得成就最大的"变法"。在党中央的集中统一领导下，"新政"与"变法"相互支持，相得益彰。在全面深化改革、全面依法治国的伟大进程中，改革开放成为法律发展的动力源泉，法律制度是改革开放的制度化保障，"双轮驱动""两翼齐飞"的效应体现了我国政治制度的优势。[①]

40年来，伴随着改革开放的不断发展和深入推进，中国法治建设走过了40年光辉历程，经历了四个发展时期，取得了前所未有的成就。

一 法治恢复和重建："文化大革命"结束至"八二宪法"颁布前

1976年"文化大革命"结束，党和国家开始了拨乱反正的工作。

[①] 信春鹰：《改革开放40年全国人大及其常委会的立法工作》，《求是》2019年第4期。

1978年12月18日，党的十一届三中全会召开。全会解放思想，深刻总结"文化大革命"的历史教训，将民主法治建设提到崭新的高度，在新中国法治史上具有里程碑意义。全会认为，为了保障人民民主，必须加强社会主义法制，使民主制度化、法律化，使这种制度和法律具有稳定性、连续性和极大的权威，做到有法可依，有法必依，执法必严，违法必究。从现在起，应当把立法工作摆到全国人民代表大会及其常务委员会的重要议程上来。检察机关和司法机关要保持应有的独立性；要忠实于法律和制度，忠实于人民利益，忠实于事实真相；要保证人民在自己的法律面前人人平等，不允许任何人有超于法律之上的特权。

新时期法治建设开端最明显的标志是1979年的大规模立法。1979年7月，五届全国人大二次会议审议通过了《刑法》《刑事诉讼法》《地方各级人大和地方各级人民政府组织法》《全国人大和地方各级人大选举法》《法院组织法》《检察院组织法》《中外合资经营企业法》等七部重要法律。邓小平同志在人大会议期间指出："这次全国人大开会制定了七个法律……我们的法律是太少了，成百个法律总要有的……现在只是开端。"[①] 1979年9月，中共中央发出《关于坚决保证刑法、刑事诉讼法切实实施的指示》（中发〔1979〕64号文件），指出《刑法》和《刑事诉讼法》的颁布对加强社会主义法治具有特别重要的意义。它们能否严格执行，是衡量是否实行社会主义法治的重要标志。中央64号文件被认为是中国社会主义法制建设新阶段的重要标志。与此同时，法院、检察院、公安、安全和司法行政等机构以及律师制度、公证制度、人民调解制度得到恢复和重建。1980

---

① 邓小平：《民主和法制两手都不能削弱》，载《邓小平文选》第二卷，人民出版社1994年版，第189页。

年1月,中央恢复成立了中央政法委员会。1982年7月,中国法学会成立。被"文化大革命"砸烂的法学研究机构、法学教育机构迅速得到重建并有所发展。

二 法治发展:"八二宪法"颁布至党的十四大前

党的十一届三中全会为新时期法治建设扫除了思想障碍,全面修改宪法成为当务之急。1980年9月,全国人大成立以叶剑英为主任委员的宪法修改委员会,在充分发扬民主的基础上,1982年12月4日五届全国人大五次会议通过了新宪法。"八二宪法"继承了"五四宪法"的基本原则,并根据新时期社会主义建设的需要,有许多重要改革和发展。例如,鉴于"文化大革命"肆意践踏宪法的历史教训,宪法序言和总纲第五条确立社会主义法治原则,规定了宪法的根本地位和宪法保障制度,以维护法制的统一和尊严。加强了最高国家权力机关常设机关的建设,扩大了全国人大常委会的职权,从而大大强化了全国人大的立法和监督职能。省、自治区、直辖市人大及其常委会有权制定地方性法规、自治条例和单行条例,还有监督地方"一府两院"的职责。宪法对公民的基本权利作了新的充实和更明确的规定,并加强了保障性措施。"八二宪法"是新中国法治史上的重要里程碑,为新时期法治建设的大厦立起了支柱,对新时期法治建设起到了极大的推动和保障作用。"八二宪法"颁布实施后,经过1988年、1993年、1999年和2004年、2018年五次必要修改,实现了宪法随着改革发展的推进而不断完善发展。

1985年11月5日,第六届全国人大常委会第十三次会议做出了《关于在公民中基本普及法律常识的决议》,翻开了把法律交给亿万人民的全民普法教育的历史新篇章。

这一时期，为了助推改革开放，保障社会主义现代化建设顺利进行，全国人大及其常委会把经济立法作为立法工作的重点，先后制定了《经济合同法》《统计法》《环境保护法（试行）》《海洋环境保护法》《水污染防治法》《中外合资经营企业法》《中外合作经营企业法》《外国企业所得税法》《商标法和专利法》，批准了《国家建设征用土地条例》和《广东省经济特区条例》。中国经济领域已有一些基本的法律，但是还不完备，还需要进一步制定一批重要的经济法律和对外经济合作方面的法律，保障对外开放和经济体制改革的顺利进行。[①]

三　确立和实施依法治国：党的十四大至党的十八大前

1992—2012 年，有三大事件载入史册。一是确立社会主义市场经济体制，社会主义市场经济法律体系初步构建；二是确立依法治国基本方略，法治观念初步在全党和全国人民中达成共识；三是确立坚持党的领导、人民当家作主和依法治国有机统一的基本原则，指明了中国特色社会主义法治建设的发展方向。在探索社会主义的道路上，第一次把市场经济和社会主义制度结合起来，第一次把党的领导、人民当家作主和依法治国结合起来，开创了中国特色社会主义理论和实践新的发展道路。

1992 年，党的十四大提出中国经济体制改革的目标是建立社会主义市场经济体制。与此相适应，要高度重视法治建设，加强立法工

[①] 陈丕显：《中华人民共和国第六届全国人民代表大会常务委员会报告》（1985 年）。

作，建立和完善社会主义市场经济法律体系，特别是抓紧制订与完善保障改革开放、加强宏观经济管理、规范微观经济行为的法律和法规，这是建立社会主义市场经济体制的迫切要求。1993年八届全国人大一次会议通过《宪法修正案》，将建设有中国特色社会主义的理论和改革开放、社会主义市场经济等以根本法的形式固定下来。

1997年，党的十五大把依法治国确立为党领导人民治国理政的基本方略。1999年3月九届全国人大二次会议通过的《宪法修正案》，把邓小平理论的指导思想地位、依法治国基本方略、国家现阶段基本经济制度和分配制度以及非公有制经济的重要作用等写进了宪法。确立依法治国基本治国方略，实现从人治到法制、从法制到法治的转变，是一个历史性的跨越。

2002年，党的十六大明确提出，发展社会主义民主政治，最根本的是要把坚持党的领导、人民当家作主和依法治国有机统一起来。"三者有机统一"是社会主义政治文明的本质特征，是发展社会主义民主政治、建设社会主义法治国家必须始终坚持的政治方向。2004年，十届全国人大二次会议通过了《宪法修正案》，将"三个代表"重要思想、尊重和保障人权、保障合法私有财产权等内容载入宪法，又一次以根本法的形式确认了改革开放理论创新与实践发展的重大成果。

2007年，党的十七大对全面落实依法治国基本方略，提出了目标和任务，强调要加快建设社会主义法治国家，形成中国特色社会主义法律体系，加强法治政府建设，深化司法体制改革，进一步提高全社会法治观念。

四　推进全面依法治国：新时代的法治发展

党的十八大以来，中国取得了改革开放和社会主义现代化建设的历史性成就，法治建设迈出重大步伐。

2012年，党的十八大围绕"全面推进依法治国，加快建设社会主义法治国家"的战略目标，明确提出中国法治建设"新十六字方针"，即科学立法、严格执法、公正司法、全民守法；明确提出到2020年法治建设五大阶段性目标任务①，明确要"提高领导干部运用法治思维和法治方式深化改革、推动发展、化解矛盾、维护稳定能力"。

2013年，党的十八届三中全会作出《关于全面深化改革若干重大问题的决定》，首次提出"建设法治中国，必须坚持依法治国、依法执政、依法行政共同推进，坚持法治国家、法治政府、法治社会一体建设"。

2014年，党的十八届四中全会专题研究全面依法治国重大问题并作出《关于全面推进依法治国若干重大问题的决定》，明确了全面依法治国的总目标和总蓝图、路线图、施工图。这是我们党的历史上第一次专题研究、专门部署全面依法治国的中央全会，在中国法治史上具有重大的里程碑意义。②

2015年，党的十八届五中全会明确提出"创新、协调、绿色、开放、共享"的新发展理念，明确了到2020年全面建成小康社会时的法治中国建设的阶段性目标，为实现全面依法治国的总目标奠定了坚实基础。

2016年，党的十八届六中全会专题研究全面从严治党问题，强调依规治党与依法治国的结合，进一步强化了全面从严治党对推进全

---

① 即依法治国基本方略全面落实，法治政府基本建成，司法公信力不断提高，人权得到切实尊重和保障，国家各项工作法治化。

② 袁曙宏：《党的十八大以来全面依法治国的重大成就和基本经验》，《求是》2017年第11期。

面依法治国、建设法治中国的政治保障作用。

2017年,党的十九大做出了中国特色社会主义进入新时代、我国社会主要矛盾已经转化等重大战略判断,作出了社会主义现代化建设"两个阶段"的重大战略安排,开启了迈向社会主义现代化强国的新征程。中国特色社会主义现代化建设进入新时代的重大战略判断,进一步确立了推进全面依法治国、建设法治中国新的历史方位,为法治中国建设提供了新时代中国特色社会主义思想的理论指引,开启了中国特色社会主义法治新征程。

2018年3月,十三届全国人大一次会议通过了新时代首次宪法修正案,实现了现行宪法的又一次与时俱进和完善发展。这次宪法修改是党中央从新时代坚持和发展中国特色社会主义全局和战略高度作出的重大决策,是推进全面依法治国、推进国家治理体系和治理能力现代化的重大举措,是党领导人民建设社会主义现代化强国的必然要求,对于进一步加强以习近平同志为核心的党中央集中统一领导,具有十分重大的现实意义和深远的历史意义。

◇ 第二节 中国特色社会主义法治理论探索与发展

一 中国特色社会主义法治理论的探索

坚持和发展中国特色社会主义,需要不断在实践和理论上进行探索、用发展着的理论指导发展着的实践。[①] 中国特色社会主义法治道

---

① 习近平:《在哲学社会科学工作座谈会上的讲话》,人民出版社2016年版,第2页。

路、法治理论是在中国共产党领导下,在长期革命、建设和改革发展的历史进程中,经过实践与理论的双重探索而逐步形成的,是当代中国经济社会发展和社会主义法治建设的必然产物,是中国共产党和中国人民的共同抉择。

法律是治国之重器,法治是国家治理体系和治理能力的重要依托,法治理论则是国家治理体系理论的重要组成部分。"我国今天的国家治理体系,是在中国历史传承、文化传统、经济社会发展的基础上长期发展、渐进改进、内生性演化的结果。"[①] 中国共产党在领导人民取得革命、建设、改革伟大胜利的历史进程中,在不断开创中国特色社会主义新局面的伟大实践过程中,领导人民走上了推进全面依法治国、建设社会主义法治国家的中国特色社会主义法治道路,形成了中国特色社会主义法治理论。

"法治和人治问题是人类政治文明史上的一个基本问题,也是各国在实现现代化过程中必须面对和解决的一个重大问题。"[②] 习近平总书记从世界社会主义的视角和我们党治国理政的战略高度指出:"怎样治理社会主义社会这样全新的社会,在以往的世界社会主义中没有解决得很好。马克思、恩格斯没有遇到全面治理一个社会主义国家的实践,他们关于未来社会主义的原理很多是预测性的;列宁在俄国十月革命后不久就过世了,没有来得及深入探索这个问题;苏联在这个问题上进行了探索,取得了一些实践经验,但也犯下了严重错误,没有解决这个问题。我们党在全国执政以后,不断探索这个问题,虽然也发生了严重曲折,但在国家治理体系和治理能力上积累了

---

① 习近平:《习近平谈治国理政》第一卷,外文出版社2018年版,第105页。
② 中共中央文献研究室编:《习近平关于全面依法治国论述摘编》,中央文献出版社2015年版,第12页。

丰富经验、取得了重大成果,改革开放以来的进展尤为显著。"① 法治是国家治理体系和治理能力的重要依托,全面推进依法治国是推进国家治理体系和治理能力现代化的重要方面,是国家治理体系的骨干工程。②

习近平总书记从中国社会主义法治建设经验教训的角度进一步深刻指出:"全面推进依法治国,是深刻总结我国社会主义法治建设成功经验和深刻教训做出的重大抉择。"③ 邓小平同志在改革开放前期就说过:"一个国家的命运建立在一两个人的声望上面,是很不健康的,是很危险的。不出事没问题,一出事就不可收拾。"④ 因此,"要通过改革,处理好法治和人治的关系"⑤。

改革开放以来,我们党提出了一系列十分重要的社会主义法治观点、法治理念、法治原则。诸如,为了保障人民民主,必须加强法治,必须使民主制度化、法律化,使这种制度和法律具有稳定性、连续性和权威性,使之不因领导人的改变而改变,不因领导人的看法和注意力的改变而改变;制度问题更带有根本性、全局性、稳定性和长期性,要靠法制,搞法制靠得住些;⑥ 一手抓建设,一手抓法制;加强法制重要的是进行教育,根本问题是教育人。由此,翻开了新时期开辟中国特色社会主义法治道路、创立中国特色社会主义法治理论的新篇章。

我们党领导人民在积极探索中国特色社会主义法治道路进程中取

---

① 习近平:《习近平谈治国理政》第一卷,外文出版社2018年版,第91页。
② 习近平:《加快建设社会主义法治国家》,《求是》2015年第1期。
③ 中共中央文献研究室编:《习近平关于全面依法治国论述摘编》,中央文献出版社2015年版,第8页。
④ 《邓小平文选》第三卷,人民出版社1993年版,第311页。
⑤ 同上书,第177页。
⑥ 同上书,第379页。

得一系列历史性成就的同时，在创建中国特色社会主义法治理论方面，也有许多重要创新和建树。诸如，市场经济本质上是法治经济，建立社会主义市场经济法律体系，将依法治国确立为党治国理政的基本方略，将"社会主义法制国家"改为"社会主义法治国家"，到2010年形成中国特色社会主义法律体系，坚持依法治国与以德治国相结合，坚持党的领导、人民当家作主、依法治国三者有机统一，坚持科学执政、民主执政、依法执政，坚持党领导立法、保证执法、带头守法，坚持科学决策、民主决策、依法决策，坚持党的事业至上、人民利益至上、宪法法律至上，坚持民主立法科学立法，立法与改革发展重大决策紧密结合，树立社会主义法治理念，和谐社会是法治社会，依法行政、建设法治政府，推进司法体制机制改革，司法为民，依法治军，等等。中国法治建设取得的这些重要理论成果，为在历史新起点上拓展中国特色社会主义法治道路，深化中国特色社会主义法治理论，奠定了深厚坚实的实践和理论基础。

二 中国特色社会主义法治理论的发展

党的十八大以来，依法治国事业的全面推进，不仅极大地促进了中国特色社会主义法治的实践探索进程，而且极大地推动了中国特色社会主义法治的理论创新发展，形成或产生了以下标志性成果。

（一）以习近平新时代法治思想为核心内涵的中国特色社会主义法治理论

党的十八大以来，习近平总书记以中国特色社会主义法治道路、法治体系、法治实践为基础，围绕全面依法治国作出一系列重要论述，涵盖了新的历史条件下中国法治建设的指导思想、性质方向、根本保障和总目标、总路径、总任务、总布局等各个方面，回答了中国特色社会主义法治建设的一系列重大问题，形成了主题集中、主线鲜明、内容丰富、内涵深邃的习近平新时代法治思想。以习近平新时代法治思想为核心内涵的中国特色社会主义法治理论，是对马克思主义法治思想的全面继承和发展，是对中国特色社会主义法治实践的科学总结和理论升华，为全面依法治国、建设社会主义法治国家提供了根本遵循和行动指南。

（二）为统筹推进"五位一体"总体布局、协调推进"四个全面"战略布局、实现"两个一百年"奋斗目标提供法治引领和保障的新战略

全面推进依法治国，是关系我们党执政兴国、关系人民幸福安康、关系党和国家长治久安的重大战略问题；既是立足于解决中国改革发展稳定中的矛盾和问题的现实考量，也是着眼于实现中华民族伟大复兴中国梦、实现党和国家长治久安的长远考虑和战略谋划；对推动经济持续健康发展、维护社会和谐稳定、实现社会公平正义，对全面建成小康社会、实现中华民族伟大复兴，都具有十分重大的意义。

统筹推进经济、政治、文化、社会和生态文明建设，是我们党着眼于全面建成小康社会、实现社会主义现代化和中华民族伟大复兴，对推进中国特色社会主义事业作出的总体布局。要推动中国经济社会持续健康发展，必须全面推进社会主义法治国家建设，从法治上为解决这些问题提供制度化方案。要实现经济发展、政治清明、文化昌盛、社会公正、生态良好，必须更好发挥法治的引领和规范作用，统筹推进法治经济、法治政治、法治文化、法治社会和法治生态建设；必须充分发挥全面依法治国的抓手作用，用法治思维和法治方式把"五位"整合为"一体"，纳入法治轨道，统筹建设，一体推进。

　　协调推进"四个全面"战略布局是以习近平同志为核心的党中央确立的治国理政重大方略，全面依法治国是"四个全面"战略布局的一项重大举措和重要内容，这标志着我们党对法治的理论探索和实践推进都达到了新的高度。"四个全面"战略布局的提出和形成，把全面依法治国提到了党和国家战略布局的新高度，赋予了全面依法治国新的战略角色和战略使命。这个战略布局，既有战略目标，也有战略举措，每一个"全面"都具有重大战略意义。全面建成小康社会是战略目标，全面深化改革、全面依法治国、全面从严治党是三大战略举措，对实现全面建成小康社会战略目标一个都不能缺。把全面依法治国纳入"四个全面"战略布局，就是要为全面建成小康社会、全面深化改革、全面从严治党提供长期稳定的法治保障……在"四个全面"中，全面依法治国具有基础性、保障性作用。① 没有全面依法治国，我们就治不好国、理不好政，我们的战略布局就会落空。实现全面建成小康社会的奋斗目标，落实全面深化改革的顶层设计，深化制度治党和依规治党，都需要从法治上提供可靠保障。

（三）党领导人民治国理政基本方略和基本方式的理论

　　坚持把依法治国作为执政兴国和治国理政的基本方略，把法治作为党治国理政的基本方式，是党领导人民在社会主义革命、建设和改

---

① 习近平：《加强党对全面依法治国的领导》，《求是》2019年第4期。

革实践探索中得出的重要结论和作出的重大抉择，是我们党在治国理政上的自我完善、自我提高，不是在别人的压力下做的。确立依法治国为基本方略，意味着在治理国家可采用的如道德建设、发动群众、法治方式、经济和行政手段、思想教育、纪律规章、乡规民约等多种方略和方式中，依法治国是首选的基本的治国方略，法治是主导的基本的治国方式；坚持依法治国基本方略，并不排斥政治领导、组织保障、方针政策指导、发动依靠群众、思想政治教育等的使用，而是强调应形成诸种方略共治的国家治理体制，其中依法治国是体现国家意志和制度化安排的主要治国方略；确立法治为基本方式，并不排斥道德、纪律、行政、经济、乡规民约等方式方法的作用，而是强调要把法治与德治、依规治党与依法治国等结合起来，综合运用法律、道德、经济、行政、纪律、规约等规范手段，形成由多种方式方法构成的共治体系，其中法治是治国理政的基本方式。在现代国家治理中，法治不是万能的，依法治国不能包打天下，但没有法治和依法治国是万万不能的。实施依法治国基本方略，加强法治建设，既要防止法治万能主义，也要警惕法治虚无主义，确保全面依法治国沿着正确方向推进。

坚持依法治国与以德治国相结合，是全面推进依法治国的一项基本原则，是中国特色社会主义法治道路的鲜明特点。法律是成文的道德，道德是内心的法律，法律和道德都具有规范社会行为、维护社会秩序的作用。法治是社会主义道德的底线和后盾，凡是法治禁止的，通常也是社会主义道德反对的；凡是法治鼓励的，通常也是社会主义道德支持的。社会主义道德是法治的高线和基础，是法治具有合理性、正当性与合法性的内在依据，法治的价值、精神、原则、法理等大多建立在社会主义道德的基础上，法治的诸多制度和规范本身是社会主义道德的制度化和法律化。全面依法治国必须一手抓法治、一手抓德治，既重视发挥法律的规范作用，又重视发挥道德的教化作用，实现法律和道德相辅相成、法治和德治相得益彰。应当更加重视发挥全面依法治国的作用，以法治体现道德理念、强化法律对道德建设的促进作用，把道德要求贯彻到法治建设中。在立法上，法律应当树立鲜明道德导向，弘扬美德义行，推进社会主义道德的法律化，把实践中广泛认同、较为成熟、操作性强的道德要求及时上升为法律规范，用法治强化对社会文明行为的褒奖，对失德行为的惩戒，引导全社会崇德向善。在执法司法上，要体现社会主义道德要求，坚持严格执法，弘扬真善美、打击假恶丑，让败德违法者受到惩治、付出代价，坚持公正司法，发挥司法断案惩恶扬善功能，使社会主义法治成为良法善治。在守法上，要把全民普法与公民道德建设工程紧密结合起来，把全民普法和全民守法作为依法治国的基础性工作，使全体人民成为社会主义法治的忠实崇尚者、自觉遵守者、坚定捍卫者，同时要深化群众性精神文明创建活动，引导广大人民群众自觉践行社会主义核心价值观，树立良好道德风尚，争做社会主义道德的示范者、良好风尚的维护者，努力构建崇德尚法的社会主义法治社会。

（四）国家治理现代化和良法善治的理论

党的十八届三中全会提出"推进国家治理体系和治理能力现代化"的目标任务，为中国法治理论创新发展提出了新目标，注入了新活力。国家治理体系，就是在党领导下管理国家的制度体系，包括经济、政治、文化、社会、生态文明和党的建设等各领域体制机制、法律法规安排，是一整套紧密相连、相互协调的国家制度。形成系统完备、科学规范、运行有效的国家制度体系，是国家治理体系现代化的重要目标。国家治理能力，就是运用国家制度管理社会各方面事务的能力，包括改革发展稳定、内政外交国防、治党治国治军等各个方面。国家治理体系和治理能力是一个国家的制度和制度执行能力的集中体现，两者相辅相成，单靠哪一个治理国家都不行。推进国家治理的现代化，就是要推进和实现国家治理体系和治理能力的法治化、民主化、科学化和信息化，其核心是推进国家治理的法治化。一方面，推进国家治理制度体系的法治化，构建更加完备科学的法律制度体系，推进国家治理制度体系的法律化、规范化和定型化，形成系统完备、科学规范、运行有效的国家制度体系。另一方面，推进国家治理能力的法治化，包括依照宪法和法律、运用国家法律制度管理国家和社会事务、管理经济和文化事业的能力，科学立法、严格执法、公正司法和全民守法的能力，运用法治思维和法治方式深化改革、推动发展、化解矛盾、维护稳定的能力，归根结底是要增强治理国家的权力（权利）能力和行为能力，强化宪法和法律的实施力、遵守力，提高国家制度体系的运行力、执行力。

良法善治是国家治理体系和治理能力现代化的必然要求，是治国理政和全面依法治国的最佳境界。站在中国特色治国理政的战略高度，把全面依法治国与国家治理现代化融合起来理解，把厉行法治与深化治理结合起来把握，两者融合统一的最佳形态就是"良法善治"。推进全面依法治国，实现国家治理现代化，必须实现良法善治。良法是善治之前提。国家若善治，须先有良法；治国理政若达成，须先有良法体系。"人民群众对立法的期盼，已经不是有没有，而是好不好、管用不管用、能不能解决实际问题；不是什么法都能治国，不是什么法都能治好国"①，而是要求以系统完备、科学规范、运行有效的"良法"治理国家和社会。创制良法就是国家制定和形成一整套系统完备科学有效的制度体系，尤其是法律制度体系。全面依法治国所倡导的法治基本价值，是评价法"良"与否的重要尺度，是创制良法体系的价值追求和实现良法善治的伦理导向。习近平总书记对中国制定"良法"的基本要求是：要坚持问题导向，发挥立法引领和推动作用，努力使每一项立法都符合宪法精神、反映人民意志、得到人民拥护。②要恪守以民为本、立法为民理念，贯彻社会主义核心价值观，把公正、公平、公开原则贯穿立法全过程，使所有立法都体现并符合民意。

"善治"是良法的全面有效贯彻实施，是国家治理能力现代化的集中体现。在中国，由于人民是国家的主人、社会的主体，因此善治首先是人民的统治，而绝不是极少数人的独裁专制；善治主要是制度之治、规则之治、宪法法律之治，而绝不是人治；善治是尊重保障人权之治，实现公平正义之治，人民幸福安康之治。"法律的生命力在于实施，法律的权威也在于实施。'天下之事，不难于立法，而难于法之必行。'如果有了法律而不实施、束之高阁，或者实施不力、做表面文章，那制定再多法律也无济于事。推进全面依法治国的重点应该是保证法律严格实施，做到'法立，有犯而必施；令出，唯行而不返'。"③

---

① 中共中央文献研究室编：《习近平关于全面依法治国论述摘编》，中央文献出版社2015年版，第43页。

② 习近平：《在庆祝全国人民代表大会成立60周年大会上的讲话》，人民出版社2014年版，第9—10页。

③ 习近平：《关于〈中共中央关于全面推进依法治国若干重大问题的决定〉的说明》，载《〈中共中央关于全面推进依法治国若干重大问题的决定〉辅导读本》，人民出版社2014年版，第85—86页。

推进全面依法治国是一个系统工程,是国家治理领域一场广泛而深刻的革命。因此,不仅全面推进国家治理体系和治理能力现代化的实质是法治化,全面推进国家治理现代化本身也是一项社会系统工程,作为治国理政的法律基础,全面推进依法治国也是一个系统工程,只有把推进全面依法治国视为一个系统工程,才能在"良法"基础上实行"善治"。

(五) 坚持人民主体地位的理论

党的十八以来,我们党分别从全面深化改革、全面依法治国、全面建成小康社会的不同角度,提出了必须坚持人民主体地位的基本原则。党的十八届三中全会强调,必须"坚持以人为本,尊重人民主体地位,发挥群众首创精神,紧紧依靠人民推动改革,促进人的全面发展"。党的十八届四中全会提出:"人民是依法治国的主体和力量源泉,人民代表大会制度是保证人民当家作主的根本政治制度。必须坚持法治建设为了人民、依靠人民、造福人民、保护人民,以保障人民根本权益为出发点和落脚点。"党的十八届五中全会提出:"人民是推动发展的根本力量,实现好、维护好、发展好最广大人民根本利益是发展的根本目的。"由此可见,坚持人民当家作主,坚持人民主体地位,坚持人民利益高于一切……所有这些都是我们党全心全意为人民服务宗旨的重要体现,是全面依法治国的必然要求。

党的十九大明确提出坚持以人民为中心。人民是历史的创造者,是决定党和国家前途命运的根本力量。必须坚持人民主体地位,坚持立党为公、执政为民,践行全心全意为人民服务的根本宗旨,把党的群众路线贯彻到治国理政全部活动之中,把人民对美好生活的向往作为奋斗目标,依靠人民创造历史伟业。

坚持人民主体地位，是人民民主的本质要求，是党治国理政的重要特征。人民民主是社会主义的生命。没有民主就没有社会主义，就没有社会主义的现代化，就没有中华民族伟大复兴。[①] 习近平总书记说："民主不是装饰品，不是用来做摆设的，而是要用来解决人民要解决的问题的。中国共产党的一切执政活动，中华人民共和国的一切治理活动，都要尊重人民主体地位，尊重人民首创精神，拜人民为师。"[②]

全面推进依法治国，必须坚持人民主体地位。我们必须坚持国家一切权力属于人民，坚持人民主体地位，支持和保证人民通过人民代表大会行使国家权力。[③] 中国社会主义制度保证了人民当家作主的主体地位，也保证了人民在全面推进依法治国中的主体地位。这是我们的制度优势，也是中国特色社会主义法治区别于资本主义法治的根本所在。[④] 在中国，人民是依法治国的主体和力量源泉。坚持人民主体地位，必须坚持人民民主专政的国体和人民代表大会制度的政体，保障全体人民统一行使国家权力，充分调动人民群众当家作主的积极性和主动性。

人民权益要靠法律保障，法律权威要靠人民维护。坚持人民主体地位，必须坚持法治为了人民、依靠人民、造福人民、保护人民。保

[①] 习近平：《在庆祝全国人民代表大会成立60周年大会上的讲话》，载中共中央文献研究室编《十八大以来重要文献选编》（中），人民出版社2016年版，第55页。

[②] 习近平：《在庆祝中国人民政治协商会议成立65周年大会上的讲话》，载中共中央文献研究室编《十八大以来重要文献选编》（中），人民出版社2016年版，第76页。

[③] 习近平：《在庆祝全国人民代表大会成立60周年大会上的讲话》，载中共中央文献研究室编《十八大以来重要文献选编》（中），人民出版社2016年版，第55页。

[④] 习近平：《加快建设社会主义法治国家》，《求是》2015年第1期。

证人民在党的领导下，依照法律规定，通过各种途径和形式管理国家事务，管理经济文化事业，管理社会事务。要把体现人民利益、反映人民愿望、维护人民权益、增进人民福祉落实到依法治国全过程，使法律及其实施充分体现人民意志。①

坚持人民主体地位，必须充分调动人民群众投身依法治国实践的积极性和主动性，使全体人民都成为社会主义法治的忠实崇尚者、自觉遵守者、坚定捍卫者，使尊法、信法、守法、用法、护法成为全体人民的共同追求；必须使人民认识到法律既是保障自身权利的有力武器，也是必须遵守的行为规范，增强全社会学法、尊法、守法、用法意识，使法律为人民所掌握、所遵守、所运用。

（六）建设法治中国的理论

"法治中国"② 是习近平同志在浙江工作时提出的"法治浙江"概念的逻辑延伸和理论升华。2013 年习近平总书记在如何做好新形势下政法工作的重要指示中，首次代表党中央提出了"建设法治中国"的宏伟目标。党的十八届三中全会首次正式使用了"法治中国"概念，明确提出了"推进法治中国建设"的战略任务。党的十八届四中全会把"向着建设法治中国不断前进"和"为建设法治中国而奋

---

① 习近平：《加快建设社会主义法治国家》，《求是》2015 年第 1 期。
② 张文显教授认为：党的十八大以后，习近平总书记明确提出"法治中国"的科学命题和建设法治中国的重大任务。党的十九大报告更是明确将"成立中央全面依法治国领导小组，加强对法治中国建设的统一领导"。法治中国的内涵比法治国家更加丰富、更加深刻，更具时代特征：建设法治中国，不仅要建设法治国家，还要建设法治社会、法治政府；不仅要推进依法治国，还要推进依法执政、依法行政；不仅要推进法律制度硬实力建设，还要推进法治文化软实力建设，弘扬社会主义法治精神，培育社会主义法治理念。从法治国家到法治中国的转型，意味着我国法治建设的拓展、深化和跨越。张文显：《法治中国建设的历史性跨越和突破》，《光明日报》2017 年 10 月 23 日。

斗"作为法治建设的长期战略目标和治国理政的重大号召。党的十九大在"深化依法治国实践"这个部分进一步具体提出，成立中央全面依法治国领导小组，加强对法治中国建设的统一领导。

法治中国是我们党在中国特色社会主义法治理论上的重大创新，是对新起点上中国特色社会主义法治建设的科学定位、目标指引和战略谋划。法治中国是人类法治文明在当代中国的重大实践和理论创新，是传承复兴中华法文化优秀传统的历史新起点，是中国特色社会主义和中国梦的重要组成部分，是推进国家治理体系和治理能力现代化的重要内容，是对全面依法治国基本原则、基本任务和总目标的高度凝练和大众化表达。法治中国与小康中国、富强中国、民主中国、文明中国、和谐中国、美丽中国、平安中国等中国梦的核心要素相辅相成，共同编织出中华民族伟大复兴的美好愿景。

建设法治中国，是从法律体系走向法治体系、从法律大国走向法治强国、建设法治国家的升级版，必须坚持法治普遍原则与走中国特色社会主义法治发展道路相结合，坚持党的领导、人民当家作主、依法治国有机统一，坚持科学立法、严格执法、公正司法和全民守法全面发展、协调推进，坚持依法治国、依法执政、依法行政共同推进、相辅相成，法治国家、法治政府、法治社会一体建设、相互促进，切实维护宪法和法律权威，有效规范制约权力，充分尊重保障人权，依法实现社会公平正义，为实现"两个一百年"奋斗目标提供法治引领和制度保障。

建设法治中国，是中国人民对追求民主平等、人权法治、公平正义、安全秩序、尊严幸福等法治价值的庄严宣示，是党领导人民治国理政的治国目标与全面依法治国的治国过程的有机统一，是人民当家作主，依照宪法和法律管理国家、治理社会、配置资源、保障人权、驯化权力的良法善治状态。建设法治中国，是实现中国梦的必由之路。中国梦当然包括"法治中国梦"，即加快建设中国特色社会主义法治体系，建设社会主义法治国家，推进实现国家治理现代化和法治化，到中华人民共和国成立一百周年实现国家富强、人民幸福、中华民族伟大复兴中国梦时，把我国建设成为富强民主文明和谐美丽的现代化法治中国、法治强国。

（七）推进全面依法治国的系统工程理论

推进全面依法治国是一场深刻的社会变革，是一个宏大的系统工程，必须在共同推进上着力，在一体建设上用劲。习近平总书记在中央全面依法治国委员会第一次会议的重要讲话中进一步提出明确要求：全面依法治国是一个系统工程，必须统筹兼顾、把握重点、整体谋划，更加注重系统性、整体性、协同性。依法治国、依法执政、依法行政是一个有机整体，关键在于党要坚持依法执政、各级政府要坚持依法行政。法治国家、法治政府、法治社会三者各有侧重、相辅相成，法治国家是法治建设的目标，法治政府是建设法治国家的主体，法治社会是构筑法治国家的基础。要善于运用制度和法律治理国家，提高党科学执政、民主执政、依法执政水平。[①] 全面依法治国这个系统工程的主要内容包括以下几个方面。

一是全面建成小康社会、全面深化改革、全面依法治国、全面从严治党，"四个全面"一个都不能缺，共同构成党和国家工作的战略布局。

二是坚持社会主义物质文明、政治文明、精神文明一起抓，坚持

---

① 习近平：《加强党对全面依法治国的领导》，《求是》2019 年第 4 期。

党的领导、人民当家作主、依法治国有机统一，坚持依法治国与以德治国紧密结合，坚持依法治国与制度治党、依规治党统筹推进、一体建设，坚持美丽中国、平安中国、法治中国共同建设。

三是科学立法、严格执法、公正司法、全民守法前后衔接，相互依存，环环相扣，统筹推进，共同构成法治工作的基本格局。其中，科学立法是全面依法治国的前提条件，严格执法是全面依法治国的关键环节，公正司法是全面依法治国的重要任务，全民守法是全面依法治国的基础工程。

四是依法治国、依法执政、依法行政共同推进，法治国家、法治政府、法治社会一体建设。它们相互区别、相互联系、相辅相成，是一个统一整体，它们统一于法治中国建设的伟大实践之中，共同构成了中国特色社会主义法治体系的主要内容。在建设法治中国这个战略布局中，全面推进依法治国，目标是建设社会主义法治国家；全面推进依法执政，目标是保证党的领导，维护党的核心和权威；全面推进依法行政，目标是建成法治政府。建成法治国家与法治政府的同时，形成法治社会。

五是党坚持依法执政，领导立法、保证执法、支持司法、带头守法全面落实，实现"三统一"和"四善于"。

六是统筹建设中国特色社会主义法治体系，形成一整套系统完备、科学规范、运行有效、成熟定型的党和国家的法律规范体系、法治实施体系、法治监督体系、法治保障体系、党内法规体系。

七是加强中国特色社会主义法律体系建设，不断完善宪法及宪法相关法、行政法、民商法、经济法、社会法、刑法、诉讼与程序法等法律部门。

(八) 中国特色社会主义法治道路、法治理论、法治体系、法治文化"四位一体"的理论

推进全面依法治国的一个重大战略特征，是坚持中国特色社会主义法治道路、法治理论、法治体系、法治文化"四位一体"和"四个自信"。世界上从来没有脱离政治的法治。我们要坚持的法治道路，本质上是中国特色社会主义道路在法治领域的具体体现；我们要发展的法治理论，本质上是中国特色社会主义理论体系在法治问题上的理论成果；我们要建设的法治体系，本质上是中国特色社会主义制度的法律表现形式；我们要建设的法治文化，本质上是中国特色社会主义文化在法治范畴的具体展开。

中国特色社会主义法治道路，是社会主义法治建设成就和经验的集中体现，是建设社会主义法治国家的唯一正确道路。[1] 全面推进依法治国，必须走对路。具体讲我国法治建设的成就，大大小小可以列举出十几条、几十条，但归结起来就是开辟了中国特色社会主义法治道路这一条。[2]

中国特色社会主义法治理论，是中国共产党根据马克思主义国家与法的基本原理，在借鉴吸收古今中外人类法治文明有益成果的基础上，从当代中国改革开放和社会主义现代化建设的实际出发，深刻总结我国社会主义法治建设的成功经验和沉痛教训，逐步形成的具有中国特色、中国风格、中国气派的社会主义法治理论体系。中国特色社会主义法治理论是对马克思主义法律观的继承、创新和重大发展，是

---

[1] 习近平：《关于〈中共中央关于全面推进依法治国若干重大问题的决定〉的说明》，载《〈中共中央关于全面推进依法治国若干重大问题的决定〉辅导读本》，人民出版社2014年版，第52页。

[2] 习近平：《加快建设社会主义法治国家》，《求是》2015年第1期。

推进马克思主义法学思想中国化的最新成果。

中国特色社会主义法治体系是国家治理体系的重要组成部分和骨干工程，是全面推进依法治国总目标的重要内容。建设中国特色社会主义法治体系、建设社会主义法治国家是实现国家治理体系和治理能力现代化的必然要求，也是全面深化改革的必然要求。中国特色社会主义法治体系作为全面依法治国的核心内容，作为国家法治机器构成和运行的系统化形态，是党治国理政不可或缺的制度平台和运行机制，是党领导人民管理国家、治理社会、管理经济和文化事业的总抓手和法治保障。从党治国理政的战略高度来看，建设中国特色社会主义法治体系，必须坚持法治建设的社会主义性质和正确方向，走中国特色社会主义法治道路，围绕全面推进依法治国的总目标，尽快形成更加系统完备、更加成熟定型、更加高效权威的法治体系，为党和国家事业发展提供根本性、全局性、长期性的制度保障。

中国特色社会主义法治文化是由体现社会主义先进文化内在要求的法治价值、法治精神、法治意识、法治理念、法治思想等精神文明成果，反映中国特色社会主义民主政治本质特征的法律制度、法律规范、法治机制等制度文明成果，以及自觉依法办事和尊法信法学法用法等行为方式共同构成的一种先进法治文化现象和法治进步状态。作为社会主义精神文明成果的法治文化，它引领国家法治发展的方向，决定国家法治建设的性质和特点，作用于国家法治发展的速度和质量。作为社会主义制度文明成果的法治文化，它是法治文化建设的主干、平台和躯体，带动法治精神文明和社会法治行为向前发展。作为社会行为方式的社会主义法治文化，是法治文化建设的实践基础和实现形式。中国特色社会主义法治文化的要义是以社会主义法治精神理念为导引，以社会主义法律制度为主干，以依法办事和自觉守法为基础，以构建社会主义法治秩序为目标的法治文明状态。

全面依法治国应当坚持和拓展以坚持党的领导、坚持中国特色社会主义制度、贯彻中国特色社会主义法治理论为核心要义的中国特色社会主义法治道路，坚持和发展以习近平新时代法治思想为核心内容的中国特色社会主义法治理论，建设以法律规范体系、法治实施体系、法治监督体系、法治保障体系和党内法规体系为基本框架的中国特色社会主义法治体系，弘扬以社会主义核心价值观为灵魂、以法治精神、法治价值保障人权和中华法文明为主要内容的中国特色社会主义法治文化，把中国特色社会主义法治道路、法治理论、法治体系、法治文化整合起来，构建全面依法治国"四位一体"的战略格局，强化中国特色社会主义的法治道路自信、法治理论自信、法治体系自信和法治文化自信。

（九）加强和改进党对全面依法治国领导的理论

坚持和加强党对全面依法治国的领导，是中国特色社会主义法治理论创新发展的标志性成果和最大特色，是中国特色社会主义法治理论与西方资产阶级宪政法治理论的本质区别，是全面推进依法治国、建设法治中国必须始终坚持的首要原则。加强和改进党对全面依法治国的领导，重点形成了以下一些新认识、新理念、新要求。一是根本问题。党和法的关系是一个根本问题，处理得好，则法治兴、党兴、国家兴；处理得不好，则法治衰、党衰、国家衰。具体讲就是能不能坚持党的领导，坚持中国特色社会主义制度，贯彻中国特色社会主义法治理论。二是基本经验。把党的领导贯彻到依法治国全过程和各方面，是我国社会主义法治建设的一条基本经验。为什么我国能保持长期稳定，没有乱？根本的一条就是我们始终坚持共产党领导。党的领导是党和国家事业不断发展的"定海神针"。① 三是本质特征。中国宪法确立了中国共产党的领导地位，党的领导是中国特色社会主义最本质的特征，是社会主义法治最根本的保证。四是根本要求。坚持党的领导，是社会主义法治的根本要求，是全面推进依法治国的题中应有之义。五是党法关系。党的领导和社会主义法治是一致的，社会主义法治必须坚持党的领导，党的领导必须依靠社会主义法治；而"党大还是法大"是一个伪命题，是一个政治陷阱。六是依法执政。要改善党对依法治国的领导，不断提高党领导依法治国的能力和水平。必须坚持党领导立法、保证执法、支持司法、带头守法；坚持依法治国与制度治党、依规治党统筹推进、一体建设，注重党内法规同国家法律的衔接和协调。七是党政关系。应当把依法治国基本方略同依法执政基本方式统一起来，做到"三统一""四善于"。八是根本保证。要健全党领导依法治国的制度和工作机制，加强对全面推进依法治国统一领导、统一部署、统筹协调。九是根本目的。全面依法治国，要有利于加强和改善党的领导，有利于巩固党的执政地位、完成党的执政使命，有利于实现党和国家长治久安，绝不是要削弱党的领导。

◇ 第三节　改革与法治紧密结合

一　妥善处理改革与法治的关系

1978 年中国实行改革开放以来，改革与法治的关系问题，一直

---

① 习近平：《加强党对全面依法治国的领导》，《求是》2019 年第 4 期。

是法学、政治学、经济学、社会学等学科和学界关注与争论的重点问题。争论的焦点，集中在"先变法后改革（先立后破）""先改革后变法（先破后立）"抑或是"边改革边变法或反之（边破边立）"等改革的策略及其方式方法上，争论的实质是某些改革决策、改革举措的合宪性与合法性问题。学者们的争论多涉及以下典型事例：1978年，安徽小岗村进行家庭联产承包责任制的改革，突破了1978年宪法规定的人民公社体制；1988年以前深圳等经济特区将土地使用权出租的经济体制改革，突破了1982年宪法关于土地不得买卖、出租的规定；1998年，四川遂宁市步云乡实行直选乡镇长的改革，突破了宪法及地方人大和政府组织法关于乡镇长由间接选举产生的规定。面对改革与法治相冲突、某些改革突破宪法和法律的现象，法学界提出了"良性违宪""良性违法"的概念，用以证明改革的合宪性与合法性。他们认为，所谓良性违宪违法，就是指中央或者地方国家机关的某些改革举措，虽然违背了当时宪法和法律的个别条文规范，却有利于解放和发展社会生产力、有利于维护国家和民族的根本利益，是有利于社会文明进步的"良性"行为，因此法治应当容忍其存在，但要加以限制而不能放任自流。

为了妥善处理改革与法治的关系，我们党和国家从国情和实际出发，有针对性地采取了一些行之有效的应对措施。例如，全国人大及其常委会加快推进法律的立、改、废、释工作，尤其是全国人大及时颁布实施1982年宪法并于1988年、1993年、1999年和2004年先后四次及时修改完善，为许多重大改革提供了"良法善治"的重要宪法和法律依据。又如，全国人大常委会通过三次向国务院的授权立法：1983年，授权国务院对《国务院关于安置老弱病残干部的暂行办法》和《国务院关于工人退休、退职的暂行办法》的部分规定作必要的修改和补充；1984年，授权国务院在实施国营企业利改税和改革工商税制的过程中，可以拟定有关税收条例；1985年，授权国务院对于有关经济体制改革和对外开放方面的问题必要时可以根据宪法制定暂行的规定或条例。这些授权立法，为统筹改革与法治的关系提供了有效的立法规范和保障。再如，1993年，党的十四届三中全会决定提出，"改革决策要与立法决策紧密结合，立法要体现改革精神，用法律引导、推进和保障改革的顺利进行"，从党领导改革和立法的战略高度，对在改革决策阶段协调改革与法治的关系确立了重要的指导原则。全国人大常委会1995年提出，国家立法机关要"按照立法决策和改革决策紧密结合的要求，把制定保障和促进改革开放、加快建立社会主义市场经济体制方面的法律作为立法的重点"。2004年全国人大常委会进一步指出，立法工作要既注意及时把改革中取得的成功经验用法律形式确定下来，对现有法律中不适应实践发展的规定进行修改，为改革发展提供坚实的法制保障；又注意为继续深化改革留下空间。要坚持从中国的国情出发，始终把改革开放和现代化建设的伟大实践作为立法的基础。

2011年3月，时任全国人大常委会委员长吴邦国在宣布中国特色社会主义法律体系如期形成的重要讲话中指出，中国立法的重要经验之一，是正确把握改革发展稳定的关系，妥善处理法律稳定性与实践变动性的关系，确保立法进程与改革开放和社会主义现代化建设进程相适应。对实践经验比较成熟的、各方面认识也比较一致的，规定得具体一些，增强法律的可操作性。对实践经验尚不成熟但现实中又需要法律进行规范的，先规定得原则一些，为引导实践提供规范和保障，并为深化改革留下空间，待条件成熟后再修改补充；对改革开放中遇到的一些新情况新问题，用法律来规范还不具备条件的，先依照法定权限制定行政法规和地方性法规，先行先试，待取得经验、条件成熟时再制定法律。①

二 把改革决策同立法决策结合起来

1987年，党的十三大明确提出：必须一手抓建设和改革，一手抓法制。法制建设必须贯穿于改革的全过程；法制建设必须保障建设和改革的秩序，使改革的成果得以巩固。应兴应革的事情，要尽可能用法律或制度的形式加以明确。1992年，党的十四大要求必须"加强立法工作，特别是抓紧制定与完善保障改革开放、加强宏观经济管理、规范微观经济行为的法律和法规，这是建立社会主义市场经济体制的迫切要求"。1994年，我们党明确提出"改革决策要与立法决策紧密结合。立法要体现改革精神，用法律引导、推进和保障改革顺利进行"。1995年，进一步要求"坚持改革开放和法制建设的统一，做到改革决策、发展决策与立法决策紧密结合"。1997年和2002年，我们党多次强调"要把改革和发展的重大决策同立法结合起来"，要"适应社会主义市场经济发展、社会全面进步和加入世贸组织的新形势，加强立法工作，提高立法质量，到2010年形成中国特色社会主义法律体系"。

处理好改革开放和立法的关系，是当代中国一个重大的政治课题。在中国共产党的领导下，改革和法治目标是完全一致的，但表现形式不同。法治是立，改革是破；法治是定，改革是变。法治强调维护现行法律的权威和经济社会秩序的稳定，改革是突破体制机制的约

---

① 吴邦国：《在形成中国特色社会主义法律体系座谈会上的讲话》，人民网，2019年9月26日。

束。改革开放40年来，全国人大及其常委会努力处理好改革与法治的关系，确保重大改革于法有据、确保经济社会发展既生机勃勃又平稳有序。① 实践中，全国人大提出和坚持了"立法决策与改革决策要紧密结合"的立法原则，这是党领导立法的一条基本经验。但中国立法与改革发展紧密结合也面临某些内在矛盾难以解决：法律应当具有统一性和协调性，但中国改革发展的不平衡性特征，使改革时期的立法在有些方面难以统一和协调；法律应当具有明确性、规范性和可操作性，但中国改革发展的渐进性特征，使改革时期的立法在整体上难以做到准确、规范和可操作；法律应当具有稳定性，但中国改革发展措施的探索性和试验性特征，使改革时期的立法不仅难以固定不变，而且不得不经常修改甚至废止；法律应当具有国家强制性，但中国改革发展的一些复杂情况使立法难以相应作出强制规定。

在历史新起点上，我们坚持全面依法治国，推进民主科学立法，完全有条件把国家的立法决策、立法规划、立法项目、立法草案等与执政党的改革决策紧密结合起来，通过立法把党的重大决策及时合理地法律化、规范化和国家意志化。对于执政党的改革决策来说，应当按照依法执政和领导立法的要求，把党有关改革的决策与立法决策紧密结合，在决策过程和决策阶段就贯彻政治与法治相统一、改革决策与立法决策相结合的原则，把改革决策全盘纳入法治化轨道。我们要加强重要领域立法，确保国家发展、重大改革于法有据，把发展改革决策同立法决策更好结合起来。② 充分发挥立法对于改革的引导、推

---

① 信春鹰：《改革开放40年全国人大及其常委会的立法工作》，《求是》2019年第4期。

② 习近平：《在庆祝全国人民代表大会成立60周年大会上的讲话》，载中共中央文献研究室编《十八大以来重要文献选编》（中），人民出版社2016年版，第56页。

动、规范和保障作用。为此，坚持凡属重大改革要于法有据的原则，需要修改法律的应当先修改法律，先立后改；可以通过解释法律来解决问题的应当及时解释法律，先释后改；需要废止法律的要坚决废止法律，先废后改，以保证各项改革依法有序进行。

习近平总书记在讲到政府职能转变的行政体制改革与法治建设的关系时明确指出："政府职能转变到哪一步，法治建设就要跟进到哪一步。要发挥法治对转变政府职能的引引和规范作用，既要重视通过制定新的法律法规来固定转变政府职能已经取得的成果，引导和推动转变政府职能的下一步工作，又要重视通过修改或废止不合适的现行法律法规为转变政府职能扫除障碍。"[1] 例如，根据十三届全国人大一次会议批准的机构改革方案，全国人大常委会通过修改法律、作出决定，健全国家机构组织法律制度。2018年3月至2019年3月，全国人大常委会就国务院机构改革涉及法律规定的行政机关职责调整问题作出决定，统筹修改机构改革涉及的《国境卫生检疫法》等32部法律的316个条款，作出中国海警局行使海上维权执法职权的决定，制定《消防救援衔条例》，为机构改革顺利实施提供了法律保障。修订《公务员法》，把职务与职级并行的改革实践写进法律，加快推进公务员分类体制改革。修改《人民法院组织法》《人民检察院组织法》《刑事诉讼法》，制定《人民陪审员法》《国际刑事司法协助法》，作出《关于设立上海金融法院的决定》《关于专利等知识产权案件诉讼程序若干问题的决定》，巩固和深化司法体制改革成果。修改《村民委员会组织法》《城市居民委员会组织法》，完善了基层治理体系。

---

[1] 中共中央文献研究室编：《习近平关于全面依法治国论述摘编》，中央文献出版社2015年版，第45页。

坚持在现行宪法和法律框架内进行改革，充分利用宪法和法律预留的改革空间和制度条件，大胆探索，勇于创新。"对实践证明已经比较成熟的改革经验和行之有效的改革举措，要尽快上升为法律。对部门间争议较大的重要立法事项，要加快推动和协调，不能久拖不决。对实践条件还不成熟、需要先行先试的，要按照法定程序做出授权，既不允许随意突破法律红线，也不允许简单以现行法律没有依据为由迟滞改革。对不适应改革要求的现行法律法规，要及时修改或废止，不能让一些过时的法律条款成为改革的'绊马索'。"①

三　在历史新起点上把握改革与法治的关系

如果说在改革开放的前期甚至中期，由于国家的许多法律尚未制定出来，无法可依是中国法治建设的主要矛盾，我们的一些改革不得不采取"良性违宪""良性违法"的方式进行，那么，经过新中国70年尤其是改革开放40年的努力，中国特色社会主义法律体系已经如期形成，国家经济建设、政治建设、文化建设、社会建设以及生态文明建设的各个方面实现了有法可依，我们已经具备了把各项改革全面纳入法治轨道依法推进的社会条件和法治基础。尤其是，党的十八大以来，以习近平同志为核心的党中央更加重视全面推进依法治国和法治中国建设，特别强调依法治国是党领导人民治国理政的基本方略，法治是管理国家、治理社会的基本方式，推进国家治理体系和治理能力现代化，重大改革要于法有据……所有这一切都表明，我们在新的历史起点上把握和处理好改革与法治的关系，不仅拥有较为完备

---

① 中共中央文献研究室编：《习近平关于全面依法治国论述摘编》，中央文献出版社2015年版，第52—53页。

的中国特色社会主义法律体系作为"有法可依"进行改革的法律制度基础，而且拥有中央和地方决策层以及广大公民更加重视运用法治思维和法治方式深化改革的法律理性与法治自觉。这些都是我们在宪法框架下和法治轨道上处理好改革与法治关系最重要的主客观条件。

在一个和平理性的社会，改革的表现形式和实现方式往往是"变法"。中国历史上的李悝变法、吴起变法、商鞅变法、王安石变法、戊戌变法等，都被称为"变法"。这些"变法"，实际上是通过改革当时的法律和有关制度来完善国家的各项体制，特别是政治体制。在现代法治国家，作为体制改革实施载体的"变法"，既不是疾风暴雨的革命，也不是改朝换代的"变天"。"变法"就是改革、变革、改良、改造和创新，它是以维护现有政权基础和政治统治为前提而进行的国家法律和有关体制的主动改革与自我完善，目的是使之更好适应经济社会文化发展需要。革命则是社会政治制度的深刻质变，它往往通过造反、起义、暴动、一个阶级推翻一个阶级的暴烈行动等暴力手段，达成推翻现政权的目标，实现国家政权的"改朝换代"，现政权的一切法律和制度都在被革命之列。在现代法治国家，改革是解放和发展生产力的积极措施，是社会充满生机与活力的集中表现，是国家与社会创新发展的不竭动力。

改革和法治如鸟之两翼、车之两轮，将有力推动全面建成小康社会事业向前发展。习近平总书记强调："我们要着力处理好改革和法治的关系。改革和法治相辅相成、相伴而生。中国历史上的历次变法，都是改革和法治紧密结合，变旧法、立新法，从战国时期商鞅变法、宋代王安石变法到明代张居正变法，莫不如此。我国改革进入了攻坚期和深水区，改革和法治的关系需要破解一些新难题，也亟待纠正一些认识上的误区。一种观点认为,改革就是要冲破法律的禁区,现在法律的条条框框妨碍和迟滞了改革,改革要上路、法律要让路。另一种观点则认为,法律就是要保持稳定性、权威性、适当的滞后性,法律很难引领改革。这两种看法都是不全面的。在法治下推进改革,在改革中完善法治,这就是我们说的改革和法治是两个轮子的含义。我们要坚持改革决策和立法决策相统一、相衔接,立法主动适应改革需要,积极发挥引导、推动、规范、保障改革的作用,做到重大改革于法有据,改革和法治同步推进,增强改革的穿透力。"①

在建设法治中国的现阶段,在建设和发展中国特色社会主义的伟大实践中,相对于完成经济建设、政治建设、文化建设、社会建设和生态文明建设"五位一体"的战略任务而言,相对于实现2020年全面建成小康社会的战略目标而言,相对于实现国家富强、人民幸福、中华民族伟大复兴的中国梦而言,改革与法治都是手段、方法、举措和过程,两者的价值特征、本质属性和目的追求都是一致的,没有根本的内在矛盾和冲突。那些认为"改革与法治两者是相互对立排斥的""要改革创新就不能讲法治""改革要上,法律就要让""要发展就要突破法治"等错误观念和认识,都是有违法治思维和法治原则的,对于深化改革与推进法治来说都是有害无益的。习近平总书记针对党的十八大以来出现的新情况新问题指出:贯彻新发展理念,实现经济从高速增长转向高质量发展,必须坚持以法治为引领。在发展和法治关系上,一些地方还存在"发展要上、法治要让"的误区。2017年,党中央处理了甘肃祁连山国家级自然保护区生态环境问题,一批

---

① 中共中央文献研究室编:《习近平关于全面依法治国论述摘编》,中央文献出版社2015年版,第51—52页。

党政干部受到处分。《甘肃祁连山国家级自然保护区管理条例》历经3次修正，部分规定始终同《中华人民共和国自然保护区条例》不一致，立法上"放水"，执法上"放弃"，才导致了祁连山生态系统遭到严重破坏的结果。这样的教训必须深刻汲取。①

在中国特色社会主义理论、制度和道路自信的基础上，在中国现行宪法和法律体系内在和谐统一的体制下，改革与法治之间是一种内在统一、相辅相成的关系。全面推进依法治国，实现科学立法、严格执法、公正司法、全民守法，一体推进依法治国、依法执政和依法行政，共同建设法治国家、法治政府和法治社会，法治中国建设上述任务的完成和目标的达成，既是各项体制改革的重要组成部分和主要路径依赖，也是全面深化改革的法治引领、法治促进、法治规范和法治保障。改革须臾离不开法治的引领和保障，否则就可能天下大乱；法治必须紧跟改革的进程和步伐，否则就可能被废弃淘汰。

但是，也毋庸讳言，在中国宪法和法治统一的现实条件下，在中国单一制国家政权组织形式的基础上，作为国家和社会运行发展的具体手段、方法、举措和过程，改革与法治又不可能不存在某些区别、不同甚至冲突。其中最重要的区别在于，法治作为国之重器，以守持和维护既有秩序为己任，具有较强的稳定性、规范性和保守性；而改革作为一种创新发展手段，往往以突破现有法律、制度和政策为先导，具有较强的变动性、挑战性和激进性，因此，改革的"破"与法治的"守"这两者之间，必然存在某种张力，在一定条件下两者还可能发生抵触、冲突或者矛盾。甚至可以说，任何现代国家和社会的全面深化改革，或早或晚、或多或少都必然会遭遇法治意义上的合法

---

① 习近平：《加强党对全面依法治国的领导》，《求是》2019年第4期。

性、合宪性问题。改革与法治的运行指向和内在张力,决定了两者的"遭遇战"是客观必然的。决策者需要做的,是采取积极态度与正确方法去认识、把握和妥善处理两者遭遇时产生的具体矛盾和问题。在推进法治中国建设的时代背景下,"凡属重大改革都要于法有据。在整个改革过程中,都要高度重视运用法治思维和法治方式,发挥法治的引领和推动作用,加强对相关立法工作的协调,确保在法治轨道上推进改革"①。坚持重大改革要于法有据,既是社会主义法治文明的改革观,是运用法治思维和法治方式全面深化改革的改革观,也是正确处理改革与法治关系的指导思想和基本原则。

四 在法治轨道上推进全面深化改革

从全面推进依法治国的战略高度来看,改革与法治的关系,不仅是涉及立法与改革的问题,而且是涉及严格执法、公正司法和全民守法等法治环节的问题,但科学立法是两者关系的重点环节和主要方面。

坚持民主科学立法,应当把国家的立法决策、立法规划、立法项目、立法草案等与执政党的改革决策紧密结合起来。在立法层面正确处理改革与法治的关系,应当遵循以下思路进行。一是坚持改革决策与立法决策相统一,充分发挥立法的引导、推动、规范和保障作用。二是凡属重大改革不仅要于法有据,而且要于宪有据。三是坚持在现行宪法和法律框架内进行改革。宪法是国家的根本法,是治国安邦的总章程,如果改革决策关涉宪法规定时,应当维护宪法的权威和尊

---

① 《把抓落实作为推进改革工作的重点、真抓实干蹄疾步稳务求实效》,《人民日报》2014年3月1日第1版。

严，坚决杜绝"违宪改革"现象的发生。四对确实需要突破现行法律规定的改革试点，如果通过解释宪法，通过法律的立、改、废、释等措施不能解决问题，也可以采取立法授权试点改革等方式，经有权机关依法授权批准，为改革试点工作提供合法依据，应当坚决避免"违宪改革""违法改革"现象的发生。党的十八届三中、四中全会分别对全面深化改革、全面依法治国作出总体部署，使立法与改革的关系有了新的时代内涵。全国人大及其常委会坚持立法决策与改革决策相衔接，立法主动适应改革开放和经济社会发展需要，综合运用立、改、废、释、授权等多种方式，在法治下推进改革，在改革中完善法治。例如，全面贯彻党中央关于深化财税体制改革、改进预算管理制度的精神，2014年对《预算法》作出较大修改完善。2015年修改《立法法》，完善立法体制，明确立法权限，健全保证科学立法、民主立法的机制和程序。2018年贯彻落实党中央关于深化国家监察体制改革决策部署，在先后两次作出改革试点决定的基础上制定《监察法》，创新和完善国家监察制度，推动以法治思维和法治方式开展反腐败工作。[1] 2018年，全国人大常委会统筹修改机构改革涉及的32部法律的316个条款，为机构改革的顺利实施提供了法律保障；修订《公务员法》，加快推进公务员分类体制改革；修改《村民委员会组织法》《城市居民委员会组织法》，完善基层治理体系等。这些立法工作主动适应经济社会发展的需要，为改革开放在法治轨道上顺利推进提供了良好的法律保障。

全国人大及其常委会负有监督宪法实施的职责，地方人大及其常委会负有监督和保证法律、法规和地方性法规实施的义务，因此，各

---

[1] 信春鹰：《改革开放40年全国人大及其常委会的立法工作》，《求是》2019年第4期。

级人大及其常委会应当把改革决策与立法决策是否紧密结合、改革与法治是否统一、改革措施与法律规定是否冲突等情况，纳入人大监督的范畴，一经发现问题即依法提出处置意见、建议或者采取相关措施。

在严格执法、公正司法和全民守法这几个环节，也需要正确认识和把握改革与法治的关系。法律的生命在于实施。执法、司法和守法都是贯彻实施法律的重要方式，国家行政机关通过推进依法行政和严格执法，国家司法机关通过正确适用法律和公正司法，全体公民和其他社会主体通过自觉学法、尊法、用法和守法，把体现为国家意志的法律规范付诸有效实施和具体实现。按照社会主义法治原则，在法律付诸实施和实现过程中，所有法律关系主体都必须坚持依法办事，在法律面前人人平等，不得以任何借口或者"理由"拒不执行，必须正确适用或者遵守法律，不能违反法律。

然而，在全面深化改革的特殊社会背景下，改革与法治事实上出现个别不和谐甚至冲突的情况时应当怎么办？应当坚持实事求是原则，具体情况具体分析和处理。一是当个别改革决策或措施与法治的冲突不可避免时，可以用"良性违宪""良性违法"的理论暂时承认这种改革的合宪性与合法性，同时尽快启动修宪、改法或者释法程序，及时消弭改革与法治的冲突。二是在具体执法、司法和守法过程中发现某项改革措施与法治相冲突，有关主体应当根据《立法法》等法律的规定，及时将冲突的问题和相关建议上报有权机关依法加以解决，媒体也应当加强对改革与法治冲突问题的关注和监督。三是在改革与法治冲突的具体问题得到解决之前，执法、司法和守法的主体是否应当继续实施有关法律？一般来讲，不允许改革突破法治，必须坚守法治原则，认真实施有关法律；但如果法律的规定明显违背改革的大政方针又没有得到及时解决，在这种极为特殊的情况下，可以暂不实施该法律的有关规定。例如，1993年党中央作出《关于建立社会主义市场经济体制若干问题的决定》后，举国上下开始了轰轰烈烈的经济体制改革，而当时《刑法》还规定有"投机倒把罪"（1997年才被取消）。在当时的情况下，执法司法机关如果按照"执法必严"的要求，对"投机倒把罪"的规定执行得越严、实施得越好，对社会主义市场经济体制建立的阻碍就越大。因此，在某些显而易见的特殊情况下，应当允许执法、司法和守法主体暂不实施某些法律规定。四是根据"法律红线不能触碰、法律底线不能逾越"的法治原则，对于那些打着改革的旗号故意规避甚至破坏法治的行为，对于那些无视中央关于"重大改革要于法有据"原则且严重违反宪法和法律的所谓改革行为，对于那些借改革之名行部门保护主义和地方保护主义之实的违法改革行为……应当坚决制止和纠正，构成犯罪的还要追究其法律责任。

在法治轨道上推进全面改革，应当用法治凝聚改革最大共识。习近平总书记在主持中共中央政治局第四次集体学习时提出，要"努力以法治凝聚改革共识"[①]。这既是对深化改革开放、规范发展行为、促进矛盾化解、保障社会和谐的新要求，也是在全面推进依法治国、加快建设法治中国的新起点上，对各级领导机关和领导干部提高运用法治思维和法治方式能力的新要求。1978年以来的改革开放，是实现国家强盛、民族复兴和人民幸福的必由之路，是被实践证明了的全国人民的最大共识之一。目前，中国的改革步入"深水区"，改革面临的问题之多、困难之大、矛盾之复杂、认识之不统一，前所未有。

---

① 中共中央文献研究室编：《习近平关于全面依法治国论述摘编》，中央文献出版社2015年版，第110页。

如何深化改革，尤其是深化重要领域、难点环节、重大利益调整等方面的体制改革，既是对执政党的领导能力、执政能力、治国理政能力的严峻挑战，也是对中华民族的政治勇气、政治智慧以及中国人民当家作主能力的重大考验。这就需要我们以法治最大限度地凝聚改革的思想共识、价值共识、制度共识和行为共识，为深化改革奠定良好的法治基础、提供重要的法治保障。为此，我们应当更加重视发挥法治的引导功能和教化作用，在法治的框架下求大同、存小异，努力达成改革共识，依法实现利益的最大化；更加重视发挥立法"分配正义"的作用，通过民主科学立法对各种利益作出合法、公正、公平、合理的分配和处置，在立法的基础上真正达成改革认同，凝聚改革共识；更加重视发挥程序立法的"游戏规则"作用，通过程序立法等游戏规则，把利益的冲突或者失衡控制在公平正义的范围内，使多元利益的结构实现有序化，努力达成程序共识；更加注重培养各级领导机关和领导干部运用法治思维和法治方式的能力，努力掌握以法治凝聚改革共识、规范发展行为、促进矛盾化解、保障社会和谐的执政本领，带头依法办事，带头遵守法律，带头以法治思维和法治方式、通过法治程序去凝聚全社会、全民族的改革共识，为深化改革、扩大开放、促进发展提供良好的法治环境和有力的法治保障。

◇ 第四节 改革开放与中国法治 40 年的基本经验

改革开放 40 年来，中国法治建设取得了举世瞩目的成就，积累了许多宝贵经验。

一　坚持党的领导，走中国特色社会主义法治道路

道路决定方向，道路决定命运。中国法治40年最根本的一条经验，就是坚持中国共产党的领导，坚定不移走中国特色社会主义法治道路。习近平总书记在《关于〈中共中央关于全面推进依法治国若干重大问题的决定〉的说明》中指出，中国特色社会主义法治道路是一个管总的东西。具体讲我国法治建设的成就，大大小小可以列举出十几条、几十条，但归结起来就是开辟了中国特色社会主义法治道路这一条。

中国特色社会主义法治道路，本质上是中国特色社会主义道路在法治领域的具体体现，其核心要义就是坚持党的领导，坚持中国特色社会主义制度，贯彻中国特色社会主义法治理论。中国特色社会主义法治道路的核心要义，规定和确保了中国特色社会主义法治体系的制度属性和前进方向，体现了全面依法治国的本质属性和中国特色。党的领导是中国特色社会主义最本质的特征，是社会主义法治最根本的保证。

习近平总书记指出，把坚持党的领导、人民当家作主、依法治国有机统一起来是我国社会主义法治建设的一条基本经验。[①] 三者统一于中国特色社会主义民主政治的伟大实践，统一于人民代表大会制度这个根本政治制度平台，统一于推进全面依法治国的全过程和各方面。例如，在立法方面，40年的立法工作取得巨大的成就，最根本、

---

① 中共中央文献研究室编：《习近平关于全面依法治国论述摘编》，中央文献出版社2015年版，第24页。

最关键的就在于坚持党对立法工作的领导，特别是党中央对立法工作的集中统一领导。党的十八大以来，党中央进一步完善加强对立法工作领导的体制机制，习近平总书记主持中央政治局常委会会议，审定全国人大常委会立法规划和立法规划的调整，并以中央文件形式转发。党中央就重要法律的制定修改工作听取全国人大常委会党组关于立法工作重要事项和重大问题的汇报，研究立法工作中的重大问题，审议立法涉及的重大体制和重大政策调整，协调解决重大立法争议，等等。①

40年法治建设的实践证明，依法治国、走中国特色社会主义法治道路，自始至终是在党的领导下进行的，离开了党的领导这个根本前提，就无法保证法治建设保持正确方向，离开了党的领导，依法治国就会流于空谈，离开了党的领导，法治就失去了"中国特色"和"政治底色"，党的领导始终起到为中国特色社会主义法治道路保驾护航的作用。

二 坚持人民主体地位，尊重保障人权，保证人民当家作主

人民是国家的主人，是全面依法治国的主体。我们党始终"坚持人民主体地位，尊重保障人权，保证人民当家作主"，把"依靠谁、为了谁"放在法治建设各项工作的首位。党的十八届四中全会把"坚持人民主体地位"作为推进全面依法治国的指导原则，强调"人民是依法治国的主体和力量源泉"，"必须坚持法治建设为了人民、依靠人民、造福人民、保护人民"。党的十九大进一步强调要坚持以人民为

---

① 信春鹰：《改革开放40年全国人大及其常委会的立法工作》，《求是》2019年第4期。

中心。保证人民在党的领导下通过各种途径和形式管理国家事务，管理经济和文化事业，管理社会事务。①切实保证和实现人民当家作主，推进民主立法和科学立法，使立法切实体现人民意志；推进依法行政和公正司法，实现执法司法为民；通过深化司法体制改革，加快建设公正高效权威的社会主义司法制度，维护人民权益，让人民群众在每一个司法案件中都感受到公平正义。

三 坚持宪法法律至上，维护宪法法律权威，推进宪法法律实施

美国著名思想家潘恩在《常识》一书中说："在专制政府中国王便是法律……在自由国家中法律便应该成为国王。"②宪法和法律是法治体系的主要内容和根本支撑。因此，宪法法律强，则法治强、国家强；宪法法律弱，则法治弱、国家弱。习近平总书记在首都各界纪念现行宪法公布施行三十周年大会上的讲话中指出：30年来，我国宪法以其至上的法制地位和强大的法制力量，有力保障了人民当家作主，有力促进了改革开放和社会主义现代化建设，有力推动了社会主义法治国家进程，有力促进了人权事业发展，有力维护了国家统一、民族团结、社会稳定，对我国政治、经济、文化、社会生活产生了极为深刻的影响。30年来的发展历程充分证明，我国宪法是符合国情、符合实际、符合时代发展要求的好宪法，是充分体现人民共同意志、充分保障人民民主权利、充分维护人民根本利益的好宪法，是推动国

---

① 习近平：《加强党对全面依法治国的领导》，《求是》2019年第4期。
② 《潘恩选集》，马清槐等译，商务印书馆1981年版，第35—36页。

家发展进步、保证人民创造幸福生活、保障中华民族实现伟大复兴的好宪法，是我们国家和人民经受住各种困难和风险考验、始终沿着中国特色社会主义道路前进的根本法制保证。[①] 在我国，宪法和法律是党的主张和人民意志相统一并通过法定程序转化为国家意志的体现，是历史新时期党和国家的中心工作、基本原则、重大方针、重要政策在国家法制上的最高体现和集中反映，是党的路线方针政策的制度化、法律化和条文化，因此，坚持宪法法律至上，实质上是坚持党的领导至上，坚持人民意志至上。坚持宪法法律至上，不仅是一项基本法治原则，也成为一项重要的法治制度。领导干部都要牢固树立宪法法律至上、法律面前人人平等、权由法定、权依法使等基本法治观念。2016年中共中央办公厅、国务院办公厅印发的《党政主要负责人履行推进法治建设第一责任人职责规定》第三条明确规定：党政主要负责人履行推进法治建设第一责任人职责，必须坚持党的领导、人民当家作主、依法治国有机统一；坚持宪法法律至上，反对以言代法、以权压法、徇私枉法。

40年中国法治建设的实践证明，依法治国首先是依宪治国，依法执政关键是依宪执政。党的十八届四中全会以党的政治文件形式，首次明确了依法治国与依宪治国、依法执政与依宪执政之间的关系，规定"坚持依法治国首先要坚持依宪治国，坚持依法执政首先要坚持依宪执政"。明确依宪治国、依宪执政在推进全面依法治国中的根本地位和关键作用，对于提升宪法法律权威、促进宪法法律实施，具有重要作用。维护宪法权威和保证宪法实施是宪法的生命和依法治国的内在要求。只要我们切实尊重和有

[①] 《习近平谈治国理政》，外文出版社2014年版，第136—137页。

效实施宪法，人民当家作主就有保证，党和国家事业就能顺利发展。反之，如果宪法受到漠视、削弱甚至破坏，人民权利和自由就无法保证，党和国家事业就会遭受挫折。对于这些从长期实践中得出的宝贵启示，必须倍加珍惜。宪法的生命在于实施，宪法的权威也在于实施。习近平总书记在主持十九届中共中央政治局第四次集体学习时强调：决胜全面建成小康社会、开启全面建设社会主义现代化国家新征程、实现中华民族伟大复兴的中国梦，推进国家治理体系和治理能力现代化、提高党长期执政能力，必须更加注重发挥宪法的重要作用。要坚持党的领导、人民当家作主、依法治国有机统一，加强宪法实施和监督，把国家各项事业和各项工作全面纳入依法治国、依宪治国的轨道，把实施宪法提高到新的水平。

四 坚持顶层设计与基层探索相结合，不断推进中国特色社会主义法治理论创新、制度创新和实践创新

全面深化改革需要加强顶层设计和整体谋划，加强各项改革的关联性、系统性、可行性研究。我们讲胆子要大、步子要稳，其中步子要稳就是要统筹考虑、全面论证、科学决策。经济、政治、文化、社会、生态文明各领域改革和党的建设改革紧密联系、相互交融，任何一个领域的改革都会牵动其他领域，同时需要其他领域改革密切配合。如果各领域改革不配套，各方面改革措施相互牵扯，全面深化改革就很难推进下去。习近平总书记在主持十八届中央政治局集体学习时指出，摸着石头过河和加强顶层设计是辩证统一的，推进局部的阶段性改革开放要在加强顶

设计的前提下进行,加强顶层设计要在推进局部的阶段性改革开放的基础上来谋划。要加强宏观思考和顶层设计,更加注重改革的系统性、整体性、协同性,同时要继续鼓励大胆试验、大胆突破,不断把改革开放引向深入。[①] 紧紧围绕坚持党的领导、人民当家作主和依法治国有机统一深化政治体制改革,表明全面依法治国本质上是中国在宪法框架下和法治轨道上进行的政治体制改革,必须在做好全面依法治国顶层设计的前提下,推进各个方面、各个环节法治的实践进程,支持和鼓励地方和基层在法治建设和依法治理具体实践中大胆探索,不断总结地方和行业法治实践的新经验,推进法治改革。党中央作出全面依法治国的战略部署,既充分肯定中国社会主义法治建设的成就和经验,又针对现实问题提出富有改革创新精神的新观点、新举措;既抓住法治建设的关键,又体现党和国家事业发展全局要求;既高屋建瓴、搞好顶层设计,又脚踏实地、做到切实管用;既讲近功,又求长效。

创新是引领法治发展的第一动力。必须把创新摆在国家发展全局的核心位置,不断推进理论创新、制度创新、科技创新、文化创新等各方面创新,让创新贯穿党和国家一切工作,让创新在全社会蔚然成风。中国法治建设的40年,推动了中国特色社会主义法治理论创新、制度创新和实践创新,充分发挥了法治在促进国家治理体系和治理能力现代化中的重要作用。习近平新时代中国特色社会主义法治思想的确立,是40年中国特色社会主义法治理论创新最重大的理论成果,是中国特色社会主义法治体系的理论指导和学理支撑,是推进全面依法治国的行动指南。在中国特色社会主义法治的运行体制机制制度建

[①] 中共中央文献研究室编:《习近平关于全面深化改革论述摘编》,中央文献出版社2014年版,第35页。

设方面,党的十八届四中全会作出全面推进依法治国的专门决定,提出坚持走中国特色社会主义法治道路、建设中国特色社会主义法治体系的重大论断,提出全面推进依法治国、加快建设社会主义法治国家的总目标。这个专门决定的作出,这个重大论断和总目标的提出,特别是建设中国特色社会主义法治体系的提出,不仅在中国共产党历史上是第一次,在世界范围内也具有独创性,是党治国理政思想和国家制度体系建设的重大创新,标志着我们党对法治文明发展规律、社会主义建设规律和共产党执政规律的认识达到了一个新的高度,标志着我们党和国家在推进中国特色社会主义法治建设的理论创新、制度创新和实践创新方面实现了新发展。

五 坚持建设法治体系与建设法治国家相结合、依法治国与以德治国相结合、依法治国与依规治党相结合

40年来,在加强中国特色社会主义法治建设历史进程中,依法治国作为党领导人民治理国家的基本方略,法治作为党领导人民治国理政的基本方式,与以德治国和社会主义道德、与党内法规和党的规矩等共同构成党和国家的治理体系,在国家和社会治理现代化中发挥了重要作用。

建设中国特色社会主义法治体系与建设社会主义法治国家相结合,共同形成全面推进依法治国的总目标。这个总目标的提出,是对改革开放以来中国法治建设从形成法律体系到建设法治体系转变的基本规律的深刻把握,是对建设法治体系与建设法治国家相互关系的深刻认识,是对法治强国、建设法治中国宏伟目标的时代升华。习近平总书记在关于十八届四中全会《决定》的说明中指出,提出这个总目

标，既明确了全面推进依法治国的性质和方向，又突出了全面推进依法治国的工作重点和总抓手：一是向国内外鲜明宣示我们将坚定不移走中国特色社会主义法治道路；二是明确全面推进依法治国的总抓手；三是建设中国特色社会主义法治体系、建设社会主义法治国家是实现国家治理体系和治理能力现代化的必然要求。①

习近平总书记在主持中央政治局第三十七次集体学习时指出，改革开放以来，我们深刻总结我国社会主义法治建设的成功经验和深刻教训，把依法治国确定为党领导人民治理国家的基本方略，把依法执政确定为党治国理政的基本方式，走出了一条中国特色社会主义法治道路。这条道路的一个鲜明特点，就是坚持依法治国和以德治国相结合。法治和德治两手抓、两手都要硬，这既是历史经验的总结，也是对治国理政规律的深刻把握。② 法治与德治就如车之两轮、鸟之双翼，不可偏废，国家和社会治理需要法律和道德协同发力，需要法治和德治两手抓。党的十八届四中全会把"坚持依法治国和以德治国相结合"，作为全面推进依法治国的一项重要原则，强调"必须坚持一手抓法治、一手抓德治……以法治体现道德理念、强化法律对道德建设的促进作用，以道德滋养法治精神、强化道德对法治文化的支撑作用"，实现"法安天下，德润民心"的法德善治。

依法治国与依规治党的有机结合，不仅丰富了依法治国的内涵，而且为全面从严治党提供了可靠的制度依据和法治保障。把全面依法治国放在"四个全面"的战略布局中来把握，深刻认识全面依法治国

---

① 参见《中共中央关于全面推进依法治国若干重大问题的决定》，人民出版社2014年版，第50—51页。
② 习近平：《习近平谈治国理政》（第二卷），外文出版社2017年版，第133—134页。

同其他三个"全面"的关系，努力做到"四个全面"相辅相成、相互促进、相得益彰。没有全面依法治国，我们就治不好国、理不好政，我们的战略布局就会落空；不全面从严治党，党就做不到"打铁还需自身硬"，也就难以发挥好领导核心作用，因此，把依法治国与依规治党紧密结合起来，实现依法治国与制度治党、依规治党共同推进、一体建设，是我们党治国理政的新理念、新实践和新经验。

在我们国家，法律是对全体公民的要求，党内法规制度是对全体党员的要求，而且很多地方比法律的要求更严格。我们党是中国工人阶级、中国人民和中华民族的先锋队，对党员的要求应该更严。必须努力形成国家法律法规和党内法规制度相辅相成、相互促进、相互保障的格局。应当构建以党章为根本、若干配套党内法规为支撑的党内法规制度体系，提高党内法规执行力。党章等党规对党员的要求比法律要求更高，党员不仅要严格遵守法律法规，而且要严格遵守党章等党规，对自己提出更高要求。

六 坚持从中国国情和实际出发，学习借鉴人类法治文明经验

走什么样的法治道路、建设什么样的法治体系，是由一个国家的基本国情决定的。"为国也，观俗立法则治，察国事本则宜。不观时俗，不察国本，则其法立而民乱，事剧而功寡。"[①] 全面推进依法治国，必须从中国实际出发，同推进国家治理体系和治理能力现代化相适应，既不能罔顾国情、超越阶段，也不能因循守旧、墨守成规。党

---

① 《商君书·算地第六》。

的十八届三中全会提出，全面深化改革，必须立足于我国长期处于社会主义初级阶段这个最大实际，坚持发展仍是解决我国所有问题的关键这个重大战略判断，以经济建设为中心，发挥经济体制改革牵引作用，推动生产关系同生产力、上层建筑同经济基础相适应，推动经济社会持续健康发展。中国特色社会主义道路、理论体系、制度是全面推进依法治国的根本遵循。必须从中国基本国情出发，同改革开放不断深化相适应，总结和运用党领导人民实行法治的成功经验，围绕社会主义法治建设重大理论和实践问题，推进法治理论创新，发展符合中国实际、具有中国特色、体现社会发展规律的社会主义法治理论，为依法治国提供理论指导和学理支撑。汲取中华法律文化精华，借鉴国外法治有益经验，但决不照搬外国法治理念和模式。

坚持从实际出发，就是要突出中国特色、实践特色、时代特色。要总结和运用党领导人民实行法治的成功经验，围绕社会主义法治建设重大理论和实践问题，不断丰富和发展符合中国实际、具有中国特色、体现社会发展规律的社会主义法治理论，为依法治国提供理论指导和学理支撑。对丰富多彩的世界，我们应该秉持兼容并蓄的态度，虚心学习他人的好东西，在独立自主的立场上把他人的好东西加以消化吸收，化成我们自己的好东西，但决不能囫囵吞枣、决不能邯郸学步。照抄照搬他国的政治制度行不通，会水土不服，会画虎不成反类犬，甚至会把国家前途命运葬送掉。我们要学习借鉴世界上优秀的法治文明成果。但是，学习借鉴不等于是简单的拿来主义，必须坚持以我为主、为我所用，认真鉴别、合理吸收，不能搞"全盘西化"，不能搞"全面移植"，不能照搬照抄。

第 二 章

中国语境中的民主与法治

民主与法治的问题，是中国法治建设的基础性、前提性问题。1978 年中国改革开放伊始，邓小平同志就提出，没有民主，就没有社会主义，就没有社会主义的现代化。[①] 因此，为了把中国建设成为社会主义现代化国家，必须发展社会主义民主，健全社会主义法治，使民主制度化、法律化，实现国家各项工作的法治化。改革开放的前 20 年，中国坚持"民主是法治的前提，法治是民主的保障"的理念，因此，发展民主往往得到优先考虑和安排。其后，在看到越来越多的发展中国家实行西方民主政治模式而遭遇挫折、倒退和失败之后，今天中国越发坚定了走中国特色社会主义民主法治发展道路的决心和信心，越发强调不能照搬照抄西方的民主宪政模式，而必须从中国的历史传统和现实国情出发，走自己的民主法治发展道路。在民主与法治的关系上，中国一方面继续坚持民主与法治相辅相成、相互作用的基本观念；另一方面又认为在现阶段中国民主与法治的推进方式上，要坚持

---

① 《邓小平文选》第二卷，人民出版社 1994 年版，第 168 页。

"民主要稳、法治要快"的原则,① 要全面落实依法治国基本方略,加快建设社会主义法治国家。

---

① 所谓"民主要稳",主要是指在现阶段发展社会主义民主、推进政治体制改革,要从国情和实际出发,与当下的经济社会发展水平相适应,与公民的综合素质和民主能力相匹配,有领导有步骤循序渐进积极稳妥地进行,切不可急躁冒进。随着中国民主政治实践的发展,越来越多的人认识到,民主在操作和实践层面上往往是柄双刃剑,它既可以行善,成为"好东西",也可以为"恶",成为"坏东西"。如何趋利避害、扬长避短,应对之策的关键词就是要"稳"。在发展民主的速度上,不怕慢,就怕站,更怕退,所以民主建设要坚持"不动摇、不懈怠、不折腾"的原则,稳扎稳打、步步为营、循序渐进。在发展民主的方法上,要立足国情,防止照搬西方;要以党内民主带动人民民主,以基层民主辐射高层民主,以协商民主辅佐选举民主,以网络民主推动直接民主,以政治民主落实经济和社会民主,随着经济社会文化的发展,不断缩小民主的差别,扩大民主的范围,丰富民主的形式,提升民主的层次。所谓"法治要快",就是在速度上,法治的发展应适当快于民主的扩大和增量;在力度上,法治的推进应适当大于民主的创新和改革,应当以法治先行来引导和保障民主实践的科学发展,以法治发展来促进和规范民主权利的有序实现。在民主法治建设的具体实践中,应当先立规则再实施行为,先设程序再行使权利,先制定规范再扩大民主,先变法(立改废)再进行改革。尤其是通过政治体制改革方式发展民主政治时,应当慎之又慎,尽可能地采用法治方法,在法治轨道上、在宪法法律的引导规范下,稳妥有序地展开。

国家进入和平建设时期以后,法治的功能与民主的作用相比,前者更具有保守性、稳定性、规范性和权威性,更有利于调整社会关系、分配社会利益、规范社会行为、构建法律秩序、实现公平正义,更有利于预防社会矛盾、解决社会纠纷、缓和内部冲突、促进社会和谐、保持国家稳定。因此,在一定时期和条件下实行"法治要快"的政治发展方略,有其相对的合理性和实践的必要性。强调"法治要快",绝不意味着"民主要停"或"民主要退"。只是说在现阶段的特殊时期,法治建设应当先行一步,为民主发展铺路搭桥、保驾护航。在法治的基础上民主政治建设才能更加稳妥地推进。在推进的过程中,民主发展当快则快,宜慢则慢,民主政治建设要从实际情况出发,有利于经济发展、社会和谐、政治稳定、民族团结、国家统一,有利于实现人民当家作主。

第一节 民主概念解读

一 何谓"民主"?

"民主"是一个见仁见智且经常引起争议的概念。从"民主"这个词在古希腊产生时的原义看,"民主意味着人民统治或多数人统治;但因为多数人也是穷人,故民主经常被意指穷人统治或是暴民统治"[①]。古希腊历史学家希罗多德最早把雅典的政治制度称为民主政治。雅典著名政治家伯里克利说,中国的制度所以被称为民主制度,是因为政权在多数公民手中,而不是在少数人手中。[②]古希腊著名思想家亚里士多德曾根据城邦统治者为一人、少数人或多数人,把古希腊政治制度分为君主、贵族和共和三种常态政体,以及僭主、寡头和民主三种变态政体。这是人类文明史上最早的民主概念。不过,他们讲的"人民"或"多数人"并不包括奴隶在内,[③]妇女、外国人和混血儿也被排除在"民主"主体之外。

在西方,"民主的希腊概念(长期)摇摆不定……直至卢梭和《社会契约论》的出现才(被)确定"下来,民主得到复兴。"民主

---

① [英]安东尼·阿伯拉斯特:《民主》,孙荣飞等译,吉林人民出版社2005年版,第19页。

② [古希腊]修昔底德:《伯罗奔尼撒战争史》,谢德风译,商务印书馆1978年版,第130页。

③ 李铁映:《论民主》,人民出版社2001年版,第2页。

意味着人民自己统治政府";人民主权意味着"人民制定法律,选举统治者;统治者是人民的仆人"。① 正是在欧洲文艺复兴运动和思想启蒙运动中,格劳秀斯、霍布斯、布丹、洛克、密尔、孟德斯鸠、卢梭等西方政治哲学家和法律思想家,高举民主自由、平等博爱、人权法治的旗帜,对抗封建的君权神权、专制独裁、等级特权,为建立资产阶级民主做了充分的思想和理论准备。

进入19世纪特别是20世纪以来,西方民主理论又有了许多新的发展和变化,产生了诸如精英民主理论②、多元民主理论③、自由民

---

① [英]安东尼·阿伯拉斯特:《民主》,孙荣飞等译,吉林人民出版社2005年版,第34、40页。

② 精英民主理论的代表人物有德国社会学家马克斯·韦伯和美国经济学家熊彼特等。精英民主理论把民主看成一种竞争政治领导权的政治方法。例如,熊彼特认为,民主并不要求权力在公民之间平摊,权力总是由一小部分领导人来行使。人民的作用不过在于产生一个政府,选出社会精英来治理国家。"民主并不是指,也不可能指,按照'人民'和'统治'这两个词的明显意义说的人民是确实在那里统治的意思。"由此,他提出了经验性民主定义:"民主方法是为达到政治决定的一种制度上的安排,在这种安排中,某些人通过竞取人民选票而得到作出决定的权力。"见[美]约瑟夫·熊彼特《资本主义、社会主义与民主》,吴良健译,商务印书馆1979年版,第355—356页。精英民主理论的基本观点是:民主并不意味人民统治,而是社会精英或政治家的统治;民主意味着多元的精英竞取权力的过程,这一过程常常采取政党竞争的方式;精英是开放的,人们有平等的机会成为精英;公民定期选举政治精英成为统治者。

③ 以达尔和林德布洛姆为代表的美国政治学家提出了多元民主理论,力图通过强调各种利益集团在民主过程中的作用,来弥补精英民主理论的不足。他们认为,民主是一个代表不同利益的许多集团之间"无休止的讨价还价的过程"。因此,仅有选举和政党并不能确保民主国家的均衡,要想维持民主的过程,必须存在各种各样的利益集团。达尔建议用"多元政体"来指称现实存在的民主制度,因为"民主"这个词容易误导人们向往一种不可能达到的理想境界。见[美]罗伯特·达尔《多元主义民主的困境》,尤正明译,求实出版社1989年版。

主理论①、参与民主理论②、协商民主理论③、强势民主理论④、民主

---

① 自由民主理论认为，民主制度的建立是价值理念的产物，民主的核心价值是个人自由。正如林德布洛姆所说"民主的历史主要来源于对自由的追求。'为民主而战，在历史上，就是为政治自由而战'"。见［美］林德布洛姆《政治与市场》，上海三联书店1996年版。美国经济学家布坎南认为，现代民主是由市场经济催生的，是英国人在反对君主专制以保护自己的财产过程中逐渐达成的。参见［美］布坎南《自由、市场与国家》，平新乔、莫扶民译，上海三联书店1989年版。在自由主义民主理论家看来，经过自由主义修正后的民主原则，便从"一切权力属于人民"变成了"一切权力不属于任何人"。民主不再是"人民的统治"，而是有权选举和掌握权力的统治者，直接民主变成间接民主即代议制民主。美国著名政治学家萨托利认为，在现今历史条件下，人类还无法超越少数人统治与多数人被统治这一事实，当代民主只能是"被统治的民主"。见［美］萨托利《民主新论》，冯克利等译，东方出版社1993年版，第89—133页。在自由民主理论看来，不仅民主是自由主义的结果，而且个人自由还是它赖以存在和运行的基础。因为个人自由得不到保障，统治者随时都可能剥夺公民参与政治的权利。但自由不等于民主，民主和自由之间的冲突并没有因为当代民主包含着自由而消除，如果对民主选举的政府不加限制，同样有可能发生专制，同样会侵害个人自由。同时，民主也不等于平等，否则"更多的民主"往往首先意味着民主不仅仅是一种政治形式，而是寻求更多的社会保障与经济福利。

② 英国政治学家帕特曼和麦克弗森等人提出了参与民主理论。他们认为，公民只有直接不断参与社会和国家的管理，才能充分实现自由和个人发展。现代西方社会中，权力和资源分配的不平衡，阶级、性别和种族的不平等阻碍了人们的参与。自由民主中的选举参与只是一种"有限"的参与，他们主张把民主的范围扩大到与大多数人生活休戚相关的制度中，使民主在人民的日常生活中发挥作用。也就是说，民主权利需要扩大到经济组织和社会中其他重要组织。

③ 最近中央编译出版社出版了一套关于协商民主的著作，如［美］詹姆斯·博曼、威廉·雷吉主编的《协商民主：论理论与政治》、［南非］毛里西奥·帕瑟林·登特里维斯的《作为公共协商的民主：新的视角》、［美］詹姆斯·博曼的《公共协商：多元主义、复杂性与民主》、［澳大利亚］约翰·S. 德雷泽克的《协商民主及其超越：自由与批判的视角》等。

④ 参见［美］本杰明·巴伯《强势民主》，彭斌、吴润洲译，吉林人民出版社2006年版。

社会主义思潮①等学说和流派。

美国学者达尔在《论民主》中说:"民主已被人们探讨了大约两千五百年,照理,应该有足够的时间提供每个人或几乎每个人都赞同的一套有关民主的理念才对。然而……具有讽刺意味的是,恰恰是民主所具有的这一悠久的漫长历史导致了在民主问题上的混乱和歧义,因为对不同时空条件下的不同人们来说,'民主'意味着不同的事物。"②英国学者安东尼在《民主》一书中指出,民主是一个内在的富有争议的、可改变的概念。民主"已经被而且仍然被各种各样不同的方式理解着。这些方式可能有共同的核心或本源,但并不完全相同"③。美国政治学者乔·萨托利则在《民主新论》中更加明确地写道,人们生活在一个"民主观混乱的时代",因为"民主的概念注定会产生混乱和歧义"④。毋庸置疑,"'民主'的定义几十年来一直是争议不休的问题"⑤。不同的历史传统、文化渊源、民族宗教、经济社会、政治哲学、政治实践,乃至国家外部环境、国际因素等,都会

---

① 在民主社会主义者看来,民主必须纳入政治、经济、社会、文化等社会生活的各个领域,真正的民主是所有公民都能平等、有效地参与决定他们生活的民主,是任何特权和官职都不能对政治起支配作用的民主,是一切形式权力都对人民完全负责的民主。他们承认,"政治民主的先决条件无疑是自由主义创造的"(见[德]勃兰特、克赖斯基、帕尔梅《社会民主与未来》,重庆出版社1990年版,第40页),社会主义思想的基本价值就是自由、公正与团结,民主社会主义是一场争取自由的运动。

② [美]罗伯特·达尔:《论民主》,李柏光等译,商务印书馆1999年版,第3页。

③ [英]安东尼·阿伯拉斯特:《民主》,孙荣飞等译,吉林人民出版社2005年版,第8页。

④ [美]乔·萨托利:《民主新论》,冯克利、阎克文译,东方出版社1998年第2版,第3页。

⑤ [加]A.布来顿等:《理解民主——经济的与政治的视角》,毛丹等译,学林出版社2000年版,第89页。

对人们理解和解释民主概念产生至关重要的影响，因此"迄今还没有一个关于民主的定义为人们普遍接受"①。对民主的不同定义，反映了不同文化传统甚至不同政治意识形态的诉求，以至于"给'民主'下定义已经成为一场意识形态大战"②，成为"民主定义的斗争……力图控制民主定义的斗争乃是当代社会的固有特征之一"③。

中国今天探讨民主问题、界定民主概念，要参考西方政治文化对于民主解释的一般含义，但又不能以西方民主法治为中心和视角，而要站在中华文化和现阶段中国政治文化、政治体制、经济社会发展水平和基本国情的立场上，以观察、研究和解决中国民主政治建设中的问题作为立足点和出发点，来理解民主概念，展开对于民主问题的探讨。基于这样的立场和视角，中国在探讨民主政治问题时应当把握以下几个基点。

一是从主体上来看，应当把握"民主"作为"多数人的统治"或者"多数人的权力"这个本义，即列宁说的"民主是大多数人的统治"④，是人民的统治。个别人或者少数精英的统治不是真正的民主。所以，当代中国的民主，叫"人民民主"，是人民当家作主。人

---

① ［美］埃里克·S. 艾因霍恩：《自由主义与西欧的社会民主》，载［美］霍华德·威亚尔达主编《民主与民主化比较研究》，榕远译，北京大学出版社 2004 年版，第 20 页。埃里克认为："欧洲的民主是建立在三大支柱之上：宪政化的政治民主，福利国家的社会民主，以及相对而言比较注重平等的社会市场资本主义所体现的经济民主。"因此，现代欧洲民主在社会、经济甚至文化层面都超越了定义较为狭窄的美国式的自由主义民主。

② ［英］苏珊·马克斯：《宪政之谜：国际法、民主和意识形态批判》，方志燕译，上海世纪出版集团 2005 年版，第 63 页。

③ ［英］约翰·基恩：《民主与传播媒介》，载中国社会科学杂志编《民主的再思考》，社会科学文献出版社 2000 年版，第 291 页。

④ 列宁：《立宪民主党和土地问题》，《列宁全集》第 18 卷，人民出版社 1959 年版，第 273 页。

民通过各级人民代表大会行使国家权力,通过各种途径和形式管理国家和社会事务、管理经济和文化事业,共同建设,共同享有,共同发展,成为国家、社会和自己命运的主人。

二是从国家形态和政治体制来看,把握马克思主义经典作家讲的"民主"是一种国家形态,是一种国家制度和国家权力。因此,"工人革命的第一步就是使无产阶级上升为统治阶级,争得民主"[①],掌握国家政权。

三是从人民主权原则来看,民主作为人民的基本权利和主权权力的具体化,是其他人民当家作主,通过直接或者间接民主形式,通过选举、决策、参与、管理、监督等途径,依法享有管理国家和社会、管理经济和文化事业的一切权利。

四是从当今世界民主多元化、多样化的实践形态,尤其是从中国社会主义初级阶段民主政治建设的实践来看,人民民主的充分实现不仅需要经济、政治、文化和社会多种条件的支持,而且需要推进法治和依法治国的制度化、规范化来加以保障和规范。

在中国语境下,可从三个主要角度对民主作出解读。

其一,作为国家权力的民主。它基本上包括四个层次的公权力。

1. 人民主权,这是国家最高的权力,它属于人民,即主权在民。

2. 国家政权,这是人民主权的宪法化形态,国家公权力的总称。

3. 国家的立法权、行政权、司法权、法律监督权等权力,这是国家政权的主要权力领域和权力形式。

4. 决定(决策)权、人事权、财政权、管理权、执行权、监督权等其他从属性公权力,这些权力以不同方式从属于立法权、行政权、司法权

[①] 《共产党宣言》,《马克思恩格斯选集》第一卷,人民出版社1995年版,第293页。

等上位权力，且由于上位权力的不同而有不同的表现和运作形式。在民主作为国家权力的意义上，中国可以说"民主是国家的公权力"，"民主是人民的权力"。① 作为国家权力的民主结构如图2—1所示。

```
                主权
              
              政权
           
       立法权、行政权、司法权、
          法律监督权
      
    人事权、财政权、管理权、
    自治权、执行权等从属性权力
```

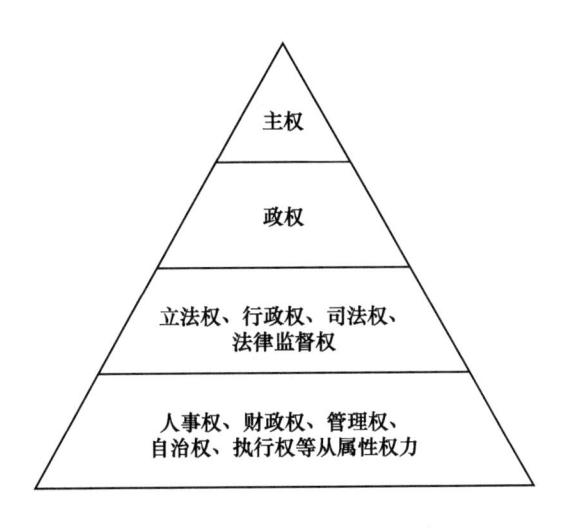

图2—1　国家权力的民主结构

其二，作为国家制度（形态）的民主。它大致包括以下层次。

1. 国体——社会各阶级在国家中的地位。在中国，工人阶级（通过共产党）领导的人民民主专政是国体。

2. 政体——国家政权构成的形式。人民代表大会制度是中国的政体，是根本政治制度。

3. 国家的主要政治制度，包括立法制度、行政制度、监察制度、司法制度等。在中国人民代表大会制度下，除了人大的立法制度、选举制度、人事任免制度和重大事项决定制度外，还包括"一府一委两

---

① ［美］道格拉斯·拉米斯：《激进民主》，刘元琪译，中国人民大学出版社2002年版，第158页。

院"的有关制度，即政府的行政制度、监委的监察制度、法院的审判制度、检察院的法律监督制度等。

4. 政治体制中的有关民主制度，主要包括民主选举制度、民主决策制度、民主管理制度、民主参与制度、民主监督制度、民主集中制等。"制度是规则化的行为模式……民主的各种制度都属于政治制度。它们同政治的主题有着公认的、直接的联系。"①

在民主作为国家制度的意义上，中国可以说"民主是一种国家制度、一种国家形态"。作为国家制度的民主结构如图2—2所示。

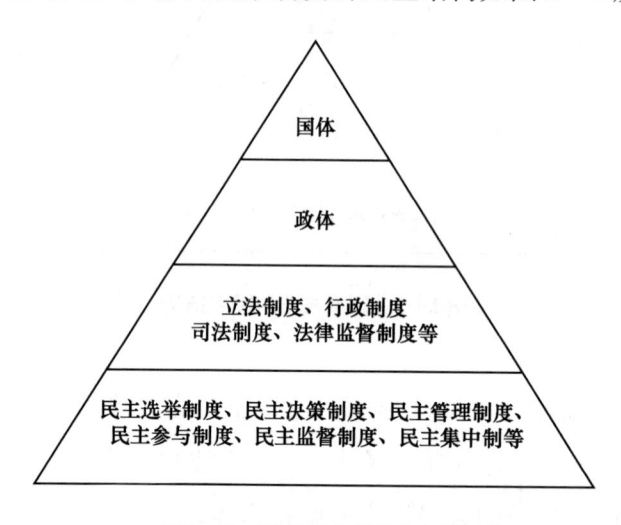

图2—2 国家制度的民主结构

（金字塔结构，自上而下：国体；政体；立法制度、行政制度、司法制度、法律监督制度等；民主选举制度、民主决策制度、民主管理制度、民主参与制度、民主监督制度、民主集中制等）

其三，作为公民权利的民主。它主要涉及三个方面的内容。

1. 公民权利和政治权利（政治民主），涉及生命权、人格尊严权、言论集会结社游行出版等权利、选举权与被选举权、知情权、参与权、表达权、监督权、男女平等权等权利。

---

① [阿根廷] 基尔摩·奥唐奈：《论委任制民主》，载《民主与民主化》，商务印书馆1999年版，第49页。

2. 经济权利、社会权利和文化权利（经济民主和社会民主），涉及财产权、劳动权、适当生活水准权、住房权、食物权、受教育权、社会保障权、家庭生活权等权利。

3. 公民的权利能力与行为能力，前者是指法律赋予公民能够享有民主权利和承担民主义务的能力，是一种法律上规定的或曰法律赋予的法定权利能力；后者是指公民实际上能够独立享有民主权利、承担民主义务的行为能力，是一种由个人条件决定的实然行为能力。民主权利能力、权利资格来自法律的赋予，法律面前人人享有，人人平等；民主行为能力来自后天的教育、培养和训练，受制于年龄、心智、健康、文化等主客观条件，具有诸多个性特征。民主权利能力、权利资格虽然不能直接纳入"权利"的下位概念，但由于要把宪法法律规定的纸面的权利变为现实享有的权利，要解释清楚应然权利与实然权利之间的差别及其联系，回答为什么在不同的文化、经济、社会条件下、在不同的人之间会存在实现权利的各种差异性，就不仅应当把关注公民权利本身，还应当关注决定公民权利实现的主体因素——公民的民主权利能力、权利资格。在这里，权利之所以是民主的重要内容，是因为"如果人们选择了民主，人们就必须选择把一个彻底的权利和义务体系制度化——这些义务产生的根源在于，人们必须尊重他人的平等权利，并确保他人享用政治活动的共同结构"[1]。在民主作为公民权利的意义上，在"民主是通过重要的公民权利和政治权利体现其真正的特定之善"[2]的意义上，可以说"民主是公民的权利"。

---

[1] ［英］戴维·赫尔德：《民主的模式》，燕继荣等译，中央编译出版社1998年版，第398页。

[2] ［英］戴维·赫尔德：《民主与全球秩序——从现代国家到世界主义治理》，胡伟等译，上海世纪出版集团2003年版，第204页。

马克思主义认为，民主的发展过程本质上就是人的解放过程，是使个人摆脱外在的束缚关系，成为自由而全面发展的人，最终实现人的政治解放、经济解放、文化解放和社会解放。这一解放过程，反映在民主领域，可以表现为政治民主、经济民主、社会民主和文化民主；反映在法律领域，可以表现为政治权利、经济权利、社会权利和文化权利。作为公民权利的民主内容如图2—3所示。

```
                    公民的权利
        ┌──────────────┼──────────────┐
公民权利与政治权利：生    经济、社会和文化权利：
命权、人格尊严权、言论集  财产权、劳动权、适当生   公民的权利能力、
会结社游行出版等权利、选  活水准权、住房权、食物   公民的行为能力
举权与被选举权、知情权、参 权、社会保障权、家庭生
与权、监督权、男女平等权等  活权等
```

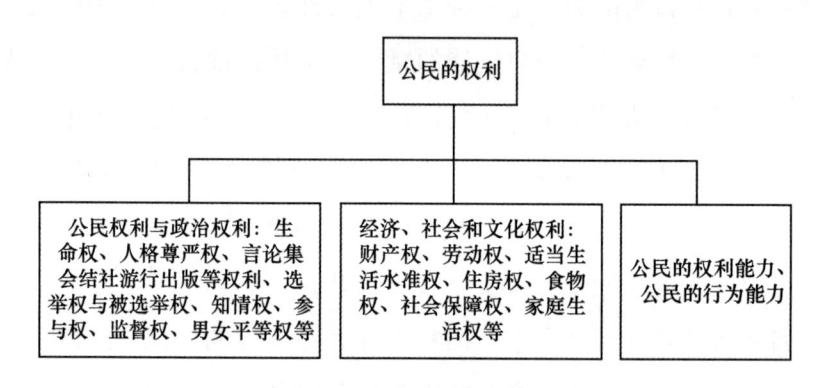

图2—3　公民权利的民主内容

此外，民主还可以解释为民主价值、民主理念、民主程序、民主方法、民主作风、民主机制、民主原则等，但是本书主要集中讨论作为国家权力的民主、作为国家制度的民主和作为公民权利的民主。

二　民主的本质与实现形式

是否承认民主的阶级本质，是马克思主义民主观与非马克思主义民主观尤其是与剥削阶级民主观的本质区别。在马克思主义看来，区分民主阶级本质的主要标志在于：民主是少数人的民主还是绝大多数

人的民主，是特权、资本占有者的民主还是全体人民的民主。在本质上，包括西方资产阶级民主在内的剥削阶级民主都是少数人的民主，是等级特权的民主、资本金钱的民主。马克思主义民主观强调，社会主义民主就是要彻底消灭少数剥削者统治大多数劳动人民的这种人类最不民主的现象，让占人口绝大多数的工人阶级和其他劳动群众掌握国家政权，真正实现主权在人民和人民当家作主，实现绝大多数人的统治；真正使广大人民群众享有宪法和法律赋予的广泛民主权利，通过多种途径和形式管理国家和社会事务，成为国家、社会和自己的主人。正是在深刻揭示民主阶级本质的意义上，列宁指出，无产阶级民主"比任何资产阶级民主要民主百万倍；苏维埃政权比最民主的资产阶级共和国要民主百万倍"[1]。列宁不仅揭露了资产阶级民主的本质，而且重视解决资产阶级民主阶级本质与其实现形式、国家权力与人民权利相分离的内在矛盾，强调国体与政体的统一、民主与法制的统一、民主形式与民主内容的统一，进而建设人类更高形态的社会主义民主。

在中国，"中国的社会主义民主，是全国各族人民享有的最广大的民主，它的本质就是人民当家作主"[2]。人民是国家的主人，国家的一切权力来自人民且属于人民。全体人民在国家政治生活、经济生活、文化生活和社会生活中当家作主的法律地位和政治角色，决定并体现了中国民主在社会主义条件下是真正"多数人的统治"的民主本质。然而，中国社会主义民主的本质只能决定而不能取代实现民主的具体形式、体制和机制。中国实行人民民主专政的国体和人民代表大

---

[1]《列宁全集》第三十五卷，人民出版社1985年第2版，第249页。
[2] 江泽民：《在纪念党的十一届三中全会召开二十周年大会上的讲话》，《法制日报》1998年12月19日。

会制度的政体，体现了社会主义民主在政治本质和根本政治制度上的中国特色和优越性，但历史经验表明，要把这种政治逻辑和政治本质上的优越性变为现实，在坚持和完善人民代表大会制度这个根本政治制度的同时，还要解决好社会主义民主政治的具体实现形式问题。

早在20世纪初，列宁在分析当时资本主义制度内在基本矛盾时就指出，资本主义发展到帝国主义阶段，就是腐朽的、垂死的、行将灭亡的资本主义。然而，经过社会主义民主与资本主义民主近一个世纪的较量，特别是从第二次世界大战以来，资本主义国家在未改变其政权性质和根本民主政治制度的前提下，逐步完成了从政府放任的"自由经济"向政府适度干预的"统制经济"的转变，并相应地对其民主和法治的许多实现形式、运作机制进行了改革、调整和完善，这就在一定程度上促进了资本主义生产力的发展，弥补了某些资本主义政治制度的缺陷，挽救了资本主义行将灭亡的命运。与此同时，在苏联和东欧社会主义国家，由于在社会主义制度本质优越性上基本停滞不前，忽视经济基础发展对改革和完善社会主义民主政治制度的客观要求，忽视社会主义民主实现形式的制度建设和法治发展，僵化的政治制度严重束缚了生产力的解放和经济的发展，在其他一些复杂因素的共同作用下，最终导致了社会主义在这些国家的失败。

中国要把西方资本主义民主和政治文明的本质与它们的实现形式、运作机制区分开来看待。中国要彻底否定、扬弃其阶级本质，大胆吸收、借鉴和学习其实现形式和运作机制。尽管社会主义民主在本质上优越于资本主义民主"百万倍、千万倍"，但如果它的实现形式缺乏科学性、合理性和可操作性，不能适合国情和社会主义政治文明的本质要求，不能满足经济、政治、社会和文化发展的需要，就不仅会减损社会主义民主本质优越性的体现和发挥，而且会在严重的时候与其他因素一起，导致执政党执政地位的丧失，导致社会主义制度的崩溃。而资本主义民主尽管在本质上是反动的、虚伪的、腐朽的和行将灭亡的，但如果它比较重视民主实现形式和运作机制的完善和创新，甚至学习社会主义民主政治的经验，通过民主、法治、政党政治、宪制等多种具体体制和机制的精巧设计，不仅可以延缓资本主义的灭亡，有时还可以在特定条件下使资本主义及其民主政治焕发某些活力和生机。

实践证明，一个社会的民主制度是否优越，既要看它能否在本质上体现绝大多数人（全体人民）的统治，能否保障全体人民掌握和行使国家权力、当家作主，也要看它的民主实现形式、运作机制、操作程序等能否适应经济基础发展的需要，能否不断解放和发展生产力，保障国家稳定、社会和谐、人民幸福，能否从技术和程序上保障民主的具体实现。民主不仅是抽象的价值和原则，也是具体的权利和行为。社会主义民主政治建设只有从本国国情出发，不断适应社会主义市场经济、民主政治、先进文化与和谐社会建设的需要，把优越的根本政治制度建设与实现民主价值、丰富民主形式、完善民主程序、健全民主机制、保障民主权利、提升民主层次紧密结合起来，把社会主义民主本质的优越性与民主实现形式的科学性、合理性紧密结合起来，才能真正体现并发挥社会主义民主的无比优越性。

◇ 第二节　民主的功能及其局限

近年来，在国人关于民主（法治）问题的研究和讨论中，出现了两种值得注意的声音。一种声音认为，"民主已经成为了当今世界上最强大的宗教"，成了"民主迷信"。[1] 中华文明不适合选择民主，而适合选择法治；中国的政治文明建设，应当走"咨询型法治"的道路。[2] 另一种声音认为，"民主是个好东西"，因为，"相对而言，民主是人类迄今最好的政治制度"，在人类迄今发明和推行的所有政治制度中，民主是弊端最少的一种；因为民主是一种保障主权在民的政治制度，民主保证人们的基本人权，给人们提供平等的机会，体现人类的基本价值；因为民主最实质性的意义就是人民的统治，人民的选择；因为没有民主，就没有社会主义，没有民主，就没有现代化。[3] 其实，这并不是一个新问题。在西方国家，对民主的评判一直就有争论。例如，英国政治学教授约翰·基恩曾在20世纪90年代初提出过质疑："当代多数人都说民主是件好东西……请问民主到底好在什么地方？"民主在哲学上缺乏自信，"民主也就不再可以理解为一整套不言自明、无须论证的程序性规范。民主的合法性陷于深

---

[1] 潘维：《法治与"民主迷信"——一个法治主义者眼中的中国现代化和世界秩序》，香港社会科学出版有限公司2003年版，"自序"第1页。
[2] 同上书，"自序"第2、3页。
[3] 参见闫健编《民主是个好东西——俞可平访谈录》，社会科学文献出版社2006年版。

刻的危机之中"①。

两种声音的观点或主张在许多方面是不同的甚至是对立的，但两种声音也有一些共同点，例如，他们观察民主问题的视角都是中国背景的，都试图更好地解决中国的民主政治建设和法治发展问题，都承认民主或者法治存在许多优点也有某些局限……他们争论的焦点可能关涉一个基本问题，这就是以中国人的立场和眼光如何看待来自西方的"民主"，如何理解民主（法治）在中国所具有的功能。在制度形态和操作层面上，民主历来是一把"双刃剑"，它既可以为善，也可以作恶。没有绝对的作为"好东西"的民主，也没有绝对的作为"坏东西"的民主。在政治价值层面上，评价民主好坏善恶的普适性主观标准是很难确定的，其客观标准也常常受到质疑和诘难。在中国，检验民主法治改革与发展好坏成败的标准是中国人民的实践。这种实践的过程和结果，应当有利于增强党和国家的活力，强化政府的服务和管理能力；有利于调动人民群众的积极性、主动性和创造性，保障人民当家作主，实现公平正义；有利于维护国家统一、民族团结和社会稳定；有利于维护法治统一和宪法权威，推进依法治国方略的实施，实现"三者有机统一"；有利于解放和发展生产力，促进经济发展和社会和谐进步。

---

① ［英］约翰·基恩：《民主与传播媒介》，载中国社会科学杂志社编《民主的再思考》，社会科学文献出版社 2000 年版，第 291、292 页。

一 民主的功能

这里民主的功能是指民主的正向功能①,民主的负向功能将列入民主的局限范畴来讨论,或者说民主的局限就是指民主的负向功能。在社会主义中国,民主具有以下主要功能。

第一,没有民主就没有社会主义。列宁在十月革命前夕说过:"不实现民主,社会主义就不能实现,这包括两个意思:(1)无产阶级如果不在民主斗争中为社会主义革命做好准备,它就不能实现这个革命;(2)胜利了的社会主义如果不实行充分的民主,它就不能保持它所取得的胜利,引导人类走向国家的消亡。"② 邓小平同志也曾指出,没有民主就没有社会主义,就没有社会主义的现代化。在此,民主具有三个重要功能。一是工人阶级通过民主革命夺取政权,使自己上升为统治阶级,建立人民民主专政的新国体、新国家、新政权和新法治。二是社会主义国家采取民主代表制的方式,建立人民民主的新政体,巩固新政权,保证人民当家作主,真正实现民主本质所要求的"多数人的统治"。三是社会主义国家和人民通过不断完善和发展民主上层建筑,一方面促进生产力的极大解放和发展,为实现社会主义现代化提供日益丰厚的物质基础;另一方面促进人们思想文化水平的不

---

① 王沪宁教授把民主政治的功能分为三个方面:一是民主政治体制的总体功能;二是民主政治的体制功能,包括公民参政、政治稳定、政府有效、政治有序;三是民主政治的社会功能,包括增加社会成员的决策明智、推进社会公正的实现、化解政治暴力、推进公民智力的发展、完善社会成员的人格。参见王沪宁《民主政治》,香港三联书店1993年版,第97—114页。

② 《论对马克思主义的讽刺和"帝国主义经济主义"》,《列宁全集》第二十三卷,人民出版社1958年版,第70页。

断进步和道德法治水平的日益提高，培养大批高素质的新公民，为实现社会主义现代化提供亿万合格的个人主体。

第二，保证坚持党的领导、人民当家作主和依法治国三者的有机统一。"三者有机统一"是社会主义政治文明的本质特征，也是社会主义民主政治的内在要求。社会主义民主在政治上和宪法上保障和落实人民当家作主的同时，也为共产党的领导和执政提供坚实的最大化的民意支持，表现为党的领导和执政是人民的选择，执政党的权力是人民赋予的，党是执政为民的工人阶级政党，党的领导和执政具有充分的合理性、合法性。社会主义民主在宪法上和法律上维护人民的民主权利、尊重和保障人权的同时，也为把党的主张和人民意志统一起来提供制度化、规范化和程序化的保障，使之上升为国家意志，表现为人民意志的法律化和党的路线方针政策的法律化，表现为党领导人民的依法治国基本方略。

第三，调整重要的社会关系，为构建和谐社会提供保障。社会主义民主通过人民代表大会制度和宪法等制度化安排，对公民权利与国家权力的关系作出规范和调整，保证两者处于既相互区分又密切联系的和谐状态；在国家机关之间进行合理的权力配置，规定各国家机关的设置、相互关系及其权限和责任；在中央与地方之间、地方与地方之间，划分各自的权限和职责，形成中央与地方、地方与地方合理的权力关系、恰当的利益格局；根据民族区域自治的宪法原则及其基本政治制度，在多数民族与少数民族之间、少数民族与少数民族之间作出明确规定，构建平等和睦的民族关系。

社会主义民主通过对国家中各种重要关系的调整，对社会中各种重大利益的平衡，对国家和社会中各种基本行为规则的预定，充分发挥它在解决矛盾冲突，平衡利益诉求，维护社会稳定、民族团结和国家长治久安，保证社会关系和谐有序等方面最重要的调节器和安全阀作用，从而保证党领导执政的政治权威与宪法法治权威的有机统一、紧密结合。

第四，防止决策的最劣和重大失误。民主是多数人甚至是全体人民按照既定程序的决策。多数人的意见由于需要互相沟通、彼此妥协和让步，因此不一定都是最优化的选择，甚至难以形成决策的最优。但在通常情况下，多数人的理性意见可以防止决策的最劣，从而避免决策的重大失误。如果有科学合理的民主程序作保障，通过决策前的调查研究，决策中的事项公开、过程公开以及决策的公民参与、听取专家意见、加强舆论监督，决策后的信息反馈等制度和程序，就能够不断提高决策的科学化、最优化水平，最大限度地减少决策失误的可能性。民主不能保证决策始终是最优，但民主能够有效防止决策的最劣和重大失误。

第五，规范和制约公权力，防止权力的滥用。社会主义民主按照民主集中制的原则，通过宪法和法律构建以权利制约权力和以权力制约权力的机制，规范国家权力，防止少数人利用国家权力危害社会、侵害个人权利。社会主义民主在规范和制约国家权力方面：一是确立国家权力来源于人民并属于人民、服务于人民的人民主权原则；二是确定国家主权权力的主体是人民，以制度和程序尽可能避免国家权力运行中的公权力对人民权力（权利）的"错位""越位"和"不到位"；三是确定国家权力的内容、范围、形式原则与方式，以法律和制度尽可能防止公权力的滥用和越权行使，确保国家权力在法定轨道上运行；四是确定对国家权力的监督，防止和避免国家机关及其工作人员"权力寻租"的腐败和公权力懈怠的可能性。

二 民主的局限

民主不是万能的,它有自身的内在局限并受到诸多外在条件的限制。民主不能必然地产生"善"和公平正义,在一定条件下,民主也会产生"恶",会对公平正义、法治秩序产生破坏。民主是柄"双刃剑",一旦失控,就可能成为祸害国家和社会的强大力量。"谁也不能否认民主也会……造成经济危机、社会动乱和加剧社会不平等。"①

首先,民主有可能产生多数人的暴政。"多数人的暴政"主要是指民主制度下因缺乏对少数人基本权利保护而产生的多数人对少数人的专断和任意妄为。最典型的例子是雅典在"公元前399年以不虔诚和腐化年轻人的罪名对苏格拉底进行的审判和处罚","据说这是多数暴政的证据……是普通人憎恨天才的证据"。②"民主的暴政所导致的无政府状态、独裁、扩张以及最终独立的丧失,不只是在古希腊才会发生。"③ 1932年,希特勒在德国总统选举中以1900万选票当选,然后他就解散了其他政党,大批监禁和屠杀犹太人,进而发动了第二次世界大战。中国现实生活中屡见不鲜的投票选"小偷"、民愤和舆论主导司法判决等现象,在一定意义上都可视为多数人的暴政。在"多

---

① [法]阿兰·图雷纳:《在当代,民主意味着什么?》,载中国社会科学杂志社编《民主的再思考》,社会科学文献出版社2000年版,第19页。

② [英]安东尼·阿伯拉斯特:《民主》,孙荣飞等译,吉林人民出版社2005年版,第25页。安东尼在《民主》一书中进一步论述道:"判决苏格拉底有罪的决议以281比220票通过,票数接近的事实揭示了决议不是一些普通民众歇斯底里的产物……这个对苏格拉底的严厉判决是典型表征了雅典民主对待他的批评者甚或他的敌人的态度。"

③ Gustave Le Bon, *The Psychology of Revolution*, New York: G. P. Putnam's & Sons, 1913, p. 326. 转引自佟德志《在民主与法治之间》,人民出版社2006年版,第128页。

元社会中……多数统治导致的是多数人独裁和内战,而非民主"①。正因为民主制会产生多数人的暴政,因此有些国家采行共和制,旨在从体制上防止和避免多数人暴政的发生。

其次,民主有可能导致政治和社会秩序的紊乱。民主具有巨大的力量,无论在国家权力还是在公民权利的意义上,民主都有被滥用的可能,都有成为洪水猛兽的可能。事实上,"代议制议会或人民简单多数的无限或近于无限的司法权(直接民主)会损害财产权的安全、法治"②。民主形态下公权力的滥用不仅会侵害公民权利,也会对公权力体系本身造成破坏;而民主形态下公民权利的滥用,则一方面会侵害他人的权利和自由,另一方面会危害公权力系统和社会秩序。"纯粹的民主既可能放纵国家权力,又容易侵犯个人权利,这不但是思想史发展的结论,同时也为历史上曾经出现的民主失败,如法国大革命,所印证。"③ 在民主权力或权利被滥用的情况下,民主会使公民走上街头,滥行集会游行示威的自由,从而可能引发政局的不稳定;民主可能破坏法制,导致社会政治秩序和法律秩序的失控,在一定时期内甚至会阻碍社会经济的增长;民主可能破坏国家的和平,造成国内的政治分裂,④ 在极端的情况下,民主还会导致民族国家解体。因此,要以权利制约权力,以权力制约权力和权利。制约权力的主要工具,就是法治。在这个意义上说,没有法治,就没有民主。对于国家权力和公民权利而言,民主就是做法治所允许做的事情。法不禁止

---

① [加] A. 布来顿等:《理解民主——经济的与政治的视角》,毛丹等译,学林出版社 2000 年版,第 26 页。
② 同上书,第 90 页。
③ 佟德志:《在民主与法治之间》,人民出版社 2006 年版,第 127 页。
④ 闫健编:《民主是个好东西——俞可平访谈录》,社会科学文献出版社 2006 年版,第 1—3 页。

即自由，是指公民的自由而非民主。民主是多数人的统治，而不是多数人的自由。

再次，民主有可能被金钱、暴力、舆论和知识等所左右而发生变异。丘吉尔对民主制度评价的名言是：民主确实是个不完美的制度。①选举被认为是纵向民主的起点。但西方的民主选举，常常被金钱、媒体、黑势力、财团等影响和操纵，变成了"富人的游戏"和"钱袋的民主"。民主往往被控制在少数人的手中。在中国，"中国这个国家有几千年封建社会的历史"，"旧中国留给中国的，封建专制传统比较多，民主法制传统很少。解放以后，中国也没有自觉地、系统地建立保障人民民主权利的各项制度，法制很不完备，也很不受重视"。②因此，中国需要创造各方面条件来学习民主、推进民主，中国实现充分的民主需要有一个渐进的长期过程。在中国亿万民众学习民主和实践民主取得巨大成就的同时，一些地方的基层选举中也出现了"一包烟、一顿饭、几块钱，就能轻易改变选民的投票意愿"的情况；一些地方也出现了家族势力、宗教势力、黑恶势力甚至外国势力操纵和控制民主选举的情况；由于资讯封锁或信息不对称，新闻媒体、知识精英、专家学者左右或误导民主发展的现象也不罕见。

最后，民主会降低效率，增加成本。"民主国家并不必然比其他的政府组织形式在经济上更有效率……民主国家在行政管理方面未必更有效率，它们的决策甚至可能比它们所取代的旧体制更缓慢。"③

---

① [美]霍华德·威亚尔达主编：《民主与民主化比较研究》，北京大学出版社2004年版，第104页。

② 《邓小平文选》第二卷，人民出版社1994年版，第348页。

③ [美]菲利普·施米特、特丽·林恩·卡尔：《民主是什么，不是什么》，载《民主与民主化》，商务印书馆1999年版，第35页。

民主是一种政治"奢侈品",不仅需要大量的经济、文化和社会资源,而且需要足够的时间。从操作层面的一定意义上讲,时间、经济、文化和社会资源的多少,与享有和实现民主的程度正相关。民主需要让人们充分发表意见和听取各方面的意见,需要经过各种程序反复协商和讨论,需要进行表决并面临被否决、搁置等不能预设的结果,因此民主常常与效率形成一对矛盾。在有些情况下,发扬民主越多,其效率就越低,成本就越高,于是牺牲效率、付出更多的成本就成为实行民主必要的代价。[①] 民主集中制、行政首长负责制、简易程序、时效制度等的设计和安排,就可以在一定程度上使民主与效率统一起来,实现民主与效率的双赢。

第三节　选举民主与协商民主

选举民主与协商民主是当下中国政治学、法学等学科研讨的一个热点问题,也是中国民主与法治实践中受到多方面高度关注的重点问题之一。选举民主与协商民主的"主词"都是民主,都是人类基于"多数人的统治"这个民主概念的核心理念,直接或者间接管理国家、

[①] 例如,瑞士社会过于强调民主,以至于使之走向保守,在很大程度上牺牲了现代社会发展所必需的效率。因为瑞士人认为,"直接民主的重要性,远甚于立法的效率";独裁体制是最有效率的,实行完全的民主就不能搞独裁,就必须以效率为代价来获取真正的民主。然而,瑞士的这种比较极端的民主观念和体制,不仅使国家决策缓慢、迟钝,一项必需的立法从考虑、动议到最后生效,往往需要几年、十几年甚至几十年的时间,而且容易导致整个社会的保守倾向。瑞士妇女迟至 1971 年才获得男女平等的权利就是明证。参见李林《立法理论与制度》,中国法制出版社 2005 年版,第 534—535 页。

治理社会、实现自我价值的重要方式、手段和形式。在现代国家，民主本质上是一个关乎国体与政体、权力与权利、国家与公民、合法与非法的宪法问题。其中，选举民主是现代民主国家及其宪法具有合法性、正当性的前提性、根本性问题。可以说，没有选举民主，就没有世界公认的民主国家，就没有真正体现民意的国家宪法。

在世界宪法视野下，协商民主是一个新生事物，是民主运行中产生的一种新方式，是对历史悠久且广泛采行的选举民主的辅助性手段和补充性方法。中国宪法明确规定了中国共产党领导的多党合作与政治协商制度要长期存在和不断发展，但这一基本政治制度不等于是中国的"协商民主"。在中国的政治生活中，协商民主不仅是民主党派和无党派人士政治协商、参政议政的重要民主形式，也是有关政治主体在决策前后对选举民主的重要补充，但这种操作层面的"协商民主"形式，在中国宪法中还缺乏规范性的国家制度安排。用宪法思维和宪法方式来解释，选举民主本质上是一种国家形态、国家权力和公民权利，而协商民主本质上是一种民主方式、民主形式和民主手段，就本质而言两者不属同一层面的问题；就运作形式、方式、方法、手段等操作层面的民主而言，两者在许多方面是可以相互补充、相辅相成、相得益彰的。

在方法论上，现代国家的民主问题根本上还是一个宪法问题。本节拟在中国宪法视角下集中讨论作为国家权力、作为国家制度和作为公民权利的选举民主；而在民主形式、民主方法的意义上来讨论选举民主与协商民主的关系等问题。

一　中国的选举民主及其宪法本质

选举民主作为"国家形态"纵向民主的起点，是指人民享有和行使国家主权的权力，通过全民公决、直接选举、间接选举等选举方式，产生民意代表、国家机构领导人、执政党等主体，建立或延续国家政权及其机构，维护国体和政体，保证国家机器有序运行的一种重要国家制度和运行机制。选举民主的本质是代议制政体下的人民当家作主，人民享有最广泛真实的公民权利和国家权力，依照宪法和法律管理国家和社会事务，管理经济和文化事业。在有关制度设计和具体实践操作的层面上，选举民主有时也可以指公民的选举权和被选举权，或者指民主运行的一种具体方式方法，或者指民主过程的一种具体程序制度，等等。因此可以说，没有选举民主，就没有民主政治。选举民主是民主政治的基础，是政治参与的渠道，是社会多元利益的调节器。

在中国现行宪法框架和法律体系下，选举民主是国家宪法民主制度的重要内容。中国宪法和法律关于选举民主的规定比比皆是，这些宪法制度安排全面支撑着共和国政权和人民当家作主的国家政权体系。在中国现行宪法中，有29处出现了"选举""选举权"这类概念。例如，《宪法》第三条规定，"全国人民代表大会和地方各级人民代表大会都由民主选举产生"；第三十四条规定，"中华人民共和国年满十八周岁的公民……都有选举权和被选举权"；第六十二条规定，"全国人民代表大会……选举中华人民共和国主席、副主席，选举中央军事委员会主席，选举最高人民法院院长，选举最高人民检察院检察长"；第九十七条规定，"省、直辖市、设区的市的人民代表大会代表由下一级的人民代表大会选举；县、不设区的市、市辖区、乡、民族乡、镇的人民代表大会代表由选民直接选举"；第一百零一条规定，"地方各级人民代表大会分别选举并且有权罢免本级人民政府的省长和副省长、市长和副市长、县长和副县长、区长和副区长、乡长和副乡长、镇长和副镇长"。

在中国宪法性法律层面，直接规定国家选举制度的法律有 3 部，它们是：《全国人民代表大会和地方各级人民代表大会选举法》《全国人民代表大会常务委员会关于县级以下人民代表大会代表直接选举的若干规定》《中国人民解放军选举全国人民代表大会和县级以上地方各级人民代表大会代表的办法》。在现行有效的 35 件宪法性法律中，还有《代表法》《地方人大和地方政府组织法》《全国人大组织法》《法院组织法》《检察院组织法》《法官法》《检察官法》《居民委员会组织法》《村民委员会组织法》等法律，明确规定了民主选举制度。此外，在《工会法》《妇女权益保障法》《刑事诉讼法》《民事诉讼法》《治安管理处罚法》等其他法律部门的法律中，也不同程度地规定了对公民选举权和被选举权的法律保障。

由上可见，在中国宪法和法律层面上，选举民主的核心要义是一种国家形态、一种国家政治制度，是中国人民代表大会制度的重要内容和民主基础，是中国公民的一项基本权利。这是因为，全国人民代表大会和地方各级人民代表大会都由人民按照宪法和选举法的规定通过民主选举产生，各级人大代表享有参加人民代表大会会议、审议各项议案和报告、提出质询案和罢免案、提出议案和批评建议、参加会议的选举和表决等权利，享有发言和表决的免责权。人大代表对人民负责，受人民监督，努力为人民服务。这就在选举民主的基础上，通过宪法设计的人民代表大会制度，把人民当家作主的民主权利与国家主权权力紧密结合起来，把人民的主体地位与国家政权、国家政治制度紧密结合起来，把主权在民的原则具体落实到国家根本和基本政治制度之中。人民代表大会制度作为国家政权的根本组织形式，从政体上有效实现了人民民主权利与国家性质的统一，充分体现了"中华人民共和国的一切权力属于人民"的根本原则，有力地保证了全国各族人民依法实行民主选举、民主决策、民主管理和民主监督，享有宪法和法律规定的广泛民主权利和公民权利。

选举民主之于新中国政权的合宪性以及人民代表大会制度全面建立的重要性，可以从制定1954年宪法的背景中略见一斑。众所周知，1949年中华人民共和国的成立不是通过制定一部宪法来实现的，而是以起临时宪法作用的《中国人民政治协商会议共同纲领》为依据建立起来的。在《共同纲领》下，国家还没有一个正式通过民主选举建立起来的政权机关（人民代表大会），而是由政治协商会议暂时行使人民代表大会的职权。

早在中华人民共和国成立前夕的1949年7月，刘少奇同志访问苏联时，斯大林就建议中共要准备制定宪法。1950年初，毛泽东同志第一次访问苏联时，斯大林又一次建议中国要尽快召开全国人民代表大会和制定宪法。因为"敌人可用两种说法向工农群众进行宣传，反对你们。一是说你们没有进行选举，政府不是选举产生的；二是国家没有宪法。政协不是选举的，人家可以说你们是用武力控制了位子，是自封的；《共同纲领》不是全民代表通过的，而是由一党提出，其他党派予以同意的东西。你们应从敌人手中拿掉这个武器，把《共同纲领》变成国家的基本大法"。斯大林说，宪法的内容应当是：第一，全民普选；第二，承认企业主、富农的私有财产；第三，……1952年，刘少奇同志在给斯大林的信中对新中国为何不急于制定宪法做了解释。刘少奇同志在信中说：因为中国目前已有一个共同纲领，而且在群众和阶层中有很好的威信，在目前过渡时期以共同纲领为国家的根本大法，是可以过得去的。如果在目前要制定宪法，其绝大部分特别是资产阶级和小资产阶级的关系，还是要重复共同纲领。

在基本上不会有什么变化，不过是把条文的形式及共同纲领的名称改变而已。因此，我们考虑在目前过渡时期是否可以暂时不制定宪法，而以共同纲领代替宪法，待中国基本进入社会主义后再制定一个正式的社会主义宪法。斯大林赞成中共关于向社会主义过渡的设想，但斯大林同时提出，中共应当通过选举和制宪解决自身的合法性问题，通过选举实现向一党政府转换，应当将召开全国人民代表大会和制定宪法的时间提前。斯大林还具体建议说："你们可在 1954 年进行选举和通过宪法。"1952 年年底，中共中央根据中国的实际情况，同时认真考虑并接受了斯大林的建议，决定要尽快召开全国人民代表大会和制定宪法，并向全国政协提议，由全国政协向中央人民政府委员会提出定期召开全国人民代表大会的建议。①

从以上决策过程不难看出，通过选举民主来成立全国人民代表大会，进而制定宪法以解决新中国政权以及中国共产党执政的合法性、合宪性问题，是中共中央决定召开第一届全国人民代表大会会议和制定1954 年宪法的重要动因。

没有选举民主，就没有真正的代议制民主。在民主是一种国家形态的意义上，选举民主是与代议制民主（代表制）的政治理念和国家政体设计紧密相连的。马克思指出："在君主制中是国家制度的人民；在民主制中是人民的国家制度。民主制独有的特点，就是国家制度无论如何只是人民存在的环节……不是国家制度创造人民，而是人民创造国家制度。"② 马克思进一步设问道："人民是否有权来为自己建立

---

① 参见韩大元《1954 年宪法与新中国宪政》第三章中关于"斯大林的制宪建议与中共中央关于制宪的决定"部分，湖南人民出版社 2004 年版，第 53—57 页。
② 马克思：《黑格尔法哲学批判》，《马克思恩格斯全集》第一卷，人民出版社 1995 年版，第 281 页。

新的国家制度呢？"他回答说："对这个问题的回答应该是绝对肯定的，因为国家制度如果不再真正表现人民的意志，那它就变成有名无实的东西了。"① 人民掌握国家政权后创造国家制度的主要方式，就是选举民主。1940年，毛泽东同志在《新民主主义论》中阐释全国人民代表大会的制度设计时说过："没有适当形式的政权机关，就不能代表国家。中国现在可以采取全国人民代表大会、省人民代表大会、县人民代表大会、区人民代表大会直到乡人民代表大会的系统，并由各级代表大会选举政府。但必须实行无男女、信仰、财产、教育等差别的真正普遍平等的选举制。"②

邓小平同志曾指出，没有民主就没有社会主义，就没有社会主义的现代化。③ 这里讲的"民主"：一是指无产阶级要采取一切手段争得民主，使自己上升为统治阶级，掌握国家政权；二是指通过选举民主等形式，产生人民代表机关，制定宪法和法律，建立并巩固自己的国家政权；三是指通过以人民普遍真实广泛享有选举权和被选举权的选举民主，保证最广大人民群众当家作主，从国家形态上最大限度地实现"民主是多数人统治"的本意。在马克思主义民主理论中，选举民主的本意，是人民掌握国家政权、实现多数人统治的一种政治形态和政治制度。因此，从一定意义上可以说，选举民主是代议民主制的根本要求，是全国的立国之本、制宪之基，是全国人民代表大会制度的一项基础性、前提性的制度。

---

① 马克思：《黑格尔法哲学批判》，《马克思恩格斯全集》第一卷，人民出版社1995年版，第316页。
② 《新民主主义论》，《毛泽东选集》第二卷，人民出版社1991年版，第677页。
③ 《邓小平文选》第二卷，人民出版社1994年版，第168页。

二　中国的协商民主及其政治本质

协商民主（Deliberative Democracy，有时也译为"审议民主"），是20世纪后期国际学术界开始关注的新领域，它强调在多元社会背景下，以公共利益为目标，通过公民的普遍参与，就决策和立法等公共事务达成共识。中国有学者进行梳理研究后认为，国际上的协商民主理论自兴起以来经历了三个阶段："第一阶段的协商民主理论家确立了协商民主的规范性。如哈贝马斯和罗尔斯，主要是论述协商民主规范的正当性，认为理性沟通的交往形式会带来偏好的改变，并有助于达成共识，但未考虑到社会的复杂性。第二阶段的协商民主理论家，如博曼、古特曼和汤普森等，认为协商必须在承认文化的多元化和社会的复杂性的基础上，才能发展出具有现实意义的协商民主，但是究竟怎么保证在复杂社会中进行协商民主，却没有提供足够的细节。第三阶段的协商民主理论家强调协商民主的'经验转向'，如巴伯、巴特莱特、欧弗林和帕金森，试图通过经验性的证据来寻求协商民主实践的制度类型，从而促进了协商民主规范理论和实证研究的结合。"[①]

当然，中国学术界普遍认为，西方协商民主理论与中国特色社会主义协商民主理论，在经济基础、社会制度、政党体制、文化背景、阶级基础、政治制度等方面，存在本质的不同和重大的差别，我们不能照搬照抄西方的协商民主理论。

目前在中国语境下，"协商民主"越来越成为民主政治理论研究

[①] 马奔：《协商民主与选举民主：渊源、关系与未来发展》，《文史哲》2014年第3期。

的一个"热词",关于"协商民主"的概念也存在多种多样的学术表述和不同的理论观点①。例如,有研究综述认为,关于协商民主的界定有如下几种主要观点:"一是治理形式论。有学者认为,协商民主是不同政党、政治组织和公民等通过参与立法和决策,赋予立法和决策以合法性的治理形式。二是公共决策论。有学者认为,协商民主是不同政党、政治组织和公民等通过平等对话、讨论、审议等方式,参与公共决策和政治生活。三是民主形态论。有学者认为,协商民主是在一定政治共同体中通过对话、讨论、商谈、沟通等形式参与政治的一种民主形态。四是折中论。有学者认为,协商民主既是一种民主形态,又是一种民主决策程序和机制,还是一种国家和社会治理形式。这些观点虽然侧重点不同,但都认为协商民主应具有协商性、平等性、合法性等重要特征,具有对话、磋商、交流、听证、沟通等多种形式。"② 从"协商民主"在中国产生发展的历史以及中央文件的规定等方面来看,这个概念主要还是指一种民主形式、一种民主方法,它与"选举民主"在许多方面不可同日而语。

需要指出的是,西方协商民主理论所使用的英文"Deliberative"(协商)一词,其本意是"审议的、协议的、评议的、讨论的",在中国20世纪八九十年代,"Deliberative Democracy"通常被翻译为

---

① 张峰:《协商民主建设八个重要问题解析》,《中国特色社会主义研究》2015年第2期。

② 李效熙、郑雅卓:《正确认识和把握社会主义协商民主——学术界关于协商民主的研究综述》,2015年3月25日,引自"马克思主义研究网",http://myy.cass.cn/news/662171.htm。例如,"中国人民内部各方面,通过国家政权机关、政协组织、党派团体等渠道,就经济社会发展重大问题和涉及群众切身利益的实际问题,进行平等、广泛协商的规则和程序等的总称"。刘学军:《健全社会主义协商民主制度的几个问题》,《人民政协报》2012年12月12日。

"审议民主""慎议民主"等①,而"协商民主"只是后来为了中国民主协商理论研究的某些现实需要才调整和改变的。中国政治协商会议对中文"协商"这个词语所使用的英文"Consultative"一词(如中国人民政治协商会议"the Chinese People's Political Consultative Conference"),其英文的本意是"商议的,协商的,顾问的,咨询的"。在英语世界,"Deliberative"与"Consultative"两者的英文词义是有明显区别的。应当说,"Consultative Democracy"的英文表述才比较符合中国当下对于"协商民主"的理解,但由此一来,中国的协商民主理论与国际上通行的"协商民主"(Deliberative Democracy)概念在理论渊源上就存在错位和不同,后者为前者提供理论与学术正当性证明的效力将大大降低。

从宪法视角来看,中国人民政治协商会议第一届全体会议的召开和《共同纲领》等一系列宪制性法律文件的制定,"标志着100多年来中国人民争取民族独立和人民解放运动取得了历史性的伟大胜利,标志着爱国统一战线和全国人民大团结在组织上完全形成,标志着中国共产党领导的多党合作和政治协商制度正式确立",翻开了新中国协商民主和选举民主的新篇章。"人民政协为新中国的建立作出了重大贡献。"②

---

① 赵雪纲在《慎议民主的宪法》(*The Constitution of Deliberative Democracy*)中译本的说明中注释:"'慎议民主'这一译名采纳的是翟小波先生的建议,理由是,这符合'deliberative'一词的本义,即'仔细而慎重地思量和商议(或讨论)','若干人一起思量和检讨那些支持和反对某一建议或行动方案的理由'。并且,在中国的政治语境中,几乎已定译的'协商民主'也容易造成理解上的歧义。"[阿根廷]卡洛斯·桑地亚哥·尼诺:《慎议民主的宪法》,赵雪纲译,法律出版社2009年版,第14页。
② 习近平:《在庆祝中国人民政治协商会议成立65周年大会上的讲话》,人民出版社2014年版,第3页。

1949年9月22日，毛泽东同志在中国人民政治协商会议第一届全体会议的开幕词中指出："中国人民政治协商会议在自己的议程中将要制定中国人民政治协商会议的组织法，制定中华人民共和国中央人民政府的组织法，制定中国人民政治协商会议的共同纲领，选举中国人民政治协商会议的全国委员会，选举中华人民共和国中央人民政府委员会。"①

1949年9月23日通过的《中国人民政治协商会议第一届全会议事规则》②，明确规定了选举民主的程序和内容。例如以下几条。

该规则第三条规定："中国人民政协全体会议，须有全体代表总额二分之一以上的出席，始可宣布开会，须有出席代表二分之一以上的赞成或反对，始得成立决议。赞成与反对同数时取决于主席。"

第四条规定："凡出席中国人民政协全体会议之代表均有表决权。候补代表有发言权，无表决权。"

第五条规定："关于议案讨论之表决方式规定如左：一、一般决议采用举手方式表决。二、有左列情形之一时，得由主席采用起立方式表决。"

1949年9月23日，董必武同志在《中华人民共和国中央人民政府组织法草拟的经过及基本内容》的报告关于新政府组织的原则中解释说："这个原则是民主集中制，它具体的表现是人民代表大会制的政府。即人民行使国家政权的机关为各级人民代表大会和各级人民政府。各级人民代表大会由人民用普选方法产生之。各级人民代表大会选举各级人民政府。"③

---

① 《人民日报》1949年9月22日第1版。
② 《人民日报》1949年9月23日第2版。
③ 《人民日报》1949年9月23日第1版。

1949年9月27日通过的《中国人民政治协商会议组织法》[①]，有8个条款将"协商"作为动词使用。例如以下几条。

该组织法第二条规定："凡赞成本组织法第一条之规定的民主党派及人民团体，经中国人民政协全国委员会协商同意，得参加中国人民政协。"

第三条规定："每届中国人民政协全体会议的参加单位、名额及代表人选，由上届中国人民政协全国委员会协商定之，但第一届由中国人民政协筹备会协商定之。"

第十三条规定政协全国委员会的职权包括：协商并提出对中华人民共和国中央人民政府的建议案，协商并提出……的联合候选名单，协商并决定下届中国人民政协全体会议的参加单位、名额及代表人选，协商并处理其他有关中国人民政协内部合作的事宜。

第十八条规定："中国人民政协地方委员会，为该地方各民主党派及人民团体的协商并保证实行决议的机关。"

与此同时，该组织法有6个条款明确使用了"选举"概念。例如以下几条。

第七条规定："中国人民政协全体会议选举中华人民共和国中央人民政府委员会"，"选举中国人民政协全国委员会"；第九条规定："中国人民政协全体会议设主席团，由全体会议选举之"。

第十条规定："中国人民政协全体会议设秘书长一人，由全体会议选举之。"第十四条规定："中国人民政协全国委员会的委员及候补委员，由中国人民政协全体会议选举之。"

第十六条规定："中国人民政协全国委员会设秘书长一人，由全

[①] 《人民日报》1949年9月30日第1版。

国委员会选举之。"

起临时宪法作用的《中国人民政治协商会议共同纲领》是在周恩来同志担任起草小组组长的领导下，经过各民主党派、各方面代表反复研究、缜密商讨，由中国共产党负责起草，并由中国人民政治协商会议第一届全体会议于 1949 年 9 月 29 日通过的。基于人民民主主义的政治基础，基于统一战线的民主政治制度，通过协商民主和选举民主等方式，产生了作为新中国法统的《共同纲领》。在《共同纲领》的第四条、第十二条、第十三条等条款中，多处规定了"选举权和被选举权""普选""选举"等内容，把选举民主直接规定为国家政治生活的重要内容。《共同纲领》虽然没有直接规定"协商民主"的各种制度、程序和方式方法，但中华人民共和国的成立和《共同纲领》的产生，本身就是中国共产党与各民主党派、人民团体、无党派民主人士等单位的代表通过"协商民主"取得的最大政治成果。因此，从一定意义上讲，是中国人民政治协商会议以"协商民主"等民主政治形式成立了新中国。正如《共同纲领》宣告的："中国人民政治协商会议代表全国人民的意志，宣告中华人民共和国的成立，组织人民自己的中央政府。"这就是人民政协的"协商建国"。

从宪法视角来看，中国人民政治协商会议之所以能够"协商建国"，并非因为采取了"协商民主"的方式方法，而主要是因为"中国人民政治协商会议是在完全新的基础上召开的，它且有代表全国人民的性质，它获得全国人民的信任和拥护。因此，中国人民政治协商会议宣布自己执行全国人民代表大会的职权"。[①] 换言之，中国人民

[①] 毛泽东：《中国人民站起来了》，《人民日报》1949 年 9 月 22 日第 1 版。

政治协商会议之所以具有建立新中国的合宪性与合法性，在权力渊源上是来自"全国人民代表大会的职权"，而并非其固有的权力和正当性。由于当时特定的历史条件，我们不可能马上实行全国普选并召开全国人民代表大会，故由中国人民政治协商会议"宣布"自己"代行"全国人民代表大会的职权，进而才有权制定具有临时宪法性质的《共同纲领》，制定《政治协商会议组织法》《中央人民政府组织法》，决定新中国的名称、国都、纪年、国歌、国旗，选举中央人民政府主席。正如董必武同志在《中华人民共和国中央人民政府组织法草拟的经过及基本内容》的报告中指出的那样："在普选的全国人民代表大会召开以前，由中国人民政治协商会议的全体会议，即本会议，执行全国人民代表大会的职权，选举中华人民共和国中央人民政府委员会，并付之以行使国家权力的职权。"[1]

当然，在新中国宪制史上，第一届政协从1949年到1954年的五年是比较特殊的五年。"这段时间人民代表大会还没有召开，政协代行着人大的一些职权；同时这一时期中国还处在新民主主义向社会主义转变的过渡时期。因此，这个时期人民政协的定位、职能、作用是以后历届政协不可简单比拟的。"[2] 1954年12月19日，毛泽东同志就政协的性质和任务发表谈话，指出："召开全国人民代表大会以后，有些人认为政协的作用不大了，政协是否还需要成了问题。现在证明是需要的……虽然全国和地方的人民代表大会、国务院和各省市人民委员会各方面都容纳了许多人，但是还需要政协全国委员会和政协地

---

[1] 《人民日报》1949年9月23日第1版。
[2] 郑万通：《人民政协六十年的光辉历程和重要启示》，《人民政协报》2009年9月17日。

方委员会。"① 1954年12月21日，周恩来同志在中国人民政治协商会议第二届全国委员会第一次会议上所做的政治报告中指出："在这次政协会议的召开中，曾经有两种错误想法：一种想法是，以为人大已经召开了，宪法已经公布了，人民政协就没有存在的必要了；另一种想法是，仍然把政协看作是政权机关。这两种想法出于同一来源，就是不懂得政协本身是统一战线的组织，也就是党派性的联合组织。""第一届政协代行全国人民代表大会职权，本身并不是人民代表大会，这点必须弄清。人大既开，政协代行人大职权的政权机关作用已经失去，但政协本身的统一战线的作用仍然存在，去掉一个代行的作用，留下本身的作用。"②

经过70年的实践发展，今天的协商民主已经是中国社会主义民主政治的特有形式和独特优势，是党的群众路线在政治领域的重要体现，是深化政治体制改革的重要内容。加强协商民主建设，有利于扩大公民有序政治参与、更好实现人民当家作主的权利，有利于促进科学民主决策、推进国家治理体系和治理能力现代化，有利于化解矛盾冲突、促进社会和谐稳定，有利于保持党同人民群众的血肉联系、巩固和扩大党的执政基础，有利于发挥中国政治制度优越性，增强中国特色社会主义的道路自信、理论自信、制度自信。

---

① 《关于政协的性质和任务》，《毛泽东文集》第六卷，人民出版社1999年版。在这个讲话中，毛泽东同志提出了政协的五项任务：一是协商国际问题，如对外发表宣言、反对侵略、保卫和平等；二是商量候选人名单；三是提意见，当时主要是对社会主义改造的问题、宪法的实施问题、巩固人民民主制度问题提意见；四是协调各民族、各党派、各人民团体和社会民主人士领导人员之间关系；五是学习马列主义。

② 周恩来：《人民政协的五项任务》（1954年12月21日）。

三　中国宪法视野下选举民主与协商民主的关系

从历史文献的简要梳理中不难看出，在创建新中国的过程中，协商民主与选举民主是共存并用的。但从建立中华人民共和国的角度看，作为国家基本政治制度形式的中国人民政治协商会议，通过协商民主等形式，代行全国人民代表大会的职权，对于创立新中国发挥了至关重要的作用。此时的选举民主，由于不具备民主普选的条件和"国家形态"的政权组织形式，故主要通过民主权利、民主方法、民主程序、民主选举等方式发挥作用。

随着全国普选基础上的第一届全国人民代表大会的召开和1954年宪法的制定，选举民主被国家宪法确定为人民主权权力和国家根本政治制度的重要内容，成为人民当家作主最根本的民主政治权利。"1954年，全国人民代表大会召开后，人民政协作为多党合作和政治协商机构、作为统一战线组织继续发挥重要作用"[1]，但其性质和职能已发生了重大变化。[2] 1954年年底，毛泽东同志在《关于政协的性质和任务》一文中，对政协是国家机关还是人民团体的问题作出了高屋建瓴的回答。他说："政协的性质有别于国家权力机关——全国人民代表大会，它也不是国家的行政机关。有人说，政协全国委员会的职权要相等或大体相等于国家机关，才说明它是被重视的。如果这样说，那末共产党没有制宪之权，不能制定法律，不能下命令，只能提

---

[1]　习近平：《在庆祝中国人民政治协商会议成立65周年大会上的讲话》，人民出版社2014年版，第3页。

[2]　1954年《宪法》"序言"明确规定："今后在动员和团结全国人民完成国家过渡时期总任务和反对内外敌人的斗争中，中国的人民民主统一战线将继续发挥它的作用。"

建议，是否也就不重要了呢？不能这样看。如果把政协全国委员会也搞成国家机关，那就会一国二公，是不行的。要区别各有各的职权。"[1] 毛泽东指出："人民政协的性质有别于国家权力机关……人大和国务院是国家权力机关和国家管理机关，如果把政协也搞成国家机关，那就成为二元了，这样就重复了，分散了，民主集中制就讲不通了。政协不仅是人民团体，而且是各党派的协商机关，是党派性的机关。"[2] 尽管1954年以后中国人民政治协商会议不再代行全国人民代表大会的职能，但协商民主作为一种行之有效的民主方式方法、作为一种中国特色的民主程序技术，仍然被广泛采用。改革开放以来，随着中国特色社会主义民主的不断发展，协商民主的主体不断扩大，内容不断丰富，形式不断完善，运用日益广泛，效果不断增强，在中国民主政治生活中扮演着越来越重要的角色，发挥着日益不可或缺的重要作用。

基于上述认识，我们或许可以从宪法视角对中国选举民主与协商民主的主要区别，做如下理解：

第一，在民主理论的层面，选举民主是代议民主理论的必然选择，协商民主则是精英民主理论和参与民主理论的重要形式，两者的民主理论基础不同；

第二，在国家政治制度层面，选举民主是国家根本政治制度的重要组成部分，协商民主是国家基本政治制度的主要运作形式，两者在国家政治制度体系中的地位不同；

---

[1] 毛泽东：《关于政协的性质和任务》，1954年12月29日毛泽东邀请各民主党派、无党派民主人士座谈政协工作的谈话。

[2] 郑万通：《人民政协六十年的光辉历程和重要启示》，《人民政协报》2009年9月17日。

第三，在民主运行的层面，选举民主是纵向民主的起点，协商民主是横向民主的重要形式，两者对于运行民主的角度方式不同；

第四，在民主功能的层面，选举民主是普遍的主导性民主，协商民主是补充的辅助性民主，两者在民主政治中的作用角色不同；

第五，在公民权利的层面，选举民主是全体公民最基本的政治权利，协商民主则是对部分公民的恩惠或者关照，两者的人权基础、权利价值不同；

第六，在国家宪法权力的层面，选举民主是国家主权和政权的重要载体和制度内容，协商民主则是不具有宪法和法律效力的政治安排，两者的法律效力不同；

第七，在民主与效率的层面，选举民主是兼顾民主与效率的决断式民主，协商民主是民主有余而效率不足的妥协式民主，两者的民主功效不同。

从中国宪法视角来看，选举民主与协商民主的关系，可进一步从以下几个层面展开分析。

（一）国家权力层面的选举民主与协商民主

马克思主义认为，"工人革命的第一步就是……争得民主"[1]，掌握国家政权。无产阶级通过革命等途径夺取国家机器、掌握国家权力以后，就必须通过选举民主等形式建立自己当家作主的新国家和新政权。在社会主义国家，选举民主的政治前提是主权在人民，人民成为

---

[1] 《共产党宣言》，《马克思恩格斯选集》第一卷，人民出版社1995年版，第293页。

国家和社会的主人，国家的一切权力来自人民且属于人民。选举民主的政治本质是以普选为基础的全体人民当家作主。由于国家大、人口多、交通不便等原因，无产阶级政权不能保证每个公民都能够直接到国家政权机关去行使国家权力，管理国家和社会事务，管理经济和文化事业，而只能采取人民代表大会的代议制民主，由人民通过直接选举和间接选举，选举产生自己的代表去国家政权机关代表全体人民行使国家权力。马克思在《法兰西内战》中总结巴黎公社的革命经验时说："公社是由巴黎各区通过普选选出的市政委员组成的。这些委员对选民负责，随时可以罢免。其中大多数自然都是工人或公认的工人阶级的代表。"① 列宁在论述苏维埃政权建设问题时也指出："在社会主义下，'原始'民主的许多东西都必然会复活起来，因为人民群众在文明社会史上破天荒第一次站起来了，不仅独立地参加投票和选举，而且独立地参加日常管理。"②

中国现行《宪法》"序言"指出："一九四九年，以毛泽东主席为领袖的中国共产党领导中国各族人民，在经历了长期的艰难曲折的武装斗争和其他形式的斗争以后，终于推翻了帝国主义、封建主义和官僚资本主义的统治，取得了新民主主义革命的伟大胜利，建立了中华人民共和国。从此，中国人民掌握了国家的权力，成为国家的主人。"

在中国宪法和法律架构中，协商民主既不是一种国家权力或者公权力，也不是一种公民权利或者私权利。协商民主目前主要还是一种

---

① 马克思：《法兰西内战》，《马克思恩格斯文集》第三卷，人民出版社2009年版，第154页。
② 《苏维埃政权的当前任务》，《列宁专题文集——论社会主义》，人民出版社2009年版，第110—111页。

民主形式、民主方法、民主机制、民主程序、民主手段、民主责任。

(二) 国家政体层面的选举民主与协商民主

选举民主之于民主国家政体的必要性和重大意义，是不言而喻的。列宁很早就说过："没有议会制度，没有选举制度，工人阶级就不会有这样的发展。"① 列宁同时认为，无产阶级必须摆脱资产阶级议会制的弊端。摆脱议会制的出路，当然不在于取消代表机构和选举制，而在于把代表机构由清谈馆变成"工作"机构。"公社不应当是议会式的，而应当是工作的机构，兼管行政和立法的机构。"② 苏维埃是被剥削劳动群众自己的直接组织，它便于这些群众自己用一切可能的办法来建设国家和管理国家。③ 苏维埃民主制使劳动者先锋队能够领导最广大的被剥削群众，吸收他们参加独立的政治生活，根据他们亲身的体验对他们进行政治教育，从而第一次着手使真正全体人民都学习管理，并且开始管理。

中国共产党领导中国人民取得革命胜利后，国家政权应该怎样组织，国家应该怎样治理？这是一个关系国家前途、人民命运的根本性问题。经过实践探索和理论思考，中国共产党人找到了答案。早在1940年，毛泽东同志就说过："没有适当形式的政权机关，就不能代表国家。中国现在可以采取全国人民代表大会、省人民代表大会、县人民代表大会、区人民代表大会直到乡人民代表大会的系统，并由各

---

① 《论国家》，《列宁专题文集——论辩证唯物主义和历史唯物主义》，人民出版社2009年版，第295页。

② 《国家与革命》，《列宁专题文集——论马克思主义》，人民出版社2009年版，第218页。

③ 《无产阶级政党和叛徒考茨基》，《列宁专题文集——论资本主义》，人民出版社2009年版，243页。

级代表大会选举政府。"①

人民代表大会制度是中国的政体,是国家的根本政治制度,是国家政权的根本组织形式。中国《宪法》第二条明确规定:"中华人民共和国的一切权力属于人民。人民行使国家权力的机关是全国人民代表大会和地方各级人民代表大会。"习近平总书记在《在庆祝全国人民代表大会成立60周年大会上的讲话》中指出:"在中国实行人民代表大会制度,是中国人民在人类政治制度史上的伟大创造,是深刻总结近代以后中国政治生活惨痛教训得出的基本结论,是中国社会100多年激越变革、激荡发展的历史结果,是中国人民翻身作主、掌握自己命运的必然选择。"② 人民代表大会制度是中国特色社会主义制度的重要组成部分,也是支撑中国国家治理体系和治理能力的根本政治制度;是坚持党的领导、人民当家作主、依法治国有机统一的根本政治制度安排,必须长期坚持、不断完善。

在人民代表大会制度下,选举民主从三个主要方面保证了人民当家作主。一是人大代表由人民选举产生,对人民负责,受人民监督。这就实现了全体人民通过选举民主将主权权力对人大代表的民主授权。二是通过直接选举或间接选举产生的人大代表,组成全国人民代表大会和地方各级人民代表大会,作为最高国家权力机关和地方国家权力机关,代表人民行使国家权力。这就实现了全体人民通过全国人大和地方各级人大行使国家权力的代议制民主。三是国家行政机关、审判机关和检察机关由同级人民代表大会选举或者决定产生,对它负责,受它监督。这就实现了"一府两院"通过同级人大对人民负责、

---

① 习近平:《在庆祝全国人民代表大会成立60周年大会上的讲话》,人民出版社2014年版,第4页。

② 同上书,第4—5页。

受人民监督的宪制民主。

从一定意义上讲，在中华人民共和国成立初期，没有选举民主，就没有全国人民代表大会的成立和中华人民共和国第一部宪法的产生，就没有新中国人民民主专政国体基础上的国家政体的真正建立，就没有新中国国家政权正当性与合法性的充分确立；在协调推进"四个全面"战略布局、统筹推进"五位一体"总体布局的今天，没有选举民主，就没有人民民主和全面依法治国，就没有中国特色社会主义和国家治理的现代化。

中国现行《宪法》"序言"明确规定："中国人民政治协商会议是有广泛代表性的统一战线组织，过去发挥了重要的历史作用，今后在国家政治生活、社会生活和对外友好活动中，在进行社会主义现代化建设、维护国家的统一和团结的斗争中，将进一步发挥它的重要作用。中国共产党领导的多党合作和政治协商制度将长期存在和发展。"这表明，中国宪法高度重视和评价协商民主，中国共产党领导的多党合作和政治协商制度作为中国的基本政治制度将长期存在和不断完善发展，但在中国宪法架构中，协商民主并不是国家机构的宪制安排，也不是国家政体的宪制组成部分。2015年2月9日中共中央印发《关于加强社会主义协商民主建设的意见》，明确要求应当加强"人大协商"建设，各级人大要依法行使职权，在重大决策之前根据需要进行充分协商；要深入开展立法工作中的协商，发挥好人大代表在协商民主中的作用，鼓励基层人大在履职过程中依法开展协商；等等。这些规定是对中国特色社会主义民主政治的重要创新和发展，对于加强人民代表大会制度的政体建设具有十分重要的意义。

（三）公民权利层面的选举民主与协商民主

享有宪法和法律规定的公民政治权利和基本自由是选举民主的前

提条件。换言之，对于公民来说，选举民主的宪法形式主要体现为公民的选举权和被选举权，以及相关的平等权、监督权、言论自由等。选举权和被选举权是直接来自人民主权的政治权利。在民主国家，人民主权可以通过直接民主也可以通过间接民主的途径来行使，但在直接民主制中通常不需要选举，选举权和被选举权往往是间接民主制的产物。在社会主义国家，作为公民权利的选举民主体现出较高的平等性、普遍性和真实性。列宁指出："苏维埃组织无比深入地和广泛地发展了标志着资产阶级民主制比中世纪有伟大历史进步性的那一面，即居民参加对公职人员的选举。在任何一个最民主的资产阶级国家中，劳动群众从来也没有像在苏维埃政权之下那样广泛、那样经常、那样普遍、那样简便地行使选举权。"[①] 而"普选权在此以前一直被滥用，或者被当作议会批准神圣国家政权的工具，或者被当作统治阶级手中的玩物，只是让人民每隔几年行使一次，来选举议会制下的阶级统治的工具；而现在，普选权已被应用于它的真正目的：由各公社选举它们的行政的和创制法律的公职人员"[②]。选举民主作为公民的政治权利，既是由宪法和选举法明确规定"法定权利"，也是公民最基本的政治权利；既是由国内法规定的基本权利，也是由国际法规定的基本人权，具有非依正当法律程序不得剥夺、不得限制、不得转让的神圣性。

选举民主作为公民的一项政治权利、一项基本人权，具有以下特征。

[①] 《俄共（布）党纲草案》，《列宁全集》第三十六卷，人民出版社 1985 年版，第 84—85 页。

[②] 马克思：《〈法兰西内战〉初稿》，《马克思恩格斯文集》第三卷，人民出版社 2009 年版，第 196 页。

一是选举民主的权利主体具有明确性,即哪些公民依法享有选举权和被选举权,哪些公民不享有此权利或者可以被剥夺、限制此权利,在宪法和法律上均有明确具体规定。

二是选举民主的权利方式如时间、地点、程序、选票等具有法定性,行使此权利必须依照法律规定进行。

三是选举民主的权利具有平等性,中华人民共和国年满十八周岁的公民,不分民族、种族、性别、职业、家庭出身、宗教信仰、教育程度、财产状况、居住期限,都有选举权和被选举权。

四是选举民主的权利具有可诉性,一旦受到不法侵犯,将依法获得司法的救济和保障。例如,中国《民事诉讼法》第181条规定:"公民不服选举委员会对选民资格的申诉所作的处理决定,可以在选举日的五日以前向选区所在地基层人民法院起诉。"中国《刑法》第256条规定:"在选举各级人民代表大会代表和国家机关领导人员时,以暴力、威胁、欺骗、贿赂、伪造选举文件、虚报选举票数等手段破坏选举或者妨害选民和代表自由行使选举权和被选举权,情节严重的,处3年以下有期徒刑、拘役或者剥夺政治权利。"中国《治安管理处罚法》等法律也作出相关规定。

协商民主虽然很重要,但它还没有成为公民的一种基本政治权利载入中国宪法和相关法律,在联合国《公民权利与政治权利国际公约》列举规定的数十种国际人权和基本自由中,也没有包括协商民主的权利。据荷兰学者对世界142部宪法的统计,有67部宪法涉及了普选,有88部宪法规定了参加选举的权利。[①] 在世界大多数国家,不仅以宪法形式专门规定有选举制度和选举权、被选举权等选举民主的

---

① [荷]亨利·范·马尔塞文、格尔·范·德·唐:《成文宪法的比较研究》,陈云生译,华夏出版社1987年版,第131、152页。

内容，还专门制定有选举法之类的法律，对公民如何实现选举民主提出制度性、程序性保障。

从公民宪法权利或者基本人权的层面来观察，协商民主既不是公民的一项政治权利，也不是公民的一种政治权力。协商民主充其量主要还是一种政治安排、一种政策措施、一种民主程序和方法，广大公民能否成为协商民主的主体，能否切实有效地参与政策制定的协商过程，能否通过多种途径、形式和层面的协商民主形式来表达自己的诉求，在国家宪法和法律上尚无明确规定，在各种政治议程的安排和政策文件的规定上目前还具有相当的不确定性。即使在某些群体中有这种协商民主的政治或政策安排，对于能够"享受"该协商民主的公民而言，这种"协商民主"也只是一种给予（施舍），而不是权利（人权）。选举民主是所有公民应当普遍享有的一种基本权利（人权），而协商民主则是少数公民可能获得的一种政治待遇。是否属于公民的基本权利，这或许是选举民主与协商民主的一个重大区别。

（四）方法形式层面的选举民主与协商民主

相对于民主理念、民主价值、民主目的而言，选举民主和协商民主都是民主运行实现的技术、方法、手段和过程。2006年，《中共中央关于加强人民政协工作的意见》提出："人民通过选举、投票行使权利和人民内部各方面在重大决策之前进行充分协商，尽可能就共同性问题取得一致意见，是中国社会主义民主的两种重要形式。"这一表述说明，选举民主和协商民主都是民主的重要形式，而协商民主通常发生于重大决策之前。党的十八届三中全会《决定》提出："在党的领导下，以经济社会发展重大问题和涉及群众切身利益的实际问题为内容，在全社会开展广泛协商，坚持协商于决策之前和决策实施之中。"这一表述党对协商民主的领导,明确了协商民主所要协商的"主要内容"。《中共中央关于加强社会主义协商民主建设的意见》进一步明确了协商民主是一种民主形式的内涵:"协商民主是在中国共产党领导下,人民内部各方面围绕改革发展稳定重大问题和涉及群众切身利益的实际问题,在决策之前和决策实施之中开展广泛协商,努力形成共识的重要民主形式。"这一表述说明,中国民主协商的领导者是中国共产党,民主协商的主体是人民,民主协商的内容是改革发展稳定重大问题和有关群众切身利益的实际问题,民主协商的运用是在决策之前和决策实施之中(但不能替代包括选举民主之内的决策),民主协商的目的是努力形成广泛共识。

在民主方法形式的层面上,选举民主与协商民主之间本质上并没有什么轻重高下之分,两者都是中国特色社会主义民主政治的实现形式和运行方式。党的十八届三中全会《决定》提出,要拓展协商民主形式,"深入开展立法协商、行政协商、民主协商、参政协商、社会协商"。党的十八届四中全会《决定》则规定,要"健全立法机关和社会公众沟通机制,开展立法协商,充分发挥政协委员、民主党派、工商联、无党派人士、人民团体、社会组织在立法协商中的作用"。2015年2月9日中共中央《关于加强社会主义协商民主建设的意见》,进一步明确要求"各级人大要依法行使职权,同时在重大决策之前根据需要进行充分协商,更好汇聚民智、听取民意,支持和保证人民通过人民代表大会行使国家权力"。要深入开展立法工作中的协商,发挥好人大代表在协商民主中的作用,鼓励基层人大在履职过程中依法开展协商,探索协商形式,丰富协商内容。显而易见,在中国现行宪法和法律体系框架下,社会主义选举民主是中国人民民主的根本形式,而"社会主义协商民主是中国人民民主的重要形式",两者相互补充、相辅相成、相得益彰。

与此同时，尽管协商民主与选举民主在方式方法和技术操作层面上有许多相同或者相似的功能，有时协商民主对于达成民主共识和多方合意的具体操作功能甚至要优于竞争性的选举民主，但在中国宪法制度的框架下，协商民主与选举民主毕竟是两种不尽相同的民主实现形式，协商民主可以补充和辅助选举民主，可以丰富和发展选举民主，但在宪法上难以超越和替代选举民主。换言之，在中国宪法和法律规定的制度体系中，协商民主绝不是对选举民主的"超越"和"替代"，[1] 而是对选举民主的补充、丰富和完善。

鉴于协商民主在中国特色社会主义民主政治中的重要性和创新性，也许以后修改完善宪法时，可以考虑将协商民主明确载入中国宪法，逐步实现协商民主的宪法化和法治化。

◇ 第四节　社会主义民主与法治的关系

一般认为，法治（Rule of Law）是指法律的统治。[2] 但法治有广义和狭义之分。从广义上说，法治意味着一切人都应当服从法律，接受法律的统治。从狭义上理解，法治是指政府应受法律的统治，遵从

---

[1] 杨雪冬：《协商民主的认识误区和当代性》，《中国党政干部论坛》2015 年第 5 期。

[2] 西方对法治的理解多是自由主义政治哲学视角的。"在西方，法治理想至少有下列含义：法律拥有至高无上的权威，从而防止滥用政治权力；通过保护个人权利的要求确保个人优先；通过实行'法律面前人人平等'确保普遍性原则优先于特殊性。"[美] 艾伦·S. 科恩、苏珊·O. 怀特：《法制社会化对民主化的效应》，载中国社会科学杂志社编《民主的再思考》，社会科学文献出版社 2000 年版，第 196 页。

法律。① 本书对社会主义法治的使用和解释，超出了拉兹的"广义法治"的范畴，基本上把"社会主义法治"与依法治国基本方略相等同，它主要包括六个基本原则：人民主权原则，宪法法律至上原则，尊重保障人权原则，依法行政原则，公正司法原则，监督制约公权力原则。②

民主与法治是一种什么样的关系：冲突关系、互动关系、主从关系，抑或两者没有什么必然联系？在西方学者中，有些人认为法治（宪法）与民主是冲突关系，也有人认为并非如此。美国宪法学者孙斯坦提出："跟那些认为宪法与民主之间一直存在冲突的人不同，我坚持认为两者之间并不一定存在冲突。一部宪法是否跟民主相冲突，主要取决于我们拥有的宪法以及追求的民主的性质。"③ 英国学者苏珊·马克斯在论述低度民主理论时把法治纳入了民主政治的范畴，认为"民主政治的特征"是定期选举、多党制、法治和公民权利，"民主等同于举行多党选举、保护公民权利和建立法治"④。约瑟夫·夏辛（Josef Thesing）也认为，"法治是支撑民主国家的原理之一"，"法律思想是设计民主政治体制的原则之一"，"民主需要社会市场经济、社会公正以及法治"。⑤ 美国学者达尔在《论民主》中，更强调基础性条件对于民主的决定作用。他指出，一些国家，如果它拥有有

---

① Joseph Raz, *The Authority of Law*, Clarendon Press, 1983, pp. 211–213.
② 详见李林《法治与宪政的变迁》，中国社会科学出版社2005年版，第223—234页。
③ [美] 凯斯·R. 孙斯坦：《设计民主：论宪法的作用》，金朝武等译，法律出版社2006年版，第9页。
④ [英] 苏珊·马克斯：《宪政之谜：国际法、民主和意识形态批判》，方志燕译，上海世纪出版集团2005年版，第91、92页。
⑤ [德] 约瑟夫·夏辛、容敏德编著：《法治》，法律出版社2005年版，第6页。

利的基础性条件，那么，似乎无论采用什么宪法，都可能实现民主的稳定。而如果它拥有的是极为不利的基础性条件，则任何宪法都救不了民主。① 从人民主权原则来看，人民之所以需要民主，是因为"人们必须参与法治之下的政府决策"②，必须当家作主。"对'教条主义民主派'来说……多数的意志不仅决定什么是法律，而且决定什么是好法律'。这种对民主的'迷信'导致了这样错误的观念：'只要相信权力是通过民主程序授予的，它就不可能是专横的。'"③ 事实上，民主必须受制于法治。因为，"政治生活和经济生活一样，是一个个人自由和积极性的问题，因而多数统治必须由法治加以限制。只有在这种条件下，多数原则才能明智地、公正地发挥作用"④。

在马克思主义民主理论看来，资产阶级民主实质上是资产阶级少数人对广大工人阶级和人民群众的多数人的专政，资产阶级的民主与法治包含若干深层次的内在矛盾：理论上标榜代表社会普遍利益与实践上保护资本特殊利益的矛盾，政治法律形式上的平等与社会经济事实上的不平等的矛盾，国家政权形式上的权力分立与实际上国家政权仍然凌驾于社会之上的矛盾，⑤ 因此，资产阶级法治与其民主之间，存在着不可调和的内在矛盾和冲突。社会主义民主与法治已从国体和政体、国家权力和公民权利、国家制度和社会制度上消除了两者矛盾

---

① ［美］罗伯特·达尔：《论民主》，李柏光等译，商务印书馆1999年版，第137页。

② ［美］理查德·威廉姆逊：《为什么要民主?》，载《民主与民主化》，商务印书馆1999年版，第41页。

③ ［英］弗里德利希·奥古斯特·冯·哈耶克：《通往奴役之路》，王明毅等译，中国社会科学出版社1997年版，第72页。

④ ［英］戴维·赫尔德：《民主的模式》，燕继荣等译，中央编译出版社1998年版，第329页。

⑤ 参见李铁映《论民主》，人民出版社2001年版，第54—66页。

冲突的根源，社会主义民主与法治之间，虽然需要不断调适、不断磨合，但两者在本质上没有根本的利害冲突。

一 社会主义民主与法治的基本关系分析

以民主的制度、权力和权利形态为主线，从不同层次和角度来理解社会主义民主与法治的关系，可以进一步深化对于两者关系的认识①。从社会主义政治文明的层次和角度看，社会主义民主与法治是一个不可分割的统一体，即民主法治的整体。在这个统一体中，法治是民主的程序化、规范化、法律化形态，民主是法治的制度化、权力化、权利化形态，两者合并起来成为"国家形态""社会主义政治文明形态"，成为一个有机整体。从这个意义上讲，民主概念中已经包含了法治，法治概念中也已蕴含了民主。中国在使用"社会主义民主""社会主义法治""社会主义民主法治"这些概念时，所表达的实质内容是一样的，只是表达的侧重点有所不同而已。

从社会主义政治文明下位概念的层次和角度看，中国可以把社会主义民主法治拆分成两个概念，可以从政治学的范畴把民主表达为主要由国家制度、国家权力和公民权利构成的政治哲学概念，从法学的范畴把法治表达为主要由法律制度（规范）、法定权力和法律权利构

---

① 2007年7月14日在中国社会科学院法学研究所主办的"纪念依法治国基本方略实施十周年理论研讨会"上，谢鹏程、齐延平等学者认为，在一般意义上，民主与法治之间没有必然的联系。从西方法治史来看，自由、人权等与法治有密切的关联性，民主则不一定与法治有内在的相关性。但在社会主义国家，民主与法治密切相关，但民主并非是法治的基础和前提，而是相反。在笔者看来，在社会主义民主与社会主义法制问题的讨论已经过去了近30年的今天，联系当下中国的实际重新认识和思考两者的关系，还是很有意义和必要性的。

成的法哲学概念。政治与法律的区别，政治学与法学的分野，决定了民主与法治概念的区分，也决定了两者的关系：民主与法治彼此分工、相互依存、相互作用、紧密联系。

从民主政治制度体系与法律（制度）体系的位阶关系来看，民主与法治有三种主要关系：一是上下位阶中的决定关系，二是并列位阶中的互动关系，三是下上位阶中的从属关系。

民主政治制度体系与法律（制度）体系彼此间的位阶关系，首先是构成一种"之"字形的上下位阶中的决定关系。在民主与法治的关系链中，上位者产生并决定下位者，下位者产生于并从属于上位者。例如，它们的上下关系是：国体和政体产生（决定）宪法——宪法产生（决定）立法（权）制度、行政（权）制度、司法（权）制度、法律监督（权）制度等国家政治（权力）制度——立法（权）制度产生（决定）法律，行政（权）制度产生（决定）法规和政府规章，司法（权）制度、法律监督（权）制度产生（决定）司法解释——法律、法规、政府规章、司法解释产生（决定）各种具体制度。

从中国新民主主义革命的过程来看，人民民主革命是法治的基础和前提，因为"民主运动推翻了专制君主；建立了宪法；建立了选举体制；通过了限制国家权力、保证人民权力的法律……通过改革土地所有权、改变继承法、对富人征税、建立福利体制而力图重新分配财产，要给出所有相应的制度"[1]。但是，在宪法制定以后，中国似乎不宜笼统地简单地说"社会主义民主是社会主义法治的基础和前提，社会主义法治是社会主义民主的保障"，因为宪法确认并产生了包括人民代表大会制度在内的一系列民主政治制度，确立了一系列宪法原

---

[1] ［美］道格拉斯·拉米斯：《激进民主》，刘元琪译，中国人民大学出版社2002年版，第159页。

则，宪法成了社会主义民主与法治的基石，民主与法治的关系走上了社会主义宪制的轨道，成为"宪法决定民主"的模式。

其次是构成一种并列位阶中的互动关系。"民主与法治是不可分割的整体。"① 在国家走上社会主义宪制轨道、实行法治和依法治国的条件下，民主与法治的"之"字形关系发生了转变，变为以宪法为基础和中心的民主政治体系和法治体系，民主与法治并驾齐驱，与民主形成一种并列互动的位阶关系。例如，宪法规定了国家的国体、政体、基本政治制度、经济制度和社会制度等内容，具有最高的法律效力和法律地位，是治国安邦的总章程，宪法确认了人民代表大会制度，人民代表大会制度从宪法上获得了合宪性的直接依据；另一方面，全国人民代表大会有权修改宪法，全国人大常委会有权解释宪法，监督宪法的实施，这就在社会主义宪制框架下构成了国家政体民主与法治宪制的互动关系。

最后是构成一种倒"之"字形的下上位阶中的从属关系。在这种位阶关系链中，下位者由上位者产生，受上位者支配，从属于上位者，与"之"字形的上下位阶关系相比，这里形成的是一种倒"之"字形的下上位阶关系。在民主与法治的下上位阶关系中，"社会主义民主是社会主义法治的基础和前提，社会主义法治是社会主义民主的保障"的说法依然难以成立。例如，在选举法、选举制度和选举行为的具体下上位阶关系中，选举制度来自选举法，选举法是选举制度产生的前提和依据，选举行为则依据选举法规定的选举制度作出。选举法是选举制度的保障，选举法和选举制度则是选举行为的依据和保障。

---

① ［德］约瑟夫·夏辛、容敏德编著：《法治》，法律出版社2005年版，第50页。

由上可见，社会主义民主与法治是存在位阶关系的，在某个具体特定的上下位阶关系中，社会主义民主可以决定和保障法治，而在另一个具体特定的上下位阶关系中，社会主义法治也可以决定和保障民主。在两者的并列位阶关系中，两者相互决定，相辅相成，相互作用。

二　中国共产党作为革命党和作为执政党对民主法治的不同态度

中国共产党是通过28年新民主主义革命的浴血奋战，才从一个以推翻国民党反动派法西斯统治、建立人民民主政权为目标的革命党，转变为以执掌国家政权、实现人民当家作主为己任的执政党。党的十六届四中全会报告指出，21世纪的中国共产党发生了两个根本转变：已经从领导人民为夺取全国政权而奋斗的党，成为领导人民掌握全国政权并长期执政的党；已经从受到外部封锁和实行计划经济条件下领导国家建设的党，成为对外开放和发展社会主义市场经济条件下领导国家建设的党。从总体上来看，在新民主主义革命时期，作为革命党的中国共产党，一方面被国民党反动政权的法制否定，被其法律宣布为非法政党，要从政治上、军事上甚至共产党人的肉体上予以铲除剿灭，因此在国民党反动派法西斯专政的体制下，绝没有共产党的民主、权力和权利可言；另一方面，中国共产党为了领导全国各族人民推翻"三座大山"、建立新中国，实现争得人民民主的革命目标，必须用军事和政治等革命专政力量，彻底打垮国民党武装力量，砸烂其国家机器，废除其"伪法统"。在列宁看来，专政是"直接凭借暴力而不受任何法律约束的政权"，而无产阶级的革命专政则是"由无产阶级对资产阶级采用暴力手段来获得和维持的政权,是不受任何法律约束的政权"。① 对于革命的中国共产党来说,国民党反动派掌握的国家法制及其所谓的"民主",实质上是要消灭中国共产党及其领导的革命力量,因此革命的中国共产党与国民党反动派政权的法制、"民主"是你死我活的关系,革命党必须摧毁国民党反动派的法制和"民主",才能真正建立共产党领导和执政的合法性基础,才能创建人民民主政权的新法治,才能建立人民当家作主的新国家。

中华人民共和国成立以后,共产党由革命党转变为执政党。执政党的地位和任务要求并决定了,在政治领域,共产党要领导和支持人民建立人民当家作主的国家政权、民主制度和法律制度,保障人民依法管理国家事务,从国体和政体上实现人民的统治,在宪法和法律上集中体现执政党的主张和人民意志的统一,体现国家权力和人民权利的统一,体现社会主义法治与社会主义民主的统一;在经济领域,共产党要领导和支持人民掌握生产资料,依法管理经济事业,不断解放和发展生产力,为人民享有共同富裕的幸福生活和充分行使民主权利,创造尽可能丰富的物质基础和经济条件;在社会领域,共产党要领导和支持人民真正成为社会的主人,依法管理社会事务,享有社会权利,承担社会义务,实现人民的社会自治。作为执政党的中国共产党,它的领导与人民民主和社会主义法治是"三者有机统一"的整体,它在宪法和法律范围内活动,民主执政、科学执政、依法执政,

---

① 《无产阶级革命和叛徒考茨基》,载《列宁全集》第三十五卷,人民出版社1985年版,第237页。列宁还在其他多处提及这一理论。比如,列宁指出,专政就是"不受限制的、依靠强力而不是依靠法律的政权"。列宁:《关于专政问题的历史》,载《列宁全集》第三十九卷,人民出版社1986年版,第374页;"专政的科学概念无非是不受任何限制的、绝对不受任何法律或规章约束而直接依靠暴力的政权"。参见《关于专政问题的历史》,载《列宁全集》第三十九卷,人民出版社1986年版,第380页。

带头执行和遵守法律，通过法治等多种途径和形式来完善和发展人民民主，领导、支持和保证人民当家作主，并从人民民主的实践和发展中源源不断地获得执政的力量之基、权力之源、合法性之本[1]。

◇ 第五节 社会主义法治对民主的保障

人民民主是社会主义的生命[2]，需要社会主义法治予以保障。社会主义法治对民主的保障，主要通过法治对民主的确认、引导和规制这三种形式来实现。

一 社会主义法治对民主的确认

人民民主即社会主义民主，是真正多数人统治的民主，是最符合民主原意的民主形态。民主需要法治的保障，保障的主要形式之一是用宪法和法律确认民主。毛泽东同志对法治（宪法）确认民主的作用有过非常深刻的洞见。他说："世界上历来的宪政，不论是英国、法国、美国，或者是苏联，都在革命成功有了民主事实之后，颁布一个根本大法，去承认它，这就是宪法。"[3] "宪法的存在被广泛视为民主

---

[1] 中国共产党的十六届四中全会《决定》指出，"党的执政地位不是与生俱来的，也不是一劳永逸的"，就是要求执政党要加强执政能力建设，加强执政的民主基础及合法性建设，使执政党始终代表全体人民的利益并得到人民的拥护和支持。

[2] 胡锦涛：《高举中国特色社会主义伟大旗帜 为夺取全面建设小康社会新胜利而奋斗——在中国共产党第十七次全国代表大会上的报告》，2007年10月24日。

[3] 《新民主主义的宪政》，载《毛泽东选集》第一卷，人民出版社1991年版，第735页。

制……的一个必需的先决条件"①，近代以来许多国家的历史证明，革命胜利了的统治阶级以宪法和法律的形式，确认通过革命方式取得的政权的合法性，达到巩固政权的目的。美国学者伯尔曼在《法律与革命——西方法律传统的形成》一书中，以大量翔实的资料、严谨深入的论述，阐明了"法律与革命"的关系——"法律完全从属于革命。推翻一套政治制度并由另一套制度取而代之，导致了一种全新的法律。"② 伯尔曼指出："西方法律传统在其历史过程中已经由六次伟大的革命加以改变。其中三次即俄国革命、法国革命和美国革命……每次革命都在以下方面寻求合法性：一种基本的法律……每次革命最终产生了一种新的法律体系……西方每个国家的政府和法律体制都源于这样的革命。"③ 西方国家六次革命中的每一次革命，都在整个社会转变前后关系中产生了一种新的或大大修改了的法律制度，而新法律最终体现革命目标的程度标志着革命的成功程度。"每次革命都……成功地产生了一种新法律，这种新法律体现革命为之奋斗的许多主要目标。"④ 工人阶级通过革命建立的政权，更需要用法治方式确认革命的成果，巩固革命的政权。"布尔什维克政府 1917 年发布的第一批法令之一就是旨在宣布废除革命前全部的法律。今后只适用新政府的法令。"⑤

新中国人民民主政权的建立，是以新民主主义革命的胜利为前提

---

① ［美］巴里·海格：《法治：决策者概念指南》，曼斯菲尔德太平洋事务中心译，中国政法大学出版社 2005 年版，第 35 页。

② ［美］哈罗德·J. 伯尔曼：《法律与革命——西方法律传统的形成》，高鸿钧、张志铭等译，中国大百科全书出版社 1993 年版，第 45 页。

③ 同上书，第 21、22、23 页。

④ 同上书，第 26 页。

⑤ 同上书，第 24 页。

条件的。中华人民共和国成立前夕，蒋介石于1949年元旦发表了《新年文告》，提出谈判求和的"五项条件"，要求保留其"伪法统"。三天之后毛泽东同志便发表了《评战犯求和》一文，针锋相对地逐条给予批驳。① 随后又发表了《关于时局的声明》②，表明中国共产党愿意在"废除伪宪法""废除伪法统"等项条件的前提下，与南京国民党反动政府及其他任何国民党地方政府和军事集团进行和平谈判。1949年2月，中共中央发布了《关于废除国民党六法全书与确定解放区司法原则的指示》，明确指出，法律是统治阶级公开以武装强制执行的所谓国家意识形态。法律和国家一样，只是维护一定统治阶级利益的工具；国民党全部法律只能是保护地主与买办官僚资产阶级反动统治的工具，是镇压与束缚广大人民群众的武器。在无产阶级领导的工农联盟为主体的人民民主专政的政权下，国民党的"六法全书"应该废除。1949年9月，由中国人民政治协商会议通过的《共同纲领》第十七条明确规定："废除国民党反动政府一切压迫人民的法律、法令和司法制度，制定保护人民的法律、法令，建立人民司法制度。"1954年新中国第一部宪法的原则性则体现为"用宪法这样一个根本大法，把人民民主和社会主义原则固定下来"③。

在人民当家作主的国体和政体建立以后，在社会主义革命尤其是进入社会主义现代化建设时期，社会主义法治通过宪法和法律等形式，不断确认和维护中国共产党领导和执政的宪法地位与合法性，确

---

① 《评战犯求和》，载《毛泽东选集》第四卷，人民出版社1991年版，第1381—1385页。

② 《关于时局的声明》，载《毛泽东选集》第四卷，人民出版社1991年版，第1386—1390页。

③ 《关于中华人民共和国宪法草案》，载《毛泽东文集》第六卷，人民出版社1999年版，第328页。

认和维护各级各类国家机关拥有和行使公权力的权威性与合法性，确认和扩大公民享有公民权利，特别是确认和维护公民行使民主权利的范围和方式、享有民主权利的程序和条件，保障人民民主的充分实现。

在人民争得民主、建立国家政权以后，如何通过国家政权机器保障人民民主，就是共产党领导和执政面临的一项重大任务。邓小平同志指出："为了保障人民民主，必须加强法制。必须使民主制度化、法律化，使这种制度和法律不因领导人的改变而改变，不因领导人的看法和注意力的改变而改变。"① 民主法治化的首要任务，是在宪法和法律上确认人民民主的各种制度、各项权力和权利。而且法治对于人民民主的确认，不是一劳永逸的，也不是一成不变的，它要随着经济、政治、文化和社会的发展，与时俱进地把民主政治发展和政治体制改革的最新成果确认下来，不断扩大人民民主的权利内容、丰富民主参与的形式、拓展民主参与的渠道、创新民主参与的机制、提高民主参与的层次、完善民主参与的制度。

二 社会主义法治对民主的引导

法治是一种具有价值评判和价值导向的行为规范和生活方式，它对于国家机关、社会组织、公民个人的价值选择、价值判断和行为模式，具有明显的引导作用。

首先，社会主义法治对民主的价值引导。民主本身不是目的，而"是一种手段……人们借助它有效地保障最高政治目的"，因此，对民

---

① 《解放思想，实事求是，团结一致向前看》，载《邓小平文选》第二卷，人民出版社1994年版，第146页。

主的运作必须加以限制，民主政府应当接受对其合法活动范围的限制。①民主作为一种制度、手段和形式，并不能必然导致公平正义的"善"的价值。"民主绝不是永远正确或确定的"②，民主如果运用不当，就可能产生不公平、非正义、秩序紊乱的"恶"的结果，因此需要法治予以"抑恶扬善"的引导。社会主义法治的突出特点，就在于它有着否定人治、追求公平正义、民主人权的明确价值取向。社会主义法律和法治的本质，就是要体现以人民利益为基础、以人民意志为皈依的公平正义，体现以人为本的尊重保障人权的政治哲学理念，体现人民是国家、社会和自己的主人，人民当家作主的政治价值观。

其次，社会主义法治对民主的规范引导。法律规范或法律规则是法治作用于社会关系和社会行为的基本范式。现代国家"实行法治既是为了促进民主活动，也是为了保障人权"③。法律规范本身是技术性、操作性的，但在其背后隐含着某些价值、意志和利益的要求，蕴含着人民作为立法者的意图。立法者在民主方面的要求和意图被通过法律语言、立法技术、行为模式等法律技术处理，深深地嵌入法律规范之中，成为对民主权力、民主权利和民主行为的规范化引导。法治不仅要保证多数人的统治，也要保护少数人的权利，尊重多数和保护少数是现代民主对法治的一项基本要求。民主"有一条活性原则主张人民的意志至高无上，民主的大多数应该统治，还有一条固定原则，它承认个人自由，并保护少数人的权利，在法治制度下这两条原则是

---

① [英] 戴维·赫尔德：《民主的模式》，燕继荣等译，中央编译出版社1998年版，第327页。

② 同上书，第324页。

③ [德] 约瑟夫·夏辛、容敏德编著：《法治》，法律出版社2005年版，第51页。

相辅相成的,这样民主制度就可能臻于完善"①。从宏观层面讲,一个国家实行什么国体、政体、选举制度、国家结构形式、民族关系形式、政党关系形式、公权力分工制约等,都应当由宪法和法律设定并引导;从微观层面讲,哪些公民能够成为民主的主体,公民享有哪些民主权利,如何行使民主权利,如何监督公权力和捍卫私权利,是否允许特权存在,等等,大多数是由法治规范作出安排的。例如,选举权被认为是至高无上的权利,"是选举权让人们成为公民……选举权是生命权、自由权、财产权等等所有权利的基础"②,而恰恰是宪法和选举法对选举权作出了制度性、程序性和权利性的安排,才使得选举权的享有和行使有所依凭。在社会主义法治对民主的规范引导方面,既有禁止性的界限,也有奖励性的机制,更有大量"当为"性要求。

最后,社会主义法治对民主的行为引导。在民主的操作层面上,具体民主权力的运行或者民主权利的行使,多数情况下表现为特定民主主体的具体行为。对于具体的国家机关、社会组织和公民个人等主体来说,民主的运行则进一步表现为民主主体的具体行为(活动)与法定制度、法律规范的互动。"除非人民在其行动中受到一般规则的制约,否则,无法保证它的意见是有益的或明智的。"③ 法治对于各民主主体的行为负有引导之责。

1. 通过法治宣传教育等形式,使民主主体树立社会主义法治理

---

① [德]约瑟夫·夏辛、容敏德编著:《法治》,法律出版社2005年版,第56页。
② [美]茱迪·史珂拉:《美国公民权寻求接纳》,刘满贵译,上海世纪出版集团2006年版,第33页。
③ [英]戴维·赫尔德:《民主的模式》,燕继荣等译,中央编译出版社1998年版,第324页。

念，弘扬现代法治精神。

2. 通过立法，制定各种法律规范，把执政党和人民对于享有民主权利和行使民主权利的要求，对于实施民主行为的形式、层次、限度等的要求，用国家意志的方式制度化、规范化和法律化，保证民主权利（权力）的正确运行，防止民主行为的滥用。

3. 通过行政机关的正确执法、司法机关的公正司法，处理好国家权力与公民权利的关系、享有权利与承担义务的关系、行使权力与承担责任的关系、具体民主行为与具体法治规范的关系等，引导民主主体在法治轨道上和范围内实施民主行为。

4. 通过教育、规范、激励、惩戒等多种形式和方法，引导公民尤其是工作人员自觉履行遵守宪法和法律的义务。"在一个法治的民主国家里，即便是那些担任公职的人也得受法律和司法的约束。"① 更重要的是，社会主义法治要通过立法分配正义，通过执法实现正义，通过司法校正正义，防止在民主体制下发生利益的根本冲突、贫富的两极分化和公权力的腐败，防止民主的异化。"一个国家实现民主化之后，如不制定并实施有关法律来解决利益冲突、贫富不均和贪污腐败问题，脆弱的新体制就有被个人敛财求富行为破坏的可能"②，社会主义民主政权就有可能被颠覆。

三 社会主义法治对民主的规制

民主无论是作为国家权力、国家制度还是作为公民的权利，不仅

---

① ［德］约瑟夫·夏辛、容敏德编著：《法治》，法律出版社 2005 年版，第 51 页。
② ［美］苏珊·罗丝—阿克曼：《民主与高层腐败》，载中国社会科学杂志社编《民主的再思考》，社会科学文献出版社 2000 年版，第 304 页。

具有许多积极重要的价值和功能，同时存在许多与生俱来的弊端和局限性。"有一个民主政体并不意味着就有一个功能良好的政府。"① "一种民主制如果选择去摧毁允许非暴力不一致和冲突解决方法出现的制度框架，那将是自杀……自我约束不仅是允许的而且也是一种义务……多数人必须限制他们自己的权力以保证仍将存在会学习的多数人。"② 民主运用不当，会发生像"文化大革命"那样"大民主"的浩劫，也会发生像德国希特勒法西斯利用民主攫取政权那样的悲剧。在一定条件下，"民主不过是另一种不可避免的斗争形式，而人们将通过这种形式的斗争来决定'谁在何时并以何种方式得到什么东西'的问题"③。可见，民主并不一定能够必然地导致善、正义、和平、信任④、稳定、和谐、秩序等目标的实现，"民主化并不必然带来经济增长、社会和平、管理效率、政治和谐、自由市场……"⑤ 民主有时还可能产生与人类理想相反的结果。"民主是个好东西"或者"民主

---

① [美]马克·E. 沃伦：《民主与信任》，吴辉译，华夏出版社2004年版，第136页。

② S. Holmes, "Precommitment and the Paradox of Democracy", In J. Elster and R. Slagstad (eds.), *Constitutionalism and Democracy*, Cambridge: Cambridge University Press, 1988, pp. 239–249. 转引自[英]戴维·赫尔德《民主与全球秩序——从现代国家到世界主义治理》，胡伟等译，上海世纪出版集团2003年版，第169页。

③ [英]弗里德利希·奥古斯特·冯·哈耶克：《法律、立法与自由》（第二、三卷），邓正来等译，中国大百科全书出版社2000年版，第268页。

④ 美国政治学副教授沃伦指出："民主既无法确保能带来信任，也无法确保能带来充满活力的社团。……只有在大多数人愿意表示至少对陌生人有某种程度的信任的社会，普遍信任才可能成为一个社会的发动机。""历史证据表明，民主有时成功地导致了幸福和信任，有时则没有。""假定民主自动地使人们愉快就等于假定狗尾巴在摆动狗：政治生活确实在起作用，但通常是一种相当温和的作用。如果上升的生活标准和改善的生活质量与民主相伴，那么主观幸福将会增加，这往往有助于使民主制度合法化。"参见[美]马克·E. 沃伦《民主与信任》，吴辉译，华夏出版社2004年版，第135、110页。

⑤ [美]菲利普·施米特，特丽·林恩·卡尔：《民主是什么，不是什么》，载《民主与民主化》，商务印书馆1999年版，第37页。

是个坏东西",都不是无条件的,民主成为"好东西"的条件之一,就是应当运用(或者通过)法治对民主予以规制。"法治国家,即法治下的民主国家,由法律控制、约束其所有活动。"① 因为"民主是个特别而又受限制的理想"②,因此,规制民主是法治保障民主、制约民主的一种方式,目的在于最大限度地防止或者减少民主可能产生的弊端,最大限度地发挥民主的正向功能。

社会主义法治对民主的第一项规制,是对民主主体的规制。

(一) 在总体民主中,宪法、法律规定哪些人可以成为民主的主体

这涉及政治和法律两个范畴。在政治范畴,属于人民之列的人可以成为人民民主的主体。在中国,一切赞成、拥护和参加社会主义建设的劳动者,以及拥护社会主义和赞成祖国统一的爱国者,都属于人民的范畴,但要成为国体和政体意义上的民主主体,还需要得到宪法和法律的确认。在法律范畴,凡具有中华人民共和国国籍的人都是中华人民共和国公民;凡符合中华人民共和国公民条件的人可以成为中华人民共和国民主的主体,但被剥夺政治权利的公民其民主主体资格受到极大的限制、削弱或被取消。

(二) 在选举民主和协商民主中,规定哪些人可以当选各级人民代表大会代表、成为政协委员

从人大的选举民主来看,《宪法》和《选举法》规定,中华人民

---

① [德] 约瑟夫·夏辛、容敏德编著:《法治》,法律出版社2005年版,第6页。
② [美] 凯斯·R. 孙斯坦:《设计民主:论宪法的作用》,金朝武等译,法律出版社2006年版,第278页。

共和国年满十八周岁的公民,不分民族、种族、性别、职业、家庭出身、宗教信仰、教育程度、财产状况和居住期限,都有选举权和被选举权。从人民政协的协商民主来看,《宪法》规定,"中国共产党领导的多党合作和政治协商制度将长期存在和发展",其协商民主的主要形式是政治协商、参政议政、民主监督、合作共事。

(三)在具体民主中,根据特殊情况和具体国情,规定某些类别群体的不同民主

主要有:人大代表中,应当有适当数量的妇女代表,并逐步提高妇女代表的比例;人口特少的聚居民族,至少应有人大代表一人;解放军选举全国人大和县级以上人大代表适用特别规定;全国人大和归侨人数较多地区的地方人大,应当有适当名额的归侨代表;旅居国外的中国公民在县级以下人大代表选举期间在国内的,可以参加原籍地或者出国前居住地的选举;香港和澳门特别行政区居民中的中国公民依法参与国家事务的管理,选出特别行政区的全国人大代表,参加最高国家权力机关的工作;通过台湾省出席全国人民代表大会代表协商选举方案;依照法律被剥夺政治权利的人没有选举权和被选举权;精神病患者不能行使选举权利的,经法定程序确认,不参加选举。

社会主义法治对民主的第二项规制,是对民主制度的规制。邓小平同志早在1980年8月《党和国家领导制度的改革》一文中就指出:"中国过去发生的各种错误,固然与某些领导人的思想、作风有关,但是组织制度、工作制度方面的问题更重要。这些方面的制度好可以使坏人无法任意横行,制度不好可以使好人无法充分做好事,甚至会走向反面。即使像毛泽东同志这样伟大的人物,也受到一些不好的制度的严重影响,以至对党对国家对他个人都造成了很大的不幸。""制度更带有根本性、稳定性和全局性。"① 社会主义法治通过对人民代表大会制度、民族区域自治制度、共产党领导的多党合作和政治协商制度、基层民主制度等多种民主制度、民主途径和民主形式，保证共和国的国家权力（公权力）始终为人民所拥有，始终为人民造福。

社会主义法治对民主的第三项规制，是通过对民主权利及其法律义务的设定来进行规制。广义地讲，公民的全部权利都是民主权利，因为民主不是无条件的，民主的实现受制于经济、政治、文化等外在条件以及人格、智力、年龄等内在条件，因此公民的一切权利都会直接或间接地影响、决定其对于民主的理解和运用，公民的一切权利都属于"民主权利"；相应地，公民的一切法定义务也与民主有关。狭义地讲，只有知情权、选举权与被选举权、决策权、管理权、参与权、监督权等政治权利属于民主权利；相应地，公民的如下义务与民主权利有着更高的关联度：公民在行使自由和权利的时候不得损害国家的、社会的、集体的利益和其他公民的合法的自由和权利，公民有维护国家统一和全国各民族团结的义务，公民有维护祖国的安全、荣誉和利益的义务，等等。

社会主义法治对民主的第四项规制，是对公权力的监督制约。"为了民主，法治需要名目繁多的程序和控制方式，目的是为了明确政府行为的范围和方式。"② 法治对于公权力的规制：

一是以权利制约权力，即以公民权利和社会权利监督制约公权力，防止公权力被滥用；

二是以权力制约权力，即通过对国家权力之间进行横向的分工，通过对中央与地方权力之间进行纵向的划分，实现权力与权力之间的

---

① 《邓小平文选》第二卷，人民出版社 1994 年版，第 333 页。
② [德] 约瑟夫·夏辛、容敏德编著：《法治》，法律出版社 2005 年版，第 55 页。

相互监督和制约；

三是以法律程序制约权力，即通过立法制定各种程序性法律规范，明确公权力行使的先后次序和操作规程，以程序保证公权力的正确行使；

四是以法律责任制约权力，即根据有权必有责、权大责重的原则，预先设定各级各类公权力的法律责任，一旦滥用公权力（包括作为、不作为和乱作为等形式），则即时严厉惩戒公权力主体，依法追究其法律责任。

第 三 章

依法治国与政治文明建设[*]

发展社会主义民主政治，坚持和推进依法治国，建设社会主义政治文明，是全面建设小康社会的重要目标，是中国社会主义现代化建设的重要方面。把建设社会主义政治文明作为一项历史任务和奋斗目标，是我们党对世界社会主义运动理论创新的重大成果，是中华民族对人类文明制度创新的重要贡献。

◇ 第一节 马克思主义关于政治文明的基本观点

文明是人类改造世界的物质成果、政治成果和精神成果的总和，是社会发展和人类开化的进步状态的标志。马克思主义关于政治文明的基本观点，是对人类文明的新总结、新概括，是工人阶级实现自己政治使命的强大思想武器。

---

[*] 本章的若干观点和资料来自林尚立教授，在此特向林教授致最诚挚的谢忱。

一 关于"文明"一词

在中国,早在《易经·乾卦》中就有"见龙在田,天下文明"的说法①。唐朝的孔颖达对此的解释是:"天下文明者,阳气在田,始生万物,故天下文章而光明也。"《尚书·舜典》中有"睿哲文明"的记载,孔颖达将之解释为:"经纬天地曰文,照临四方曰明。"② 古代中国人对于文明概念的理解,主要是"文治教化"的意思,并不完全具有近现代的含义。近代意义上的文明概念是清末才舶来的。其含义如1915年陈独秀在《法兰西与近世文明》一文中解释的:"文明云者,异于蒙昧未开化者之称也。La civilization,汉译为文明,开化,教化诸义。世界各国,无东西今古,但有教化之国,即不得谓之无文明。"③

据中国学者研究,在西方,文明(civilization)一词产生于近代英国。18世纪初,英国合并苏格兰后,苏格兰的民法开始与英国的普通法融合起来,产生了文明这个词语,意指法律或审判。1755年,《英国语言辞典》把文明解释为"民法专家或罗马法教授"。可见,"文明"一词从近代产生时起,就与法律或法治有渊源性关联。18世纪后半叶,启蒙思想家抨击中世纪的黑暗统治时,使用了"文明"一词,与"野蛮"相对,"法律"上的意义降为第二位。④ 19世纪以后,文明主要指开化、文化、文雅等。也有学者认为,"文明"一词

---

① 《易经·乾卦》。
② 《尚书·舜典》。
③ 《独秀文存》,安徽人民出版社1988年版,第10页。
④ 于沛:《近年西方学者对文明问题的研究概况》,《中国社会科学院古代文明中心通讯》2002年总第3期。

是由法国人首创的。张泽乾先生在《法国文明史》一书中论及："法国是诞生'文明'词语的故乡。在法国，作为'文明'的名词形式的 civilization 最早使用于 1732 年前后，当时它是一种法学概念，用来指'裁判惯例'。"① 当然，在阐释"文明"这个词的来源时，还有其他许多观点，但我们从上述两种观点中不难看出，无论是采取"英国产生说"还是认同"法国产生说"，"文明"一词的出现，最初都与法律（法治）的进步直接相关。

英文"文明"一词"civilization"的词根"civil"，来源于拉丁文"civis"，它具有三层含义：（1）公民权利的；（2）合法的；（3）民法。民事、民法、公民权利为什么会成为社会进步的标识？英国著名历史法学家亨利·梅因爵士的观点就做了最好的回答。梅因认为：一个国家文化的高低，看它的民法和刑法的比例就能知道。大凡半开化的国家，民法少而刑法多，进化的国家，民法多而刑法少。② 可以说，法律（民法、法治）的进步既是催生西方"文明"一词的动因，其本身又是社会文明进步的主要标志和标尺。③

在东亚汉字文化圈中，近代日本思想家较早使用"文明"这两个汉字移译西文 civilization；而以"文化"这两个汉字移译西文 culture。日本启蒙思想家福泽谕吉曾经写过《文明论概略》一书，强调日本要

---

① 张泽乾：《法国文明史》，武汉大学出版社 1997 年版，第 14 页。转引自虞崇胜《政治文明论》，武汉大学出版社 2003 年版，第 1 页。

② 参见李祖荫为《古代法》中译本写的"小引"部分。[英] 梅因：《古代法》，沈景一译，商务印书馆 1959 年版。弗洛伊德也从另一个角度指出："'文明'只不过是意指人类对自然界之防卫及人际关系之调整所累积而造成的结果、制度等的总和。"（[奥] 弗洛伊德：《图腾与禁忌》，中国民间出版社 1986 年版，第 11 页）除了道德伦理外，法律和法律制度显然是调整人际关系最重要、最广泛的方式。

③ 恩格斯从历史唯物主义的立场阐释说："文明是实践的事情，是一种社会品格。"《马克思恩格斯全集》第一卷，人民出版社 1956 年版，第 666 页。

学习西方，实现文化开化，成为与西方列强并驾齐驱的现代强国。①

二 马克思主义经典作家关于文明和政治文明的论述

马克思和恩格斯十分重视文明问题，在他们的著作中经常可见使用文明这个概念。据中国学者的不完全统计，仅在《马克思恩格斯全集》第1—30卷中，使用"文明"一词就达260多次。马克思、恩格斯通常在三种意义上使用文明这个概念。

一是指与蒙昧、野蛮状态相对立的一种社会进步状态。例如，恩格斯指出："国家是文明社会的概括，它在一切典型的时期无例外地都是统治阶级的国家并且在一切场合在本质上都是镇压被压迫被剥削的机器。"② 正是这种国家机器的出现，标志着人类由野蛮、蒙昧时代进入了文明时代。"随着文明时代获得最充分发展的奴隶制的出现，就发生了社会分成剥削阶级和被剥削阶级的第一次大分裂，这种分裂继续存在于整个文明时期……""以这些制度为基础的文明时代，完成了古代氏族社会完全做不到的事情。"③

二是指资本主义制度产生以来所创造的一切成果。马克思和恩格斯指出："资产阶级在它的不到一百年的阶级统治中所创造的生产力，比过去一切世代创造的人类全部生产力还要多，还要大。"④ "资产阶级，由于一切生产工具的迅速改进，由于交通的极其便利，把一切民族甚至最野蛮的民族都卷到文明中来了。"⑤ 资产阶级的共和制、议

---

① 于一：《中外思想家论政治文明》，《政治学研究》2002年第3期。
② 《马克思恩格斯全集》第四卷，人民出版社1972年版，第172页。
③ 同上书，第173页。
④ 《马克思恩格斯选集》第一卷，人民出版社1972年版，第256页。
⑤ 同上书，第255页。

会和普选制，所有这一切，从全世界社会发展来看，是一大进步。①

三是指人类社会发展到更高阶段的社会形态所具有的特征。恩格斯断言："文明能够逐步发展到共产主义。"② 这是人类更高类型的文明。这种理想中的文明，在"管理上的民主，社会中的博爱，权利的平等，普及的教育，将揭开社会的下一个更高的阶段……"③ 在这种文明的联合体中，"每个人的自由发展是一切人的自由发展的条件"④。

"政治文明"这个概念，是马克思在1844年11月《关于现代国家的著作的计划草稿》中首次明确提出的。马克思在这篇准备专门研究现代国家问题的大纲中，列举了研究现代国家问题可能涉及的基本内容，在这些基本内容的第（7）项中，使用了"集权制和政治文明"的概念。⑤ 通观这部草稿全文，马克思虽然没有对政治文明概念

---

① 《列宁选集》第四卷，人民出版社1995年版，第38页。
② 《马克思恩格斯选集》第一卷，人民出版社1972年版，第273页。
③ 《马克思恩格斯全集》第四卷，人民出版社1972年版，第175页。
④ 《马克思恩格斯选集》第一卷，人民出版社1972年版，第273页。
⑤ 1844年11月，马克思在《关于现代国家的著作的计划草稿》这个写作提纲中，列举了有关现代国家研究的基本思路。内容包括："（1）现代国家起源的历史或者法国革命。……
（2）人权的宣布和国家宪法。个人自由和公共权力。自由、平等和统一。人民主权。
（3）国家和市民社会。
（4）代议制国家和宪章。立宪的代议制国家，民主的代议制国家。
（5）权力的分开。立法权力和执行权力。
（6）立法权力和立法机构。政治俱乐部。
（7）执行权力、集权制和等级制。集权制和政治文明。联邦制和工业化主义。国家管理和公共管理。
（8'）司法权力和法。
（8''）民族和人民。
（9'）政党。
（9''）选举权，为消灭国家和市民社会而斗争。"《马克思恩格斯全集》第四十二卷，人民出版社1979年版，第238页。

作出具体阐释，也没有使用"社会主义政治文明"的概念，但是可以看出，马克思所讲的政治文明，其内容主要包括民主政治制度、民族和人民、代议制国家、立法权、执行权和司法权、政党、宪法和法律等。

根据马克思主义的基本原理，政治文明是指人类政治活动的进步状态和人类改造社会的政治成果的总和，通常由政治意识文明、政治制度文明和政治行为文明三个部分组成。其中政治制度文明是核心和关键。

如何认识划分"三个文明"与哲学意义上区分物质与精神两个范畴的关系？马克思主义认识论认为，在哲学本原意义上，物质和意识（即精神）这两个范畴是划分唯物主义与唯心主义的分水岭。"凡是断定精神对自然界说来是本原的……组成唯心主义阵营。凡是认为自然界是本原的，则属于唯物主义的各种学派。"[1] 马克思主义哲学确认世界的本原是物质的，存在第一性，意识第二性，意识是存在的反映。物质与意识的划分，属于马克思主义认识论阐明世界本质的最高层次范围的问题。列宁在《唯物主义和经验主义（对一种反动哲学的批判）》中指出，"就是物质与意识的对立，也只是在非常有限的范围内才有绝对的意义，在这里，仅仅在承认什么是第一性的和什么是第二性的这个认识论的基本问题的范围内才有绝对的意义。超出这个范围，物质和意识的对立无疑是相对的"[2]。就是说，当超出哲学认识论的范围，把这种世界观运用到研究具体社会历史领域时，就可以有

---

[1] 《马克思主义著作选编》乙种本，中共中央党校出版社1995年版，第168页。
[2] 《列宁选集》第二卷，人民出版社1972年版，第147—148页。

其他的划分。① 例如，马克思在《〈政治经济学批判〉序言》中的论述就做了超出这个范围的划分。他指出："物质生活的生产方式制约着整个社会生活、政治生活和精神生活的过程。"② 马克思主义将一定社会形态下的人类生活，区分为物质生活、政治生活和精神生活，并把它们视为一个相互关联、彼此作用的整体。与人类物质生活、政治生活和精神生活相对应的文明进步状态，就可以称为物质文明、政治文明和精神文明。③

三 中国共产党人对提出社会主义政治文明概念的历史性贡献

中国共产党人坚持把马克思主义作为指导思想，并在实践中不断创新和发展马克思主义。在建设社会主义物质文明和精神文明的基础上，提出建设社会主义政治文明，就是我们党对马克思主义政治哲学继承、创新和发展的最新成果。这种创新，经历了一个历史发展过程。

---

① 根据列宁的这个观点，在认识论的第二层次上，我们对人类文明的划分恐怕不能止于"物质文明、政治文明和精神文明"。这只是一种标准的划分，如果人们把标准调整了、视角转换了，也许就会有其他结论。马克思经常使用的"社会文明"，毛泽东说"文明社会从奴隶社会算起"，以及人们日常提到的"畜牧文明、农业文明、工业文明、后工业文明""海洋文明、大陆文明"，等等，都显示了文明的多元化、多样化的划分标准和内容。"物质文明、政治文明和精神文明"只是对人类文明的最重要的划分之一。

② 《马克思恩格斯选集》第二卷，人民出版社1972年版，第82页。

③ 英国史学家汤因比指出："文明乃整体，它们的局部彼此相依为命，而且都发生牵制作用……它们的社会生活的一切方面和一切活动彼此调合成为一个社会整体。在这个整体里，经济的、政治的、文化的因素都保持着一种美好的平衡关系，由这个正在生长中的社会的一种内在的和谐进行调节。"[英]汤因比：《历史研究》下册，上海人民出版社1986年版，第463页。

1949 年中华人民共和国的成立，开创了中华民族伟大文明的新纪元，标志着中国政治文明的巨大进步。社会主义改造基本完成以后，我们党领导全国各族人民开始转入全面的大规模的社会主义建设。后来，由于受"左"的错误的影响，强调以阶级斗争为纲，发生了"文化大革命"那样的严重错误，社会主义经济建设、民主政治建设和思想文化建设，都受到不同程度的破坏。

党的十一届三中全会拨乱反正，在经济上提出把工作重心转移到经济建设这个中心上来，在政治上提出发展社会主义民主，健全社会主义法制，使民主制度化、法律化，在思想上提出一切从实际出发，实事求是，解放思想。

1981 年，我们党在《关于建国以来若干历史问题的决议》中，明确指出，要在大力发展生产力的同时，逐步建设高度民主的社会主义政治制度和高度的精神文明。[①] 在这份重要文献中，我们党第一次提出了社会主义精神文明的科学概念。

1982 年，党的十二大报告不仅要求"我们在建设高度物质文明的同时，一定要努力建设高度的社会主义精神文明"，而且第一次提出，"两个文明"一起抓"是建设社会主义的一个战略方针"[②]。在全国人大 1982 年 12 月修改颁布的《中华人民共和国宪法》的序言中，又以根本法的形式"把我国建设成为高度文明、高度民主的社会主义国家"规定为国家的根本任务。彭真同志在关于这个宪法修改草案的报告中解释说："在强调以经济建设作为工作重点的同时，还必须充分重视社会主义精神文明的建设，充分重视发展

---

① 中共中央文献研究室编：《十一届三中全会以来党的历次全国代表大会中央全会重要文件汇编》（上），中央文献出版社 1997 年版，第 212 页。

② 同上书，第 246 页。

社会主义民主。"① 努力建设"两个文明",是中国人民建设社会主义的一项根本任务。1982年修改宪法的重要进展之一,就是充实了有关社会主义精神文明建设的条款。

1986年,在十二届六中全会通过的《关于社会主义精神文明建设指导方针的决议》中,我们党进一步明确了中国社会主义现代化建设的总体布局是:以经济建设为中心,坚定不移地进行经济体制改革,坚定不移地进行政治体制改革,坚定不移地加强精神文明建设,并且使这几方面互相配合,互相促进。② 这是在我们党的重要文件中,第一次从社会主义现代化建设的战略全局,对社会主义经济、政治和文化建设做出全面部署③。

1987年,党的十三大报告提出了社会主义初级阶段的基本路线,并将"为把我国建设成为富强、民主、文明的社会主义现代化国家而奋斗"规定为我国现代化建设的目标④。1988年的宪法

---

① 彭真:《关于中华人民共和国宪法修改草案的报告》,载刘政等主编《人民代表大会工作全书》,中国法制出版社1999年版,第15页。

② 中共中央文献研究室编:《十一届三中全会以来党的历次全国代表大会中央全会重要文件汇编》(上),中央文献出版社1997年版,第416—417页。

③ 龚育之先生撰文说:"最初设计十二大报告,乔木主张并坚持物质文明和精神文明两分法,政治民主属于精神文明范畴,这有它的道理,但是许多同志不习惯,不同意。尊重大家意见,最后另列了建设社会主义民主的题目,单独成为一部分。……现在提出政治文明,我觉得也很好。同当年大家主张在十二大报告中还是要把建设社会主义民主从精神文明那一部分中分出来,单独成为一个部分的意图相合。……那么,对文明的两分法(物质文明和精神文明)与三分法(加一个政治文明)的矛盾,该怎样看待和处理呢?我觉得也不难办。精神文明有广义和狭义之分,广义的精神文明包括政治文明,狭义的精神文明,专指文化,政治文明可以另列。"详见2002年11月11日《学习时报》。

④ 中共中央文献研究室编:《十一届三中全会以来党的历次全国代表大会中央全会重要文件汇编》(上),中央文献出版社1997年版,第450页。

修正案，也对宪法序言关于"高度民主、高度文明"的表述做了相应修改。

1992年，党的十四大把"两个文明"和民主政治建设纳入中国特色社会主义理论的范畴。强调"同经济体制改革和经济发展相适应，必须按照民主化和法制化紧密结合的要求，积极推进政治体制改革……把精神文明建设提高到新水平"[①]。党的十五大明确提出，"文化相对于经济、政治而言……只有经济、政治、文化协调发展，只有两个文明都搞好，才是有中国特色社会主义"；并且把"两个文明"建设与政治体制改革和依法治国载入党的基本纲领，第一次提出法制建设同精神文明建设要紧密结合、同步推进。[②]

从党的十一届三中全会到十六大前，尽管我们党在实践中逐步加深了对"两个文明"和民主政治建设重要性的认识，在党的文献和国家宪法中逐渐提高了社会主义经济、政治和文化协调发展的重要地位；尽管我们在"两个文明"建设取得明显成效的同时，民主政治建设、政治体制改革和依法治国方略实施在实践中也都得到相应发展，但是在理论上还没有能够提出"社会主义政治文明"的概念来总结和概括这种政治发展的现实。

社会主义政治文明这一科学概念，是江泽民同志首先提出来的。2001年1月，江泽民同志在全国宣传部长会议上的讲话中说："法治

[①] 中共中央文献研究室编：《十一届三中全会以来党的历次全国代表大会中央全会重要文件汇编》（下），中央文献出版社1997年版，第179、182页。

[②] 同上书，第440、438页。

属于政治建设、属于政治文明①，德治属于思想建设、属于精神文明。"② 在2002年"5.31"重要讲话中，他进一步指出："发展社会主义民主政治，建设社会主义政治文明，是社会主义现代化建设的重要目标。"③ 2002年7月16日，江泽民同志在考察中国社会科学院的讲话中又说："建设有中国特色社会主义，应是我国经济、政治、文化全面发展的进程，是我国物质文明、政治文明、精神文明全面建设的进程。"④ 党的十六大报告，第一次把建设社会主义政治文明确定为全面建设小康社会的一个重要目标，并且提出了要"不断促进社会主义物质文明、政治文明和精神文明的协调发展"。2004年3月修改宪法，又将"推动物质文明、政治文明和精神文明协调发展"的内容载入宪法宣言第七自然段。

由上可以看出，"三个文明"辩证统一、协调发展的观点的提出，是我们党对共产党执政规律、社会主义建设规律、人类社会发展规律

---

① 根据360百科的最新解释，政治学意义上的政治文明有三层含义。一是政治文明意味着一种得以产生并具有持续生命力的政治形态。在这个意义上，可以说有资本主义的政治文明，有社会主义的政治文明，当然也有人类共同的政治文明。二是政治文明意味着社会政治领域的进步，主要是指人类用和平协商的办法，解决政治难题以及摆脱政治困境的有效性的程度，包括制度的发明以及技术的设计等。三是政治文明更意味着政治的发展，大致有以下评价指标：（1）有关民主、自由、平等、法治、公平正义等现代政治意识和政治观念已经在社会形成广泛的共识，并成为指导人们从事政治活动、参与政治生活的基本准则；（2）政府结构及其功能的专门化以及政府治理社会能力的提高；（3）社会政治参与渠道的扩大以及民众政治参与的普遍性和有效性。https://baike.so.com/doc/6204521-6417788.html，2019年2月13日。

② 《人民日报》2001年1月11日第1版。

③ 本书编写组编著：《与时俱进 努力开创建设有中国特色社会主义事业新局面——认真学习江泽民同志"5.31"重要讲话》，人民出版社2002年版，第116页。

④ 李新泰、孙占元主编：《"三个代表"重要思想基本问题读本》，人民出版社2003年版，第60页。

认识的进一步深化，是对中华人民共和国成立以来社会主义建设经验的新概括，是对马克思主义政治哲学的继承和发展。

按照"三个文明"辩证统一、协调发展的观点，在人类社会发展的不同历史阶段，物质文明所体现的，是与一定社会的生产关系即经济制度相依存的生产力的发展状况和进步程度；精神文明所体现的，是科学、文化、宗教、艺术、道德、伦理、哲学、经济、政治、法律等思想理论和意识形态的发展状况和进步程度；政治文明所体现的，是社会民主政治、法律制度的发展状况和进步程度，是反映特定社会的物质文明与精神文明建设的制度化、规范化水平的标志。政治文明与物质文明、精神文明彼此影响，相互作用，辩证统一。其中，物质文明是政治文明和精神文明的基础和前提，政治文明是物质文明和精神文明的保障，而精神文明为物质文明和政治文明的发展提供方向指导和智力支持。物质文明、政治文明和精神文明辩证统一的关系和协调发展的规律，要求我们在实践中必须坚持"三个文明"一起抓。

胡锦涛同志在党的十六届四中全会上提出"社会主义经济建设、政治建设、文化建设、社会建设四位一体"[①] 即"四个文明建设"。党的十七大报告在提出实现全面建设小康社会奋斗目标时，不仅进一步明确要求必须坚持中国特色社会主义经济建设、政治建设、文化建设、社会建设的基本目标，而且提出了建设生态文明的目标，即基本形成节约能源资源和保护生态环境的产业结构、增长方式、消费模式。建设生态文明目标的提出，使中国原有的三个文明系统又增添了一个新的亮点，是对"三个文明"内容的丰富。也有人认为，物质文

[①] 《胡锦涛文选》第二卷，人民出版社2016年版，第274页。

明、政治文明、精神文明、社会文明、生态文明这"五个文明",是党的十七大报告提出来的。

党的十八大报告指出,建设中国特色社会主义,总布局是经济建设、政治建设、文化建设、社会建设、生态文明建设五位一体。党的十九大报告进一步明确提出,从2035年到21世纪中叶,在基本实现现代化的基础上,再奋斗十五年,把我国建成富强民主文明和谐美丽的社会主义现代化强国。到那时,我国物质文明、政治文明、精神文明、社会文明、生态文明将全面提升。

2018年3月,十三届全国人大一次会议通过的《宪法修正案》,将原宪法序言第七自然段中"推动物质文明、政治文明和精神文明协调发展,把我国建设成为富强、民主、文明的社会主义国家",修改为"推动物质文明、政治文明、精神文明、社会文明、生态文明协调发展,把我国建设成为富强民主文明和谐美丽的社会主义现代化强国,实现中华民族伟大复兴"。从物质文明、政治文明和精神文明协调发展,到物质文明、政治文明、精神文明、社会文明、生态文明协调发展,是我们党对社会主义建设规律认识的深化,是对中国特色社会主义事业总体布局的丰富和完善。把我国建设成为富强民主文明和谐美丽的社会主义现代化强国,实现中华民族伟大复兴,是党的十九大确立的奋斗目标。《宪法修正案》作这样的修改,有利于引领全党全国人民把握规律、科学布局,在新时代不断开创党和国家事业发展新局面,齐心协力为实现"两个一百年"奋斗目标、实现中华民族伟大复兴的中国梦而不懈奋斗。

当然,在中国现行《宪法》的理论上,对从"一个文明"到"五个文明"发展变化的理论问题,还有进一步研究和解释的必要。例如,在中国1982年宪法中,现在(曾经)出现过"文明"概念的使用情况，在理论逻辑上缺少哲学阐释。

一个文明：未修改过的 1982 年宪法规定，要"把我国建设成为高度文明、高度民主的社会主义国家"；1999 年《宪法修正案》规定，要"把我国建设成为富强、民主、文明的社会主义国家"。

两个文明（物质文明、精神文明）：1979 年 9 月召开的中共十一届四中全会上，叶剑英同志说，我们要在建设高度物质文明的同时，建设高度社会主义精神文明。1980 年 12 月，邓小平同志在题为《贯彻调整方针，保证安定团结》的讲话中指出：我们要建设的社会主义国家，不但要有高度的物质文明，而且要有高度的精神文明。[①] 1981 年 6 月，中共十一届六中全会审议通过的《关于建国以来党的若干历史问题的决议》，把社会主义精神文明建设归纳为社会主义现代化建设道路的十个要点之一，并第一次把党在新的历史时期的奋斗目标概括为建设"现代化的、高度民主的、高度文明的社会主义强国"。胡耀邦同志在党的十二大的报告中，明确指出社会主义精神文明是社会主义的重要特征，是社会主义制度优越性的重要表现。把在建设物质文明的同时建设高度的精神文明，作为党的一个战略方针。此后直到党的十六大，中央重大文件中，基本上是采用物质文明和精神文明"两分法"的提法，当时法治是属于精神文明的组成部分。

三个文明（物质文明、政治文明、精神文明）：2004 年《宪法修正案》规定，要"推动物质文明、政治文明和精神文明协调发展，把我国建设成为富强、民主、文明的社会主义国家"。

五个文明（物质文明、政治文明、精神文明、社会文明、生态文明）：2018 年《宪法修正案》规定，要"推动物质文明、政

---

① 《邓小平文选》第二卷，人民出版社 1994 年版，第 367 页。

治文明、精神文明、社会文明、生态文明协调发展，把我国建设成为富强民主文明和谐美丽的社会主义现代化强国，实现中华民族伟大复兴"。

中国学术界对于什么是政治文明尚无统一界定。一般来讲，政治文明是人类在一定经济基础上，为建立公共秩序、推动社会进步而形成的用于调节公共权力和私人利益关系的价值规范、组织体系和制度安排的有机总和。它通常由政治意识文明、政治制度文明和政治行为文明三个部分组成，其中，政治制度文明是核心。

社会主义政治文明这个概念的提出，具有重大理论意义和实践价值：它发展了马克思主义关于文明和政治文明的观点，反映了我们党对全面建设小康社会、实现中国特色社会主义事业伟大目标的全面认识，是对邓小平理论的新发展和对社会主义本质的进一步丰富，是"三个代表"重要思想在社会主义民主政治建设和依法治国领域的集中体现，是中国共产党人对世界文明的历史性贡献。

◇ 第二节　社会主义政治文明的主要内容和特征

社会主义政治文明的产生，是人类历史发展的必然，开创了人类政治文明的新纪元。社会主义政治文明是新型的、更高形态的政治文明，它充分吸收和借鉴了包括资本主义政治文明在内的一切人类政治文明的有益成果，又是对资本主义政治文明的扬弃和超越；社会主义政治文明是解放全人类的伟大事业，代表着人类文明进步的普遍规律和发展方向，是以全体人民为主体，体现人民意志、代表人民利益、全心全意为人民服务的政治制度。社会主义政治文明的本质，就是要使民主共和国成为人民当家作主的国家形式，成为在社会主义民主条件下使全体人民不仅在政治上，而且在经济和社会上获得解放的政治形式。社会主义政治文明具有强大的生命力，它在实践中发展，在探索中前进，并随着时代的变化而不断完善。

一　社会主义政治文明的主要内容

从马克思主义关于政治文明的一般原理和社会主义国家的实践来看，社会主义政治文明主要包括如下内容。

第一，实行人民主权原则，国家的一切权力属于人民。人民作为社会实践特别是社会生产活动的主体，是社会历史的创造者和推动历史前进的动力，因此只有人民才是国家权力的主体。这种主体地位在社会主义政治文明中的集中体现，就是人民主权[①]、人民民主。"没有民主，就不可能有社会主义。"[②] 无产阶级革命的首要目标就是建立人民当家作主的政权，实行社会主义民主。社会主义民主是新型的民主，因为它是绝大多数人享受的民主[③]。人民民主的国家形式，是

[①] 严格讲来，人民主权概念不同于国家主权、宪法主权、法律主权、议会主权等概念。卢梭认为，人民主权的实质就是全体人民的意志，主权属于人民，人民作为集体构成主权者。马克思主义者认为，只有在废除私有制和建立公有制的基础上，人民主权才能实现。《中国大百科全书·政治学》，中国大百科全书出版社1992年版，第609、610页。

[②] 这是因为："（1）无产阶级如果不通过争取民主的斗争为社会主义革命做好准备，它就不能实现这个革命；（2）胜利了的社会主义如果不实行充分的民主，就不能保持它所取得的胜利，并且引导人类走向国家的消亡。"《列宁全集》第二十八卷，人民出版社1990年版，第168页。

[③] 《列宁全集》第三十卷，人民出版社1985年版，第100页。

真正的民主共和国。人民需要共和国，为的是支持人民群众实行民主，保证并实现人民当家作主①。

第二，实行人民代表会议制②。人民通过人民代表会议，管理国家和社会事务，行使当家作主的各项权利。社会主义政治文明的制度基础，是实行代议民主的人民代表会议制。社会主义政治文明必须摆脱议会制，因为"议会制度并没有消除最民主的资产阶级共和国作为阶级压迫机关的本质，而是暴露这种本质"③。人民代表会议作为人民掌握国家政权、管理国家的政治制度，是民主形式的代表机关。其作用是：组织并联合广大人民群众参与国家管理，使国家真正成为人民的国家；保证国家权力始终掌握在人民手中，使国家政权与人民群众保持前所未有的密切联系；在制度上使代议民主同时具有代议制和直接民主制的长处④，从而为社会主义民主的实践与发展提供更大的空间；从制度上、法律上使人民的权利与国家的权力获得统一，进而防止国家对人民的异化。

---

① 列宁的原话是："人民需要共和国，为的是教育群众实行民主。不仅需要民主形式的代表机关，而且需要建立由群众自己从下面来全面管理整个国家的制度，让群众有效地参加各方面的生活，让群众在管理国家中起积极的作用。"《论无产阶级民兵》，载《列宁全集》第二十九卷，人民出版社1985年版，第287页。

② 人民代表会议是社会主义国家对国家权力机关（立法机关）的一般称谓，而各个国家的具体叫法不尽相同，苏联称为"苏维埃"，保加利亚称为"国民议会"，蒙古称为"大人民呼拉尔"，越南称为"国会"，朝鲜称为"最高人民会议"。在我国，"人民代表会议"主要存在于中华人民共和国成立至1954年第一届全国人民代表大会召开前的这段时间。初期，它是联系群众的协议性机构，主要职责是听取政府报告，反映群众要求，讨论本地兴革事宜，传达政府政策；后期，人民代表会议代行人民代表大会的职权。

③ 《列宁选集》第二卷，人民出版社1972年版，第6页。

④ 《布尔什维克能保持国家主权吗?》，载《列宁选集》第三卷，人民出版社1995年版，第296页。

人民代表会议掌握国家权力，可以依据宪法和法定程序将行政以及司法等职能委托给由其产生的机构承担，并负责监督这些机构。定期的选举制度和对人民代表的监督罢免制度①，是人民代表会议制实现人民当家作主的重要制度保障。

第三，实行民主集中制原则。组织社会主义国家政权，必须实行和维护民主集中制。② 把民主集中制的原理运用于社会主义政治文明范畴，主要体现为以下内容：在政体设计上，实行人民当家作主与代表会议制的有机统一；在国家结构上，实行中央的集中统一领导与地方自治或自主的有机统一③；在政治制度上，实行民主与法治的有机统一；在领导方式上，实行集体领导与个人负责制的有机统一；在民主参与上，实行人民广泛自主参与与政党有效领导的有机统一；在执政党建设上，实行充分发扬民主与在民主基础上的集中的有机统一。

第四，实行共产党领导。在社会主义社会，共产党是工人阶级的最高组织，是动员和组织人民参与国家管理的领导力量。因此，共产党的领导与作用，直接决定着社会主义民主的实践过程与实现程度。列宁在总结苏维埃民主制度的基本特征时认为，这种民主制度"建立了劳动者先锋队、即大工业无产阶级的最优良的群众组织，这种组织

---

① 列宁认为："任何由选举产生的机关或代表会议，只有承认和实行选举人对代表的罢免权，才能被认为是真正民主的和确实代表人民意志的机关。"《罢免权法令草案》，载《列宁全集》第三十三卷，人民出版社1985年版，第102页。

② 在俄国工人阶级政党取得政权以前，民主集中制原则主要适用于工人阶级政党内部，即"在党组织中真正实现民主集中制的原则"（《列宁全集》第十三卷，人民出版社1987年版，第59页）。工人阶级掌握国家政权以后，民主集中制成为与"三权分立"相对立的一项组织国家政权的重要原则。我国《宪法》第3条明确规定："中华人民共和国的国家机构实行民主集中制的原则。"

③ 我国《宪法》第3条规定："中央和地方的国家机构职权的划分，遵循在中央的统一领导下，充分发挥地方的主动性、积极性的原则。"

使劳动者先锋队能够领导最广大的被剥削群众，吸收他们参加独立的政治生活，根据他们亲身的体验对他们进行教育，因而是空前第一次使真正的全体人民都学习管理国家，并且开始管理国家"①。社会主义国家政权的全部政治经济工作都是由工人阶级先锋队——共产党领导的。但是，党的领导不是包办一切，"在党的代表大会上是不能制定法律的"②。

第五，实行法治，用宪法和法律来掌握、巩固和发展社会主义民主。建设社会主义政治文明的第一步，是工人阶级夺取国家政权，争得民主③，使自己上升为统治阶级。"如果没有政权，无论什么法律，无论什么选出的代表都等于零。"④ 在工人阶级夺取政权、共产党成为执政党之后，为了巩固和发展政权，必须制定新宪法，创立和实行新法治。⑤ 在社会主义国家，如果没有宪法和法治，"那就根本谈不上维护文明制度或创立文明制度了"⑥。从政治文明建设的角度讲，把社会主义政权建立在宪法以及由此构建的法治体系之上，是社会主义政治文明建设和发展的重要内容和主要途径。

---

① 《列宁选集》第三卷，人民出版社1995年版，第504页。

② 《列宁全集》第四十一卷，人民出版社1986年版，第64页。

③ 《马克思恩格斯选集》第一卷，人民出版社1972年版，第272页。

④ 《杜马的解散和无产阶级的任务》，载《列宁全集》第十三卷，人民出版社1987年版，第309页。

⑤ "工人阶级夺取政权之后，像任何阶级一样，要通过改变同所有制的关系和实行新宪法来掌握和保持政权，巩固政权。"《列宁全集》第三十八卷，人民出版社1986年版，第299—300页。

⑥ 《论"双重"领导和法制》，《列宁全集》第三十三卷，人民出版社1985年版，第326页。

二 中国社会主义政治文明的主要特征

中国社会主义政治文明是马克思主义关于政治文明的基本原理与中国革命和建设实践相结合的产物。与人类进入文明社会以来的其他社会形态的政治文明相比特别是与资本主义的政治文明相比,它是更高类型的政治文明;与马克思、恩格斯的理想社会主义的政治文明相比,它是社会主义初级阶段的政治文明;与其他社会主义国家的政治文明相比,它是有中国特色的社会主义政治文明。中国社会主义政治文明具有以下主要特征。

第一,党的领导、人民当家作主和依法治国的统一。党的领导、人民当家作主和依法治国是一个密切联系、内在统一的整体。坚持三者的协调统一,既是建设社会主义政治文明必须遵循的基本方针,也是中国社会主义政治文明区别于资本主义政治文明的本质特征。

党的领导是人民当家作主和依法治国的根本保证;没有党的领导就没有人民民主,就不可能建设社会主义法治国家。人民当家作主是社会主义民主政治的本质要求;共产党领导就是要代表中国最广大人民的根本利益,组织和支持人民依照宪法和法律管理国家和社会事务,当家作主,维护人民的利益,实现人民的意志。依法治国是党领导人民治理国家的基本方略,是人民民主在法治轨道中有序运作的保障。党的领导、人民当家作主和依法治国三者相互依存、相互作用,统一于社会主义现代化建设和政治文明建设的实践过程之中。这是社会主义政治文明的本质特征。①

资本主义政治文明的局限性在于：尽管它标榜实行两党制或者多党制，但本质上是由代表少数资本特权利益的资产阶级政党来领导，这必然与广大人民的利益存在根本的利害冲突；它试图用所谓普遍公正的法治来弥合其社会的内在矛盾，但资本主义制度正是这种内在矛盾产生的根源，只要资本主义制度存在，其政党与人民、人民与法治、社会与国家的矛盾就不会消除。

第二，人民民主专政的国体与人民代表大会制度的政体的统一。国体与政体的辩证统一，主要是政体必须适应国体的要求。② 人民民主专政是中国的国体，是人民当家作主的本质要求。人民代表大会制度是中国的政体，是实现人民当家作主的根本政治制度。中华人民共和国成立以来的实践证明，人民代表大会制度体现了我们国家的性质，符合中国国情。这种制度既能保障全体人民统一行使国家权力，充分调动人民群众当家作主的积极性和主动性，又有利于国家政权机关分工合作、相互制约、协调一致地组织社会主义建设，能够较好地体现和适应中国国体的社会主义性质。

资本主义的政治文明理论，只承认政体，不承认国体，只讲议会民主制度，否认国家的阶级本质；只讲民主的形式，不承认国家的专政本质、不承认资产阶级国家中少数人对多数劳动人民的政治统治和

---

① 胡锦涛：《关于建设社会主义政治文明》（2003年2月26日在中共十六届二中全会上讲话的第一部分），《学习与研究》2003年第4期。

② 列宁认为："如果国家政权掌握在同大多数的利益一致的阶级手中，那么就能够真正按照大多数的意志来管理国家。如果政权掌握在同大多数的利益不一致的阶级手中，那么任何按照大多数的意志进行的管理都不可避免地要变成对这个大多数的欺骗或压制。一切资产阶级共和国都向我们提供了千百个这样的例子。"列宁：《论立宪幻想》，《列宁全集》第三十二卷，人民出版社1985年版，第22页。

经济剥削。

第三，共产党领导与多党合作的统一。共产党领导的多党合作与政治协商制度，是中国的一项基本政治制度。由于共产党始终代表中国先进生产力的发展要求，代表中国先进文化的前进方向，代表中国最广大人民的根本利益，是领导我们事业取得胜利的核心力量和根本保证，因此，共产党在多党合作和政治协商制度中处于领导地位。共产党与参加合作的各民主党派之间不是轮流执政或者执政党与反对党、在野党的关系，而是友党合作共事的关系、执政与参政的关系。在这种新型关系基础上形成的，是共产党领导和执政与各民主党派政治协商、参政议政、民主监督的和谐统一。

两党制、多党制是资本主义政治文明的基本政治制度，其执政党与在野党、反对党在形式上往往是一种相互斗争、相互攻讦甚至彼此对抗的关系，但它们的目的都是保住代表不同资本的利益集团的执政地位或者获得执政权力。[①]

第四，社会主义政治文明形式与政治文明本质的统一。政治文明包括形式和本质两个方面。形式是政治文明的外在属性，表现为相关的政治实现方式、运行机制等。本质是政治文明的内在属性，在阶级社会中主要表现为政治文明的阶级性。一般来讲，政治文明的运行机制和实现形式作为人类社会政治智慧和政治实践的产物，具有普遍性、共同性的特点，通常只有文化、地域、国情、发展水平、适用条

---

① 早在1891年，恩格斯在《法兰西内战》单行本导言中就揭露："正是在美国……轮流执政的两大政党中的每一个政党，又是由这样一些人操纵的，这些人把政治变成一种生意，拿联邦国会和各州议会的议席来投机牟利，或是以替本党鼓动为生，在本党胜利后取得职位作为报酬。"马克思：《法兰西内战》，载《马克思恩格斯选集》第三卷，人民出版社1995年版，第74页。

件等的差别,不存在"姓资""姓社"的问题,只要符合国情、有利于维护和发展本国的政治文明,就可以借鉴和学习。

社会主义政治文明公开宣告人民民主专政是其本质,消灭阶级、实现人的自由而全面的发展是其目标。社会主义政治文明是人民当家作主的文明,真正体现了人民这一"多数人的统治"的民主本质,因而它的文明本质与其文明形式——共和政体、民主制度、法治等的价值要求是一致的、统一的。

资本主义政治文明的实质是资产阶级专政,它却用普遍人权、纯粹民主、人人平等、公平正义等方式,否认或者掩盖这种文明背后的专政本质,把资本主义政治文明的形式与其本质割裂开来,给人以假象。而"每当资产阶级的奴隶和被压迫者起来反对主人的时候,这种秩序的文明和正义就显示出自己的凶残面目。那时,这种文明和正义就是赤裸裸的野蛮和无法无天的报复"①。

第五,尊重和保障人权的普遍性与特殊性的统一。人权是人基于其自然和社会属性所应当享有的权利。由人的自然属性所决定,人权具有普遍性、共同性的一面;由人的社会属性所决定,人权又具有特殊性、差异性的一面。两者是统一而不可分割的。中国社会主义政治文明,是尊重和保障人权与基本自由的政治文明。它承认人权的普遍性和特殊性的客观存在,反对用人权的普遍性否定人权在历史、文化、地域、民族、社会制度与经济发展水平等方面的特殊性。在坚持人权问题具有普遍性意义的同时,坚持人权是历史的产物;坚持人权随着国家经济文化水平的发展而发展;坚持尊重和保护人权本质上属于一个国家主权范围的事情;坚持个人人权与集

---

① 《马克思恩格斯选集》第三卷,人民出版社 1995 年版,第 74 页。

体人权的统一，经济、社会、文化权利与公民权利、政治权利的统一。社会主义政治文明把人权普遍性与特殊性有机地统一起来，以人为本，尊重人的尊严，切实保障人权。这是人类政治文明的新发展、新境界。

西方的政治文明把人权的普遍性与特殊性割裂开来、对立起来。它们在理论上讲"天赋人权"，人生而平等，宣扬人权的普遍性，否定人权的特殊性；在实践中则采取人权的"双重标准"，将人权问题政治化，借人权的普遍性标准侵犯别国主权，干涉别国内政。

三 建设政治文明和法治国家应当借鉴人类政治文明的一切有益成果

"世界是丰富多彩的，各种文明和社会制度应长期共存，在比较中取长补短，在存异中共同发展。"[①] 社会主义政治文明是人类社会特殊阶段的产物，具有自身的特殊性和差异性。社会主义政治文明又是整个人类社会政治文明的组成部分，具有人类政治文明的普遍性和共同性。因此，社会主义政治文明与人类其他政治文明既有区别，又有联系。社会主义政治文明特殊的本质属性，决定了它具有自己的品格和相对独立性，因而不能照搬包括西方资本主义政治制度在内的其他文明形态的政治制度。社会主义政治文明是解放全人类的伟大事业，代表着人类文明进步的普遍规律和发展方向。社会主义政治文明

---

① 江泽民2001年7月28日会见美国国务卿鲍威尔时的讲话。江泽民同志在2000年4月28日结束亚欧非六国访问回国途中，也说过："世界是丰富多彩的，应尊重不同民族、不同宗教和不同文明的多样性和差异性，相互之间应提倡兼容而不歧视，交流而不排斥，对话而不对抗，共处而不冲突，彼此尊重，平等相待，求同存异。"

的普遍性、共同性和包容性，决定了它必须以人类政治文明的存在为基础，必须大胆地吸收和借鉴人类社会创造的一切有益的政治文明成果，包括西方资本主义政治文明的有益成果。

（一）借鉴其他政治文明的代议民主形式，但绝不能照搬西方议会的两院制

代议民主形式，其原理是实行间接民主制，经过选举产生代表，代表的权力来自选民；由代表组成议会，由议会行使立法权。议会一般分为一院制和两院制。目前在世界187个设有议会的国家中，有72个国家实行两院制，有115个国家实行一院制。[①] 实行两院制的国家，上院（又称贵族院、参议院、联邦院等）的产生，各国情况不同。英国在1999年改革前，上院议员不经选举，由贵族担任。法国的参议员由省、市议会的议员组成的选举团选举产生。美国参议院由各州选举2名代表组成。下院（又称平民院、众议院、国民议会等）通常由选民按照一定人口比例选举产生的代表组成。当代西方，所有的联邦制国家都实行两院制。一些西方学者认为，实行两院制的理由是：防止立法的草率和武断；防止议会专横腐败；缓和立法机关与行政机关的冲突；平衡代表的利益。在联邦制国家，实行两院制还为了代表各州或邦的利益。[②] 两院制也受到西方学者的抨击。最典型的批评是18—19世纪法国著名政治家西耶士的名言："如果上院的意志和下院是一致的，则上院是无用的；如果上院的意志和下院不一致，则上院

[①] 参见王晓民主编《世界各国议会全书》，世界知识出版社2001年版。
[②] 参见李林《立法机关比较研究》，人民日报出版社1991年版，第115—118页。

的存在反而是有害的。"①

中国在起草 1982 年宪法时，也有人建议全国人大实行两院制②。针对这种意见，邓小平同志对中国为什么不能搞两院制的问题，做过精辟解释。他说：还是不要搞两院制，如果两家意见不一致，协调起来非常麻烦，运作很困难。我们还是搞一院制，就是人民代表大会制，全国人大是最高国家权力机关，这样国家机构运作比较顺当。③这就是从中国国情出发设计政治制度的一个典范。

（二）借鉴其他政治文明的权力分工与制约机制，但绝不能照搬西方的三权分立

国家权力分工也称为分权，包括横向的立法权、行政权和司法权的分工，以及纵向的中央（联邦）与地方（州）、两院制议会中上院与下院的分权。通过分权，达到以权力制约权力的目的。

西方启蒙思想家提出来的三权分立是其政体的组织原则，是指国家的立法权、行政权和司法权分别由不同的机关行使，三种权力之间相互分工，彼此制约，以实现权力的均衡。三权分立原则首先在美国宪法中得到了体现，西方其他国家，随后也在本国

---

① ［日］佐功藤：《比较政治制度》，刘庆林等译，法律出版社 1984 年版，第 41 页。

② 1982 年宪法修改委员会秘书处成员在 2 月间专门讨论了宪法草案中有关"国家机构"的草稿，涉及"关于全国人大设两院的问题，多数赞成搞两院制……至于两院的名称，大家认为叫作'地区院'与'社会院'较好"。许崇德：《中华人民共和国宪法史》，福建人民出版社 2003 年版，第 606、607 页。

③ 邓小平同志还说过："关于民主，我们大陆讲社会主义民主，和资产阶级民主的概念不同。西方的民主就是三权分立，多党竞选，等等……我们中国大陆不搞多党竞选，不搞三权分立、两院制。我们实行的就是全国人民代表大会一院制，这最符合中国实际。"《邓小平文选》第三卷，人民出版社 1993 年版，第 220 页。

的政治制度实践中运用了这种原则。三权分立从产生时起，理论学说就不尽相同，制度形态也各异其趣，如美国实行的是三权并列型的分权，英国实行的是议会至上型的分权，法国实行的则是行政优越型的分权。

在资产阶级革命时期，分权与制衡的三权分立原则对于否定封建专制统治，建立资产阶级共和国，具有重要的进步意义。[①] 即使在今天，三权分立原则所蕴含的以权力制约权力的原理和机制，仍然具有值得借鉴的合理性和现实意义。

但是，三权分立作为西方民主政治的组织活动原则，其本质是资产阶级内部的权力分工。正如马克思批判资产阶级三权分立时所指出的那样：他们把"分权看作神圣不可侵犯的原则，事实上这种分权只不过是为了简化和监督国家机构而实行的日常事务上的分工罢了"[②]，资产阶级是从来不会把统治权分给工人阶级和

[①] "三权分立"是在资产阶级革命时期针对封建专制的独裁统治权提出的，在历史上起过进步的革命作用。在当代，根据"三权分立"思想发展而来的分权原则和制度，至今仍为许多国家所采用。然而，即使是在西方，"三权分立"制度也受到了批评。美国批判法学运动的发起人之一、乔治城大学法学教授马克·图什内特通过对美国"共和传统"的分析认为，在这种传统中，法院已成为无足轻重的配角，成为服务于国会和行政机关的仆从。三权分立的司法审查制度陷入两难窘境：用立法来制约司法，则会出现立法机关的专制；用法院来制约国会，则会出现司法专制（Mark Tushnet, *Red, White, and Blue: A Critical Analysis of Constitutional Law*, Cambridge, Mass: Harvard University Press, 1988, at 239, 313.）。奥地利法学家凯尔森和美国政治学家古德诺都认为，国家的基本职能不是三个，而是两个，即法律的制定和法律的执行，行政机关和司法机关的活动都是执行法律。"三权分立"把国家职能预定为三个，是不符合事实的。再者，"分权原则，无论从字面上所了解的或被解释为一种权力分配的原则，实质上不是民主的。相反的，符合民主观念的，却是全部权力应集中于人民"，在代议制度下，应当集中于立法机关（参见［奥］凯尔森《法与国家的一般理论》，沈宗灵译，中国大百科全书出版社1996年版，第299、313页）。

[②] 《马克思恩格斯全集》第五卷，人民出版社1974年版，第224—225页。

广大劳动人民的。

概括起来说，三权分立存在的主要弊端是①：

其一，三权分立没有解决国家权力凌驾于社会之上的基本矛盾，难以形成人民和社会对国家权力监督制约的制度化机制；

其二，在三权分立之下，人民不是国家的主人和民主的主体，公民权利与国家权力处于对立状态，公民权利经常遭到国家权力的侵犯同时成为抵抗国家权力的力量；

其三，以权力制约权力为特征的三权分立，互相掣肘，互相扯皮，降低甚至丧失了效率，使国家机器不能适应社会发展变化的需要；

其四，三权分立在实践中正在发生嬗变，如行政权强化、立法权式微、司法权政治化等。

中国《宪法》规定，国家机构实行民主集中制原则，而不实行三权分立原则。

（三）借鉴其他政治文明的宪制运作机制，但绝不能照搬西方的多党制

宪制是依照宪法实施的民主政治形态，它以宪法为基础，以实现

---

① 在美国历史上，美国国会通过的法案往往被总统否决，仅在罗斯福总统时就达580项之多。美国总统提出的议案也常常被搁置，如提出建立海军部的议案，得到国会同意用了10年，建立内政部用了39年，建立司法部用了40年，建立劳工部用了45年。据统计，自1976年以来，由于美国财政拨款法案未获通过，美国联邦政府经历了18次关门。2013年10月那次停摆，联邦政府关门16天。2018年1月22日前，美国参众两院先后通过了维持政府运作至2月8日的政府临时拨款法案，经特朗普总统签署生效后，结束了为期69个小时的政府停摆。美国第28任总统威尔逊，在总结其8年总统生涯时，深有感触地说：三权分立的这种制约和平衡恰恰是功过参半。由于权力分散，所以没有力量；由于权威太多，所以行动不够敏捷；由于程序繁多，所以运转不灵；由于职责不清、领导不力，所以效率不高。

民主、自由、人权和法治为取向，规定国家的体制、政权组织、公民基本权利和义务，人人必须遵守宪法，任何公权力主体（立法机关、行政机关、司法机关、护法机关、武装力量等）和私权利主体（公民个人、社团法人、公司企业等）都不得违反宪法。宪制被认为是现代政治文明的理想形态。

在西方国家，政党政治是宪制之中的政治，各政党按照一定游戏规则进行政治活动和相互竞争。无论两党制还是多党制，其中执掌国家政权的是执政党。西方资产阶级政党或明或暗，在一定程度上推行政党分赃制，如美国，竞选中获胜上台的人以官职或其他特权回报竞选中的一些支持者。① 早在1891年，恩格斯在《法兰西内战》单行本导言中就揭露："正是在美国……轮流执政的两大政党中的每一个政

---

① 对那些出过力、花过钱的幕后老板，美国总统在选举之后必将实行"投之以桃，报之以李"的政党分赃。1800年美国第四任总统杰克逊的拥护者马西形象地论证了政党分赃："在政治上要像在爱情上、战争上一样公平，战利品属于胜利者所有"（参见《中国大百科全书·政治学》，中国大百科全书出版社1992年版，第472页）。政党大选获胜的回报就是政府的职位和权力。在美国众议院和参议院中拥有多数席位的政党，可以任命众议院议长和参议院委员会主席。入主白宫的政党则可以在行政部门任命3000多人担任高级职务（"根据《纽约时报》的统计，各类由总统任命的官员，全日制的或非全日制的，实质性的或荣誉性的，加起来约有8000人左右。"参见王沪宁《美国反对美国》，上海文艺出版社1991年版，第159页）。克林顿在连任选举中，曾得到美国多家军火商的资助，他当选之后即在推动科索沃战争等方面，为军火商尽了一把力。据美联社2004年11月18日公布的最新调查结果显示，在2000年美国大选中，共有246人每人为布什筹集的助选资金超过10万美元。布什当选以后也对他们予以回报，其中1/3的赞助人本人或其配偶进入布什政府，有的成为美国驻欧洲国家的大使，有的当上了一些政府委员会成员。在246名顶级赞助人当中，至少24位赞助人本人或配偶当上了美国大使，其中大部分被派往欧洲国家。例如，加利福尼亚州银行家、共和党全国委员会前财政主管霍华德·利奇被任命为美国驻法国大使。另外，至少57名赞助人本人或配偶被任命到一些委员会。例如，华盛顿律师詹姆斯·兰登成为布什的国外情报顾问委员会成员。还有3名主要赞助人进入了内阁，他们是商务部部长埃文斯、劳工部部长赵小兰和国土安全部部长里奇（引自2004年11月19日11：18，中国日报网站）。

党,又是由这样一些人操纵的,这些人把政治变成一种生意,拿联邦国会和各州议会的议席来投机牟利,或是以替本党鼓动为生,在本党胜利后取得职位作为报酬。"① 美国的政党制度如此,其他西方国家的政党制度也大同小异。

西方资产阶级政党种类繁多,名称各异,但也有共同特点:(1) 代表资产阶级的利益和要求;(2) 由一些熟悉资本主义政治游戏规则、党务经验丰富的政客为中坚而组成,他们实际上控制和操纵着政党组织;(3) 以组织选举和议会斗争作为主要政治活动;(4) 组织体系一般比较松散,在选举活动之外很少有全党统一的政治活动。西方政党的主要任务之一是竞选。在西方资产阶级两党制或多党制下,轮流执政,似乎很民主、很文明。但不管哪个党执政,都是以阶级内部的权力转移来确保整个资产阶级统治的稳定。西方资产阶级政党的阶级本质不会因为执政党与在野党的换位而改变。

我们实行共产党领导的多党合作与政治协商的政党制度,绝不照搬西方的两党制或者多党制。因为中国共产党领导的多党合作与政治协商的政党制度是历史的选择,人民的选择。辛亥革命后,中国人学习西方实行多党制,一度出现300多个政党、社团,可谓实行"多党制",但大多数很快就分化瓦解。多党制给中国带来的只是民主虚设、政治腐败、军阀混战、地方割据、民不聊生,人民依旧生活在水深火热之中。中华人民共和国成立以前,中国共产党曾两次与国民党合作,实行国共合作的"两党制",但最后都因国民党要消灭共产党、实行国民党一党专政而未果。抗日战争时期,国

---

① 《马克思恩格斯选集》第三卷,人民出版社1972年版,第335页。

民党反动派颁布了《限制异党活动办法》和《共党问题处置办法》等法令，对共产党和其他抗日民主党派采取"消灭异己"的政策，实行国民党一党专政的法西斯统治。中国共产党曾经提出废除国民党的一党专政，建立各党平等合作的联合政府的主张，但被国民党顽固派悍然拒绝。处于国共两党之间的各民主党派，也对国民党"一党专政"和"消灭异己"的政策表示愤慨，纷纷要求国民党放弃一党专政，从速召开国会，制定宪法，实行民主宪制。但是，民主党派的民主要求多次遭到国民党拒绝，"各党各派更受压迫，不容其公开活动"。特别是中国新民主主义革命的特点主要是采取武装斗争的形式，不掌握军队的民主党派在政治上不可能有真正的发言权，在国共两种政治军事力量尖锐斗争、民主党派的生存受到国民党政权严重威胁的时候，它们就希望同中国共产党联合起来，共同反对国民党统治。由此可见，旧中国不存在实行西方资产阶级多党制的阶级基础和社会力量，实行国民党与共产党两个主要政党轮流执政的两党制行不通，实行国民党与共产党及其他民主党派轮流坐庄的多党制也是不可能的。在中国，实行共产党领导的多党合作和政治协商的政党制度，既是全国人民的政治选择，也是各民主党派的政治选择。

（四）借鉴其他政治文明的法治机制，建设社会主义的法治国家

法治是西方文明的重要传统和主要内容。早在古希腊时期，亚里士多德就提问："由最好的一人或由最好的法律统治哪一方面较为有利？"[①] 回答是："法治应当优于一人之治"[②]，因为个人总是有私

---

① ［古希腊］亚里士多德：《政治学》，吴寿彭译，商务印书馆1965年版，第162页。
② 同上书，第167—168页。

欲和弱点的，而"法律恰恰正是免除一切情欲影响的神祇和理智的体现"①。法治的作用就在于用多数人事先约定的规则来克服个人的弱点，抑制个人的私欲，以此实现社会正义。13世纪中期英国王室法庭法官布雷克顿在《英国的法律与习惯》中说：国王必须服从上帝和法律，因为法律造就了国王，所以国王应把法律赋予他的一切（权力）再赋予法律。"国王有义务服从法律；国王处于'上帝和法律之下'；不是国王创制法律而是法律创制国王"②，国王也要接受法律的统治。

法治机制是建立在法治思想基础上的制度体系，主要含义是"法律的统治"（rule of law），宪法和法律具有至高无上的权威。其内容为法律至上，依宪立国，法律面前人人平等，依法行政，司法独立，法不溯及既往，罪刑法定，无罪推定，保障人权，法律的稳定性、公开性、明确性，等等。

在西方国家，法律是统治者意志的体现，实行法治，实质上是为巩固资本主义制度服务的。司法公正是西方法治的一个原则。然而，在"金钱是政治的母乳"的西方社会，金钱的多少决定着"司法公正"的状况，他们绝不可能把法律作为同一尺度适用于全体公民，真正做到司法公正。

总之，我们社会主义国家在吸收和借鉴其他政治文明的有益成果尤其是在学习和借鉴西方政治文明的有益成果时，一定要把它们的本质与它们的实现形式、运作机制区分开来看待。我们要

---

① ［古希腊］亚里士多德：《政治学》，吴寿彭译，商务印书馆1965年版，第169页。
② ［美］哈罗德·J.伯尔曼：《法律与革命——西方法律传统的形成》，高鸿钧、张志铭等译，中国大百科全书出版社1993年版，第356—357页。

彻底否定、扬弃其本质，大胆吸收、借鉴其实现形式和运作机制。西方政治文明的资本主义本质早已受到马克思主义的揭露和批判，但是毋庸讳言，在社会主义与资本主义将近一个世纪的较量中，我们没有看到列宁在20世纪初叶预测的西方资产阶级统治发展到了帝国主义阶段的"腐朽的、垂死的"和"行将灭亡"的结果，反而目睹了苏联的解体和东欧的剧变。这当中的教训是相当深刻的，原因也是多种多样的，但其中一个重要原因不能不说是与社会主义政治文明的实现形式和运作机制有关。尽管社会主义政治文明在本质上优越于资本主义政治文明"百万倍、千万倍"，但如果它的实现形式——具体的体制、程序和机制等——缺乏科学性、合理性，不能适合国情，不能适应社会主义文明的本质要求，不能满足经济、政治、社会和文化发展的需要，就不仅会减损社会主义政治文明本质优越性的体现和发挥，而且会在严重的时候与其他因素一起，导致执政党执政地位的丧失，导致社会主义制度的崩溃。苏联解体、东欧剧变就是惨痛的教训。而资本主义的政治文明尽管在本质上是反动的、虚伪的、腐朽的和行将灭亡的，但如果它比较重视政治文明实现形式和运作机制的完善和创新，甚至学习社会主义政治文明的经验，通过民主、法治、政党政治、宪制等各方面的具体体制和机制的精巧设计，不仅可以延缓资本主义的灭亡，有时还可以在特定条件下使资本主义及其政治文明焕发某些活力和生机。正是在这个意义上，我们讲社会主义政治文明要高度重视实现形式的体制和机制的创新与建设，执政党要高度重视领导方式、执政方式的制度化和程序化建设，因为这同样是生死攸关的。

◈ 第三节　依法治国是建设政治文明的重要内容和根本保障

发展社会主义民主政治，建设社会主义政治文明和法治国家，是依法治国的目标。依法治国作为基本治国方略，从属于政治文明，是建设社会主义政治文明的重要内容和根本保障。

一　依法治国是建设社会主义政治文明的重要内容

"法律是人类历史的缩影……法律伴随着人类进步的历程，特别是社会政治进步的整个历史，在那些无比漫长的岁月里，人类用他们流血的双脚在充满荆棘的道路上前行，由受奴役走向自由，继往开来前赴后继。"[1] 在一定意义上说，人类政治文明的历史就是法律和法治的发展史。从历史上看，人类从"以眼还眼，以牙还牙"的"同态复仇"，发展到财产刑、自由刑、生命刑；从"水审""火审"的神明裁判，发展到法官依法裁判；从"罪刑擅断"发展到"罪刑法定"；从人与人的身份依附关系发展到契约法律关系；从专制独裁体制发展到民主宪制体制；等等，都体现了人类政治文明的进步。

尤其是近代以来，法治成为资本主义政治文明的重要内容，是资产阶级用于巩固政权、强化统治的重要手段。英国1688年"光荣革命"以后，资产阶级为了在政治上确立自己的统治地位，于1689年

---

[1] ［美］约翰·梅西·赞恩：《法律的故事》，孙运申译，中国盲文出版社2002年版，"序言"第2页。

颁布了《权利法案》、1701 年颁布了《王位继承法》，由此限制了国王的权力，奠定了英国君主立宪制的法律基础。美国 1789 年制定了世界上第一部作为独立、统一国家的成文宪法，奠定了美国民主共和制度的法律基础。法国从 1789 年资产阶级大革命以后的 200 多年时间里，经历了 2 次封建王朝复辟、2 次帝制和 5 次共和制，先后颁布了 11 部宪法，记录了法国阶级力量对比关系的变化和国家政治体制更迭的政治文明史。1804 年的《法国民法典》是拿破仑主持制定的，后来被命名为《拿破仑法典》。拿破仑对这部法典的历史价值给予了高度评价，他说："我的光荣不在于打胜了四十个战役，滑铁卢会摧毁这么多的胜利……但不会被任何东西摧毁的，会永远存在的，是我的民法典。"①

社会主义政治文明的建立，要摧毁压迫人民的机关，废除旧法律，创立新法治，并用法治来掌握和巩固政权。1949 年 1 月，毛泽东同志在关于时局的声明中，宣布"废除伪法统"；2 月，中共中央发布了《关于废除国民党的六法全书与确定解放区的司法原则的指示》②，否定了国民党的旧法统；9 月，中国政治协商会议第一届全体

---

① 《拿破仑法典》"译者序"，李浩培等译，商务印书馆 1979 年版，第Ⅲ页。
② 在这个《指示》中，作为革命党的中国共产党对旧法律的态度，做了最好的解释："我们在抗日战争时期，在各根据地曾经个别地利用过国民党法律中有利于人民的条款来保护或实现人民的利益，在反动统治下我们也常常利用反动法律中个别有利于群众的条款来保护和争取群众的利益，并向群众揭露反动法律的本质上的反动性，无疑这样做是正确的。但不能把我们这种一时的策略上的行动，解释为我们在基本上承认国民党的反动法律，或者认为在新民主主义的政权下能够在基本上采用国民党的反动的旧法律。"革命党必须否定旧法治、旧法统，否则就等于承认自己的革命是非法的，革命后自己建立的政权是非法的。在第一届全国人民代表大会召开前，起临时宪法作用的《中国人民政治协商会议共同纲领》第 17 条规定："废除国民党反动政府一切压迫人民的法律、法令和司法制度，制定保护人民的法律、法令，建立人民司法制度。"

会议制定了《共同纲领》《政治协商会议组织法》《中央人民政府组织法》，为新中国人民政权的建立奠定了法治基础。中华人民共和国成立初期，我们是比较注意发挥法治在政治文明建设中的作用的。例如，1950—1953 年，中央立法共 435 件，其中包括《婚姻法》《工会法》《土地改革法》①《惩治反革命条例》《惩治贪污条例》《选举法》等。1954 年宪法的颁布，用根本法的形式确认了人民革命的成果，规定了国家的基本制度和任务，为人民民主政权的巩固和新中国的建设提供了根本法律依据和宪法保障。但是，从 1957 年以后，由于"左"的错误思想和"法律虚无主义"的影响，加之其他复杂的原因，最终酿成了"文化大革命"的悲剧，使社会主义政治文明建设受到巨大破坏。

正是吸取了历史的惨痛教训，党的十一届三中全会提出，为了发展社会主义民主，必须健全社会主义法制，使民主制度化、法律化。从此，确立了在现代化建设中应当发展社会主义民主和健全社会主义法制的基本方针。1980 年邓小平同志指出："要继续发展社会主义民主，健全社会主义法制。这是三中全会以来中央坚定不移的基本方针，今后也决不允许有任何动摇。"② 1992 年邓小平同志又强调指出："还是要靠法制，搞法制靠得住些。"③ 1997 年，我们党提出了实行和

---

① "从历史的角度看，《婚姻法》《工会法》《土地改革法》这三部法律，不论是对我们新生的共和国而言，还是对普通百姓而言，都有着极为特殊的意义。如果说婚姻法让广大妇女获得了解放，工会法确立了工人阶级国家主人翁的地位，那么，土地改革法则是让亿万农民从经济上翻了身。因此，这三部法律的出台，改变了中华民族几千年的历史，从法律上保障中国人民真正站了起来，扬眉吐气，当家作主。"汪铁民：《毛泽东与新中国的法治建设》，《中国人大》2013 年第 24 期。

② 《邓小平文选》第二卷，人民出版社 1992 年版，第 359 页。
③ 《邓小平文选》第三卷，人民出版社 1994 年版，第 379 页。

坚持依法治国，建设社会主义法治国家的基本治国方略，并于1999年通过修宪将之载入宪法，成为一项宪法原则。

中外政治文明的历史一再证明，法治是实现政治文明的重要内容、主要途径和重要保障。董必武同志曾经指出："人类进入文明社会以后，说到文明，法制要算一项……是主要的一项。"[①] 在中国社会主义条件下，法治与社会主义民主制度的优越性相结合，与共产党的坚强领导相配合，就能够更加充分地保证和发挥依法治国在社会主义政治文明建设中的作用，更好地实现人民民主与社会主义法治的协调发展。

依法治国就是人民在党的领导下，依照宪法和法律来管理国家和社会事务，管理经济和文化事业。依法治国作为建设社会主义政治文明的重要内容，主要体现在三个方面：一是使人民民主制度化，使党的主张与人民意志统一起来并且法律化，保障人民当家作主的各项权利，尊重和保障人权；二是合理配置国家权力，构建法治与文明的政治秩序，既保证国家权力的充分赋予和有效行使，又防止国家权力的滥用和腐败；三是促进社会主义物质文明、政治文明和精神文明的协调发展，维护社会稳定和社会秩序，保证人民安居乐业和国家长治久安。例如，司法是通过诉讼适用法律制裁违法犯罪、调处矛盾纠纷的活动，是维护社会稳定，实现社会公平与公正的最后一道防线。如果司法是公正有效的，即使立法、行政等其他国家权力出现某些不足或失误，也可以通过司法程序得到补救或纠正；但如果司法腐败了，就会使当事者对这个社会丧失希望；如果司法严重腐败了，就会使人民对政府丧失信心。司法公正对于政治文明的重要性，正如英国著名哲

[①] 《董必武政治法律文选》，法律出版社1986年版，第520页。

学家培根所说的那样：一次不公正的审判，其危害超过十次严重犯罪，因为严重犯罪污染的是水流，而不公正的审判污染的是水源。①依法治国所要达到的上述目标，也就是建设社会主义政治文明的基本内容，是发展社会主义政治文明的主要要求。

依法治国，不仅要建设社会主义法治国家，而且要建设社会主义政治文明。这"两个建设"之间是什么关系？我们认为，建设法治国家与建设政治文明是既有一定区别又有高度重合的两个概念。建设社会主义法治国家与建设社会主义政治文明同为依法治国的目标，但后者是更大、更高的政治发展目标。

二 依法治国是建设社会主义政治文明的基本途径

改革开放是中国的基本国策。我们的改革，当然包括政治体制改革。邓小平同志说过，"我们提出改革时，就包括政治体制改革"②。在当代中国，政治体制改革是建设社会主义政治文明的必由之路。然而，由于中国的政治体制改革是一场前无古人的变革，没有现成的经验可以学用。因此，在依法治国方略提出之前特别是在20世纪80年代，中国的政治体制改革基本上是按照"先改革，后变法"的思路进行的。根据这种思路，政治体制改革可以置法律于不顾，甚至可以突破宪法，由此也就容易造成政治意识的混乱和政治改革的无序，严重的时候还会危及社会稳定和安定团结。

江泽民同志在1997年全国政法工作会议上指出，党的十五大明

---

① ［英］弗朗西斯·培根：《论司法》，载《培根论说文集》，水天同译，商务印书馆1983年版，第193页。

② 《邓小平文选》第三卷，人民出版社1994年版，第176页。

确把依法治国确定为党领导人民治理国家的基本方略,并把依法治国、建设社会主义法治国家作为政治体制改革的一项重要内容。①把改革和发展的重大决策同立法紧密结合起来,这是一个重大决策,是我们党在新形势下继续坚持和推进政治体制改革的重要思路和机制创新。依法治国方略的确立,表明要把依法治国与政治体制改革紧密结合起来,使它们成为一个有机整体。一方面,把依法治国确立为我们国家的基本治国方略,把依法执政确立为我们党新的领导方式和执政方式,这本身就是党和国家领导体制、管理体制的重大政治体制改革;另一方面,政治体制的改革和完善,必须在宪法和法律的轨道上依法进行,并通过法治的"立、改、废"等方式和程序来有序实现。从这个意义上讲,坚持和推进依法治国,就是有领导、有步骤、循序渐进地依法改革和完善政治体制。从政治文明的视角来看,这是一种更理性、更稳妥、更规范、更文明的政治改革和发展方式,是符合中国国情的建设社会主义政治文明的必然选择和路径。在我们的国家和社会生活中,采取法治方式进行体制改革越来越受到重视。

三 依法治国是建设社会主义政治文明的根本保障

建设社会主义政治文明,是人类文明史上前所未有的伟大事业,必须以坚持四项基本原则作为前提,以依法治国作为根本保障。

依法治国是社会文明和社会进步的重要标志,也是社会主义政治文明的重要保障。现代法律和法治具有指引、评价、教育、预测、规

---

① 中共中央文献研究室编:《十五大以来重要文献选编》(上),人民出版社2000年版,第162页。

范和惩戒等功能，具有规范性、权威性、强制性和可诉性等特性，它们在调整国家的经济关系、政治关系、社会关系和文化关系方面，国际法在调整国与国关系等方面，有着不可替代、不可或缺的重要作用。例如，法律作为人们的行为规范，它以权利与义务、权力与责任等形式，明确地告知人们不应当做什么、应当做什么和应当怎样做，为人们的行为划定界限、规定方式，从而建立和谐的人与人的社会关系。美国比较法学家博登海默说："法律所建构的制度性框架，为人们执行有关政治、经济、文化等方面的多重任务提供了手段和适当环境……通过践履上述职能，法律促进潜存于社会体中的极具创造力和生命力的力量流入建设性的渠道；法律也因此证明自己是文明建设的一个不可或缺的工具。"[①] 对于政府来说，法治是社会管理和控制重要而有效的手段。在2003年抗击非典的斗争中，我们党坚持依法执政，要求并支持各国家机关依法履行职责；政府坚持依法行政，及时制定有关行政法规，认真执行《传染病防治法》等法律法规；最高人民法院和最高人民检察院迅速做出相应的司法解释；国家和社会的各个方面都严格依法办事，使法治成为战胜疫病、实现社会稳定的有力武器和重要保障。

依法治国，通过发挥人民当家作主的主体作用，通过对立法权、行政权、司法权、监督权的合理配置，通过国家机器的有序运转，通过对社会关系的有效调整和法律主体的正确行为，把法治的各种功能和资源整合起来，从而为社会主义物质文明、政治文明和精神文明建设提供以国家强制力为基础的法治保障，促进"三个文明"的协调发展。

---

① ［美］E. 博登海默：《法理学——法哲学及其方法》，邓正来、姬敬武译，华夏出版社1987年版，第378页。

古人云:"国无常强,无常弱。奉法者强则国强,奉法者弱则国弱。"① 在新的历史条件下,只要我们认真落实依法治国基本方略,坚持依法执政,更好地发挥法治在社会主义政治文明建设中的重要作用,就能从制度上、法律上保证国家的长治久安、繁荣富强。

第四节 全面推进依法治国本质上是政治体制改革

党的十八大报告强调指出,坚持走中国特色社会主义政治发展道路,"必须积极稳妥推进政治体制改革",全面推进依法治国,加快建设社会主义法治国家。政治体制改革是中国民主政治制度的自我完善和法律制度的健全发展。加强社会主义民主法治建设,全面推进政治体制改革,是党的十一届三中全会以来党和国家始终坚持的基本方针。1997年党的十五大报告在把依法治国确立为党领导人民治国理政的基本方略时明确指出:"我国经济体制改革的深入和社会主义现代化建设跨越世纪的发展,要求我们在坚持四项基本原则的前提下,继续推进政治体制改革,进一步扩大社会主义民主,健全社会主义法制,依法治国,建设社会主义法治国家。"

2013年10月,党的十八届三中全会在作出全面深化改革战略部署时,明确要求必须"紧紧围绕坚持党的领导、人民当家作主、依法治国有机统一深化政治体制改革,加快推进社会主义民主政治制度化、规范化、程序化,建设社会主义法治国家,发展更加广泛、更加充分、更加健全的人民民主"。显然,在中央全面深化改革的战略决

---

① 《韩非子·有度》。

策中，依法治国方面的法制改革不同于经济体制改革、社会体制改革、文化体制改革、生态文明体制改革、党的领导体制改革，全面推进依法治国方面的法制改革属于国家政治体制改革的性质和范畴。

2014年1月，在中央政法工作会议的讲话中，习近平总书记明确指出："司法体制改革是政治体制改革的重要组成部分……更好坚持党的领导、更好发挥我国司法制度的特色、更好促进社会公平正义。"① 既然司法体制改革属于中国政治体制改革的重要组成部分，那么，立法体制改革、行政执法体制改革、法律监督体制改革、全民守法体制改革、党领导法治建设的体制改革等，当然属于政治体制改革。

2015年2月，在省部级主要领导干部学习贯彻党的十八届四中全会精神专题研讨班开班式上的重要讲话中，习近平总书记指出："全面推进依法治国……是国家治理领域一场广泛而深刻的革命。"② 一般来讲，革命就是推动事物发生根本变革，引起事物从旧质到新质的飞跃。全面依法治国作为国家治理领域的一场深刻革命，意味着我们党治国理政的基本理念、基本方略、基本方式的根本转变，意味着中国共产党作为执政党必须在宪法框架下和法治轨道上，通过法律上层建筑的立、改、废、释、授权等途径，有组织有领导、积极稳妥、循序渐进地推进中国的政治体制改革。

2018年12月18日，习近平总书记在庆祝改革开放四十周年大会上的讲话中指出："40年来，我们解放思想、实事求是……从以经济体制改革为主到全面深化经济、政治、文化、社会、生态文明体制和党的建设制度改革，党和国家机构改革、行政管理体制改革、依法治

---

① 习近平：《习近平谈治国理政》第一卷，外文出版社2018年版，第150页。
② 习近平：《习近平谈治国理政》第二卷，外文出版社2017年版，第124页。

国体制改革、司法体制改革、外事体制改革、社会治理体制改革、生态环境督察体制改革、国家安全体制改革、国防和军队改革、党的领导和党的建设制度改革、纪检监察制度改革等一系列重大改革扎实推进……40年来，我们始终坚持中国特色社会主义政治发展道路，不断深化政治体制改革，发展社会主义民主政治，党和国家领导体制日益完善，全面依法治国深入推进，中国特色社会主义法律体系日益健全，人民当家作主的制度保障和法治保障更加有力，人权事业全面发展，爱国统一战线更加巩固，人民依法享有和行使民主权利的内容更加丰富、渠道更加便捷、形式更加多样……"①

在中国，全面依法治国归根结底是法律上层建筑的重大变法或者变革，是一场"法律的革命"，具有十分浓烈的政治体制改革的特征和性质。发生在当代中国的这场具有政治体制改革性质的"法律革命"，在指导思想、基本原则、领导方式、改革举措等许多方面，是不同于以往中国发生的经济体制改革、社会体制改革、教育体制改革、卫生体制改革的。全面推进依法治国，需要政治、经济、文化、社会等多方面资源协调配合，需要教育、行政、经济、道德、纪律、习俗等多种手段协同辅助，但从国家治理体系的制度层面来看，变法就是改革，是深刻的政治体制改革。全面推进依法治国，从一定意义上讲实质就是中国政治体制的深化改革和自我完善。

全面推进依法治国，必须坚持党的领导、人民当家作主和依法治国有机统一，坚持科学立法、严格执法、公正司法和全民守法的全面加强，坚持依法治国、依法执政、依法行政共同推进，法治国家、法治政府、法治社会一体建设。全面推进依法治国、建设法治中国的所

---

① 习近平：《在庆祝改革开放40周年大会上的讲话》，人民出版社2018年版，第9—13页。

有这些要求，贯彻落实到国家治理体系现代化的体制机制上，必然触及或者引发政治体制改革和完善的问题。对此，我们要有清醒的认识和充分的准备。

毫无疑问，三者有机统一的制度形态，是中国特色社会主义的民主政治制度，其核心是坚持共产党领导和执政的政治体制，以及作为中国根本政治制度的人民代表大会制度。推进依法治国的各项改革举措，落实依法治国基本方略的各种改革设计和建议，都不可避免地直接或者间接关涉党的领导体制和人大制度，关涉中国的政治体制。推进科学立法，不仅涉及如何完善立法体制、立法程序、立法技术、立法质量、立法实效、法律体系等的体制机制问题，而且涉及如何进一步提高人大代表的素质、落实人大宪法权力、加强人大监督、发展人大民主等深层次的体制机制问题。推进严格执法，不仅涉及如何改革完善行政执法体制、机制、方式，加强对行政执法自由裁量权的规制约束等问题，而且涉及如何深化行政体制改革、转变政府职能、推进依法行政、建设法治政府等一系列深层次的体制机制问题。推进公正司法，必然要求全面深化司法体制改革，甚至把司法体制改革作为政治体制改革的突破口。推进依法执政，从制度体制上贯彻落实党领导立法、保证执法、支持司法、带头守法的原则，本身就是一场从革命党向执政党全面转变的深刻革命，是执政党运用法治思维和法治方式自己革自己命的最为深刻的政治体制改革。

把全面推进依法治国定性为中国的政治体制改革，是中国政治体制在新形势下主动适应经济社会发展和全面深化改革的需要，在宪法框架下和法治轨道上实现政治体制机制的自我完善和优化发展。把全面推进依法治国定性为政治体制改革，是我们党和国家经过70年探索特别是改革开放以来40多年不断实践，终于找到的一条有组织有领导积极稳妥循序渐进推进政治体制改革的可靠路径，是符合中国国情的中国特色社会主义民主政治不断发展和自我完善的必由之路。

全面推进依法治国实质是政治体制改革，因此我们绝不能掉以轻心，而要高度重视，加强领导，防止国内外敌对势力敌对分子利用推进法制改革特别是深化司法体制改革之机，宣传和兜售西方的宪政价值和司法模式，渗透中国法制改革。同时要加强对国内理论界、传媒界有关理论研究和舆论宣传的正面引导，关注人民群众对政治体制改革的利益诉求，防止某些别有用心的人利用全面推进依法治国的法制改革，策动街头政治、大规模群体性事件等违反法治的活动。

政治体制改革的表现形式和实现方式往往就是"变法"。中国历史上的李悝变法、吴起变法、商鞅变法、王安石变法、戊戌变法维新等，这些重大改革都被称为"变法"。这些历史上的"变法"，实际上就是通过改变当时的法律制度和上层建筑体系来进行的政治体制改革。作为政治体制改革实施载体的变法，它既不是疾风暴雨的革命，也不是改朝换代的"变天"。变法是变革、改良和维新，是在不改变现有政权基础和政治统治前提下进行的国家法律和政治制度的主动改革与自我完善，目的是使之适应经济社会发展的需要，适应时代潮流变迁进步的需要。革命[①]则是社会政治制度的深刻质变，它通过"造反"、起义和其他极端暴力手段，达成推翻现有政权的目标，实现国家政权的"改朝换代"。作为旧政权上层建筑重要组成部分，一切法律和制度，都有可能成为革命的对象、在被革命之列，都有可能被彻底否定、废除和摒弃。

---

① 马克思主义认为，革命是阶级矛盾和社会矛盾激化的产物，是一个阶级推翻另一个阶级的暴力行动。

在目前中国社会主义宪制体制下，推进社会主义民主法治建设，坚持和全面实行依法治国，加快建设社会主义法治国家，既是政治体制改革的重要组成部分和主要途径，也是积极稳妥推进政治体制改革的法治保障。现代法治是与民主、人权、宪法、公平正义等相互联结的宪制法治，通过法制改革和法律完善等方式，坚持宪法和法律至上，实现依法治权、依法治官和依法治理，充分保障人民民主，尊重和保障人权，就是在法治轨道上积极稳妥地推进政治体制改革，是通过法治思维、法治方式、法治途径实现政治体制有序改革的有效途径。现代民主政治是在宪法统率下由法律和制度加以规范和保障的法治政治，坚持民主的制度化和法律化，推进依法治国、依宪治国和依法行政，建设法治国家、法治政府和法治社会，推进法律的立改废和司法改革，强化权力监督，等等，都是政治体制的自我完善、自我改革和创新发展。

经过改革开放 40 年的实践，人们越来越理解稳定压倒一切的重大现实意义，越来越强调处理好改革、发展、稳定三者关系的必要性与重要性，越来越认同政治体制改革必须积极稳妥有序推进的基本理念。政治体制改革是一场风险极大又不得不进行的改革。如何实现积极稳妥的政治体制改革，最根本的是两条：一是坚持党的领导和人民民主，在党正确的政治领导、思想领导和组织领导以及广大人民群众的支持参与下开展政治体制改革；二是坚持和推进依法治国，在宪法框架下和法治的规范、引导和有力保障下推进政治体制改革。

更加重视发挥法治的重要作用，全面推进依法治国和依宪治国，是在 21 世纪新阶段新形势下中国加强民主法治建设、实现政治体制自我完善和深化改革的必由之路。

首先，依法治国，就是广大人民群众在党的领导下，依照宪法和法律规定，通过各种途径和形式管理国家事务，管理经济文化事业，管理社会事务，保证国家各项工作都依法进行，逐步实现社会主义民主的制度化、法律化，使这种制度和法律不因领导人的改变而改变，不因领导人看法和注意力的改变而改变。因此，依法治国的过程，就是人民当家作主行使民主政治权利的过程，是国家政治权力依法行使的过程，是国家政治体制依法运行的过程。改革开放以来，中国从人治到法制，从法制到法治和全面依法治国，就是我们党从革命党向执政党转变的重要标志和重大改革，是中国政治体制走向民主化和法治化的根本转变和深层次改革。全面推进依法治国，通过法治思维和法治方式坚持党的领导和人民当家作主，就能够依法保证国家机器和国家政治体制的有序有效运行，保证人民赋予的权力做到权为民所用，利为民所谋，情为民所系，实现执政为民。

其次，法治是民主政治的保障，是民主的制度化和法律化。中国的政治体制，如共产党领导的体制、人民民主专政的体制、人民代表大会的体制、民族区域自治的体制、基层民主自治的体制、民主选举和民主协商的体制、国家行政管理和运行体制、国家司法体制机制、人民民主监督体制、公民权利保障体制、干部人事体制等，都是由宪法、法律和行政法规加以规定、认可、规范和保障的，都是依法建立、依法运行、依法管理和依法变迁的。全面推进依法治国，不断完善中国的宪法制度、法律制度、法律体系和法律规范，既可以加快推进中国政治体制的法治化和规范化，把政治权力和政治行为最大限度地纳入法治调控和保障的视野；也可以在法治的轨道上实现中国政治架构中有关制度、程序和规范的改革、完善和发展，用依法治国的方式推进政治体制改革。

再次，2010年中国特色社会主义法律体系如期形成，国家的经济生活、政治生活、社会生活、文化生活的各个方面实现有法可依，宣示了中国特色社会主义制度，即人民代表大会制度的根本政治制度，中国共产党领导的多党合作和政治协商制度、民族区域自治制度以及基层群众自治制度等基本政治制度，中国特色社会主义法律体系，公有制为主体、多种所有制经济共同发展的基本经济制度，以及建立在这些制度基础上的经济体制、政治体制、文化体制、社会体制等各项具体制度的全面确立和不断完善，标志着中国民主政治的全面制度化和法律化。这是中国改革开放40年来政治建设、法治建设和政治体制改革的重大成果。

最后，加强立法工作，坚持民主立法、科学立法，不断完善政治体制赖以存在的法律体系，就是从法治的源头上有序推进中国政治文明的不断发展，促进政治行为的不断规范，实现政治体制的不断健全。在具体的法律修改完善过程中，中国宪法的修改，法律法规的立、改、废，也会推动某个或某类政治体制的设立、修改、完善、变更甚至废除。例如，《行政诉讼法》的制定和实施，催生了中国"民告官"的行政诉讼制度；《选举法的》修改，规定城乡同票同权，推进了中国选举制度的完善和发展；《刑事诉讼法》的修改，废除了长期作为行政强制措施的收容审查制度。显然，中国法律法规立、改、废的过程，既是法律制度不断完善和自我发展的过程，也是包括政治体制在内的中国各项体制改革完善的过程。

党的十八大报告要求把依法治国作为治国理政的基本方略和法治建设的行动纲领，必须全面推进，而不能倒退回撤；必须积极推进，而不能消极怠慢；必须实践落实，而不能纸上谈兵；必须义无反顾，而不能半途而废；必须改革创新，而不能因循守旧。全面"推进"依法治国，第一，必须坚持社会主义的法治之路，坚持依法治国、建设法治国家的正确方向，坚决反对和抵制形形色色的人治和专制，防止依法治国的倒退和异化。如果放弃了依法治国基本方略，背弃了社会主义法治之路，"全面推进"依法治国就无从谈起。第二，党的十七大报告的提法是"全面落实依法治国基本方略"。党的十七大以来的五年实践证明，尽管"落实"依法治国基本方略成绩显著，但还不尽如人意，"社会矛盾明显增多……食品药品安全、安全生产、社会治安、执法司法等关系群众切身利益的问题较多"，法治建设"进一步，退两步"的现象并不少见。可见，"落实"与"推进"比起来，后者的力度更大，指向更明确。第三，应当按照党的十八大报告的要求，加快推进社会主义民主政治制度化、规范化、程序化，从各层次各领域扩大公民有序政治参与，实现国家各项工作法治化。民主法治建设只能快，不能慢，不能乱，更不能停。第四，应当更加注重改进党的领导方式和执政方式，加快推进民主执政、科学执政和依法执政；更加注重健全民主制度、丰富民主形式，保证人民依法实行民主选举、民主决策、民主管理、民主监督；更加注重发挥法治在国家治理和社会管理中的重要作用，善于运用法治思维和法治方式深化改革、推动发展、化解矛盾、维护稳定、维护国家法制统一尊严权威，保证人民依法享有广泛权利和自由。第五，应当拓展人民有序参与立法途径，推进依法行政，切实做到严格规范公正文明执法；进一步深化司法体制改革，确保审判机关、检察机关依法独立公正行使审判权、检察权；深入开展法制宣传教育，增强全社会学法尊法守法用法意识。尤其是，党必须在宪法和法律范围内活动，任何组织或者个人都不得有超越宪法和法律的特权，绝不允许以言代法、以权压法、徇私枉法。

从政治体制改革的实质来看，依法治国意义上的政治体制改革是对一系列重大利益的重新调整和分配。这些利益包括部门利益、单位利益、地方利益、垄断利益、职务利益等。对于各种公权力主体而言，通过法治思维和法治方式的政治体制改革，实质上是公权力带来的各种私利的减少，责任和服务的增加；是随心所欲的减少，监督和制约的增加；是腐败机会的减少，廉洁和自律的增加；是渎职懈怠的减少，民主和效率的增加……对于公民、企业、一般社会组织、一般法人等私权利主体和社会权利主体而言，政治体制改革本质上不会损害他们的任何重大利益，而只会给他们带来更多的自由、民主、法治、公正、廉洁和效率。在人民当家作主的社会主义国家，广大人民群众、一般社会组织和企事业单位在政治体制改革中失去的是官僚主义和特权压制，得到的却是公平正义和民主法治，因此，他们是政治体制改革的拥护者、支持者和参与者，是政治体制改革必须紧紧依靠的力量。而害怕、反对或者阻挠政治体制改革的，只能是那些少数的公权力的既得利益者、既得利益部门和既得利益地方。

从政治体制改革的内容来看，依法治国意义上的政治体制改革需要对国家和社会中一系列重要政治关系、社会关系进行调整和改变，包括政党、人民和国家的相互关系，主要表现为党权、民权和政权的相互关系；政治、民主与法治的关系，主要表现为坚持党的领导、人民当家作主、依法治国三者有机统一；中央与地方的关系，主要表现为中央与地方的权限划分；政府与社会、个人的关系，主要表现为行政权力、社会权利、个人权利的关系；政府与市场经济的关系，主要表现为行政权力与市场经济规律的关系；人大与行政机关、审判机关、检察机关的关系，主要表现为立法权统领下的一府两院的分工合作；行政机关、审判机关和检察机关的关系，主要表现为行政权、审判权与检察权的相互分工、相互配合、相互制约关系等。法律是社会关系的调整器。全面推进依法治国，通过法治思维和法治方式的政治体制改革，就是要把政治体制中一系列基本关系纳入法律调整、规范的范畴，把政治关系的变更和政治体制的完善纳入法治引导、调控的范畴，实现政治体制的深层次改革和整体完善。

从政治体制改革的对象来看，依法治国意义上的政治体制改革不是要放弃社会主义方向和社会主义道路，不是要彻底改革中国的根本政治制度和基本政治制度，不是要改变中国无产阶级专政的国体和人民代表大会制度的政体，不是要实行西方的多党制和三权分立，而是要在坚持中国特色社会主义方向、道路的基础上，在坚持中国根本政治制度和基本政治制度的前提下，对具体政治体制、政治程序、政治方式、政治机制等进行改革和完善。通过法治思维和法治方式的政治体制改革，就是要依照宪法和法律推进和实现党和国家领导体制、立法体制、行政体制、司法体制、选举体制、党内民主体制、民主管理体制、民主监督体制、民主参与体制等具体政治体制机制的改革完善和创新发展。上述体制机制尤其是这些体制机制中存在的问题和弊端，既是中国深化政治体制改革的主要对象，也是全面推进依法治国需要关注和解决的问题。

从政治体制改革的方式来看，依法治国意义上的政治体制改革，不是搞"解构主义"的"文革式"的不破不立和破旧立新，不是要彻底砸烂公检法，"和尚打伞无法无天"，也不是要搞运动式的疾风暴雨的政治革命和政治斗争，而是要坚持民主法治意义上的"建构主义",理性地建设性地积极稳妥地改革和完善中国政治体制,通过法治思维和法治方式做好政治体制改革的顶层设计,发挥地方、基层和群众改革探索的首创精神,把人民群众期待政治体制改革的良好诉求引导到全面推进依法治国的法治实践上来,把广大干部期盼政治体制改革的不同认识引领到全面落实依法治国基本方略的整体布局上来,用法治思维、法治方式在法治轨道上认真对待、深刻理解和积极推进中国政治体制的各项改革。

第五节 坚持依法治国,推进社会主义政治文明建设

在整个改革开放和社会主义现代化建设进程中,我们都必须始终坚持依法治国的基本方略,建设社会主义政治文明。这是坚持和改善党的领导的要求,是促进社会主义物质文明、政治文明和精神文明协调发展的要求,是全面建设小康社会的要求,也是巩固和发展民主团结、生动活泼、安定和谐的政治局面的要求。

一 坚持和不断改善党对依法治国和社会主义政治文明建设的领导

中国共产党是中华人民共和国的执政党。坚持依法治国,建设社会主义政治文明,必须坚持党的政治领导、组织领导和思想领导,保证党始终处于总揽全局、协调各方的地位。为此,坚持依法治国,建设社会主义政治文明,必须改革和完善党的领导方

式和执政方式。

党的十六大报告提出党要依法执政[①]，这是我们党对依法治国基本方略认识的深化和发展，是党的领导方式尤其是执政方式的重大改革和完善。实行依法执政，对于推进依法治国和建设社会主义政治文明，具有十分重要的理论和实践意义。应当在坚持和完善党的领导的前提下，通过坚持和实行依法执政，推进依法治国；通过健全和发展党内民主，推进人民民主。

第一，执政党要善于通过法定程序把党的主张和人民的意志变为具有规范性、强制性的国家意志，以宪法和法律来实现党的政治领导。我们党应当在体察民情、代表民利、汇集民意的基础上，把人民的根本利益和整体意志及时反映在党的路线、方针和政策中，及时依照法定程序提出立法建议，把汇集了人民意志的党的主张，转变为具有普遍约束力的宪法和法律，并依照宪法和法律来执掌政权，治理国家，管理社会。在依法治国、依法执政的条件下，不宜用党的政策、文件、指示、决定甚至个人批示代替国家法律。

第二，执政党按照依法执政[②]的要求转变执政方式，通过推荐优秀党员到国家中执掌政权等途径，加强党的组织领导。主要途径是：

[①] 依法执政实际上包含着"依法治党"的命题，即依照宪法和法律规范约束执政党的执政行为。按照侯少文教授在《依法治国与党的领导》一书中的解释，依法治党的含义还要宽泛一些："实施依法治国的方略首先必须依法治党。党不仅要把自己的执政和领导活动置于宪法和法律的范围内，而且要注重党内的法规和制度建设，实现党内生活的民主化、制度化、法治化。"侯少文：《依法治国与党的领导》，浙江人民出版社1998年版，第258页。

[②] 有关依法执政方面的研究论文，请主要参见石泰峰、张恒山《论中国共产党依法执政》，《中国社会科学》2003年第1期。

选派优秀党员依法通过选举进入各级国家权力机关①；使党组织推荐的依照法定程序成为国家政权机关的领导人员，并对他们进行监督；保证党在国家政权中始终居于领导地位，发挥政治领导、组织领导和思想领导的核心作用。

第三，执政党依照宪法和法律执政。依法执政的核心是依宪执政。我们党应当带头以宪法作为根本的活动准则，维护宪法尊严，保证宪法实施，自觉在宪法和法律的范围内活动。各级党组织和党的干部都应当严格依宪、依法办事，按照宪法和法律规定的范围、程序、内容和方式来行使执政权力；所有党员和党员领导干部都要模范遵守宪法和法律，把自己的执政行为置于宪法和法律的规范之下，绝不允许有超越宪法和法律的特权，不允许法外用权。治国必先治党，治党必须从严。应当把依法治国、依法执政和依法治党结合起来，依照宪法和法律来实施、规范和保障执政党的执政行为，依照"党规、党

---

① 有民主选举的地方，就会有当选和落选的结果。如何正确看待共产党员参加人大代表选举中的当选和落选问题，周恩来同志早在1953年第一次全国普选前就已做了科学回答："我们应该通过选举来检查工作和考验干部。能不能选得上决定于人民的态度，如果你工作做得好，人民当然会选你。有人认为只有共产党员才能被选上，这是不对的。即使是共产党员，如果人民不信任你，也选不上。"（《周恩来统一战线文选》，人民出版社1984年版，第245页）斯大林曾经在1937年12月《莫斯科市斯大林选区选举前的选民大会上的演说》中认为："选举运动就是选民对作为执政党的我国共产党进行裁判的法庭。选举结果便是选民的判决。如果我国共产党害怕批评和检查，那它就没有多大价值了。共产党愿意接受选民的判决。"（《斯大林文选》，人民出版社1962年版，第453页）在讲到选民对代表的监督时，斯大林还指出："代表应当知道，他是人民的勤务员，是人民派到最高苏维埃的使者，他应该遵循人民指示给他的路线。如果他离开了正路，选民就有权要求重新选举，就有权使离开正路的代表落选。"（《斯大林文选》，人民出版社1962年版，第163页）如果执政党的组织能够在人大代表的民主选举中，定期、主动、敏锐地观察到民意的阴晴和民心的冷暖，及时分析原因，做出检讨，予以更正，就可以防微杜渐。

法"来管理执政党的党内事务、调整党内关系。党组织不能越过人大直接任免需由权力机关选举、罢免或批准任免的干部；不能越过行政机关而直接批钱、批物、批土地；不能越过司法机关直接办理违法犯罪案件，或者变更具体案件的审判结果。党组织不是国家政权机关，不宜直接行使立法权、行政权和司法权。坚持和实行依法执政，最重要的是要坚持党的领导、人民当家作主和依法治国的有机结合和辩证统一。应当善于从党的历史方位和时代任务出发，努力提高依法执政的能力和水平，以依法执政带动和推进依法立法、依法行政、公正司法和民主监督。

第四，以党内民主推进人民民主[①]。社会主义民主与法治、党内民主与人民民主，它们相辅相成、密不可分的，都是社会主义政治文明建设不可或缺的重要内容。党在坚持依法执政的同时，还应当努力发展党内民主，保障党员民主权利，完善党内各项民主制度和决策机制，充分发挥党内民主对人民民主的示范和带动作用，以党内民主带动和推进人民民主。

二 确立和坚持宪法和法律至上的法治原则

在中国，宪法和法律是党的主张和人民意志相统一的体现，它们集中表达了党的路线、方针和政策，体现了人民的利益，反映了人民

[①] 党的十三大提出："以党内民主来逐步推动人民民主，是发展社会主义民主政治的一条切实可行、易于见效的途径。"1994年中共中央在《关于加强党的建设几个重大问题的决定》中，再次明确肯定："发扬党内民主必然推进人民民主，这也是建设社会主义民主政治的一条重要途径。"党的十六大提出：党内民主是党的生命，对人民民主具有重要的示范和带动作用。这一提法，既是对党内民主与人民民主相互关系的一脉相承，又是对它们的创新和发展。

的意志。因此，宪法和法律至上，实质上是坚持党的领导和执政，是人民利益和意志至上，是人民至上。

中国的宪法和法律是由共产党领导人民制定的。由于党始终代表中国最广大人民的根本利益，是全心全意为人民服务而无任何自己私利的工人阶级政党，因此党所代表的利益与人民所要求的利益是统一的，党的意志与人民的意志是一致的。中国宪法和法律在以国家意志的形式汇集和反映人民意志的同时，也体现和反映了党的意志。所以，坚持宪法和法律至上的法治原则，就是坚持党的意志与人民意志的统一和至上，就是坚持人民利益高于一切。这是我们党的性质、宗旨和任务的必然要求，是习近平新时代中国特色社会主义思想和马克思主义法治观在全面依法治国和社会主义政治文明建设中的具体体现。

有一种观点认为，宪法和法律至上就是否定党的领导。这种观点，表面上是坚持党的领导，实际上却是在法治领域把宪法、法律权威与党的权威对立起来，把法律化的党的方针政策与党的领导对立起来，把党的领导与人民当家作主和依法治国对立起来，最终是把人民与党对立起来。其结果只能是党的领导、人民当家作主和依法治国的三败俱伤。

宪法和法律至上与坚持党的领导、维护党的权威是一致的。中国宪法明确规定，实行改革开放和现代化建设的基本方针，坚持四项基本原则，其中包括坚持共产党的领导；中国宪法和法律是党的政策的具体化、规范化和法律化；我们党执政的权力来自人民和宪法。因此，坚持和维护宪法、法律的至高权威和至上地位，就是坚持和维护党的领导权威、执政地位及其政策的至上性，是用法治的方式实践立党为公、执政为民，坚持党的领导，推行党的政策，实现党的领导方式和执政方式的法治化转变，从制度上、法治上切实保证党在宪法和法律范围内活动。

三 进一步加强民主法治教育，努力培养具有社会主义政治文明观念的新人

社会主义政治文明不仅需要制度的文明，同时需要人的文明。人与制度的相互协调才能推动政治文明的发展。培养社会主义文明的"政治人"，最重要的是进一步加强对公民和干部的民主法治教育。

一方面，加强对公民的民主法治教育。主要解决三个问题。一是培养公民的法律意识、权利与义务意识，这是坚持依法治国、建设政治文明的思想基础。二是培养公民的国家意识，即培养公民对国家制度的认知和情感，提高公民对国家和宪法的认同，增强公民对国家的忠诚、信念与信心。三是培养公民的道德意识，使公民接受社会主义道德的规范与引导，不断提高行为的文明度和自觉性。应通过持续教育，在公民中树立法治观念、国家观念、民主观念、权利观念、公民观念、文明观念、纳税人观念、诚信观念、责任观念、公德观念等。

另一方面，加强对干部的民主法治教育。干部是公民中的一员，在履行义务、服从法律、遵守公德等方面，绝不允许有特殊公民存在。干部又受人民委托，是政治权力的直接行使者。因此，教育干部提高其公仆意识和民主法治素质，对于政治文明建设具有重要意义。对干部进行民主法治教育：要强化其公仆意识，使之铭记人民是真正的主人，自己永远是仆人，自己手中的权力来自人民并且属于人民，自己由纳税人养活；要强化其法治意识，努力提高干部依法决策、依法执政、依法行政、依法办事的水平和能力；要强化其服务意识，使

之铭记公仆的理念就是人民的利益高于一切，行为准则就是全心全意为人民服务；要强化其责任意识，使之铭记掌握人民赋予的权力不是特权，而是义务和责任，必须对国家、对人民、对法律负责。任何公仆如果滥用权力，将承担政治和法律后果。

通过民主法治教育，要在干部中牢固树立：立党为公、执政为民和依法执政的执政观念；权为民所用、情为民所系、利为民所谋的人民观念；尊重和保障人权与基本自由，法律面前人人平等的人权观念；民主立法、依法行政、公正司法和依法监督的法治观念；民主选举、民主决策、民主管理、民主监督的民主观念。

加强对公民和干部的民主法治教育，坚持党的领导是前提，对公民进行文化道德和民主法治的宣传教育是基础，强化干部的公仆意识并督使其身体力行是关键，坚持和推进依法治国是保障，发展党内民主和人民民主、改革政治体制、建设社会主义政治文明是途径。

四　进一步完善社会主义民主制度，不断发展人民民主

社会主义文明的政治，是人民当家作主、国家权力由人民产生、对人民负责、为人民行使、受人民监督的政治。建设社会主义政治文明，应当不断完善各项民主制度。

第一，建设社会主义政治文明，应当进一步坚持和完善人民代表大会制度。这是社会主义民主的本质要求，也是建设社会主义政治文明的关键和灵魂所在。人民代表大会制度是中国各族人民当家作主的根本政治制度，宪法明确规定全国人民代表大会是国家最高权力机关，享有立法权、重大事项决定权、人事任免权、监督权，应当从具体制度上进一步保障人大的宪法权力，落实人大的宪法地位，从工作

机制上切实发挥人大在民主立法、民主选举、民主决策、民主监督等方面的作用。与此同时，应当进一步健全和完善共产党领导的多党合作与政治协商制度、民族区域自治制度、基层民主制度、公民民主参与制度等。

第二，高度重视社会主义民主的具体制度和操作程序建设。过去我们一般比较重视强调社会主义民主的本质优越性，而对社会主义民主的具体制度和操作程序建设重视不够。这就在一定程度上影响了社会主义民主的根本政治制度和基本政治制度优越性的进一步发挥，制约了人民民主的具体实现过程。应当进一步完善人大的选举程序、候选人的提名程序、人大选举产生的领导人的罢免程序、重大问题决定程序、立法程序、表决程序、监督程序等程序民主；建立和健全立法公开制度、人大会议旁听制度、立法听证制度等制度民主。

第三，随着经济和文化发展，不断扩大公民依法有序的政治参与。参与政治是公民的基本权利，受宪法和法律的保护。公民应当依法行使权利，任何违反法律的"大民主"的无序的政治表达和参与，都是政治不文明的表现，应当依法予以禁止或者规范。为了发扬社会主义民主，保障公民有序的政治参与，应当在党的领导下，考虑逐步扩大公民直接选举的范围和领域；应当进一步健全和完善公民参与决策、实行民主管理和民主监督的各项制度，切实保障公民的选举权与被选举权、知情权、参政议政权、批评建议权、申诉控告检举权等各项民主权利。

第四，进一步扩大基层民主。全体公民直接广泛参与的基层民主，是基层自治和民主管理的重要制度形式，是发展社会主义民主的基础性工作。进一步扩大基层直接民主，有利于充分调动人民群众的积极性和创造性，依法管理自己的事务；有利于提高全民的民主素质。在农村，要不断完善村民自治，健全村党组织领导的充满活力的村民自治机制；在城镇，要全面推进城市社区建设，明确界定社区居委会职能、政府与社区关系，形成管理有序、文明和谐的新型社区；在企事业单位，要继续坚持和完善职工代表大会和其他形式的企事业民主管理制度，切实保障职工的合法权益。

第五，坚持和完善社会主义民主制度，应注意处理好几个关系：处理好代议民主与直接民主[①]、党内民主与人民民主的关系，促进社会主义民主的全面发展；处理好国家权力机关与行政机关、审判机关、检察机关的关系，保证根本政治制度的良性运行；处理好政治民主、经济民主与社会民主的关系，实现三者的协调发展；处理好保障公民权利与要求公民履行法律义务、承担社会责任的关系，坚持权利与义务、权利与责任的统一性[②]；处理好发展民主、推进政治体制改革与保持社会稳定的关系，在保持稳定的前提下全面发展人民民主、积极有序地改革政治体制。在所有关系中，最根本的是要处理好党的领导、人民当家作主与依法治国的关系，从各项制度上、法律上保证三者的有机统一。

五 进一步完善权力制约机制，切实尊重和保障人权

社会主义文明的政治应当是民主的、权为民所用的政治；社会主

[①] 直接选举与间接选举都是民主的实现方式，不见得直接选举的程度越高，就意味着越民主；也不见得间接选举越普遍，就意味着越不民主。直接和间接选举，都应当与国情、文化、经济发展水平等相适应，不宜一概而论。

[②] 但是，对于政府而言，不应当以强调公民履行义务为主导，而应当强调政府如何为公民提供保障和服务，以更好地实现公民的权利。例如，在对待公民履行纳税义务方面，政府的有关部门还承担着维护纳税人权利的义务，特别是纳税人对于自己所纳之税被用在何处、怎样用的等知情权，以及由此派生的监督权。在法治社会，政府保障公民权利得到有效实现，是公民切实履行义务的重要方面。

义政治文明的权力应当是廉洁的、规范的、高效行使的权力。但由于种种原因,在中国的现实政治生活中,还存在着以权谋私、假公济私、化公为私、渎职滥权、权钱权色交易、跑官要官、卖官鬻爵、贪污腐化、行贿受贿等腐败现象。在腐败现象背后,有一些问题需要思考:与其他发达国家比,中国的监督渠道是相当多的,政党方面有党员监督、纪检监督、党组织监督以及民主党派监督等;国家方面有人大监督、行政监督、检察监督等,其他还有人民监督、社会监督、舆论监督等,但监督效果不够理想。是不是监督渠道越多越好;各种监督主体之间如何形成合力,既增强监督的有效性,又避免重复监督,浪费监督资源;为什么在我们不断加强反腐败工作力度的过程中,却一度出现了涉案的人员越来越多,涉案的职务越来越高,涉案的金额越来越大,涉案的范围越来越广等"顶风作案"的现象;在现实生活中,为什么有的权力部门、权力职位容易出现"前赴后继"的贪污腐败,有的腐败在某些资本主义国家都难以发生,或者较少发生,在我们社会主义国家却触目惊心地存在[1]。解决这些问题,还是应当进一步从源头上、机制上和体制上寻找原因,这样才能对症下药,标本兼治。

"政者,正也。子帅以正,孰敢不正?"[2] 社会主义政治文明

---

[1] 应当建立良性循环的监督机制,设法解决如何用最低成本来"监督监督者"的问题。我国现行的监督制度在机制上是呈"开环状"的,始终没有真正解决"谁来监督监督者"或者"谁来监督'一把手'"的问题,没有形成权力与权力之间的相互制约和彼此监督的"闭环系统"。"开环系统"的监督机制漏洞多,成本高,监督成效却不理想。权力结构不合理、配置不科学,在行使中就不可避免地会产生背离权力主旨和目标的现象。这是一种本源性的缺陷,是产生权力滥用、权力腐败和权力失效现象的机制和体制原因。

[2] 《论语·颜渊》。

就是要遏制、减少并最终消除权力腐败，实现全社会的公平和正义。应当从国情出发，借鉴人类政治文明制约和监督权力的有益经验，建立结构合理、配置科学、程序严密、制约有效的权力运行和监督机制，设法用最低成本从制度上、机制上解决对权力的制约与监督问题。

一方面，努力解决对权力制约与监督的机制问题。社会主义政治文明优越性的一个重要特点，是社会主义制度本身并不必然地产生腐败，因此只要我们不断巩固、完善和发展社会主义制度，就可以从制度上防止、减少并最终消除权力腐败，实现全社会的公平和正义。推进依法治国，加强对权力的制约和监督，一项重要内容就是要依法治权、依法治官。应当依法建立结构合理、配置科学、程序严密、制约有效的权力运行和监督的制度和机制。在反腐倡廉方面，党的十六大已经做了战略部署，应当坚决贯彻实施；党中央和党的各级组织十分重视反腐倡廉工作，制定了许多制度，应当切实执行。在操作层面的制度安排上，是否可以考虑将检察机关的反贪机构、行政机关的监察机构与执政党的纪律检查机构合并，成立廉政总署，在党中央和最高国家权力机关的垂直领导下，依法统一行使反贪污腐败的职权。这样安排，有利于加强党对反腐败工作的集中领导，统一指挥，协调行动；有利于强化反腐败工作的力度，排除干扰，克服阻碍，公正执法；有利于整合反腐败工作的资源，减少重复劳动，提高效率和质量，从制度上进一步加强对权力的有效监督。

应当充分发挥法治制约和监督权力的作用，抓紧制定《监督法》，使人大对"一府一委两院"的监督进一步制度化、法律化。早在1987年，全国人大的有关部门就开始研究起草《监督法》，1991年第七届全国人大四次会议把制定《监督法》列入立法规划，之后历届全国人大又多次提出这部法律的制定问题。2006年8月27日，第十届全国人民代表大会常务委员会第二十三次会议通过了《中华人民共和国各级人民代表大会常务委员会监督法》。该《监督法》是代表人民、执政党和国家监督行政权、审判权和检察权的重要法律，应当具有足够的权威、机制和手段；应当在《监督法》中强化人大对"一府两院"的监督，并使之制度化、程序化和规范化；应当设立政务公开制度、错责追究制度、弹劾制度、政务类公务员的资讯和财产公开等制度，并进一步完善现行的质询和询问制度、特别调查制度、预算决算审查制度、罢免制度等，以保证这部法律出台后能够切实发挥作用。

另一方面，切实加强对公民权利的保障。制约和监督权力，目的在于保证人民赋予的权力为人民服务，保证人民当家作主，享有广泛的权利和自由。中国宪法和法律为保障公民权利提供了较好的法治基础，并在实践中取得了前所未有的成就。但是，在某些地方和部门、在某些工作的环节上，还存在着侵犯公民人身权利、财产权利的现象，如非法拘禁、超期羁押、刑讯逼供、非法剥夺公民财产等。

尊重和保障人权是社会主义的本质要求[①]，应当予以高度重视。

[①] 人权是人民作为主权主体和法律主体的意志、利益和尊严的具体化、法律化的确认形式，是具体的个人与具体的法律规范契合的正式制度安排，意味着个人私域与政府公域的界限划定。"享有充分的人权，是长期以来人类追求的理想。"对于社会主义中国来讲，维护人权并不断改善人权状况，是由社会主义社会性质所决定的国家的根本目的之一；共产党执政，支持和保障人民当家作主，也是为了实现人民的人权和基本自由，最终实现全人类的彻底解放。依法治国的基本目的，不是整治老百姓，实现对人民的统治，而是充分保障每个人的权利与基本自由的实现。正如1991年《中国的人权状况》白皮书向全世界宣称的那样，"继续促进人权的发展，努力达到中国社会主义所要求的实现充分人权的崇高目标，仍然是中国人民和政府的一项长期的历史任务"。

中国宪法和法律规定的公民的各项权利，是公民人身人格、政治、经济、文化等各种利益的具体化、法律化。不管国家工作人员以什么方式侵犯了公民权利，都可能引起群众对党和政府的不满，严重的时候还可能恶化党群关系，使党成为人民的对立面，从而破坏党的执政基础。公民的权利与义务相统一，是宪法对于公民享有权利所规定的基本原则。但对于行政为民的政府来说，应当更加侧重对公民权利的保障，这样才能更好地体现人民政府为人民的本质，更积极地促使公民认真履行义务。

尊重和保障人权的当务之急体现在以下几个方面。一是以2004年3月十届全国人大二次会议将"尊重和保障人权"载入宪法的契机，全面完善中国人权保障的各项法律规定和相关制度。二是继2001年全国人大常委会批准联合国《经济、社会和文化权利国际公约》之后，加快审议并批准1998年10月中国政府签署的联合国《公民权利与政治权利国际公约》。三是取消和改造劳动教养制度，区别不同情况，将犯罪和违法行为分别纳入刑事诉讼和行政处罚的程序约束之中。劳动教养制度在中华人民共和国历史上发挥过重要作用。但在新形势下，它的运作方式、审批程序等存在某些缺陷，尤其是实施劳动教养的依据主要是行政法规而不是法律。这些行政法规允许限制公民人身自由达1—4年，与《立法法》第8条第5款关于限制公民人身自由的强制措施和处罚只能由法律规定的立法原则明显不符，建议通过加强人大立法，进一步改革和完善这项制度。四是大幅度减少死刑的刑种，慎重并减少适用死刑。

六　进一步加强社会主义法治建设，努力提高法治整体水平

社会主义民主政治是法治政治。只有不断提高法治的整体水

平，才能更好地发展民主政治，推进社会主义政治文明建设。提高法治的整体水平，必须进一步从以下几个方面健全社会主义法治。

首先，进一步维护宪法和法律的权威性。宪法和法律集中体现了党的主张和人民的意志，是坚持党的领导、人民当家作主和依法治国的合法性依据。有法不依、执法不严、违法不究，都是对宪法和法律权威的侵犯。而侵犯了法治的权威性，就是侵犯国家的法治基础、执政党的政治权威和人民至上的主权原则。在政治文明建设中，维护社会主义宪法和法律的权威性，就是用法治的方式坚持党的领导、实践立党为公、执政为民。

其次，进一步保证法治的统一性。中国是单一制国家，维护法治的统一性，是国家统一的法治保障，是法治建设的一项基本原则。第一，立法要统一，这是法治统一的法律基础和前提。某些立法工作中的部门保护主义现象，法律体系中存在的法律规范之间的某些不一致甚至冲突的现象，都影响了法治的统一性。第二，执法和司法要统一，这是社会主义法治原则对保证法律统一实施的基本要求。目前法律实施中的地方保护主义现象，以及违反法律面前人人平等原则的现象，都是对法治统一性的破坏。第三，应当努力从宪制制度上解决法治统一性问题，进一步加强全国人大常委会解释宪法和监督宪法实施的工作，适时建立和完善合宪性审查制度；应当保障公民通过各种诉讼程序和方式维护自己的宪法权利。

再次，进一步提高法律实施的实效性。经过 40 年的法治建设，我国形成了中国特色社会主义法律体系[①]，无法可依的问题已基本解决。现在法治建设的主要矛盾，是法律实施的问题，主要表现为某种程度上存在有法不依、执法不严[②]。努力提高中国法治的整体水平，应当在继续重视立法工作的同时，进一步加强法律实施工作，把解决法律有效实施的问题作为下一步法治建设的重点，使法律实施与法律制定协调发展。"天下之事，不难于立法，而难于法之必行。"[③] 提高法律实施的实效性，应当从各级领导干部做起，不断提高依法执政、依法决策和依法办事的观念和水平；健全严格的执法制度，切实做到依法执政，执法为民；从制度上、法律上切实保证审判机关和检察机关依法独立公正地行使审判权、检察权。

最后，进一步加强法治建设的协调性。法治建设是一个庞大的社会系统工程，在系统内部的立法、行政、司法、法律监督之间，应当做到和谐统一，协调发展；在系统外部，应当做到法治建设与经济、政治、文化和社会发展相适应，与坚持党的领导、保障人民当家作主相统一。在法治建设中，尤其应当注意司法改革的整体协调推进。以往进行的司法改革，主要是司法机关内部的制度和工作机制改革。这

[①] 据统计，截至 2004 年 9 月，全国人大制定了现行宪法和 4 个宪法修正案，全国人大及其常委会制定了 200 多件现行有效的法律，国务院制定了 650 多件现行有效的行政法规，地方人大及其常委会制定了 7500 多件现行有效的地方性法规，民族自治地方的人民代表大会制定了 600 多件自治条例和单行条例，以宪法为核心的中国特色社会主义法律体系初步形成。参见胡锦涛 2004 年 9 月 15 日《在首都各界纪念全国人民代表大会成立 50 周年大会上的讲话》。

[②] 有的地方存在着以言代法、以权代法的倾向；有的地方对法律实施采取实用主义，利我者采行，弊我者虚置；有的地方存在司法不公、效率不高、执行难的问题。法律缺乏实效性，有时是由立法造成的。如个别的地方搞"领导"立法，无视立法的民主程序，缺乏执法评估、实施成本过高、条件不具备，导致地方性法规难以实施。

[③]《张文忠公全集》奏疏三。

些改革虽已取得不小成效,但还不能从体制上真正解决导致司法不公的深层次的矛盾和问题。① 针对这些矛盾和问题,党的十六大报告已在司法改革方面提出明确要求和整体规划。法学界普遍认为,这些要求和规划符合国情,实事求是,具有较强的针对性、科学性和可操作性,应当尽快积极稳妥地付诸实施。

七 建立和完善依法治国的领导体制,有领导有步骤全面深入地推进依法治国

依法治国是有领导、有步骤、有组织地自上而下推进的伟大事业。1996年提出依法治国方略以来,各地方在开展依法治理工作的实践中,对建立依法治理的领导体制做了有益探索,取得了一些经验。主要有两种模式,一种是实行党委领导、人大监督、政府组织实施的领导体制。这种体制被称为"河南模式"。另一种是实行党委领导、人大主导、政府实施的领导体制。这种体制被称为"广东模式"。两种体制都有其存在的合理性,最主要的是它们都把地方的党委、人大和政府结合起来,组建依法治理的领导小组,形成权力的统合与分工,共同负责推进地方的依法治理工作。但在实践中,这种依法治理领导体制,存在三个难以解决的问题。一是依法治理的领导体制基本上是临时性的,是一种没有正式编制的体制。二是领导体制多以领导

---

① 党的十五大以来,我国的司法改革成绩斐然,功不可没。但是,由于对司法改革的规律缺乏充分研究,改革措施缺乏整体设计;公检法司各部门都出台了一些改革措施,但缺少协调和衔接等原因,司法改革还主要是各个部门的要素改革,难以在整体上向前推进。这种改革方式见效快,但容易产生要素改革与法制和社会整体发展不协调的弊端,个别情况下甚至会出现法制要素改革得越彻底,离法治国家和政治文明建设整体目标和价值追求就越远的现象。

小组名义存在，在法律上和国家整个政治体制中缺乏明确法定的职能和权限。三是领导成员构成上多有组合性特点，容易发生因人而异的现象：领导小组主要负责人重视依法治理时，此项工作就开展得好；负责人注意力转移了，依法治理工作就会受到冷落。

地方毕竟有依法治理领导小组，可以有领导、有组织地推进地方的依法治理工作。在中央层面上，却没有一个集中统一领导全国依法治国事业的最高领导体制。依法治国这样一个事关全局、统摄各方的重大系统工程，主要靠中央各个系统和部门的自我重视和主动安排来实施。

坚持依法治国是党的政治报告和国家宪法确认的治国基本方略。为了保证依法治国方略的实施，应当把建立具有最高权威的领导全国依法治国事业的领导体制，提上中央议事日程。可以考虑，在中央成立依法治国委员会，负责全国依法治国的领导、推进和协调工作；委员会下设以国务院司法行政主管部门为主组成的办公室，负责制定全国的依法治国发展战略和整体规划，并负责组织、协调依法治国的工作。当前，应当考虑制定全国性的依法治国发展战略和实施规划，进一步明确依法治国的指导思想、发展目标、工作原则、主要任务、组织领导和实施方式等，切实保证依法治国的顺利推进。

第四章

把经济社会发展纳入法治轨道[*]

党的十八届四中全会提出，中国正处于社会主义初级阶段，全面建成小康社会进入决定性阶段，改革进入攻坚期和深水区，国际形势复杂多变，我们党面对的改革发展稳定任务之重前所未有，矛盾风险挑战之多前所未有，依法治国在党和国家工作全局中的地位更加突出、作用更加重大。面对新形势新任务，要更好统筹国内国际两个大局，更好维护和运用中国发展的重要战略机遇期，更好统筹社会力量、平衡社会利益、调节社会关系、规范社会行为，使中国社会在深刻变革中既生机勃勃又井然有序，实现经济发展、政治清明、文化昌盛、社会公正、生态良好，实现中国和平发展的战略目标，必须更好发挥法治的引领和规范作用。

国家"十三五"规划明确提出，必须坚持发展是第一要务，牢固树立和贯彻落实创新、协调、绿色、开放、共享的新发展理念，以提高发展质量和效益为中心，以供给侧结构性改革为主线，扩大有效供给，满足有效需求，加快形成引领经济发展新常态的体制机制和发展方式，保持战略定力，坚持稳中求进，统筹推进经济建设、政治建

---

* 本章系中国法学会2016年交办委托重大课题。课题组组长：李林；成员：陈甦、莫纪宏、李洪雷、李忠、刘小妹、王小梅。

设、文化建设、社会建设、生态文明建设和党的建设,确保如期全面建成小康社会。到2020年全面建成小康社会,必须坚定不移走中国特色社会主义法治道路,加快建设中国特色社会主义法治体系,建设社会主义法治国家,推进科学立法、严格执法、公正司法、全民守法,加快建设法治经济和法治社会,把经济社会发展纳入法治轨道。

第一节 把经济社会发展纳入法治轨道是中国特色社会主义建设规律的集中反映

把经济社会发展纳入法治轨道,是推进全面依法治国,深入贯彻落实党的十八大及其三中、四中、五中全会精神的重要体现,是国家治理体系和治理能力现代化的必然要求,是中国特色社会主义建设规律的集中反映。在当代中国,发展、改革、法治是最有时代价值和中国特色的三个关键词。习近平总书记说,"发展是目的,改革是动力,法治是保障"[①],高度概括了发展、改革、法治三者之间的实践关系。根据"四个全面"战略布局的要求,坚持"发展、改革与法治"三位一体的新时期建设总体方案,就应当更加重视建设法治经济和法治社会,更加重视和发挥法治对经济社会发展的重要作用,进一步贯彻落实党领导人民治国理政、用法治思维和法治方式推动经济社会发展的新理念新思想新战略。

"十三五"规划明确了发展重点,要求紧紧围绕发展目标推进改

[①] 本书编写组编著:《〈中共中央关于国民经济和社会发展第十三个五年规划的建议〉辅导读本》,人民出版社2015年版,第58页。

革，用改革助力发展目标实现，用法治引领改革、促进发展。由于市场经济是法治经济，和谐社会是法治社会，经济社会发展是法治引导和保障的有序发展，因此，实现"五大发展理念"要求的新发展，全面建成小康社会，必须坚持法治原则，把经济社会发展纳入法治轨道，充分发挥法治对发展市场经济和建设和谐社会的重要作用。

一　法治助推经济社会发展的新特点

改革开放以来，尤其是中国实行社会主义市场经济以来，法治与经济社会发展的关系，始终是一个非常重要且常说常新的话题。在全面依法治国和贯彻落实"五大发展理念"的今天，法治引领、助推和保障经济社会发展出现了一些新特点。

其一，法治得到前所未有的重视。党中央提出"四个全面"战略布局，对"战略目标与战略举措"、改革与法治的"破与立""法治与发展"等重大关系，作出了重要论述和顶层设计，更加凸显立法对经济社会发展的"重大改革要于法有据"的引领作用，更加重视法治政府对经济社会发展的"保障私权、维护产权、制约公权"的促进作用，更加强调司法对经济社会发展的"维护公平正义最后一道防线"的保障作用。同时对法治能力提出了更高的要求，如有法可依要有良法可依，执法必严要严而有度，司法公正要在每一个案件中实现。只有这样，才能在法治轨道上实现经济社会的持续发展和有序发展。但是，中国法制上层建筑某些方面的改革还不能适应新形势下经济社会发展新要求的情况依然存在，某些法律法规中的个别内容甚至可能成为经济改革和社会发展的制度性障碍，因此需要在经济社会发展实践中加快推进法制改革。

其二，法治新常态开始形成。依法治国的全面推进和中国特色社会主义法治体系的加快建设，为把经济社会发展纳入法治轨道，创造了前所未有的良好法治环境和法治条件，使经济社会发展开始进入有序化、法治化的"新常态"。其具体表现是：在党的领导与法治建设的关系上，社会主义法治必须坚持党的领导，党的领导必须依靠社会主义法治；在改革与法治的关系上，用法治思维与法治方法引领和规范改革，用改革精神与改革措施建设和发展法治；在政府与市场及社会的关系上，市场主体是"法无禁止即可为"，政府及其部门则是"法无授权不可为"。但是，在法治建设领域和发展的过程中，仍然有一些"短板"和"弱项"，诸如，有法不依、执法不严、违法不究现象还未得到根除，执法体制权责脱节、多头执法、选择性执法现象依然存在。因此，需要在全面推进依法治国中着力补齐"法治短板"和重点强化"制度弱项"。

其三，司法体制改革向纵深推进。在当前的社会主义法治建设中，司法体制改革的深度、广度与力度举世瞩目。中央提出的一百多项司法改革措施正在得到落实，司法不公、司法公信力不高的问题逐步得到解决，一些司法人员作风不正、办案不廉，办金钱案、关系案、人情案，"吃了原告吃被告"的现象逐步得到遏制，解决司法体制不完善、司法职权配置和权力运行机制不科学、人权司法保障制度不健全等司法体制机制问题取得显著成效。由于司法体制改革属于政治体制改革，而政治体制改革和全面依法治国又是一项宏大系统工程，司法体制改革与整个法制改革乃至全面依法治国应当配套实施、平衡推进，否则，难以发挥法治系统工程的理想成效。当前的司法体制改革进展是否顺利、目标能否有效达到，是极为重要的法治指标，直接关涉经济社会发展能否有效纳入法治轨道的根本问题，需要认真对待。

其四，全民法治意识增强达到新境界。全面推进依法治国，深化法治宣传教育,法治文化得到广泛传播,全社会的法治意识普遍提升,法治观念普遍增强,公民学法守法用法的能力不断增强,公职人员特别是各级领导干部依法办事的法治素养不断提高。这些成就都为贯彻落实"五大发展理念"提供了良好的社会基础和法治文化氛围,为把经济社会发展全面纳入法治轨道创造了有利法治条件。全民学法守法用法能力的不断增强,对法治建设能力与水平、包括对制度供给的数量与质量产生新需求,对国家公权力机关及其公职人员的法治思维和法治能力提出新要求。随着全面从严治党的深入实施,全面依法治国的持续推进,对公权力主体特别是"关键少数"领导干部严格遵守党章和党内法规、努力提高尊法学法守法用法的自觉性和能力,提出了新的更高要求,他们运用法治思维和法治方式深化改革、推动发展、化解矛盾、维护稳定能力的状况,将从主体上决定和制约法治服务经济社会发展的成效。

其五,社会治理法治化水平不断提升。新常态下经济社会的新发展,尤其是"五大发展理念"的贯彻落实,社会治理体系的创新完善,社会治理能力的增强提高,都从根本上有力推动了中国特色社会主义法治体系建设,为法制变革和完善注入了新动力;不断完善的法治又反过来服务于经济社会发展,为经济改革和社会发展提供良好法治环境和法律保障。由于经济体制改革是一个不断探索和经常调整的变动不居的过程,面临来自方方面面的阻力和压力;社会体制改革是一场按照社会主义本质要求,构建法治秩序、实现社会公平正义的深刻变革,面临着老办法不管用、新办法不顶用、好办法不敢用的尴尬局面。因此,运用法治思维和法治方法加强社会治理,是彻底而有序地解决经济社会发展中存在的这些不确定性、不成熟性、不稳定性以及相关的风险性的唯一选项。毫无疑问,经济社会发展与社会主义法治是相辅相成、相得益彰的，经济社会发展需要法治的引领和保障，法治进步需要经济社会发展的推动和促进。

二 法治经济是市场经济的内在要求

法是社会关系的调节器，法治是经济持续健康发展的基础，市场经济必然是法治经济。换言之，法治经济必然是市场经济的基本特征和内在要求。市场化程度越高，对法治的要求就越强烈。现代市场经济建立和完善的过程，也是法治不断推进和完善的过程。市场经济本质上是法治经济，社会主义市场经济同样是社会主义法治经济。市场经济的自主、平等、诚实信用等内在属性，必然要求厉行法治，依法办事；要求制定公平和完备的法律；要求法律对市场经济的规范、引导、制约、保障和服务。因此，要发挥市场在资源配置中的决定性作用，就必须先行发挥法治对市场经济运行的基础性作用。因此，党的十八届四中全会决定指出，要"使市场在资源配置中起决定性作用和更好发挥政府作用，必须以保护产权、维护契约、统一市场、平等交换、公平竞争、有效监管为基本导向，完善社会主义市场经济法律制度"。

（一）市场经济本质上是法治经济

1. 市场经济是市场主体独立的经济，市场主体多元独立自主的属性必然要求实行法治。市场经济是以市场为调节机制的交换型经济，而交换首先必须有交换者即市场主体，市场主体的多元、独立、自主决定和保障了市场交换的多元、自主、独立属性。市场主体的资格和条件，需要运用具有最高权威性的法律来设定；市场主体的自主经营、自负盈亏、自我发展、自我约束的市场主体地位，需要法律予以规定；各种经济主体从事商品生产、交换和其他经济活动的财产权和其他经济权利，需要法律来规定和保障；市场主体之间权利与义务的法律关系，需要法律来确认、规范和保障。

2. 市场经济关系是契约性经济关系，经济活动的契约性必然要求实行法治。市场经济体制归根结底是建立在平等交换基础之上、依靠市场竞争行为对有限资源进行配置的一种经济制度。市场经济运行过程中的各种活动，几乎都是通过契约来实现的，因为相互独立、意思自治的市场主体之间要形成交易并确保履行，只能通过契约形式。产品生产、市场交换、分配方式、产品消费、社会保障等各个环节，虽然形式千差万别，但在法律形式上都是契约关系的表现。从身份到契约正是从自然经济向市场经济转变的重要标志，没有契约就不可能有商品经济和市场经济，没有契约就不能保证交易安全，当然也就不能保障交易效率。

3. 市场经济是自由平等竞争型经济，要实现自由平等竞争性必然要求实行法治。竞争是市场经济的基本特征和运行机制。市场经济是通过价值规律发挥主导作用的竞争性经济，只有竞争才能实现优胜劣汰，使资源合理配置。要发挥市场经济竞争机制的积极作用，防止出现恶性竞争，防止出现垄断，就必须建立公平竞争的市场秩序、法治环境，必须通过法治建立自由平等的竞争规则。

4. 市场经济是统一型开放型经济，要实现统一性开放性必然要求实行法治。市场经济的发展必然要求在经济上打破各个地区的界限，建立全国统一的大市场，甚至要求打破国家之间的界限，形成包括许多国内市场的国际大市场。市场经济统一性的外在要求是打破地区、国家之间的封锁，使各种商品能在统一市场上自由流动、自由组合，其内在需要是市场运行规则的法律化和统一化。实现市场的统一性,才能充分发挥市场配置资源的决定性作用;而市场的统一性是与开放性分不开的。在当前阻碍市场统一性和开放性的主要表现:一是地方保护主义,用狭隘的地域观念人为地割裂市场,阻碍市场要素有效流通;二是所有制歧视,在市场准入和规制等方面,违背"两个毫不动摇",简单地以所有制划线,人为地造成不同所有制企业之间的市场地位不平等、市场竞争不公平。要实现市场的统一性和开放性,必须依法建立公平开放透明的市场规则,实行统一的市场准入制度,在制定负面清单基础上,各类市场主体可依法平等进入清单之外领域。

5. 市场经济是有序型经济,要有效规范调控市场必然要求实行法治。市场经济需要正常的秩序,需要有正常的市场进入、市场交易的秩序,这就需要发挥法治的功能和作用。市场经济的一般规律及其实现机制,要求政府依法运用经济手段和行政手段对经济进行必要的宏观调控。政府宏观调控的手段多种多样,包括制定、实施计划和产业政策,制定国家经济预算、主导投资,利用税收、金融、物价、规划、标准化等手段调控各种经济关系。政府对市场宏观调控不是任意的、无限度的,而是在法律的规范、引导、制约和保障的前提下进行的。进行法治经济建设,应当厘清政府与市场、政府与企业、政府与社会的关系,把市场的还给市场,把企业的还给企业,把社会的还给社会。

党的十九大报告指出,中国特色社会主义进入新时代,中国经济已由高速增长阶段转向高质量发展阶段。新时代推动经济高质量发展,应当更加重视和加强法治对经济发展的引领、促进和保障。

(二)法治对经济发展提供有力保障

改革开放 40 年,中国国内生产总值由 1978 年的 3679 亿元跃升至

2017年的82.7万亿元，年均实际增长9.5%，远高于同期世界经济2.9%左右的年均增速。中国国内生产总值占世界生产总值的比重由改革开放之初的1.8%上升到15.2%，多年来对世界经济增长贡献率超过30%。中国货物进出口总额从206亿美元增长到超过4万亿美元，累计使用外商直接投资超过2万亿美元，对外投资总额达到1.9万亿美元。中国人均国内生产总值不断提高，2017年已经达到59660元人民币（近8800美元），成功由低收入国家跨入中等偏上收入国家行列，在世界银行公布的217个国家（地区）中排名上升到第95位。现在，中国是世界第二大经济体、制造业第一大国、货物贸易第一大国、商品消费第二大国、外资流入第二大国，中国外汇储备连续多年位居世界第一，中国人民在富起来、强起来的征程上迈出了决定性的步伐！①

与此同时，40年来中国经济法治建设也取得长足发展。在中国法律体系现行有效的269部法律中，调整和服务经济建设的民商事法律和经济法有近百部。国家立法机关制定了《民法总则》《合同法》《物权法》《农村土地承包法》等法律，建立健全了债权制度和物权制度；制定了侵权责任法，完善了侵权责任制度；制定了《公司法》《合伙企业法》《个人独资企业法》《商业银行法》《证券投资基金法》《农民专业合作社法》等法律，建立健全了商事主体制度；制定了《证券法》《海商法》《票据法》《保险法》等法律，建立健全了商事行为制度；制定了《中外合资经营企业法》《外资企业法》《中外合作经营企业法》，对外国投资者在中国的投资管理和合法权益的保障等作出规定；制定了《专利法》《商标法》《著作权法》等法律法规，加强对促进科技进步与创新的法律保护；制定了《预算法》

---

① 习近平：《在庆祝改革开放40周年大会上的讲话》，《人民日报》2018年12月18日。

《价格法》《中国人民银行法》等法律，对经济活动实施宏观调控和管理；制定了《企业所得税法》《个人所得税法》《车船税法》《税收征收管理法》等法律，不断健全税收制度；制定了《银行业监督管理法》《反洗钱法》等法律，对金融行业的安全运行实施监督管理；制定了《农业法》《种子法》《农产品质量安全法》等法律，保障农业发展和国家粮食安全；制定了《铁路法》《公路法》《民用航空法》《电力法》等法律，对重要行业实施监督管理和产业促进；制定了《土地管理法》《森林法》《水法》《矿产资源法》等法律，规范重要自然资源的合理开发和利用；制定了《节约能源法》《可再生能源法》《循环经济促进法》《清洁生产促进法》等法律，促进能源的有效利用和可再生能源开发；制定了《反不正当竞争法》《反垄断法》，保障市场主体之间的公平、有序竞争。

2013—2018年，全国人大及其常委会加强社会主义市场经济立法，制定了《环境保护税法》《烟叶税法》《船舶吨税法》，修改《企业所得税法》；开展产权保护法律清理工作；修改《反不正当竞争法》《中小企业促进法》《农民专业合作社法》《促进科技成果转化法》《标准化法》《商标法》《广告法》，制定《旅游法》《资产评估法》等。

2013—2018年，人民法院加强服务保障经济社会持续健康发展，各级法院审结一审商事案件1643.8万件，同比上升53.9%；依法稳妥处置"僵尸企业"，审结破产案件1.2万件[①]；审结买卖合同案件

[①] 破产清算是清理"僵尸企业"的有效司法途径。2007年《企业破产法》实施后，司法案例开始逐年增多，2013年出现拐点，数量达到上千例，尤其是在2013年至2014年案例数量增幅达到300%。截至2017年"北大法宝"收集与破产有关的纠纷的司法案例为3.6万余例，其中，申请破产清算案例数量最多，约1.5万例，总占比约41.7%。相较于破产重整、破产和解，破产清算是处理"僵尸企业"最常见、最有效的司法途径。

410.6万件，促进公平交易。在依法防范化解金融风险方面，审结借款、保险、证券等案件503万件，维护金融市场秩序；审结民间借贷案件705.9万件，规范民间融资行为；审结互联网金融案件15.2万件。在加强产权司法保护方面，出台加强产权司法保护17条意见；出台改善营商环境、平等保护非公有制经济等意见，制定保障企业家创新创业10条具体措施，依法保护企业家人身自由和财产权利，着力营造保护企业家干事创业的法治环境。在服务创新驱动发展方面，各级法院审结一审知识产权案件68.3万件，探索在知识产权审判中适用惩罚性赔偿措施，着力解决侵权成本低、维权成本高等问题。

40年的实践证明，中国法治建设与经济发展是相辅相成、相互作用、相得益彰的。

（三）法治引领、促进和保障经济发展的有限性

中国特色社会主义市场经济应当是法治经济，但并不必然是法治经济。因为中国的市场经济体制是前无古人的社会主义市场经济体制，市场在资源配置中起决定性作用和更好发挥政府作用的良性运行机制尚未真正形成，公有制基础上的国有企业具有的天然垄断和竞争优势明显，非公经济基础上的民营企业在诸多方面得不到平等保护的劣势凸显，以平等地位、契约精神、诚信规范和自由竞争等为特点的法治经济，至少截至目前还不可能内生出来。那么，中国的这种经济究竟是"法治经济"还是"法制经济"或者是"法制＋法治的经济"？中国的经济发展（包括经济高质量发展）与法治保障、法治环境有着非常密切的联系。甚至可以说，没有法治，就没有社会主义市场经济体制的建立和良好运行。但在现阶段中国经济发展过程中，法治主要是一种助推力量而不是决定性因素；法治只是提供法律制度和

法治环境的条件而不是政治性、决策性和决定性的因素。

但由于以下一些原因，中国法治对经济发展的引领、促进和保障作用，还存在明显不足和局限。

一是法律体系还不完善，立法质量不高的问题尚未真正解决，有的法律法规未能全面反映客观规律和人民意愿，针对性、可操作性不强（例如，颇受争议的《劳动合同法》）。2016 年在 2 月 19 日召开的中国经济 50 人论坛年会上，时任财政部部长楼继伟表示，现行《劳动合同法》对企业的保护十分不足，在用工等方面都有体现，降低了中国劳动力市场灵活性，不利于提高全要素生产率，且越来越明显。最终损害了劳动者的利益，倒霉的是劳动者），立法工作中部门化倾向、争权诿责现象较为突出，法律平等保护人权和产权还有所欠缺（例如，尚无《民营企业产权保护法》等重要法律）。

二是有法不依、执法不严、违法不究现象比较严重，执法体制权责脱节、多头执法、选择性执法现象仍然存在，执法司法不规范、不严格、不透明、不文明现象较为突出，群众对执法司法不公和腐败问题反映强烈。

三是部分社会成员尊法信法守法用法、依法维权意识不强，一些国家工作人员特别是领导干部依法办事观念不强、能力不足，知法犯法、以言代法、以权压法、徇私枉法现象依然存在，等等。

四是法治对于经济社会发展本身的作用具有局限性。美国学者罗伯特·昂格尔在《现代社会中的法律》一书中，对法治的局限性进行分析，认为"法治是对社会秩序衰落的一种反应"[1]。它把人变为机械规则的附属，用冷冰冰的权利义务关系取代了人与人之间的感情与

---

[1] ［美］罗伯特·昂格尔：《现代社会中的法律》，吴玉章、周汉华译，中国政法大学出版社 1994 年版，第 121 页。

和谐，它忽略社会的丰富多彩和个体的不同，把所有的一切都整齐划一。"尽管人们至今还认为法律对于维持社会秩序是必不可少的，但现代社会的确能够脱离繁杂的法律而良好存在，甚至更加繁荣昌盛。"① 法治对于经济社会发展不是万能的，不能包打天下，但没有法治秩序、法治环境是万万不能的。

通过观察我们发现，中国经济发展与法治建设互动关系的一个有趣现象：凡是经济形势大好，经济大发展时，法治的保障作用都功不可没，即使是在20世纪八九十年代法治很不健全的时候，由于经济高速增长，法治也得到非常正面的肯定和评价；凡是在经济形势不太好，经济下行压力增大，GDP增速下降时，法治对于经济发展的保驾护航作用就会受到质疑。在这种情况下，立法较少发声、动作迟缓；司法明确表态、积极作为；政法全面动员、保驾护航。

从宏观上来看，尽管当下中国法治建设已经取得了党的十九大报告列举的一系列重大成就，但是，中国法治并没有能够有效引领、促进和保障经济向上行发展，或者说，法治并没有能够有效阻止或遏制经济下行的势头。显然，决定或者影响经济发展的主要是经济环境、经济规律、经济金融等政策和国家调控手段等因素，法治在多数情况下不过是个"配角"，它可以在提供法治环境、公平竞争秩序、人权和产权保障、经济安全、市场规则、司法救济等方面发挥作用，但对于推动经济发展而言，法治的这种作用往往是十分有限的，有时甚至是无能为力的。即使在西方发达国家，在面对经济衰退甚至经济危机爆发时，其发达完备的法治体系的表现，也常常是力不从心、无可奈何。例如，面对1929年爆发的世界经济危机、2008年出现的美国金

---

① ［美］唐·布莱克：《社会学视野中的司法》，郭星华等译，法律出版社2002年版，第95页。

融危机,相关国家法治的表现基本上是束手无策、乏善可陈。

由此可见,尽管法治对于经济发展的作用至关重要、不可或缺,但主要还是一种外在的制度性、规则性、条件性和环境性因素,法治可以阻滞经济、扼杀经济但不能确保经济必然发展;法治可以改造生产关系但不能直接创造和创新经济生产力,法治可以通过立法的分配正义、执法的执行正义、司法的矫正正义为经济转型发展提供规范依据、行为遵循和个案救济,但不能包治经济建设和发展的百病。因此,法治保障新时代经济高质量发展,要有所为有所不为,要承担相关责任,但不是无限责任。

(四)培育经济高质量发展的良好法治环境

全面依法治国具有基础性、保障性作用。新时代要更好发挥法治固根本、稳预期、利长远的保障作用。习近平总书记提出:"法治化环境最能聚人聚财,最有利于发展。"[①] 以法治保障新时代经济高质量发展,应当构建良好的法治环境,形成良好的法治氛围。

法治环境是全社会坚持宪法法律至上、依法而治所形成的良法善治有序的社会环境。法治环境是社会生产力的重要组成部分,对经济高质量发展起着引领、促进、规范和保障的作用。法治具有权威性、规范性、稳定性、可预测性等显著特点,它对市场主体的人身安全、收益获得、产权保障、长远利益保护等具有不可替代的特殊作用,也必然对营商环境产生巨大而深远的影响。当前,构建良法善治的法治环境,推进法治经济建设体现在以下几个方面。

一要完善立法,梳理和评估既有法律法规是否适应新时代经济高

---

① "习近平总书记2016年3月13日在参加十二届全国人大四次会议黑龙江代表团审议时的讲话",新华网,2019年1月2日。

质量发展的需要，提高立法能力和水平，加快创制新时代"五位一体"建设急需的法律法规，尤其要抓紧落实全国人大常委会五年立法规划提出的任务，为引领经济高质量发展提供法律依据。

二要加强法治对人格尊严、人身安全、财产安全的保护，树立依法、审慎、善意、文明、规范的办案理念，正确区分经济纠纷和经济犯罪、合法财产和违法犯罪所得、企业正当融资和非法集资等界限，加快基本解决"执行难"的问题[1]。

三要强化知识产权的法治保护[2]，落实产权保护制度，充分发挥法治惩治、预防、监督、教育、保护等各项职能作用，切实解决知识产权人维权"周期长、举证难、成本高、赔偿低"，刑事司法保护力度不够，多数案件停留在以罚代刑状况等问题，推动形成明晰、稳定、可预期的产权保护制度体系，依法严厉打击侵犯知识产权等违法犯罪行为。

---

[1] 2016年3月，在全国法院部署"用两到三年时间基本解决执行难"。2016年至2018年9月，全国法院共受理执行案件1884万件，执结1693.8万件（含终本案件），执行到位金额4.07万亿元，同比分别增长105%、120%和76%。在此期间，322万"老赖"迫于压力履行了义务，但依然还约有43%属于确无财产可供执行的"执行不能"案件。换算下来，民商事案件中，约18%的案件是"执行不能"案件。

[2] 在知识产权保护方面，仍然面临着一系列挑战。例如，在2016年，中国专利申请数量达到了3465000件，其中发明专利申请1339000件，实用新型专利申请1476000件，外观设计专利申请650000件，发明专利申请量连续6年位居世界第一。在这种情况下，更多地关注专利的质量，而非专利的数量，就成了摆在我们面前的重大课题。又如在2016年，中国的商标注册申请量是3691400件，商标累计注册申请量是22094100件，有效商标注册量是12376400件。在注册商标的申请量和有效注册的保有量方面，中国连续15年位居世界第一，但如何更多地强调注册商标的使用，强调商标的品牌建设，也是我们应当着力解决的一个问题。再如，中国知识产权保护中，一直存在着侵权成本低、维权成本高的问题。为了解决这一问题，就需要市场主体、行政机关、法院和律师充分认识知识产权的市场价值，大幅度提高知识产权损害赔偿的数额，向全社会传递知识产权是一项具有高价值权利的信号，进而鼓励市场主体从事相关的创新活动。

四要促进执法规范化，坚决反对和纠正以权谋私、吃拿卡要、乱收费等违纪违法行为，确保民营企业财产不受侵犯、经营不受干扰，坚决解除企业家的"后顾之忧"。

五要构建公平竞争的市场法治环境，坚决清理违反公平、开放市场规则的制度行为，全面实施公平竞争审查、市场准入负面清单等制度，消除有形"坚冰"和无形"壁垒"，让各类市场主体得到公平对待，平等分享各种资源，放开手脚参与市场竞争。

（五）切实加强法治对非公经济的平等保护

中国宪法明确规定，国家在社会主义初级阶段，坚持公有制为主体、多种所有制经济共同发展的基本经济制度。在法律规定范围内的个体经济、私营经济等非公有制经济，是社会主义市场经济的重要组成部分。国家保护个体经济、私营经济等非公有制经济的合法的权利和利益。国家鼓励、支持和引导非公有制经济的发展，并对非公有制经济依法实行监督和管理。《物权法》则明确规定，国家巩固和发展公有制经济，鼓励、支持和引导非公有制经济的发展。国家实行社会主义市场经济，保障一切市场主体的平等法律地位和发展权利。国家、集体、私人的物权和其他权利人的物权受法律保护，任何单位和个人不得侵犯。党的十八大报告指出"保证各种所有制经济依法平等使用生产要素、公平参与市场竞争、同等受到法律保护"。党的十八届三中全会特别指出"支持非公有制经济健康发展。坚持权利平等、机会平等、规则平等，废除对非公有制经济各种形式的不合理规定，消除各种隐性壁垒，制定非公有制企业进入特许经营领域的具体办法"。与此同时指出，"鼓励非公有制企业参与国有企业改革，鼓励发展非公有制资本控股的混合所有制企业，鼓励有条件的私营企业建立现代企业制度"。党的十八届三中全会还指出"公有制经济财产权不可侵犯,非公有制经济财产权同样不可侵犯"。由此可见,"毫不动摇地巩固和发展公有制经济,毫不动摇地鼓励、支持、引导非公有制经济的发展",不仅是中央文件反复强调和坚持的大政方针,也是国家宪法和基本法律明确规定的基本原则。

改革开放40年来,非公有制经济的发展为中国的经济社会发展作出巨大贡献:它是稳定经济的重要基础,是国家税收的重要来源,是金融发展的重要依据,是经济持续健康发展的重要力量。数据显示,非公有制经济贡献了50%以上的税收、60%以上的GDP、70%以上的技术创新、80%以上的城镇就业、90%以上的新增就业。非公经济对中国经济的稳定和发展,作出了无可替代的贡献。

习近平总书记2018年11月1日在民营企业座谈会上,深入分析当前民营经济发展遇到的困难和问题,提出支持民营经济发展壮大6个方面政策举措:一是减轻企业税费负担,二是解决民营企业融资难融资贵问题,三是营造公平竞争环境,四是完善政策执行方式,五是构建亲清新型政商关系,六是保护企业家人身和财产安全,重申要"毫不动摇鼓励、支持、引导非公有制经济发展,保证各种所有制经济依法平等使用生产要素、公平参与市场竞争、同等受到法律保护",并要求"营造公平竞争环境"。[①] 这些都是民营企业最关心的问题。

尽管习近平总书记和中央三令五申强调要保护和支持民营经济发展壮大,尽管中国宪法和法律明确要求对非公经济给予平等法治保护,然而,由于众所周知的原因,非公经济在某些政策、制度调整以

[①] 参见习近平《在民营企业座谈会上的讲话》,人民出版社2018年版,第2页。

及执法、司法等实践中，往往成为后娘养的孩子，得不到应有的尊重和平等的保护。

例如，2018年10月以来，中央关于解决民营企业融资难、融资贵的要求，在银行体系内还没有传递延伸到中小民营企业的贷款业务，因此大量中小民营企业的资金短缺情况还在继续恶化，不少因资金链断裂而无力支撑的小企业注销关门。如果中小民营企业的生存环境继续恶化下去，年底或者春节前仍会有更多小微企业关闭。[1] 民营经济在全国GDP中占60%，而银行给民营企业的贷款只占30%。

为什么银行业普遍不敢向民营经济尤其是不敢向处于生产困境急需资金的中小民营企业放贷，从政法方面来看，由于"姓资姓社"的"左"的意识形态观念作祟[2]，银行借钱给国有企业保险，借给民营企业危险，要承担严重的政治和法律责任。因为，如果放贷给国企，万一出现呆账、坏账等不利后果，肉是烂在锅里，只要程序合法合规，责任通常要轻一些；但如果同样的情况发生在民营经济身上，在有的地方处理时就会变成"国有资产流失"的政治和刑事法律问题，后果相当严重。此外，对银行来讲，出于规避自身风险、追求自身利益的考虑，在正常的借贷业务中，尤其是在金融系统去杠杆、防范风险中，自然会对民营企业断贷、抽贷、压贷，把大量的金融资源配置

---

[1] 张思平：《解决民营企业融资难的出路何在？》，http://finance.sina.com.cn/hy/hyjz/2018-12-08/doc-ihprknvt7523658.shtml，2019年1月19日。

[2] 2017年6月6日《中国社会科学报》在头版发表了《必须毫不动摇地坚持基本经济制度》一文，用主要篇幅论述了必须实行公有制为主体、多种所有制共同发展的基本经济制度和"两个毫不动摇"的方针，但又运用三个概念来论证公有制为主体、非公有制是补充，从而否定非公有制经济是社会主义市场基本经济制度的重要组成部分以及由此必然导出的否定"第二个毫不动摇"的方针。这是一种以隐蔽形式否定非公有制经济是社会主义市场经济基本经济制度重要组成部分的"左"的思潮。参见汪海波《我国发展非公有制经济的成就、意义和经验》，《中国浦东干部学院学报》2018年第5期。

给国有企业。①

在行政执法以及经济、刑事、知识产权、行政等诉讼案件中，民营经济当事人受到不公正对待的情况也屡见不鲜。例如，在地方政府履约过程中，往往是"新官不理旧账""人走策变"，政府换届、领导人员更替等原因，导致违约、毁约等违约行为频发，大量企业诉政府违约出现"诉讼难"问题；即便企业最终诉讼维权成功，亦给企业造成重创，有的企业因此一蹶不振。又如，在吴英案中，在该案尚未开庭审理的情况下，当地公安机关未经吴英同意就定向低价拍卖其房产、酒店和汽车，给吴英造成巨大损失。② 类似情况，在中国司法实践中并不鲜见。

2018年11月14日中央政法委员会召开全体会议，审议通过了《关于依法保障和服务民营企业健康发展的指导意见》。指导意见明确提出，政法机关要切实保护民营企业及经营者的合法权益，努力营造法治化、便利化、可预期的营商环境；要坚持各种所有制经济权利平等、机会平等、规则平等，对民营企业与国有企业在法律上一视同仁，让民营企业家专心创业、放心投资、安心经营。主要措施包括以下几个方面。

1. 依法平等保护民营企业自主经营权。妥善处理涉及民营企业的民商事、行政案件，依法支持民营企业合理诉求。持续推进基本解

---

① 张思平：《解决民营企业融资难的出路何在？》，http://finance.sina.com.cn/hy/hyjz/2018-12-08/doc-ihprknvt7523658.shtml，2019年1月19日。

② 吴英于2009年被金华市中级人民法院以集资诈骗罪判处死刑，2012年浙江省高级人民法院对被告人吴英集资诈骗一案进行二审宣判，维持死刑判决，依法报请最高人民法院复核。此时，有关"吴英无罪"的声音也出来了。例如，北大的张维迎教授公开演讲称，吴英的死刑是对中国改革的倒退，在西方市场经济中不会发生这种事，"吴英案说明中国距离市场经济还有至少200年"。

决执行难问题，保障民营企业胜诉权益得到及时实现。

2. 依法平等保护民营企业及经营者合法权益，结合扫黑除恶专项斗争，依法打击针对民营企业的不正当竞争、侵犯知识产权、强迫交易、高利贷等违法犯罪，依法打击侵犯民营企业财产权利和民营企业经营者人身权利犯罪，切实保护民营企业及经营者合法权益。

3. 加快完善平等保护民营企业的法律制度，集中清理现有法规规章中有悖平等保护原则的相关内容，加快制定完善相关法规规章，依法保证各类市场主体诉讼主体地位平等、法律适用平等、法律责任平等。

4. 坚持规范执法，努力为民营企业发展提供有力法治保障，坚决防止因执法不当影响民营企业正常生产经营活动。

5. 依法保护创新创业行为，严格区分民营企业经营者自然人犯罪与单位犯罪、合法财产与违法犯罪所得、民营企业正当融资与非法集资等界限，保护民营企业创新创业积极性。

6. 严格把握法律政策界限，准确认定经济纠纷和经济犯罪的性质，严格掌握入刑标准，完善检察机关法律监督和办案机关内部监督制约机制，坚决防止刑事执法介入经济纠纷，坚决防止把经济纠纷作为犯罪处理。

7. 妥善处理涉及民营企业的历史问题。对民营企业因经营不规范引发的问题，要依法妥善公正处理。建立完善涉民营企业及经营者冤错案件的甄别纠正常态化工作机制，依法纠正侵害民营企业经营者合法权益的冤错案件。

2019年2月，中央全面依法治国委员会第二次会议进一步强调指出：法治是最好的营商环境。要把平等保护贯彻到立法、执法、司法、守法等各个环节，依法平等保护各类市场主体产权和合法权益。

要用法治来规范政府和市场的边界，尊重市场经济规律，通过市场化手段，在法治框架内调整各类市场主体的利益关系。要把工作重点放在完善制度环境上，健全法规制度、标准体系，加强社会信用体系建设，加强普法工作。①

我们期待，上述指导性措施能够尽快得到法治各部门的具体细化和全面贯彻落实；我们更期待能够消除运动化的执法保障方式，充分运用法治思维和法治方式，把新时代经济高质量发展、民营企业的平等保护切实纳入法治化轨道。

三　法治社会是和谐社会的本质特征

法治通过调节社会各种利益关系来维护和实现公平正义，法治为人们之间的诚信友爱创造良好的社会环境，法治为激发社会活力创造条件，法治为维护社会安定有序提供保障，法治为人与自然的和谐提供制度支持。② 可见，现代法治社会本质上是和谐社会③，而和谐社会本质上也是法治社会。法治在分配社会利益、规范社会行为、解决社会矛盾、构建社会秩序、实现社会公正等领域，在国家政治生活、经济生活和社会生活等方面，在推动改革、促进发展、化解矛盾、维

---

① 习近平：《完善法治建设规划提高立法工作质量效率　为推进改革发展稳定工作营造良好法治环境》，《人民日报》2019年2月26日第1版。

② 习近平：《和谐社会本质上是法治社会》，《之江新语》，浙江人民出版社2015年版，第204页。

③ 2006年10月，党的十六届六中全会审议通过的《中共中央关于构建社会主义和谐社会若干重大问题的决定》明确指出：我们所要建设的社会主义和谐社会，应该是民主法治、公平正义、诚信友爱、充满活力、安定有序、人与自然和谐相处的社会。这既是和谐社会的基本特征，也是建设和谐社会的主要目标。

护稳定等方面，都居于主导性和优先性的地位，具有基础性和关键性的作用。

1. 法治是维护社会和谐稳定的基础。中国法律体系是在人民意志基础上形成的社会价值评判标准和行为法律标准，是新中国70年正确处理人民内部矛盾、民族关系、中央与地方的关系、地方与地方的关系、国家与社会的关系、个人与集体的关系以及各种利益冲突关系等的经验积累，是判断社会行为和社会关系中发生的合法与非法、权利与义务、行为与责任、是非对错等矛盾纠纷的根本依据。法治社会必须毫不动摇地坚持法治原则和依法治国基本方略，努力维护社会主义法律体系在建构有序的社会行为标准、社会关系体系、社会利益格局和社会行为秩序等方面的权威，充分发挥法律体系的规范和准绳作用。离开了法律体系提供的法律评价判断标准，离开了法律体系提供的活动原则和法定程序，离开了中国法治所建立的平衡社会利益、解决社会矛盾的各种制度规则，在法治体系之外另搞一套标准、另用一套方法，就既可能损害法治的权威，又难以应对社会治理中出现的新情况新问题，使社会陷入无序状态。

习近平总书记说："现代社会是法治社会，法律法规是维权工作的最有力武器。"[1] 法治的和谐社会应当树立正确的"维稳观"，维权是维稳的基础，维稳的实质是维权。要处理好维稳和维权的关系，要把群众合理合法的利益诉求解决好，完善对维护群众切身利益具有重大作用的制度，强化法律在化解矛盾中的权威地位，使群众由衷感到权益受到了公平对待、利益得到了有效维护。[2] 一方面，和谐社会并

---

[1] 习近平：《干在实处　走在前列：推进浙江新发展的思考与实践》，中共中央党校出版社2014年版，第247页。

[2] 习近平：《习近平谈治国理政》第一卷，外文出版社2018年版，第148页。

不是没有矛盾纠纷的社会，而是存在社会矛盾纠纷的社会，但是可以通过法治等方式预防、调整、控制和解决各种社会矛盾纠纷。另一方面，和谐社会坚持尊重和保障人权，通过法治的"维权"来实现社会的"维稳"，而不是片面强调"稳定压倒一切""维稳是硬任务"，把维稳与维权对立起来，从而陷入"越维稳越不稳的怪圈"。和谐社会的维稳需要民主法治的新思维，而决不能把民众的利益表达与社会稳定对立起来，把群众的依法维权与社会和谐对立起来，把公民正当的利益表达和权利诉求视为不稳定因素。如果通过非法治的手段，试图压制和牺牲群众的利益表达和权利诉求来实现所谓的社会稳定，其结果不仅不能实现社会和谐稳定，反而有可能制造更多更大的不稳定与不和谐因素，最终导致维权无望、维稳无力的可怕后果。

2. 法律是社会关系的调整器。法律是社会关系的调整器，是根本的社会行为规范，是社会成员在社会活动中所应遵循的标准或原则。社会行为规范引导和规范全体成员可以做什么、不可以做什么和怎样做，是社会和谐重要的组成部分，是社会价值观的具体体现和延伸。社会行为规范是社会控制的重要形式，没有社会行为规范指导、约束人们的行为，人们的行为就可能失控，必然要影响社会的正常运转。法律通过调整法律关系主体之间的经济关系、政治关系、婚姻家庭关系、财产关系等，实现对社会的控制和管理。法律作为社会行为的基本规范，是评判人们社会行为是非曲直、正当与不正当、合法与非法、违法与犯罪的根本标准，是评价社会行为、化解社会矛盾、解决社会纠纷的根本依据。

法律是社会行为的规范，有法律才能使社会成员的行为有所遵循、关系有所模范、诉求有所凭据。如果离开法律的标准和依据，脱离法治的程序和制度，放弃司法解决矛盾纠纷的终局性机制，实行少数人或者个别人说了算的人治，坚持"信权不信法""信访不信法"，任由或者纵容"小闹小解决，大闹大解决，不闹不解决"的做法，就不仅不可能从根本上化解社会矛盾，不可能长治久安地解决社会纠纷，而且会极大地损害法律和法治的权威，危害国家的法治基础和社会秩序。当然，强调法律在和谐社会中的重要调整和规范作用，并不排斥和否定道德规范、纪律规范、习俗规则、规章制度和思想政治工作等其他规范和方式的作用，这些都是相辅相成的。

3. 立法是社会利益的分配器。立法的主要功能在于公平合理地分配社会利益，公正有效地调整社会利益关系。古希腊的政治哲学家亚里士多德的正义论认为，立法的过程就是分配正义。古罗马的政治法律思想家西塞罗认为："法律的制定是为了保障公民的福祉、国家的繁昌和人们的安宁而幸福的生活。"[①] 立法的实质是通过民主的方式和法定程序，合理配置社会资源、分配权利与义务、明确权力与责任等实体性利益安排，通过立法规定相关程序、制定行为规则、划定行为界限、明确行为方式等，实现通过立法分配正义的目的。现代社会为了达成立法的分配正义，需要通过科学合理的立法程序，充分发扬人民民主，允许各种利益阶层和群体参与到立法中来，充分有效地表达他们的利益诉求和意见主张，同时倾听别人的利益诉求和意见观点，在立法过程中各种社会力量和社会利益充分博弈，最后相互妥协、达成共识，并写进法律条文中。立法应当创造良法，为和谐社会提供善治的规则条件。然而在中国的立法实践中，"部门权力利益化、部门利益合法化"的现象仍未消除，甚至一些明显带有部门或集团利益痕迹的立法，把畸形的利益格局或权力关系合法化，"立法扩权卸

---

① ［古罗马］西塞罗：《论共和国　论法律》，王焕生译，中国政法大学出版社1997年版，第219页。

责""立法不公"影响了良法的质量,损害了法治的权威,制约了法律的实施,影响了社会和谐稳定。所以,从和谐社会和良法善治的要求来看,应当努力从制度上消除部门立法和立法不公的种种弊端,大力推进民主立法和立法博弈,在制度和规范设计阶段就消除社会矛盾的隐患,不断完善中国特色法律体系。

4. 司法是对权利的救济。在法律领域,人们的社会利益往往表现为各种权利。当权利受到侵害或者发生损失时,就需要司法予以救济。司法的本质和最终目的在于实现正义。亚里士多德的正义论认为,相对于立法的分配正义和执法的实现正义来说,司法是矫正正义。就是说,当人们的法定权益受到不法侵害时,在其他救济渠道和救济方式不能奏效时,就应当通过司法途径来消除侵害,矫正权利的错误形态,恢复权利的正常状态,使之回归到法治正义的轨道上。

和谐社会应当高度重视和进一步发挥司法的权利救济功能。尤其是,中国法律体系形成后,法治建设的重点应当尽快转移到推进宪法和法律实施上来,充分保障和发挥司法实施法律法规的基本职能,着力解决有法不依、执法不严、违法不究的问题。

5. 法治是社会秩序的稳定器。法治是政治文明的重要标志,是社会秩序的稳定器。对于执政党而言,应当进一步实现从革命党角色向执政党角色的转变。一方面,执政党不仅要学会管理经济事业,领导市场经济建设,通过经济体制改革解放和发展生产力,而且要学会统筹管理社会事业,掌握驾驭和治理社会的本领,领导社会建设,努力提高管理社会的执政能力和管理水平,通过调整和改革生产关系和上层建筑,使之与生产力发展水平相适应,与现阶段社会发展水平相适应,更好地满足人民群众对于安全、秩序和幸福的合理诉求。另一方面,要放弃运用过去革命战争年代习以为常的群众运动、阶级斗争、长官意志等方式来管理经济和社会，而应当更多地运用与现阶段经济社会发展状况相适应的民主执政、科学执政和依法执政等法治思维和法治方式，通过党领导立法、保证执法、支持司法、带头守法等方式，来实现党领导人民对于国家和社会事务以及经济和文化事业的领导和管理。

对于法治建设而言，应当坚定不移地坚持依法治国基本方略，坚持社会主义法治原则和法治统一的原则，全面推进法治建设，通过法治思维和法治方式管理社会事务、管理经济文化事业。一要把社会主义法治视为一个系统工程，全面协调和统筹立法、执法、司法、法律监督、法律服务和法制宣传教育等法治建设各个环节的工作，使之有机统一起来，形成法治的合力和整体，全面应对和系统解决经济社会发展过程中的涉法问题。二要弱化各个部门分散主导法治发展的模式，强化在党的统一领导下推进中国法制的整体改革，实现法治的全面协调发展。三要使法治建设与经济建设、政治建设、文化建设、社会建设、生态文明建设相适应，真正成为现代化建设的助推器和保护神。四要以切实保障宪法和法律实施为全面推进依法治国的主要抓手，推动立法完善，促进依法执政和依法行政，保证公正司法和有效护法，引导公民信法守法。

要坚持改革开放以来法治建设和依法治国取得的实践经验和行之有效的做法，不断完善和发展地方和行业依法治理、法治城市创建、依法治国在地方的实践模式，把区域法治建设与经济、政治、文化、社会以及生态文明建设紧密结合起来，把依法治省工作与平安、幸福、生态、文明等建设紧密结合起来。

四 创新法治对经济社会发展的功能

法治具有教育、规范、保障、预测、惩戒等基本功能，是现代国家和社会治理不可或缺的基本方式，是经济社会发展必不可少的制度手段。"十三五"规划提出要把经济社会发展纳入法治轨道，这是我们党对法治功能及其运行规律的新认识新发展。以往我们对于法治在经济社会发展方面的功能，主要强调法治的"保障功能"，或者"保驾护航功能"，强调法治紧随改革和经济社会发展的步伐，用立法手段确认和巩固改革和经济社会发展的成果，用执法司法手段查处违法、打击犯罪、解决纠纷、保证安全、维护稳定，为经济社会发展提供良好的法律秩序。这些无疑是正确而有效的。党的十八大以来，随着法治理念的创新发展和全面依法治国的深入推进，我们对于法治功能的认识，骤然提升了层次，不仅坚持法治对经济社会发展的保障功能，而且更加重视和凸显法治对经济社会发展的引领、规范和促进功能。就是说，法治不仅是在经济社会变革的后面消极、被动、滞后地提供服务，而且要走在经济社会变革的前面，按照"重大改革于法有据"的原则，采取立、改、废、释、授权等立法方式，在法治轨道上积极主动地引领、规范、促进经济社会发展。

充分发挥法治对经济社会发展的引领、规范、促进和保障作用，把经济社会发展纳入法治轨道，应当深入研究以下几个"关键词"。

一是何谓"纳入"？是把经济社会发展法治化算"纳入"，还是用法治思维和法治方式来指导和服务经济社会发展算"纳入"，或者经济社会发展在法治原则以及宪法和法律范围内活动就算"纳入"。

二是何谓"法治轨道"，以及中国是否已经具有经济社会发展的

"法治轨道"？轨道的引申含义是指路线、轨迹，或者行动应遵循的规则、程序和范围。据此理解，"法治轨道"或许可以指经济社会发展必须遵循的法治价值及其发展方向、法治原则和法治体系、法治程序和法治方式等。与此相关的问题是，中国现在的"法治轨道"状况如何，是否适应"五大发展理念"所要求的经济社会发展所需要的法治条件和法治环境，如果现行"法治轨道"尚不适应怎么办，等等。

三是由谁来"纳入"，或者说"纳入"的主体是谁？执政党、立法机关、行政机关、司法机关、政治协商机关、经济社会组织、企业事业单位、公民大众、知识分子，其作为"纳入"主体角色地位究竟如何，等等。

四是这些主体依据什么原则、标准和程序来"纳入"？经济社会发展规律，宪法和法律的规定，法治运行规律，决策者命令，国家顶层设计，社会各界的共同需要，学习借鉴外国有益经验，其规范性质及其效能如何认定与安排，等等。

五是把经济社会发展的哪些内容、要素、活动和过程纳入法治轨道，是全盘纳入还是选择性纳入，是抽象纳入还是具体纳入，是直接纳入还是间接纳入，等等。我们必须用科学精神和法治思维认真研究回答上述问题，否则，把经济社会发展纳入法治轨道就可能成为无法操作落实的口号。

把经济社会发展纳入法治轨道，其积极含义是：经济社会发展必须与法治密切结合，在充分尊重经济社会发展规律的前提下，用科学、法治的思维和方法来设计规划国家的经济社会发展蓝图（路线图和时间表），形成具有法律效力的国家发展规划；根据规划的设计要求，在立法层面上把经济社会发展的重大决策与立法紧密结合起来，把改革发展决策转化为具有国家意志属性的法律规范；在法律实施层面上，通过严格执法和公正司法，一方面保证经济社会发展的法律法规得到有效实施；另一方面则从宏观背景上为经济社会发展提供安全、有序、公正、善治的良好法治环境。

把经济社会发展纳入法治轨道，其消极含义是：经济社会发展的某些领域、某些环节、某些方面还处在法治轨道外运行，脱离法治控制的政治管制手段、行政干预手段，无视法律禁止的权钱交易手段、非法获利手段，以及消解法律约束的熟人交往手段等，仍对某些领域或层面的经济社会发展产生负面作用甚至是主导性作用，由此带来的经济社会风险依然不少，不容忽视。把经济社会发展纳入法治轨道，就是国家要掌握主动权和主导权，积极主动地伸出法治之手，铺设国家治理现代化的法治轨道，编织经济社会发展的法治网络，构建良法善治的法治体系，用法治引领经济改革、促进社会发展，努力把中国市场经济建设成为法治经济，把中国和谐社会建设成为法治社会。

把经济社会发展纳入法治轨道，体现了法治在中国经济社会领域的功能从"消极法治"向"积极法治"、从"被动法治"向"主动法治"深刻转变的态势，是执政党治国理政理念更加先进、方略更加成熟的重要体现，是推进国家治理现代化的重要体现，是法治深入调整经济社会关系的重要体现。中国从"消极法治"转向"积极法治"、从"被动法治"转向"主动法治"，充分发挥法治对于经济社会发展和全面深化改革的事前引领、积极规范和主动促进的作用，是中国全面改革进入深水区、从"摸着石头过河"到强化顶层设计转变的集中体现，是中国经济社会发展进入攻坚期经不起折腾并且需要更加理智、更加稳妥改革路径依赖的内在要求，是改革开放以来中国法治建设取得巨大成就、积累了全面服务经济社会发展需要法治资源的必然结果，是我们党治国理政更加重视依法治国基本方略、更加重视法治基本方式在经济社会领域的必然要求。

第二节　推进科学民主立法，引领经济社会发展

法律是治国之重器，良法是善治之前提。作为一种优良的生活范式和治理方式，把经济社会发展纳入法治轨道，应当坚持立法先行，以公布周知的法律规范引领、规范、促进和保障经济社会持续、协调、健康发展。改革开放40多年尤其是党的十八大以来，立法和改革开放保持"同频共振"，确保经济社会发展既生机勃勃又平稳有序，汇聚起推动保障改革开放和社会主义现代化建设的强大法治力量。中国的经济社会发展虽然具备了基本的法律制度基础，但还不完备、不完善，立法依然有很大的发展空间，需要深入推进科学立法、民主立法，着力提高立法质量，加快重点领域立法，切实推进民生立法，深入推进科学立法民主立法，加快形成完备的法律规范体系，特别是市场经济和社会治理领域的法律规范体系，充分发挥立法的引领、推动和促进作用。

一　提高立法质量，以良法善治引领经济社会发展

提高立法质量是加强和改进立法工作的重中之重，也是以良法善

治引领经济社会发展的基础和前提。以良法促进经济社会的发展，保障国家社会的善治，必须推进科学立法、民主立法和依法立法，不断提高立法质量。

1. 科学立法就是要探寻并遵循各类社会关系产生、发展、运行的规律，摸清经济社会发展的实际需求，并以法律形式确立下来。当然，以实践为基础的立法，并不意味着所有的法律制度都仅是已有实践经验的总结，立法还可以积极地对社会现实和改革进程进行主动谋划和前瞻规范，以引领改革进程、推动科学发展。即立法者作为立法活动的主体，不仅是立法对象即事物客观规律的阐释者，同时应当是立法客体能动的改造者和建构者，二者有机统一。

2. 民主立法就是要拓宽公民有序参与立法的渠道和途径，征集并倾听民意，大力推进民主立法。公布法律草案、征求全社会意见以及召开立法座谈会、听证会、论证会，是扩大公民参与立法工作的重要制度，是各阶层、各利益群体的诉求都能在立法过程中得到充分表达，以及防止利益部门化、部门利益法制化的重要途径。2008年4月，全国人大常委会委员长会议决定，全国人大常委会审议的法律草案原则上都在中国人大网上全文公布，对关系改革发展稳定大局和群众切身利益、社会普遍关注的重要法律草案，还要在中国主要新闻媒体上公布。这一决定大大增加了立法工作的透明度，实现了公布法律草案的常态化，是朝着立法民主化方向迈出的重大步伐。2014年2月，全国人大常委会制定《向社会公布法律草案征求意见工作规范》，明确常委会会议初次审议和再次审议的法律草案都应当及时向社会公布，公民有序参与、表达利益诉求的渠道不断拓宽，极大激发了民众的参政热情和民主意识，提高了立法的针对性和可操作性。比如，个人所得税法修正案草案公布后，收到23万多条意见，在综合考虑各方面意见基础上，经过反复协商和充分审议，常委会对草案作出重要修改，将工薪所得减除费用标准提高到3500元，并降低了工薪所得第一级税率。

落实科学民主立法，必须完善立法工作机制，推进立法精细化。包括健全立法起草、论证、评估、协调、审议机制；加强人大对立法工作的组织协调，发挥人大在立法工作中的主导作用；加强立法项目论证，开展立法后评估试点，建立立法后评估工作机制；建立健全立法专家顾问制度，完善立法决策咨询机制；健全常委会立法工作机构联系人大代表机制及向下级人大征询立法意见机制；等等。

3. 依法立法就是要把握立法的正确方向，遵循党的路线方针政策，符合宪法和法律精神，严格遵守立法原则和立法权限，按照立法程序，维护国家法制统一。

二　贯彻落实五大发展理念，加快重点领域立法

贯彻落实五大发展理念，加快重点领域立法，使立法主动适应经济社会发展需要。"十三五"规划提出的"五个发展"理念，是关系中国发展全局的一场深刻变革，对于推动中国经济社会走出一条更高质量、更有效率、更加公平、更可持续的发展新路具有重要意义。坚持"五个发展"，必然要求继续全面深化改革，为发展提供持续动力。这就迫切需要以法治凝聚改革共识，以立法平衡各方利益，增强立法的科学性和保障力，更好地促进经济社会的发展。为此，2015年8月，经党中央批准，全国人大常委会调整了十二届常委会五年立法规划，主要是围绕协调推进"四个全面"战略布局，将相关的立法项目增加列入立法规划，一类、二类立法项目从原来的68件增至102件。例如，在一类项目中，除增加编纂《民法典》《制定文化产业促进法》

外,"增值税法等若干单行税法"的表述也变为更为明确的《环境保护税法》《增值税法》《资源税法》《房地产税法》《关税法》《船舶吨税法》《耕地占用税法》7部税法。

贯彻落实五大发展理念,加强经济社会发展领域的重点立法,主要包括以下几个方面。

1. 推动创新发展,构建发展新体制,加快形成有利于创新发展的产权制度、投融资体制、分配制度、人才培养引进使用机制和促进科技成果转化的体制机制;完善宏观调控、市场监管的法律法规,反对垄断,促进合理竞争,维护公平竞争的市场秩序和市场环境;编纂《民法典》,修改《土地管理法》《专利法》《著作权法》《税收征收管理法》,制定各项单行税法;等等。

2. 推动协调发展,重点加强促进城乡区域协调发展,促进新型工业化、信息化、城镇化、农业现代化同步发展,推动国家硬实力和软实力同步提升等方面的法治保障,制定《发展规划法》《文化产业促进法》《网络安全法》,修改《种子法》《农民专业合作社法》《测绘法》《文物保护法》《国防交通法》等。

3. 推动绿色发展,加快建立有效约束开发行为和促进绿色发展、循环发展、低碳发展的生态文明法律制度;改革环境治理基础制度,制定《土壤污染防治法》,修改《水污染防治法》《循环经济促进法》《森林法》《草原法》等。

4. 推动开放发展,健全有利于合作共赢并同国际贸易投资规则相适应的涉外法律法规制度,完善法治化、国际化、便利化的营商环境,制定《关税法》《国际刑事司法协助法》,修改《中外合资经营企业法》、《中外合作经营企业法》和《外资企业法》等,为企业"走出去"提供法律保障。

5. 推动共享发展，加快保障和改善民生、推进社会治理体制创新法律制度建设，加强和规范公共服务，完善促进共同富裕的制度安排，制定《基本医疗卫生法》《慈善事业法》《农村扶贫开发法》，修改《职业教育法》等教育方面法律，修改《矿山安全法》《药品管理法》等。

三　推进民生立法，释放经济社会发展活力

推进民生立法，就是要贴近实际，反映经济社会发展和人民群众的实际需要，重点开展民生领域和社会建设领域等方面的立法。

以公平正义促进发展成果共享。增进社会福利是经济发展的正当性之所在，但是经济发展并不必然导致社会福利的改善。诚如美国经济学家阿瑟·奥肯所言，人们很难公平地分享经济"馅饼"，这是最需慎重权衡的社会经济问题。21 世纪以来，随着改革开放不断推进，中国经济快速发展，人民生活水平日益提高。但与此同时，因就业、教育、住房、医疗卫生和社会保障等公共服务体系发展滞后而引发的经济和社会发展不协调状况也日益凸显，民生问题成为社会热点问题。因此，如何通过加强社会建设，来保障和改善民生不仅成为党和国家面临的一个重大问题，也成为人大立法面临的一个新课题。近年来，民生立法在全国人大立法和地方立法工作中所占分量越来越重。十二届全国人大的五年，为改善民生提供了有力立法保障，全面修订环境保护法，相继修改《大气污染防治法》《水污染防治法》《海洋环境保护法》《野生动物保护法》，建立生态环境和资源保护公益诉讼制度，构建最严格的生态环境保护法律制度；全面修订《食品安全法》，保障人民群众"舌尖上的安全"；还制定了《慈善法》《中医药法》《反家庭暴力法》《特种设备安全法》，修改了《安全生产法》《消费者权益保护法》，通过了《刑法修正案（九）》等。全国人大通过生动的立法实践助力提升民生质量，从而实际地引导和规范经济发展，促进发展成果共享，为实现最广大人民群众根本利益提供坚强保障。

坚持人民利益至上，加快保障和改善民生立法，释放经济社会发展动力。只有立法以反映和表达人民的意愿为根本宗旨，法治建设才能承载民生期盼、呼应民生诉求、回馈民生关切；只有坚持以人为本、立法为民的理念，才能更好地通过立法和法治解放"人"这一生产要素，才能增强人民对改革发展的认同感，才能凝聚共识、汇聚力量，释放经济社会发展的动力。在当前，应当进一步加快保障和改善民生立法，特别是要进一步完善教育、就业、收入分配、社会保障、医疗卫生、扶贫、慈善、社会救助和妇女儿童、老年人、残疾人合法权益保护等方面的法律法规。

四 完善立法体制机制，强化经济社会发展制度保障

建设中国特色社会主义法治体系，要求形成完备的法律法规体系。推进科学立法、民主立法，提高立法质量，加快重点领域立法，推进民生立法，目的是从内容上完善法律规范体系；坚持立、改、废、释并举，完善授权制度，规范地方立法，加强对规范性文件的备案审查[①]，是通过增强法律规范的统一性和协调性，从形式上促进法

---

① 全国人大常委会坚持有件必备、有备必审、有错必纠，加强合宪性审查，保证宪法确立的制度、原则、规则得到全面实施。从 2018 年 3 月至 2019 年 3 月，常委会认真审查报送备案的行政法规 40 件、地方性法规 1180 件、司法解释 18 件，认真研究公民、组织提出的审查建议 1229 件，督促有关方面依法撤销和纠正与宪法法律相抵触的规范性文件。

律体系的完善。只有法律的内容科学可行，形式统一协调的法律规范体系，才能为经济社会的发展提供制度保障。

2018年8月，习近平总书记在主持中央全面依法治国委员会第一次会议时指出："贯彻新发展理念，实现经济从高速增长转向高质量发展，必须坚持以法治为引领。在发展和法治关系上，一些地方还存在'发展要上、法治要让'的误区。"[①] 2019年2月，中央全面依法治国委员会第二次会议进一步明确提出：发展要高质量，立法也要高质量……要以立法高质量发展保障和促进经济持续健康发展。要适应新时代构建开放型经济新体制的需要，制定统一的外资基础性法律。对改革开放先行先试地区相关立法授权工作要及早作出安排。知识产权保护、生物安全、土地制度改革、生态文明建设等方面的立法项目要统筹考虑，立、改、废、释并举。[②] 实践中，全国人大常委会根据改革和经济社会发展需要，在抓紧制定相关的法律法规的同时，特别注重统筹法律法规制定、修改、解释、废止以及授权、配套、清理、备案等工作，有效解决法律间协调和衔接的问题，既推进了法律体系的和谐统一，又增强了法律法规的及时性、系统性、针对性、有效性，更好地保障法律的正确实施。

针对与现行法律规定不一致、修改法律尚不成熟、需要先行先试的改革举措，依法作出授权决定或改革决定。适时听取审议试点工作情况报告，加强监督和成效评估。对需要继续探索的改革举措，决定延长试点期限或纳入新的试点加以完善。对实践证明行之有效的改革举措，通过修改完善相关法律予以复制推广。十二届全国人大的五

[①] 习近平：《加强党对全面依法治国的领导》，《求是》2019年第4期。
[②] 习近平：《完善法治建设规划提高立法工作质量效率　为推进改革发展稳定工作营造良好法治环境》，《人民日报》2019年2月26日。

年，共作出 21 件授权决定和改革决定，涉及自由贸易试验区、农村集体土地制度、司法体制、国防和军队等方面的一批重大改革。

针对相关法律不适应改革需要的个别条款，采取统筹修改法律的方式一并作出修改。十二届全国人大的五年，共审议通过 15 个统筹修改法律的决定，涉及修改法律 95 件次，持续推进行政审批、职业资格认定等方面改革，激发市场和社会活力。落实党中央改革调整生育政策的重大部署，及时作出决议，修改《人口与计划生育法》。决定废止有关劳动教养的法律规定。对《刑法》《刑事诉讼法》的有关条款作出解释。

值得一提的是，由全国人大授权国务院或者其他机关在特定区域内暂时调整实施有关法律的规定，是近几年发展出的新的立法授权方式。比如 2012 年 12 月全国人大常委会通过《关于授权国务院在广东省暂时调整部分法律规定的行政审批的决定》；2013 年 8 月全国人大常委会通过《关于授权国务院在中国（上海）自由贸易试验区暂时调整有关法律规定的行政审批的决定》；2014 年 6 月全国人大常委会通过《关于授权最高人民法院、最高人民检察院在部分地区开展刑事案件速裁程序试点工作的决定》，授权在北京、天津等地简化刑事诉讼法规定的诉讼程序，试点刑事案件速裁程序。中国《立法法》只有全国人大授权国务院或经济特区立法的规定，没有授权国务院或最高人民法院、最高人民检察院在特定区域内暂时调整实施有关法律的规定，2012 年之前也没有类似先例。这三次授权实践创造的新授权形式，被全国人大常委会 2016 年立法工作计划首次确认，这是在法治轨道上处理改革与立法关系的重要理论和实践创新，对于推动和保障改革，促进经济社会发展具有十分重要的意义。

五 提高立法能力,适应经济社会发展新需求

现代立法需要处理好立法民主与效率、立法质量与数量的关系。在全面深化改革和全面依法治国的时代背景下,加强立法机关的立法能力建设,深化立法能力的理论与实践问题研究,有利于推进民主立法科学立法,统筹立法的民主与效率、质量与数量,为国家治理现代化提供更多的"良法"产品。

(一)重视立法能力建设,不断提高立法效率

立法能力是国家治理能力现代化的重要组成部分,是指立法主体根据社会的立法需求,按照立法程序,行使立法权力,通过立、改、废、释等方式,提供立法产品,及时满足经济社会文化发展对立法需要的一种能力。立法能力既是执政党领导立法、实施治国理政的政治能力,也是立法机关适应全面依法治国和全面深化改革新常态的治理能力,是立法主体运用法治思维和法治方式、动态调整完善法律法规的专业能力。立法能力既是全面依法治国能力的起点,也是创制国家治理体制能力的支点。立法能力建设涉及立法理念、立法体制、立法程序、立法技术、立法方式、立法主体、立法行为等诸多方面,是中国立法研究的薄弱环节,也是立法实践亟须解决的一个重要问题。在全面深化改革背景下,立法要适应全面深化改革的需要,引领全面依法治国的进程,保障全面小康社会的顺利进行,必须高度重视和大力加强立法机关的立法能力建设,大力推进立法能力研究。

党的十八大以来,我们党更加重视领导立法和推进科学立法,提出了一系列立法新理念新要求,促进了立法能力建设。例如:(1)充

分发挥立法对改革发展的引领、促进和保障作用；（2）重大改革要于法有据，要先变法，后改革，在法治轨道上推进和深化改革；（3）强调人大主导立法，防止和克服"国家立法部门化，部门利益合法化"等弊端；（4）强调立法质量是立法的生命，把"人民群众对立法的期盼，已经不是有没有，而是好不好、管用不管用、能不能解决问题"作为评价"良法"的根本标准，明确提出要"推进科学立法、民主立法、依法立法，以良法促进发展、保障善治"，"努力让人民群众在每一项法律制度……都感受到公平正义"；等等。与此同时，也给立法工作提出更高的标准和要求，带来了新的挑战，出现了立法需求旺盛与立法供给不足的新矛盾。

在立法需求方面，有以下新要求新特点。

1. 由于中国的全面深化改革实质上是变法性改革，党的十八届三中全会提出的336项改革任务，在全国人大及其常委会制定的现行有效的260多件法律中，大约有60%的法律需要释、改、废，在国务院现行有效行政法规中，大约有70%的行政法规需要释、改、废，此外还需要创制许多引领、促进和保障改革顺利推进的新的法律和行政法规，这势必增加人大和政府的立法任务。

2. 全面依法治国是国家治理领域的一场广泛而深刻的革命，实质上是以法制改革形式推进的全面依法治国，因此党的十八届四中全会提出的190项法治建设任务，其中大多数改革任务涉及法律和行政法规的立、改、废、释。例如，深化司法改革将导致几十部法律法规的立、改、废、释，还需要大量立法授权。

3. 由于上位法的立、改、废、释，必然引发大量下位法的相应调整，给地方立法增加很多立法工作量。

4. 由于中国特色社会主义法治体系纳入了党内法规体系，全面从严治党强调要实现依法治国与制度治党、依规治党的统筹推进、一体建设，故此增加了许多与依规治党相衔接、相配合、相区别的立法需求和立法任务。尤其是国家监察制度改革，需要采取修改《宪法》、制定《国家监察法》等重大立法行为。

5. 由于统筹推进经济建设、政治建设、文化建设、社会建设和生态文明建设，尤其是党的十八届五中全会提出五大发展理念，建设法治经济、法治社会、法治文化、生态法治等得到更加重视，新形势和新发展理念对制定法律法规等立法工作不仅提出了更高的质量要求，也提出了更多的数量要求。

6. 由于一些重大立法项目的启动，如制定《国家安全法》《房地产税法》，编撰《民法典》，修改《宪法》等，这些立法项目虽然立法数量没有增加，但其工作量比一般立法要增加很多，难度增加很多，时间增加很多，人力物力增加很多，实际上加大了立法任务。

7. 由于全面依法治国的深化推进，全社会法治意识、法治观念不断增强，过去可用行政手段、经济手段、政策调控等手段和方式解决的问题，现在越来越多地转变成立法诉求，每年两会提出大量立法建议、意见和法律草案，增加了立法的压力。

总的来看，党的十八大以来，从中央到地方、从干部到群众，从经济到社会等各个方面、各个领域出现新形势、面临新任务，在激发全社会的立法需求的同时，也催生了大量的立法任务。当前，中国已经进入大发展、大变革、大立法的新时代。

面对中国大立法的新形势、新任务，我们人大的立法理念、立法状态、立法体制、立法机制、立法程序、立法人员、立法工作方式等，基本上还是处在按部就班的传统状态，表现为以下几个方面。

第一，一线的立法需求和立法任务。全国人大法工委许安标副主任在讲到 2017 年的立法工作时说，2017 年的立法工作安排，有约 40 项之多。一类立法项目有将近 20 件，预备及研究的立法项目还有 20 多件，总体来讲立法任务很繁重①。2018 年全国人大及其常委会的立法工作安排，除了要完成对现行宪法的第五次修改外，还需要继续审议的法律案 12 件；初次审议的法律案 14 件；预备审议项目包括《证券法（修改）》，修改《全国人民代表大会组织法》《公务员法》《著作权法》《职业教育法》《森林法》《个人所得税法》《安全生产法》《未成年人保护法》《档案法》《现役军官法》《兵役法》《人民武装警察法》《治安管理处罚法》等，制定《原子能法》《出口管制法》《密码法》《期货法》《消费税法》《房地产税法》《契税法》《印花税法》《陆地国界法》以及乡村振兴、农村金融等方面的法律；需在 2018 年考虑的授权决定和改革决定有 10 件，应当说立法任务十分艰巨繁重。

第二，二线的立法体制机制（立法程序，会期制度——每天的工作时间、工作节奏等）。例如，《立法法》规定，列入常委会会议议程的法律案，一般应当经 3 次常委会会议审议后再交付表决。由于立法的难度越来越大，一部新法律案审议的次数超过 3 次的屡见不鲜。比如，《物权法》常委会审议了 7 次才提交大会审议，《行政强制法》审议了 6 次，《证券法》审议了 5 次，《食品安全法》《监督法》《社会保险法》《国家赔偿法》《侵权责任法》等法律审议了 4 次。立法周期的延长是把"双刃剑"，一方面它可以充分发扬民主，力所能及

---

① 2017 年 3 月 9 日，许安标在十二届全国人大五次会议新闻中心举行记者会上答记者问时说。《2017 年全国人大常委会有近 20 件一类立法项目》，https：//www.chinacourt.org/article/detail/2017/03/id/2575191.shtml，2019 年 2 月 15 日。

地保证立法质量；另一方面，又会降低立法效率，使立法难以及时引领和保障改革发展。人大常委会的会期制，每年6次集会，每次会期5—7天，每年总会期天数为30—42天。按照现行做法，全国人大及其常委会的立法能力（效率）是有限的。据统计，从1978年到2008年的30年间，平均每年立法7.2件。立法最少的5年，平均每年立法4.4件；立法最多的5年，平均每年立法9.8件（见表4—1）。

表4—1　　　　　　中国30年立法效率（数量）统计

中国30年立法效率（数量）统计
1978—2008年全国人大及其常委会30年立法222件（包括宪法）
1978—1982年立法22件，年均立法4.4件
1983—1992年立法70件，年均立法7件
1993—2002年立法98件，年均立法9.8件
2003—2008年立法32件，年均立法5.3件

2015年十二届全国人大常委会立法规划经调整后再次公布。调整后的立法规划一、二类项目从原有的68件增至102件。其中，制定法律的46件，修改法律的56件，制定新法的任务平均每年约为10件。2018年十三届全国人大常委会立法规划正式对外公布。这是中国特色社会主义进入新时代后制定的第一个立法规划，是立法工作新形势新任务新要求的集中体现。立法规划含有各类立法项目共116件。其中，第一类项目（即条件比较成熟，十三届全国人大常委会任期内拟提请审议）有69件，包括修改《全国人民代表大会组织法》《国务院组织法》《治安管理处罚法》等34件，新制定《学前教育法》《个人信息保护法》等35件。目前已通过《宪法修正案》《监察法》《英雄烈士保护法》《个人所得税法》等7件，已提请审议的法律草案有12件。此外，还有包括修改《公司法》《商业银行法》《道

路交通安全法》等在内的47件列入第二类项目（即需要抓紧工作、条件成熟时提请审议）。农村集体经济组织、社会信用、人工智能、湿地保护、家庭教育等方面的立法，则被纳入第三类项目。"同过去几届常委会立法规划相比，本届立法规划确定的立法项目，一是数量多，列明的立法项目比近几届都多。二是分量重，在一、二类项目中属于基本法律的项目有十多件，属于新制定法律的项目有48件；其中，《民法典》编纂十分瞩目。三是要求高，全面依法治国、人民群众对幸福美好生活的向往，都对立法工作提出更高要求。"① 全国人大及其常委会年均制定7—10部新法的立法能力和立法效率，远远不能适应当前改革发展的新要求。

第三，三线的立法人员（60岁以上的老同志、退居二线的老同志居多；他们心理上往往认为自己是二、三线的公职人员）。三线的立法人员（队伍）②，出现三个明显的不足：一是能力不够，以预算监督为例，由于多数人大常委会组成人员缺乏必要的财政经济知识，有些人甚至难以读懂政府部门提交的预算草案，自然难以进行有效监督；二是精力不济，在一些地方，许多人大常委会专职委员主要精力放在了行政事务上，而兼职委员更是难以全身心投入人大工作；三是活力不够，由于年龄、精力、工作经历等各方面原因，一些从领导岗

---

① 《绘就五年立法规划蓝图——全国人大常委会法工委副主任许安标就十三届全国人大常委会立法规划答记者问》，《人民日报》2018年9月10日。

② 习近平总书记说：全面推进依法治国，建设一支德才兼备的高素质法治队伍至关重要。我国专门的法治队伍主要包括：在人大和政府从事立法工作的人员，在行政机关从事执法工作的人员，在司法机关从事司法工作的人员。全面推进依法治国，首先要把这几支队伍建设好。立法、执法、司法这3支队伍既有共性又有个性，都十分重要。立法是为国家定规矩、为社会定方圆的神圣工作，立法人员必须具有很高的思想政治素质，具备遵循规律、发扬民主、加强协调、凝聚共识的能力。

位转岗的委员不愿意真正地监督"一府两院",在其位不愿谋其政,在行使立法权时缺乏必要的激情和主动性。正如李适时主任所言:长期以来,立法工作队伍建设面临"进也难出也难"的两难局面,合适的人才不愿来,有潜力的干部出不去。

从某种意义上讲,日新月异的改革发展变化情势与立法能力相对不足、立法节奏相对滞后、立法效率相对低下的状况相比,与立法供给时间不及时、数量不到位、质量有欠缺的状况相比,国家和地方的某些立法短板已经成为制约全面深化改革、推动科学发展的体制性瓶颈,立法的需求强烈与立法的供给不足之间已经产生张力甚至矛盾。增强立法能力,加快立法速度,提高立法效率,强化立法质量,成为中国立法当前和今后一段时间工作的重点任务。

(二)加强新时代立法能力建设

党的十八大以来统筹推进"五位一体"总体布局和协调推进"四个全面"战略布局,由此提出的众多改革任务,对立法效率提出了更高更紧迫的要求。加强立法能力建设,不断提高立法效率,在提高立法质量的前提下加快全国和地方的立法速度,不仅非常必要,而且非常重要。为此,提出以下几点建议。

一是在全面深化改革高速发展的非常时期,应当暂停人大常委会目前实行的会期制,改为实行与行政机关一样的工作制,实行全年会期制,每天八小时坐班制,用这种非常时期的会期制度从时间上保证应对大量立法工作的需要。等到立法供需矛盾明显缓解,每年6次集会的会期制度可以满足改革发展需要时,再取消全年会期制。

二是加快推进人大常委的专职化、专业化、年轻化。佟丽华主任律师曾经分析说:十一届全国人大常委会160位常委中,绝大多数是退居二线的省部长，其中只有 14 位有法学背景，不到 10%。不论专业能力还是精力，相对繁重的立法任务，对这些退居二线的领导干部都是很大的挑战。人大常委老化的状况在十二届全国人大常委会非但没有得到扭转，由于省部级领导干部的大规模调整等原因，这种状况还有加重的趋势。

建议全国人大常委会和省级人大常委会实行专职常委制度。同时，尽快落实四中全会要求的"增加有法治实践经验的专职常委比例"，还要增加更多年轻化的专职常委，防止人大常委会变成事实上的"元老院"。

三是推行立法助理制度，给人大常委全面配备立法助理，用立法助理制度提升中央和地方立法的专业化水平和立法能力。立法助理是协助立法机关和人民代表履行立法职责、完成立法工作的具有立法专门知识的人员，他们在西方国家立法活动中发挥着日益重要的作用。美国国会的立法助理，1955 年有 5203 人，1965 年有 8604 人，1975 年有 16291 人；1982 年有 18761 人。建议给省级以上人大常委会常委，每人配备 1—2 名立法助理，可以使常委们的立法能力和工作效率在短期内迅速得到增强和提升。

四是加强教学科研单位的立法专业智库建设。发达国家立法发展趋势之一，是立法的中立化、专业化和智库化。由于立法是分配正义的过程，是重大利益和资源配置的制度性安排过程，也是高度专业化、技术化的工作过程，因此西方各国一般比较重视智库的立法参与和立法博弈。我们党提出加强中国特色高端智库建设，上海交通大学及时成立智库型的立法研究中心，浙江成立"浙江大学立法研究院"和"浙江立法研究院"，就是具体落实中央决策的重大举措。在推进科学立法进程中，建立专业化高端化立法智库，大有可为、大有作为。中国的立法智库，可以担负起从立法项目的提出、立法规划的设计、立法起草、立法论证、立法咨询，到立法理论研究、立法技术和立法程序完善、国际立法比较、立法资料收集、立法民意调查等各方面的立法服务功能。党的十八届四中全会提出立法改革的许多任务，如开展立法协商，探索建立有关国家机关、社会团体、专家学者等对立法中涉及的重大利益调整论证咨询机制，拓宽公民有序参与立法途径，健全法律法规规章草案公开征求意见和公众意见采纳情况反馈机制，探索委托第三方起草法律法规草案，等等，都可以交由立法智库承担。通过立法智库等制度化平台，充分发挥专家学者在立法起草、立法论证、立法预测、立法评估、立法修改、立法解释等方面的重要作用，可在一定程度上弥补立法机关立法能力不足、立法效率和立法质量不高等方面的欠缺；由于立法智库作为第三方参与立法，其专业化的能力、中立化的立场、法治化的思维和方法，有利于增强中央和地方立法的公信力和权威性。

◇ 第三节 加强法治政府建设，促进经济社会发展

中央全面依法治国委员会第二次会议指出，推进全面依法治国，要坚持法治国家、法治政府、法治社会一体建设，法治政府建设是重点任务，对法治国家、法治社会建设具有示范带动作用。[1] 而依法行政是依法治国的关键环节，法治政府建设是法治中国建设的主体工

---

[1] 习近平：《完善法治建设规划提高立法工作质量效率 为推进改革发展稳定工作营造良好法治环境》，《人民日报》2019年2月26日第1版。

程。建设法治政府，就是要将政府决策、执行和监督的全过程纳入法治轨道，建设职能科学、权责法定、执法严明、公开公正、廉洁高效、守法诚信的现代政府。

改革开放以来，尤其是党的十八大以来，中国法治政府建设取得长足进展，依法全面履行经济调节、市场监管、社会管理、公共服务和生态保护职能等政府职能，行政审批制度改革进一步深化，权力清单和责任清单制度得到大力推行。行政决策的科学化、民主化和法治化程度日益提高。行政执法体制向着权责统一、权威高效的方向持续迈进。对行政权运行的监督制约机制更加有效。各级行政机关及其工作人员的依法行政水平和观念有了很大提高。但是，与建设社会主义市场经济和和谐社会的客观要求相比，与深化行政管理体制改革、全面推进依法治国、实现国家治理体系和治理能力现代化的任务相比，中国法治政府建设还存在不少差距，主要是：行政组织法律制度尚不完善，行政职能、机构、权限等未能实现法定化；行政决策程序和机制尚不健全，行政执法体制不够顺畅，执法程序不够规范，执法的权威性和公正性不足，执法考核指标体系不够科学；对行政权运行的制约和监督机制尚不健全，监察、审计制度等专门监督未能完全发挥实效；一些行政机关工作人员的法治观念还比较淡薄，依法行政的思维、能力和水平有待提高。

党的十八大和"十三五"规划明确提出了到 2020 年"法治政府基本建成"的目标。2015 年 12 月 27 日，中共中央、国务院印发了《法治政府建设实施纲要（2015—2020 年）》，明确了基本建成法治政府的时间表、路线图和任务书。根据实现"法治政府基本建成"的目标，深化行政体制改革，加快推进法治政府建设，依法设定权力、行使权力、制约权力、监督权力，依法调控和治理经济，推行综合执法，把政府活动全面纳入法治轨道，实现政府活动法治化。

一　深化行政体制改革，推行政府权力清单制度

政府职能是政府管理的核心和灵魂，科学的职能界定和配置是行政体制改革的首要要求，也是法治政府建设的前提。要进一步转变政府职能，促进简政放权、放管结合、优化服务在重要领域和关键环节继续取得新进展，依法全面履行职能，促进经济社会持续健康发展。

要切实做到政府该放的权坚决放到位，政府该管的事坚决管好。一方面要简政放权，要坚持向企业放权、向社会放权和向基层放权，把企业和个人能够自主决定、市场竞争能够自行调节、社会组织和行业组织能够自律管理的事项，放权给企业、个人、市场和社会。要力争做到放无可放、减无可减，全面取消非行政许可的行政审批项目。减少行政审批事项，必须实事求是，务求实效，决不能玩数字游戏。另一方面，政府要依法全面正确履行宏观调控、公共服务、市场监管、社会管理和环境保护职能，以弥补市场失灵，保障公平竞争，推动可持续发展，促进共同富裕，维护社会公平正义。

在行政管理中要遵循"三个凡是"的原则：凡是能够通过社会自治、自律解决的问题，行政主体不得越俎代庖；凡是能够通过行政指导、行政合同、行政协商等非强制手段处理的事项，行政主体不得运用行政强制权力处理；凡是没有法律法规依据，行政机关不得作出减损公民、法人和其他组织合法权益或者增加其义务的决定。截至2017年年底，国务院部门行政审批事项削减44%，非行政许可审批彻底终结，中央政府层面核准的企业投资项目减少90%，行政审批中介服务

事项压减74%，职业资格许可和认定大幅减少。① 对地方各级政府及其工作部门的行政权力进行全面梳理，形成行政权力清单，优化设计权力运行流程、制定权力运行图，将政府职能、法律依据、实施主体、职责权限等向社会公开。省级政府2015年年底前、市县两级政府2016年年底前，基本完成政府工作部门、依法承担行政职能的事业单位权力清单的公布工作。厘清与行政权力相对应的责任事项、责任主体和责任方式，确保权力与责任相互对应和统一。实行统一的市场准入制度，在制定负面清单基础上，各类市场主体可依法平等进入清单之外领域。

二 完善经济的法治调节体系，依法规范市场经济秩序

健全发展规划、投资管理、财政税收、金融等方面法律制度，加强发展战略、规划、政策、标准等制定和实施。加强对地方经济社会发展趋势的研判，依法综合利用好发展规划、政府投资、财政税收、金融等措施，统筹推进稳增长、促改革、调结构、惠民生、防风险等工作，提升创新能力。切实转变政府投资管理职能，确立企业投资主体地位，制定并公开企业投资项目核准目录清单。完善主要由市场决定价格的机制，大幅缩减政府定价种类和项目，制定并公布政府定价目录，全面放开竞争性领域商品和服务价格。政府不要轻易干预市场价格形成机制，不要硬性控制市场价格，诸如曾经发生过的"牛肉面限价""月嫂限价"等，最终不仅没有达到预期目的，反而破坏了市场调节功能。

---

① 马怀德：《法治政府建设在改革开放中稳步推进》，《人民日报》2018年7月25日。

规范各类市场主体行为，加强对垄断性部门和行业的监管，依法打击各种破坏市场经济秩序的违法犯罪活动，严肃查处不正当竞争、限制竞争和商业贿赂等违法行为。清理、废除妨碍全国统一市场和公平竞争的各种规定和做法，破除部门保护、地区封锁和行业垄断。维护各类市场主体合法权益，切实加强对知识产权的保护。规范各类中介机构和服务市场，促进社会中介组织依法运作。健全安全生产、食品药品安全、环境保护、节能降耗、劳动用工等监管体制机制。当前在此方面，要特别强化对"红顶中介"的清理，防止他们借用行政权力制造市场障碍，盘剥企业，瓜分市场资源。

深化商事制度改革，继续清理工商登记前置审批，加快工商登记后置审批改革，进一步推进工商注册登记制度便利化。例如，国务院办公厅于2016年7月11日发出《关于加快推进"五证合一、一照一码"登记制度改革的通知》，明确从今年10月1日起正式实施"五证合一、一照一码"。加强事中事后监管，创新市场监管方式，完善市场监管体系，建立透明、规范、高效的投资项目纵横联动、协同监管机制，实行综合监管，推广随机抽查，探索"智能"监管。加强基层政府的监管能力，提升基层监管部门依法行政水平。

三 创新社会治理，维护社会公平正义与和谐稳定

加快构建党委领导、政府负责、社会协同、公众参与、法治保障的社会治理体系，形成源头治理、动态管理、应急处置相结合的社会治理机制。加强社会稳定风险评估机制建设，建设立体化社会治安防控体系和公共安全体系。完善应急管理体系，健全自然灾害、环境污染、食品安全、公共卫生、互联网等突发事件的应急机制。积极运用

网络平台，维护信息网络安全，加强舆情动态监测、分析和研判。建立专业网络机关及常态化网络互动平台，通过建立官方微博和微信、公共信息服务平台等方式，主动融入网络时代。加强社会信用体系建设，建立健全社会征信体系，建立健全全国统一的社会信用代码制度和信用信息共享交换平台，推进企业信用信息公示"全国一张网"建设，依法保护企业和个人信息安全。

创新社会治理，要求依法有效防范和化解社会矛盾纠纷。一要健全社会矛盾纠纷监测、预警、处理和回应机制。及时收集分析热点、复杂矛盾纠纷信息，加强群体性、突发性事件预警监测。加大对社会矛盾纠纷的排查，对可能引发矛盾纠纷的苗头和隐患及时分析研判，制定应对措施。二要完善多元化矛盾纠纷解决机制。围绕农村土地与城市房屋征收、劳资纠纷、环境污染等矛盾纠纷易发多发领域创新多元纠纷解决机制。健全行政调解工作机制，建立政府负总责、政府法制机构牵头、各职能部门为主体的行政调解工作机制。进一步推广和健全以人民调解为基础，集人民调解、行政调解、司法调解为一体的相互衔接配合的"三调联动"模式。三要充分发挥行政复议内部监督纠错功能。改革行政复议体制，积极探索整合地方行政复议职责。加大行政复议指导监督力度，推进行政复议规范化工作。提高行政复议办案质量，增强行政复议的专业性、透明度和公信力，充分发挥行政复议委员会专家委员优势，提升专家委员审理案件的比例，提高复议工作的公正性和公信力。四要支持行政审判工作。各级行政机关不得干预、阻碍人民法院受理行政案件。落实行政机关负责人出庭应诉制度。切实尊重并执行生效裁判。加强对行政机关出庭应诉、执行裁判的管理。五要完善信访制度。畅通群众诉求表达、利益协调和权益保障渠道，规范信访工作程序，推进阳光信访、责任信访和法治信访。

坚持信、访并重，落实首接首办责任制。进一步推广聘请律师和心理咨询师参与信访的工作模式。将对重大决策的信访评估和对人民建议的征集结合起来，有效解决社会服务管理工作中的执行偏差。积极探索完善信访听证制度，增加处理社会矛盾的透明度。落实涉法涉诉信访依法终结制度，用法治方式坚决扭转"信访不信法"局面。

四　健全社会保障，强化生态环境法治保护

着力促进教育、卫生、文化等社会事业健康发展，强化政府促进就业、调节收入分配和完善社会保障职能。健全政府主导、社会参与、覆盖城乡、可持续的基本公共服务体系，增强基本公共服务能力，促进基本公共服务均等化、规范化。充分利用市场机制实现社会公共服务的供给，实行政府购买服务内容指导性目录管理。建立健全以社会保险、社会救助、社会福利为重点的社会保障体系。坚持全覆盖、保基本、多层次、可持续的工作方针，推进基本养老保险、基本医疗保险等社会保险制度完善；建立社会救助工作协调机制，完善社会救助资金、物资保障机制，建立社会救助管理信息系统，实现社会救助信息互联互通、资源共享；切实加大对教育、住房保障的投入力度；积极应对人口老龄化，加快建立社会养老服务体系、医疗服务体系；实现城镇基本公共服务常住人口全覆盖。建立健全政府购买公共服务制度，公开政府购买公共服务目录，加强政府购买公共服务质量监管。推进公共服务提供主体和提供方式多元化，凡属事务性管理服务，原则上都要引入竞争机制向社会购买；确需政府参与的，实行政府和社会资本合作模式。

加快建立和完善有效约束开发行为和促进绿色发展、循环发展、低

碳发展的生态文明法律制度。加强污染防治与自然资源保护的制度创新，健全各有关部门的环境保护监督管理责任，落实环保目标责任制。改革生态环境保护管理体制，加大资源环境执法力度，依法查处破坏资源环境的违法行为，完善和落实突发环境事件的应急预案。严格限制高耗能、高污染行业发展，从源头上保障良好生态环境。健全生态环境损害责任追究制，对领导干部实行自然资源资产离任审计。树立绿色政绩观，完善科学考评办法，把能源消耗、环境质量、生态投资、绿色产业等纳入目标考核指标体系。鼓励和引导个人、民间组织、社会团体参与环境保护公益活动，完善环境影响评价制度、环保信息公开制度和公众参与机制。开展环境污染损害评估，健全环境损害赔偿机制。

五　全面提高行政机关依法行政的意识和能力

一要强化行政首长作为推进法治政府建设第一责任人的责任。各级政府和政府各部门应当建立健全由行政首长挂帅的推进法治政府建设领导小组，统一领导、定期部署本地区、本部门推进法治政府工作，及时解决法治政府建设中存在的突出问题。二要加大对法治政府建设工作的考核力度。制定科学法治政府建设考核指标体系，将主观指标和客观指标、内部评审和外部评审有机结合，保证考核结果的公信力。把依法行政、依法办事作为衡量政府领导和公务员工作实绩的重要依据，作为评判行政执行力强弱、工作实绩大小、发展成效好坏的重要标准，纳入行政机关及其工作人员政绩考核指标体系，作为行政机关及其工作人员政绩考核的一项硬标准、硬任务，使法治政府建设真正成为一种硬要求、硬约束。三要全面提高政府工作人员法治思维和依法行政能力。改革和完善公务员录用考试制度，增加公务员录用考试中法律知识的比重。加强对领导干部任职前法律知识考查和依法行政能力测试，实行公务员晋升依法行政考核制度。四要进一步加强政府法制机构和队伍建设。推进法治政府建设工作的政治性、政策性、综合性、专业性很强，需要有一个精通法律、精干高效的法制机构和一支素质过硬、勇于任事的政府法制队伍，以充分发挥其在推进法治政府建设方面的组织协调和督促指导作用，切实履行其作为政府和部门领导参谋、助手和顾问的职责。

◇ 第四节 深化司法体制改革，保障经济社会发展

公正是法治的生命线。司法公正对社会公正具有重要引领作用，司法不公对社会公正具有致命破坏作用。党的十八大以来启动的新一轮司法体制改革，已经取得积极进展，社会反映好，群众认可度高、获得感强。"十三五"时期，司改进入攻坚克难的关键阶段，任何一个环节或方面出问题，都可能引发司改"塌方"，因此应当高度谨慎、如履薄冰，稳妥推进。应在总结前一阶段司法改革经验的基础上，进一步尊重司法规律，深化司法体制改革，破解司法改革难题，完善司法体制机制，促进司法公正，完善对权利的司法保障、对权力的司法监督，使司法公信力得到明显提高，为经济社会发展营造良好法治环境。

充分发挥公正司法对经济社会发展的保障作用，应当坚持以下原则[①]。

---

① 周强：《为实现"十三五"规划目标营造良好法治环境》，《求是》2016年第4期。

一是依法保护产权。司法应对正确实施中国法律对各类产权进行确认和保护的相关规定，依法对所有权、知识产权、法人财产权、股权以及具有产权性质的权利进行全面保护，切实做到"保障人权，保护产权，规范公权"。

二是尊重契约自由。只要当事人在平等自愿基础上订立合同，不损害国家利益、公共利益和第三人合法权益，就应当受到充分尊重和保护。司法应当通过尊重契约自由，充分发挥市场主体的能动性，促进提升市场经济活力、增加社会财富。同时，严格按照法律规定，认定合同性质以及合同无效、可撤销、可解除等情形。

三是坚持平等保护。随着经济社会发展，民事商事权利类型多样化、权利主体多元化、权利诉求多样化的趋势日益明显。司法应坚持对不同市场主体法律地位平等、权利保护平等、发展机会平等的原则，依法化解各类矛盾纠纷，平衡各类利益关系，促进社会主义市场经济健康发展。

四是坚持权利义务责任相统一。司法应准确把握权利、义务、责任三者协调统一的关系，依法保护权利，明确判定义务，培育责任意识，促进营造良好的市场环境和社会秩序。

五是倡导诚实守信。诚实信用是民事商事法律规范的核心条款，也是社会主义核心价值观的重要组成部分。司法公正对社会公正具有重要引领促进作用，司法诚信对社会诚信具有重要示范保障作用。应当以公正裁判促诚信，以强化执行护诚信，以司法宣传扬诚信。司法应当发挥司法裁判的教育、示范、引导、评价功能，通过缔约过失、违约责任等制度运用，保护诚实守信，凸显对违背诚信行为的否定性评价，促进社会诚信建设。

六是坚持程序公正与实体公正相统一。司法应当克服"重实体轻程序""重结果轻过程"的错误观念,坚持当事人诉讼地位和诉讼权利义务平等,在诉讼活动中充分体现诉讼权利行使和诉讼义务履行的公平性,实现实体公正和程序公正,努力让人民群众在每一个司法案件中都感受到公平正义。

一 以司法公开促进司法公正

公开是法治的基石,为实现党中央提出的司法改革目标,公正司法,司法机关把司法公开作为司法改革的突破口和树立司法公信力的重要环节。司法公开对于保障公民知情权、推动公众有序参与司法活动、监督司法权力运行、提升司法水平、预防司法腐败、提升司法公信力具有重要意义。

在全面深化司法改革和新媒体时代背景下,最高人民法院继提出司法"六公开"之后,于2013年推出审判流程公开、裁判文书公开、执行信息公开"三大平台"建设。党的十八届四中全会提出"构建开放、动态、透明、便民的阳光司法机制",推进以审判公开为龙头的政法信息公开(检务公开、警务公开、狱务公开)。法院借助于诉讼指南、庭审直播、裁判文书公开等,让更多的受众了解裁判的规则、过程和结果,以案说法,普及现代法治常识与理念。以裁判文书公开为例,裁判文书是法院审判工作的最终产品,是承载全部诉讼活动、实现定纷止争、体现裁判水平的重要载体,公众通过查阅裁判文书可以了解法院如何认定事实、适用法律和做出裁判,有助于监督法官秉公判案、提高办案的公正性,还在客观上对法官形成倒逼机制,促使法官认真撰写裁判文书,提升裁判文书的说理性,同时,对于法制宣传、法学研究、案例指导、统一裁判标准等也具有重要意义。

二 畅通人权司法保障机制

在法治社会，权利通常应该得到有效的保护和救济，而司法则是权利救济和保障的最正式和有效的机制。法院在全面深化改革的过程中，借助于立案登记制、诉讼服务中心、网上申诉信访平台等诸项改革措施，畅通了人权的司法保障机制。

首先，立案登记制，畅通了权利救济的入口。针对社会反响强烈的立案难问题，为切实保障当事人诉权，党的十八届四中全会提出，改革案件受理制度，变立案审查制为立案登记制，对人民法院依法应该受理的案件，做到有案必立、有诉必理。2015年4月1日，中央全面深化改革领导小组通过了《关于人民法院推行立案登记制改革的意见》，决定于2015年5月1日起实施立案登记制。随后最高人民法院制定了《关于人民法院登记立案若干问题的规定》，统一了全国法院登记立案工作，规定了实行立案登记制的范围、条件、流程等。地方法院亦出台相应的实施细则、办法。立案登记制旨在解决因非法律因素所导致的立案难现象，其核心是保障当事人行使诉讼权利，方便当事人诉讼。立案登记制是人民法院案件受理制度的历史性变革，被法院称为"最坚决、最彻底"的改革，使人民群众在司法程序的第一道关口感受到诉讼权利的尊严与保障。立案登记制改革也符合"十三五"规划提出的深化司法体制改革、完善对权利司法保障的要求。

其次，依托诉讼服务中心，畅通了人权司法保护的过程。立案登记制的实施，客观上会造成各种疑难案件的增多，这对法院提升诉讼服务水平提出了进一步的要求。为整合资源，目前各地依靠信息化建立诉讼服务中心，为群众提供导诉、登记立案、法律咨询、12368 司法热线、网上立案、自助立案等服务项目。诉讼服务中心是法院在信息技术的支持下，开辟司法为民的新领域和新窗口。很多法院基本做到了重要信息主动告知、即时查询和有问必复，初步形成线上线下、庭上庭下多样化司法服务格局，让人民群众获取更便捷、更廉价、更个性化的诉讼服务，使司法更加贴近人民群众。

最后，开通信访投诉平台，畅通了利益诉求意见表达渠道。举报、投诉、信访是宪法法律赋予公民的权利。十八届三中全会提出"改革涉诉信访制度"，要求创新网络办理信访机制。为了方便公众行使表达意见的权利，最高人民法院分别于 2014 年 2 月和 7 月开通了网上申诉信访平台和网络举报网站。各个法院也都在积极探索网络办理信访的新模式，许多法院实现了网上预约接访，最大限度方便当事人。"网上申诉信访平台"与同步开发的远程视频接访系统拓宽了申诉信访渠道，创新了司法便民措施，减轻了人民群众的奔波之苦，提高了法院的信访处置效能。基于互联网的司法公开三大平台、诉讼服务平台、政务网站、微博、微信、手机电视、减刑假释暂予监外执行信息公开和网上监督举报等应用系统，人民群众较之以往更加真切地感受到公平正义就在身边。

三 借助司法大数据提升国家治理能力

2015 年，党的十八届五中全会提出了实施国家大数据战略，国务院亦于 2015 年 8 月底出台《促进大数据发展行动纲要》，提出"得数据者得未来"。在国家大数据战略中，司法大数据无论从数量还是从质量上来讲都应该是国家治理能力赖以提升的富矿。

司法数据涵盖法院工作报告、年报、专题报告或白皮书、案件统计数据等信息。司法数据可分为两个层次：一是基础数据，包括司法文件、裁判文书、司法政务数据（人事、财务等）、案件统计数据等；二是加工数据，该部分数据是指法院通过分析海量审判案件信息所形成的司法建议、专业审判白皮书（金融、破产、海事、消费者权益保护等）、调研成果。2015年，最高人民法院出台《人民法院数据集中管理技术规范（2015）》，提出对审判数据、司法人事和政务数据进行集中管理，确保全国法院数据上下联动、互联互通。截至2018年2月底，中国庭审公开网直播庭审64.6万件，观看量48.5亿人次；中国裁判文书网公开文书4278.3万份，访问量133.4亿人次，用户覆盖210多个国家和地区，成为全球最大的裁判文书资源库。加强网站、微博、微信、客户端等新媒体建设，主动公开司法信息，让司法公正看得见、能评价、受监督。信息化建设实现跨越发展，全国3525个法院和10759个人民法庭全部接入专网，实现"一张网"办公办案，全程留痕，全程接受监督。通过电子诉讼、12368诉讼服务热线等信息化手段，减少群众出行，节约诉讼成本，促进节能减排。建成人民法院大数据管理和服务平台，实时汇集全国法院审判执行数据信息，为法官和群众提供智能服务，为党委和政府决策提供科学参考。推进审判领域人工智能研发，"法信""数字图书馆""庭审语音识别"等智能辅助办案平台上线应用，为法官提供类案参照、文书纠错等服务。推进电子卷宗随案生成，提供电子卷宗网上调阅服务。在吉林、浙江、海南等14个省份开展道路交通事故损害赔偿纠纷"网上数据一体化处理"改革试点，实现多部门一网办案，纠纷解决更加便捷。在浙江杭州设立全球首家互联网法院，实现线上证据在线提取、线上纠纷快速审理，探索涉互联网案件审理新模式。①

司法大数据的深入挖掘不仅有利于提升司法工作的效率，推进司法公正，还有利于党政决策与社会治理。司法审判直面社会矛盾，是社会管理运行状况的侧面反馈。由此，及时总结司法审判特点，案件多发的类型就有助于研判社会治理中存在的问题。当司法数据与外部数据形成联动，综合分析，许多司法工作难题和社会管理的难点将得到解决。甚至，基于历史审判数据的分析与社会变迁的考量，司法大数据的某些指标还可以为分析预测经济形势的走向提供依据，为党政决策提供量化指标。例如，四川法院研发审判业务条线管理系统，先后对全省毒品犯罪，涉金融、民间借贷案件的审判数据进行了深度分析，提出了治安突出问题整治、经济运行风险防控、民生权益保护等工作建议，形成报告供省委领导和相关部门决策参考。2014年，山东省高级人民法院针对涉金融纠纷高发多发的问题，运用大数据进行专项分析，提出了强化金融监管、规范金融秩序的司法建议，得到了山东省政府的采纳。

四 在司法实践中落实创新驱动发展战略

创新是引领发展的第一动力。在"大众创业、万众创新"时代，司法要坚持以创新为引领，依法调节创新进程中发生的各种法律关系，为创新发展营造良好法治环境。

---

① 周强在第十三届全国人民代表大会第一次会议上作的《最高人民法院工作报告》，2018年3月9日。

一要发挥司法保护知识产权的主导作用。[①] 加大知识产权司法保护力度，充分发挥知识产权司法保护对激发全社会创新动力、创造潜力和创业活力的独特作用，更加重视对商业模式创新的保护，更加重视对创新环境的维护，更加重视创新保护的及时性、有效性。中国已初步建立并不断完善了知识产权的相关法律法规体系，形成了司法和行政执法两条途径协调运作的保护机制，但司法的保护更直接、更有效，也更能发挥示范效应。2014年，北京、广州、上海的知识产权法院先后成立，进一步强化了知识产权司法保护，统一了知识产权案件裁判标准。全国法院也加强了对知识产权案件的审理，服务创新发展，通过审判工作切实发挥司法保护知识产权主导作用，同时与工商、版权等部门协调推进，对妥善化解知识产权纠纷起到了积极作用；重视发布知识产权司法保护年度报告，密切关注科技与经济的发展动向，精准做好各类知识产权和创新的司法保护工作；以司法公开为契机，发挥知识产权典型案件的庭审示范效应，借助新媒体扩大受众范围，倡导社会公众树立尊重知识产权、保护知识产权的意识。2013—2018年，人民法院充分发挥司法保护知识产权作用，各级法院审结一审知识产权案件68.3万件，促进"大众创业、万众创新"。依法审理"乔丹"商标争议行政纠纷、华为诉美国交互数字公司滥用市场支配地位等案件，维护公平竞争的市场环境。

二要维护公平有序的市场竞争秩序。尊重和保护市场主体的合法权益，防止对市场不当干预，使市场在资源配置中起决定性作用。认真贯彻执行反不正当竞争法，规制各种不正当竞争行为。依法制止垄

---

① 周强：《为实现"十三五"规划目标营造良好法治环境》，《求是》2016年第4期。

断行为，打破地区封锁和行业垄断，为中小企业创新发展拓展空间。鼓励交易模式和交易结构创新，不轻易以法律未作规定为由否定交易行为法律效力。依法制裁违约行为，鼓励诚信交易，降低维权成本，提高违约成本。依法审理企业清算案件。严格按照《公司法》《企业破产法》等法律法规的相关规定，依法清理"僵尸企业"，强化优胜劣汰的市场机制。充分发挥企业清算程序和破产程序在淘汰落后企业或产能方面的法律功能，依法受理、审理涉公司强制清算、破产清算案件，引导和督促市场主体有序退出。[①] 2013—2018年，各级法院审结一审商事案件1643.8万件，同比上升53.9%。积极开展破产审判工作，开通全国企业破产重整案件信息网，出台"执行转破产"意见，健全市场主体救治和退出机制，依法稳妥处置"僵尸企业"，审结破产案件1.2万件，重庆钢铁、东北特钢等破产重整案取得良好效果。制定《公司法》司法解释，规范公司治理，加强股东权利保护。审结买卖合同案件410.6万件，促进公平交易。审结房地产纠纷案件132.1万件，促进房地产市场规范有序发展。[②]

三要维护金融创新与安全。积极参与金融风险专项整治行动，依法惩治非法集资、金融诈骗等经济犯罪，维护良好经济社会秩序。加强对金融债权的司法保护，切实维护金融安全。密切关注借款纠纷反映出的商业银行不良贷款、影子银行规模的变化趋势，为防止发生系统性、区域性金融风险提出司法建议、出台司法政策。规范金融创新行为，依法认定金融创新产品法律效力。妥善审理民间借贷案件，促

---

① 周强：《为实现"十三五"规划目标营造良好法治环境》，《求是》2016年第4期。

② 周强在第十三届全国人民代表大会第一次会议上作的《最高人民法院工作报告》，2018年3月9日。

进缓解中小微企业融资难、融资贵难题。依法追究内幕交易、虚假陈述等违法行为的民事责任，维护投资者合法权益，促进资本市场健康发展。[①] 2013—2018 年，全国法院审结借款、保险、证券等案件 503 万件，维护金融市场秩序；审结全国首例证券支持诉讼等案件，维护中小投资者合法权益；审结民间借贷案件 705.9 万件，规范民间融资行为；审结互联网金融案件 15.2 万件，促进互联网金融健康发展。严惩非法集资、内幕交易等金融犯罪，北京等法院审结"e 租宝"非法集资案，山东法院审结徐翔等人操纵证券市场案，切实维护金融安全。

五　推进环境公益诉讼，促进经济社会绿色发展

发展是人类社会的永恒主题，对于处于转型期的中国来说，发展更是第一要务。然而，发展必须是健康的，不能以牺牲环境为代价，因为环境和生态资源保护关系民生福祉、关乎民族未来。只有把生态文明建设纳入法治轨道，才能更好形成人与自然和谐发展的现代化建设新格局。随着国家对环境问题的高度重视和人们对环境问题的快速觉醒，相关部门加大了对环境问题的专项整治，全国各地也出现了环境公益诉讼。环境公益诉讼对于制约企业环境违法、迫使企业履行环境责任具有重要意义。昆明中院于 2008 年 12 月成立环境资源保护庭，积极构建民事、刑事、行政、公益诉讼执行"四合一"的审理执行模式，为当地的生态环境提供了有效的司法保护。为了鼓励单位和环保组织对涉嫌危害环境的行为提起公益诉讼，昆明中院还在全国率

---

① 周强：《为实现"十三五"规划目标营造良好法治环境》，《求是》2016 年第 4 期。

先成立"环境公益诉讼救济专项资金账户"。

2012年《民事诉讼法》的修改,尤其是2015年新《环境保护法》的实施,使环境公益诉讼发展到了一个新阶段。2015年1月7日《最高人民法院关于审理环境民事公益诉讼案件适用法律若干问题的解释》颁布实施,被誉为"史上最严""长牙齿"的新环保法,其效果正是在"可诉"中得到了体现。环境公益诉讼旨在充分发挥全社会对生态环境保护的监督作用,是推动公众参与司法、推动环境司法民主的重要途径。然而,环境公益诉讼的提起和进行往往会受地方政府干扰,因而需要进一步深化和推进去行政化的司法改革,并通过指定管辖、交叉管辖、集中管辖、提级管辖等制度和程序,解决环境污染的主客场问题。为了环境公益诉讼更加便捷可行,最高人民法院院长周强表示,最高人民法院将降低诉讼门槛,鼓励民间环保团体提起公益诉讼,支持检察机关对环境民事案件的公益诉讼,环境案件不仅要让环境污染者付出代价,而且要求其对受害者进行赔偿,对生态环境进行修复。

从行政诉讼的角度看,对环境污染等损害公益的行为,个别行政执法机关存在着失职、渎职,不作为、乱作为的情况。党的十八届四中全会提出将探索建立检察机关提起公益诉讼制度。这是继《民事诉讼法》修订将公益诉讼纳入法律规定之后,公益诉讼制度迎来的又一次重大改变。2015年7月,全国人大常委会授权最高人民检察院在部分地区开展公益诉讼试点工作。截至2015年年底,试点地区检察机关共在履行职责中发现公益诉讼案件线索501条,山东等6省检察机关已提起8起公益诉讼。2016年1月6日,最高人民检察院发布《人民检察院提起公益诉讼试点工作实施办法》,作为检察机关试点公益诉讼的"操作手册"。建立检察机关提起公益诉讼制度,剑指环境保护行政不作为,是一项具有前瞻性、创新性和重要现实意义的改革举措。2007—2014年，全国各级法院受理环境民事公益诉讼57件，但自2015年以来，受理数逐年大幅递增，2015年受理56件，2016年受理案件数达到81件，2017年受理案件数已高达195件。2013—2018年，全国法院审结环境民事案件48.7万件，坚决维护生态环境安全；依法审理生态环境损害赔偿案件1.1万件、检察机关提起的环境公益诉讼案件1383件、社会组织提起的环境公益诉讼案件252件。[①] 全国检察机关从2013年以来连续4年开展专项立案监督，坚决惩治污染大气、水源、土壤以及进口"洋垃圾"、非法占用耕地、破坏性采矿、盗伐滥伐林木等破坏环境资源犯罪，起诉13.7万人，较前五年上升59.3%；办理生态环境领域公益诉讼1.3万件，督促5972家企业整改，督促恢复被污染、破坏的耕地、林地、湿地、草原总面积14.3万公顷，索赔治理环境、修复生态等费用4.7亿元。[②]

六 切实解决"执行难"问题，推进社会诚实信用体系建设

执行是保障司法裁判得以落实、当事人权益得以保障的最后一道关口，直接关系到社会公平正义的实现，是提升司法公信力的关键环节。目前，中国司法实践中普遍存在"执行难"问题，不仅直接损害当事人通过司法途径获得的合法权益，还侵蚀法律权威，降低司法公信力，同时对社会诚信也是极大的伤害，损害公平正义。因此，司法体制改革的一个关键问题是如何有效化解执行难。2016年，最高人

[①] 周强在第十三届全国人民代表大会第一次会议上作的《最高人民法院工作报告》，2018年3月9日。

[②] 曹建明在第十三届全国人民代表大会第一次会议上所作的《最高人民检察院工作报告》，2018年3月9日。

民法院周强院长在十二届全国人大四次会议上明确提出，要"用两到三年时间基本解决执行难问题"，为解决执行难划定了具体期限，显示了法院勇于担当、促进诚信社会建设的决心。建立信用惩戒机制是构建诚信社会的必然要求，也是破解执行难的有效途径之一。党的十八届三中全会《决定》明确提出，推进部门信息共享、建立健全社会征信体系，褒扬诚信，惩戒失信。党的十八届四中全会也专门就"切实解决执行难""依法保障胜诉当事人及时实现权益"提出具体要求，如"加快建立失信被执行人信用监督、威慑和惩戒法律制度"。最高人民法院建立了公布失信被执行人名单制度，开通"全国法院失信被执行人名单信息公布与查询"平台，在微博、微信开设"失信被执行人曝光台"，与人民网联合推出"失信被执行人排行榜"，扩大失信被执行人信息传播范围，形成强大的信用惩戒威慑，促使被执行人主动履行义务。为强化对被执行人的信用惩戒，2015年7月，最高人民法院修改2010年《关于限制被执行人高消费的若干规定》，发布了《最高人民法院关于限制被执行人高消费及有关消费的若干规定》，进一步明确并扩大了限制消费的范围。各级人民法院积极参与推进社会征信体系建设，推动建立覆盖全国的失信被执行人信息网络查控体系，加速推进信用惩戒机制建设，将失信被执行人名单信息通报给相关部门，限制失信被执行人购买列车软卧车票、飞机票和申请贷款、办理信用卡，禁止担任企业法定代表人、高级管理人员等，促使被执行人主动履行执行义务。2016年以来，最高人民法院与国家发改委等60家单位签署文件，推进失信被执行人信用监督、警示和惩戒机制建设，采取11类37大项150项惩戒措施，对失信被执行人担任公职、党代表、人大代表、政协委员以及出行、购房、投资、招投标等进行限制。截至2018年9月，全国法院累计发布失信被执行人名单

1211万例，共限制1463万人次购买机票，限制522万人次购买动车、高铁票，322万名失信被执行人迫于信用惩戒压力自动履行了义务。

提高司法执行的强制性是破解"执行难"的必由之路，为此，法院在对失信被执行人进行曝光和信用惩戒之外，还对不如实申报财产、恶意逃避执行的行为进行罚款、拘留乃至追究刑事责任。2015年，最高人民法院颁布司法解释，引入自诉机制作为追究拒执罪的辅助手段。有的法院（如石家庄中院）还将法律制裁措施在网站上予以公开，便于社会监督，在社会上营造"逃避执行必受惩戒"的氛围。2016年至2018年9月，全国法院以拒不执行判决裁定罪判处罪犯14647人，累计拘留失信被执行人38万人次，限制出境3.2万人次；特别是2018年以来，共判处罪犯7281人，拘留13.4万人次，同比分别上升90.6%和11%，形成打击逃避、规避执行行为的强大声势。

全面推行网络司法拍卖，有效破解财产变现难题。为克服传统拍卖方式存在的诸多弊端，从2012年开始，浙江、江苏等地法院率先推行网络司法拍卖。最高人民法院及时总结经验，确立以网络拍卖为原则、传统拍卖为例外的司法拍卖新模式，出台网络拍卖司法解释，从2017年1月1日开始，在全国法院全面推行网络司法拍卖，并完善相关配套制度。截至目前，全面实行网拍的法院达到3260个，法院覆盖率为92.5%，网络拍卖数量占整个司法拍卖的80%以上。实行网络司法拍卖以来，成交率、溢价率成倍增长，流拍率、降价率、拍卖成本明显下降，有效消除权力寻租空间，斩断不法利益链条，实现了拍卖环节违纪违法"零投诉"。从2017年3月网拍系统上线至2018年9月，全国法院网络拍卖74.7万余次，成交22.1万余件，成交额5030亿元，标的物成交率73%，溢价率66%，为当事人节约佣金153亿元。针对司法拍卖评估环节效率低问题，创设当事人议价、定向询价、网络询价和委托评估等形式多样的评估方式，建立统一网络评估平台，提升评估规范化、信息化水平，提高财产处置效率，减轻当事人负担。

2016年3月以来，人民法院全面推进执行信息化、规范化建设，不断深化执行体制机制和管理模式改革，持续加强队伍建设，加大投入保障力度，坚持问题导向，坚持刀刃向内，全面打响"基本解决执行难"攻坚战。2016年至2018年9月，全国法院共受理执行案件1884万件，执结1693.8万件（含终本案件），执行到位金额4.07万亿元，同比分别增长105%、120%和76%。

全国法院围绕基本解决执行难目标所开展的执行活动，必然会进一步健全社会诚信体系建设，同时，执行难的解决也将为全面建成小康社会提供有力的司法服务与保障。

第五节 强化法治宣传，为经济社会发展营造良好法治氛围

法治宣传教育是把经济社会发展纳入法治轨道的基础工程。"十三五"规划指出："加强法治文化建设，弘扬社会主义法治精神，增强全社会特别是公职人员尊法学法守法用法观念，在全社会形成良好法治氛围和法治习惯。深入开展'七五'普法，把法治教育纳入国民教育体系，健全公民和组织守法信用记录。"由此可见，"十三五"规划实施期间，法治宣传教育的中心任务就是要通过加强法治宣传教育来提升全社会特别是公职人员的"守法"意识和能力，形成有利于社会经济发展的"法治氛围"和"法治习惯"。法治宣传教育在全面推

进依法治国和促进经济社会发展中起着非常重要的保障作用。深化法治宣传教育，提高普法工作的实际效果，可以为经济社会发展提供良好的法治环境，有利于保证"五大发展理念"的贯彻落实。

2016年3月25日，中共中央、国务院转发了《中央宣传部、司法部关于在公民中开展法治宣传教育的第七个五年规划（2016—2020）》（以下简称"七五"普法规划）的通知。2016年4月28日，十二届全国人大常委会第二十次会议通过的《关于开展第七个五年法治宣传教育的决议》（以下简称《决议》）指出，为顺利实施"十三五"规划，全面建成小康社会，推动全体公民自觉尊法学法守法用法，推进国家治理体系和治理能力现代化建设，从2016年至2020年在全体公民中开展第七个五年法治宣传教育，十分必要。通过开展第七个五年法治宣传教育，使全社会法治观念明显增强，法治思维和依法办事能力明显提高，形成崇尚法治的社会氛围，为经济社会发展提供良好法治环境。深入推进"七五"普法规划实施，为经济社会发展创造良好法治环境，应当抓好以下几个方面的工作。

一　坚持五大发展理念，大力宣传中国法律体系

营造良好法治氛围和法治环境，应当根据全面依法治国和"五大发展理念"的要求，大力宣传以下法治内容：大力宣传社会主义民主政治建设的法律法规，提高人民有序参与民主政治的意识和水平；大力宣传保障公民基本权利的法律法规，推动全社会树立尊重和保障人权意识，促进公民权利保障法治化；大力宣传依法行政领域的法律法规，推动各级行政机关树立"法定职责必须为、法无授权不可为"的意识，促进法治政府建设；大力宣传市场经济领域的法律法规，推动

全社会树立保护产权、平等交换、公平竞争、诚实信用等意识，促进"大众创业、万众创新"，促进经济在新常态下平稳健康运行；大力宣传有利于激发文化创造活力、保障人民基本文化权益的相关法律法规，促进社会主义精神文明建设；大力宣传教育、就业、收入分配、社会保障、医疗卫生、食品安全、扶贫、慈善、社会救助和妇女儿童、老年人、残疾人合法权益保护等方面法律法规，促进保障和改善民生；大力宣传国家安全和公共安全领域的法律法规，提高全民安全意识、风险意识和预防能力；大力宣传国防法律法规，提高全民国防观念，促进国防建设；大力宣传党的民族、宗教政策和相关法律法规，维护民族地区繁荣稳定，促进民族关系、宗教关系和谐；大力宣传环境保护、资源能源节约利用等方面的法律法规，推动美丽中国建设；大力宣传互联网领域的法律法规，教育引导网民依法规范网络行为，促进形成网络空间良好秩序；大力宣传诉讼、行政复议、仲裁、调解、信访等方面的法律法规，引导群众依法表达诉求、维护权利，促进社会和谐稳定；大力宣传宪法法律至上、法律面前人人平等、权由法定、权依法使等法治理念，破除"法不责众""人情大于国法"等错误认识，引导全民自觉守法、遇事找法、解决问题靠法。

二 加强对领导干部的法治宣传教育，管住"关键少数"

习近平总书记说："各级领导干部在推进依法治国方面肩负着重要责任，全面依法治国必须抓住领导干部这个'关键少数'。领导干部要做尊法学法守法用法的模范，带动全党全国一起努力，在建设中国特色社会主义法治体系、建设社会主义法治国家上不断见到新成效。"① 实践中，一些领导干部法治意识淡薄，突出地表现为：不屑学法，心中无法；以言代法，以权压法；执法不严，粗暴执法；干预司法，徇私枉法；利欲熏心，贪赃枉法。一些领导干部法治观念淡薄、特权思想严重，目中无法。他们往往把个人等同于组织，把法律当作管老百姓的工具，用批示、条子、电话、"招呼"作为行政手段，以言代法、以权压法、徇私枉法。网友讽刺道：黑头（法律）不如红头（文件），红头不如笔头（批示），笔头不如口头（命令）。尤其是，一些领导干部权大于法的人治观念和做法尚未消除，在实践中表现为多种形式：在对待领导者个人与法治的关系方面，主要表现为以权压法，以言代法，个人意志凌驾于法律、制度和组织之上，领导人说的话就是"法"，领导人的看法和注意力改变了，"法"也就跟着改变；在对待法治的认识和功能方面，主要表现为把法当作对付人民群众的工具和争权夺利的手段，以法治公民、以法治群众、以法治他人，而不是依法办事、依法治权、依法治官、依法治己；在对待法治的态度和方式方面，主要表现为崇尚个人专断、长官意志和行政命令方式，个人说了算，忽视民主集中制，否定法治原则、法治思维、法治方式和法律程序；在对待个人权力与法治的关系方面，主要表现为崇尚官本位，搞特权、裙带关系，甚至无法无天、滥用职权，以权谋私、徇私枉法、贪污腐败；在对待司法机关依法独立办案方面，主要表现为以加强"领导"和"监督"等为名，司法机关和司法个案"批条子""打招呼""做指示"，随意干预人民法院和人民检察院依法独立公正行使职权，等等。习近平总书记明确要求："领导干部要做

---

① 习近平：《在省部级主要领导干部学习贯彻十八届四中全会精神专题研讨班开班式上的讲话》，《人民日报》2015年2月3日。

尊法的模范……带头厉行法治、依法办事。"①

三　立法机关带头遵守宪法法律

党的十八届四中全会明确提出"使每一项立法都符合宪法精神",这就要求在"七五"普法规划实施过程中,立法机关也要学会如何尊重《宪法》和《立法法》的规定,保证"依宪立法",特别是要通过立法技能的培训,不断地增强立法机关自身的立法行为能力,抓好立法质量关,防止各种侵害公民合法权益的法律法规的出台。尤其是享有地方立法权的省级人民政府和设区的市的地方人民政府,必须严格按照《立法法》所规定的立法权限,谨慎对待公民的宪法法律权利,不得随意立法来限制公民的人身权和财产权。与此同时,根据"谁执法谁普法"的要求,立法机关有义务在法治宣传教育工作中承担重要的职责,尤其是要认真组织专家来积极宣传立法机关所指定的各项法律法规,帮助社会公众正确理解法律法规的内涵,防止因为错误地理解法律法规而产生违法行为。立法机关带头尊法学法守法,依照宪法法律规定的立法权限立法,就能保证法律法规在实际生活中的有效执行,也才能保证国家治理和社会治理都能有章可循、有序可尊。

四　健全普法责任制度

"七五"普法规划明确要求,实行国家机关"谁执法谁普法"的普法责任制。法治宣传教育工作要起到实效,关键在于普法有无针对

---

①　习近平:《在省部级主要领导干部学习贯彻十八届四中全会精神专题研讨班开班式上的讲话》,《人民日报》2015年2月3日。

性。法治宣传教育是否针对受教育对象的需求特征来采取因地制宜的普法措施重点应当在一个"用"字上。一切国家机关依据宪法和法律享有特定的法定职权和职责，要能够充分和有效地保证履职行为合法合规，必须采取两个方面的法治宣传教育手段。

首先，执法者要对执法的事项有明确的了解才能保证正确地执法，所以，执法效果的好坏首要取决于执法人员的法律素质。高素质的执法队伍必然需要正规化的法治宣传教育机制来承担相关的责任，执法人员能够正确地理解法律、准确地适用法律解决问题，就可以树立法律的权威，推动法律实施。

其次，执法工作的好坏除了受执法者素质的影响之外，被执法者或者执法对象是否了解相关法律，是否愿意与执法者配合，这些都会影响执法效果的好坏。要保证被执法者能够主动接受执法、配合执法，执法者首先有义务来向被执法者阐明相关执法依据和事实，在执法者与被执法者之间形成良好的执法互动。被执法者如果不能很好地了解执法的法律依据，必然就不会与执法者配合，从而影响执法工作的效率。个别甚至出现执法者与被执法者对立的问题，例如，一些地方近期就出现了城管与小商小贩发生群殴的事件。很显然，这样的事件表明在执法者与被执法者之间还存在着相互不信任甚至相互仇视的人为"隔阂"。落实普法责任制可以使执法机关能够有针对性地向被执法者进行普法，从而形成有利于执法者与被执法者良性互动的执法环境。

五 把法治宣传教育融入依法治理全过程

坚持法治宣传教育与法治实践相结合，把法律条文变成引导、保障经济社会发展的基本规则,深化基层组织和部门、行业依法治理,深化法治城市、法治县(市、区)等法治创建活动,提高社会治理法治化水平。深入开展民主法治示范村(社区)创建,进一步探索乡村(社区)法律顾问制度,教育引导基层群众自我约束、自我管理。发挥市民公约、乡规民约、行业规章、团体章程等社会规范在社会治理中的积极作用,支持行业协会商会类社会组织发挥行业自律和专业服务功能,发挥社会组织对其成员的行为导引、规则约束、权益维护作用。总结既往六个"五年"普法规划实施工作的经验教训,普法和法治宣传教育工作要收到实效,必须结合依法治理的实践,以解决实践中提出的各种法律问题为导向,使得普法和法治宣传教育具有更强的针对性。要避免"撒胡椒面",要从一般性教授法律知识向重点学会解决实际中的重大和复杂的法律问题转变。要真正通过法治宣传教育,树立宪法和法律的权威,努力避免人治因素的负面影响。要让人民群众通过普法和法治宣传教育,学会遇事找法的法治思维和行为习惯,要以普法为依托,形成依法治理工作的"合力"。

六 创新治理模式,实现从"人管"向"法管"转变

在现代法治社会中,不仅应当把经济社会发展纳入法治轨道,而且要把管理国家和社会事务的行为纳入法治轨道,实现国家治理的法治化。国家治理能力现代化首先要法治化,没有法治化,国家治理以及与之相关的社会治理就不得制度化、规范化,各项治理工作就可能陷入杂乱无章。因此,国家治理现代化首先要以国家治理和社会治理法治化为前提,法治化是现代化的重要条件。通过认真贯彻落实"七五"普法规划的各项要求,努力提高管理者的素质,可以有效地推进

国家治理现代化，真正实现从"人管"向"法管"的治理模式转变。

◇ 第六节　推进依法执政，加强党对经济社会发展的领导

实现"十三五"规划提出的把经济社会发展纳入法治轨道这一战略任务，离不开党的坚强领导。

一　坚持依法执政是加强党对经济社会发展领导的重要保障

中华人民共和国成立前夕，美国时任国务卿艾奇逊预言：中国历代政府包括国民党政府都没有解决中国人的吃饭问题，最终走向失败，共产党政权也解决不了中国人的吃饭问题，必然因此而垮台。有的资本家放言：共产党军事上一百分，政治上八十分，经济上要打零分。这些资本家在大城市囤积居奇，妄图通过经济手段打垮新生的共产党政权。但我们党通过调集大量面纱、粮食和煤在上海、天津、武汉等地抛售，并控制银行贷款，很快就让这些资本家破了产。我们党是靠市场规则让那些试图破坏市场的资本家破产的，没有派一个兵、出一杆枪。改革开放以来，尤其是社会主义市场经济体制确立以来，我党治国理政中愈加纯熟地运用市场规则，使经济社会取得了举世瞩目、前所未有的迅速发展。1978—2017年，我国经济年均增长率为9.5%，远远高于世界同期平均2.9%左右的水平，经济总量从1978年居世界第11位到2010年起稳居世界第2位，人均GDP从1978年的156美元提高到2018年的接近1万美元。我国的工业产值居世

第一位，在全球 500 多种主要工业产品中，我国有 220 多种生产能力居世界第一位。现在我国是制造业第一大国、货物贸易第一大国、商品消费第二大国、外资流入第二大国。安哥拉通讯社将中国共产党称为"地球上最大的政治奇迹之一"。美国有线电视新闻网（CNN）前驻华首席记者齐迈克也说，中国只用了 30 年的时间就走完了英国和美国工业革命时期 100 多年才完成的路程，仅凭这一点他就"给中国共产党打一个高分"。历史经验表明，党的领导是中国经济社会持续健康发展的重要法宝和根本政治保证。

中华人民共和国成立后，我们党重视运用法治方式推进经济社会发展。以毛泽东同志为核心的第一代中央领导集体，领导人民在较短时间内制定了《婚姻法》《土地改革法》等法律，毛泽东同志亲自领导起草了 1954 年宪法，开辟了中国社会主义法治建设新纪元。此后，受极"左"思想和法律虚无主义影响，社会主义法治建设遭受严重挫折。改革开放初期，汲取"文化大革命"的惨痛教训，邓小平同志提出，为了保障人民民主，必须加强法制，必须使民主制度化、法律化。[①] 1982 年，中国颁布实施了新宪法，确立了党必须在宪法和法律范围内活动的原则。党的十四大确定中国经济体制改革的目标是建立社会主义市场经济体制。党的十五大明确提出依法治国，建设社会主义法治国家。随着社会主义市场经济体制的深入推进，党的十六大第一次提出依法执政是党的领导方式和执政方式改革完善的方向；党的十六届四中全会第一次提出依法执政是新的历史条件下党执政的基本方式。党的十七大把坚持科学执政、民主执政、依法执政写入党章。党的十八大以来，以习近平同志为总书记的党中央，更加注重发挥法

[①] 《邓小平文选》第二卷，人民出版社 1994 年版，第 146 页。

治在国家和社会治理中的引领和规范作用。党的十八届三中全会对法治中国建设做出战略部署，四中全会在党的历史上第一次专题研究依法治国问题，强调依法执政是建设中国特色社会主义法治体系和社会主义法治国家的重要内容和关键环节。"十三五"规划明确提出把经济社会发展纳入法治轨道。由上可以看出，市场经济与依法执政是一枚硬币的两面，把依法执政确立为我们党执政的基本方式，既是深刻总结中国法治建设经验教训得出的基本结论，也是适应中国社会主义市场经济体制发展的客观要求。

经过不懈努力，依法执政取得历史性成就，但同时要看到，当前在依法执政方面还存在一些问题。突出表现在以下几个方面。

一是依法执政意识还不够充沛。一些党员干部特别是领导干部依法执政的意识不强，运用法治思维和法治方式管理经济社会事务的水平不高。2015 年中国法学网所做的问卷调查证明了这一点。其中一个问题是："您认为当前法治建设领域哪个环节的工作相对较差？"立法工作、执法工作、司法工作、普法工作、领导带头守法的得票率分别为 6.7%、26.4%、14.2%、9%、43.7%。有的领导干部把法治建设挂在嘴上、贴在墙上，搞形式主义。有的特权思想严重，官本位意识根深蒂固，认为法律是管老百姓的，是约束别人的，知法犯法、以言代法、以权压法、徇私枉法现象依然存在。近日有媒体报道，某市两个由业主集资建成的市场，在补偿协议达成一致前，被当地政府强行拆除。业主将政府告上法庭，政府在 3 个相关诉讼中均被判败诉，但判决书生效至今已近一年，政府拒不执行法院判决，法律打了"白条"。

二是对宪法法律权威性的尊重还不够充分。在计划经济时期，我们主要靠政策治理国家，造成不少体制制度障碍，许多领导同志习惯于用政策,而不是用法律来管理经济社会事务。改革开放后的一段时间,各地为招商引资,主要采取减免税赋、优惠地价、改善交通、提供低价水电气等政策措施,以"投资洼地"吸引外来资金,一些政策措施甚至违反法律规定。据《法制晚报》报道,为吸引外来投资,某市市委、市政府3年间出台了《荣誉市民证授予及管理暂行办法的通知》等5个红头文件。其中规定,依法注册且固定资产投资在5000万元以上的法定代表人或年纳税500万元以上企业的法定代表人可以领取荣誉市民证、特别通行证,享受在本地开车违法不罚款、娱乐场所消费不受查、子女就学不审核、医院看病半价支付、风景区免收门票、配偶免费参观市政府组织的大型文体活动等12项优厚待遇。当地百姓称这些规定为"超国民待遇"。其中,娱乐场所消费不接受公安机关检查、车辆违法不罚款不扣证的规定,明显违反了中国的《治安管理处罚法》《道路交通安全法》。这些障碍与政治现实密切相关,难以在短期内根本改观。前些时候我们到地方调研时,一些地方领导谈道,虽然现在人们对依法执政、依法治国已有所认识,开始关注优化社会治安、提高政府效率、放松管制、改进司法等问题,但地方党委在推动经济社会发展时,出于多年形成的惯性,首先想到的和主要依靠的还是政策,法律还唱不上主角。有的县委书记坦言,在自己一届任期内,班子没有学习讨论过一次法律问题。

　　三是依法执政体制机制还不够健全。一些地方党委推进依法执政时,对党的领导的内涵,党委与人大、政府、司法机关之间的权责关系不清晰、不明确,可能造成党委权力越位、错位;国家法律和党内法规有关依法执政的程序、方式、运行机制等的规定不具体、不完善,党执政的法律和党内法规依据不足;监督机制不健全,决策是党的领导的重要体现,但由于决策过程公开性不足,广大党员干部和人民群众参与度不高,难以监督决策过程,可能造成权力腐败。

四是依法执政依托的支撑力量还不够均衡。依法执政,既要求党依据宪法法律治国理政,也要求党依据党内法规管党治党。国家法律和党内法规都是党依法执政的载体和工具。相对于比较成熟的法律制度建设来说,党内法规建设是一个短板,是依法执政的跛足和软肋。中华人民共和国成立以来特别是改革开放以来,我们党制定了一批重要党内法规,初步形成了党内法规制度体系框架,为党管党治党、执政治国提供了重要制度保证,但仍存在党内法规制定质量不高、执行力度不足、体系建设不健全、工作机制不完善等问题,特别是在发扬党内民主、制约监督权力、改进党的领导等方面还缺乏一些基础主干法规,严重制约了依法执政的推进和落实。

二 努力提高全党依法执政、领导经济社会发展的能力和水平

建设法治经济和法治社会,把经济社会发展纳入法治轨道,必须继续改革完善党的领导方式和执政方式,切实提高全党依法执政的能力和水平。

(一) 增强领导干部的依法执政意识

领导干部是全面推进依法治国的重要组织者、推动者、实践者,是依法执政的重要保障。领导干部这个群体人数虽然不多,但作用非常关键。以八项规定为例,此前中央对作风建设也三令五申,但屡有反弹,效果不彰。2012年八项规定颁布后,习近平等中央领导同志率先垂范、以上率下,各级领导干部积极跟进、以身作则。三年多

来，干部吃喝风变了，高档酒店不再"高朋满座"了；干部习惯讲短话、开短会了，各类会议开支少了；机关单位办事效率高了，领导干部走基层的时间多了，党风、政风、社风、民风为之一新。领导干部贯彻落实八项规定强大的示范效应，深刻改变了中国。可以说，中国依法治理水平和法治化程度，在很大程度上取决于领导干部实行依法执政的信念、决心和行动。

增进领导干部的依法执政意识，重点应做好以下三方面工作。

一是培育法治思维。提高领导干部运用法治思维和法治方式的意识和能力，是推进国家治理体系和治理能力现代化的重要切入点和提升党执政能力的新要求。要引导领导干部认识到，依法执政不仅是我们党在依法治国条件下最基本的执政方式，而且是本地区经济社会发展软环境的核心要素，政府在市场经济体制中的主要作用，是在法律规定的职权范围内，确定经济发展方向，稳定经济发展水平，维护经济运行秩序，在发生市场失灵的地方进行适度干预，不能再像以前那样既做运动员又做裁判员，要逐步过渡到只做裁判员的角色，当然，政府还有一项重要职责是增强本地区的竞争力，而只有依法执政，才能营造优良营商环境，才能吸引外来资金，从而自觉把依法办事作为推动经济社会发展的基本功和核心竞争力，在实践中全面提高依法执政的能力和水平。领导干部要带头学法，不仅要学履行职责所需的法律知识，而且要学法的原则、原理、价值和精神。通过学习，知道法律授予了什么权力，这些权力的边界在哪里，权力行使的原则、程序是什么，不依法行使权力要承担什么责任等，不断提高运用法治思维和法治方式深化改革、推动发展、化解矛盾、维护稳定能力。想问题、做决策、办事情，要时刻绷紧法治这根弦，做到心中有法、虑必及法、行必依法。对法律要有敬畏之心，始终坚持法律面前人人平等、法律面前没有特权、法律约束没有例外的原则，不得违法行使权力，更不能以言代法、以权压法、徇私枉法。

二是完善干部考核评价机制。把能不能守法、依法办事作为考察干部的重要内容。这是党的十八届四中全会提出的新要求，也是对干部考核评价标准这个指挥棒的重要调整完善。按照德才兼备原则和新时期好干部标准全面准确考核评价干部，要突出干部的法治思维和依法办事能力，把尊宪守法作为衡量干部德才素质的重要标准，把法治素养和依法办事能力作为提拔使用干部的重要依据。对党政主要负责人，还要考核履行推进本地区本部门法治建设第一责任人职责，及时解决本地区本部门法治建设重大问题等情况。

三是建立激励约束机制。在优先提拔使用法治素养好、依法办事能力强的干部，推荐法治建设成效显著的干部的同时，对那些特权思想严重、法治观念淡薄的干部要批评教育，要念紧箍咒，不能提拔重用。要将严格依法办事作为对领导干部的政治要求，像抓作风建设和惩治腐败一样抓依法办事。坚持有权必有责、用权受监督、失职要问责、违法要追究，加强对领导干部依法执政、依法行政的监督检查，健全问责制度，规范问责程序，对失职渎职、违法枉法行为依法追究责任。

（二）自觉维护宪法法律的权威和尊严

宪法法律至上，是现代法治国家的重要标志，也是衡量现代社会文明进步的重要标准。坚持依法执政，首先要保证宪法法律在党内、在各级党组织和领导干部中的权威和尊严。宪法法律是党和人民意志的共同体现。维护宪法法律的权威就是维护党和人民共同意志的权威，捍卫宪法法律尊严就是捍卫党和人民共同意志的尊严，保证宪法法律实施就是保证党和人民共同意志的实现。

党必须在宪法和法律的范围内活动,是维护宪法法律权威和尊严的重要保障。要把贯彻实施宪法法律贯穿于党的执政活动始终。一是,执掌国家政权、开展施政活动,要忠于宪法法律,严格按照法定权限、法定程序履职尽责,保证国家机关统一有效依法办事。这方面,关键是要按照党的十八届四中全会要求,尽快完善全国人大及其常委会宪法监督制度,健全宪法解释程序机制,确保一切违反宪法的行为都得到追究和纠正,切实维护宪法尊严、保证宪法实施。二是,践行党的宗旨、服务人民群众,要注重运用法治来协调利益关系、保障改善民生,实现好、维护好、发展好人民群众的合法权益。对少数群众不合理不合法的利益要求,要加强教育引导,坚持依法办事,不能违反法律规定"花钱买平安"。前两年笔者在地方调研时,听说过这样一个上访案件:一段时期每临开学前和放寒暑假,有个人总是打着铺盖卷往北京跑,当地派人追到北京,好吃好住招待,再买上火车票把他护送回家。这样连续4年。后来一打听,原来他女儿在北京念大学,这四年的回程车票算是政府请客了。对于这样的钻法律和制度空子的"上访",就不能有求必应。三是,加强党的自身建设、开展党内活动,包括制定党内法规、开展组织生活、化解党内矛盾、解决党内存在的突出问题,既要遵守党章党规党纪,又要符合宪法法律精神,不得凌驾于宪法法律之上,不得与宪法法律相抵触。做到这一点,关键是要用好前置审核、备案审查、法律顾问"三把锁",确保党内重大决策合宪合法。按照2012年《党政机关公文处理工作条例》和《中国共产党党内法规和规范性文件备案规定》的要求,重要公文文稿审议前由发文机关办公厅(室)进行前置审核,党内法规和规范性文件自发布之日起30日内报送中央备案,这两项制度都内含合法性审查机制。党的十八届三中全会提出，普遍建立法律顾问制度。各级党政机关要按照中央部署，普遍设立公职律师，并为律师参与决策论证、提供法律意见创造有利条件，确保每一项重大决策符合宪法法律。健全依法执政工作机制。坚持依法执政、提高依法执政水平，需要一套科学有效、系统完备的工作机制来保障。

要正确处理党同国家政权机关之间的关系。要旗帜鲜明地坚持宪法确定的党的领导地位，把党对国家政权机关的领导作为依法执政最根本的原则，充分发挥党总揽全局、协调各方的领导核心作用。同时，要按照宪法法律规定的原则、职责和程序，不断改进党领导国家政权机关的方式方法，切实做到"三个统一""四个善于"。这方面要注意如下两个问题。

一是，近期中央印发了《中国共产党地方委员会工作条例》《中国共产党党组工作条例（试行）》和《中共中央关于加强党领导立法工作的意见》等文件，分别对地方党委、党组的职责权限和党领导立法的程序、方式等作了规定，为各级党组织发挥领导核心作用提供了制度基础。但党委与政府、党组与本部门本单位、党委与人大的关系仍不够具体、清晰。建议通过制定配套法规制度或者立法的方式，进一步明确党依法执政的程序、方式、运行机制等问题，并注重通过党内法规解释，对实践中出现的模糊地带及时予以澄清。

二是，依法执政条件下如何发挥好政策和法律的各自优势。党的政策和国家法律都是党领导人民治理国家的重要方式，都是党用以统筹社会力量、平衡社会利益、调节社会关系、规范社会行为的重要手段，但有着不同的特点和优势。党的政策，更具有灵活性、适应性、探索性、指导性等特点，在研判国际国内发展大势、确定国家未来走向的宏观战略、指导创新实践、解决改革发展稳定中不断出现的新矛盾新问题和人民群众反映强烈的热点难点问题等方面发挥着独特重要作用。国家法律，更具有普遍性、稳定性、反复适用性、国家强制性等特点，在规范公民权利与义务、国家机关权力与责任，定纷止争、维护社会稳定和社会公平正义，调整相对成熟、相对稳定的重大社会关系等方面发挥着独特重要作用。政策的缺点是透明度不高、民主性稳定性不够、执行刚性欠缺，法律的缺点是制定周期长、灵活性适应性不足。二者相辅相成、相得益彰，决不能把它们割裂开来，更不能把它们对立起来。实施"十三五"规划过程中，在重要领域和关键环节改革试点先行、投石问路方面，在涉及群体广泛、利益关系复杂、牵一发而动全身的深层次改革方面，在前沿改革的探索性实践方面，需要注重发挥政策的积极作用。当改革取得的重要成果需要及时巩固，改革积累的成功经验需要普遍推广，改革理顺的利益关系趋于合理稳定需要固化定型时，需要注重发挥法律的积极作用。

三 不断完善党依法执政、领导经济社会发展的体制机制

要健全党领导依法治国的制度和工作机制，完善保证党确定依法治国方针政策和决策部署的工作机制和程序。

一是建立健全党领导立法的工作制度。发挥人大及其常委会在立法工作中的主导作用，紧紧围绕"四个全面"战略布局、"五位一体"总体布局和"十三五"目标任务，牢固树立"五大发展理念"，抓住提高立法质量这个关键，加快重点领域立法，充分发挥立法的引领和推动作用。

二是完善党保证执法的工作机制。深入推进依法行政，创新执法体制、完善执法程序、推进综合执法、严格执法责任，建立权责统

一、权威高效的依法行政工作体制；加快建设法治政府，确保各级政府始终坚持在党的领导下、在法治轨道上开展工作。

三是完善党支持司法的工作机制。当前，司法活动中出现不少关系案、人情案、金钱案，严重影响司法公正。出现这些现象的原因很复杂，其中一个是个别领导干部干预和包办司法，以党的政策甚至领导人的意志代替法律，为司法领域的权钱交易打开方便之门。前段时间中央纪委通报了一起案件。2010年，时任云南省昭通市彝良县委政法委书记彭泽高要求县公安局、县人民检察院成立联合调查组，对已经二审终审的5岁儿童邓某触电伤害民事赔偿案件进行刑事侦查，导致该案生效判决被推翻，代理律师刘某被追究刑事责任，4名证人被羁押。2013年11月，有关部门根据群众反映线索对该案进行了调查处理。目前，该案已得到纠正，邓某民事赔偿案件已进入再审程序。2015年11月6日，中央纪委对彭泽高干预司法活动、插手具体案件进行了通报，当晚彭泽高被停职并接受组织调查。党对司法工作的领导，主要应当体现在指导司法、协调司法、监督司法等方面，不是直接插手、干预具体的司法案件和司法审判活动。党的十八届四中全会提出，建立领导干部干预司法活动、插手具体案件处理的记录、通报和责任追究制度。2015年3月18日，中央办公厅、国务院办公厅印发《领导干部干预司法活动、插手具体案件处理的记录、通报和责任追究规定》，建立了防止司法干预的"防火墙"和"隔离带"。要全面推进司法体制改革，继续优化司法职权配置，努力形成结构合理、配置科学、程序严密、制约有效的司法权力运行机制；督促各级党政机关带头执行司法机关判决，切实纠正违反法定程序干预司法机关办案问题。

四是进一步健全党委统一领导和各方分工负责、齐抓共管的责任落实机制。加强党对全面推进依法治国统一领导、统一部署、统筹协调,把法治建设贯穿于经济社会建设全过程和各方面。党政主要负责人要履行推进法治建设第一责任人的职责,不仅自身要带头遵守宪法法律,带头依法办事,而且要抓好领导班子和干部队伍法治素养和能力的培育提高。加强党内法规制度建设。管理好我们党这样一个有着8875.8万名党员、441.3万个基层党组织的大党,离不开完备的党内法规制度作保障。《中央党内法规制定工作五年规划纲要(2013—2017年)》提出,建党100周年时全面建成党内法规制度体系,现在距离这个时间仅5年。所以当前的一项重点任务是加快党内法规制度体系建设。一要按照规划纲要确立的工作目标和基本要求,加强统筹协调,分清轻重缓急,做好协调衔接,扎实有序推进,确保如期建成党内法规制度体系。同时,要做好党内法规和国家法律的衔接协调。党的十八届四中全会明确了全面推进依法治国的总目标、基本原则、战略任务,也明确了党内法规的地位、作用、任务。要适应新时期国家法治建设对党内法规建设的需要,适应党实行科学执政、民主执政、依法执政的需要,进一步健全党的大政方针的制定、立法建议的提出、重要干部的推荐等方面的程序制度,科学调整党委与同级人大、政府、政协、司法机关之间的关系,规范党的执政行为,保障国家法治建设。二要推动党的建设各领域基础主干法规尽早出台。当前,要研究制定加强和改进党对工会、共青团、妇联等人民团体领导的制度,最大限度凝聚全社会共识和力量,推进改革发展,维护社会和谐稳定;修订《中国共产党党内监督条例(试行)》,进一步健全监督机制,拓宽监督渠道,强化监督力量,切实加大对领导干部特别是一把手的监督力度;以落实党员知情权、参与权、选举权、监督权为重点,修改完善《中国共产党党员权利保障条例》;研究制定《地方党委决策程序规定》，把调查研究、征求意见、法律咨询、集体讨论决定作为必经程序，提高党委科学决策、民主决策、依法决策水平；研究制定《中国共产党党务公开条例》，健全党内情况通报制度，增强党内生活透明度。三要加快建设配套法规制度。在制定基础主干法规的同时，应当统筹考虑配套法规制度建设，同步或尽快出台配套法规，保证相关党内法规能够落到实处。需要地方和部门制定实施细则的，地方和部门应当结合实际尽快制定。同时，要采取有效措施，提高党内法规制定质量，加大党内法规执行力度，健全党内法规工作机制，织密织牢关锁权力的制度笼子。

第 五 章

法治与和谐社会建设

◇ 第一节　中国语境下的法治

从渊源上讲，法治（rule of law）是一个古老的西方概念。早在古希腊、古罗马时期就有人研究讨论过法治的问题。公元前7世纪—公元前6世纪时，号称古希腊七贤之一的毕达库斯（约公元前651—公元前569年）在担任米提利尼城邦总督时，就曾提出过"人治不如法治"的主张。① 亚里士多德作为西方对法治实质作出精辟概括的第一人，认为："法治应该包含两重意义：已成立的法律获得普遍的服从，而大家所服从的法律又应该是本身制订得良好的法律。"② 亚氏的法治理念，可以说是以制定"良法"和"普遍服从"良法为核心要素的，但他主张的这种法治并不一定是以民主政体为基础和前提的，而是与贵族政体的联姻，正如亚氏所言："大家认为任何守法的政体都可称作贵族政体……贵族政体这个名词如果引用到法治的意义

---

① ［古希腊］亚里士多德：《政治学》，吴寿彭译，商务印书馆1965年版，第142页。
② 同上书，第199页。

上，应该主要指已经具备较好的法律的城邦。"① 亚氏主张的贵族政体是指以少数人为统治者的政体，与近现代以来人们普遍认同的与民主共和制度相关联的法治不尽相同。

一　法治概念在西方国家

美国政治学教授乔治·霍兰·萨拜因在《政治学说史》中指出，在中世纪法律被视为一种无所不在的手段，它渗入并控制了人与人之间所有各种关系，其中也包括臣民和领袖之间的关系。因此人们通常认为，国王本人必须和他的臣民一样地服从法律。但是，国王要受法律的约束并不意味着法律面前人人平等，而是说每个人都应按其地位与身份享有法律待遇。② 可见，法律的统治如果仅仅被视为或作为一种手段或方法，那么它在本质上与专制不是对立的，并不能必然地导致民主政治。西方中世纪，"法律与宗教一荣俱荣，一损俱损"③。政教合一的国家体制，必然要求法律与宗教相互结合、相互转化。"如果教会应当具有各种不可侵犯的法律权利，那么国家就必须把这些权利作为对它自己的最高权力的一种合法限制来接受。同样，国家的各种权利也构成了对教会最高权力的一种合法限制。两种权力只有通过对法治（rule of law）的共同承认，承认法律高于它们两者，才能和

---

① ［古希腊］亚里士多德：《政治学》，吴寿彭译，商务印书馆1965年版，第199页。

② ［美］萨拜因：《政治学说史》（上册），盛葵阳等译，商务印书馆1986年版，第251—252页。

③ ［美］哈罗德·J.伯尔曼：《法律与宗教》，梁治平译，生活·读书·新知三联书店1991年版，第156页。

平共处。"① 中世纪的"教会是一个 Rechtsstaat（法治国），一个以法律为基础的国家。与此同时，对于教会权威所进行的限制，尤其是来自世俗政治体的限制，培育出了超过法治国意义上依法而治的东西，这些东西更接近于后来英国人所称的'法的统治'（the rule of law）"②。伯尔曼在分析中世纪产生法治概念的主要条件时说，维护法治不仅需要有关正义、公平、良心和理性的抽象原则，而且需要诸如那些体现在 1215 年英格兰的《大宪章》中和 1222 年匈牙利的《金玺诏书》中的特定的原则和规则。"法治的概念既得到盛行的宗教意识形态的支持；又得到统治者流行的政治经济缺陷以及多元的权威和管辖权的支持；最后还得到在 12、13 世纪逐渐盛行于整个欧洲的高水平的法律意识和法律复杂性的支持。"③ 应当说，中世纪法治概念和某些具体法治制度的产生，是多种因素交互作用、长期嬗变的结果。

一般认为，提出近代意义上法治概念的先驱者，是 19 世纪英国的宪法学家戴雪（A. V. Dicey，1830—1922）。戴雪在其代表作《英宪精义》中，第一次较系统地提出，法治概念包括三层相互关联的含义。第一，法治意味着法律拥有绝对的至高无上或压倒一切的地位，它排斥专制、特权乃至政府自由裁量权的存在。英国人受法律的统治，而且只受法律的统治。第二，法治意味着各阶级、阶层在法律面前一律平等；所有阶层的人们都平等地服从由通常法院所运用的国内通常法律，排除有关政府官员或其他人员免于遵守调整其他公民行为的法律或免于接受通常裁判所管辖的任何主张。第三，宪法性法律在

---

① [美] 哈罗德·J. 伯尔曼：《法律与革命——西方法律传统的形成》，中国大百科全书出版社 1993 年版，第 356 页。
② 同上书，第 259 页。
③ 同上书，第 357 页。

由法院解释或实施时，它们不是法律规范的渊源，而是个人权利的结果。①戴雪的法治理论尽管在一些西方国家影响颇大，一度极负盛名和权威性，但也受到某些诘难。一个典型的说法是，英国作为议会至上的法治国家，议会可以制定任何法律，政府可以被授予广泛的甚至是专制的权力，因而法律在实际上很可能是不公正的，法治国家的合法性原则也得不到保障。英国著名法官、法学家詹宁斯勋爵在《法与宪法》中，对戴雪的法治理论提出了诘难：如果法治仅仅意味着权力必须来源于法律，那么，可以说所有的文明国家都存在着这种法治。如果它意味着民主政治的一般原则，那么就没有必要将它单独地加以讨论。如果它意味着国家只行使处理对外关系和维持秩序的功能，那么它就是不真实的。如果它意味着国家只能行使这类职能，它就是因辉格党而存在的一条政策准则。②

英国法理学家约瑟夫·拉兹（Joseph Raz）在《法律的权威》（*The Authority of Law*）一书中认为，"法治"一词意味着法律的统治，它有广义和狭义之分。从广义上说，法治意味着人民应当服从法律，接受法律的统治。从狭义上理解，法治是指政府应受法律的统治，遵从法律。法治由众多规则组成，其中最重要的规则包括：所有法律都应是针对未来的、公开的和明确的，任何人不得受溯及既往的法律所规范。因为如果要使法律得到遵行，就必须让人民知道法律明确规定的是什么；法律应是相对稳定的，不得经常改变；特别法的制定应符合公开的、稳定的、明确的和普遍的规则；确实保障司法独立，通过

---

① A. V. Dicey, *Introduction to the Study of the Law of the Constitution* (1885), 8th eds. London: Macmillan, 1915, pp. 120–121.

② [英]詹宁斯：《法与宪法》，龚祥瑞等译，生活·读书·新知三联书店1997年版，第212、216页。

任命法官、法官任期保障、法官薪金保障等，来保障法官排除各种外来压力，独立于法律之外的任何权力；必须遵守自然正义原则，公开而公正地审判；法院应有权审查其他法治原则的实施，既应审查议会立法和授权立法，也应审查行政行为；司法程序应简便易行，否则久讼不决、长期拖延，就会使法律形同虚设；预防犯罪机关行使自由裁量权时不得滥用法律。[1] 拉兹强调指出，法治的重要性在于，对于个人来说，法治能够为人们提供一种选择生活方式、确定长期目标和有效地指引人们的生活走向这些目标的能力。法治是一种消极价值，是社会生活要求的最低限度的标准。

英国著名经济学家哈耶克用自由主义的理论从维护自由放任市场经济的立场出发，认为"法治的意思就是指政府在一切行动中都受到事前规定并宣布的规则的约束——这种规则使得一个人有可能十分肯定地预见到当局在某一情况下会怎样使用它的强制权力和根据对此了解计划它的任务"。[2] 在哈耶克看来，法治应当包括以下基本原则（或者内容）："（1）一般且抽象的规则；（2）稳定性；（3）平等，即平等地适用于任何人。"[3]

美国当代著名法学家朗·富勒（Lon L. Fuller）把道德和法律紧密联系起来，用新自然法的思想确证法律的道德性，进而提出法治的八项原则：法律的普遍性（法律应当具有普遍性）；法律应当公布；法律应当具有明确性；法律应当具有稳定性；法不得溯及既往；应当

---

[1] Joseph Raz, *The Authority of Law: Essays on Law and Morality*, Clarendon Press, 1979.

[2] ［英］弗里德利希·奥古斯特·哈耶克：《通往奴役之路》，王明毅等译，中国社会科学出版社1997年版，第73页。

[3] 转引自高鸿钧《现代西方法治的冲突与整合》，载高鸿钧主编《清华法治论衡》第一辑，清华大学出版社2000年版，第5页。

避免法律中的矛盾；法律不应要求不可能实现的事情；官方行为应与公布的法律保持一致。① 其实，富勒对于法治的理解并不比拉兹有多少高明之处，两者的基本思路如出一辙，主要强调的仍是形式正义的法治。

美国另一位主张自然法的学者芬尼斯（J. Finnis）在《自然法与自然权利》（*Natural Law and Natural Rights*）一书中，提出了与富勒大同小异的八项法治原则。它们是：规则可预见，不溯及既往；规则可被遵守；规则应当公布；规则应当明确；规则应当互相一致；规则应当保持稳定；特别规则应当接受公布的、明确的、稳定的和较为一般的规则的指导；官方制度规则和执行规则者本身应当遵守规则，在执行规则中始终贯彻法律精神。②

美国著名政治哲学家、伦理学家约翰·罗尔斯（John Rawls）在《正义论》一书中指出，法治概念由以下一些准则组成。第一，"应当意味着能够"的准则。它表明：（1）法治所要求和禁止的行为应该是人们合理地被期望去做或不做的行为；（2）法官及其他官员必须相信法规能够被服从，而权威者的诚意必须得到那些要服从他们所制定的法规的人的承认；（3）一个法律体系不能把无力实行看成一件无关紧要的事情，如果惩罚的责任不是正常地限制在我们做或不做某些行为的能力范围之内的话，这种责任便将是加于自由之上的不可容忍的重负。第二，类似情况类似处理的准则。第三，法无明文不为罪的准则及其相关的观念，如法律应公开并为人所知、法不溯及既往等。第四，自然正义的准则，即它要保障法律秩序被公

---

① 转引自沈宗灵《现代西方法律哲学》，法律出版社1983年版，第204—209页。

② Finnis, J., *Natural Law and Natural Rights*, Southern Methodist University Press, 1955.

正地、有规则地维持。①

德国人对法治的表达有自己的术语——"法治国"或者"法治国家"。根据中国台湾学者陈新民博士在《德国公法学基础理论》（上、下册）一书中的研究和介绍，在英美法系的"法治"概念，在德国则被称为"法治国"（Rechtsstaat）。"法治国"一词是德国人的发明，起源于康德的一句名言："国家是许多人以法律为根据的联合。"这个概念"随同其他德国法律制度及用语，先传日本，再由日本传至中国"②。德国哲学家普拉西度斯（J. W. Placidus）在1798年出版的《国家学文献》一书中，第一次使用了"法治国"这个概念。普氏提出"法治国"的原来用语是合并"法"与"国家"二字而成，与现代用语在拼写上多了一个连字号，但其意义并不受影响。以后，"法治国"这个概念在19世纪以及20世纪初，经由魏克（Carl Theodor Welcker）的《客观理性法及法治国的理由》，莫尔（Robert von Mohl）的《法治国原则的警察学》著作，史塔尔（Friedrich Julius Stahl）的《法律哲学》，贝尔（Otto Bähr）的《法治国——一个构想的发表》，毛鲁斯（Heinrich Maurus）的《评现代宪政国为法治国》（1878年出版），奥托·迈耶（Otto Mayer）的《德国行政法》等学者的使用、延展而得到广泛传播。

---

① ［美］约翰·罗尔斯：《正义论》，何怀宏等译，中国社会科学出版社1988年版，第226—229页。

② 陈博士在这里加了一个注释，证明"法治国"一词是传入日本的："据日本学者高田敏之分析，日本在明治二十年代——按日本系在明治二十三年（1889年）公布宪法——已经将德语的法治国译成日文，旋成为学界流行之用语。参见高田敏《法治主义》，刊载，石尾芳久（编），日本近代法一二〇讲，（京都）法律文化社1992年版，第120页。"见陈新民《德国公法学基础理论》（上册），山东人民出版社2001年版，第3、31页。

德国人发明的"法治国"与英国人创建的"法治"是否同一概念，在学界尚有争论。据陈新民博士的介绍，任教于英国爱丁堡大学的麦考米克（Neil MacCormick）教授1984年发表了一篇题为《论法治国及法治》的论文，论证以后得出的结论是：两个概念属于同构型，即尽管两者在德国和英国的法治发展史上的客观环境不同，但是这两个理论概念的本质及其目的是一致的，在用法律规范国家权力行使方式、道德价值观的追求、保障人权与抑制政府滥权等方面，它们别无二致。[1] Neil MacCormick 教授在题为《"法治国"与法治》（"'Rechtsstaat' and Rule of Law"）这篇论文的一开始，就开宗明义地指出："'法治国'概念与英美国家的'法治'概念没有什么基本的不同。"[2] 当然，也有一些学者认为两者属于异质，如德国的公法学者克里勒（Martin Kriele）教授认为，"德国法治国的概念与英国的法治，无异为两个完全不同的制度"[3]。

刘军宁博士认为，法治与"法治国"存在以下区别。第一，法治起源于自然法思想，要求保护民权、限制政府权力，与宪制有着天然联系；"法治国"起源于实证主义法学，强调作为立法者的统治者的意志及权力至高无上，排除了平等精神的契约思想和宪制主义。第二，法治体现了对公民权利和自由的偏爱；"法治国"则偏爱国家和作为立法者的统治者，主张法律任何时候都是国家的工具。第三，法治强调法律的规则，注重法律的稳定性、持久性；"法治国"强调法

---

[1] 陈新民：《德国公法学基础理论》（上册），山东人民出版社2001年版，第96—99页。

[2] D. Neil MacCormick, "'Rechtsstaat' and Rule of Law", *The Rule of Law*, edited by Josef Thesing, 1997, Konrad-Adenaure-Stiftund, p. 68.

[3] 陈新民：《德国公法学基础理论》（上册），山东人民出版社2001年版，第96页。

律的意志性、灵活性，因人而异。第四，法治的思想意味着，人们服从法律是服从普遍的、客观存在的自然法则，服从的目的在于保障个人自由；"法治国"的思想意味着，人们服从法律是服从统治者本人的个人意志。法治强调不仅应依法办事，而且所依之法必须合法；"法治国"则仅仅主张依法办事。第五，法治既合乎实质正义，也合乎形式正义；"法治国"充其量只合乎形式正义。比较的结论是：法制和"法治国"都不是法治，因为它们都将最高统治者置于法律之上，其实质是为统治者的专横披上合法的外衣。[1]

总体而言，尽管法治概念在当代西方社会的解读中见仁见智，但作为西方文化冲突的延续和承袭，人们对于法治的理解仍然有许多共识或者共同确认的价值和原则。美国艾伦·S.科恩教授和苏珊·O.怀特教授在《法制社会化对民主化的效应》一文中，概括地表达了西方社会对于法治的看法。他们指出，在西方"法治理想至少有下列含义：法律拥有至高无上的权威，从而防止滥用政治权力；通过保护个人权利的要求确保个人优先；通过实行'法律面前人人平等'确保普遍性原则优先于特殊性"[2]。的确，按照自由主义的法治观，通过分权原则、普选制度、多党制和合宪性审查等制度，制约公权力，保障个人权利不受国家权力的侵害，是法治存在的合理性依据。

---

[1] 刘军宁：《从法治国到法治》，载"公共论丛"《经济民主与经济自由》，生活·读书·新知三联书店1997年版，第97—101页。

[2] ［美］艾伦·S.科恩、苏珊·O.怀特：《法制社会化对民主化的效应》，载中国社会科学杂志社组织编译并出版的《国际社会科学杂志》（中文版）1998年第2期。

二 法治概念在中国

在中国，法治概念有着与西方不尽相同的内涵和发展轨迹。张晋藩先生的研究表明[1]，从先秦的法治思想到封建法律中的罪刑法定。先秦时期作为显学的法家学派，面对社会的大变动，为了给新兴地主阶级提供治国之术，提出了法治思想。

韩非子说："治民无常，唯以法治。"[2] 商鞅说："明王之治天下也，缘法而治……言不中（合）法者，不听也；行不中法者，不高也；事不中法者，不为也。"[3] "能领其国者，不可以须臾忘于法。"[4] 成书于战国时期的《管子》更明确提出了以法治国的概念。至汉武帝时期，虽然"罢黜百家，独尊儒术"，确立儒家思想的统治地位，但实际推行的是"外儒内法"，法家的法治思想仍然起着重要的作用，并在国家制定法中得到体现。公元3世纪西晋的《新律》中规定，"律法断罪，皆当以法律令正文，若无正文，依附名例断之，其正文名例所不及，皆不论"[5]，也就是法律无明文规定的行为，不作为犯罪论处。

在中国古代，"法治"主要被理解为一种统治国家的方法，一种由形象思维方式产生出来的治国工具或手段，而主要不是一种抽象的价值理念、制度、程序或权威。在历史上著名的儒家和法家的关于

---

[1] 张晋藩：《中华法制文明的世界地位与近代化的几个问题》，载《全国人大常委会法制讲座汇编》（1），中国民主法制出版社1999年版，第183—184页。

[2] 《韩非子·心度》。

[3] 《商君书·君臣》。

[4] 《商君书·慎法》。

[5] 《隋书·刑法志》。

"人治"与"法治"之争中，法家主张的"法治"，不过是"以法治国，则举措而已"①。例如，管子说，"尺寸也，绳墨也，规矩也，衡石也，斗斛也，角量也，谓之法"②；"法律政令者，吏民规矩绳墨也"③；"法者，民之父母也"④；"夫不法，法则治。法者，天下之仪也，所以决疑而明是非也，百姓之所悬命也"⑤。对于最高统治者来说，法律并没有什么至高的权威和普遍的拘束力，法律被理解为统治者治理国家和统治人民的工具。法律面前的不平等仍是中国封建国家"法律工具主义"的典型特征。

当然，如果用现代法治观的标准把古代中国"法治"碎片化，同样能够从中找到许多可以为今人所用的本土性法治资源。这些资源包括：主张法要"合乎国情，顺乎民意"。如商鞅提出："法不察民情而立，则不成。"善治国者，是"观俗立法则治，察国事本则宜。不观时俗，不察国本，则其法立而民乱，事剧而功寡"⑥。要求法制统一，严明执法。如商鞅说："百县之治一刑，则从；迁者不敢更其制，过而废者不能匿其举。"⑦ 韩非强调："法莫如一而固，使民知之。"⑧ 法制统一，有利于防止官吏营私取巧，任意曲法，也便于臣民守法有所遵循。⑨ 张晋藩先生认为，中国古代（封建）法制，具有以下基本特

---

① 《管子·明法》。
② 《管子·七法》。
③ 《管子·七主七臣》。
④ 《管子·法法》。
⑤ 《管子·禁藏》。
⑥ 《商君书·壹言》。
⑦ 《商君书·垦草令》。
⑧ 《韩非·五蠹》。
⑨ 孙钱章主编：《中国历代治国方略文选》（法治卷），中共中央党校函授学院1999年内部出版，"前言"第3页。

征：引礼入法，礼法结合；① 家庭本位，伦理立法；法自君出，权尊于法；天理、国法、人情三者贯通；诸法并存，重刑轻民；调处息争，追求无讼。② 这些特征反映了中国法制资源的基本内涵，其中既有民主法治性的精华，也有封建性的糟粕。

对法治概念还可以从逻辑的角度加以把握。法治概念包括三层含义：一指"法律秩序"（Law and Order），这是法治的基本含义；二指"合法性原则"（Principle of Legality），这是法治的形式含义；三指"法的统治"（Rule of Law），这是法治的实质含义。按这种解释，法治被界定为"一种通过宪法和法律设置加以实现的政治理想"③。

用美国著名宪法学教授路易斯·亨金的观点来看，民主、自由、人权、法治和宪法都是宪制的基本要素。如果对现代法治概念作扩大解释，那么我们今天讲的法治概念，实际上是包含了形式法治和实质法治的统一整合，是一种宪制意义上的法治，或者就可以称为宪制。

在当代中国语境下，法治概念既没有得到学术界和实务界的一致认同，也没有在官方文件和领导人的重要讲话中达成统一。法治与法制、法治与依法治国、法制与法治国家、依法治国与宪制、宪制与民主法治、依法治国与以法治国等概念的使用，常常是随心所欲，内涵不明，边界不清，任意混用。事实上，法治或许是一个多义、多层次的具有理念、制度和行为内涵的概念，在理解上，可以作进一步的解

---

① 如《唐律疏议·名例》序："德礼为政教之本，刑罚为政权之用，尤昏晓阳秋相须而成者。"礼法结合体现了法律与道德的交融，亲情义务与法律义务的统一，强制性制裁与精神感召的互补。

② 参见张晋藩《中国法制发展的历史进程》，载《社会主义法制理论读本》，人民出版社2002年版，第2—9页。

③ 中国社会科学院法学研究所法理学研究室编著：《法理学教学纲要》，1995年6月打印稿。

析。在理念层面上，法治主要是指通过宪法和法律统治和管理国家的理论、思想、价值、意识和学说等；在制度层面上，法治主要是指在法律基础上建立或形成的概括了法律制度、程序和规范的各项原则和行为规范；在运作层面上，法治则主要指法律秩序和法律实现的过程及状态。

在中国1997年以后的法治实践中，依法治国一度快要取代了法治概念，而依法治国又被创造性地细化、分化和碎片化为一系列的法治口号，诸如依法治省、依法治市、依法治州、依法治县、依法治区、依法治镇（乡、街道）、依法治村、依法治居、依法治港、依法治澳；依法治党、依法治军、依法治官、依法治权、依法治腐；依法治部（委）、依法治检（检察院）、依法治局、依法治企、依法治校、依法治馆、依法治园（幼儿园）、依法治院（医院）；依法治山、依法治税、依法治水、依法治路、依法治污（染）、依法治教、依法治林、依法治农（业）、依法治档（案）、依法治监（狱）、依法治火（防火）、依法治体（育）、依法治生（计划生育）、依法治审（计）、依法治访（信访）、依法治统（计）、依法治考（考试）、依法治矿、依法治库（水库）、依法治交（交通）；等等。

即使仍用法治概念的，也多被具象为一系列具体化、通俗化、形象化以及中国化的表达。例如，法治国家（法治中国）、法治省（法治浙江、法治山东、法治广东、法治江苏）、法治市（法治杭州、法治无锡、法治广州、法治昆明）、法治县区（法治余杭）、法治乡、法治村、法治政府、法治社会、法治城市、法治农村、法治工厂、法治区域、法治文化、法治精神、法治意识、法治理念、法治观念、法治思维、法治方式、法治氛围、法治活动，等等。

三　法治与法制的区别

习近平总书记总结新中国法治建设历程时指出：我们党执政60多年来，虽历经坎坷但对法治矢志不渝，从"五四宪法"到前不久新修订的宪法；从"社会主义法制"到"社会主义法治"……我们党越来越深刻认识到，治国理政须臾离不开法治。① 在当代中国语境下，必须对"法治"与"法制"这两个概念做出区分，以便更加理性自觉地从"社会主义法制"走向"社会主义法治"。我们认为，"法治"与"法制"的主要区别如下。

第一，法治与法制的词义不同。以现代词语的构成学来看，"法治"与"法制"的不同，在于"治"与"制"的区别。"治"（Rule）者，治理也，属动词；"制"（System or Institution）者，制度也，属名词。因此，"法治"（Rule of Law）的本意是一个动态的概念，是"法律统治"、"法律规制"或者"法律治理"的意思。就字义解释而言，"法治"表达的是法律运行的状态、方式、程度和过程。而"法制"（Legal System）的本意是一个静态的概念，是"法律制度"、"法律和制度"或者"法律和法律制度"的简称。"法制"表达的是法律或者法律制度存在的状态、方式和形式。如果不作扩大解释，则无论是英文还是中文，都不能使"法制"之"制度"变为动态概念，进而推导出"有法必依、执法必严、违法必究"、依法办事的过程和状态。正因为两者的词义不同，所以，我们不能用"中国法制史""外国法制史"一类概念中的"法制"来取代"法治"概念。

---

① 习近平：《加强党对全面依法治国的领导》，《求是》2019年第4期。

第二，法治与法制概念的文化底蕴不同。所谓概念的"文化底蕴"，是指一个在历史上产生和形成的概念由于文化传统的长期发展和沉淀而具有的某些约定俗成的含义。法治是人类文明进步的产物。法治概念，从古希腊古罗马时期萌生到近现代资产阶级革命时期逐渐成熟，历经了数千年的历史变迁和发展，在一些形式和内容方面已得到多数文化的基本认同。20世纪以来，如法律的权威性、公开性、普遍性、平等性，以及以主权在民、保障人权、制约权力等观念为主要内容的民主宪制等，都或多或少地以各种方式融进了不同国家的法治文化中，对法治概念的表述和理解已在国际范围内成为一种约定俗成的符号。正如我们用"法人""契约""侵权""人权"等符号来表达特定的法律或者政治概念一般已不易引起歧义一样，"法治"概念也有其历史赋予的某些基本不变的文化含义。而"法制"概念则不具有如此深厚的历史文化的规定性。在中国古代，虽然有过"命有司，修法制""法制不议，则民不相私""明法制，去私恩"等使用"法制"概念的时候，但这些"法制"的文化底蕴说到底只是一种"王制"。可见，如果随便用"法制"取"法治"而代之，既有违"法治"概念的文化本意，也难与国际社会进行沟通与交流。

第三，法治与法制概念的内涵不同。尽管各国法学家和政治家在使用"法治"概念时表达的具体意思有所不同，但大都是从与人治相对立的意义上来使用这个概念，并基本一致地赋予了法治以相对确定的内涵。"法治"的内涵通常包括一系列原理、原则。主要是：要有一整套完备的法律，这些法律应具有合乎人民意志和社会发展规律的合理性与公正性；应具有易为人民所知晓的明确性、公开性和避免朝令夕改的稳定性；因为主权在民，人民是国家的主人，由人民制定且体现人民意志的法律的权威，应高于个人和少数人的权威，具有至高的权威性；国家存在和制定法律的根本目的，在于保障公民权利，限制政府滥用权力，同时维护社会稳定和安全，促进经济和社会福利发展；一切社会主体，特别是行使公权力的主体，必须依法办事，即权力机关依法立法，行政机关依法行政，司法机关依法独立行使审判权和检察权，一切社会组织和公民个人依法行使权利并履行义务；公民的权利在受到侵害后，能够得到及时充分的救济；要做到法律实施公正无偏，法律面前人人平等；公权力主体在获得权力的同时，就要受到有效的监督和制约；等等。实行法治的这些内在要求是"法制"概念所无法替代的。

"法制"的内涵没有质的规定性要求，相反却有某种随意性。这是"法制"概念被用滥、用乱的根本原因。任何国家在任何时期都有自己的法律制度，但不一定是实行法治。奴隶社会和封建社会的法律制度仍被认为是法制，但肯定不能被认为是法律统治。由于法制既没有形式要件和实质要件的质量规限，也没有运行状态和实现程度的指标要求，因此，可以这样认为，只要在一定程度上存在法律制度的社会就是法制的社会，同样的国家就是法制的国家；因而，奴隶社会和封建社会都可以建立法制社会和法制国家。

有人把"法制"分为广义和狭义两种概念。广义的法制包括一切社会形态下存在的法律和制度，狭义的法制是以民主政治为基础的，仅指资本主义法制和社会主义法制，其含义相当于"法治"。这种赋予"狭义法制"以"法治"含义的做法，以"法制"概念不能变动为前提来"吞并"法治概念，因而是不科学的，它把本来简单明了的概念人为地复杂化、烦琐化了。

为什么要这么做？有人说，有关领导人和一些文件已习惯于使用"法制"概念，因此不必更换"法制"这个名词，但可对"法制"概念作新的解释，用"法治"概念固有的内容填充中国社会主义法制概念，赋予"法制"以"有法可依，有法必依，执法必严，违法必究"的内涵，进而取代"法治"概念，或者说两个概念可相通互换。这种说法是难以服人的。因为"十六字方针"并没有能真正解决依照什么法办事的所谓"良法善治"的根本性问题，它本身也需要与时俱进、不断发展，从"有法可依、有法必依、执法必严、违法必究"到"科学立法、严格执法、公正司法、全民守法"[①]。而且，一般说来，"法制"概念约定俗成的含义就是"法律制度"，如果囿于某些领导人因为不是法律专家使用过"法制"概念，或者因为有关文件使用了"法制"，因此就不能更改这个概念，而只能用移"法治"内容之花接"法制"内涵之木的手法，来使"法制"概念在中国现代化建设中获得新生，那么至少可以说，这种"唯上""唯语录""唯书本"的态度是不可取的，这种"移花接木"的手法也是多余的、不科学的。既然认识到"法制"概念的局限性，就应以科学的实事求是的态度接受"法治"。"法治"概念是人类法文化宝库中的优秀遗产，而不是资产阶级的专利。

第四，法治与法制概念的存在意义不同。法治概念从产生以来就标志着与人治的对立：它强调人民的统治和法律的权威，反对君王个人的专横独裁或者少数人的恣意妄为；它张扬法律的正义性和公平性，排斥个人或者特权的偏私；它倚重法律治国的必要性和稳定性，着眼于国家的长治久安，以法律防杜"人存政举，人亡政息"以及"把领导人说的话当作法"的种种弊端，使国家的制度和法律"不因领导人的改变而改变，不因领导人的看法和注意力的改变而改变"；

---

① 习近平：《加强党对全面依法治国的领导》，《求是》2019年第4期。

它坚持法律面前人人平等，反对法外、法上特权；等等。法治是相对于人治而言的概念，具有旗帜鲜明地反对人治、抵制人治的特点，具有无可比拟的保证国家长治久安的特性和功能。作为法律制度的法制则是相对于经济制度、政治制度、文化制度等而言的中性概念，在时间范围内它没有古今之分，在空间范围内它没有中外之别，在一般意义上使用它并无任何时代特色。法制不仅不能明确表达出与人治相对立的立场，而且可能出现"人治底下的法制"，如希特勒德国实行的法西斯专政以及原南非政权推行种族歧视、种族隔离政策，都曾以法律和制度的方式来进行。所以说，"法治"存在的意义是明确的、特定的和专有的，在使用上不易产生歧义，而"法制"则无此确定性。

在使用中人们常常将"法制"与"法治"混淆起来，以"法制"表述或代替"法治"。如讲"法制国家"而不是"法治国家"，"实行革命的法制"而不是"法治"，"民主与法制"而不是"民主与法治"，等等。在这些用法中，"法制"不是要简单地描述或者表达"法律与制度"的形式，而恰恰是要昭示"法治"概念所要求和包容的本质及其内涵。既然如此，为什么不在加上"社会主义"或者"中国特色社会主义"等限制词后，大胆使用国际上已有约定俗成含义的"法治"概念，理直气壮地提"建设社会主义法治国家"？这样做丝毫不会损害中国依法治国的伟大事业，而只会使之更具有理论的科学性和彻底性，更便于人民大众学习、掌握法治理论并树立法治观念，更便于与国际社会的交流，最终使我们能够更好地实行和坚持依法治国，早日将中国建设成为社会主义法治国家。

第五，法治与法制概念的基础不同。法治概念被许多国家接受，成为治国的方略，是近现代商品（市场）经济和民主政治发展的必然结果。就是说，法治必须以市场经济和民主政治为基础，是市场经济基础之上和民主政治体制之中所特有的治国方式。

"市场经济是法治经济",法治以市场经济作为赖以生存和发展的基础。没有市场经济就没有法治,反之亦然。法治与市场经济相互依存,相互作用、相辅相成。法制则可在法律产生以来的各种形态的经济基础上建存。

民主政治的实质之一,就是人民按照一定程序制定法律,用法律将自己的意志、利益和要求上升为国家意志,由国家依循法律来保障人民的主体地位,实现人民的各项权利。民主政治与法治有着天然的内在联系。民主政治是法治产生、存在和发展的必要基础与前提条件,而法治则是民主政治得以生存和维系的基本方式与有力保障。所以,从一定意义上可以说,"民主政治就是法治政治"。法制与民主政治却无必然的联系,它既可与寡头政治为伍,又可与君主政治为伴,甚至可与法西斯专政狼狈为奸。

◇ 第二节 法治是和谐社会的基础

一 和谐社会的理想与目标

所谓"和谐",是对自然和人类社会变化、发展规律的认识,是人们所追求的美好事物和处世的价值观、方法论,是对立事物之间在一定的条件下、具体、动态、相对、辩证的统一,是不同事物之间相同相成、相辅相成、相反相成、互助合作、互利互惠、互促互补、共同发展的关系。和谐的本质在于"异中求和""和而不同"。

和谐社会是人类的一种美好社会状态和美好社会理想,在这种社会里,"全体人民各尽所能,各得其所而又和谐相处"。一般认为,以和谐理念为指导的,国家强盛、民族团结、经济繁荣、社会稳定、政治清明、人民幸福、和平相处是和谐社会的美丽图景。在中国古代,人们所追求的"大同社会"在一定意义上就是和谐社会,即"人不独亲其亲,不独子其子,使老有所终,壮有所用,幼有所长,鳏寡孤独废疾者皆有所养,谋夜不闭户,路不拾遗"①。马克思、恩格斯在《共产党宣言》里描述了和谐社会的最高境界:"代替那……资产阶级旧社会的,将是这样一个联合体,在那里,每个人的自由发展是一切人的自由发展的条件。"② 这就是共产主义社会。

当代中国要建设的是社会主义和谐社会,即"民主法治、公平正义、诚信友爱、充满活力、安定有序、人与自然和谐相处的社会",而不是建设不能实现的柏拉图的"理想国"或者是儒家所追求的"天下大同",更不是空想社会主义康帕内拉和莫尔的"太阳城""乌托邦"。社会主义和谐社会是全体人民各得其所、各依其序、各尽其能的社会,是民主与法治相统一、公平与效率相统一、活力与秩序相统一、人与自然相统一的全面小康社会。

构建和谐社会,应当努力实现城乡之间的和谐,各社会阶层之间的和谐相处,社会各领域之间以及各领域内部的和谐,区域之间的和谐,民族之间的和谐,中央和地方以及各地方之间关系的和谐,外部环境的和谐,人与自然的和谐。

构建和谐社会,应当努力实现党的十六届四中全会提出的战略目标:到2020年,构建社会主义和谐社会的目标和主要任务是,社会主义民主法制更加完善,依法治国基本方略得到全面落实,人民的权

---

① 《礼记·礼运》。
② 《马克思恩格斯选集》第一卷,人民出版社1995年版,第294页。

益得到切实尊重和保障；城乡、区域发展差距扩大的趋势逐步扭转，合理有序的收入分配格局基本形成，家庭财产普遍增加，人民过上更加富足的生活；社会就业比较充分，覆盖城乡居民的社会保障体系基本建立；基本公共服务体系更加完备，政府管理和服务水平有较大提高；全民族的思想道德素质、科学文化素质和健康素质明显提高，良好道德风尚、和谐人际关系进一步形成；全社会创造活力显著增强，创新型国家基本建成；社会管理体系更加完善，社会秩序良好；资源利用效率显著提高，生态环境明显好转；实现全面建设惠及十几亿人口的更高水平的小康社会的目标，努力形成全体人民各尽其能、各得其所而又和谐相处的局面。

构建和谐社会，应当努力实现党的十八大报告提出的"到2020年实现全面建成小康社会宏伟目标"。一是经济持续健康发展。转变经济发展方式取得重大进展，在发展平衡性、协调性、可持续性明显增强的基础上，实现国内生产总值和城乡居民人均收入比2010年翻一番。科技进步对经济增长的贡献率大幅上升，进入创新型国家行列。工业化基本实现，信息化水平大幅提升，城镇化质量明显提高，农业现代化和社会主义新农村建设成效显著，区域协调发展机制基本形成。对外开放水平进一步提高，国际竞争力明显增强。二是人民民主不断扩大。民主制度更加完善，民主形式更加丰富，人民积极性、主动性、创造性进一步发挥。依法治国基本方略全面落实，法治政府基本建成，司法公信力不断提高，人权得到切实尊重和保障。三是文化软实力显著增强。社会主义核心价值体系深入人心，公民文明素质和社会文明程度明显提高。文化产品更加丰富，公共文化服务体系基本建成，文化产业成为国民经济支柱性产业，中华文化"走出去"迈出更大步伐，社会主义文化强国建设基础更加坚实。四是人民生活水平全面提高。基本公共服务均等化总体实现。全民受教育程度和创新人才培养水平明显提高，进入人才强国和人力资源强国行列，教育现代化基本实现。就业更加充分。收入分配差距缩小，中等收入群体持续扩大，扶贫对象大幅减少。社会保障全民覆盖，人人享有基本医疗卫生服务，住房保障体系基本形成，社会和谐稳定。五是资源节约型、环境友好型社会建设取得重大进展。主体功能区布局基本形成，资源循环利用体系初步建立。单位国内生产总值能源消耗和二氧化碳排放大幅下降，主要污染物排放总量显著减少。森林覆盖率提高，生态系统稳定性增强，人居环境明显改善。

党的十八大报告同时提出要求：全面建成小康社会，必须以更大的政治勇气和智慧，不失时机深化重要领域改革，坚决破除一切妨碍科学发展的思想观念和体制机制弊端，构建系统完备、科学规范、运行有效的制度体系，使各方面制度更加成熟更加定型。要加快完善社会主义市场经济体制，完善公有制为主体、多种所有制经济共同发展的基本经济制度，完善按劳分配为主体、多种分配方式并存的分配制度，更大程度更广范围发挥市场在资源配置中的基础性作用，完善宏观调控体系，完善开放型经济体系，推动经济更有效率、更加公平、更可持续发展。加快完善文化管理体制和文化生产经营机制，基本建立现代文化市场体系，健全国有文化资产管理体制，形成有利于创新创造的文化发展环境。加快形成科学有效的社会管理体制，完善社会保障体系，健全基层公共服务和社会管理网络，建立确保社会既充满活力又和谐有序的体制机制。加快建立生态文明制度，健全国土空间开发、资源节约、生态环境保护的体制机制，推动形成人与自然和谐发展的现代化建设新格局。

从政治文明角度来看，社会主义和谐社会既是人民当家作主的民主社会，又是宪法法律至上的法治社会。民主法治是社会主义和谐社会的首要特征和第一要素，它通过自己特有的途径和功能，实现社会和谐的目标。目前，中国还"存在不少影响社会和谐的矛盾和问题，主要是：城乡、区域、经济社会发展很不平衡，人口资源环境压力加大；就业、社会保障、收入分配、教育、医疗、住房、安全生产、社会治安等方面关系群众切身利益的问题比较突出；体制机制尚不完善，民主法制还不健全；一些领域的腐败现象仍然比较严重……"[①]社会主义民主法治都属于上层建筑范畴，它们必须适应并反作用于经济基础和生产关系，对解决和谐社会建设中的矛盾和问题，发挥了不可或缺的重要作用。

二 法治作为和谐社会的基础

社会是由各种相互联系、相互作用的因素所构成的一个复杂的结合体，这其中包括了经济、政治、文化等不同的社会领域以及道德、法律、宗教等不同的社会规范。在这个复杂的结合体中，任何一个社会因素的变化，都会直接或者间接，当时或者在许久以后对社会整体的均衡和稳定构成好的或者是坏的、不以人的意志为转移的影响。正如瞿同祖先生在《中国法律与中国社会》中所指出的那样："法律是社会的产物，是社会制度之一，它与风俗习惯有密切的关系，它维护现存的制度和道德、伦理等价值观念，它反映某一时期、某一社会的社会结构，法律与社会的关系极为密切。因此，不能将法律看成一种孤立的存在，而忽略其与社会的关系。任何社会的法律都是为了维护

[①] 《中共中央关于构建社会主义和谐社会若干重大问题的决定》，2006年10月11日。

并巩固其社会制度和社会秩序而制定的,只有充分了解产生某一种法律的社会背景,才能了解这些法律的意义和作用。"① 这就是说,任何发生效力的法律都同其所处的社会以及其各个组成部分密切相关。

构建和谐社会是一个系统工程,需要经济不断发展的物质文明、制度不断完善的政治文明和文化不断繁荣的精神文明的合力作用,需要经济建设、政治建设、社会建设、文化建设和生态文明建设的共同推进,需要充分发挥道德手段、宗教手段、政治手段、行政手段、经济手段、法律手段等各种手段的综合作用。和谐社会是民主法治的社会。没有法治,就不可能有真正的民主,也不可能有社会和谐。从分配社会利益、规范社会行为、解决社会矛盾、构建社会秩序、实现社会公正等方面来看,法治是和谐社会的基础,德治是和谐社会的辅助,政治是和谐社会的保障。

德治是和谐社会的辅助,是指道德规范在社会主义初级阶段的和谐社会建设过程中,与法律规范和法治的作用相比,所起的是辅助性、从属性和非主导性的作用。这里并不是说道德规范、德治或者以德治国不重要,也不是轻视或者忽视德治的作用,而是说,在经济文化社会尚不发达的社会主义初级阶段,在人们的思想觉悟水平以及行为习惯还有很大差距的条件下,实际上只能实行"法主德辅",德治是和谐社会的辅助。

政治是和谐社会的保障,是指民主政治为和谐社会提供正确的政治领导和政治决策,正确的路线、方针和政策,保证和谐社会建设沿着人民幸福、民族团结、社会稳定、国家强盛的正确方向前进,保障和谐社会建设按照人民的意志并通过法治为主导的

---

① 瞿同祖:《中国法律与中国社会》,中华书局2003年版,导论第1页。

方式顺利进行。

1. 法治是维护社会和谐稳定的基础。中国特色法律体系是在人民意志基础上形成的社会价值评判标准和行为法律标准，是中华人民共和国70年来正确处理人民内部矛盾、民族关系、中央与地方的关系、地方与地方的关系、国家与社会的关系、个人与集体的关系以及各种利益冲突关系等的经验积累，是判断社会行为和社会关系中发生的合法与非法、权利与义务、行为与责任、是非对错等矛盾纠纷的根本依据。和谐社会必须毫不动摇地坚持法治原则和依法治国基本方略，如果离开了法律体系提供的法律评价判断标准，离开了法律体系提供的活动原则和法定程序，离开了我国法治所建立的解决社会矛盾纠纷行之有效的各种制度规则，标新立异，另搞一套标准，就既可能损害法治的权威，又难以应对解决社会治理中出现的新情况新问题，使社会陷入无法无天的无序状态。

法治社会应当树立正确的法治"维稳观"。习近平总书记明确要求，法治社会建设"要处理好活力和秩序的关系，坚持系统治理、依法治理、综合治理、源头治理，发动全社会一起来做好维护社会稳定工作"[①]。法治社会的维稳需要法治德治共治的新思维，任何时候都不能把人民群众的利益表达与社会稳定和谐对立起来，把人民群众的依法维权与社会稳定平安对立起来，把公民依照宪法和法律作出的利益表达和权利诉求视为社会不稳定或国家不安定因素，否则有可能制造更多更大的不稳定、不和谐因素。

2. 法律是社会关系的调整器。法律是什么？法律就是由国家制定、认可并保证实施的，反映由特定物质生活条件所决定的人

---

① 习近平：《习近平谈治国理政》第一卷，外文出版社2018年版，第148页。

民意志，以权利和义务为内容，以确认、保护和发展人民所期望的社会关系和社会秩序为目的的行为规范体系。西方功利主义法学（代表人物有杰里米·边沁、詹姆斯·密尔、约翰·奥斯丁和约翰·密尔），基于功利主义的伦理原则——人的本性是避苦求乐的，人的行为是受功利支配的，追求功利就是追求幸福，个人目标是追求其自身的最大幸福；而对于社会或政府来说，追求最大多数人的最大幸福是其基本职能，也就是所谓的"最大多数人的最大幸福原则"，认为人的一切行为的取舍都在于功利的权衡，所以立法者在制定法律时应遵循最大多数人的最大幸福的功利原则，这是立法的宗旨，也是评判法律优劣的标准。法律实施的基础也是功利。法律及相应的惩罚措施就是将痛苦施加于人，迫使人们不去为恶。法律是达到功利目标（最大多数人的最大幸福原则）的手段。总之，最大多数人的最大幸福原则的功利原则，既是法律的出发点，又是其必然的归宿。

法律是社会关系的调整器，是重要的社会行为规范，是社会成员在社会活动中所应遵循的标准或原则。美国著名法学家庞德认为，法律是"高度特别的社会控制的形式，通过权威性戒律本身发生作用并实施于司法和行政程序中"的规范体系。法律既是特定社会发展的产物，也是作用于社会发展的手段。现代民主法治社会，法律是评价社会行为、化解社会矛盾、解决社会纠纷的根本圭臬。

在中国古人看来，法律就是"尺寸也，绳墨也，规矩也，衡石也，斗斛也，角量也"[①]。这说明，法律是社会行为的规范，是判断和解决社会矛盾纠纷的根本依据。如果离开法律规范的标准

---

① 《管子·七法》。

和依据，脱离法治体系的程序和制度，放弃公正司法解决矛盾纠纷的终局性机制，实行少数人或者个别人说了算的人治，坚持"信权不信法""信访不信法""信闹不信法"，推崇"小闹小解决，大闹大解决，不闹不解决"的做法，就不仅不可能从根本上化解社会矛盾，长治久安地解决社会纠纷，而且会极大地损害法治社会的权威，危害国家的法治基础和社会秩序。当然，强调法律在和谐社会中的重要调整和规范作用，并不排斥和否定道德规范、纪律规范、习俗规则、规章制度和思想政治工作等其他规范和方式的作用。我们的主张是：一方面，应当把所有社会规范规则和其他行之有效的方式方法作为一个系统，统一并整合起来，形成一个分工明确、相互补充、彼此衔接的有机整体，共同作用于社会管理；另一方面，鉴于现阶段的基本国情和社会状况，鉴于法律规范具有的强制性、国家意志性、规范性和明确性等特征是调整社会关系、规范社会行为的基本方式，因此应当适当凸显法律在社会管理中与众不同的作用和功能，依法管理社会事务，建设法治社会。

3. 立法是社会利益的分配器。立法是人民意志的汇集和表达，立法的主要功能在于合理分配社会利益，调整社会利益关系。通过立法的分配正义，制定良法，实现"良法善治"或者"良法之治"。何谓良法？现代法治所倡导的正义、公平、民主、人权、秩序、安全、幸福、尊严等共同价值，应当是评价法律"良"否的重要尺度，也是创制良法的价值追求和实现良法善治的伦理导向。"不是什么法都能治好国；越是强调法治，越是要提高立法质量。这些话是有道理的。我们要完善立法规划，突出立法重点，坚持立、改、废并举，提高立法科学化、民主化水平，提高法律的针对性、及时性、系统性。要完善立法工作机制和程序，扩大公众有序参与，充分听取各方面意见，使法律准确反映经济社会发展要求，更好协调利益关系，发挥立法的引领和推动作用。"①"善治"就是通过法治实现有效的社会管理和建立良好的社会秩序。良法是前提，善治是手段、过程和目标。立法应当创造良法，为法治社会提供善治的规则条件。然而，我国立法中存在的部门利益、特殊群体利益影响甚至主导立法过程的问题，尤其是国家立法部门化，一些明显带有部门或集团利益痕迹的立法，把畸形的利益格局或权力关系合法化，"立法扩权卸责""立法不公""立法腐败"影响了良法的制定，必然损害法治的权威，从源头上使法律实施"打折""放水"，以至于影响社会和谐稳定。所以，从法治社会和良法善治的要求来看，我国法律体系形成以后，应当努力从制度上消除部门立法和立法不公的种种弊端，不断完善中国特色社会主义法律体系。通过科学立法来配置资源、分配利益、调整关系，必然会涉及各种矛盾和利益冲突，而坚持人大主导立法，就是要从制度设计上充分保障和代表人民根本利益和整体意志，从职权立场上超越部门利益、地方利益和局部利益，为国家和人民制定"良法"。"各有关方面都要从党和国家工作大局出发看待立法工作……部门、行业等局部利益再大也是小。彭真同志说立法就是在矛盾的焦点上'砍一刀'，实际上就是要统筹协调利益关系。如果有关方面都在相关立法中掣肘，都抱着自己那些所谓利益不放，或者都想避重就轻、拈易怕难，不仅实践需要的法律不能及时制定和修改，就是弄出来了，也可能不那么科学适用，还可能造成相互推诿扯皮甚至'依

---

① 中共中央文献研究室编：《习近平关于全面依法治国论述摘编》，中央文献出版社 2015 年版，第 43—44 页。

法打架'。这个问题要引起我们高度重视。"①

4. 司法是对权利的救济。司法的本质和最终目的是实现正义。正义是人类社会的美好愿望和崇高追求。在西方法律文化中，正义是法律追求的最高价值。而西语中的正义"JUS"是个多义词，有公正、公平、正直、法、权利等多种含义，是指具有公正性、合理性的观点、行为、活动、思想和制度等。正义的最低要求是，正义要求分配社会利益和承担社会义务不是任意的，要遵循一定的规范、程序和标准；正义的普遍性要求是，按照一定的标准（如量的均等、贡献平等或身份平等）来平等分配社会利益和义务；分配社会利益和义务者要保持一定的中立。正义也可以用来表达安全、秩序、和谐、宽容、尊严、幸福等美好的个人和社会的伦理状态。在这个意义上讲，人类社会之所以需要法律和法治文明，一个重要原因，就是要追求和保障正义价值目标的实现。司法是维护社会公平正义的最后一道防线。笔者曾经引用过英国哲学家培根的一段话，他说："一次不公正的审判，其恶果甚至超过十次犯罪。因为犯罪虽是无视法律——好比污染了水流，而不公正的审判则毁坏法律——好比污染了水源。"这其中的道理是深刻的。如果司法这道防线缺乏公信力，社会公正就会受到普遍质疑，社会和谐稳定就难以保障。因此，全会决定指出，公正是法治的生命线。②

中国法院检察院是司法的主体，它们通过什么方式实现司法的矫正正义？法院组织法规定，人民法院通过审判活动，惩办一切犯罪分

---

① 中共中央文献研究室编：《习近平关于全面依法治国论述摘编》，中央文献出版社2015年版，第44页。
② 习近平：《关于〈中共中央关于全面推进依法治国若干重大问题的决定〉的说明》，《人民日报》2014年10月29日第1版。

子，解决民事纠纷，保卫无产阶级专政制度，维护社会主义法制和社会秩序，保护社会主义的全民所有的财产、劳动群众集体所有的财产，保护公民私人所有的合法财产，保护公民的人身权利、民主权利和其他权利，保障国家的社会主义革命和社会主义建设事业的顺利进行。最高人民法院工作报告显示，2013—2017年，最高人民法院受理案件82383件，审结79692件，分别比前五年上升60.6%和58.8%，制定司法解释119件，发布指导性案例80件，加强对全国法院审判工作监督指导；地方各级人民法院受理案件8896.7万件，审结、执结8598.4万件，结案标的额20.2万亿元，同比分别上升58.6%、55.6%和144.6%。各级法院依法惩治刑事犯罪，审结一审刑事案件548.9万件，判处罪犯607万人，努力保障社会安定有序、人民安居乐业。着力破解执行难，受理执行案件2224.6万件，执结2100万件，执行到位金额7万亿元，同比分别上升82.4%、74.4%和164.1%。[①] 2013—2017年，全国检察机关共批捕各类刑事犯罪嫌疑人453.1万人，较前五年下降3.4%；提起公诉717.3万人，较前五年上升19.2%。[②] 这些数字表明，中国司法机关在惩罚犯罪、解决社会矛盾纠纷、保障公民权利、实现社会公平正义等方面，发挥了不可或缺的重要作用。

但是，当前涉及法律和司法的事件还处于高发和频发期。"中国社会发生的抗议事件，农民维权约占35%，工人维权30%，市民维权15%，社会纠纷10%，社会骚乱和有组织犯罪分别是5%。在农民

[①] 周强2018年3月9日在第十三届全国人民代表大会第一次会议上所作的《最高人民法院工作报告》。

[②] 曹建明2018年3月9日在第十三届全国人民代表大会第一次会议上所作的《最高人民检察院工作报告》。

维权中，土地问题约占65%以上，村民自治、税费等方面都占一定比例。目前农村土地纠纷最集中的地区是沿海较发达地区。其中以浙江、山东、江苏、河北、广东最为突出。这些地区争议的主要是非法或强制性征地，农民控告的对象主要是市、县政府。在中部地区的安徽、河南、黑龙江等地区所表现出来的问题主要是对农民土地承包权的侵犯，控告的对象主要是乡镇及村级组织。工人维权的主要问题主要是国有企业改制、拖欠工资、社会保险、破产安置、劳动时间、殴打工人等方面……随着国有企业改制的推进，传统意义上的工人将逐渐转变成为雇佣工人，工人的维权抗争将转变为包括农民工在内的雇佣劳动者与资方之间的冲突。"[1]《瞭望》新闻周刊的一篇文章用德国社会学家贝克提出的"风险社会"理论，描述了中国面临的社会矛盾和"社会风险"问题："当今中国，正处于工业化、城镇化、信息化、市场化、国际化交织的战略机遇期和矛盾凸显期，遭遇社会转型拐点，教育、医疗、住房、劳动就业、社会保障、收入分配、征地拆迁、安全生产、社会治安、生态环境等热点领域不断积聚能量，群体性事件和恶性极端事件增多，消极腐败现象和严重犯罪活动影响恶劣，还有一系列天灾人祸给公众内心带来的颠簸、震动，无不令中国人对于'风险社会'的体味更加深刻。"[2]"风险社会"来临，既需要加强政府的职能来防范和管理，也需要高度重视司法的有效介入和积极处置。

和谐社会应当高度重视和进一步发挥司法的权利救济功能。尤其

---

[1] 于建嵘、[美]斯科特：《底层政治与社会稳定》，《南方周末》2008年1月24日。

[2] 杨琳：《中国遭遇社会转型拐点 社会管理体制需创新》，《瞭望》新闻周刊，2011年1月10日。

是，中国法律体系形成后，法治建设的重点应当尽快转移到推进宪法和法律实施上来，充分保障和发挥司法实施法律法规的基本职能，着力解决有法不依、执法不严、违法不究的问题。在社会学看来，公正高效权威廉洁地履行司法职能，依法积极有效地救济权利，就是一种通过司法制度来实施的重要社会管理形式。

5. 法治是社会的稳定器。法治是现代国家政治文明的重要标志，也是社会秩序的稳定器。一般认为，社会主义法治包括依法执政、民主立法、依法行政、公正司法、法律监督等环节，包括有法可依、有法必依、执法必严、违法必究和科学立法、严格执法、公正司法、全民守法等方面，是一个严谨科学的制度体系。现代社会是一个大系统，构建和谐社会是一个系统工程。

对于执政党而言，构建和谐社会，应当尽量减少运用过去革命战争时期习以为常的群众运动、革命斗争、行政命令、政策手段、长官意志以及领导人个人说了算等方式来治国理政、管理社会，而应当更多地运用与执政党地位以及现阶段社会发展状况相适应的民主执政、科学执政和依法执政等法治思维和法治方式，把社会主义法治的各个方面和各个环节整合起来，统一设计、统筹安排、协调运行，通过民主立法、依法行政、依法办事、公正司法等法治渠道和方式，实现执政党领导人民对于国家和社会事务以及经济和文化事业的领导和管理。

对于全面推进依法治国而言，构建和谐社会，应当通过法治方式和法律手段管理社会事务。一要把全面依法治国当作一个系统工程，全面协调和统筹科学立法、严格执法、公正司法、全民守法以及法律监督、法律服务和法治宣传教育等法治建设各个环节的工作，使法治建设有机统一起来，形成合力和整体，全面应对和系统解决社会管理过程中的涉法问题。二要弱化各个部门主导法治发展的模式，强化在党的领导下推进中国法制的整体改革，实现法治的全面协调发展。三要使法治与经济建设、政治建设、文化建设、社会建设、生态文明建设相适应，真正成为现代化建设的助推器和保护神。四要切实保障和推进宪法和法律实施，推动法律体系完善，促进依法执政和依法行政，保证公正司法和有效护法，教育和引导公民信法守法。

从社会法治角度来看，近年来中国社会领域立法成果可观。《民法总则》《慈善法》《反家庭暴力法》《婚姻法》①《物权法》《道路交通安全法》《就业促进法》《劳动合同法》《劳动争议调解仲裁法》《人民调解法》《社会保险法》《国有土地上房屋征收与补偿条例》等法律法规，对调整社会群体利益关系、保障民生和社会权利、促进社会和谐稳定，都具有重大意义和重要作用。但是，如果没有必要的财力物力保障，没有公平及时的执行落实，缺乏有效公正的司法保障，这类法律法规难以付诸实施或者实施不到位，则社会领域的法律法规

---

① 例如，针对《婚姻法》第 24 条在司法实践中出现的涉及夫妻共同债务的新问题新情况，切实解决离婚案件中虚假债务、非法债务不受法律保护的问题，最高人民法院 2017 年 2 月 28 日公布《最高人民法院关于适用〈中华人民共和国婚姻法〉若干问题的解释（二）的补充规定》，明确规定"夫妻一方与第三人串通，虚构债务，第三人主张权利的，人民法院不予支持；夫妻一方在从事赌博、吸毒等违法犯罪活动中所负债务，第三人主张权利的，人民法院不予支持"。最高人民法院同时下发了《最高人民法院关于依法妥善审理涉及夫妻债务案件有关问题的通知》，要求各级法院正确适用最高人民法院对婚姻法司法解释（二）做出的补充规定，在家事审判工作中正确处理夫妻债务，依法保护夫妻双方和债权人合法权益，维护交易安全，推进和谐健康诚信经济社会建设。这种从法律制度顶层设计上积极回应社会的关注和呼吁的做法，不仅可以避免因规则设计不当而引发新的社会不公和社会矛盾，而且可以从根本上减少和消除因规则制定者失误而导致或者产生的社会矛盾，抚平"24 条"的社会伤痕，使社会回归有序状态。

制定得越多、标准设定得越高、权益内容描述得越好，所引发产生的矛盾纠纷、冲突事件就可能越多，公众对政府的不满也可能越多，进而有可能进一步扩大甚至激化某些社会矛盾。因此，应当把立法、执法、司法、护法等作为和谐社会建设的系统工程统一起来进行"顶层设计"，尽可能做到法治各部门分工不分家，法治各环节前后照应、相互协调、彼此兼顾、统筹运作，尽可能避免相互脱节、彼此矛盾、前后不一等现象。

"和谐社会绝不是一个没有利益冲突的社会，而是一个有能力解决和化解利益冲突，并由此实现利益大体均衡的社会，而要实现这种调节和均衡就必须靠'法'……共和国的历史证明，一旦法治沉沦，往往就是人治横行，权力为所欲为，社会混乱的时期……历史的经验表明，人类千万年的历史，最伟大的成就是实现了对权力的驯服，把权力关进了笼子。只有实现了依法治权，依法治官，保障公民权利才不会落空，公平正义才能'比太阳还要有光辉'。"[1] 美国耶鲁大学著名政治学教授詹姆斯·C. 斯科特曾经指出："我不认为有绝对稳定、绝对和谐的社会，纠纷的存在是一个社会成功实现其目标的标志。这就像一个好的婚姻里，双方常常发生争论一样。我的意思是说，一个成功的社会应该去善于管理冲突，而不是杜绝冲突。"[2] 世界社会治理的实践经验同样早已证明，法治是人类政治文明的积极成果，是实现社会和谐和人民幸福的根本保证。在全面推进依法治国，加快建设社会主义法治国家大战略、大趋势之下，构建和谐社会，一方面要警惕和防止法治建设向政策之治、行政手段之治和人治的倒退，避免法

---

[1] 黄豁：《消解"阶层固化"隐忧》，《瞭望》周刊2011年第2期。
[2] 于建嵘、[美]斯科特：《底层政治与社会稳定》，《南方周末》2008年1月24日。

治建设的左右摇摆、停滞不前甚至倒退；另一方面，要把法治思维、法治方式与伦理德治方式、经济管理手段、行政管理手段、舆论引导手段、政治思想教育方式、社会自治方式、行业自律方式、心理疏导方式等结合起来，各种方式方法形成合力，相互补充，彼此衔接，共同保障和推动和谐社会建设。

第三节　统筹"两型社会"法治建设

建设资源节约型和环境友好型的"两型社会"，是构建和谐社会的重要内容。地方政府在贯彻落实新发展理念、率先实施"两型社会"建设战略的过程中，把法治作为"两型社会"建设至关重要的内容和保障条件，提出加强"两型社会"法治建设的重大任务，具有重要的理论价值和实践意义。从法理学角度来看，地方层面加强并推进"两型社会"法治建设，夯实和谐社会的法治基础，应当统筹处理好以下几个重要关系。

一是统筹处理好"两型社会"建设与法治建设的关系。"两型社会"建设，不仅需要法治的引导、规范、促进和保障，也会对中国法治理念更新、法律制度完善、法治机制创新和法治整体水平提高，产生积极的影响和推动作用，两者是相辅相成的关系。在全面推进依法治国、加快建设社会主义法治国家的形势下，中国的经济建设、政治建设、社会建设、文化建设、生态文明建设、党的建设甚至思想道德建设等，都从不同领域、不同角度和不同意义上，对法治建设提出了要求。

与其他领域的建设相比，"两型社会"建设之于法治建设的特殊意义在于以下几个方面。第一，它将对"两型社会"的法治观念作出新的解释，法治的阶级性、政治性、主观性大为减弱，而法治的社会性、科学性、客观性大为增强。这就要求我们的立法、执法和司法活动必须更加尊重科学、更加尊重规律、更加尊重自然。第二，"两型社会"将对立法提出特殊需求，立法的调整对象更多的是人与自然、社会与自然、政府与自然、自然与自然等关系，而人与人的社会关系则相对居于法律关系的幕后位置。第三，"两型社会"将对法律的作用方式提出更多特殊要求，法律法规及其实施的科学性、定量化、指标化、刚性规范等特点更加凸显，相比而言其主观性、随意性、自由裁量度则明显减少。第四，"两型社会"将对立法、执法和司法人员的科学精神、科学知识、科学素质和法治能力提出更高要求，需要他们在科学人文精神指导下充分理解自然环境、自然资源、生态条件以及人与自然、自然与法律等关系的深刻本质，需要他们具备足够的科学知识、科学技能和人文关怀，真正做到科学立法、严格执法和公正司法。

应当以科学精神来认识和把握"两型社会"建设与法治建设的基本关系，既要反对法治虚无主义，防止用人治、政治和长官意志的方式来主导"两型社会"建设，避免用行政手段、运动方式和道德说教来推进"两型社会"建设；也要警惕法治万能主义，防止"两型社会"建设中一切使用法治、一切依靠法治和一切法治化，避免以法治遮蔽甚至取代科学。法治在"两型社会"建设中的功能角色定位，应当是有所为、有所不为。过分强调法治或者忽视法治对于"两型社会"建设的重要作用，都有失偏颇。

二是统筹处理好"两型社会"法治建设与法治社会、区域法治建设的关系。在地方层面上，"两型社会"法治建设与地方的法治社会建设、区域法治建设看上去是比较接近的概念，但实际上"两型社会"法治建设之于地方的法治社会建设、区域法治建设而言，是一个相对窄小的范畴。从逻辑关系看，"两型社会"法治建设总体上应当从属于地方法治建设和区域法治建设。因此，推进"两型社会"法治建设，一方面，要着眼于"两型社会"的自身特点和内在需求，有针对性地提供特殊的法治资源和特别的法治保障；另一方面，要把"两型社会"法治建设与本地方的法治社会建设或者区域法治建设紧密结合起来，通过本地方的法治社会建设或者区域法治建设统筹解决"两型社会"法治建设需要解决的立法、执法、司法、守法和法律监督等问题。毫无疑问，诸如公众的法治意识问题、行政机关及其公务员的执法水平和执法能力问题、法院权威性和公正司法的问题、良法善治和法治环境的问题等，都是相互牵连、彼此渗透的，所有法治要素、法治环节以及法律规范的问题，都是交织融会在一起的。因此，在强调加强"两型社会"法治建设的同时，应当加强整个地方的法治建设，或者将"两型社会"法治建设当作整个地方法治建设的一个重要突破口和切入点来抓，这样才可能产生应有的系统效应。

三是统筹处理好国家法治统一与地方法治先行先试的关系。1978年以来，在改革开放和加强法治建设的过程中，坚持国家法治统一原则与地方改革先行先试、创新发展的实际需要之间，始终存在一种张力，甚至成为一种不对称的矛盾。从中央和全国的角度，必须强调并遵循法治的统一性原则，这是单一制国家维护国家统一、社会和谐、民族团结和法治权威的必需，但从地方改革发展的实际情况出发，又需要在国家宪法原则和法律框架下赋予地方法治创新以一定的灵活度、特殊性和先行先试的空间，从而在法治先行的条件下适应地方改革开放的实践需要，以法治保障和推进地方经济社会又好又快地发展。理论上讲，法治与改革发展应当紧密结合、如影随形，但由于中国改革的性质和特征所决定，两者紧密结合也面临一些内在矛盾：第一，法律应当具有统一性和协调性，但改革发展的不平衡性使改革时期的立法难以统一和协调；第二，法律应当准确、具体，但改革发展的渐进性使改革时期的立法难以准确、具体；第三，法律应当具有稳定性，但改革发展措施的探索性使改革时期的立法难以固定不变；第四，法律应当具有国家强制性，但改革发展的复杂情况使立法难以相应作出强制规定。总之，法治统一与地方改革开放先行先试之间，产生某种不一致、不协调甚至矛盾和冲突，这是社会转型发展和深化改革过程中法治建设必然会遇到的问题。

四是统筹处理好"两型社会"法律实施与整体法治环境的关系。"两型社会"法治建设不仅要着力解决有法可依的问题，而且要着力解决法律法规有效实施的问题，努力培育良好的法治环境。在中国特色社会主义法律体系如期形成的时代背景下，加强"两型社会"法治建设，不仅要高度重视直接调整"两型社会"关系的那些法律（如《环境保护法》《自然资源法》《循环经济促进法》《节约能源法》《清洁生产促进法》《农业法》《森林法》等）的执行和适用，从而为"两型社会"建设提供直接有效的法律调整和法治保障，而且要高度重视间接调整"两型社会"关系的法律（如《刑法》《行政处罚法》《行政强制法》《行政许可法》《公务员法》《法官法》《检察官法》《刑事诉讼法》《民事诉讼法》《行政诉讼法》等）的执行和适用，为"两型社会"建设提供系统全面的法律服务和法治保障。无论是国家层面还是地方层面的"两型社会"法治建设，都应当具有法治战略眼光，加强顶层设计，从系统工程的角度统筹处理好法治的局部与全局、部分与整体、直接与间接、地方与中央的关系，努力衔接好法律的创制、执行、适用、监督、服务、教育和遵守等各个环节，使法治系统在"两型社会"建设中发挥更大作用，同时通过"两型社会"法治建设成功的先行先试，推动法律体系完善和法治政府建设，实现"两型社会"建设与法治建设的协调发展。

五是统筹处理好"两型社会"法治建设中的域外经验与中国国情的关系。法政治学认为，现代法治具有鲜明的国家意志性、阶级性、政治性和意识形态性，因此，法治建设必须坚持和强调政治立场、政治方向、政治功能和阶级本质。但是，在一国法律体系中，相对于传统的宪法、行政法、刑法等公法部门而言，调整人与自然、人与资源、人与环境、人与生态等关系的环境资源法部门，其阶级性、政治性、意识形态性是比较弱小的。"两型社会"法治建设中需要制定的法律、法规和规范，大多数属于后者；实施这些法律、法规和规范则具有较强的客观性、规律性、确定性、普适性和量化指标，较少的主观性、随意性、自由度和定性要求。因此，"两型社会"法治建设应当进一步解放思想、突破禁锢，防止用政治和意识形态思维来左右环境、生态、能源、资源等方面的决策、立法、执法和司法过程，避免用想当然的方式推进"两型社会"法治发展。同时，与宪法、行政法、刑法等公法部门相比，环境资源法部门以及相关的执法、司法和守法活动，具有更加明显的科学性、客观性、普遍性和共同性，是人类在与自然和环境和谐相处的长期实践中形成的法律规范、法治经验，是人类法治文明的共同财富。加强"两型社会"法治建设，对于包括西方资本主义国家在内的人类社会一切有关环境、生态、能源、资源等法律规范和法治经验的学习运用，既要跳出"姓资"还是"姓社"的意识形态价值判断的窠臼，也要合理强调国情和社会条件的特殊和例外。加强"两型社会"法治建设，应当全面学习和引进发达国家有关环境、生态、能源、资源等方面的法律原则、立法经验、执法机制、司法判例等有益做法，推动中国"两型社会"及其法治的跨越式发展。

◇ 第四节　加强法治社会建设

建设法治社会，既是建设法治中国的重要组成部分、全面依法治国的基础工程，也是建设中国特色社会主义法治体系、建设社会主义法治国家的重要环节。党的十九大明确提出：经过长期努力，中国特色社会主义进入新时代，这是中国发展新的历史方位[①]。作为中国特色社会主义不可或缺的组成部分，中国特色社会主义法治和全面依法治国当然也进入了新时代，具有新时代全面依法治国的基本特征和本质属性，承担新时代法治建设的基本功能和历史责任，引领、促进和保障中国特色社会主义的不断发展。全面依法治国进入新时代，不仅意味着法治社会建设站在新的历史方位上进入了新时代，而且意味着法治社会建设要积极回应和深入解决社会新矛盾、经济新发展、人民新需求、改革新任务、法治新实践等带来的挑战和问题，在深化依法治国实践的伟大进程中开启新时代法治社会建设的新征程。

一　全民守法是推进依法治国、建设法治社会的基础工程

"有法可依，有法必依，执法必严，违法必究"成为引领新时期社会主义法制建设的"十六字方针"。全民守法作为党的十八大以来

[①] 习近平：《决胜全面建成小康社会　夺取新时代中国特色社会主义伟大胜利——在中国共产党第十九次全国代表大会上的报告》，人民出版社2017年版，第10页。

法治建设"新十六字方针"的内容之一,是对改革开放初期我们党提出的法制建设"十六字方针"的继承、创新和发展,是全面依法治国的重要内容。2008年纪念改革开放30周年发表的《中国的法治建设》白皮书提出"中国将……从完善立法、严格执法、公正司法、自觉守法等方面扎实推进,全面落实依法治国基本方略,加快建设社会主义法治国家"[1],不仅把过去笼统含混的"执法"概念细分为"执法、司法、守法"三个概念和环节,而且把"有法必依、执法必严、违法必究"的一般法律行为要求,转化为"严格执法、公正司法、全民守法"的行政、司法、公民三类主体的法治价值要求,丰富和完善了"十六字方针"的内容。2011年胡锦涛同志在庆祝中国共产党成立90周年大会上的讲话中,进一步完整明确地提出了"新十六字方针"的内容,他指出要"全面落实依法治国基本方略,在全社会大力弘扬社会主义法治精神,不断推进科学立法、严格执法、公正司法、全民守法进程,实现国家各项工作法治化"。[2] 2012年党的十八大第一次以执政党政治报告的形式,正式把"科学立法、严格执法、公正司法、全民守法"确认为全面推进依法治国、加快建设社会主义法治国家应当遵循的"新十六字方针"。党的十八届四中全会《决定》进一步肯定了"新十六字方针",《决定》的第二部分至第五部分构成的第二板块,就是"从目前法治工作基本格局出发,对科学立法、严格执法、公正司法、全民守法进行论述和部署"[3]。习近平总书记还把"新十六字方针"的内容作为全面推进依法治国的重点任务,明确

---

[1] 国务院新闻办公室:《中国的法治建设》白皮书,2008年2月28日。
[2] 胡锦涛:《在庆祝中国共产党成立90周年大会上的讲话》,2011年7月1日。
[3] 习近平:《关于〈中共中央关于全面推进依法治国若干重大问题的决定〉的说明》,《人民日报》2014年10月29日。

要求建设社会主义法治国家，必须"准确把握全面推进依法治国重点任务，着力推进科学立法、严格执法、公正司法、全民守法。全面推进依法治国，必须从目前法治工作基本格局出发，突出重点任务，扎实有序推进"①。

全民守法是全面依法治国、建设法治社会的基础工程和长期任务，是实现全面依法治国、形成法治社会的基础和支撑。党的十八届四中全会《决定》明确提出，法律的权威源自人民的内心拥护和真诚信仰。人民权益要靠法律保障，法律权威要靠人民维护。"法律要发挥作用，需要全社会信仰法律。"② 全民守法确保社会生活的每一个参与者、社会关系的所有领域都能够遵从宪法和法律的权威，形成良好的遵守和服从规则的守法意识。全民守法既是公民个人遵守宪法和法律的具体义务，也是对一切国家机关、社会组织和公民个人提出的遵守宪法和法律的整体性要求。党的十八大报告对全民守法提出明确要求："深入开展法制宣传教育，弘扬社会主义法治精神，树立社会主义法治理念，增强全社会学法尊法守法用法意识。提高领导干部运用法治思维和法治方式深化改革、推动发展、化解矛盾、维护稳定能力。"习近平总书记对全民守法进一步作出明确阐释："全民守法，就是任何组织或者个人都必须在宪法和法律范围内活动，任何公民、社会组织和国家机关都要以宪法和法律为行为准则，依照宪法和法律行使权利或权力、履行义务或职责。"③

---

① 习近平：《加快建设社会主义法治国家》，《求是》2015 年第 1 期。
② 中共中央文献研究室编：《十八大以来重要文献选编》（上），中央文献出版社 2014 年版，第 721 页。
③ 中共中央文献研究室编：《习近平关于全面依法治国论述摘编》，中央文献出版社 2015 年版，第 87—88 页。

党的十八届四中全会《决定》，把"法治社会"建设和"全民守法"，都纳入了全面推进依法治国总目标的范畴，指出"全面推进依法治国，总目标是建设中国特色社会主义法治体系，建设社会主义法治国家。这就是……坚持法治国家、法治政府、法治社会一体建设，实现科学立法、严格执法、公正司法、全民守法，促进国家治理体系和治理能力现代化"，明确要求要把"全民守法作为依法治国的长期基础性工作，深入开展法治宣传教育，引导全民自觉守法、遇事找法、解决问题靠法"。[1] 法律的权威源自人民的内心拥护和真诚信仰。必须弘扬社会主义法治精神，建设社会主义法治文化，增强全社会厉行法治的积极性和主动性，形成守法光荣、违法可耻的社会氛围，使全体人民都成为社会主义法治的忠实崇尚者、自觉遵守者、坚定捍卫者。[2]

全民守法，是宪法对一切组织和个人所提出的基本要求，其核心内容就是遵守宪法和法律。我国《宪法》第 5 条明文规定："一切国家机关和武装力量、各政党和各社会团体、各企业事业组织都必须遵守宪法和法律。一切违反宪法和法律的行为，必须予以追究。任何组织或者个人都不得有超越宪法和法律的特权。"社会或者国家都是由一个个组织、一个个公民构成的。没有组织与个人，便无国家与社会。在组织与个人之间，个人又是最基本的。没有个人也就没有任何有意义的组织。法治最深刻的根基在每个个体。卢梭曾经说："法律既不是铭刻在大理石上，也不是铭刻在铜表上，而是铭刻在公民们的

---

[1] 《〈中共中央关于全面推进依法治国若干重大问题的决定〉辅导读本》，人民出版社 2014 年版，第 27 页。

[2] 同上书，第 26 页。

内心里。"① 只有每个公民都依法办事、自觉守法，法律才能真正被遵行。

法治社会是依法治理、依法而治的社会，是公民、社会组织和社会团体等社会主体行为法治化的社会，是法治得到国家奉行、宪法得到国家实施、法律得到国家适用、犯罪得到国家惩罚、法律秩序得以建立的社会，是法治得到公民信仰、宪法得到公民尊重、法律得到公民遵守、合法得到公民赞许、违法受到公民谴责、法治得以彰显的社会。公民作为现代社会的基本单元，是法治社会的基本主体。全体公民都信仰法治，法治国家才会有深厚的精神文化基础；全体公民都尊重宪法，依宪治国才会有广泛的民意支持基础；全体公民都遵守法律，法治秩序才会有根本的存在依据；全体公民都赞许合法、贬责违法，公序良俗才会有道德的坚强支撑。法治社会是以人为最终主体的文明社会，是以公民为最小单元的和谐社会，是公民尊法学法守法用法的平安社会。对于国家而言，建设法治社会的要求是坚持宪法法律至上，用制度和法律管住（监督制约）公权力，保护救济私权利，反腐治权，构建国家法治秩序；对于社会而言，法治的要求是坚持法治精神和法治原则，坚持自治、共治、他治相结合，坚持依规自律、平等相待、和睦相处，构建良好诚信的社会关系；对于公民个人而言，法治社会的要求是坚持法律面前人人平等原则，每个公民须尽法律义务，享法律权利，守法律规则，施法律行为，构建自由平等博爱的法律关系。当法律被真正铭刻在全体国人心里时，法治社会就到来了。中国古人说："国无常强，无常弱。奉法者强则国强，奉法者弱则国弱。"② 奉法，也就是发自内心地信奉法律，真诚地遵守法律。只有全民真诚而

---

① ［法］卢梭：《社会契约论》，何兆武译，商务印书馆1980年版，第73页。
② 《韩非子·有度》。

认真地守法，国家才能强大，国家才能在整体上依法而治。

当然，法治社会不是"法治万能"的社会，不是法律越多越好的社会，而是法治有所为有所不为的社会，是"法网恢恢、疏而不漏"的社会，是民法社会法越多、刑法管制法越少的社会。法治社会需要给道德留出足够的空间，法律的归法律，道德的归道德，"法安天下，德润民心"，实现依法治国与以德治国的有机结合。法治社会要给党规党纪留出足够空间，法纪分开，党纪不能替代国法，国法不能取代党纪，纪严于法，纪在法前，在治国理政中实现党规与国法相辅相成、无缝衔接，统筹推进依规治党与依法治国。法治社会要给社会自治规范、民间规约等"软法"[①]留出足够空间，国家的归国家，社会的归社会，国家法治要抓大放小、抓粗放细，让社会有活力和自治空间，凡是能够社会自治的领域，法治一般不进入；凡是能够"软法"解决的社会问题，"硬法"一般不涉足，应在法治社会框架下实现他治、自治和共治的有机结合。法治社会要给公民个人生活留出足够空间，公法的归公法、私法的归私法，公权的归公权、私权的归私权，对于国家机关和其他公权力主体而言，凡是法律未予允许的，都是禁止的；对于公民个人而言，凡是法律未予禁止的，都是允许的，但允许的不一定都是合法的。在法治社会中应当依法充分保障公民个人自由和基本权利，使每个公民在法律、权利和事实上真正成为国家和社会的主人，成为自己命运的主宰。

---

① 软法（soft law）是相对于硬法（hard law）而言的概念，是指那些不能运用国家强制力保证实施的法规范。软法规范主要有 4 类形态：一是国家立法中的指导性、号召性、激励性、宣示性等非强制性规范，在中国现行法律体系中，此类规范约占 1/5；二是国家机关制定的规范性文件中的法规范，它们通常属于不能运用国家强制力保证实施的非强制性规范；三是政治组织创制的各种自律规范；四是社会共同体创制的各类自治规范。罗豪才等著：《软法与公共治理》，北京大学出版社 2006 年版。

法律是人民意志和利益的体现，是人民幸福尊严安全的保障，是人民当家作主的根本依托。新形势下全面推进依法治国，建设中国特色法治社会，在不同层面有不同意涵和要求。在国家层面，要全面推进依法治国，做到科学立法、严格执法、公正司法、全民守法、强力护法，实现良法善治；在执政党层面，要全面推进依宪执政和依法执政，做到领导立法、保证执法、支持司法、带头守法、有效护法，实现从严治党、依规治党、制度治党；在公民层面，要全面推进尊法学法信法守法用法，做到信任立法、配合执法、倚赖司法、自觉守法、主动护法，实现人人守法、安居乐业。三个层面对三类主体的要求各有侧重，相互配合，相辅相成，共为一体。

从全民守法的角度看，建设法治社会需要公民的积极参与。它要求公民不仅要独善其身，以"不违法犯罪、不作奸犯科、不毁约欺诈"等不作为的消极方式遵守法律，而且要兼济天下，秉持"法治兴衰，匹夫有责"的信念，以积极作为、自觉守法的国家主人态度和法治主体角色，努力做到"信任立法，配合执法，倚赖司法，自觉守法、主动护法"。

信任立法是全民守法的基本前提，是公民的主体性要求。信任立法，就是确信法律是人民自己意志和利益的体现，遵守法律就是尊重自己的意志、维护自己的利益、捍卫自己的权利；就是要确信立法的价值和功能，把人民民主与民主立法过程统一起来，使人民在每一项立法中感受到自己是国家的主人，是立法主导者、参与者和消费者。为此，党和国家要切实坚持民主科学立法，使广大人民群众能够通过有效途径和方式参与国家（地方）立法，能够把自己的诉求通过立法程序有效转化为法律（法规）形式的国家意志，表现为人民当家作主的主权者的命令，使立法真正成为公平正义和人民意志利益的集中体现。这是人民信任立法的前提。如果立法不能真正体现民意、保障民利，甚至成为统治欺骗人民的工具，那么，人民非但不会信任这种立法，而且还有可能采取各种形式否定或者推翻这种立法。人民从形式和内容上真正信任立法，就是要确信维护宪法、尊重法律、遵守法治、维护司法权威，就是尊重自己的意志、维护自己的利益、保障自己的幸福。在民主法治社会，法律永远都不是人民的敌人，而是民意的体现、民利的维系、民权的保障、民生的救济，是人民的守护神、保障者和"救世主"。

配合执法是全民守法的内在要求，是公民的基本法律义务。如果立法是人民意志的有效汇集和真实表达，那么，执法（即行政机关依法履行职责）就是人民意志的具体执行和贯彻落实；如果广大人民群众发自内心地真正信任立法、参与立法，必然会也应当会积极主动地配合执法，因为配合执法就是尊重自己意志、维护自己利益、实现自己价值的具体体现。配合执法就是广大人民群众要在信任法律和法治的基础上，积极支持和监督国家行政机关依法行政、建设法治政府，配合国家行政执法机关认真履行职责，依法从事公共安全、社会秩序、工商管理、交通安全、税收执法、食品安全、生产安全、金融秩序、环境资源保护等的执法活动。公民在法治社会中配合执法，应当是一种新型社会关系和法律关系。由于我们的社会是社会主义社会，我们的国家是社会主义国家，我们的政府是全心全意为人民服务的"人民政府"，因此在国家执法与公民被执法的关系中，行政执法机关与被执法公民之间，绝不是猫鼠关系、警匪关系、敌我关系，也不是主仆关系、官民关系、爷孙关系，而是鱼水关系、和谐关系、平等关系、服务与被服务关系、管理与被管理关系。只要行政执法机关及其执法人员能够摆正自己的位置，定位好自己的角色，切实坚持执法为民，依法履行职责，严格公正规范执法，而不是钓鱼式执法、粗暴野蛮执法、寻租性执法、限制性执法、选择性执法、运动式执法、疲软式执法、滞后性执法、执法不作为等，广大人民群众就一定会作为行政执法的参与者而不是旁观者，积极支持、配合和有效监督行政机关的执法活动。

倚赖司法是全民守法的重要方式，是公民权利的最后救济途径。在亚里士多德的正义论看来，立法是分配正义，执法是实现正义，司法则是矫正正义。因此，从一定意义上讲，司法是人民意志（法律实施）的矫正，是实现公民权利的最佳也是最后的救济渠道，是公民遇到矛盾纠纷甚至走投无路时的"救生圈""急诊室"。如果说立法是公民的"神父"，要把公民的意志和利益整合起来；执法是公民的"保镖"，要动用国家机器保护和实现公民利益，那么，司法就是公民的"医生"，要为受到伤害的公民治病疗伤（救死扶伤）。公民倚赖司法必须信任法官，其原理就像病人倚赖医院和医生一样，不仅要信任医院和医生，还要相信医术和医药，否则病人很可能就无可救药了。倚赖法治社会的司法，一方面要求全社会要信仰法治、广大公民要信任法律，遇到矛盾纠纷等问题时，依靠法律特别是倚赖司法制度和司法机制来解决；另一方面，要求司法不断提高公信力，能够秉持客观中立立场，遵循司法规律和法治原则，依法独立公正透明高效权威地司法，使人民群众在每一个司法案件中都感受到公平正义，使公民的每一项权利都能够得到司法的关注和救济，使公民的每一次依赖司法的诉求都不会感到失望，更不会产生绝望。有些公民之所以会怀疑司法，寻求所谓"私力救济"，很大程度上是因为司法不公、司法公信力不高问题十分突出，一些司法人员作风不正、办案不廉，办金钱案、关系案、人情案，"吃了原告吃被告"，等等。司法不公的深层次原因在于司法体制不完善、司法职权配置和权力运行机制不科学、人权司法保障制度不健全;[①] 同时因为中华传统文化"厌讼""息讼"等观念的影响，与公民法治意识、法治观念、法律知识等不足有关。在法治社会，司法是化解矛盾、处理纠纷、实现社会公平正义的最后一道防线，是公民维护权利、讨要"说法"、解决纠纷、寻求救济最权威、最有效的制度安排。我们要彻底改变靠上访、信访、群体性事件、制造谣言以及靠找门路、托关系、闹领导、搞爆炸等非法方式来解决矛盾纠纷的非法治观念和错误做法。

自觉守法是全民守法的核心要义，是公民尊法学法守法用法的高尚追求。推进全民守法，建设法治社会，需要不断提升公民守法的层次，引导公民从被动守法尽快进入自觉自愿主动守法的境界。为此，应当内外兼修、标本兼治，努力培育自觉守法的公民文化，推崇不愿违法的价值理念，编织不敢违法的恢恢法网，形成不想违法的社会氛围，培育守法自觉的法治信仰，构建全民守法的社会法治文化和道德心理基础，尽快消除群众中流传的"严格立法、选择执法、普遍违法"的现象。因恐惧法律的制裁惩罚而守法，因钻法律空子可以获利而守法，虽然也都遵法守法了，但都不是自觉守法的境界，与人民是国家主人的政治地位和社会角色不相称，与共和国公民的身份不相符，与70年新中国法治建设和30多年全民普法进程不相匹配。然而，现阶段我国公民和领导干部的守法，绝大多数还停留在"因恐惧而守法"和"因功利而守法"的守法初级阶段的层面，这既是我们建设法治社会的客观事实和严峻挑战，也是建设法治中国的现实悲哀和法治短板。各级领导干部尤其要弄明白法律规定我们怎么用权，什么事能干、什么事不能干，心中高悬法律的明镜，手中紧

[①] 习近平:《关于〈中共中央关于全面推进依法治国若干重大问题的决定〉的说明》,《人民日报》2014年10月29日第1版。

握法律的戒尺，知晓为官做事的尺度。领导干部要牢记法律红线不可逾越、法律底线不可触碰，带头遵守法律、执行法律，带头营造良好法治环境。

主动护法是全民守法的崇高境界，是公民美德的重要特征。中国传统美德讲究仁义礼智信，孔子提出"克己复礼为仁"，做到"非礼勿视、非礼勿听、非礼勿言、非礼勿动"，使自己的视、听、言、行，一举一动都符合"礼"的规定。如果把儒家"礼"的一部分内容解释为今天的"法"，实际上就是要求公民不仅要消极被动地守法，而且要积极主动地护法，以实现法的秩序。主动护法，就是要求公民不仅自觉学法遵法守法，而且要勇于拿起法律武器，同违法活动和犯罪分子做斗争，同损害国家利益、社会秩序和他人权利的违法行为做斗争，同国家机关及其公职人员渎职滥权、贪污腐败等行为做斗争，维护法律的尊严，捍卫法律的权威，保护法律的实现。

二　法治国家、法治政府、法治社会一体建设、互相促进

党的十九大报告在总结过去五年社会主义民主法治建设取得的历史性成就时指出，协调推进"四个全面"战略布局，党和国家事业全面开创新局面，民主法治建设迈出重大步伐，推进全面依法治国，党的领导、人民当家作主、依法治国有机统一的制度建设全面加强，科学立法、严格执法、公正司法、全民守法深入推进，法治国家、法治政府、法治社会建设互相促进，中国特色社会主义法治体系日益完善，全社会法治观念明显增强。[①] 党的十九大报告用"法治国家、

[①] 习近平：《决胜全面建成小康社会　夺取新时代中国特色社会主义伟大胜利——在中国共产党第十九次全国代表大会上的报告》，人民出版社2017年版，第4页。

法治政府、法治社会建设互相促进"的表述,对过去五年法治社会建设的成就和特点作出了重要总结,对未来法治社会建设提出了新的要求和希望,是对法治社会建设认识的深化和实践的深入。

2012年12月4日习近平总书记在纪念现行宪法公布施行三十周年大会和十八届中央政治局第四次集体学习等场合,多次明确提出"法治国家、法治政府、法治社会一体建设"命题,[①] 法治社会和法治国家、法治政府被紧密联结起来,它们的建设必须"一体建设"。"一体建设"这种表述及其要求,既是对长期以来加强中国特色社会主义法治建设之"建设"概念内容的具体化和实施方式的深化与拓展,也是对如何建设法治国家、法治政府和法治社会的一种宏观性要求。"一体建设",就是要把法治国家、法治政府、法治社会这三者视为一个不可分割、不可或缺、不能错位、不能缺位的有机整体,在"一体建设"的内涵和对象上,三者要一体化进行而不能各行其是、各自为政;在"一体建设"的速度上,三者要统一实施、协调推进,而不能过分超前或者滞后,尤其不宜轻率提出"率先建成法治政府""率先建成法治社会"之类的口号或者目标;在"一体建设"的力度上,三者要彼此相当、相互照应,而不能参差不齐、强弱悬殊,更不能出现短板和漏洞。党的十八届四中全会《决定》明确提出,必须"坚持法治国家、法治政府、法治社会一体建设,实现科学立法、严格执法、公正司法、全民守法,促进国家治理体系和治

[①] 《习近平谈治国理政》,外文出版社2014年版,第142页;习近平:《在十八届中央政治局第四次集体学习时的讲话》(2013年2月23日),载中共中央文献研究室编《习近平关于全面依法治国论述摘编》,中央文献出版社2015年版,第3页;习近平:《加快建设社会主义法治国家》,《求是》2015年第1期。

理能力现代化"①。习近平总书记强调指出：全面推进依法治国、建设社会主义法治国家，必须"准确把握全面推进依法治国工作布局……坚持法治国家、法治政府、法治社会一体建设。全面推进依法治国是一项庞大的系统工程，必须统筹兼顾、把握重点、整体谋划，在共同推进上着力，在一体建设上用劲"②。这其中，法治社会是法治国家和法治政府的基础；建设法治社会是全面依法治国的重要方面，是建设法治国家、建设法治政府的社会基础工程。

党的十九大报告在坚持三者"一体建设"的基础上，进一步明确提出法治国家、法治政府、法治社会建设三者要"相互促进"，从而使三者建设的相互关系和推进要求从"一体建设"发展到"相互促进"，进一步深化和完善了法治社会建设的内涵和方式。"一体建设"把法治建设活动和过程视为一个有机整体，强调的是法治国家、法治政府、法治社会建设的整体性、系统性、不可分割性和同步性，"相互促进"把法治建设视为一个由各个部分组成的法治系统，凸显的是法治国家、法治政府、法治社会建设过程中，三者之间的关联关系和互动关系，强调的是协同性、相互性、联动性和动态实施性。党的十九大提出法治国家、法治政府、法治社会建设要"相互促进"，是对三者"一体建设"的重要补充和深化完善。"相互促进"与"一体建设"两个方面相互结合、彼此补充、相辅相成，协调推进法治社会建设与法治国家、法治政府建设一体化进程，将使2035年基本建成法治社会更加具有方向性、机制性和方法性的保障和支持。

---

① 中共中央文献研究室编：《十八大以来重要文献选编》（中），中央文献出版社2016年版，第157页。

② 习近平：《加快建设社会主义法治国家》，《求是》2015年第1期。

三　新矛盾对法治社会建设的新需要

党的十九大报告作出中国特色社会主义进入新时代的重大战略判断，指出中国社会主要矛盾已经从党的十一届六中全会提出的"人民日益增长的物质文化需要同落后的社会生产之间的矛盾"，转化为人民日益增长的美好生活需要和不平衡不充分的发展之间的矛盾。[①] 新的社会主要矛盾的深刻变化，集中体现在两个方面：一方面，从需求方（人民需要）的角度来看，以往人民日益增长的"物质文化需要"，已经转化为对"美好生活需要"，而以"民主、法治、公平、正义、安全、环境"等为主要内容的人民对美好生活的新需要，都直接或间接关涉法治及其涵盖的民主自由、公平正义、安全环保等法治文明的内容，基本上是广义的法律调整和法治运行需要面对和解决的重大问题，是推进科学立法、严格执法、公正司法和全民守法应当高度重视和积极回应的现实问题，是建设法治国家、法治政府、法治社会、法治经济、法治文化、法治生态和深化依法治国实践亟待解决的根本问题；另一方面，从供给方（法治生产）来看，中国社会以往"落后的社会生产"供给，已经转化为"发展的不平衡不充分"新态势，这里的发展，包括了政治发展、经济发展、法治发展、社会发展、文化发展、生态文明发展以及新发展理念要求的"五大发展"等各个方面。在法治供给方面，集中体现在我们党通过依法执政和领导法治发展提供的顶层设计和战略性供给，国家权力机关通过立法体系现代化和科学民主立法提供的法律法规供给，国家行政机关通过行政

---

① 习近平：《决胜全面建成小康社会　夺取新时代中国特色社会主义伟大胜利——在中国共产党第十九次全国代表大会上的报告》，人民出版社2017年版，第49页。

体制和行政能力现代化以及依法行政提供的执法服务供给，国家司法机关通过司法体制和司法能力现代化以及公正司法提供的公正裁判、定纷止争的司法正义供给，全体公民通过信法尊法学法守法用法、树立法治信仰形成自觉守法的秩序供给，执政党通过提高依法执政和依规治党的执政能力提供治国理政的政治供给，等等，基本上既存在法治供给不充分、不到位和不及时的问题，也存在法治供给和法治资源配置不平衡、不协调和不合理的问题。

这其中，许多问题属于法治社会建设需要回应和解决的法治问题。

其一，社会主要矛盾的存在，本质上就是建设法治社会要调整、应对和解决的社会基本问题。法治是社会矛盾的化解器。法治社会不是没有矛盾、没有风险、没有冲突、没有纠纷的乌托邦、理想国的社会，而是必然会产生矛盾、存在风险、出现冲突、发生纠纷的社会。[①]面对这些风险、矛盾和问题，建设法治社会的积极意义在于，执政党、国家、社会和公民能够理性对待，运用法治思维和法治方式等人类法治文明的手段举措加以防范和解决。法治社会虽然不能从宏观上直接调整和解决社会主要矛盾的问题，但它可以从调整社会关系、规范社会行为、分配社会利益、化解社会矛盾、构建社会秩序等中观和微观方面，为回应社会主要矛盾提供具体的法治保障和深厚的法理支撑。

其二，党的十九大报告提出的民主、法治、公平、正义、安全、环境等社会新矛盾的新需要，实质上都是法治范畴需要关注的问题，基本上是建设法治社会应当面对和解决的问题。法治社会应当是民主

[①] 习近平：《决胜全面建成小康社会　夺取新时代中国特色社会主义伟大胜利——在中国共产党第十九次全国代表大会上的报告》，人民出版社2017年版，第32页。

社会、和谐社会、公平社会、正义社会、平安社会、生态文明社会、幸福社会。新时代社会主要矛盾的新变化，既从社会发展的多方面、多角度、多领域对法治社会建设提出了新课题、新挑战、新期待，也从法治建设的多环节、多层次、多学科对如何建设法治社会提出了新目标、新要求和新任务。党的十九大作出新社会主要矛盾的重大判断，对于法治社会建设而言，既是前所未有的挑战，也是千载难逢的机遇。

其三，新时代社会主要矛盾的变化，必然会反映到法治体系建设和法治社会实践中，突出表现为，在法治建设中，立法、执法、司法、守法、用法、护法等环节的不平衡；在中国特色社会主义法治体系中，国家法律法规体系、法治实施体系、法治监督体系、法治保障体系、党内法规体系等五大体系的不平衡；在依法治国总体布局中，法治国家、法治政府、法治社会、法治经济、法治政治、法治政党、法治文化等方面的不平衡；在法治改革中，"立法、执法、司法、守法等方面都存在不少薄弱环节，法治领域改革面临许多难啃的硬骨头"[①]，司法改革、法治政府建设、立法发展、依法执政、法治监察等领域的发展不平衡；在司法改革中，法院改革、检察院改革、公安体制改革、司法行政改革等部门改革的不平衡；在法治建设具体实践中，中央与地方、地方与地方、不同区域之间、不同行业之间、不同领域之间、东西南北中之间等的发展不充分不平衡。中国法治发展的这些不充分不平衡，必然从方方面面影响、掣肘和制约法治社会建设。例如，科学民主立法供给不充分，将使法治社会建设缺少必要的法律依据和合法性前提；法治政府建设不到位，将直接影响法治社会

---

① 习近平：《加强党对全面依法治国的领导》，《求是》2019年第4期。

建设的一体化和相互促进的发展进程；公正司法未实现，将具体影响人民群众通过每一个司法案件对法治社会公平正义的感受和认知；等等。

法治社会建设与社会建设、乡村建设相辅相成、殊途同归。党的十九大高度重视社会建设，明确提出要提高保障和改善民生水平，加强和创新社会治理，打造共建共治共享的社会治理格局。加强社会治理制度建设，完善党委领导、政府负责、社会协同、公众参与、法治保障的社会治理体制，提高社会治理社会化、法治化、智能化、专业化水平。加强预防和化解社会矛盾机制建设，正确处理人民内部矛盾。加快社会治安防控体系建设，依法打击和惩治黄赌毒黑拐骗等违法犯罪活动，保护人民人身权、财产权、人格权。[①] 加强社区治理体系建设，推动社会治理重心向基层下移，发挥社会组织作用，实现政府治理和社会调节、居民自治良性互动。

党的十九大报告在实施乡村振兴战略部分明确提出，要加强农村基层基础工作，健全自治、法治、德治相结合的乡村治理体系。[②] 在中国，城市的社会治理和农村的乡村治理，是基层治理和社会治理的两个方面，也是法治社会建设的两大基础性领域。党的十九大报告提出要完善社会治理体制，提高社会治理社会化、法治化、智能化、专业化水平，构建自治、法治、德治相结合的乡村治理体系，实质上都是法治社会建设的重要任务。应当在推进全面依法治国和推进国家治理体系和治理能力现代化的大格局下，进一步创新法治社会建设的理

---

① 袁曙宏：《中国特色社会主义新时代的纲和魂——学习习近平新时代中国特色社会主义思想的认识和体会》，《求是》2017年第23期。

② 李林：《开启新时代中国特色社会主义法治新征程》，《环球法律评论》2017年第6期。

念思路、体制机制、方式方法。在法治社会建设的治理理念上，应当更加重视引入现代治理中的"他治、自治和共治"理念和范式，减少他治，重视自治，强化共治，推进基层和社会治理现代化和法治化；在法治社会建设的治理手段上，应当更加重视大数据、互联网、信息化、云计算、智能化等高科技手段在法治社会建设中的推广和运用，把法治与"网治""数治""赛治""信息治"紧密结合起来，为法治社会建设插上现代高科技的翅膀；在法治社会建设的治理规范上，应当更加重视发挥法治与德治、法律与道德、硬法与软法、国家法与民间法、成文法与习惯法、公法与私法等规范规则的共同治理作用，形成以法治和法律为主导的多种规则规范综合治理、系统治理、全方位治理的格局，切实把法治社会建设和依法依规治理的重心下移到乡村、社区、街道、厂矿、学校等基层单位，不断夯实法治中国建设的法治社会基础。

总之，法治社会建设进入中国特色社会主义新时代、面临新的社会主要矛盾，必须高度重视人民群众对法治社会建设（如平安、稳定、秩序、公平、正义、和谐、幸福、尊严等）的新需要，积极回应和解决新的社会主要矛盾在法治社会建设领域出现的法治供给不充分、法治发展不平衡等问题，积极打造法治社会建设转型升级的2.0版。

四 新目标对法治社会建设的新规划

道路决定命运，目标决定前途。从 2020 年全面建成小康社会，到 2035 年基本实现现代化，再到 2050 年前后全面建成社会主义现代化强国，是新时代坚持和发展中国特色社会主义的总体战略安排和时间表、路线图，同时是新时代全面推进依法治国、努力建设法治中国，到2050年前后实现法治强国的根本战略引领和时间表、路线图。

党的十九大报告指出，从2020年到2035年，在全面建成小康社会的基础上，再奋斗十五年，基本实现社会主义现代化。到那时……人民平等参与、平等发展权利得到充分保障，法治国家、法治政府、法治社会基本建成……国家治理体系和治理能力现代化基本实现……现代治理格局基本形成，社会充满活力又和谐有序；生态环境根本好转，建设美丽中国目标基本实现。① 新中国的历史上，在我们党的代表大会政治报告中很少有像经济社会建设那样提出一系列具体发展目标和任务指标的情况。1997年党的十五大报告在确立依法治国作为党领导人民治国理政基本方略的同时，明确提出2010年形成中国特色社会主义法律体系。党的十八大报告提出到2020年全面建成小康社会时，要实现依法治国基本方略得到基本落实、法治政府基本形成、司法公信力明显提高、人权得到切实尊重和保障、国家各项工作实现法治化的五大目标任务。② 党的十九大报告进一步明确提出，到2035年在基本建成社会主义现代化国家的同时，要基本建成法治国家、法治政府、法治社会。这意味着以下几方面。

第一，建设法治社会是我们党在实现中华民族伟大复兴历史进程中将长期坚持的基本方针，是建设法治中国必须努力实现的奋斗目标，我们对此要充满信心；

第二，建设法治社会是建设社会主义现代化国家的重要目标和历

---

① 习近平：《决胜全面建成小康社会 夺取新时代中国特色社会主义伟大胜利——在中国共产党第十九次全国代表大会上的报告》，人民出版社2017年版，第28页。

② 中共中央文献研究室编：《十八大以来重要文献选编》（上），中央文献出版社2014年版，第14、15页。

史性任务，新时代的法治社会建设只会加强而不会削弱、只会提速而不会放慢；

第三，我们党提出用20年左右时间基本建成法治国家、法治政府和法治社会，这既说明法治社会建设具有艰巨性、长期性、系统性，而不可能搞"法治大跃进"、不可能一蹴而就，也说明我们党在作出法治中国建设和法治社会建设的战略决策和目标设计时，是立足国情、实事求是、谨慎稳妥的，而不是头脑发热的"法治政绩工程""法治拍脑袋工程"；

第四，鉴于我们曾于2004年提出用10年左右时间基本建成法治政府，[①] 党的十八大和"十三五规划"又提出到2020年基本建成法治政府，事实上都难以实现。党的十九大明确提出到2035年基本建成法治国家、法治政府和法治社会，应当进一步明确"三个基本建成"的路线图和任务书以及实现条件、路径依赖、阶段性目标、具体任务、评价标准等，以防"三个基本建成"目标落空。

五 新任务对法治社会建设的新要求

全面推进依法治国是一个系统工程，是国家治理领域一场广泛而深刻的革命。[②] 法治社会建设必须纳入这场变法性的深刻"法律革命"，融入这个社会法治系统工程，必须与法治国家、法治政府一体

[①] 国务院《关于印发〈全面推进依法行政实施纲要〉的通知》（国发［2004］10号）明确提出："全面推进依法行政，经过十年左右坚持不懈的努力，基本实现建设法治政府的目标。"

[②] 中共中央文献研究室编：《十八大以来重要文献选编》（中），中央文献出版社2016年版，第154页。

建设，与依法治国、依法执政、依法行政相互配合，与科学立法、严格执法、公正司法、全民守法相互作用，与法治经济建设、法治文化建设、法治生态建设相互匹配，才能达成建设法治社会、建设法治中国的目标。法治是一部由各种零部件组成的精密完整的国家机器，所有零部件科学配置、密切配合、相互作用、共同发力，才能使法治国家机器良好运行并发挥最大功效。法治社会是法治国家机器中一个十分关键的零部件、一颗至关重要的螺丝钉，它的"关键性"和"重要性"只有放在法治机器这个整体中才能得到有效存在和真实体现，建设法治社会的成效也只有在国家法治建设这个系统工程中才能得到评判和检验。因此，深化新时代法治社会建设，开启新时代法治社会建设新征程，必须与党的十九大作出的坚持全面依法治国、深化依法治国实践的整体战略部署紧密结合起来，必须与法治中国建设的全部理论探索和实践推进紧密结合起来，必须融入坚持和发展中国特色社会主义的全过程和各方面。

党的十九大报告提出，深化依法治国实践有八个方面的重点任务。[①]

1. 坚持厉行法治，推进科学立法、严格执法、公正司法、全民守法。这就要求法治社会建设要坚持宪法法律至上，紧扣"新十六字方针"确立的法治工作基本格局，用法治思维和法治方式多环节、多层次、多角度、多方位推进法治社会建设，而不是单打独斗、单枪匹马、孤军作战。

2. 成立中央全面依法治国领导小组，加强对法治中国建设的统一领导。这就从全面依法治国顶层设计的最高领导体制上，进一步强

[①] 习近平：《决胜全面建成小康社会 夺取新时代中国特色社会主义伟大胜利——在中国共产党第十九次全国代表大会上的报告》，人民出版社2017年版，第38—39页。

化了以习近平为核心的党中央加强对法治中国建设集中统一领导的权威性、统一性和有效性，有利于统筹推进全面依法治国与全面建成小康社会、全面深化改革、全面从严治党，有利于全面推进法治国家、法治政府、法治社会相互促进、一体建设，有利于在中央的统一领导下把法治建设与社会建设深度融合起来，把法治社会建设与经济建设、政治建设、文化建设、生态文明建设、党的建设紧密结合起来，使法治社会建设与社会主义现代化建设同步展开、协调推进。①

3. 加强宪法实施和监督，推进合宪性审查工作，维护宪法权威。这就要求法治社会建设不仅要紧盯微观的法律规范实施、具体的法律关系调整、个别的法律行为规制、基层的法律秩序构建，而且要有宪法意识、宪法观念，在法治社会建设的具体实践中贯彻宪法精神、体现宪法意志、维护宪法权威，用具体实在的法治行为保证宪法实施，落实宪法监督，发现合宪性审查的对象和问题。

4. 推进科学立法、民主立法、依法立法，以良法促进发展、保障善治。这不仅要求立法机关通过民主科学依法的立法供给，为法治社会建设提供及时、充分、管用的社会法律体系和制度规范，以保证法治社会建设有良法可依循，②而且要求这种良法体系在法治社会建设的实践中得到应用和检验，能够切实有效地促进经济社会发展，保

---

① 李林：《成立中央全面依法治国领导小组意义重大》，《中国社会科学报》2017年11月7日第1版。

② "良法"就是党领导人民管理国家、治理社会的一整套系统完备、科学规范、运行有效、成熟定型的制度体系，其中主要是宪法制度和法治体系。习近平总书记说："人民群众对立法的期盼，已经不是有没有，而是好不好、管用不管用、能不能解决实际问题；不是什么法都能治国，不是什么法都能治好国"［中共中央文献研究室编：《习近平关于全面依法治国论述摘编》，中央文献出版社2015年版，第43页］，而是要求以系统完备、科学规范、运行有效的"良法"治理国家和社会。

证社会稳定和谐有序,促使社会平安健康文明,实现社会领域的良法善治和公平正义。

5. 建设法治政府,推进依法行政,严格规范公正文明执法。政府与社会、政府法治与社会法治、建设法治政府与建设法治社会,是相辅相成、相互作用、相互依存的三对范畴。法治政府建设得好坏成败,直接关涉法治社会建设的成效,两者密不可分。因此,按照党的十九大报告的要求,建设法治国家、法治政府、法治社会要"相互促进"、彼此支持。由于中国的依法治国是政府主导和行政推进型的法治,在法治政府与法治社会"两个建设"中,法治社会建设居于相对从属的地位,是"一体建设"的弱项和短板。因此深化法治政府建设,全面推进依法行政,改革行政体制,提高行政效率,规范行政行为,必然会为法治社会建设创造良好的公法环境、提供依法高效办事的政府服务,为社会建设中的法治、自治和共治提供更大空间和自由度,从而极大地促进和带动法治社会建设。

6. 深化司法体制综合配套改革,全面落实司法责任制,努力让人民群众在每一个司法案件中感受到公平正义。在狭义上,司法和司法体制改革不属于法治社会建设的范畴,但司法审判和司法体制改革的结果与法治社会建设密切相关,直接影响和辐射法治社会的方方面面。一次不公正的审判,常常会在社会上引起负面评价的轩然大波;而一次对冤假错案的公开纠正,也常常引爆法治社会的正能量好评[①]。因此,按照党的十九大的部署,在过去5年司法体制改革取得全面成就的基础上,进一步深化和推开司法体制

---

① 习近平总书记说:"近年来,司法机关依法纠正了呼格吉勒图案、聂树斌案、念斌案等一批冤假错案,受到广大群众好评。"习近平:《加强党对全面依法治国的领导》,《求是》2019年第4期。

综合配套改革①，全面深入落实司法责任制，努力让人民群众在每一个司法案件中感受到公平正义，就是从司法领域推进和支持法治社会建设，让人民群众在对司法公正的具体获得感中不断增强对中国特色社会主义法治社会的情感认同、事实认同和文化认同，从而自觉主动投入法治社会建设。

7. 加大全民普法力度，建设社会主义法治文化，树立宪法法律至上、法律面前人人平等的法治理念。这既是法治宣传教育的任务，更是法治社会建设的职责。全民普法和守法作为依法治国的长期基础性工作，深入开展法治宣传教育，引导全民自觉守法、遇事找法、解决问题靠法。② 法律要发挥作用，需要全社会信仰法律。"只有树立对法律的信仰，各族群众自觉按法律办事，民族团结才有保障，民族关系才会牢固。"③ 法国思想家卢梭曾说："这种法律既不是刻在大理石上，也不是刻在铜表上，而是铭刻在公民的内心里……我说的就是风尚、习俗、而尤其是舆论。"④ 20 世纪英国著名法学家哈特认为：

---

① 2017 年 8 月 29 日，中央全面深化改革领导小组第三十八次会议审议通过的《关于上海市开展司法体制综合配套改革试点的框架意见》，明确提出"在上海市率先开展司法体制综合配套改革试点，要坚持党对司法工作的领导，坚持法治国家、法治政府、法治社会一体建设，坚持满足人民司法需求、遵循司法规律，在综合配套、整体推进上下功夫，进一步优化司法权力运行，完善司法体制和工作机制，深化信息化和人工智能等现代科技手段运用，形成更多可复制可推广的经验做法，推动司法质量、司法效率和司法公信力全面提升"。上海试点的开始，标志着中国司法改革已进入司法体制综合配套改革阶段，将在整体推进上下功夫，推动司法质量、司法效率和司法公信力全面提升。

② 中共中央文献研究室编：《十八大以来重要文献选编》（中），中央文献出版社 2016 年版，第 172 页。

③ 中共中央文献研究室编：《习近平关于全面依法治国论述摘编》，中央文献出版社 2015 年版，第 89 页。

④ ［法］卢梭：《社会契约论》，何兆武译，商务印书馆 1980 年版，第 73 页。

"有效的法律制度的基本特征,不是人民一般地服从法律,而是他们感到有义务服从法律。"① 美国法学家伯尔曼则深刻指出:"法律必须被信仰,否则它将形同虚设。"② 需要全社会法治观念增强,必须在全社会弘扬社会主义法治精神,建设社会主义法治文化。要在全社会树立法律权威,使人民认识到法律既是保障自身权利的有力武器,也是必须遵守的行为规范,培育社会成员办事依法、遇事找法、解决问题靠法的良好环境,自觉抵制违法行为,自觉维护法治权威。③ 由此可见,法治宣传教育和全民守法越有成效,全社会越信仰法治精神、恪守法治秩序、维护法治权威,全社会的法治文化氛围越浓厚、法治精神越弘扬、法治观念越增强、法治自觉性越提高,法治社会的文明程度就越高,法治社会的理性状态就越良好,法治社会的行为秩序就越和谐,法治社会的风险矛盾就越减少……因此,建设法治社会,必须高度重视法治宣传教育,深入推进全民守法工程,不断强化法治社会的法治文化和法治行为基础。

8. 各级党组织和全体党员要带头尊法学法守法用法,任何组织和个人都不得有超越宪法法律的特权,绝不允许以言代法、以权压法、逐利违法、徇私枉法。这是法治社会依法治权、依法治官的必然要求,也是全面从严治党、依法依规管住关键少数的重要任务。自古以来,"法之不行,自上犯之"④。全面依法治国和法治社会建设的关键,是管住位高权重的关键少数,把权力关进法律和制度的笼子里。

---

① 李龙主编:《西方法学名著提要》,江西人民出版社 2005 年版,第 491 页。
② [美] 哈罗德·J. 伯尔曼:《法律与宗教》,梁治平译,生活·读书·新知三联书店 1991 年版,第 28 页。
③ 习近平:《加快建设社会主义法治国家》,《求是》2015 年第 1 期。
④ 《史记·商君列传》。

习近平总书记指出:"各级领导干部要带头依法办事,带头遵守法律,对宪法和法律保持敬畏之心,牢固树立法律红线不能触碰、法律底线不能逾越的观念,不要去行使依法不该由自己行使的权力,也不要去干预依法自己不能干预的事情,更不能以言代法、以权压法、徇私枉法,做到法律面前不为私心所扰、不为人情所困、不为关系所累、不为利益所惑。"[1] 法治社会建设绝不是要以法治民而必须是依法治官,绝不是要控制百姓群众而必须是依法治权、监督制约公权力。依照宪法和法律切实管住公权、保障人权、维护产权,就能从根本上把法治社会建设提到一个新高度。

◇ 第五节　通过法治实现公平正义

公平正义是含义极其丰富、见仁见智的政治哲学概念,法律意义上的公平正义则具有明确性、规范性、统一性等特质,因而以法治的方式规定并实现公平正义,成为现代法治社会的普遍选择。当前我国社会一方面存在种种不公现象;另一方面也出现滥用公平正义概念寻求不正当利益的现象,这就需要把公平正义的不同认识及其诉求尽可能纳入法治轨道,通过法治方式、途径和程序实现公平正义。民主立法、依法行政、公正司法、自觉守法是以法治思维和法治方式实现公平正义的重要环节和基本途径。

---

[1] 中共中央文献研究室编:《习近平关于全面依法治国论述摘编》,中央文献出版社2015年版,第110—111页。

一　何谓法律意义上的公平正义

全面依法治国的价值和目的之一，就是要实现公平正义。公平正义是社会主义的核心价值，是法治中国的灵魂。全面推进依法治国应当以促进公平正义、增进人民福祉为出发点和落脚点。那么，究竟什么是法律（法治）意义上的公平正义？

公平正义是人类社会恒久存在的价值哲学问题之一，也是人类社会生活中最有争议和歧见的问题之一。古往今来，人们思想认识关涉的几乎所有价值评判问题，人们社会活动追求的几乎所有利益和权利问题，人们社会行为引发的几乎所有关乎是非曲直的裁断问题，都与公平正义具有高度相关性。究竟何谓公平正义（公平、公正、正义）？不同历史时期、不同社会群体、不同学科理论、不同学派学者、不同阶级阶层、不同利益立场和观察视角等，都有着不同的界定和解释，有些甚至有着截然相反的界定和解释。正如奥地利著名规范分析法学家凯尔逊所言："自古以来，什么是正义这一问题是永远存在的。为了正义的问题，不知有多少人流下了宝贵的鲜血与痛苦的眼泪，不知有多少杰出的思想家，从柏拉图到康德，绞尽了脑汁；可是现在和过去一样，问题依然未获解决。"[①] 美国统一法理学家博登海默也说过："正义有着一张普罗透斯似的脸（a Protean face），变幻无常、随时可呈不同形状并具有极不相同的面貌。当我们仔细查看这张脸并试图解

[①] 转引自张文显《二十世纪西方法哲学思潮研究》，法律出版社1996年版，第575页。

开隐藏其表面背后的秘密时,我们往往会深感迷惑。"①

在中国语境下,公平正义问题涉及三个关键词:公平、公正和正义。

所谓公平(fairness),一般用于地位相等的人之间,是一种同位对等性的用语。公平包括公民参与经济、政治和社会其他生活的机会公平、过程公平和结果分配公平等。

所谓公正(impartiality),通常指社会权威机构和个人在处理社会事务时应秉持不偏不倚、不枉不纵、公而无私的立场和态度。"以法官(仲裁者)和双方当事人所构成的法律关系为例,公平观念侧重于考察双方当事人权利的享有和维护,公正则侧重于对居间者行为公允而无私的要求;公平的核心是平等,同等案件同等对待;公正的核心是无私、中立,它意味着居间者既要不受自身情绪的影响,又要排除外界的任何压力,还要无视当事人双方的任何身份背景等。"②

所谓正义(justice),主要是对政治、法律、道德等领域中的是非、善恶作出的肯定判断。正义是公正的义理,包括社会正义、政治正义和法律正义等。作为道德范畴的正义,它与"公正"是同义,主要指符合一定社会道德规范的行为;作为法律范畴的正义,有时也表述为"公平正义",包括法律的形式正义与实质正义,主要指符合法律程序规范和法律实体规定的行为,尤其是司法裁判行为。

与此相关联的还有两个词,一个是社会正义,另一个是社会公

---

① [美] E. 博登海默:《法理学:法律哲学与法律方法》,邓正来译,中国政法大学出版社1999年版,第252页。

② 麻宝斌:《社会正义与政府治理:在理想与现实之间》,社会科学文献出版社2012年版,第5页。

平。所谓社会正义（social justice），是指"给每个人他（她）所应得"；而所谓社会公平（social fairness），则是指对待人或对待事要"一视同仁"。在这里，社会公正带有明显的道德"价值取向"，它所侧重的是社会的"基本价值取向"，并且强调这种价值取向的正当性。而社会公平则带有明显的"工具性"，它所强调的是衡量标准的"同一个尺度"，即用同一个尺度衡量所有的人或所有的事，或者说是强调一视同仁，用以防止对于不同的人不同的事采取不同标准的情形。至于尺度本身是不是合理、正当的，公平就不予以考虑了。所以，凡是公正的事情必定是公平的事情，但是公平的事情不见得是公正的事情。一些学者认为，这就是社会公正与社会公平最为重要的区别。

事实上，在有些西方学者看来，"'公平'一词常被用来解释'正义'，但是与'正义'一词的一般意义最为切近的词是'应得的赏罚'。一个人如果给了某人应得的或应有的东西，那么前者对后者的行为便是正义的行为"[1]。对正义的理解和认识，往往表现为一种"应当"或者"应然"的道德评价。而是否"应当"或者"应然"，则来自一个社会的文化传统中形成的道德体系。柏拉图认为正义就是"善"，"这种善的概念控制着每个人并且影响到他的灵魂，即使他有了点错误。如果是这样，每种所做的行为就与这种善相一致，并且人性的任何部分受善的控制，那么我们得管它叫正义，这是整个人类生活中最美好的"[2]。查士丁尼法学总论开篇就宣称："正义是给予每

---

[1] ［美］汤姆·L. 彼彻姆：《哲学的伦理学》，雷克勤等译，中国社会科学出版社1990年版，第327—328页。

[2] ［古希腊］柏拉图：《法律篇》，张智仁、何勤华译，复旦大学出版社2001年版，第295页。

人他应得的部分的这种坚定而恒久的愿望。"

英国著名法学家哈耶克在《法律、立法与自由》这部鸿篇巨制中，用了很大篇幅讨论公平正义问题。在哈耶克看来，"所谓正义，始终意味着某个人或某些人应当或不应当采取某种行动；而这种所谓的'应当'（ought），反过来又预设了对某些规则的承认：这些规则界定了一系列情势，而在这些情势中，某种特定的行为是被禁止的，或者是被要求采取的"①。换言之，"每个人都应当得到他所应当获得的东西（而不论是善果还是恶果），被人们普遍认为是正义的；然而，每个人应当得到他所不应得的善果，或者被迫承受他所不应蒙遭的恶果，则被人们普遍认为是不正义的"②。不过，哈耶克对社会正义这个概念，倾向上是持否定态度的。他说穆勒"把'社会正义'与'分配正义'这两个术语明确视作同义词"。"社会应当平等地对待所有应当平等地获得这种平等待遇的人，也就是说，社会应当平等地对待所有应当绝对平等地获得这种平等待遇的人。这就是社会的和分配的正义（social and distributive justice）所具有的最高的抽象标准；应当是所有的社会制度以及所有有道德的公民的努力在最大程度上聚合在一起，以达致这一标准。"③ 哈耶克指出："正义、民主、市场经济或法治国这些术语原本有着十分清晰的含义，但是在加上'社会的'这个形容词以后（如社会法治国 Sozialer Rechtsstaat），它们却可以被用来意指人们所喜欢的几乎任何一种东西。'社会的'

---

① ［英］弗里德利希·冯·哈耶克：《法律、立法与自由》（第二、三卷），邓正来等译，中国大百科全书出版社2000年版，第52页。

② ［美］约翰·罗尔斯：《正义论》，何怀宏等译，中国社会科学出版社1988年版，第225—233页。

③ ［英］弗里德利希·冯·哈耶克：《法律、立法与自由》（第二、三卷），邓正来等译，中国大百科全书出版社2000年版，第118页。

这个术语已成为了政治话语（political discourse）之所以混乱不堪的主要根源之一。"① 由于"人们在力图赋予'社会正义'这个概念以意义的时候，最为通常的做法就是诉诸平均主义的一些理据（egalitarian considerations）"②。而事实上，"我们并不拥有评断正义的肯定性标准（positive criteria of justice），但是我们却确实拥有一些能够告知我们何者是不正义的否定性标准（negative criteria）"③。哈耶克进一步解释说，如果"甲得的多而乙得的少"这种状况并不是某个人的行动所意图的或可预见的结果，那么这种结果就不能被称作正义的或不正义的……所谓"社会的"正义或"分配的"正义在自生自发秩序中确实是毫无意义的，而只是在一个组织中才会有意义。④ 因为"正义绝不是对那些在某个具体场合中遭遇的利害攸关的特定利益所做的一种平衡，更不是对那些可以确认的阶层的利益所做的一种平衡"⑤。在哈耶克看来，"正义是人之行为的一种属性"，只有人的行为才存在正义与不正义的问题——"严格地说，惟有人之行为才能被称之为是正义的或不正义的。如果我们把正义与不正义这两个术语适用于一种事态，那么也只有当我们认为某人应当对促成这一事态或允许这一事态发生负有责任的时候，这些术语才会有意义。一个纯粹的事实，或者一种任何人都无力改变的事态，有可能是好的或坏的，但却不是正义的或不正义的"。"把'正义'一术语适用于人之行动以外，或支配人之行动的规则以外的种种情势，乃是一种

---

① ［英］弗里德利希·冯·哈耶克：《法律、立法与自由》（第二、三卷），邓正来等译，中国大百科全书出版社 2000 年版，第 140 页。
② 同上书，第 142 页。
③ 同上书，第 65 页。
④ 同上书，第 53 页。
⑤ 同上书，第 60 页。

范畴性的错误。"①

美国著名政治思想家罗尔斯在《正义论》一书中主张,对所有的社会基本价值——自由和机会,收入、财富和自尊的基础——都要平等地分配,除非对其中一种或所有价值的一种不平等分配合乎每一个人的利益。基于这种正义理念,他提出了两个正义原则:一是平等自由原则;二是差别原则和机会的公正平等原则。第一个原则不难理解,而差别原则是指分配的正义要"合乎最少受惠者的最大利益"。正义通过包括立法在内的各种制度的合理分配而得到实现。分配的价值取向是实现正义,而正义的外在形式就是公平的利益——有形的或无形的各种利益。显然,罗尔斯把形式正义和实质正义对应起来理解,认为形式正义就是"类似情况得到类似处理,有关的同异都由既定规范来鉴别。制度确定的正确规范被一贯地坚持,并由当局恰当地给予解释。这种对法律和制度的公正一致的管理,不管它们的实质性原则是什么"②;形式正义在内容上包括"应当意味着能够"、"类似情况类似处理"、"法无明文不为罪"、保护司法诉讼正直性的自然正义观的准则,则形式正义也就是法治。

我国学者卓泽渊教授指出,公正可能被理解为公平的同义语,也可能被理解为正义的同义语,或者被理解为公平正义的统称。在汉语中,公平与正义或许有较大的差别。公平似乎更侧重于居于相对关系人之外的裁判主体或裁判规则的合理性与公允性。正义似乎更侧重于终极的合理性与合道义性……在有关辞书中常常可以见到的是,将公

---

① [英]弗里德利希·冯·哈耶克:《法律、立法与自由》(第二、三卷),邓正来等译,中国大百科全书出版社2000年版,第50页。
② [美]约翰·罗尔斯:《正义论》,何怀宏等译,中国社会科学出版社1988年版,第54页。

平、正义，或者公正、公平并列。① 鉴于中文的语言习惯和本书行文的方便，在本书的讨论中一般不对"正义、公平正义、公正"几个词语作出区分，但特别需要时除外。

既然"我们没有任何关于什么是公正什么是不公正的结论性知识"②，"既然没有人能够确定何者为正义者，那么就必须有人来决定何者为合法条者"③，就必须由法律来确定公平正义的具体内容、行为方式、权利义务标准等，并通过法律方式、法律程序来实现公平正义。

与道德意义上的公平正义相比，法律范畴或者法律意义上的公平正义具有以下特点。其一，明确性。法律意义上的公平正义在主体、客体和内容等方面都是明确清楚的，谁享有权利、承担义务，如何履行职责、实施行为，法律关系的形成与变更，等等，都有明确的法律依据。其二，规范性。法律意义上的公平正义是由国家宪法、法律、行政法规或者地方性法规予以抽象概括、具体表述和明确规定的，通常表现为权利与义务、权力与责任、利益与行为等，法律规定和法律依据是公平正义的根本准据，也是区分公平正义与非公平正义的根本标准。其三，统一性。法律意义上的公平正义坚持法治统一和法律面前人人平等原则，在一国主权的范围内、在法律效力所及的领域内对所有主体都一视同仁，司法机关对类似的情况作出类似处理，除法律规定外不允许任何特权和特殊利益存在。其四，可诉性。法律意义上

---

① 卓泽渊：《作为和谐社会法治价值的公正》，载李林等著《构建和谐社会的法治基础》，社会科学文献出版社2013年版，第161页。

② [英] 麦考密克、[奥地利] 魏因贝格尔：《制度法论》，周叶谦译，中国政法大学出版社1994年版，第266页。

③ [英] 弗里德利希·冯·哈耶克：《法律、立法与自由》（第二、三卷），邓正来等译，中国大百科全书出版社2000年版，第71—72页。

的公平正义是明确、具体和可预期的，法律关系主体在认为其受到不公平不公正对待时，认为其权利受到侵害时，可以也应当依法通过司法诉讼程序寻求救济，法院是实现法律意义上公平正义的最后一道防线。

二　为何要通过法治实现公平正义

在西方法律文化中，法是关于正义与不正义的科学，正义则是法追求的最高价值。西语中的正义"JUS"是个多义词。在西语中，英语的 law，拉丁文的 ius 和 lex，法文的 droit 和 loi，德文的 recht 和 gesetz 等，都可以用来表述法或法律，而"ius，droit，recht"等词语不仅有"法"的意思，还兼有权利、公平、正义等内涵。可以说，在西方话语中，法或法律与公平正义具有与生俱来的内在联系，甚至认为法是正义的工具，如亚里士多德所说："要使事物合于正义，须有毫无偏私的权衡，法恰恰是这样一个中道的权衡。"[①] 古罗马法学家塞尔苏斯则说："法是善良公正之术。"

在我国，法亦具有公平正义的含义。据《说文解字》的考证，汉语中"法"的古体是"灋"。"灋，刑也，平之如水，从水；廌，所以触不直者去之，从去。"[②] 从这一解释可以看出，"灋"字"平之如水，从水"，表明法有"公平"之意或公平之象征；"廌，所以触不直者去之，从去"，表明法有"明断曲直"之意或"神明裁判"之威严。何谓法律？管子说："尺寸也，绳墨也，规矩也，衡石也，斗斛

---

① ［古希腊］亚里士多德：《政治学》，吴寿彭译，商务印书馆1981年版，第169页。

② 转引自《梁启超全集》，北京出版社1999年版，第1258页。

也,角量也,谓之法。"① "法者,天下之仪也。所以决疑而明是非也,百姓所悬命也。""法律政令者,吏民规矩绳墨也";② "法者,民之父母也"③。墨子说:"百工为方以矩,为圆以规,直以绳……故百工从事,皆有法所度。"孟子说:"不以规矩,不能成方圆。"《商君书》说:"法者,国之权衡也。"

由上观点可见,在中西方的法律文化中,法或法律是评判和认定曲直对错、合法与非法、违法与犯罪、权利与义务、责任与惩罚等的根本依据,是化解矛盾纠纷的规矩和准绳,法或法律都不仅具有规范性、明确性和可操作性等行为特征,而且具有与公平正义、理性自由等相联系的价值特征,是把道德意义上不确定的公平正义通过法律予以具体化、条文化、规范化、统一化和标准化的重要制度安排。

在当今中国社会,我们常常看到以下情景:在城市,某些违章建筑被行政执法机关依法拆除后,当事人却堂而皇之地打出"讨公道、讨人权、讨正义"的标语对抗行政执法行为,要求予以赔偿并恢复原状;在农村,某村支部书记在20世纪五六十年代因为挪用公款赌博被撤职、开除党籍,今天不仅要求政治上平反而且要求赔偿50多年来的"经济损失",包括他可能担任更高职务的"经济损失";在大学,没有评上高级职称的人有意见,因为他们认为领导和评委对他们不公,评上高级职称的人也不满意,因为他们觉得自己早就应当得到这个职称了;在政府机关,得到提拔使用的人不满意,因为他觉得其同学比自己差但在若干年前人家就担任这类职务了;没有得到提拔使

---

① 《管子·七法》。
② 《管子·七主七臣》。
③ 《管子·法法》。

用的人更不满意，因为他觉得自己没有功劳也有苦劳，没有苦劳还有疲劳；在商界，赚了钱的"大款"不满意，认为自己太辛苦，没有后台和靠山，挣的是"辛苦钱""血汗钱"，没有赚到钱的贫民更是不满意，怨天怨地怨政府、仇官仇富仇社会；打赢官司的当事人抱怨法官狠、律师黑、诉讼费贵、诉讼程序烦琐，打输官司的当事人则认为司法不公、司法腐败，法官贪赃枉法，"大盖帽，两头翘，吃了原告吃被告"；有些人端起碗吃肉、放下碗骂娘，边享受改革开放的成果、边诅咒政府和抱怨社会；有些人房价涨了要骂娘，房价跌了要闹事……在我们社会公平正义的利益蛋糕面前，似乎满意的人越来越少，知足的人越来越少，而骂娘的人、闹事的人、不满的人越来越多。在这些表象和乱象的背后，原因是复杂而多方面的，但其中多数都涉及社会公平正义的价值评判错乱和价值认知偏狭的问题。哈耶克早就注意到"社会公平正义"提法的社会局限性问题了，他形象地描述道："一个护士与一个屠夫、一个煤矿工人与一个高级法院法官、一个深海潜水员与下水道清洁工、一个新兴产业的组织者与一个职业赛马骑师、一个税务检察官与一个发明救命药物的人、一个飞机驾驶员与一个数学教授，他们的相对酬报应当是多少呢？如果我们提出这样的问题，那么显而易见，诉诸'社会正义'根本不可能为我们解决这个问题提供帮助。"[1]

现在我国社会上有各种个人甚至群体，他们以"社会公平正义"为道德旗帜和正当性理由，"理直气壮"地向以政府为代表的"社会"提出五花八门的诉求，例如，如果员工下岗失业了，提出的诉求往往是要工作、要工资、要补助、要福利或者要补偿等；如果官司打

---

[1] ［英］弗里德利希·冯·哈耶克：《法律、立法与自由》（第二、三卷），邓正来等译，中国大百科全书出版社2000年版，第135页。

输了,提出的诉求往往是讨公道、要人权、要正义、要法治、要严惩某某法官、要改判或者要撤销判决等;如果因为拆迁得到的补偿不满意,提出的诉求往往是取消拆迁、大幅度增加补偿款、拆迁安置、解决就业或者严惩贪官等;如果由于在就业、工资、福利、医疗、养老等领域自认为受到不公正等待,往往直接针对所涉及的就业、工资、福利、医疗、养老等提出经济利益方面的诉求,如不能遂愿则可能升级为反对"贪官"、反对政府、反对体制、否定某项(些)政策和法律等政治诉求。在所有这些以"社会公平正义"为旗号提出的诉求中,涉及一个核心问题,就是何谓"社会公平正义"?对此,国家和社会并没有统一的道德标准,更没有客观公认的统一标准,因此,每个人或每个群体都可以"社会公平正义"为由,向政府或者社会提出自己的诉求,而无论这些诉求是否正当合理、是否有法律和政策依据。尤其是,在"法不责众"等消极观念的影响下,当越来越多的人参与到诉求的队伍里,要求得到社会公平正义的时候,似乎他们诉求的正当性、合理性与合法性也会随着人数的增多而得到相应的强化。这种"人多则正当性与合理性就多"的所谓逻辑,在以往发生的许多颇具规模的群体性事件中,被一再使用甚至复制推广,以致成为某种负能量的"社会共识"。

随着我国全民普法工作的深入和公民维权"运动"的兴起,随着"小闹小解决、大闹大解决、不闹不解决"这种"闹而有理、闹而有利"行为方式的不胫而走,社会公平正义这一崇高价值概念在不断提升国人的道德情操和伦理认知的同时,也常常被引入误区或者用于歧途,成为种种挑战政治权威和法治秩序的"借口"或者"理由",成为一切有悖法治公平正义的庇护词甚至道德武器。

从另一个角度看,即使在某些公权力行为存在瑕疵的情况下,如执法方法不恰当、拆迁补偿偏低偏少、司法程序不透明、量刑偏轻偏重，以及执行政策法律有误差或者不及时、不到位等；即使在改革转型期利益调整受到影响的情况下，如由于改革发展过程中政策调整、法律修改、标准变化、企业改制、单位撤销、市场风云等导致个人利益受影响等，当事人的诉求也应当符合法治精神和平衡性原则，即在于法有据的前提下，权益受损的程度与诉求要达成的目标应当相适应、相平衡，而绝不能漫天要价、小闹小得利、大闹大得利、不闹者吃亏。

鉴于价值哲学上的公平正义主要是一种道德判断和伦理追求，常常见仁见智、莫衷一是，具有极大的主观性、随意性和不确定性；鉴于当下中国多元社会中人们对社会公平正义的理解和诉求的多样性、复杂性和多变性；鉴于当代中国市场经济刺激并鼓励人们合法地追求经济利益和其他利益的最大化，由此必然带来价值多元和利益冲突；鉴于深化改革和社会转型必然引发各种社会矛盾和社会冲突多发、高发和频发，而矛盾和冲突的各方都高擎"社会公平正义"的旗帜试图占领道德的制高点，以证明和支持自己行为的正当性；鉴于政府、社会和公民对于社会公平正义的理解，由于他们各自角色和角度的不同，往往相去甚远，甚至大相径庭……鉴于当下中国社会缺乏对"公平正义"的基本共识和评判标准的现状，应更加重视通过法治实现公平正义。

应当承认，法治社会的公正具有相对的价值属性。这是因为以下几个方面。

第一，人们对公正的认识是相对的，多数人认为是公正的，少数人却可能不以为然；一种文化认为是公正的，另一种文化却可能不以为然；此时人们认为是公正的，彼时却可能不以为然。或者反之，或者还有其他评判。

第二，利益的矛盾关系使立法者在适用公正原则时一般只能做到形式上（即程序上）的公正，而不能保证事实上的完全公正。程序公正通常是预先设定的。在一个民主和法治的社会中，程序先要经过民众的讨论和多数人的同意，形成分配利益的规则，然后按照规则（法律）面前人人平等的原则，适用程序，进行具体的利益分配。在规则（程序）形成前，讨论的民主性、讨价还价的可能性、利益表达的多样性等，是它们的主要特征；在规则（程序）形成后，规则的公开性和普遍性、规则的确定性和抽象性、适用规则的平等性和一致性，构成了它们的主要特征。

第三，公正的前提不一定必然导致公正的结果，而不公正的结果往往是由不公正或者公正的前提所致，立法所能作为的，不是试图完全消弭这种前提与结果之间的差距，不是直接把立法的公正前提与适用立法的公正结果统一起来。任何立法对于这样的价值目标都将是无能为力的，它只能存在于理想之中。立法所能做的，只能用预防和补救的方法来缩小它们的差距，却不可能做到两全其美。例如，当国家立法保证私有财产的合法性与不可侵犯性时，对于那些无产者和少产者而言，这种规定的不公平在于法律只提供了一种可能性，或者一种很大的可能性，事实上却是将那些无产者排除在外的；这一规定对于少产者也是存在折扣的。在这种情况下，如果立法要有所作为，就可以通过税收、社会福利、再分配等机制，使国家在保障私有财产权的同时实现社会财富相对共享的结果公平正义。

第四，人们个性的差异和需求的不同，对同样的结果也会有不同的甚至是迥异的认知。因此，表现为公平的正义只能不断接近完全意义上的正义，而不能做到绝对的正义。立法者所追求的也只能是一种相对的公正。显然，立法者理解的公正，对于多数人来说可能就是不公平、非正义的。对公正标准评判的主观性与客观性、自在性与他在性，都会程度不同地影响人们对公正结果的感受和判断。

故此，法治社会追求的公正，往往是一种相对的公正、程序的公正、规则的公正。法治社会主张事实的公正、结果的公正，但不能保证一定能够实现这种公正；法治社会追求权利的公正、机会的公正、规则的公正、过程的公正、程序的公正，只要全面推进依法治国，切实做到科学立法、严格执行、公正司法和全民守法，做到良法善治和保障人权，就一定能够实现权利、机会、规则、过程和程序的公正。

法治社会追求的公正是具体的、相对的、有法律依据并能够得到法律程序保障救济的公正。在法治社会中，任何人都不应当抽象地主张公正，不应当脱离法律规则去追求公正，更不应当以破坏法治秩序的方式或者损害他人权利的方式去寻求公正的实现。

"面对人的不完善性，我们在一定程度上是从程序的角度来阐释法治的，这些程序的目的并不是为了确保绝对的正义得到实现，而是为了防止最糟糕的不正义。在政治哲学中，'披着外衣'的是不正义而不是正义，这是因为，作为会犯错误的人，我们无力事先说出什么样的判决将始终是正义的，再者，由于我们生活在自私的人当中，所以我们也无力始终如一地保证正义将得到实现；据此，从明确性这个角度来考虑，我们采取一种否定性的认识进路，并确定一些程序以避免某些可能产生的不正义现象，而不是去追求各种形式的正义。"[①]

---

① [英]弗里德利希·冯·哈耶克：《法律、立法与自由》（第二、三卷），邓正来等译，中国大百科全书出版社2000年版，第101页。

通过法治实现公平正义体现在以下几个方面。

一要充分发挥法治的功能，重构我国社会公平正义的基本评判体系。法律是体现为国家意志的普遍行为规范，是社会利益和社会资源的分配器。应更加重视发挥法治的社会价值评判导向和社会行为圭臬的基本功能，把公众对于公平正义的利益诉求纳入法治轨道。应通过科学立法，把抽象合理的公平正义诉求转化为具体明确的法定权利或权益；通过严格执法和公正司法，保障公众的合法权益。公众应通过法治方式，依法维护和实现自己表现为法定权利或权益的公平正义。在充分发扬民主、全面了解公众各种利益诉求的基础上，归纳、开列"应然权利"清单，把公众关于公平正义的利益诉求系统化和明晰化。根据国家和社会资源情况，区分轻重缓急，通过民主立法程序将清单中"应然权利"逐步转化为法定权利，把公众对于公平正义的利益诉求引导上权利和法治轨道。

二要通过公平公正的实体法，合理规定公民的权利与义务、合理分配各种资源和利益、科学配置各类权力与责任，实现实体内容上的分配正义。

三要通过民主科学有效的程序法，制定能够充分反映民意并为大多数人接受的程序规则，从程序法上来配置资源、平衡利益、协调矛盾、缓解冲突，实现程序规则上的公平正义。

四要在发生矛盾纠纷等利益冲突问题时，尽可能通过包括司法程序在内的各种法治程序、法治机制来解决，实现法治的实体与程序公正，至少是法治程序的公正。

三　通过民主科学立法把公平正义的道德诉求法律化

立法的本质是人民意志的汇集和表达。立法通过民主的方式和法定程序实现通过立法分配正义的目的。亚里士多德的正义论认为，立法的过程就是分配正义。哈耶克则强调指出："正义的标准应当通过立法来决定。"[①] 因为"人们认为，立法机关的意志决定着何谓正义的问题，而且也同样是因为人们相信，所有能够由立法决策予以决定的事情都必定是一个有关正义的问题"[②]。

现代社会为了达成立法的分配正义，需要在立法过程中各种社会力量和社会利益充分博弈，最后彼此理解、相互妥协、达成共识，写进法律条文中。"真正的和真实的意义上的'公平'乃是所有法律的精神和灵魂。实在法由它解释，理性法由它产生……制定法之下的公平原则就是同等地对待同类案件，制定法之上的公平原则就是根据人的理性和情感而做出的公平的判决。"[③]

主张以正义为立法内在价值的西方学者如亚里士多德和罗尔斯，尽管他们对"正义"的解释不尽一致，但他们都承认有一种价值尺度作为立法的依据，立法不过是公正的法律化过程。一些坚持自然法学说的西方学者把理性、公平或者平等视为法律的内在价值，而立法只是遵循并且再现这些价值原则的具体活动。把属于道德哲学范畴的价值观运用于立法和对法律的评价，是支持立法价值论的主要特征。因为在立法过程中对行为价值的认同或排斥、对社会关系的价值定位，都显现了人们对社会道德观念和价值取向的要求。主张以利益作为立法内在价值的功利主义，实质上是把利益需要当作一种核心的价值尺

---

① ［英］弗里德利希·冯·哈耶克：《法律、立法与自由》（第二、三卷），邓正来等译，中国大百科全书出版社2000年版，第135页。
② 同上书，第49—50页。
③ ［美］金勇义：《中国与西方的法律观念》，陈国平等译，辽宁人民出版社1989年版，第79页。

度来要求和评判立法活动,并以立法对"最大多数人的最大利益"的确认为其价值取向。西方社会关于保障人权与为某种目的而限制自由的价值冲突,关于妇女堕胎权与胎儿生命权的价值冲突,关于公共安全需要的窃听与通信自由的价值冲突,关于持枪自由与保障生命权的价值冲突,关于隐私权与公共安全的价值冲突,关于言论自由与诽谤他人的价值冲突,关于病人安乐死的诉求与医生救死扶伤的道德和法律义务的价值冲突,等等,都围绕着公正这个核心价值展开。可以说,法律作为社会关系的调整器,最重要的功能之一,就是通过立法调整各种价值冲突,实现法律意义上的公平正义。

马克思主义认为,法律是一定经济关系的体现,而"每一个社会的经济关系首先是作为利益表现出来的"[①],"无论是政治的立法或市民的立法,都只是表明和记载经济关系的要求而已"[②]。经济关系在一定意义上可以归结为利益关系,这种利益关系明显地影响、制约或推动着立法的价值判断与选择,成为促使立法者产生立法愿望的动机和引导立法者实施立法行为的价值目标。立法要在诸种利益之间求得平衡,就应当引入更高形态的标准即公正的价值标准,用公正来确定各种利益的归属,使利益的分配达到各方基本能接受的程度。同时,如果只注重立法的利益价值,就可能滑向功利主义一边,使立法的利益价值发生难以容忍的倾斜。立法对私有财产的过分偏袒,导致"贫者愈贫,富者愈富"的两极分化,就是实例。在我国,贫富分配不公正、两极分化的现象同样存在。从立法价值上分析,"让一部分人先富起来"的利益倾斜,尽管也强调了通过劳动依法致富。但是,由谁来"让",由政府还是市场?进一步追问:由政府根据什么规则来

[①] 《马克思恩格斯选集》第二卷,人民出版社1995年版,第209页。
[②] 《马克思恩格斯全集》第四卷,人民出版社1958年版,第121—122页。

"让"以及由市场按照什么机制来"让",结果都可能是截然不同的。如果政府偏私,例如制定了"部门保护主义"的立法,或者具有"地方保护主义"色彩的立法,或者立法时失察——"好心办坏事",或者立法被个别利益团体操纵而导致"倾斜",等等,那么,这些立法让"一部分人"富起来,很可能就会有腐败、官僚主义,或者"以立法谋私"等嫌疑。在很多情况下,社会存在的贫富分化正是由于立法和某些制度政策造成的。因为所依之法如果失之公允,就可能正是立法导致了这种不公正现象的发生,所以,依法致富并不能完全保证利益分配的公正。只有符合公正价值要求的立法,才能使立法的利益价值得到恰当分配,进而保证"通过劳动依法致富"具有更明确的合理性和真正意义上的合法性。

民主立法是利益博弈的讨价还价的过程,因此"人们可以坦率地到立法机构去谈利益"[①]。即使由市场决定性地分配利益,也需要公正的立法来调控。市场本身具有按照价值规律分配利益的功能,但市场的内在动力是利益最大化,甚至是"唯利是图"。市场分配利益只提供了分配的原动力和某些计算标准,但不能保证分配利益的过程及其结果是社会普遍接受的公正。只有通过事前经充分表达意志、讨价还价、相互妥协等社会协商机制,使人们达成相对公正的价值共识,再把这种共识规范化、法律化,依据这样的法律规则和既定的程序来进行市场分配,或许才可能有这个社会评价认可的市场分配利益的公正。

正义是立法的内在价值,决定着立法的本质属性。一方面,正义是一定社会条件下的道德观念和道德准则在法律领域的体

---

① [美]弗里德曼:《法律制度》,李琼英、林欣译,中国政法大学出版社1994年版,第265页。

现，不可能不带有这个社会的经济、政治和文化的印记，在一定程度上还具有阶级性。另一方面，公平（正义）是全人类共同追求的崇高价值，是人类社会共有的美德。伸张正义、鞭挞邪恶是人的自然本性在人类共同体中的必然要求，因而立法中的正义又具有某些超越经济、政治和社会文化条件的客观性和共同性。例如，《世界人权宣言》开宗明义地宣称，"鉴于对人类家庭所有成员的固有尊严及其平等的和不移的权利的承认，乃是世界自由、正义与和平的基础"，联合国发布《世界人权宣言》，"作为所有人民和所有国家努力实现的共同标准"[1]。只要是遵循正义的立法，就应当符合公平（正义）、平等、自由和秩序等的价值要求。立法价值的普遍性、共同性是人的自然属性的表现，是人类社会作为一个整体的伦理理想和准则的凸显。立法价值就是这种个性与共性、特殊性与普遍性的统一体。立法价值的正义与利益的统一，充满了矛盾运动、辩证发展的现象，并在立法价值的个性与共性、特殊性与普遍性的统一体中得到实现。

结果的公平即分配的公平，它要确定的是根据什么标准来进行分配才是公平的、正义的。契姆·佩雷尔曼指出，分配的正义有六种观念：

1. 无差别地平等地分配价值，这是一种抽象的绝对公平；

2. 按照德行分配价值，这是一种道德标准；

3. 按照劳动分配价值，即所谓"按劳分配"，这只能保证同等效能的人之间的相互平等；

4. 按照需要分配价值，这就要求缩小贫者与富者之间的不平等

---

[1] 参见中国社会科学院法学研究所编《国际人权文件与国际人权机构》，社会科学文献出版社 1993 年版，第 3 页。

差距;①

5. 按照身份分配价值，这表明只有在身份相同的人之间的分配才是平等的；

6. 按照法律权利分配价值，也仅体现为公民在适用法律上的一律平等。②

除了第一种理想化的绝对平均的分配标准外，无论采用其余哪两种或哪几种标准进行分配，结果都不可能是平均主义的。立法价值所强调的是利益与正义（公平）的统一，用正义原则来处理各种利益矛盾关系。立法不是为了利益而分配利益，而是为了实现正义而分配利益，是以正义为尺度来分配、评价利益的分配。因此，立法者在设计、考虑不同利益的倾斜或平衡时，必须符合公平（正义）的价值要求。正如保罗·A.弗罗因德所言："法官所奉行的标准是：一致性、平等性和可预见性；而立法者所奉行的标准则是：公平分享、社会功利和平等分配。"③ 立法的过程，无论如何都是立法者协调利益、平衡关系、调解矛盾、减少冲突的过程，是各种价值凸显与妥协的过程。除非在比较极端的情况下，否则立法者的一意孤行必然是要碰壁的。

立法是建设法治中国、实现良法善治的前提，是党的主张与人民意志相统一并转化为国家意志的体现，是通过立法分配正义为实现社

---

① "'按需分配'是符合我们的公正直觉的。即使不能在所有的物品上进行按需分配，至少在食品、医药卫生等关涉到人的基本需求的物品上应当按需分配；或再退一步，'人们应当至少对于影响自己的最重要的事有发言权'，能对其实行监督或不让有关企业机构完全听任市场支配。"参见包利民、[美]M.斯戴克豪思《现代性价值辩证论——规范伦理的形态学及其资源》，学林出版社2000年版，第153页。

② 参见吕世伦主编《西方法律思潮源流论》，中国人民公安大学出版社1993年版，第232—233页。

③ 转引自[英]弗里德利希·冯·哈耶克《法律、立法与自由》（第一卷），邓正来等译，中国大百科全书出版社2000年版，第197页。

会公平正义提供法律准据的过程。习近平总书记对新时代立法工作提出明确要求：各有关方面都要从党和国家工作大局出发看待立法工作，不要囿于自己那些所谓利益，更不要因此对立法工作形成干扰。要想明白，国家和人民整体利益再小也是大，部门、行业等局部利益再大也是小。彭真同志说立法就是在矛盾的焦点上"砍一刀"，实际上就是要统筹协调利益关系。如果有关方面都在相关立法中掣肘，都抱着自己那些所谓利益不放，或者都想避重就轻、拈易怕难，不仅实践需要的法律不能及时制定和修改，就是弄出来了，也可能不那么科学适用，还可能造成相互推诿扯皮甚至"依法打架"。这个问题要引起我们高度重视。①

我国法律体系的如期形成，为建设法治中国构建了坚实的法律基础，为全面推进严格执法、公正司法和全民守法提供了较好的前提条件。但是，我国立法不当问题的存在，致使部分法律制定后不能用、不管用、难执行、难适用、难遵守，某些法律甚至形同虚设。导致这些现象的原因在于以下几个方面。一是重立法数量轻立法质量、重立法效率轻立法民主、重立法形式轻立法实效，甚至将立法当作某些地方的政绩工程，只管立法不管法律法规是否能够有效实施。二是存在行政部门主导立法、特殊利益群体牵制立法、国外大公司财团渗透立法等现象，在一定程度上影响了立法的公正性、权威性和公信力。立法过程中"行政权力部门化、部门权力利益化、部门利益合法化"的问题依然存在，一些明显带有部门或特殊集团利益痕迹的立法，把畸形的利益格局或权力关系合法化。三是公民和立法利害关系人参与立法的体制、机制、程序、多样性、有效性、常态化等与民主立法的要

---

① 中共中央文献研究室编：《习近平关于全面依法治国论述摘编》，中央文献出版社2015年版，第44页。

求还有相当差距，公民大众和社会组织在立法过程中常常成为"立法弱势群体"，导致有些立法难以充分反映和体现民意。四是存在"消极立法""被动立法""和稀泥立法""避重就轻立法"等现象，立法主体不敢、不会、不愿用立法重器在问题矛盾的难点或焦点上砍一刀，法律"一出生"就给严格执法、公正司法和全民守法留下瑕疵和隐患。五是立法备案、裁决、审查制度运转不理想，立法监督机制不健全，立法冲突现象依然存在，影响法律适用与立法权威。六是人大代表在素质能力、行为方式、利益诉求、政治伦理等方面出现的新变化新情况，使某些地方立法在坚持立法为民、体现党的主张与人民意志相统一等方面呈现复杂情况，因此可能产生的"立法腐败"苗头值得警惕。

通过民主科学立法实现公平正义，应当转变立法观念和立法模式。立法应当充分代表民意、体现民利、反映民情，公平公正地解决社会问题、分配社会利益，防止立法中的部门保护主义、地方保护主义和立法不公，防止把畸形的利益格局或权力关系合法化，警惕立法权力滋生的腐败，从制度和规范的源头上维护人民利益。应当从以经济建设为中心的立法观，转变为经济政治社会文化全面协调发展的立法观；从片面追求立法数量而忽视立法质量和实效的立法观，转变为立法质量和实效第一的立法观；从过于重视法律创制的立法观，转变为法律制定、修改、补充、解释、清理、废止、编纂、翻译并重的立法观。要充分发挥宪法解释和法律解释在推动宪法和法律实施中的辅助作用。应当从"成熟一部制定一部、成熟一条制定一条"的"摸着石头过河"的立法模式，向加强领导、科学规划、顶层设计、协调发展的立法模式转变。从立法项目选择的避重就轻、拈易怕难向立法就是要啃硬骨头、迎难而上、攻坚克难转变，使立法真正成为分配社会利益、调整社会关系和处理社会矛盾的艺术。与此同时，应当努力推进民主立法，扩大不同利益群体公开主张、表达利益的渠道，使公众充分表达自己的立法意志和利益诉求，通过立法博弈实现公正立法。应当建立和完善更加广泛的立法草案向社会公开征求意见的制度，对涉及公众利益的立法事项，原则上都应当向全社会公布，并建立意见采纳情况的说明和反馈制度。完善立法听证制度，对影响重大、关系公众切身利益的重大立法事项，要通过举行听证会的方式充分听取意见，确保法律草案涉及的利害关系人全面参与立法、有效开展立法博弈，保证公众立法诉求的充分表达和宣泄。推行律师和法学专家为法律草案涉及的利害关系人提供专业立法咨询、参与立法听证等立法援助的制度。推进立法公开，建立人大常委会、专门委员会审议法律草案、地方性法规草案的立法旁听制度，旁听代表有权发言，保证公众对立法的知情权和监督权。

立法用公正原则来处理各种利益矛盾关系。立法不是为了利益而分配利益，而是为了实现正义而分配利益，是以公正为尺度来分配、评价利益的分配。因此，立法必须符合公正的价值要求。

民主科学立法保证公平正义，应当注意以下几个原则。

1. 自由原则。立法是集中人民意志的过程。立法所要分配的利益涉及全体人民或部分人民，应当认真听取他们的意见和建议，尊重他们选择自己利益的方式和结果，保障人民意志得以充分、自由地表达。

2. 兼顾原则。当不同利益处于一定的矛盾的时候，立法者的价值选择应当兼顾利益分配所涉及的各个方面。尽管其中应当有轻重、主次、先后之别，但都应对各种利益给予合理的兼顾。

3. 公正原则。努力在价值选择的方式和结果中给予公平的对待，既维护形式的公正，也维护结果的公正。

4. 必要的差别原则。在价值选择的分配中，如果确有充分而必要的理由，如为了国家安全而限制公民的某些自由，可以也应当适用差别对待的原则。但在保证最大多数人的最大利益的同时，要对利益受损的处于少数的一方予以适当救济。

当然，具体适用这些原则是十分困难的，还需要通过对特定利益的价值选择而将原则做进一步分析，才可能使之具有较现实的意义。例如，个人利益与国家利益是一对既相互矛盾又相互依存的利益关系，立法者如何在它们之间进行公正的价值选择？从总体上来说，以个人为本位或是以国家为本位的价值观，是实施该项价值选择的基本前提。如果这个前提被认为是绝对的、不可调和的，那么对个人利益与国家利益进行价值选择就可能是多余的。问题恰恰在于，无论以何者为本位，任何立法者都不可能忽视另一方的利益所在。个人利益和国家利益都不是抽象的。个人利益可以分为人格利益和物质利益，国家利益也能分为主权利益和经济利益（这些利益还可以进一步细分并且量化）。通过对个人与国家两种利益的划分，似可进行这样的定性比较选择：在以国家为本位的体制下，国家的主权利益优于个人的人格利益，国家的经济利益优于个人的物质利益和人格利益。但在定量的比较选择时，就不能一概而论了。如果把国家经济利益与个人物质利益放到民事法律关系中，则更应当遵循平等、自愿的原则来进行立法的价值选择。

四　通过实施法律实现公平正义

我国形成了以宪法为统帅的中国特色社会主义法律体系，我们国家和社会生活各方面总体上实现了有法可依，这是我们取得的重大成就。① 2011 年中国特色社会主义法律体系形成后，我国法治建设的主要任务从以立法为中心转向维护宪法和法律的权威，全面有效实施法律成为推进依法治国的中心工作。实施法律也称法的实施，是指法律规范的要求通过法律执行、法律适用、法律遵守、法律应用、法律运用等各种形式在社会生活中得以实现的活动。实施法律是依法治国、建设法治中国的重要环节，是实现立法公平正义宗旨和目的的具体体现，重点应当通过严格执法、公正司法和自觉守法实现公平正义。

（一）通过严格执法实现公平正义

如果说，立法机关是以表达人民意志为主要功能的话，那么，行政机关就是以执行国家意志（当然包括人民意志和执政党意志）的法律为主要功能。② 在我国，"吃皇粮"公职人员的 70% 是行政机关公务员；我国法律的 80% 是由行政机关及其公务员执行的，因此，依法治国，实现人民意志和执政党执政意图的关键，是严格执法，切实做到依法行政。

现代政治理论认为，在国家与个人、政府与公民的关系中，如果发生矛盾或者冲突，作为个人的公民总是处于弱者的地位，而强大的行政权最容易对公民造成侵害。人民对政府的监督，最有效的办法是要求政府依照汇集了人民意志的法律来行使行政权力，使政府的抽象行政行为和具体行政行为都纳入制度化、法律化的轨道。依法治国所强调的依法行政，通常包括以下要求："1. 行政权的作用，不得与法律相抵触；2. 没有法律依据，不得使人民承担义务，不得侵害人民

---

① 习近平：《习近平谈治国理政》，外文出版社 2014 年版，第 144 页。
② [美] F. J. 古德诺：《政治与行政》，王元译，华夏出版社 1987 年版，第 9 页。

的权利；3. 没有法律依据，不得免除特定人应负的义务，不得为特定人设定权利；4. 在法律听任行政做出自由裁量的场合，其决定不得超过法律规定的范围和界限。"[①] 行政机关有违法或不当行为，对公民、法人和其他组织的合法权益造成损害的，当事人有权申请复议或直接向法院起诉，通过行政复议程序和行政诉讼程序纠正其行政违法或不当行为，并对造成的损害予以行政赔偿。只有这样，才能在有效规范行政权力和行政行为的同时，切实保障公平正义的实现。

在现代法治思维下，行政机关及其公务员严格依法办事，自觉推进依法行政，努力建设法治政府，就是最重要、最基本、最有效的维护和实现公平正义。反之，行政机关及其公务员如果有多头执法、多层执法和不执法、乱执法问题；有令不行、有禁不止、行政不作为、失职渎职、违法行政等行为；少数执法人员知法犯法、执法寻租、贪赃枉法甚至充当"黑恶势力"的保护伞；某些执法机关和执法人员搞钓鱼执法、寻租性执法、非文明执法、限制性执法、选择性执法、运动式执法、疲软式执法、滞后性执法；某些行政执法机关和执法人员在征地拆迁等领域，粗暴野蛮执法激化矛盾，甚至引发群体性事件或极端恶性事件；等等，所有这些，都是与公平正义背道而驰的。

当代中国，能不能做到依法治国，关键在于党能不能坚持依法执政，各级政府能不能依法行政……执法是行政机关履行政府职能、管理经济社会事务的主要方式，各级政府必须依法全面履行职能，坚持法定职责必须为、法无授权不可为，健全依法决策机制，完善执法程序，严格执法责任，做到严格规范公正文明执法。新时代推进严格执法，重点是解决执法不规范、不严格、不透明、不文明以及不作为、

[①] 刘瀚等：《依法行政论》，社会科学文献出版社1993年版，第32页。

乱作为等突出问题。要以建设法治政府为目标，建立行政机关内部重大决策合法性审查机制，积极推行政府法律顾问制度，推进机构、职能、权限、程序、责任法定化，推进各级政府事权规范化、法律化。强化对行政权力的制约和监督，建立权责统一、权威高效的依法行政体制，确保法律公正、有效实施。①

有人认为，司法权行使追求的是公正，而行政权行使追求的是效率，因此行政权不需要奉行公正。这种观点是不正确的。首先，任何公权力都必须秉持公正原则，这既是人民主权和民主国家对于公权力的基本要求，也是公民利益和基本人权对于国家公权力的基本规定；其次，尽管立法权追求的核心价值是民主，行政权追求的核心价值是效率，司法权追求的核心价值是公正，但是，公正对于立法权和行政权而言，仍是须臾不可或缺的，只是公正在不同国家权力中的排序不尽相同而已，并不表明公正价值的不重要；最后，行政权是最容易并且经常性侵害公民和社会权益的"积极性权力"，是引发公权力与私权利、社会权利冲突最多的一种强势权力，只有用人民期待的公正法律原则作为标准和要求，才能有效地将行政权力装进法律制度的笼子里。从某种意义上说，行政权的滥用和不作为，是最容易对公平正义产生严重侵害的，因此，行政权更应当坚持和维护公平正义。

（二）通过公正司法实现公平正义

公平正义的价值概念本属于伦理道德范畴，引入司法领域以后，成为司法的活动原则和对司法的评判标准。西方国家的法院自诩司法公正，常常以宝剑和天平作象征，宝剑代表国家权力的权威，天平象

---

① 习近平：《加快建设社会主义法治国家》，《求是》2015 年第 1 期。

征不偏不倚,公平正义。在我国社会主义制度下,司法公正是社会主义社会对司法的本质要求:司法机关必须以事实为根据,以法律为准绳,严格依法办事,惩罚违法犯罪,保障公民合法权利。"价值观念或事实的冲突必须由某个第三方来解决……法官以明确、全胜或全败的方式对案件作判决,一方胜,一方输……所以第三者必须求助于事实、准则或标准。要约束双方当事人,他必须显得独立、公正并强大。"① 司法就是实现公平正义的一种救济方式,一道最后的防线,一切社会矛盾和纠纷在其他途径和方式不能解决时,就要通过司法渠道得到公正处理。

司法的本质和最终目的在于实现公平正义。用法治思维来寻求公平正义,就应当充分利用司法制度和诉讼程序,而不是大闹大解决、小闹小解决、不闹不解决。"人们……要进行诉讼,一方必须把他的利益转变为要求,而以权利要求或事实争议的方式表达这要求……法院中的许多要求仅仅是利益的要求,在纸上转变成权利的要求。"② 应当"区别两种要求,即利益和权利要求。当两人都想要同样的宝贵东西时,两人就发生利益冲突,如两名男子爱上一名女子;两名政客竞选一个职务;两个城市争办一个会议。利益冲突因稀少而产生。在上面的例子中,双方都有合法的要求……诉讼中,双方当事人都要求同一块土地的所有权。各方在辩护中都坚持他的要求是正确的,对方的要求是错误的,对方对事实或规则有错误看法。辩论以权利,不是以利益的措辞来表达,对事实、准则和'法律'进行辩论"③。权利要求同利益冲突的区别有结果。对利益冲突,当事人容易达成妥协,

---

① [美]弗里德曼:《法律制度》,李琼英、林欣译,中国政法大学出版社1994年版,第264—265页。
② 同上书,第265页。
③ 同上书,第263—264页。

对价值观念或事实的冲突较难。在某种意义上,契约是利益冲突的解决。一个人要以低价买一匹马,另一人愿意卖,但价格很高。双方讨价还价,认为已得到可能得到的一切时就达成协议。通常,双方都没有"从道德上卷进去"。法院不解决利益冲突。一方必须把他的要求转变成价值观念或事实的冲突才能进行诉讼。[①]

公正司法被认为是维护法律公平正义的最后一道防线。习近平总书记指出,所谓公正司法,就是受到侵害的权利一定会得到保护和救济,违法犯罪活动一定要受到制裁和惩罚。如果人民群众通过司法程序不能保证自己的合法权利,那司法就没有公信力,人民群众也不会相信司法。法律本来应该具有定分止争的功能,司法审判本来应该具有终局性的作用,如果司法不公、人心不服,这些功能就难以实现。[②]在法治实践中,法律具有定分止争的功能,司法审判具有中立性、被动性和终局性的裁断作用。美国法理学者戈尔丁教授认为,形式正义就是程序正义尤其是诉讼正义,而实质正义也就是法律上的权利义务分配上的正义。他提出诉讼正义的标准包括:(1)"中立性",包括"与自身有关的人不应该是法官""结果中不应含纠纷解决者个人利益""纠纷解决者不应有支持或反对某一方的偏见";(2)"劝导性争端",包括"对各方当事人的诉讼都应给予公平的注意""纠纷解决者应听取双方的论据和证据""纠纷解决者应只在另一方在场的情况下听取一方意见""各方当事人都应得到公平机会来对另一方提出的论据和证据做出反应";(3)"解决",包括"解决的诸项条件应以理

[①] [美]弗里德曼:《法律制度》,李琼英、林欣译,中国政法大学出版社1994年版,第264页。

[②] 中共中央文献研究室编:《习近平关于全面依法治国论述摘编》,中央文献出版社2015年版,第67页。

性推演为依据""推理应论及所提出的论据和证据"。① 我国深化司法改革，应当引导社会公众把公平正义的诉求纳入司法程序中来，法院应当依照法律规定公开公正地办好每一个进入司法程序的案件，努力让司法案件中的每一个矛盾纠纷都通过公正司法得到化解，努力让公众在每一个司法案件中都感受到公平正义。但是，公众能否在每一个案件中都感受到公平正义，需要具体分析。"正好相反的原则常常同时被人认为是公正的，这有时发生在不同的社会阶层当中，有时发生在关系距离遥远的群体当中，不过经常还是发生在两个相互关系很近的人之间。两个对立的诉讼当事人通常确信他们各自的诉讼理由的正义性，因为他们恰好诉诸各自不同的正义……在这些不同的、相互冲突的正义思想中，总是只有一个获得胜利。"② "人们要求法院所做的，并不是实施正义，而是提供某种保护以阻止重大的不正义。"③

坚持公正司法，需要做的工作很多……重点解决影响司法公正和制约司法能力的深层次问题。群众反映，现在一个案件，无论是民事案件还是刑事案件，不托人情、找关系的是少数。尤其是到了法院审判环节，请客送礼、打招呼、批条子的情况很严重。现在常有一些所谓"捞人"的事，声称可以摆平什么腐败案件、操作改变死刑判决，要价很高，有的高达几百万元。是不是有这样的事？这些钱花到哪里去了？得好处的有多少人、多少环节？这不就是说花钱可以免罪、花钱可以买命吗？有的司法人员吃了被告吃原告，两头拿好处。这样的

---

① [美]戈尔丁：《法律哲学》，齐海滨译，生活·读书·新知三联书店1987年版，第240—241页。

② [澳]欧根·艾利希：《法社会学原理》，舒国滢译，中国大百科全书出版社2009年版，第260页。

③ [英]弗里德利希·冯·哈耶克：《法律、立法与自由》（第二、三卷），邓正来等译，中国大百科全书出版社2000年版，第101页。

案例影响很坏！群众反映强烈。包青天的故事在我国民间广为传颂，从一个角度说明了群众对公正司法的企盼。①

通过公正司法实现公平正义，应当深化司法体制改革，着力解决以下两个方面的问题：一方面，是外部的各种权力、关系、金钱、人情等对司法案件的影响和干预，表现为个别地方党委审批案件、党委政法委决定案件、地方主要领导批示案件、人大代表过问个案、亲戚朋友同学说情案件等多种形式；另一方面，是司法机关内部体制机制不完善，相关制度不健全，滥用侦察权、批捕权、审讯权、起诉权、审判权、执行权、法律监督权等司法权力，表现为刑讯逼供、屈打成招、有罪推定、出入人罪、滥用自由裁量权、吃了原告吃被告、以案谋私、案件积压、久拖不决、执行难以及司法专横、司法不公、司法腐败等多种形式。特别应当着力解决产生打官司难、打官司贵、吃了原告吃被告、滥用自由裁量权、以案谋私、案件积压、久拖不决、执行难、刑讯逼供、有罪推定、出入人罪等司法专横和司法不公的体制、机制和程序问题。

司法是法治国家使一个社会保持稳定和实现社会公正的最后的也是最有力的救济手段。对于行政权而言，"一个独立的司法权就能处理由于政府机关实施法治而引起的各种问题"②。在法治国家，司法能否公正，是评价这个国家政治是否民主文明的基本标志之一。如果司法丧失了公正，这个国家或者社会就不是一个法治国家或者法治社会。而实现司法的公正性，主要取决于司法机关能否依法独立行使审

---

① 习近平：《在十八届中央政治局第四次集体学习时的讲话》（2013年2月23日），载中共中央文献研究室编《习近平关于全面依法治国论述摘编》，中央文献出版社2015年版，第68页。

② Harvey Wheeler, Constitutionalism. 转引自《政府制度与程序》，台湾幼狮文化事业公司编译，1983年版，第50页。

判权和检察权，不受行政机关、社会团体和个人的干涉。我们"在全国坚决实行这样一些原则：有法必依，执法必严，违法必究，法律面前人人平等"。"不管谁犯了法，都要由公安机关依法侦察，司法机关依法办理，任何人都不许干扰法律的实施。"①

（三）通过自觉守法实现公平正义

亚里士多德说："我们应该注意到邦国虽有良法，要是人民不能全都遵循，仍然不能实现法治。法治应该包含两重意义：已成立的法律获得普遍的服从，而大家所服从的法律又应该是本身制订得良好的法律。"② 只有每个公民都依法办事、自觉守法，法律才能真正被遵行，公平正义才能真正实现。

公民为什么必须守法？柏拉图认为，守法是一个公民的义务和责任，因为"城邦给予每个公民平等的一份利益，无论是生命、给养、教育，还是应有的权利。一个人成年以后，便能够认清国家行政和法律条文。如果他们对此不满意，可以携带自己的财物去往中意的地方，或去殖民地，或移居外邦。凡是居留在城邦的人们，事实上就是和法律订立了合同，表明他们情愿服从城邦的法令。那些不服从的人便犯了三重罪，即不服从父母、不服从教养恩人、不遵守契约"③。这是基于公民社会的社会契约产生的守法义务，是公民作为社会成员享受公平正义必须履行的基本法律义务，也是通过人人自觉守法实现法律意义上公平正义的主要途径。"其实，无论中世纪早期或晚期都可以举出

---

① 《邓小平文选》第二卷，人民出版社 1994 年版，第 254 页。
② ［古希腊］亚里士多德：《政治学》，吴寿彭译，商务印书馆 1981 年版，第 199 页。
③ ［古希腊］柏拉图：《游叙弗伦苏格拉底的申辩克力同》，严群译，商务印书馆 1983 年版，第 109 页。

无数的事例来说明这样一个信念，即法律属于人民，而人民又是服从法律统治的，法律因人们对它的遵守而得到证明，或在发生怀疑时由专门成立以确定什么是法律的某个团体的声明而得到证明。"①

在我国，从理论上说，人民是国家、社会和依法治国的主体，宪法和法律是人民意志的集中体现，是人民利益诉求的制度表达，因此，全体公民自觉遵守宪法和法律就是尊重人民自己的意志，就是维护人民自己的利益，自觉守法只有在社会主义制度下才能真正实现。但是，在社会主义初级阶段，要把公民自觉守法这种法律实施的理想形态从本质推理变为现实存在，要使守法成为每个人自觉自愿的选择而不是一种被迫的行为，还需要相当长时间的艰苦努力。目前我国公民守法主要有四种状态。第一，自觉守法的状态。它体现的是公民对法治的信仰，对法律价值和法律精神的追求，对公平正义的坚信，是公民对守法的高度自觉和理性认同。自觉守法是全民守法的最高层次，也是最难达到的境界。第二，不愿违法的状态。它体现的是公民对法律的尊敬，对司法权威的崇信，对国家公权力的敬仰，是公民对守法的内心自愿和高度感性认同。第三，不能违法的状态。它体现的是公民对法律制度的信任，对司法公正的认可，对法律责任和法律后果的确信，对自己行为的法律化控制是公民对守法的自律和一般感性认同。第四，不敢违法的状态。它体现的是公民对法治的畏惧，对法律强制性惩罚的害怕。不敢违法，是法治对公民在守法上的最低要求，是公民对守法的被动性接受。不敢违法是全民守法的初级形态，也是较普遍的守法心态。

实现公平正义，应当着力解决信权不信法、信关系不信法、信钱

---

① [美] 萨拜因：《政治学说史》上册，盛葵阳等译，商务印书馆1986年版，第249页。

不信法、信访不信法、小闹小解决、大闹大解决、不闹不解决以及普遍违法、中国式违法、选择性用法等守法无序的观念、习惯和体制机制问题。任何组织或者个人都必须在宪法和法律的范围内活动，也就意味着任何组织或者个人都必须守法，即必须做到全民守法。守法是社会组织或者个人依法从事相关行为，自觉服从法律、依法办事的行为或结果。守法具体表现为国家机关、企业事业单位、公民个人自觉在宪法和法律的范围内活动。

公正的人就应当是遵守法律的人。每个公民遵守宪法和法律要从自己做起，从身边做起，从具体行为习惯做起。凡是法律禁止的，都不去做；凡是法律提倡的，积极对待；凡是法律保护的，依法去做。"自由是做法律所许可的一切事情的权利；如果一个公民能够做法律所禁止的事情，他就不再有自由了，因为其他的人也同样会有这个权利。"[①] 每个公民要养成相信法律、遵从法律、爱护法律的良好的守法意识，以做一个法治社会合格的公民为抓手，将守法义务落实到每一个公民个人日常的一言一行中，逐步形成稳定有效的守法文化。应当"努力推动形成办事依法、遇事找法、解决问题用法、化解矛盾靠法的良好法治环境，在法治轨道上推动各项工作"，应当"加强宪法和法律实施，维护社会主义法制的统一、尊严、权威，形成人们不愿违法、不能违法、不敢违法的法治环境"[②]。应当切实加强宪法和法律实施，维护法制的统一尊严权威，引导全体公民自觉遵守法律，有问题依靠法律来解决，绝不能让那种大闹大解决、小闹小解决、不闹

---

① ［法］孟德斯鸠：《论法的精神》上册，张雁深译，商务印书馆1961年版，第154页。
② 习近平：《在首都各界纪念现行宪法公布施行30周年大会上的讲话》，人民出版社2012年版，第12页。

不解决的现象蔓延开来，坚决改变"违法成本低、守法成本高"的现象，谁违法谁就要付出比守法更大的代价，努力形成人们不愿违法、不能违法、不敢违法的法治环境。

◇ 第六节　推进新时代社会治理法治化

一　大历史观背景下中国社会治理形态

对于中国社会①治理中的法治思维和法理思维问题的研究，不仅需要深入微观技术层面进行细致入微的观察和分析，而且特别需要从中国社会大历史观的宏大视角来审视和把握，才能更加全面深刻地认

---

① 何谓"社会"？社会是指由有一定联系、相互依存的人们组成的超乎个人的有机整体。但在我国宪法、法治和政治话语中，"社会"又是一个有多重含义的概念。一分法，指人类社会。例如，人类社会发展规律，社会主义社会，我国社会主要矛盾，全面建成小康社会，等等。两分法，指国家（政府）与社会。例一，依法治国，就是人民在党的领导下，依照宪法和法律规定，管理国家和社会事务，管理经济和文化事业。例二，实现民族独立、人民解放、国家统一、社会稳定。例三，退休人员的生活受到国家和社会的保障；有从国家和社会获得物质帮助的权利；等等。三分法，指国家、政府和社会（集体）。例如，坚持法治国家、法治政府、法治社会一体建设；不得损害国家的、社会的、集体的利益；等等。四分法，例如，现行宪法规定，妇女在政治的、经济的、文化的、社会的生活等各方面，享有同男子平等的权利。五分法，例如，统筹推进经济建设、政治建设、文化建设、社会建设、生态文明建设；宪法规定，推动物质文明、政治文明、精神文明、社会文明、生态文明协调发展；等等。其他划分方法，党的十九大报告：要根据新的实践对经济、政治、法治、科技、文化、教育、民生、民族、宗教、社会、生态文明、国家安全等各方面作出理论分析和政策指导；现行宪法在不同场合使用"社会"一词：社会经济秩序，经济和社会发展计划，国家维护社会秩序、社会治安，社会公德，社会保险，社会救济，等等。本书讲的社会，主要是指政府（国家）与社会二元关系意义上的"社会"。

识和展开其中的法治和法理问题。

如果采用政府（国家）[①]与社会二元结构的理论（这里的"社会"包括个人），那么在法理学上基本上可以划分为"公法"与"私法"一对范畴。公法和私法的区别，不仅是整个法律秩序的基础，而且是现代社会治理的法理基础。

如果采用政府（国家）、个人、社会三元结构的理论，在法理学上基本上可分为公法、私法、社会法的范畴，社会法作为公法私法化和私法公法化的演化发展的新领域，用于研究和阐释社会主义国家的社会治理法治化问题，对于超越国家本位和个人本位的传统法学范式，彰显法治的社会本位和社会公平正义价值，具有特别重要的意义和功能。

当然，在一般治理理论中，又被分为国家治理、政府治理、社会治理、公司治理等类型；在依法治国理论中，则被分为法治国家、法治政府、法治社会、法治经济等范畴；在治理方式方法中，还被分为统治、管制、管理、治理等形态。本书的讨论，主要是基于政府与社

---

① 何谓"政府"？政府的概念一般有狭义、广义和最广义之分。狭义的政府，是指国家权力的执行机关，即国家行政机关。例如，法治政府。又如，现行宪法规定，中华人民共和国国务院，即中央人民政府，是最高国家权力机关的执行机关，是最高国家行政机关。香港特别行政区基本法规定：中央人民政府负责管理与香港特别行政区有关的外交事务，负责管理香港特别行政区的防务。广义的政府是指行使国家权力的所有机关，包括立法、行政和司法机关，甚至可以指代国家。例如，"小政府，大社会"。又如，中华人民共和国政府机构体系包括：全国人民代表大会，国家主席，国务院，中央军事委员会，地方各级人大和各级人民政府，民族自治地方的自治机关，监察委员会，人民法院和人民检察院。最广义的政府，包括执政党等在内。例如，在2017年"两会"上，时任中纪委书记的王岐山同志说：中国历史传统中，"政府"历来是广义的，承担着无限责任。党的机关、人大机关、行政机关、政协机关以及法院和检察院，在广大群众眼里都是政府。又如，党对一切工作的领导，当然包括对国家和社会工作的领导。本书讲的政府，三种意义上均有。

会的二元关系、围绕社会治理法治化展开的。

从中国社会粗线条的大历史观来看，它的社会治理或许已经经历和正在经历四种不同的社会治理形态。

第一种，"小政府、大社会"的社会治理形态，即社会治理的"1.0版"。中国清末以前两千多年的封建社会，大致属于"1.0版"的这种社会治理形态。其主要表现形式有如下几种。

一是治理模式——主要采取"小政府、大社会"的治理模式，所谓"皇权不下县乡"，强调地方和社会自治，地方扁平化管理，中央政权和政府公权力管理的社会事务比较少。

二是自治社会——主要通过伦理道德[①]、乡规民约、村规民约、传统习俗、有限法律等规范，经由乡绅、宗族、民间商会等社会力量来治理社会。[②]

三是社会原因——主要是农耕文明社会中的农业经济尤其是小农

[①] 梁漱溟说："我们过去的社会组织构造，是形著于社会礼俗，不形著于国家法律，中国的一切一切，都是用一种由社会演成的习俗，靠此习俗作为大家所走之路（就是秩序）……西洋社会秩序维持靠法律，中国过去社会秩序的维持多靠礼俗。不但过去如此，将来仍要如此。"梁漱溟：《中国文化要义》，上海人民出版社2007年版。

[②] 例如，通过利用乡村精英参与乡村社会治理，将国家治权与乡村自治有效结合起来，既是封建时代乡村社会治理的突出特征，也是这一时代乡村治理的独特之处。国家治权与乡村自治的有效对接是"官政自治"的鲜明特征。形成"官—绅（长老、族老）—民"的乡村治理结构。国家尽可能将管理事务交给民间，尽量减少对民间事务的介入。因此，"在满足国家对地方控制和财政税收基本需要的前提下，最理想的治理方式，是尽量减少官府的直接介入以及由此带来的流弊，转而依靠民间力量管理地方，听民自便"。这种治理模式的核心，在于在自上而下的中央国家治权与自下而上的社区自治之间通过乡绅阶层的中介性角色寻找契合点，实现国家治理与乡村社会治理之间的有效对接，进而确保乡村社会秩序的和谐稳定与公共事务的有序展开。参见马良灿《主体重建：中国乡村社会治理的四次转型》，《学习与探索》2014年第9期。

经济,长期以来是中国社会的经济基础,这就催生了以熟人社会、家族社会、宗亲关系、身份依附等为基本特征和主要条件的社会治理形态。尤其是,广袤的土地、众多的人口、以儒家文化为基础的礼俗制度、国家权力的有限性,面对数以万计的村落和亿万民众,封建皇权鞭长莫及,无法延伸至每个村落,不得不实行"社会自治"。

四是制度安排——主要体现为保甲制度、株连制度、乡贤制度、地方自治制度、科举制度等。

简言之,中国历史上"1.0版"的社会治理形态,基本上就是在"小政府、大社会"格局下,以道德伦理规则为主导,以严刑峻法为边界底线,"以礼治为主,礼法兼治",以各类社会主体为基本单元的一种"自治社会"。

第二种,"大政府、小社会"的社会治理形态,即社会治理的"2.0版"。从中华人民共和国成立到1978年实行改革开放,大致属于"2.0版"的社会治理形态。其主要表现形式有如下几种。

一是治理模式——采取"大政府、小社会"的治理模式,权力总体上集中在中央,政府职能几乎无所不包、无所不在,甚至"政社不分",社会的自主性、自治性和自由度,被压缩到最低限度。

二是他治社会——主要通过革命方式、军事手段、政治手段、群众运动、行政手段、道德教化、思想政治工作、法律强制、计划手段等方式,经由国家、军事力量、政府机构、政党社会组织、行政单位、司法系统、基层政权等的力量,来治理社会。

三是基本原因——主要是新中国处在建立政权、巩固政权和发展政权的"强起来"阶段,阶级斗争是社会的主要矛盾(毛泽东同志甚至提出"以阶级斗争为纲"),"左"的指导思想和意识形态推波助澜,计划经济从火柴、牙膏到汽车、煤炭几乎无所不在,这就催生了以单位人、街道人、公社人、政治人等以"新熟人社会"为基本特征和主要条件的社会治理形态。

四是制度安排——主要体现为计划经济体制、户籍制度、粮票制度、介绍信制度、家庭出身制度、政治审查制度、人事档案制度等。

简言之，新中国历史上"2.0版"的社会治理形态，基本上就是在"大政府、小社会"格局下，以计划经济为基础，以政治行政手段和群众运动为主要治理方式，以领导人的意志和政策文件治国理政、"法律只能作为办事的参考"，是国家和政府自上而下全面强势管控社会的一种"他治社会"。

当然，也有其他分类研究值得我们关注。例如，德国社会学家F.滕尼斯从社会组织形式上区分社会类型，人类社会的发展迄今经过了自然社会、伦理社会和法理社会三个时代。礼俗社会是指传统社会，其特征是规模小，分工与角色分化较少，人的行为主要受习俗传统的约束；法理社会是指基于契约关系的现代工业社会，其特征是规模大，有复杂的分工和角色分化，人的行为受规章法律的制约。

有中国学者认为，与在中华人民共和国成立后第一个30年的"有政府，无社会"、改革开放后第一个20年的"大政府，小社会"，21世纪最初10年的"精简政府，管理社会"相对照，目前中国社会治理格局进入了一个新阶段，可称之为"现代政府，共治社会"[①]。

[①] 政府"集中力量办大事"，社会组织"有针对性地办小事"。在共同治理的新格局和精细治理的新方式下，需要进一步构建起有利于政府与社会力量分工协作、发挥各自比较优势的制度框架，在法治的轨道上发展社会组织，加强基层自治，畅通公民参与，满足多元需求，真正使社会治理符合现代化的方向，符合广大人民的期待。参见顾严《中国社会治理的新进展与新期待》，《中国青年报》2017年9月18日。

第三种，"大政府、强社会"的社会治理形态，即社会治理的"3.0版"。改革开放以来，中国逐步形成了"大政府、强社会"的社会治理形态。其主要表现形式有如下几种。

一是治理模式——政府职能有所为有所不为，但需要政府有所为的领域，如教育、社会保障、医疗、养老、环境保护、生态文明建设等的职能在增加和加强，政府对社会治理越来越重视、越来越加强和深入；同时经济和社会组织自治、城市社区自治、乡村村民自治、基层社会自治、企业民主自治等，也不断发展壮大。

二是共治社会——在治理主体方面，政府的他治与公民和社会组织①的自治整合起来，共同参与社会治理，成为共治社会的多元主体；在治理举措方面，政治（政党之治、领导之治、政策之治、策略之治、意识形态之治、运动之治、专政之治等）、法治、德治、赛治（五四时期提出的"赛先生"系指英文的"science"，这里用以指代现代科学技术、网络化、信息化、数字化等高新科技手段）等多措并举。

三是基本原因——在政治层面，社会主义的本质就是要建设发展好、管理治理好中国社会，使之成为自由民主、平等正义、共同富裕、文明法治、幸福有序的现代社会，社会主义初级阶段和市场经济，中国共产党的宗旨和对人民的承诺，既要充分发挥政府的作用和社会主义制度的优越性，也要充分动员全社会的力量，调动全社会的

---

① 截至2017年二季度末，全国共有社会组织72.5万个，与2012年三季度末相比净增25.4万个、增幅高达54%；其中，社会团体净增8.5万个、增幅33%，民办非企业单位净增16.6万个、增幅79%，基金会增加了3000多个，数量翻了一番多。

积极性。在社会层面，转型社会、流动社会①、生人社会、社会人社会、市场经济社会、新社会矛盾的社会等特征，决定了大多数传统社会治理方式的失灵或者弱化，需要把"大政府"做强，把"强社会"做大，寻求"大政府"与"强社会"在治理领域的共存共融。

四是制度设计——主要体现为"他治、自治和共治相结合"但以"共治"为主导的统合治理，政治、法治、德治、赛治相统一但以法治为主线的多元治理，是法治轨道上政府与社会良性互动、相辅相成、良法善治的一种"共治社会"。②

简言之，改革开放以来"3.0版"的社会治理形态，基本上就是在"大政府、强社会"格局下，以市场经济为基础，以依法治国作为基本方略，以法治作为基本方式，是他治、自治和共治相结合，政治、法治、德治、赛治相统一的良法善治，是政府和社会分工合作的一种"共治社会"。正如党的十九大报告指出的那样，要完善党委领导、政府负责、社会协同、公众参与、法治保障的社会治理体制，打

---

① 社会流动——在促进"单位人"向"社会人""社区人"转变的同时，对社会治理的重心提出了新要求。据有关统计，在城市就业总人口中，过去"单位人"占95%以上，现在这个比例已经降到30%左右。2010—2015年，中国流动人口数量持续保持2亿人以上，大量"单位人"已经向"社会人"转变。谢志强：《创新社会治理：治什么谁来治怎么治》，《光明日报》2016年7月13日。

② 目前在我国社会治理中，政府是社会治理的主导力量，但已不是社会治理的唯一主体，企事业单位、社会组织、城乡社区居民组织、社会公众等都成为参与社会治理的力量。社会治理的广泛社会参与，有效降低了社会治理的行政成本，提高了社会治理效益，我国已初步形成共建共治共享的社会治理格局，人民获得感、幸福感、安全感更加充实、更有保障、更可持续，改革发展成果正在更多更公平惠及全体人民。参见张翼《辉煌40年：走中国特色社会主义社会治理之路》，《求是》2018年第6期。

造共建共治共享的社会治理格局。①

第四种,"智慧网络政府、网络信息社会"的社会治理形态,即社会治理的"4.0版"。这是社会已经进入网络与信息化时代,目前正在发生和未来将越来越强化的以互联网、信息化和智能化为基本特征的社会治理形态。其主要表现形式有如下几种。

一是治理模式——实体政府和现实社会相对隐退,"智慧网络政府、网络信息社会"日益凸显,政府和社会都无所不在、无所不能,传统的社会治理理念、方式和制度等面临前所未有的挑战,不以人的意志为转移地呈现出革命性甚至颠覆性全面深刻变革。

二是网治社会——互联网、信息化、大数据、云时代、智能化等层出不穷的高科技及其广泛运用,使人类从农业社会进入工业社会以及后工业社会之后,快速迈进网络信息社会,以赛治、法治、共治为基本特征的网治社会正在降临。

三是基本原因——互联网、信息化、物联网、人工智能等带来的新技术革命,使人类文明延续了数千年的传统理论、社会制度体系、社会生产方式、社会交往方式、社会财富及其分配方式和社会行为方

---

① 经过40年改革开放的持续推进,我国社会治理领域变革取得历史性进展。概括起来说,一是基本实现了由以往高度集中、统得过死的社会管理体制逐步转向中国特色社会主义社会治理体制。在党委统一领导下,政府、社会、市场、公众多元主体参与共建共治共享的社会治理格局初步确立。二是基本形成了一整套宏观社会治理基础性制度与微观社会治理运行机制,现代社会治理制度建设取得突破性进展。三是基本构建了符合中国国情的新型社会治理体系和国家安全体系,社会治理体系现代化建设迈出有力的步伐。四是综合运用经济、法律、道德、科技和行政等多种手段加强和创新社会治理,社会治理能力明显提升。40年来,社会治理领域深刻变革所取得的成效是多方面的,最为重要和最为显著的成就,就是始终保持了社会大局的稳定,从而有力保障和促进了经济社会全面发展。魏礼群:《坚定走中国特色社会主义社会治理之路——改革开放40年社会治理成就及其宝贵经验》,《求是》2018年第16期。

式等,发生着最深刻的变化,穿越时空、虚拟国家和军队、虚拟人社会、陌生人社会、智慧人社会、网络行为、无国界的网络主权、无动作的网络行为、虚拟化的网络产权、第四代人权等,呼唤全新的从理论创新到制度实践的行为规范体系和社会治理秩序,呼唤革命性的国家和社会治理中的法治思维和法理思维。

四是制度设计——以赛治为主导(以赛治赛)、以法治为经络、以共治的主体(权利和义务主体、权力和责任主体、行为和后果主体),全面协调推进社会治理体系现代化和法治化。

二 推进新时代社会治理法治化要有所为有所不为

推进新时代社会治理法治化,要有所为,有所不为。一方面,要应当"坚持在法治轨道上统筹社会力量、平衡社会利益、调节社会关系、规范社会行为,依靠法治解决各种社会矛盾和问题"[1];要运用法治思维和法治方式解决矛盾纠纷,努力做到"办事依法、遇事找法、解决问题用法、化解矛盾靠法","形成人们不愿违法、不能违法、不敢违法的法治环境"[2],充分发挥法治在基层社会治理中的重要作用。另一方面,要重视非法治思维和非法治方式在基层社会解决一般矛盾纠纷中的基础性作用,运用多种手段和方式化解矛盾、解决纠纷。从哲学范畴来看,社会规范可以分为文化性、道德性等弱约束规范和制度性、法规性等强约束规范。"一般说来,属于强约束性的社会规范所起作用的社会生活领域与社会关系,在属于弱约束性的社

---

[1] 中共中央文献研究室编:《习近平关于全面依法治国论述摘编》,中央文献出版社2015年版,第11页。

[2] 同上书,第45页。

会规范中同样起作用，但属于强约束的社会规范不能任意地扩张自己的作用范围。具体地说，文化性、道德性规范可以适用与作用于人们社会生活的几乎所有领域，所有的社会规范中都蕴涵有文化与道德的底色，但属于制度性、法规性的强约束规范并不能扩张到人们社会生活的一切领域，不是人们所有的社会关系的协调都需要与接受制度与法律等属于强制性社会规范的干预与调节。"[1] 在规范层面上，推进社会治理法治化，应当把法律规范这种"强约束"的社会规范与道德规范、习惯规范、风俗规范等其他"弱约束"的社会规范区分开来，充分发挥两类规范在基层社会治理中相辅相成的作用。

由于新时代社会治理涉及法治、德治、政治、赛治，他治、自治和共治，民主手段、道德手段、法律手段、乡规民约（村规民约）手段、经济手段、行政手段、教育手段、科技与互联网手段等多种方式方法和手段举措；涉及政治、经济、文化、社会、党建、秩序、平安、维稳与维权、地方与中央、基层与省市等广泛领域的多种社会关系和法律关系，因此，推进新时代社会治理法治化，要有所为有所不为，而不能一概而论。

推进新时代社会治理法治化，要防止法治万能的倾向。在现代国家和社会治理中，法治不是万能的，不能包打治国理政的天下，但治理国家和社会没有法治是万万不能的。在我国法治万能主要表现在两个方面。

一是试图让立法（法律规范）涵盖一切领域，调整所有的社会关系，解决所有的社会问题，比如近年来全国和地方"两会"提出的立法要求、建议、议案不胜其多，几乎覆盖了人们所能想到的所有领

---

[1] 林剑：《论社会规范的类型、功能及其历史变更》，《湖南社会科学》2017 年第 6 期。

域，一些应当由道德、习俗规范甚至思想教育等解决的问题，也都进入这些立法建议的视野。

二是期待法治"包打天下""包治百病"，事无巨细，不计成本，不分轻重，无论当否，一切矛盾、纠纷和问题，都试图通过法治来解决。据一项党的十九大以来在全国九市开展的大规模问卷调查（问卷调查采取多阶段分层抽样方法，共计发放问卷1835份，回收有效问卷1717份，有效回收率为93.57%）结果显示：57.89%的受访居民遭遇过形形色色的矛盾。其中，只遭遇过一类矛盾的有28.96%，遭遇过两类矛盾的有26.44%，遭遇过三类矛盾的有22.91%，遭遇过四类及以上矛盾的有20.78%。可见，当前社会矛盾发生的类型较多、数量较大，牵涉的社会成员数量较多。从遭遇的矛盾类型来看，受访居民所遭遇的10类主要矛盾分别是：环境矛盾（33.40%）、就业失业矛盾（25.63%）、社会治安矛盾（22.81%）、医患矛盾（20.89%）、拆迁矛盾（19.98%）、邻里纠纷（19.78%）、社会保障矛盾（19.78%）、征地矛盾（19.58%）、劳资纠纷（19.37%）、官员贪腐矛盾（12.92%）。发生比例排名靠前的环境矛盾、拆迁矛盾、征地矛盾等，均是涉及人们直接的、现实利益的纠纷，矛盾冲突的主体具有群体性特征。[①] 这些现象显示，当前城乡居民所遭遇的社会矛盾以经济利益类矛盾为主，呈现出多元化、城乡分化的特征。其中有些矛盾是涉及法律关系、法律权益应当由法律调整的矛盾，但也有许多矛盾并不属于法治范畴的社会矛盾。

社会治理法治化要超越法治万能主义，在基层社会和地方区域的治理中，坚持多种手段共用的综合治理，坚持各方面主体参与的多元

[①] 朱力、袁迎春：《我国城乡居民怎样对待现阶段社会矛盾》，《北京日报》2018年6月25日。

治理，坚持各领域全方位的全面治理。应当充分认识到，在这些治理中，法治调整社会关系、规范社会行为、分配社会利益、构建社会秩序、实现社会公正的角色和功能是有多有少、有强有弱、有主有次、有所为有所不为的，有时甚至是有限或者无能为力的，不宜夸大或者泛化法治对于发展社会治理的作用。

三 新时代如何推进社会治理法治化

根据党的十九大对推进全面依法治国的新要求新部署，社会治理法治化，就是要通过推进科学立法、民主立法、依法立法，以良法促进发展、保障善治，为基层社会治理提供"良法"依据和引领；通过建设法治政府，推进依法行政，严格规范公正文明执法，保证基层社会治理法律规范制度得到贯彻落实；通过深化司法体制综合配套改革，全面落实司法责任制，依法调解矛盾、化解纠纷，努力让人民群众在每一个司法案件中感受到公平正义；通过加大全民普法力度，建设社会主义法治文化，树立宪法法律至上、法律面前人人平等的法治理念，推进全民守法，构建人人尊法学法守法用法的社会法治新秩序。

在顶层设计上，国家是社会的向导，社会治理法治化应当纳入推进全面依法治国的整体战略格局中，在党的领导下坚定不移走中国特色社会主义法治道路，完善以宪法为核心的法律体系，加强法治体系和法治国家建设，不断深化依法治国实践。

在操作层面上，社会是国家的基础，应当重视社会治理向"法治"转化所面临的内在张力和操作困难，统筹处理好以下关系。

其一，法治具有普遍性和统一性，在价值理念、制度规范、适用主体和客体、实施空间和范围、奖惩后果等方面，法治强调法律面前人人平等、一视同仁、普遍统一，但社会治理往往具有某种特定性、特殊性和地方性的特征。我们应当从新时代的新背景新条件出发，总结和抽象出社会治理具有法治普遍性的基本规律、原则、原理、规范、程序和其他有关要素，通过法治方式和法律程序把社会治理的特殊性与法治的普遍性、统一性整合起来，转化为反映普遍社会治理规律、具有普遍法律效力的国家法治体系。

其二，法治具有国家性，是国家主权权力、国家权威、国家行为、国家强制力、国家安全和秩序等的集中体现，但社会治理往往具有某些地方性、地域性的特征。我们应当从新时代的新思想新实践出发，总结和提炼出地方社会治理的国家性要素，通过法治思维和法理思维把具有地方性、地域性特征的社会治理经验，转化和提升为具有国家意志性特征和国家强制力属性的国家法治体系，成为国家治理体系的有机组成部分，使新时代地方区域的社会治理经验在法治的引领、促进和保障下得到有效推广、全面复制和广泛普及。

其三，法治具有规范性和明确性，国家和社会主体以及公民个人应当做什么、不应当做什么、应当怎样做等，法治都有具体明确的要求和规范。即使法治暂时没有覆盖到的领域和方面，也遵循以下法治原则处置：对于公权力主体而言，但凡法律没有允许（授权）的，都是禁止的；对于公民个人而言，但凡法律没有禁止的，都是允许的（法不禁止即自由），但允许的不一定就是合法的。新时代推进社会治理法治化，一个重要方面，就是要解决好社会治理法治化的规范性和明确性问题。例如，如何依法对敌人实行专政，如何依法保障和发展人民民主，在宪法和法律上哪些人属于人民范畴、哪些属于公民范畴，如何依法保障和实现公民的宪法权利和基本自由，等等，都需要运用法治思维和法理思维并在法治轨道上加以回答和解决。

其四，法治具有稳定性和可预测性，公权力主体可以在法治稳定不变或者少变的情况下，根据宪法法律的规定合理安排自己的工作、实施相关的职务行为，开展依法执政、依法行政和依法办事，能够预测职务行为的后果从而事前作出合法性选择；公民可以根据稳定的法治秩序安排当下的生活、根据可预测的法治指引对未来作出合理期待，从而实现国家和社会的稳定。新时代推进社会治理法治化，要把社会治理经验转化为法治规范，升华到法治精神、法治理论和法治原则层面，在法治理性的基础上推进社会治理法治化，赋予社会治理以法治的稳定性和可预测性。

四 新时代社会治理法治化的有限性

对于现代国家和社会治理，法治非常重要，不可或缺，但法治本身也存在某些局限性或者有限性。早在20世纪末，信春鹰教授就冷静理性地提出，我们在强调和重视法治的过程中，要看到和承认法治的局限——制定外在的规则来改造社会，忽略社会本身形成的自我解决矛盾和冲突的方式和规则，是现代法治的一个弊端。我们必须对此保持足够的警醒。[①] 推进新时代社会治理的法治化，应当正确理解和把握"法治化"的必要性和有限性、局限性，既要高度重视全面依法治国时代背景下社会治理法治化的大趋势和必要性，运用法治思维和法理思维推广和实践社会治理，又要高度重视基层社会治理过程中

---

① 信春鹰：《法治的局限》，《读书》1999年第1期。

"法治化"的可行性和有限性，防止社会治理的过度法治化、国家化和统一化，成为法治形式主义的牺牲品。在社会学看来，现代社会治理是一个系统工程，需要构建顺畅的社会流动机制、合理的利益协调机制、安全的社会保障机制、有效的社会控制机制、敏感的社会预警机制、有效的矛盾疏导机制，运用综合的体制机制等方式，才能实现社会和谐有序和社会公平正义。① 推进新时代社会治理法治化过程中，应当重视和遵循以下原理原则进行。

  1. 作为国家规范，法律（法治）是体现国家意志并由国家强制力保障实施的行为规范体系，是现代国家和社会治理所有行为规范体系中的一个组成部分。法社会学理论认为："社会团体是这样一种人类群体：他们在相互的关系中决定承认某些规则为其行为规则，而且至少大体上实际地依此而行为。这些规则是多种多样的以不同的名称加以称谓：法律规则、伦理规则、宗教规则、习俗规则、荣誉规则、礼仪规则、社交规则、礼节规则、时尚规则。此外，大概还可以加上若干相对不那么重要的规则，比如游戏规则、排队规则。"② 所有这些社会规则都产生于社会，并作用于社会治理。在诸种可以用于解决社会问题的社会规则中，法律（法治）通常是成本最高、过程最复杂、时间最漫长、措施最严厉、后果最严重、不得已而选择的最后手段。因此，但凡通过道德、纪律、政策、传统习俗、乡规民约（村规民约）、内部规范等其他社会规则手段，就可以调整社会关系、规范社会行为、分配社会利益、解决社会问题、化解矛盾纠纷的，应当尽

---

  ① 朱力：《转型期中国社会问题与化解》，中国社会科学出版社 2012 年版，第 12—16 页。
  ② ［奥］欧根·埃利希：《法社会学原理》，舒国滢译，中国大百科全书出版社 2009 年版，第 42 页。

可能不要法律化和法治化。一项社会学调查显示,"面对矛盾纠纷,个体往往难以有效应对,因此需要借助其他力量解决问题。从调查结果来看,有过矛盾遭遇者所获取帮助的对象,体现出从熟人圈到陌生人圈,从非正式力量到正式力量的差序分布。但在解决矛盾的实际过程中,基于人情的社会关系网络对个体的矛盾解决具有更大的作用"①。法治规则作为国家意志的集中体现,应当与其他社会规则相辅相成,成为其他社会规则的后盾和保障,其他社会规则不得违反国家宪法和法律,形成以法治规则为依托和最后支撑的现代国家和社会规范体系。

2. 作为治理方式,法治是现代国家和社会的诸种治理方式中的一种,法治适用的时间、空间、对象、结果等都是有条件和有限的,法治不是包治百病的灵丹妙药,不能包打天下,更不能包治天下。"法律是国家生活、社会生活、精神生活和经济社会的秩序,但无论如何不是它们的唯一秩序……事实上,假如生活只由法律来规制,那么社会必定变成地狱。"② 同理,法治只是多种治理方式中的一种重要方式,但不是唯一方式,甚至不是社会治理的优先方式。一般来讲,但凡通过政治、德治、他治、自治、共治、赛治等其他社会治理方式手段,就能够在基层、农村、社区、行业等地方或领域实现保障安全、维护秩序、解决问题、自我管理等目的的,应当尽可能不要法律化和法治化。但是,法治作为普遍性、统一性、国家意志性和强制性的社会治理方式和手段,应当与政治、德治、共治等其他社会治理

---

① 朱力、袁迎春:《我国城乡居民怎样对待现阶段社会矛盾》,《北京日报》2018年6月25日。
② [奥]欧根·埃利希:《法社会学原理》,舒国滢译,中国大百科全书出版社2009年版,第61页。

方式手段相辅相成，形成以法治为基础的现代国家和社会治理体系。

3. 作为行为规范，法治只能规范人们的行为，而不能控制人们的思想。但是，如何才能让民众信仰法治，把法律要求铭刻于心，把法治变成一种生活方式，却不是仅靠法治及其强制本身就能够做到的。因此，在社会治理中，在不违反法治精神和法律规范的前提下，但凡通过思想教育、谈心交心、赔礼道歉、道德教化等柔性方式方法可以解决问题的，法治的强制性手段就应当尽可能不介入；但凡民间习惯、私力救济、社会自治、经济补偿、纪律处分等非法治方式方法可以解决问题的，法治就要有所节制甚至无所作为。

4. 推进社会治理法治化，要根据轻重缓急和差序格局，区别对待。一般来讲，在社会治理方面（尤其是基层社会治理领域），但凡地方和基层既有的规则方法习俗（如当地的乡规民约、村规民约、民间调解）等能够解决问题的，全国性法律和国家法治就尽可能不要介入；但凡私法规范和手段可以解决问题的，公法规范和手段就尽可能不要介入；但凡民法商法、经济法、行政法等部门法的一般制裁调控手段能够解决问题的，刑法部门最严厉的刑事惩罚手段就尽可能不要采用；但凡民主协商、民间调解、相互妥协等手段可以解决问题的，司法诉讼裁判就尽可能不要介入；但凡当事人愿意私了且不违反法治原则的，国家法治就尽可能不要介入。在现代社会治理中，法治应当保持必要的谦抑性、被动性、中立性、有限性和终局性，能不介入的尽可能不介入；即使需要法治介入，也要区别对待，运用法治思维、遵循法治原则把握好法治介入社会治理的时机早晚、程度深浅、范围大小、力度多少，绝不能一刀切。

5. 推进社会治理法治化，要特别重视"党内法规"建设，充分发挥政策在社会治理中的重要作用。推进社会治理法治化，不仅要重视国家法治化，也要重视党内法规化、制度化。当前我国基层社会的矛盾冲突，如有关土地承包、交通事故、劳动争议、村务管理、征地拆迁、拖欠工资、利益分配、执法不严、司法不公等引发的矛盾冲突，多数是"官民矛盾"，往往表现为干部与群众、党员与群众、公职人员与老百姓、公权力与私权利等方面的冲突。干群关系紧张，成为当前基层社会治理的新特点新挑战。中华人民共和国成立近70年来"干群关系……经历了'鱼水'（相容）、'油水'（浮于表面）、'水火'（矛盾）的进程"，有群众甚至认为"中央领导是恩人，省级领导是亲人，市、县领导是好人，乡镇领导是坏人，村里领导是仇人"[1]。"部分社会成员尊法信法守法用法、依法维权意识不强，一些国家工作人员特别是领导干部依法办事观念不强、能力不足，知法犯法、以言代法、以权压法、徇私枉法现象依然存在。"[2] 加强党内法规建设，推进社会治理党内法规化制度化，有利于从党内法规的角度，强化对党员、干部、公职人员和公权力的监督制约，防止他（它）们侵害人民群众的利益，避免引发官民矛盾、官民冲突，构建基层社会良好的政治秩序和法治环境。

6. 推进社会治理法治化，还要重视发挥党和国家、中央和地方相关政策的作用。在全面依法治国背景下，党的政策是国家法律的先导和指引，是立法的依据和执法司法的重要指导。但是，在实施法律、推进法治的过程中，依然要重视党和国家政策的作用。例如，"坦白从宽、抗拒从严""宽严相济""扫黑除恶"等政策，在基层社

---

[1] 朱力、袁迎春：《正视基层干部对社会矛盾的忧虑心态——基于602名基层干部的社会调查》，《国家行政学院学报》2017年第3期。

[2] 中共中央文献研究室编：《十八大以来重要文献选编》（中），中央文献出版社2016年版，第156—157页。

会治理实践中，具有重要的指导和统领作用。尤其是在基层社会治理中，事情纷繁复杂，情况千变万化，矛盾千奇百怪，新问题层出不穷，新需求不断变化……高高在上的国家法律不可能完全预见基层社会如此复杂多变的实际情况，不可能完全涵盖和调整各种新出现新变化的社会行为和社会关系，法律之于社会生活、社会实践的有限性不言而喻。在法律没有规定、法律规定不明确或者法律规定明显不合理等情况下，从实际出发及时制定的中央和地方政策，就能够起到难能可贵的补充、完善和引领等作用。当然，在有法可依的情况下，也要防止出现用政策取代法律、用政策否定法律、用政策歪曲法律等错误或不当做法。

中国法治变革

(下册)

CHINA'S RULE OF
LAW REFORM

李林 著

中国社会科学出版社

下册目录

第六章　中国法治文化建设 …………………………………（439）

　第一节　文化与法治文化的界定…………………………（439）

　第二节　社会主义法治文化………………………………（459）

　第三节　依法治国与以德治国相结合……………………（487）

　第四节　全面推进社会主义法治文化建设………………（498）

第七章　中国司法制度和司法改革………………………（526）

　第一节　中国特色社会主义司法制度的建立和发展………（532）

　第二节　中国特色社会主义司法制度的主要特征…………（561）

　第三节　人民法院依法独立审判的宪法原则………………（579）

　第四节　中国司法制度的自我完善和发展…………………（600）

　第五节　中国新一轮司法改革………………………………（632）

　第六节　司法体制改革彰显中国法治的生机与活力………（670）

第八章　中国共产党党内法规 (689)

第一节　中国共产党党内法规的界定 (690)

第二节　中国共产党党内法规的政理和法理 (704)

第三节　中国共产党党内法规与国家法律的比较 (718)

第四节　党内法规、党的纪律、党的规矩三个概念的关系 (730)

第九章　网络社会治理的法治模式 (748)

第一节　网络社会治理的基本范畴 (749)

第二节　网络社会治理的实践探索 (760)

第三节　中国网络社会治理的反思 (766)

第四节　网络社会治理的指导思想与法治构建 (785)

第十章　开启新时代法治中国建设新征程 (809)

第一节　以新思想指引法治中国建设新征程 (809)

第二节　以新目标引领法治中国建设新征程 (824)

第三节　以新实践推进法治中国建设新征程 (838)

第四节　新时代法治中国建设的根本遵循 (851)

第五节　构建全面依法治国新理念新思想新战略的科学体系 (864)

主要参考文献 (879)

索　引 (893)

Content II

Chapter Six: Constructing the Culture of the Rule of Law in China ⋯⋯⋯⋯⋯⋯⋯⋯⋯⋯⋯⋯⋯⋯⋯ (439)

1. Defining Culture and the Rule of Law Culture ⋯⋯⋯⋯⋯⋯⋯⋯ (439)

2. The Socialist Culture of the Rule of Law ⋯⋯⋯⋯⋯⋯⋯⋯⋯⋯ (459)

3. Combining the Rule of Law with the Rule of Virtue ⋯⋯⋯⋯⋯ (487)

4. Advancing the Construction of Socialist Culture of the Rule of Law in a Comprehensively Way ⋯⋯⋯⋯⋯⋯⋯⋯⋯⋯ (498)

Chapter Seven: The Judicial System and Judicial Reform in China ⋯⋯⋯⋯⋯⋯⋯⋯⋯⋯⋯⋯⋯⋯⋯⋯ (526)

1. Establishment and Development of the Socialist Judicial System with Chinese Characteristics ⋯⋯⋯⋯⋯⋯⋯⋯⋯⋯⋯ (532)

2. Main Features of the Socialist Judicial System with Chinese Characteristics ⋯⋯⋯⋯⋯⋯⋯⋯⋯⋯⋯⋯⋯⋯⋯⋯⋯ (561)

3. The Constitutional Principle of Independent Adjudication by People's Courts in Accordance with Law ……………… (579)
4. Self-improvement and Development of the Chinese Judicial System ……………………………………………… (600)
5. The New Round of Judicial Reform in China ……………… (632)
6. Judicial Reform as a Manifestation of the Vitality and Vigor of the Rule of Law in China ………………………………… (670)

Chapter Eight: Intra-Party Regulations of the Communist Party of China ……………………………………… (689)

1. The Definition of Intra-Party Regulations of the Communist Party of China ……………………………………… (690)
2. Political and Legal Theories of Intra-Party Regulations of the Communist Party of China ……………………… (704)
3. Comparison between Intra-Party Regulations of the Communist Party of China and State Laws …………………… (718)
4. Relations between the Concepts of Intra-Party Regulations, Party Disciples and Established Party Practices …………… (730)

Chapter Nine: The Law-based Mode of Online Social Governance ……………………………………… (748)

1. The Basic Category of Online Social Governance ………… (749)
2. Exploration of the Practice of Online Social Governance …… (760)
3. Reflections on the Online Social Governance in China ……… (766)

4. Guiding Ideology and Construction of the Legal System of
   Online Social Governance ………………………………… (785)

**Chapter Ten: Starting a New Journey of Constructing the
Rule of Law in China in a New Era** …………… (809)

1. Guiding the New Journey of Constructing the Rule of Law
   in China with New Ideology ……………………………… (809)
2. Leading the New Journey of Constructing the Rule of Law
   in China with New Objectives …………………………… (824)
3. Promoting the New Journey of Constructing the Rule of Law
   in China with New Practices ……………………………… (838)
4. Basic Principles to Be Followed in Constructing the Rule of
   Law in China in a New Era ……………………………… (851)
5. Building a Scientific System of New Ideas New Thoughts
   and New Strategies of Ruling the Country by Law ………… (864)

References ……………………………………………………… (879)

Index ……………………………………………………………… (893)

第 六 章

中国法治文化建设

◇ 第一节 文化与法治文化的界定

一 关于文化的概念

据学者研究,"文化"是一个来自西方的含义极广的概念。

在中国古汉语中,早已有"文"和"化"二字,如《易·系辞下》:"物相杂,故曰文。"《礼记·乐记》:"五色成文而不乱。"《黄帝内经·素问》:"化不可代,时不可违。"把"文"与"化"二字在一段话中同时使用的,较早见诸战国末年的《易·贲卦·象传》:"天文也。文明以止,人文也。观乎天文,以察时变;观乎人文,以化成天下。"而"文化"一词在中国的出现,可追溯到西汉的《说苑·指武》:"圣人之治天一,先文德而后武务。凡武之兴,为不服也,文化不改,然后加诛。"这里所说的"文化",是与"武力"相对的教化,与当今中国使用的"文化"概念的含义不尽相同。古汉语中的"文化"概念,本义是指"文治"与"教化"。

据有关学者研究,中国今天使用的"文化"一词(英文、法文都写作 culture）是舶来品，是 19 世纪末通过日文转译从西方引进的。而"culture"一词是从拉丁文"cultura"演化来的，拉丁文 cultura 的原始含义是"耕作"，后来用于指称人工的、技艺的活动及其成果，还进一步扩展为风俗习惯、文明制度等。

在西方，"经典性"的文化概念首推英国文化人类学家泰勒在 1871 年写的著作《原始文化》中对文化所下的定义："所谓文化或文明乃是包括知识、信仰、艺术、道德、法律、习惯以及其他人类作为社会成员而获得的种种能力、习性在内的一种复合整体。"① 英国文化人类学家马林诺夫斯基（1884—1942）是文化功能学派的创始人，他认为文化包括精神文化、物质文化和语言，而社会制度是构成文化的真正要素。② 美国文化人类学家克鲁克洪（1905—1960）在《文化概念：一个重要概念的回顾》一文中，对 161 种文化的定义进行了归纳和总结，认为这些概念基本上接近，所不同的只是方法而已。克鲁克洪认为："文化是历史上所创造的生存式样的系统，既包括显型式样也包含隐型式样；它具有为整个群体共享的倾向，或是在一定时期中为群体的特定部分所共享。"③

在中国，五四运动之后，学者们对文化的含义展开了热烈讨论。其中影响最大的是梁漱溟 1920 年《东西文化及其哲学》中提出的定义，文化乃是"人类生活的样法"，分为精神生活、物质生活和社会生活三大类。④ 1920 年蔡元培在《何谓文化？》的演讲中提出："文化

---

① ［英］爱德华·泰勒：《原始文化》，连树声译，上海文艺出版社 1992 年版。
② ［英］马林诺夫斯基：《文化论》，费孝通等译，中国民间文艺出版社 1987 年版。
③ ［美］克鲁克洪等：《文化与个人》，高佳等译，浙江人民出版社 1986 年版，第 6 页。
④ 梁漱溟：《东西文化及其哲学》，商务印书馆 2009 年版。

是人生发展的状况。"1922 年梁启超在《什么是文化?》中认为:"文化者,人类心能所开释出来有价值的共业也。"胡适于 1926 年在《我们对于西洋近代文化的态度》中则指出:"文化是文明社会形成的生活的方式。"①

庞朴先生把文化区别为三个层面:"物质的—制度的—心理的。"其中"文化的物质层面,是最表层的;而审美趣味、价值观念、道德规范、宗教信仰、思维方式等,属于最深层;介乎二者之间的是种种制度和理论体系"②。20 世纪 80 年代初,庞朴先生去问钱锺书先生,文化如何定义,钱锺书说:文化这个东西,你不问嘛,我倒还清楚;你这一问,我倒糊涂起来了。③

《现代汉语词典》的定义:文化是指"人类在社会历史发展过程中所创造的物质财富和精神财富的总和,特指精神财富,如文学、艺术、教育、科学等"④。

通过对各种文化概念的分析,我们可以大致归纳出内涵不同的三种文化观:广义文化观、中义文化观和狭义文化观。

广义的文化观认为,文化是人类创造的一切,主要包括精神文化、制度文化和物质文化。

中义的文化观认为,文化是指社会的意识形态,以及与之相适应的制度和组织机构。

---

① 胡适:《我们对于西洋近代文化的态度》,《容忍与自由》,云南人民出版社 2015 年版。
② 庞朴:《要研究"文化"的三个层次》,《光明日报》1986 年 1 月 17 日。
③ 浙江省青年科学工作者协会编:《东西文化与中国现代化讲演集》,浙江人民出版社 1986 年(临)第 17 号,第 9、8 页。
④ 中国社会科学院语言研究所词典编辑室编:《现代汉语词典》(第 7 版),商务印书馆 2016 年版,第 1371—1372 页。

狭义的文化观认为，文化仅指社会的意识形态，或社会的观念形态，即精神文化。

中国政法大学的李德顺教授认为，文化的本质是"人化"和"化人"。所谓"人化"，就是按人的方式改变和改造世界，使任何事物都带上人文的性质；所谓"化人"，就是用这些改造世界的成果来培养人、装备人、提高人，使人的发展更全面更自由。"化人"是"人化"的一个环节和成果、层次和境界。①

在中国的重要理论著作和政治文献中，有关"文化"的使用情况大致如下。

在时间维度和历史意义上，人类的诞生标志着"文化"的出现，因为文化是人类的创造物，是人类文明的标志，而在猿进化成为人类之前，一般来说"文化"是不存在的。

在哲学意义上，唯物主义把世界分为物质世界和精神世界两大范畴，"文化"总体上属于精神世界和人类文明范畴，物质世界中由人类创造的那部分也应当属于文化范畴。

文化与文明概念密切相关，但又不相同。在西方，英文的文明（Civilization）一词，产生于近代英国。"文明"一词从近代产生时起，就与法律和法治有天生关联，法律的发展成为人类文明进步的重要标志。在中国，文明被界定为"是历史长久以来沉淀形成的，有益于增强人类对客观世界的适应和认知、符合人类精神追求、能被绝大多数人认可和接受的人文精神、发明创造以及公序良俗的总和"。

在人类文明意义上，中国在改革开放前20年把文明分为物质文

---

① 李德顺：《什么是文化》，《光明日报》2012年3月26日。

明与精神文明两个领域,中国特色社会主义文化基本上被归属于社会主义精神文明范畴。例如,党的十五大报告指出:"中国特色社会主义的文化,就其主要内容来说,同改革开放以来我们一贯倡导的社会主义精神文明是一致的。"

进入21世纪以后,中国则把文明分为物质文明、政治文明、精神文明三个领域,文化主要被归属于精神文明领域。例如,2004年的《宪法修正案》规定:"国家的根本任务是……推动物质文明、政治文明和精神文明协调发展,把我国建设成为富强、民主、文明的社会主义国家。"

以"三分法"对"文化"进行定位的,还有"经济、政治、文化"的分类法。例如,毛泽东同志在《新民主主义论》中指出,"一定的文化(当作观念形态的文化)是一定社会的政治和经济的反映,又给予伟大影响和作用于一定社会的政治和经济;而经济是基础,政治则是经济的集中的表现"①。"至于新文化,则是在观念形态上反映新政治和新经济的东西,是替新政治新经济服务的。"② 共产党领导的新民主主义革命,"不但要把一个政治上受压迫、经济上受剥削的中国,变为一个政治上自由和经济上繁荣的中国,而且要把一个被旧文化统治因而愚昧落后的中国,变为一个被新文化统治因而文明先进的中国"③。

以"四分法"对"文化"进行定位的,主要是分为"经济建设、政治建设、文化建设、社会建设"。例如,胡锦涛同志在纪念抗战胜利60周年大会上的讲话中指出:"我们要促进社会主义经济建设、政

---

① 《毛泽东选集》第二卷,人民出版社1991年版,第663—664页。
② 同上书,第695页。
③ 同上书,第663页。

治建设、文化建设与社会建设全面发展,不断满足人民日益增长的物质文化需要,继续开创中国特色社会主义事业新局面。"①

以"五分法"对"文化"进行定位的,主要是分为"经济建设、政治建设、文化建设、社会建设、生态文明建设"。例如,胡锦涛同志2008年1月29日在十七届中共中央政治局第三次集体学习时指出:"贯彻落实实现全面建设小康社会奋斗目标的新要求,必须全面推进经济建设、政治建设、文化建设、社会建设以及生态文明建设,促进现代化建设各个环节、各个方面相协调,促进生产关系与生产力、上层建筑与经济基础相协调。"②

党的十九大强调,我们要统筹推进经济建设、政治建设、文化建设、社会建设、生态文明建设(五位一体战略布局)。③ 对应十九大的五大建设提出了"五大文明"的概念:第二个阶段……再奋斗十五年,把我国建成富强民主文明和谐美丽的社会主义现代化强国。到那时,我国物质文明、政治文明、精神文明、社会文明、生态文明将全面提升……我国人民将享有更加幸福安康的生活,中华民族将以更加昂扬的姿态屹立于世界民族之林。④

此外,还有其他许多更为具体的划分。例如,中国现行《宪法》规定的国务院职权是:领导和管理经济工作和城乡建设,领导和管理教育、科学、文化、卫生、体育和计划生育工作,领导和管理民政、公安、司法行政和监察等工作,领导和管理国防建设事业和民族事

---

① 《胡锦涛文选》第二卷,人民出版社2016年版,第341页。
② 《人民日报》2008年1月31日第1版。
③ 习近平:《决胜全面建成小康社会 夺取新时代中国特色社会主义伟大胜利——在中国共产党第十九次全国代表大会上的报告》,人民出版社2017年版,第27页。
④ 同上书,第29页。

务，管理对外事务。

在现行国家机构的设置上，也可以看出中国"文化"的某种定位。例如，2008年公布的国务院组成部门包括：外交部、国防部、国家发展和改革委员会、教育部、科学技术部、工业和信息化部、国家民族事务委员会、公安部、国家安全部、监察部、民政部、司法部、财政部、人力资源和社会保障部、国土资源部、环境保护部、住房和城乡建设部、交通运输部、铁道部、水利部、农业部、商务部、文化部①、卫生部、国家人口和计划生育委员会、中国人民银行、审计署。

从文化概念的内涵来看，改革开放40年来，我们总体上把文化建设作为精神文明建设的重要部分来理解。需要注意的是，在"两个文明"意义上，由于精神文明包括政治体制改革和民主法制建设等内容，因此文化建设与精神文明建设重合的任务相对较少；而在"三个文明"意义上，由于政治文明建设被分列出来，因此文化建设与精神文明建设的范畴总体上是重合的，只是它们的话语表述法方式、要解决的主要问题和工作任务的侧重点等方面有所不同。

党的十七大报告强调中国特色社会主义文化建设开创新局面的主要任务，包括以下范围：社会主义核心价值体系建设扎实推进，马克思主义理论研究和建设工程成效明显；思想道德建设广泛开展，全社

---

① 从内涵来看，我国与国务院和地方政府领导和管理文化工作相关的机构应当包括文化部、教育部、科技部、广电总局、新闻出版总署（版权局）、体育总局、知识产权局、旅游局、宗教局、国研室、新闻办、档案局、新华社、中科院、社科院、工程院、发展研究中心、行政学院、外专局、邮政局、文物局、国家语委、自然科学基金会等，而不仅仅是文化部。

会文明程度进一步提高；文化体制改革取得重要进展，文化事业和文化产业快速发展，人民精神文化生活更加丰富；全民健身和竞技体育取得新成绩。

党的十七届六中全会报告提出的中国特色社会主义文化改革发展的奋斗目标是：社会主义核心价值体系建设深入推进，良好思想道德风尚进一步弘扬，公民素质明显提高；适应人民需要的文化产品更加丰富，精品力作不断涌现；文化事业全面繁荣，覆盖全社会的公共文化服务体系基本建立，努力实现基本公共文化服务均等化；文化产业成为国民经济支柱性产业，整体实力和国际竞争力显著增强，公有制为主体、多种所有制共同发展的文化产业格局全面形成；文化管理体制和文化产品生产经营机制充满活力、富有效率，以民族文化为主体、吸收外来有益文化、推动中华文化走向世界的文化开放格局进一步完善；高素质文化人才队伍发展壮大，文化繁荣发展的人才保障更加有力。

党的十九大报告从中国特色社会主义进入新时代的角度，在"坚定文化自信，推动社会主义文化繁荣兴盛"的标题下，强调"文化是一个国家、一个民族的灵魂。文化兴国运兴，文化强民族强。没有高度的文化自信，没有文化的繁荣兴盛，就没有中华民族伟大复兴。要坚持中国特色社会主义文化发展道路，激发全民族文化创新创造活力，建设社会主义文化强国"，进一步明确新时代中国特色社会主义文化建设的任务是：牢牢掌握意识形态工作领导权，培育和践行社会主义核心价值观，加强思想道德建设，繁荣发展社会主义文艺，推动文化事业和文化产业发展等内容，基本上都属于社会主义精神文明范畴的任务。[①]

[①] 习近平：《决胜全面建成小康社会 夺取新时代中国特色社会主义伟大胜利——在中国共产党第十九次全国代表大会上的报告》，人民出版社2017年版，第40—44页。

由上可见，在中国主流话语体系中，"文化"概念具有以下特点。

一是文化概念具有多义性，没有绝对固定、一成不变的文化概念的内涵和外延。在不同层面、不同领域、不同参照系、不同条件、不同场合下，文化概念具有不同的含义。

二是文化概念具有相对性。在一个金字塔结构下（见图6—1），文化概念的外延越大、层级就越高，外延越小、层级就越低。

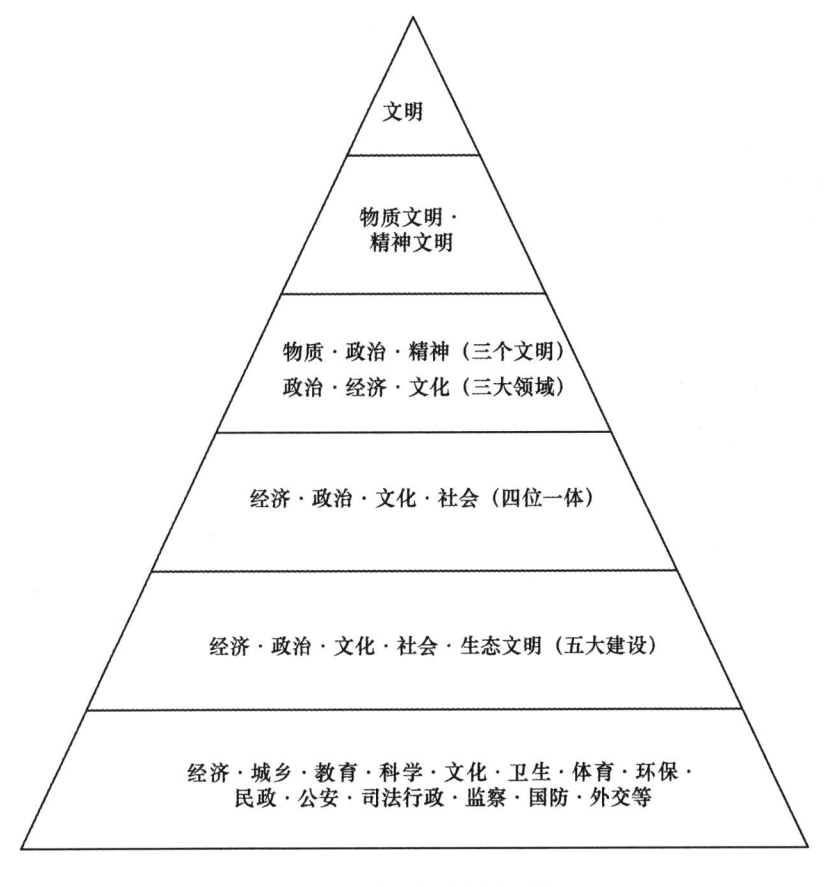

```
                    文明
              物质文明·精神文明
        物质·政治·精神（三个文明）
        政治·经济·文化（三大领域）
      经济·政治·文化·社会（四位一体）
  经济·政治·文化·社会·生态文明（五大建设）
经济·城乡·教育·科学·文化·卫生·体育·环保·
民政·公安·司法行政·监察·国防·外交等
```

图6—1 文化概念层次示意

三是文化概念具有可变性。它的内涵、表现形式、主导形态等随着实践的发展、认识的深化、观念的变更和现实需要等因素的发展变化，而在一定范围和程度上不断发展变化。

二 何谓法治文化？

全面推进依法治国需要全社会共同参与，需要全社会法治观念增强，必须在全社会弘扬社会主义法治精神，建设社会主义法治文化。① 党的十八届四中全会提出："法律的权威源自人民的内心拥护和真诚信仰。"② 党的十九大报告进一步明确要求：加大全民普法力度，建设社会主义法治文化，树立宪法法律至上、法律面前人人平等的法治理念。③

从文化角度看，法治文化是以"法治"为治国理政基本方式所形成的一种社会文化形态；从法治角度看，法治文化是以"文化"为表现形式和主要内容的一种法律统治形态，两个角度的内容相辅相成、殊途同归。所谓法治（Rule of Law），是指具有至高权威和平等对待的良法善治，在理念层面上，法治主要是指统治和管理国家的一整套理论、思想、价值、意识和学说；在制度层面上，法治主要是指在法律基础上建立或形成的概括了法律原则、法律程序和法律规范的各种制度设施；在运作层面上，法治主要指法律秩序和法律实现的过程及状态。从深层次来看，法治归根结底是一种文化、一种信仰、一种生

---

① 习近平：《加快建设社会主义法治国家》，《求是》2015年第1期。
② 中共中央文献研究室编：《十八大以来重要文献选编》（中），中央文献出版社2016年版，第172页。
③ 习近平：《决胜全面建成小康社会 夺取新时代中国特色社会主义伟大胜利——在中国共产党第十九次全国代表大会上的报告》，人民出版社2017年版，第39页。

活方式。"法治应当是由普遍性和特殊性所包容的连续体,是道德判断与普遍规范约束的结合……法治的意义在于它是各种制度、文化和普通公民的信念体系的一个属性。这里特别值得重视的,是关于'法治是一种文化'的观念。"因为,"法治的含义不只是建立一套机构制度,也不只是制定一部宪法一套法律。法治最重要的组成部分也许是一个国家文化中体现的法治精神。因此,要理解法治在一个国家里的意义,要有效发挥法治运作的价值和规范功能,最重要的是文化"。①

基于对文化和法治的一般理解,可以对法治文化作出广义和狭义的不同界定。广义地讲,法治文化是一个国家中由法治价值、法治精神、法治理念、法治思想、法治理论、法治意识等精神文明成果,法律制度、法律规范、法治机制等制度文明成果,以及自觉执法守法用法等行为方式共同构成的一种文化现象和法治状态;狭义地讲,法治文化是关于法治精神文明成果和法治行为方式相统一的文化现象和法治状态。

广义的法治文化包括三个层面的内容。

一是作为精神文明成果的法治文化。主要包括以下内容。

1. 关于法律的理论学说。包括什么是法律[如认为法律是国家意志,是自然法则,是正义理性,是神(或统治阶级)的意志,是规范规则体系,是具体行动行为,是政治统治工具手段,等等]、法律本质、法律功能、法律关系、法律来源以及法律与国家、法律与道德、法律与社会、法律与宗教、法律与政党、法律与经济、法律与政治、法律与意识形态、法律与文化等的关系。

2. 关于法治的原则。例如,法国《人权与公民权宣言》宣示的法治原则包括:法律面前人人平等;未经审判不为罪,法律不

---

① [美]詹姆斯·L. 吉布森、[南非]阿曼达·古斯:《新生的南非民主政体对法治的支持》,载《国际社会科学杂志》(中文版),1998年第2期。

得溯及既往；未经正当程序不得剥夺任何人的权利和自由，宪法所未列举的权利应为人民保留；国家机关不得行使法律所未授予的职权；司法独立；宪法是国家的最高法律，任何法律、法令都不得与宪法相抵触；国家机关之间应严格实行分权。美国法学家朗·富勒（Lon L. Fuller）把道德和法律紧密联系起来，提出了法治的八项原则：法律的普遍性（法律应当具有普遍性），法律应当公布，法律应当具有明确性，法律应当具有稳定性，法不得溯及既往，应当避免法律中的矛盾，法律不应要求不可能实现的事情，官方行为应与公布的法律保持一致。[1]

3. 关于法治的价值。包括民主、自由、平等、人权、公平、正义、秩序、安全、和谐、宪制等。正如法律有"善法"与"恶法"之分一样，法治所凭借之"法"当然也不会例外。依据什么样的法律进行统治，是法治文化必须回答的前提性问题。不能设想根据任何法律进行的统治都是正义的、有利于社会文明进步的。"德国人民在第三帝国时期也许曾处于法律制度统治下，然而，这是一种很多德国人和其他国家的人认为在许多方面令人憎恶的法律。"[2] 前南非推行种族隔离而适用未经审判即定罪的一些条款，都是以法治的名义进行的。[3] 历史一再证明，法治既可以正向价值为取向，充分维护民主、自由、平等、人权、正义和宪制，保障人民福祉的实现，也可以负向价值为皈依，把法律变成推行专制、人治、维护特权和私有制度的工具，甚至成为实行法西斯专政的手段。党的十九大报告明确

---

[1] 转引自沈宗灵《现代西方法律哲学》，法律出版社1983年版，第204—209页。

[2] [英]沃克:《牛津法律大辞典》，北京社会与科技发展研究所组织翻译，光明日报出版社1988年版，第791页。

[3] J. W. Harris, *Legal Philosophy*, Butterworths & Co (Publishers) Ltd., 1980. p. 128.

指出:"要推进科学立法、民主立法、依法立法,以良法促进发展、保障善治。"① 实行法治、建设法治国家,必须有理性的价值导向,而理念层面的法治所要解决的,正是法治价值的合理选择与定位问题。

4. 关于法治的认知。诸如罪有应得、杀人偿命、信守契约、借债还钱,不杀人放火、不抢劫盗窃、不坑蒙拐骗、不欺行霸市、不缺斤少两,等等。这是社会成员基于社会道德、宗教规训、传统习俗等而对法律、法律价值、法治以及守法、违法、犯罪、惩罚等法律行为规范及其后果的原始认识和朴素理解,是一个国家法治文化最广泛、最普遍、最原生态的社会道义基础,在法治文化建设中居于举足轻重的基础地位。

二是作为制度文明成果的法治文化。国家的政治制度、法律制度、法律程序、法治机制等,是法治文化的基本制度载体和重要存在方式,是作为精神文明成果的法治文化得以在国家和社会生活中发挥作用的制度平台和重要保障。作为制度文明成果的法治文化,主要包括宪法制度、立法制度、执法制度、司法制度、法律监督制度、守法制度,以及法律体系、法律部门、法律规范、法律条文、司法判例、法律解释等。例如,西方国家通常实行立法权、行政权、司法权分权制衡的"三权分立"制度,中国则实行民主集中制基础上的人民代表大会制度。又如,中国法律体系分为宪法与宪法相关法、民商法、行政法、经济法、社会法、刑法、诉讼与非诉讼程序法等七个部门;西方大陆法系国家主要划分为:公法、私法、社会法、经济法等领域。

---

① 习近平:《决胜全面建成小康社会 夺取新时代中国特色社会主义伟大胜利——在中国共产党第十九次全国代表大会上的报告》,人民出版社2017年版,第38—39页。

在英美法系国家，不成文的判例法是主要法律形式，而在大陆法系国家成文法是主要法律形式等。

三是作为社会行为方式的法治文化。如果说法律的生命在于实施，那么，法治的实现在于信仰。对于一个社会而言，法治不仅是主流价值和理论观念，也不仅是制度规范和司法机器，更重要的它是一种社会信仰、生活方式和行为习惯。作为社会行为方式的法治文化，主要是指社会成员在社会活动中对待法治的态度和所采取的行为方式。如对于一般社会成员来说，他们为什么要守法？守法是自觉自愿行为还是被迫行为？自觉守法或者被迫守法的文化机理和原因是什么？违法犯罪的原因、条件、主客观因素是什么？对于公职人员来说，他们为什么要依法执政、民主立法、依法行政、公正司法？为什么必须依法办事？为什么不能滥用公权力，不能以权谋私、贪污受贿、徇私舞弊、司法腐败、卖官鬻爵？他们为什么会发生选择性执法、执法不作为或者乱作为等？对于公司企业商人等来说，他们为什么必须依法经营、诚实信用、平等竞争、公平交易、依法纳税？为什么会发生缺斤少两、制假贩假、偷税漏税、合同诈骗、走私骗税等违法犯罪行为？所有这些行为方式和社会现象，都与法治文化的有无、真假、多少、强弱等有关。尤其需要追问的，是在什么条件下法治才能被人们真正信仰，才会内化成为人们的生活方式，才能在一个有着几千年封建专制文化传统的社会中生根开花结果？正如钱穆先生所言："一切问题，由文化问题产生；一切问题，由文化问题解决。"[1]

作为精神文明成果的法治文化，是法治文化建设的思想、灵魂和理论先导，它引领一个国家的法治发展方向，决定一个国家法治建设

---

[1] 钱穆：《文化学大义》，台湾中正书局印行1981年版，第3页。

的性质和特点，作用于一个国家的法治发展速度和质量，正所谓"法治文化有多远，法治建设就能走多远"。但是，对于一个历史上缺少民主法治传统的国家而言，作为精神文明成果的法治文化的真正形成，既需要长期的民主政治文化积淀、法治思想启蒙、法律知识传播和法制宣传教育，也需要经济社会发展的支撑和民主政治建设的土壤，必然要经历一个长期渐进、艰苦曲折和进退交织的历史过程。

作为制度文明成果的法治文化，是法治文化建设的主干、平台和躯体，它支撑着法治文化的摩天大厦，构建起法治帝国的国家机器，带动着法治精神文明和社会法治行为向前发展。相对于精神文明和社会行为方式的法治文化建设具有较强的渐进性而言，制度文明的法治文化建设在一定条件下则具有较强的构建性，可以通过革命、变法、改革或其他人为方式加快实现。因此，对于一个要加快实现现代化的赶超型发展中国家而言，高度重视并把法治的制度建设作为法治文化建设的重点，大力发展制度文明的法治文化，不仅具有必要性，而且具有可行性，是激进主义法治文化发展模式的一条重要路径。

作为社会行为方式的法治文化，是法治文化建设的实践基础和实现形式，它把法治思想理论的指引和法律制度规范的要求贯彻落实到每一个社会成员，把法治文化的价值追求和秩序构建实践于每一种法律关系，把纸面的法律变成为生活中的法律和行动，从而实在具体地移动着法治文明的进步。"法律要发挥作用，需要全社会信仰法律。"[①]然而，对于一个人口众多、封建文化影响深刻、市场经济落后、理性文化缺失、民主政治欠发达的国家而言，对于存在着汪洋大海般的

[①] 中共中央文献研究室编：《十八大以来重要文献选编》（上），中央文献出版社2014年版，第721页。

"信钱不信法""信权不信法""信神不信法""信命不信法""信利不信义"的社会而言，对于那些没有信仰、没有诚信、没有廉耻、没有礼仪、没有底线的人群而言①，要把先进文明的法治文化思想付诸自觉行动，成为一种生活方式和精神信仰，必然是一个长期艰难甚至痛苦的过程，绝不可能一蹴而就。

除上述之外，对于法治文化，还可以从主体、载体、历史等维度来理解其丰富内涵。

1. 法治文化的主体：（1）人——个人（如公民、男人、女人、儿童、老人等），群体（如干部、工人、农民、知识分子、青少年、消费者、残疾人、军人等），民族（如汉族、白族、蒙古族、彝族、傣族、回族、哈尼族、壮族、维吾尔族等），人民；（2）机构——执政党机关、参政党机关、立法机关、执法机关、监察机关、司法机关、法律监督机关、武装力量机关等；（3）单位——工厂、公司等企业单位，学校、医院、研究所等事业单位。法治文化的主体归根结底是人，是以人为中心、由人所创造、为人所支配、被人享有的文化；法治文化的客体是人民当家作主、通过宪法和法律管理国家和社会事务、管理经济和文化事业的文化。

2. 法治文化的载体——直接载体，如法律文本、法院、法庭、法官、检察官、律师、警察、法袍②、法槌、法律文书、监狱、囚犯、天平、宝剑、独角兽等；间接载体，如广播、电影、电视、戏曲、曲

---

① "最大危险不在于宪法不完备或者法律有缺陷，而在于公民的漠不关心。"[法]克洛德·德尔马：《欧洲文明》，郑鹿年译，上海人民出版社1988年版，第121页。

② "穿上法袍，有一种职业上的尊严感……身穿法袍，承担的是'上帝'的角色，辨明是非，判断罪错，施以制裁，加以刑罚，掌握他人之生命自由，评定争议的财产归属，其功能虽在判断，意义却非同凡响。"张建伟：《法律文化视野里的法庭衣着》，《人民法院报》2012年2月3日。

艺等文化艺术作品，报刊、书籍、网络、电话、图书馆、博物馆、电影院、出版社、书店、互联网、大数据、云计算、人工智能等。法治文化的载体是当下法治文化存在和表现的方式和形式，它多种多样，不断变化发展，使抽象的法治精神、法治灵魂、法治理念等具象化、显性化、现实化，成为看得见、摸得着、感受得到的现实存在。例如，2015年笔者率中国社会科学院青年代表团访问日本时，看到日本最高裁判所（最高法院）里有一尊正义之神的雕塑，其形态和手中器物与西方正义女神大致相同，身穿法袍，一手握宝剑，一手执天平，但法袍之中包裹的"人"，是"观音菩萨"（中性，非男非女，亦男亦女），脚蹬一双代表日本传统文化的木屐，由此似乎体现了东西法文化相结合但以日本文化为根基（为根本）的司法文化理念。反观我国法院系统的"正义"标志——华表+天平——这或许体现的是中国特色、"国家本位"、国家至高无上的司法正义观，与日本和其他西方国家的司法文化理念迥然而异。

3. 法治文化的历史——所有与法律有关的历史遗存、事件和故事等，都可能成为一个国家或者社会的法治文化。在中国历史上，有许多留下来的关于法制文化的历史，如图腾、宗庙、祠堂、县衙、县太爷、诉状、师爷、惊堂木、刑具、刑罚——如十恶不赦、五马分尸、凌迟、斩立决、莫须有等、法律文书（如判词）、牢房、卖身契，法律典籍——如秦朝《田律》、汉朝《九章律》、《魏律》、《晋律》、《北齐律》、《隋律》、《唐律》、《大明律》、《大清律》等，历史事件——如李悝变法、商鞅变法、王安石变法、公车上书、戊戌变法、清末法律改革等，历史故事及其人物——如包待制智勘灰阑记、乔太守乱点鸳鸯谱、窦娥冤、苏三起解、杨乃武与小白菜、包青天、狄仁杰、陈世美等。

三 法治文化与法律文化的区别

法律文化是指一个民族或国家在长期的共同生活过程中所认同的、相对稳定的、与法和法律现象有关的制度、意识和传统学说的总称。法治文化与法律文化的主要区别如下。

两者的概念位阶不同。法律文化是文化的一个组成部分，不同民族有不同的法律文化；法治文化则是法律文化的一个亚类，它强调法律文化中现代法治的成分。法律文化是上位概念，包含法治文化、法制文化、法律文明、法律传统、法律习惯等概念；法治文化从属于法律文化。

两者的历史产生不同。法律文化是历史的积淀，有人类社会和国家，就有法律和法律文化现象；而法治文化则主要是近现代资产阶级革命和社会主义革命以来的产物。

两者的价值取向不同。法律文化在价值判断上是中性的，基本上不具有优劣好坏比较的价值评判功能。法律文化表明的是与道德文化、习俗文化、宗教文化等其他规范性文化现象的不同。法治文化具有明显的价值取向，它主张民主否定专制，主张法律面前人人平等否定特权，主张法治否定人治，主张人权否定皇权和神权，主张法律至上否定独裁统治，倡导以权力制约权力、依法行政、司法独立、公平正义、理性、平等、自由、博爱、尊严等价值。

四 法治文化与文化法制的区别

如前所述，法治文化是由法治的精神文明成果、制度文明成果和社会行为方式共同构成的一种文化现象和法治状态；而文化法制则是一个国家有关文化产业、文化事业、文化体制、文化权利、文化活动、文化教育等的法律和制度的总称。在法治社会中，文化法制是法治文化的表现形式和组成部分；在专制社会中，文化法制往往成为人治文化、独裁文化、神权文化的重要组成部分，如中国封建文化法制中关于"莫须有""腹诽罪""文字狱""焚书坑儒"等做法，西方中世纪文化法制中的"思想犯罪""信奉异教罪""有罪推定""割喉刑"等。

目前，在中国，人们往往把"文化法制"当作"法治文化"概念来使用，混淆了两者的区别，影响了法治文化建设的推进。我们认为，从概念来看，法治文化是不能等同于文化法制的，正如企业文化不同于文化企业一样[①]。法治文化与文化法制具有如下主要区别。

第一，"法治"不同于"法制"，两者在价值取向、文化底蕴、基本内涵、主要原则、实践要求等方面有着重要区别。所以中国学者认为新中国的法治建设是一个"从人治到法制，再从法制到法治"的发展过程。改革开放以来，我们把"法制"改为"法治"，这意义重大的一字之改，用了20年（1978—1997年）的时间。

第二，法治文化与文化法制的研究重点不同。法治文化的重点在于"文化"，主要从文化意义、文化属性和文化特征等方面来研究和解释国家法治的价值观念、制度规范和行为方式等基本问题。法治文

[①] 企业文化是在企业生产经营和管理活动中所创造的具有该企业特色的精神财富和物质形态，包括文化观念、价值观念、企业精神、道德规范、行为准则、历史传统、企业制度、文化环境等，其中价值观是企业文化的核心。所有正常的企业都有或者应当有其自身的企业文化。文化企业则是与化工企业、钢铁企业、建筑企业、食品企业等不同的企业，是各种企业中专门负责生产、经营、管理文化产品的那些企业。

化概念下的"文化",主要是一种视角、方法和侧重点,是把法治现象置于文化学而非政治学、经济学、社会学等角度来研究;而法治文化概念下的"法治",主要是一种从文化学角度进行观察和研究的对象(有法治的地方,就有或者应当有法治文化),假如法治这个对象不变,但由于观察它的学科视角和研究它的学科方法的不同(如政治学关注政治统治及其合法性,经济学关注产权关系和经济效益,社会学关注阶层划分和社会矛盾),却可能得出不同的看法甚至全新的认识。

文化法制的重点在于"法制",是以文化建设为中心并为之服务的法制,主要强调文化法制与经济法制、政治法制、社会法制、军事法制、行政法制、环境法制等领域法制建设的区别与联系,着重从法制的角度来研究解决文化建设中的政策、立法、执法、司法、守法和法律保障等问题。例如,中国的"文化法制建设,就是要从法律上确立国家文化建设的根本方向、指导思想和核心价值,确定各类文化主体的性质、地位和功能,确定各类文化活动的原则、制度和规则,确定各类文化产品创作、生产、流通、消费和服务的体制机制,确定国家对文化活动的管理、规范和引导,调整文化权利义务关系;就是要在法制轨道上推进文化改革发展,切实做到有法可依、有法必依、执法必严、违法必究"[①]。

第三,法治文化与文化法制的价值取向不同。法治文化是与人治文化、专制文化、神治文化、非法治文化等相对立或者相区别的文化范式,在价值取向上,它强调法律统治而否定人治,强调民主而否定专制,强调人权自由平等而否定神权、皇权和特权,强调监督制衡而

---

① 沈春耀:《加强文化法制建设》,《光明日报》2011年11月10日。

否定集权独裁,崇尚自觉守法而否定违法犯罪……文化法制是一个与经济法制、政治法制、社会法制、行政法制等相区别的法制领域,这些法制领域的价值取向是共同的,但与法治文化的价值取向相比,文化法制不一定必然地排斥人治、否定特权、制约权力、维护民主和保障人权,不一定能够在文化领域真正实现"良法善治"。

第四,法治文化与文化法制的存在形态不同。法治文化的存在形态,主要是思想观念和理论学术的历史描述总结、现实感受评判、未来分析预测,是历史与现实相观照、应然与实然相结合、主观与客观相联系的一种文化样式和学理描述;文化法制的存在形态,主要是对文化建设中的法制问题的现实观照,是立足于国家法制资源配置、法律制度完善和法制调控实效的一种政府行为和治理方式。

◇ 第二节 社会主义法治文化

社会主义法治文化作为中华传统法律文化的批判继承和发扬光大,作为一切人类法治文明有益成果的借鉴和吸收,作为当代中国先进文化的重要组成部分,是公平正义、自由平等、保障人权、民主法治等社会主义基本价值的集中体现,是全体人民意志和党的主张相统一的集中体现,是社会主义伦理道德与社会主义法治精神相统一的集中体现,是社会主义法治理论与社会主义法治实践相统一的集中体现,是社会主义法治意识形态与全面落实依法治国基本方略相统一的集中体现,是法制宣传教育与培养法治行为习惯相统一的集中体现。

一 社会主义法治文化的内涵

社会主义法治文化（见表6—1）是由体现社会主义先进文化内在要求的法治价值、法治精神、法治意识、法治理念、法治思想、法治理论等精神文明成果，反映中国特色社会主义民主政治本质特征的法律制度、法律规范、法治机制等制度文明成果，以及自觉依法办事和遵法守法等行为方式共同构成的一种先进文化现象和法治进步状态。

表6—1　　　　　　　　　　社会主义法治文化

序号	法治文化的三个层面	主要内容
1	作为精神文明成果的社会主义法治文化	社会主义的法治精神、法治意识、法治观念、法治价值、法治原则、法治思想、法治理念、法治理论、法治学说等； 公民和国家公职人员的法治态度、法治心理、法治偏好、法治立场、法治信仰等
2	作为制度文明成果的社会主义法治文化	社会主义的根本政治制度、基本政治制度、基本经济制度、基本社会制度、基本文化制度等； 社会主义的宪法制度、民主选举制度、人权保障制度、民主立法制度、严格执法制度、公正司法制度、法律监督制度、自觉守法制度等； 中国特色社会主义法律体系、民法经济法行政法等法律部门、各种法律规范和法律条文、立法司法解释等

续表

序号	法治文化的三个层面	主要内容
3	作为社会行为方式的社会主义法治文化	执政行为、立法行为、行政行为、司法行为、监督行为、守法行为等； 法治习惯、法治功能、法治实效、法治权威、法治秩序、法治环境、法治状况等

1. 作为精神文明成果的社会主义法治文化，它是一个法治价值理论体系，包括社会主义法治精神、社会主义法治意识、社会主义法治观念、社会主义法治价值、社会主义法治原则、社会主义法治思想、社会主义法治理念、社会主义法治理论、社会主义法治学说等[①]，以及公民和国家公职人员的法治态度、法治心理、法治偏好、法治立场、法治信仰等内容。

2. 作为制度文明成果的社会主义法治文化，它是一个法治制度规范体系，既包括宪法规定的社会主义的根本政治制度（人民代表大会制度）和基本政治制度（民族区域自治制度、共产党领导的多党合

---

① 社会主义法治文化、社会主义法治精神、社会主义法治意识、社会主义法治观念、社会主义法治价值、社会主义法治原则、社会主义法治思想、社会主义法治理念、社会主义法治理论、社会主义法治学说等，这些概念在我国学者的著述中都使用过；其中大多数概念在执政党、国家及其领导人的文献讲话中也使用过。然而，这些名词概念究竟具有什么科学含义，各个名词概念之间到底是什么关系，似乎没有系统研究和深入辨析过，以至于这些名词概念许多大同小异，尤其是社会主义法治观念、社会主义法治思想、社会主义法治理念、社会主义法治理论这几个概念，几乎别无二致，把它们翻译成外文后也难分伯仲。执政党和国家完全应当对这些法治基本概念进行精简整合，以便于人们学习掌握和贯彻落实，避免文字游戏般的名词混乱。

作和政治协商制度、基层民主自治制度、特别行政区制度①等)、基本经济制度、基本社会制度、基本文化制度，也包括社会主义的宪法制度、民主选举制度、人权保障制度、民主立法制度、严格执法制度、公正司法制度、法律监督制度、自觉守法制度等，还包括中国特色社会主义法律体系、民法经济法行政法等法律部门、各种法律规范和法律条文、立法司法解释等。

3. 作为社会行为方式的社会主义法治文化，它一个法治行为体系，不仅包括执政党的依法执政行为、立法机关的民主科学立法行为和依法监督行为、行政机关的依法行政行为、司法机关的公正司法行为、全体公民的自觉守法和理性用法行为，而且包括由法治行为产生的法治习惯、法治功能、法治实效、法治权威、法治秩序、法治环境、法治状况等内容。

作为精神文明成果的社会主义法治文化，它引领国家法治发展的方向，决定国家法治建设的性质和特点，作用于国家法治发展的速度和质量。但是，对于历史上缺少民主法治传统的国家而言，作为社会主义精神文明成果的法治文化的真正形成，必然要经历一个长期的渐进的甚至是艰苦曲折的发展过程。在精神文明成果的意义上加强社会主义法治文化建设，既要坚决反对人治、专制、神治、少数人统治和法外特权等的观念和做法，也要尽快摒弃违法有理、法不责众、信闹不信法、信权不信法、信钱不信法等非法治的错误观念和做法。

作为制度文明成果的社会主义法治文化，是法治文化建设的主

---

① 目前我国理论界对于"特别行政区制度"是否属于国家的基本政治制度，尚无定论。不少学者认为不能将之规定为基本政治制度，核心观点是基本政治制度要长期存在和发展，香港特别行政区和澳门特别行政区实行的资本主义生活方式只是"五十年不变"。

干、平台和躯体，它带动法治精神文明和社会法治行为向前发展。相对于社会主义精神文明和社会行为方式的法治文化建设具有较强的渐进性而言，制度文明的法治文化建设在一定条件下则具有较强的构建性，可以通过革命、变法、改革或其他人为方式加快实现。因此，对于要加快实现现代化的赶超型发展中国家而言，高度重视并把法治的制度建设作为法治文化建设的重点，大力发展制度文明的法治文化，不仅具有必要性，而且具有可行性，是激进主义法治文化发展模式的一条重要路径。在制度文明成果的意义上加强社会主义法治文化建设，既要坚持民主和公权力的制度化和法律化，坚持"三者有机统一"，也要坚持社会主义宪制顶层设计的政治体制改革和创新发展，坚持法治制度规范体系与法治精神理论体系的有机统一；既要防止把社会主义法治文化过于抽象"虚化""神化"的倾向，例如，把社会主义法治文化建设仅仅理解为解决法治精神、法治观念、法治意识和法学理论的问题，也要避免把社会主义法治文化过于具体"实化""物化"的倾向，例如，把社会主义法治文化建设的主要任务理解为进行法治文艺演出、法制宣传活动、制作法治电影电视、发行法治报刊图书等。

作为社会行为方式的社会主义法治文化，是法治文化建设的实践基础和实现形式。在社会行为方式的意义上加强社会主义法治文化建设，在认识上既要注重法治文化的实践性、可操作性和大众化的要求，也要注重法治文化的观念引导、制度规范和国家强制的特点；在实践中既要有所作为、积极推进，不可放任等待，也要循序渐进、潜移默化，不可操之过急。

社会主义法治文化是上述这些内容的集大成者，其要义是以社会主义法治精神理念为导引，以社会主义法律制度为主干，以依法办事和自觉守法为基础，以构建社会主义法治秩序为目标的法治文明状态。

国家"六五"普法规划明确提出了推进社会主义法治文化建设的任务，[①] 但是与"社会主义法治文化"一般含义的要求相比，"六五"普法规划关于社会主义法治文化表述的范围要狭窄许多，而且主要局限于法治文化产品、法治文化活动、法治文化宣传等方面，对什么是"社会主义法治文化"这个关键概念，却没有作出科学定义，对于法治文化的价值原则、制度规范等内容，也基本没有涉及。从完整科学理解社会主义法治文化的概念、全面推进社会主义法治文化建设的角度看，这不能不说是一个遗憾。

国家"七五"普法规划对"推进社会主义法治文化建设"作了专门规定，明确要求"以宣传法律知识、弘扬法治精神、推动法治实践为主旨，积极推进社会主义法治文化建设，充分发挥法治文化的引领、熏陶作用，使人民内心拥护和真诚信仰法律。把法治文化建设纳入现代公共文化服务体系，推动法治文化与地方文化、行业文化、企业文化融合发展。繁荣法治文化作品创作推广，把法治文化作品纳入各级文化作品评奖内容，纳入艺术、出版扶持和奖励基金内容，培育法治文化精品。利用重大纪念日、民族传统节日等契机开展法治文化活动，组织开展法治文艺展演展播、法治文艺演出下基层等活动，满足人民群众日益增长的法治文化需求。把法治元素纳入城乡建设规划

[①] 1. 通过法制宣传教育，弘扬社会主义法治精神，在全社会形成崇尚法律、遵守法律、维护法律权威的（法治）氛围。2. 开展丰富多彩的法治文化活动，使法制宣传教育与群众文化生活相结合，丰富法治文化活动载体和形式。3. 引导法治文化产品创作和推广，增加产品数量，提高产品质量，推出精品、创出品牌，不断满足人民群众对法治文化产品的需求。4. 鼓励各类文化团体参加法治文化建设，探索建设法治文化教育基地，发挥公共文化场所在法治文化建设中的资源优势，组织开展法制文艺演出等群众喜闻乐见的法治文化活动。

设计,加强基层法治文化公共设施建设"。这里也很难看出"社会主义法治文化"的确切内涵和基本特征是什么。

与本国的政党文化、民族文化、社会文化、企业文化、单位文化、公民文化以及宗教文化、礼仪文化、民俗文化、地域文化、伦理文化等文化现象[①]相比较,社会主义法治文化具有以下特征。

1. 国家意志性。法治文化是以法律作为核心要素和基本前提的文化形态,没有法律就没有"法律的统治"和依法治国,社会主义法治文化也就无从谈起。在中国,法律是上升为国家意志的执政党的主张和人民意志相统一的体现,是由国家强制力保证实施的社会行为规范。社会主义法治文化具有国家主权的象征、国家权力的威严、国家行为的方式、国家利益的本质、国家强力的保障等特征,是中国主流文化的重要组成部分。

2. 意识形态性。马克思列宁主义、毛泽东思想、邓小平理论、"三个代表"重要思想、科学发展观、习近平新时代中国特色社会主义思想是中国立法的指导思想和法治建设的灵魂,中国共产党领导立法是中国立法的政治原则,"三者有机统一"是中国法治发展的本质要求,坚定不移走中国特色社会主义法治道路,把党的领导贯彻到依法治国全过程和各方面……凡此种种都表明,社会主义法治文化必然

[①] 文化概念几乎包括了人类社会生活的方方面面,对文化的分类也因此多种多样。如从地域分,有本土文化和外来文化、城市文化和农村文化、东方文化和西方文化、大陆汉文化和港澳台汉文化;从时间分,有原始文化、奴隶制文化、封建文化、资本主义文化、社会主义文化等;从宗教信仰分,有佛教文化、道教文化、基督教文化、伊斯兰教文化等;从生产方式分,有游牧文化、农业文化、工业文化、信息文化;从生产工具分,有旧石器文化、新石器文化、青铜文化;从人类把握世界的方式分,有科学文化和人文文化;从性质分,有世界文化、民族文化、精英文化、通俗文化;从结构层次分,有物质文化、制度文化、精神文化。参见王秉钦《文化翻译学》,南开大学出版社1995年版,第3—4页。

具有鲜明的阶级性、政治性和党性等意识形态（Ideology）特征。另外，社会主义法治文化作为中国主流文化的重要组成部分，其价值取向、指导思想、理论基础、精神理念等本质上属于政治意识形态的范畴，是表现为国家意志的政治意识形态。党的十九大报告明确提出："牢牢掌握意识形态工作领导权。意识形态决定文化前进方向和发展道路。必须推进马克思主义中国化时代化大众化，建设具有强大凝聚力和引领力的社会主义意识形态，使全体人民在理想信念、价值理念、道德观念上紧紧团结在一起。要加强理论武装，推动新时代中国特色社会主义思想深入人心。深化马克思主义理论研究和建设，加快构建中国特色哲学社会科学，加强中国特色新型智库建设。坚持正确舆论导向，高度重视传播手段建设和创新，提高新闻舆论传播力、引导力、影响力、公信力。加强互联网内容建设，建立网络综合治理体系，营造清朗的网络空间。落实意识形态工作责任制，加强阵地建设和管理，注意区分政治原则问题、思想认识问题、学术观点问题，旗帜鲜明反对和抵制各种错误观点。"[1]

3. 人民民主性。人民民主是社会主义的生命。没有人民民主，就没有社会主义，就没有社会主义的现代化，就没有社会主义法治文化。国家的一切权力属于人民，人民当家作主，既是社会主义民主的主体，也是社会主义法治文化的主体。必须坚持以人民为中心，依靠人民创造历史伟业。[2] 人民行使各项民主权利，民主参与、民主选举、民主决策、民主管理、民主监督，依照宪法和法律管理国家和社会事务、管理经济和文化事业，反对人治，依法治权、依法治官，等等，

---

[1] 习近平：《决胜全面建成小康社会 夺取新时代中国特色社会主义伟大胜利——在中国共产党第十九次全国代表大会上的报告》，人民出版社2017年版，第41—42页。

[2] 同上书，第21页。

都是社会主义法治文化人民民主性的必然要求。执政党和国家公权力机关坚持以人为本、人民主权、立党为公、执政为民、执法司法为民等，都是社会主义法治文化人民民主性的集中体现。

4. 制度构建性。马克思主义认为，民主是一种国家形态、一种国家制度。社会主义法治是社会主义民主的制度化、法律化，是人民民主的制度保障，因此社会主义法治文化不仅是一种精神理念文化，也是一种制度规范文化。这种制度文化是中国共产党领导人民创立和发展的，具有法律上的连续性、稳定性和极大的权威性，是社会主义法治文化的支柱平台。

除上述特征外，从社会、民间的角度来看，社会主义法治文化在实践中还有社会性、民间性、地域性和自发性等特点，它所具有的国家意志性、意识形态性、人民民主性和制度构建性并非绝对的。例如，对于吴英案、李昌奎案、药家鑫案、李庄案、刘涌案等司法案件，许多社会民众、专家学者和新闻媒体的看法，与政法机关的"依法判断"就存在较大分歧。又如，由于存在对于国家法与民间法、硬法与软法、制定法与习惯法、合法与合理、风俗习惯与法律规范等的不同理解和差异性认识，因此法治文化在各种地方文化、各个地方区域、各种民族、各个社会群体和阶层中，表现出丰富多彩、千姿百态的民间和社会存在形式。加强社会主义法治文化建设，不仅要重视国家和制度层面法治文化的强制主导作用，也要重视社会和民间层面法治文化的基础配合作用。

二 社会主义法治文化的基本向度

在中国语境下，"社会主义法治文化"这个概念，实质上是指中国特色社会主义法治文化。在一种相比较而存在的坐标下，中国特色社会主义法治文化具有以下四个基本向度。

一是在定性比较的向度上，中国现阶段的法治文化属于社会主义性质法治文化。尽管它必须学习借鉴包括西方资本主义法治文化在内的一切人类法治文明的优秀文化成果[①]，尽管"一国两制"方针下国家宪法允许香港、澳门和台湾地区保持资本主义生活方式长期不变，但它本质上是以马克思主义为指导思想、以社会主义制度为主体、以无产阶级政党为政治领导、以生产资料公有制为经济基础、以人民民主为本质特征、以依法治国为治国理政基本方略、以公平正义和共同富裕为社会价值、以实现人的自由而全面发展为目标的社会主义法治文化。

二是在定位比较的向度上，中国的社会主义法治文化是中国特色的法治文化，中国国情、中华文化、中国的民族传统、政治生态、经济发展水平、社会发育程度、公民文化素质、民主法治发展道路等，决定了中国法治文化的形成和发展，既不允许照搬照抄西方资本主义和其他发展中国家的法治文化模式，也不可能照搬照抄其他社会主义国家的法治建设模式，而只能从中国的实际出发，立足中国的经济国情、政治国情、文化国情和社会国情，走中国特色的社会主义法治文化发展道路，这就是坚持共产党领导、人民当家作主和依法治国有机

---

① 2007年2月，温家宝同志在《关于社会主义初级阶段的历史任务和外交政策》一文中指出："科学、民主、法制、自由、人权，并非资本主义所独有，而是人类在漫长的历史进程中共同追求的价值观和共同创造的文明成果。只是在不同的历史阶段、不同的国家，它的实现形式和途径各不相同，没有统一的模式，这种世界文明的多样性是不以人们主观意志为转移的客观存在。正是这种多样文化的并存、交汇和融合，促进了人类的进步。要承认世界文化的多样性，不同文化之间不应该互相歧视、敌视、排斥，而应该相互尊重、相互学习、取长补短，共同形成和谐多彩的人类文化。"

统一的法治文化建设与发展之路。

三是在阶段比较的向度上，中国的社会主义法治文化仍然是社会主义初级阶段的法治文化，"人口多、底子薄，地区发展不平衡，生产力不发达的状况没有根本改变；社会主义制度还不完善，社会主义市场经济体制还不成熟，社会主义民主法制还不够健全，封建主义、资本主义腐朽思想和小生产习惯势力在社会上还有广泛影响。中国社会主义社会仍然处在初级阶段"[1]。党的十九大报告指出："中国特色社会主义进入新时代，我国社会主要矛盾已经转化为人民日益增长的美好生活需要和不平衡不充分的发展之间的矛盾。"但是必须认识到，我国社会主要矛盾的变化，没有改变我们对我国社会主义所处历史阶段的判断，我国仍处于并将长期处于社会主义初级阶段的基本国情没有变，我国是世界最大发展中国家的国际地位没有变。[2] 因此，中国特色社会主义法治文化建设在取得显著成就的同时，必然存在种种不尽如人意的问题，人治习惯以及法治观念薄弱、法治能力不强、无法可依、有法不依、执法不严、违法不究、司法不公、监督不力、滥用权利、目无法治等现象不同程度地存在，有些问题表现还比较突出。正因为如此，中国特色社会主义法治文化建设必然需要倍加重视和呵护，需要不断改革和完善，需要不断学习和超越，必然是一个长期实践、不断探索、曲折发展和日益成熟的过程。

四是在国际比较的向度上，中国特色社会主义法治文化是植根于

---

[1] 江泽民：《高举邓小平理论伟大旗帜，把建设有中国特色社会主义事业全面推向二十一世纪——在中国共产党第十五次全国代表大会上的报告》，人民出版社1997年版，第18页。

[2] 习近平：《决胜全面建成小康社会 夺取新时代中国特色社会主义伟大胜利——在中国共产党第十九次全国代表大会上的报告》，人民出版社2017年版，第11、12页。

中华法系①文化传统的法治文化，同时吸收搬用了以苏联②为代表的社会主义法系的大量内容，例如，关于法的定义、法的本质、法的特征、法的功能、法的渊源、法律体系、立法制度、司法体制以及宪法、选举法、组织法、刑法、婚姻法、经济法等，此外还学习借鉴了大陆法系和英美法系的诸多原理原则和法律制度，例如，知识产权制度、行政法制度、诉讼程序法制度、判例法制度、人权法制度等③。尤其是，香港、澳门、台湾作为中国不可分割的组成部分，它们分别具有的英美法系和大陆法系的法治文化传统，极大地丰富了中国法治

---

① 据张晋藩先生的研究，中华法系具有十个特点：引礼入法，礼法结合；法自君出，权尊于法；家族本位，伦理法治；天人合一，情理法统一；民刑不分，重刑轻民；司法行政不分，司法从属行政；刑讯逼供，罪从供定；援法定罪，类推裁判；无讼是求，调处息争；依法治官，明职课责。

② 中华人民共和国成立初期，我们"请进来""走出去""一边倒"，全面学习移植苏联的法律制度。如我国 1954 年宪法基本上是以苏联 1936 年宪法为蓝本制定的。刘少奇同志在关于 1954 年宪法草案的报告中指出："我们所走过的道路就是苏联走过的道路。宪法关于人民代表大会制度的规定就是根据革命根据地政权建设的经验，并参照苏联和各人民民主国家的经验规定的。"我们的宪法"参考了苏联的先后几个宪法和各人民民主国家的宪法。显然，以苏联为首的社会主义先进国家的经验，对我们有很大的帮助。我们的宪法草案结合了中国的经验和国际的经验"。当时苏联的社会主义法制理论、法制模式和司法制度，成为建立新中国司法制度的非常重要的来源。新中国初期基本上走了一条"全盘苏化"的法制发展道路。

③ 2008 年《中国的法治建设》白皮书指出：在制定各项法律时，中国大胆地吸收和借鉴外国和国际上的立法经验。在民商法领域，《民法通则》《物权法》《合同法》等法律，兼采普通法系和大陆法系国家的诸多基本制度，吸收了国际通行的私法精神与立法原则。在行政法领域，吸收了现代行政法治中通行的比例原则、信赖保护等原则。在刑事法领域，《刑法》和《刑事诉讼法》借鉴和吸收了国外罪刑法定和公开审判等现代刑事法治的基本原则和精神。针对近年来刑事犯罪中出现的新情况，参照国外刑事立法经验，在刑事法律中规定了资助恐怖活动罪、洗钱罪、内幕交易罪、操纵证券期货交易价格罪、妨害信用卡管理罪等新罪名。在知识产权保护和环境保护的立法方面，也吸收了不少国外的立法经验。

文化的内涵，拓展了中国法治文化的外延和空间，使之在当代世界主要法系中越来越呈现出"混合法系"①的法治文化特征。

三 关于社会主义法治理念

在中国，社会主义法治理念被有关方面认定为社会主义法治文化的核心内容。事实上，法治理念作为法治文化的重要组成部分，是关于法治的本质、基本内涵、主要任务和根本要求的思想理论观念。法治文化从根本上讲是一种制度文化，是对法治在制度、体制及其社会思想和心理基础上的综合反映。因此，不同的制度，其法治文化的表现形式也有着根本差异。建设中国特色社会主义法治文化，必须坚持社会主义法治理念。

中国为什么要在 21 世纪前期提出社会主义法治理念？其主要原因：一是针对推进依法治国基本方略过程中出现的某些否定或弱化党的领导和人民民主的现象；二是针对法治建设脱离中国国情、过分学习西方法治模式和法治文化的倾向；三是针对司法体制改革中照搬照抄西方司法模式、脱离中国国情的现象；四是针对法学教育中"言必称西方"的倾向。

如何界定社会主义法治理念？社会主义法治理念"依法治国、执法为民、公平正义、服务大局、党的领导"的五句话，是否科学合理地适用于中国所有法律关系主体，是否充分体现了社会主义宪制的原则要求，是否明确表达了社会主义法治实施的具体内容？所有这些问

---

① 在广义上，混合法系（mixed jurisdiction）是指由两个或两个以上法律传统或法系的成分所构成的法律体系；在狭义上，混合法系是指由大陆法系和英美法系混合构成的法律体系。

题，都需要用更加开放高远、更加科学理性、更加符合法治建设规律的眼光来思考和回答。

我们认为，社会主义法治理念这个概念的适用对象，不仅是政法机关及其公职人员，还应当包括执政党和参政党、武装力量、国家权力机关、国家行政机关、各社会团体、各企业事业组织、所有公职人员和全体公民，即中华人民共和国的所有法律关系主体，都应当坚持和接受社会主义法治理念。此外，由于中国法律对于主体、时间和空间范围的法律效力原则规定，依法治国首先是依宪治国，法律面前人人平等的法治原则；中国《宪法》第五条明确规定"一切国家机关和武装力量、各政党和各社会团体、各企业事业组织都必须遵守宪法和法律。一切违反宪法和法律的行为，必须予以追究。任何组织或者个人都不得有超越宪法和法律的特权"，因此，包括香港、澳门、台湾的居民以及在中国大陆的外国和境外的组织、企业和人士等，都必须遵守国家的宪法和法律，接受国家的执法管制和司法管辖，从而在一定程度上接受社会主义法治理念。

因此，对于社会主义法治理念应当做扩大和深化解释。社会主义法治理念，是社会主义法治文化的重要组成部分，是体现社会主义法治本质要求和价值取向的思想理论观念，是指导社会主义立法、执法、司法、守法、法律监督和宪法法律实施的方针原则。

社会主义法治理念是中国共产党作为执政党，从社会主义现代化建设事业的现实和全局出发，借鉴世界法治经验，对近现代特别是改革开放以来中国经济、社会和法治发展的历史经验的总结；它既是当代中国社会主义建设规划的一部分，同时是执政党对中国法治经验的理论追求和升华。

社会主义法治理念是一个有机统一的思想理论和规范原则体系，

应当包括以下三个层次的内容。

第一个层次，是政治哲学、法政治学和意识形态层次。这个层次的社会主义法治理念，主要包括五项要求：依法治国、执法为民、公平正义、服务大局、党的领导。其中，依法治国是社会主义法治理念的核心内容[①]，执法为民是社会主义法治理念的内在要求，公平正义是社会主义法治理念的价值追求，服务大局是社会主义法治理念的政治使命，党的领导是社会主义法治理念的根本特征。这五个方面相辅相成，从整体上体现了党的领导、人民当家作主和依法治国的有机统一。"依法治国、执法为民、公平正义、服务大局、党的领导"这五句话，应当是"社会主义法治理念"的核心内容，而不完全是"社会主义法治"的基本要求。因为，根据三中全会以来民主法治建设的基本方针，社会主义法治不仅要求做到"执法为民"，而且要做到"执政为民""立法为民""司法为民""法律监督为民"……社会主义法治不仅要服务大局，也要服务"小局"，不仅要服务国家"全局"，也要服务地方"局部"，不仅要服务经济和社会建设，也要服务政治和文化建设；不仅要"服务"，也要规范、保障、制约甚至惩罚……社会主义法治建设不仅要坚持党的领导，也要坚持人民当家作主，坚持"三者有机统一"。所以，社会主义法治理念不能完全等同于社会主义法治，"五句话"应当是社会主义法治理念的要求。

[①] 我国有的著述认为，"依法治国是社会主义法治的核心内容"。这种提法涉及"依法治国"与"法治"这两个概念的基本关系问题，值得进一步研究和解释。通常情况下，法学界把"依法治国"大致等同于"社会主义法治"。显然"依法治国是社会主义法治的核心内容"的表述，是把"社会主义法治"作为一个大概念，而"依法治国"从属于"社会主义法治"。在这里，论者需要对"依法治国"与"社会主义法治"之间是等同关系还是包容关系以及谁包容谁，做出科学论述和实证证明，否则容易在理论上和思想上造成混乱。

社会主义法治理念首先是关于法治的思想理论观念，因此，作为第一个层次的社会主义法治理念，还应当包括中国特色社会主义理论体系、现行宪法序言规定的国家指导思想、改革开放以来党和国家关于社会主义民主法治建设的一系列思想理论和方针政策等。

社会主义法治理念的第一个层次，居于中国法治建设的指导地位，是坚持中国法治建设社会主义方向和社会主义性质的政治保障和理论前提，也是中国特色社会主义法治文化区别于西方资本主义法治文化的主要特征。

第二个层次，是社会主义政治文明与宪制[①]层次。这个层次的社会主义法治理念，主要包括以下宪制原则：人民当家作主的人民主权原则，宪法和法律至上的法治原则，尊重和保障权利的人权原则，民主政治、科学执政和依法执政的执政原则，民主立法、科学立法、高质立法的立法原则，依法行政的政府法治原则，公正高效廉洁的司法原则，控权制约的权力监督原则。

第二个层次的社会主义法治理念，是依据中国宪法和社会主义宪制原理提出的。与第一个层次和第三个层次的社会主义法治理念相比，它处于承上启下的中间位置，是贯彻落实第一个层次社会主义法治理念的民主宪制原则的要求。

在社会主义法治理念的第二个层次上，广义地讲还应当包括根据中国宪法和法律构建的国家根本政治制度、基本政治制度、立法制度、行政制度、司法制度、法律监督制度、特别行政区制度、人权保

---

① 中国特色社会主义宪制，是指以中国化的马克思主义为指导，以坚持四项基本原则为政治前提，以坚持党的领导、人民当家作主和依法治国的有机统一为本质特征，以人民代表大会制度为根本政治制度，以执政为民、尊重保障人权和实现人的全面解放为宗旨的社会主义民主政治。

障制度、公民守法制度、中国特色社会主义法律体系、在中国适用的国际法规范等；与社会主义法治和依法治国有关的图书馆、博物馆、出版物、电影电视、各种表演和表达形式、网络资讯等。

第三个层次，是社会主义法治的操作和实施层次。这个层次的社会主义法治理念，主要包括以下具体法治要求：有法可依、有法必依、执法必严、违法必究；公民在法律面前人人平等，法律的公开性、法律的明确性、法律的可预测性、法律的权威性、法律的统一性、法律的可诉性、法不溯及既往、依法独立行使审判权和检察权等。此外，还应当包括法律规范的具体实施过程、实施方法、实施效果，领导干部和公职人员依法办事的能力和素质，全体公民信仰法治、自觉守法的原因、方式、程度、效果，违法犯罪受到遏制或者减少的状况，等等。第三个层次的社会主义法治理念，是法治操作层面的具体规则、方式方法和实践形式，体现了社会主义法治理念对于宪法和法律实施的具体要求。

从上述三个层次社会主义法治理念的内容构成可以看出，法治理念层次不同所带来的变量关系，即法治理念的层次越高，如第一个层次的社会主义法治理念，其思想性、政治性、意识形态性、指导性就越强，中国特色也越明显；反之，法治理念的层次越低，如第三个层次的社会主义法治理念，其普适性、法律性、规范性、可操作性就越强，而其政治性、意识形态性也越弱。

四 关于中国特色社会主义法治理论

中国特色社会主义法治理论是中国特色社会主义理论体系的重要组成部分，是中国共产党人根据马克思主义国家与法的基本原理，在借鉴吸收古今中外人类法治文明有益成果的基础上,从当代中国国情、现代化建设和依法治国的实践出发,深刻总结中国社会主义法治建设的成功经验和惨痛教训,逐步形成的具有中国特色的社会主义法治理论体系,是全面推进依法治国、加快建设社会主义法治国家的重要理论指导、思想基础和学理支撑。

中国特色社会主义法治理论是以中国特色社会主义法治道路、中国特色社会主义法治体系和全面推进依法治国的实践为基础的科学理论体系,由以下四个主要部分构成。

其一,中国特色社会主义法治的思想价值理论,涉及政治哲学、法哲学和中国特色社会主义理论体系的有关价值、核心概念、基本范畴和重要内容,主要包括马克思主义国家与法的学说,马克思主义的国家观、政党观、民主观、法律观、法治观、人权观、平等观、正义观和权力观,马克思主义法学思想及其中国化的创新和发展等;社会主义法治精神、社会主义法治意识、社会主义法治观念、社会主义法治价值、社会主义宪制和法治原则、社会主义法治思想、社会主义法治理念、社会主义法治文化、社会主义法治学说等。

其二,中国特色社会主义法治的制度规范理论,涉及法治的基本制度、法律规范、法律体系、法治体系、法治程序、法治结构等范畴和内容,主要有关于中国特色社会主义法治体系的理论,关于中国特色社会主义法治政府、依法行政和行政执法制度的理论,司法权、司法体制、司法程序、法律监督体制、公正司法制度、司法体制改革的理论,依宪执政、依法执政和依规治党的体制和理论等。

其三,中国特色社会主义法治的实践运行理论,涉及法治原理原则的应用、法治行为、法治实践、宪法法律实施、法律制度运行等范畴和内容,主要包括科学立法、严格执法、公正司法、全民守法等法治建设各个环节的理论等。

其四，中国特色社会主义法治的相关关系理论，涉及法治存在和运行发展的外部关系，涉及法治与若干外部因素的相互作用、彼此影响、共同存在等现象及其内容，主要有中国特色社会主义法治与中国特色社会主义、中国特色社会主义道路、中国特色社会主义理论、中国特色社会主义制度、全面深化改革、全面从严治党、全面建成小康社会、实现中华民族伟大复兴中国梦的关系等。

五　关于社会主义法治精神

党的十七大报告指出，要"坚持依法治国基本方略，树立社会主义法治理念……树立社会主义民主法治、自由平等、公平正义理念……弘扬法治精神"。对于这一表述，法学界有所议论：一是为什么要提出"两个理念"，两者之间是什么关系；二是"法治理念"的前面有定语"社会主义"，"法治精神"却没有，这是否意味着"法治精神"是普世的，而"法治理念"是社会主义的。

2011年3月，胡锦涛同志在十七届中央政治局第二十七次集体学习时强调指出："在全社会大力弘扬社会主义法治精神，对全面贯彻落实依法治国基本方略、建设社会主义法治国家具有基础性作用，必须把加强宪法和法律实施作为弘扬社会主义法治精神的基本实践，不断推进科学立法、严格执法、公正司法、全民守法进程。"[1] 这就清楚地表明，"法治精神"同样有"姓资""姓社"的问题，在全面落

---

[1] 胡锦涛：《推进依法行政弘扬社会主义法治精神　充分发挥法律促进经济社会发展作用》，在中共中央政治局第二十七次集体学习时的讲话（2011年3月28日），载《人民日报》2011年3月30日第1版。

实依法治国基本方略的进程中,我们所要弘扬的"法治精神",是社会主义的法治精神。

　　作为名词的"精神"一词,在这里是指"宗旨"和"主要的意义"。① 但何谓"法治精神",却见仁见智,没有统一共识和定论。法治精神的基本原理来自"法的精神",最为经典的学说是来自法国启蒙政治思想家孟德斯鸠的《论法的精神》。孟德斯鸠认为,法的精神就是法律符合人类理性的必然性和规律性,但他并没有对什么是"法的精神"给出明确界定,而是通过大量描述和解释来表达他对"法的精神"的理解。例如,孟德斯鸠认为:"法律应该和国家的自然状态有关系;和寒、热、温的气候有关系;和土地的质量、形势与面积有关系;和农、猎、牧各种人民的生活方式有关系。法律应该和政体所能容忍的自由程度有关系;和居民的宗教、性癖、财富、人口、贸易、风俗、习惯相适应。"②"为哪一国人民制定的法律,就应该恰好适合于该国人民;最后法律和法律之间也有关系,法律和它们的渊源,和立法者的目的,以及和作为法律建立的基础的事物的程序也有关系……"所有这些关系综合起来,就构成所谓"法的精神"。③ 孟德斯鸠认为:"不同气候的不同需要产生了不同的生活方式,不同的生活方式产生不同类的法律。"在论及中国古代法律时,孟德斯鸠说:"中国的立法者们有两个目的。他们要老百姓服从安静,又要老百姓勤劳刻苦。因为气候和土壤的关系,老百姓的生活是不稳定的,除了

---

　　① 中国社会科学院语言研究所词典编辑室编:《现代汉语词典》(第7版),商务印书馆2016年版,第689页。

　　② [法]孟德斯鸠:《论法的精神》上册,张雁深译,商务印书馆1961年版,第7页。

　　③ 同上书,第6—7页。

勤劳和刻苦之外，是不能保证生活的。"① "由于需要或者也由于气候性质的关系，中国人贪利之心是不可想象的，但法律并没有想去加以限制。一切用暴行获得的东西都是禁止的；一切用术数或狡诈取得的东西都是许可的。"②

在中国法学界，目前还没有对"法治精神"给出科学界定，对什么是"社会主义法治精神"也没有定义性的论证。胡建淼和卓泽渊两位教授对"法治精神"概念的解释，也主要是解释描述性的。所谓法治精神，最主要的应当包括崇尚宪法法律、宪法法律至上、法律面前人人平等、公平正义等精神。这些内容，通常被法学界解释为法治的原则和价值，在这个讲座中却变成了"法治精神"，那么"法治精神"与"法治原则"、"法治价值"又是什么关系？

我们认为，法治精神是由法治的内在属性与外在适应性相统一所体现出来的法治文明成果。法治的内在属性，是指法治区别于其他治理方式及其理论观念的属性特征，它一方面要彻底否定人治和专制独裁，实行民主基础上的多数人的法律统治；另一方面要奉行公平正义、自由平等、宪法法律至上、制约权力、保障权利等价值和原则，依法治国理政，建设法治社会和法治国家。法治的外在适应性，就是要把法治内在属性的普遍原则和价值追求与特定民族国家的经济社会文化的基本国情相结合，与特定民族国家的人口、气候、土壤、习俗、传统等具体条件相适应，形成天时、地利、人和的法治状态。

法治的内在属性是法治所具有的普适性、共同性和一般性特征。任何社会和国家只要实行法治，坚持法治精神，建设法治社会或法治

---

① ［法］孟德斯鸠著：《论法的精神》上册，张雁深译，商务印书馆1961年版，第314页。

② 同上书，第316页。

国家，就应当具备法治的内在属性，符合法治的普遍原则和价值追求的基本要求。当然，在马克思主义阶级分析的理论方法下，还应当进一步深入揭示法治的本质属性，即现代国家法律和法治的阶级性与社会性相统一的特征，进而对不同国家的法治做出"姓社""姓资"还是"姓其他"（如俄罗斯、印度、巴西、墨西哥、埃及等国家的法治）的定性判断。

法治的外在适应性是将普适共同的法治原则和法治价值运用于特定具体的社会和国家，受到该社会和国家的民族文化传统、经济发展水平、社会自然条件、政治制度选择、重大历史事件等因素的影响和决定，使法治的具体实现形式、发展模式等呈现出来的差异性、特殊性和具体性特征，决定了一国法治（如英国法治模式）与他国法治（如德国法治模式、法国法治模式、美国法治模式[①]）的区别或不同。

社会主义法治精神是对社会主义法治认识不断深化的重要成果，是法治的内在属性与外在适应性统一于中国特色社会主义法治建设实践中所形成并体现出来的法治文明成果，是中国特色社会主义法治文化的重要组成部分。

社会主义法治精神所蕴含的本质要求，在政治上强调"三者有机统一"，反对西方的多党制和三权鼎立；在思想上强调以中国化的马克思主义为指导，反对西方的自由主义和指导思想多元化；在意识形态上强调法治的阶级性、政治性和社会主义本质，不搞西方资本主义的法治、民主、人权和绝对的"司法独立"；在实践上强调走中国特色社会主义的法治发展道路，反对照搬照抄西方资本主义法治模式。

[①] 德国和法国属于大陆法系，英国和美国属于普通法系，仅就法律传统而言，它们就不尽相同。此外，在宪法制度、违宪审查体制、司法制度、法律体系以及对于"法治""宪制""法治国家"的理解等若干方面，它们之间也存在或多或少的差别。

根据社会主义法治精神的本质要求，在中国法治建设和依法治国实践中形成并体现出来的社会主义法治精神，不是主张抽象的或西方的公平正义、自由平等、制约权力、保障权利，而是基于中国社会主义建设的现实国情并在国家宪法和法律的框架内来确认、保障和实现的法治价值；不是主张抽象的或西方的法治，而是把依法治国确立为中国共产党领导人民治国理政、当家作主的基本治国方略；不是主张建设抽象的或西方的法治国家，而是要建设中国特色的社会主义法治国家……加强社会主义法治文化建设，应当科学界定"社会主义法治文化"的内涵和外延，既不应当将其"泛化"和过分"虚化"，使之成为无处不在又难以把握和实施的现象，而忽视了法治的规范性和实践性；也不应当将其"窄化"和过分"实化"，使之演变为"文化事业""文化产业""文化活动""文化载体"……而忽视了法治所应有的价值、精神和理念。

六 关于"法院文化"

2010年8月《最高人民法院关于进一步加强人民法院文化建设的意见》发布以来，尤其是党的十七届六中全会《关于深化文化体制改革 推动社会主义文化大发展大繁荣若干重大问题的决定》发表后，各级人民法院进一步加大力度，全面推进法院文化建设，明显改善了法院和法官的形象，提升了法院的司法权威和司法品质，取得了有目共睹的成就。

在充分肯定法院文化建设取得显著成效的前提下，根据本书对于"文化"和"法治文化"界定的原理方法，从中国语境下法学理论与法治实践相结合的角度，总结反思"法院文化"概念的科学内涵和法理特征，进而进一步增强法院文化建设的"文化自觉"，具有重要意义。

《最高人民法院关于进一步加强人民法院文化建设的意见》把法院文化界定为："法院文化是人民法院在长期审判实践和管理活动中逐步形成的共同的价值观念、行为方式、制度规范以及相关物质表现的总称，是中国特色社会主义先进文化的重要组成部分，是社会主义法治文化的重要内容。"这个定义表明法院文化具有如下特点：

1. 法院文化的基本主体是人民法院，它既不是古今中外普遍存在的一般"法院"，也不是人民法院内部的某些组织机构和人员，而是以全国的各级人民法院作为主体单位的。

2. 法院文化的主要内容，包括精神文化、制度文化、行为文化、物质文化等方面。

3. 法院文化是在长期审判实践和管理活动中逐步形成的，它既不是主观构建和安排的，也不是一蹴而就的。

4. 法院文化既从属于中国特色社会主义先进文化，也从属于社会主义法治文化，是它们的重要组成部分和重要内容。

（一）法院文化的概念：功能主义与结构主义

我国法学界和法律界对于"法院文化"一词，已有诸多讨论并形成一定共识，最高人民法院也把该概念作为正式文件的内容下发全国法院系统。本书分析"法院文化"的概念，并无全盘推翻或者否定这一提法的意思，而是想使之在未来的使用中更加理性科学。

目前，法学和政治学对有关名词概念的使用，通常按照功能主义和结构主义来划分。例如，从功能主义来讲，立法、执法、司法（或者审判、检察）、选举、监督、守法等概念的确定和划分，体现了某种功能或某类活动和行为的属性特征;而从结构主义来讲,则可以划分为人大、政协、政府、法院、检察院、政法机关以及企业、公司、学校、医院等,它们体现了国家政体和社会结构中的某种具体角色分工和主体地位,通常以机构单位等作为主体来确定和划分。基于结构主义和功能主义的原理,在进一步界定文化类型时,通常采取两种模式:一是"主体+文化"模式,如××企业文化、××单位文化、××机关文化、×类职业人文化(如法官文化、检察官文化、律师文化)等;二是"非主体(如活动、职能、表现形式等)+文化"模式,正面的概念如选举文化、检察文化、审判文化、司法文化、立法文化、守法文化、廉政文化、政治文化等,负面的概念如贪腐文化、暴力文化、色情文化、人治文化、犯罪文化等。

在实践中,我国机关部门对自身文化类型的界定,采用结构主义的"主体+文化"模式的较少见,如人大文化、政协文化、政府文化、检察院文化等,而采用"非主体+文化"模式的较多,如民主文化、政治文化、立法文化、行政文化、检察文化、司法文化、控辩文化等。之所以产生这种现象,或许是因为采用"主体+文化"的组合定义模式:一是有利于强调此主体与彼主体的区别和特色,如法院与其他政法机关的区别;二是有利于赋予或者设定此主体下的"文化"具有更加丰富、更加主观能动和更加与时俱进的内涵;三是有利于从整体上设计、主导和推进各项体制改革和文化建设事业。所以,采用"法院文化"的提法未尝不可,但这种界定模式相对较少,在使用时应当尽量严谨、科学。

(二)法院文化的内容:固有与赋予

在功能主义的法治文化概念下,由于"法治"一词具有相对明确的内涵和针对性,所以"法治"与"文化"结合后,尽管文化的含义见仁见智,但可以通过"法治"的确定性内容加以界定和表达,所以从根本上讲,"法治文化"的主要内容是其固有的,只要真正接受了法治概念,认可了法治原则,就表明了与人治的对立、与法制的区别和对"法律至上"等原则的接受。从这个意义上讲,法治文化概念所蕴含的主要内容,尽管会因国家、因社会、因时代而异,但在一些基本原理、基本价值、基本原则和基本要求等方面,是大同小异的。

而在结构主义的法院文化概念下,由于"法院"一词只是一种国家机关的名称,是一种机构主体的存在表现形式,所以"法院"与"文化"结合后,并不能必然地具有或者体现民主法治、依法治国、公正司法、依法办事、保障人权、程序正义等价值原则和基本内容。例如,在"以阶级斗争为纲"的年月,尤其是"文化大革命"期间,我国法院实际上成为阶级斗争和人治的工具,很难体现出法治的本质要求。即使是改革开放以来,法院系统对于法治和公平正义等价值目标的认同和追求,也随着国家法治建设的发展而经历了一个不断提高和强化的过程,并没有与生俱来的"固有"之。所以,从这个意义上讲,法院文化的内容,主要是通过决策者、设计者和其他有权主体遵循一定规律、原则和方法赋予的。

法院文化的内容主要是通过赋予而获得,就可能带来一系列问题:一是法院文化内容的选择,容易具有主观性和实用性的特点,缺少客观标准和普遍原则;二是法院文化内容的认定,容易具有差异性、不确定性和领导意志性的色彩,缺少规律性和普适性;三是由于法院文化概念的主观性、模糊性和不确定性,就有可能出现"法院文化是筐,所有问题都往里装"的现象,进而失去重点和针对性。例如,在最高人民法院关于"法院文化"的界定中,还有哪些问题和事项不属于"法院文化"范畴的？恐怕在这个"筐"外的内容已经所剩无几了。

这就提醒我们，对于法院文化内容的"赋予"，应当尽量做到：一是突出重点，避免泛化；二是增强问题意识和针对性，着力回应和解决一些老大难问题；三是加强对法院文化问题的深入研究，夯实法院文化的理论基础；四是根据科学、民主和法治原则的内在要求，不断筛选和完善法院文化的内容。

（三）法院文化的过程：形成与建构

在最高人民法院关于法院文化的定义中，认为"法院文化是人民法院在长期审判实践和管理活动中逐步形成的"。这一判断非常重要，它表明法院文化和其他法治文化一样，总体上都是"形成"的，而非"建构"的。所谓"形成"，就是遵循事物发展变化的基本规律，其自身不断演化发展，日积月累地逐渐达成某些变化或者实现某种变迁。在这个过程中，人的活动因素和人的推进作用是相对次要的，不能违背事物本身的发展变化规律而产生"形成"的作用。"建构"则不同，它强调的是人的因素和作用第一，人可以主导整个过程以致达成人的既定目标。

法院文化与法治文化一样，它们的存在、完善和发展，总体上应当是通过长期生长而逐渐"形成"的，而非人为设计和主观决定来"建构"的。这就决定了在大力发展社会主义民主政治和市场经济的条件下，应当注意：一是法院文化建设应当顺应我国法治文化建设的基本规律和时代潮流，可以适当加快和完善这个"进化"过程，但不可能超越这个过程；二是法院文化建设是一个长期实践、长期积累、长期生长的过程，不可能是权宜之策和短期行为，应当有长期作战的思想准备和规划安排；三是法院文化建设是一个渐进的潜移默化的内生过程，应当避免长官意志、揠苗助长、急于求成等违背法治文化建设规律的做法。

（四）法院文化的渊源：历史与现实

我国法院文化的渊源大致有五：一是中华法系优秀法文化传统的继承，如调解、息讼、宽严相济等；二是西方法学尤其是大陆法系法律文化的影响，如法院、法官、司法、律师、法律行为、法律事实、法律关系、无因管理、不当得利等名词概念；三是苏联社会主义法律文化的输入，如检察院制度、法律体系划分方法、法院职能、某些诉讼程序等；四是革命根据地司法实践积累的宝贵经验，如马锡五审判方式；五是新中国社会主义民主法治建设和法学研究的积极成果，如改革开放初期提出来的"有法可依、有法必依、执法必严、违法必究"的法制建设"十六字方针"和新时代确立的"科学立法、严格执法、公正司法、全民守法"的法治建设"新十六字方针"、依法治国基本方略、"三者有机统一"、"司法改革"等。

文化是人类活动长期演进逐步形成的价值观念和生活样式。特定文化类型也不例外，正如以下定义所显示的那样："法院文化是人民法院在长期审判实践和管理活动中逐步形成的共同的价值观念、行为方式、制度规范以及相关物质表现的总称……"这里的问题是，法院文化的"长期"究竟有多长？它的时间起点在哪里？从上述定义中可以推知，我国"法院文化"形成的时间，大致是以"人民法院"产生为起点的，因为这种法院文化的主体是"人民法院"，而不是国民党政权下的"法院"，或者封建王朝时期的"衙门""大理寺"等。我国"人民法院"最早产生于中国共产党领导创立的革命根据地政权时期，因此可以认为，中华人民共和国"人民法院"的"法院文化"，其时间起点不会早于1921年中国共产党成立的时间。

这个定义可能带来的问题是，几千年中华法系的优秀法文化传统以及近代以前西方法律文化传统，被排除在我国社会主义法院文化之外，因为那些内容都不是"人民法院"形成的，而是人类司法文明的成果。所以，"法院文化"的界定，应当把握好人民法院现实与人类法律历史的关系，既不能切断现实与历史的必然联系，也不能否定历史对于现实的影响作用。

深入理解"法院文化"的含义，还应当处理好法律文化与法院文化、法治文化与法院文化、司法文化与法院文化、检察文化与法院文化、审判文化与法院文化、法官文化与法院文化等的关系，既不宜失之过宽，把"法院文化"当作一个无所不包的什么东西都可以往里扔的筐，也不宜失之过窄，仅把"法院文化"解读为一种精神文化层面的东西。

第三节 依法治国与以德治国相结合

党的十九大报告把"坚持依法治国和以德治国相结合"，规定为坚持全面依法治国的重要原则和基本内容。新党章也明确要求，"实行依法治国和以德治国相结合"。依法治国与以德治国相结合，是全面推进依法治国必须坚持的一项基本原则。"要坚持依法治国和以德治国相结合，把法治建设和道德建设紧密结合起来，把他律和自律紧密结合起来，做到法治和德治相辅相成、相互促进。"[1] 党的十八届

---

[1] 《习近平强调："依法治国依法执政依法行政共同推进"》，人民网，http://politics.people.com.cn/n/2013/0224/c70731-20581437.html，2013年2月24日。

四中全会提出，在全面推进依法治国的过程中，必须坚持一手抓法治、一手抓德治……以法治体现道德理念、强化法律对道德建设的促进作用，以道德滋养法治精神、强化道德对法治文化的支撑作用，实现法律和道德相辅相成、法治和德治相得益彰。

依法治国和以德治国的关系，实质上是法律与道德、法治与德治的关系。大量研究成果表明，法治与德治作为治国理政的方式方法，是有明显区别的：从治理的主体来看，法治是多数人的民主之治，德治是少数人的精英之治；从治理的过程来看，法治是程序之治，德治是人情之治；从治理的角度来看，法治是外在控制之治，德治是内在约束之治；从治理的标准来看，法治是低度行为规范之治，德治是高度行为要求之治；从治理的手段来看，法治是国家强制之治，德治是社会教化之治；从治理的重点来看，法治重在治官，德治重在治民。正因为法律与道德、法治与德治存在诸多区别，同时有若干内在一致的地方，所以依法治国与以德治国是相互补充、相互作用、有机统一的。同时，法治不应当规范和调整人们的思想意志，对于思想范畴的问题往往表现得无能为力；而对于道德沦丧、良心泯灭之徒的行为，思想道德的约束也常常无济于事。正所谓"寸有所长，尺有所短"。所以，既要反对以法治完全取代德治的做法，也要反对重视德治而忽视法治的倾向，而应当将依法治国与以德治国紧密结合起来、有机统一起来。

发挥好法律的规范作用，必须以法治体现道德理念、强化法律对道德建设的促进作用。一方面，道德是法律的基础，只有那些合乎道德、具有深厚道德基础的法律才能为更多人所自觉遵行。另一方面，法律是道德的保障，可以通过强制性规范人们行为、惩罚违法行为来引领道德风尚。要把一些基本道德规范转化为法律规范，使法律法规更多体现道德理念和人文关怀，通过法律的强制力来强化道德作用、确保道德底线，推动全社会道德素质提升。[①]

推进依法治国与以德治国相结合，应当大力弘扬社会主义核心价值观，弘扬中华传统美德，培育社会公德、职业道德、家庭美德、个人品德，更加重视发挥道德的教化作用，提高全社会文明程度，为全面依法治国创造良好人文环境；应当在社会主义道德体系中体现法治要求，发挥道德对法治的滋养作用，努力使道德体系同社会主义法律规范相衔接、相协调、相促进；应当在道德教育中更加突出法治内涵，注重培育人们的法律信仰、法治观念、规则意识，引导人们自觉履行法定义务、社会责任、家庭责任，营造全社会都讲法治、守法治的文化环境，不断强化社会主义道德对依法治国的支撑作用。党的十九大报告在把"坚持依法治国和以德治国相结合"作为"坚持全面依法治国"基本方略重要内涵的同时，又把"坚持依法治国和以德治国相结合"原则与国家治理和社会治理的实践要求紧密地结合起来，更加关注法治与德治有机结合的实效，提出"加强农村基层基础工作，健全自治、法治、德治相结合的乡村治理体系"。[②]

实践证明，任何现代国家的法律和道德都不可能分离，法治和德治都需要结合。在我国，实施依法治国基本方略应当与坚持党的领导、人民民主相统一，与以德治国相结合，但是在社会主义初级阶段，在中国经济深刻变革和社会快速转型的历史条件下，依法治国与以德治国相结合，坚定不移地发挥法治和依法治国在管理国家、治理社会、调整关系、配置权力、规范行为、保障人权、维护稳定等方面的主导作用，在上述领域以德治国应当是依法治国的补充和助力。

---

① 习近平：《加快建设社会主义法治国家》，《求是》2015年第1期。
② 《中国共产党第十九次全国代表大会文件汇编》，人民出版社2017年版，第26页。

一 从法律与道德的关系看，依法治国实质上就体现了以德治国的基本要求

在法理学和伦理哲学看来，法律与道德存在三种基本关系①。一是道德的法律化。即通过立法把国家中大多数的政治道德、经济道德、社会道德和家庭伦理道德的普遍要求法律化，使之转变为国家意志，成为国家强制力保证实施的具有普遍拘束力的社会行为规范。一般来讲，道德是法律正当性、合理性的基础，道德所要求或者禁止的许多行为，往往是法律作出相关规定的重要依据，因此大多数调整社会关系和规范社会行为的立法，都是道德法律化的结果。例如，国家立法规定禁止杀人放火、禁止抢劫盗窃、杀人偿命、借债还钱、赡养父母、抚养子女、一手交钱一手交货、捡到东西要还等，总体上都反映或者体现了道德的基本要求。《法律与宗教》的作者伯尔曼教授甚至把这种道德因素放在伦理文化或者社会文化的社会背景下来解读。他举例说：当一个小孩对另一个小孩说"这是我的玩具"时，这实际上是一种原始的、物权的概念；当小孩说"你答应过，你承诺过要做"时，这实际上是合同法的概念；当小孩说"你先打我

---

① 法律与道德的区别还表现为它们对同一对象的态度既可能一致也可能不同。主要有以下几种情况。1. 两者没有明显区别，是一致的，如对于杀人、伤害、偷盗等，为两者共同否定。2. 道德不肯定而法律肯定，如占有他人财产达到一定时期则取得所有权，权利达到一定期限不行使就消灭，对犯罪分子因时效原因不追诉，等等，都是道德不予肯定的。3. 道德许可，而法律不许可，如某些违反程序法律规则的行为。4. 道德许可，而法律默认，不予禁止，如开会不守时、降低效率等，是不道德的，但并不违法。5. 道德与法律互相不发生关系，如爱情关系、友谊关系等由道德调整，而国家机关职权划分等，则必须由法律来规定。参见刘海年、李林等主编《依法治国与精神文明建设》，中国法制出版社1997年版。

的,这不是我的错"时,这是侵权和刑法的概念;当小孩说"爸爸说可以的"时,这是宪法上的概念。① 由此可以看出,法律的许多原则、规范和条款,并不是立法者的臆造,它们实质上来源于社会道德、社会文化、社会习俗。正如马克思说的,法律是以社会为基础的,而不是相反。

在中国,社会主义道德是法律的源泉,是制定法律的指导思想、内在要求和评价法律善恶的重要标准。改革开放以来,党和国家高度重视立法工作,不断加强民主科学立法,经过40年的努力,截至2018年12月,已制定现行宪法和有效法律共260多部、行政法规800多部、地方性法规12000多部,形成了中国特色社会主义法律体系。在这个法律体系中,许多法律规定的内容,都体现了社会主义道德的内在要求,是社会主义道德法律化的积极成果。例如,中国法律规定不得杀人放火、禁止抢劫盗窃、故意杀人偿命、借债还钱、赡养父母、抚养子女、尊重保障人权、民族团结、社会稳定、"三个文明"建设等,总体上都反映或者体现了社会主义道德的价值取向和基本要求。所以,从一个国家或者一个社会大多数道德已经法律化的意义上讲,坚持和实行依法治国,就是通过法治的方式实施以德治国。除非这种法律缺乏社会道德的正当性支持,如规定人口买卖、种族歧视、种族灭绝为合法,或者这种法律违反社会伦理道德规范,如法律允许个人随意剥夺他人生命、限制他人自由、侵夺他人财产,允许家庭成员乱伦、虐待、坑蒙拐骗,允许公职人员贪污受贿、欺上瞒下、以权谋私,等等。显然,当一个国家或者一个社会的法律(或某些法律)是"恶法"或"非良法"时,依法治国不能反映或者体现以德治国

---

① 罗杰安:《与大师对话——伯尔曼法学思想座谈会记录》,2006年5月18日于北京理工大学,http://www.docin.com/p-1065254019.html,2019年3月11日。

的基本要求。正因为如此，我们讲依法治国是党领导人民治国理政的基本治国方略，其法律与道德相结合的基本要求是"良法善治"，而非"恶法专制"或者"庸法人治"。

二是道德的非法律化。道德与法律毕竟是两种不同的社会行为规范，在一个国家或者一个社会的大多数道德已经或可以法律化的同时，也必须承认少数或者某些道德是不能法律化的。例如，男女之间的恋爱关系、同事之间的友爱关系、上下级之间的关爱关系、孝敬父母的伦理要求以及公而忘私、舍己为人、扶危济困等道德追求，一般很难纳入法律调整和强制规范的范畴，使之法律化。在某些道德不能或不宜法律化的情况下，不要随意使这些道德问题成为法律问题，以免产生"法律的专制和恐怖"。

三是某些道德要求既可以法律化也可以非法律化。如中国关于"第三者"的刑事处罚、"见义勇为"入法、取消反革命罪、减少和废除死刑、无过错责任原则、沉默权等，都取决于时代观念情势变迁和立法者的选择。目前中国社会上"见义不敢为、见义不想为"、见死不救的现象屡屡发生；"毒馒头""毒胶囊""毒奶粉""瘦肉精猪肉""地沟油""黑心棉"等有毒有害食品用品屡禁不绝；一些领域和地方是非、善恶、美丑界限混淆，拜金主义、享乐主义、极端个人主义有所滋长，见利忘义、损公肥私行为时有发生，不讲信用、欺骗欺诈成为社会公害，以权谋私、腐化堕落严重存在……所有这些现象，不仅反映出当下某些道德规范缺失和道德功能失范，败德无德行为的成本代价太低，也说明中国法律对于促进和保障社会主义道德建设的某些滞后和不足。立法对道德的促进和保障作用，主要是通过立法方式来实现某些道德的法律化，通过法律来确认和强化社会主义道德的价值诉求和规范实施。对于需要法律禁止和惩罚的败德无德行为,对于需要法律褒奖和支持的美德善德行为,都应当通过立法予以必要体现。当务之急,应当进一步加强有关社会主义道德建设方面的立法,制定诸如"见义勇为奖励法""社会文明行为促进法"等法律法规;完善现行法律法规,堵塞立法漏洞,加大对于违法败德无德行为的惩处力度。当然,立法对于"见利忘义""好逸恶劳""骄奢淫逸"等背离社会主义道德的行为,能否用法律介入以及用什么法律、在何时、怎样介入等问题,还需要进行深入研究才能做出科学结论。凡是适宜用法律规范并且以法治保障或者惩戒的道德要求,应当尽可能科学合理地纳入法律调整的范畴,通过立法程序使之规范化、法律化;凡是思想范畴的内容(如认识问题、观念问题、信仰问题等)和不宜用法律规范调整的道德关系(如爱情关系、友谊关系等),立法应当避免涉足。

2016年12月25日中共中央办公厅、国务院办公厅发布《关于进一步把社会主义核心价值观融入法治建设的指导意见》,明确提出"社会主义核心价值观是社会主义法治建设的灵魂。把社会主义核心价值观融入法治建设,是坚持依法治国和以德治国相结合的必然要求,是加强社会主义核心价值观建设的重要途径"。将社会主义核心价值观融入立法,是把社会主义核心价值观融入法治建设的重要一环,注重把一些基本道德规范转化为法律规范,把实践中行之有效的政策制度及时上升为法律法规,推动文明行为、社会诚信、见义勇为、尊崇英雄、志愿服务、勤劳节俭、孝亲敬老等方面的立法工作,具有深远重大意义。2010年形成了中国特色社会主义法律体系,为我国经济社会繁荣发展奠定了坚实的法治基础。中国特色社会主义法律体系的形成和完善过程也是道德与法律相互融合、相互促进的过程。全国人大高度重视把社会主义核心价值观的要求转化为法律的精神、宗旨、原则，使法律更好地体现道德理念和人文关怀，推动社会主义道德的养成和践行。全国人大常委会制定了《反家庭暴力法》，为推动解决家庭暴力、维护平等和睦文明的家庭关系提供了更加完善的法律保障；《刑法修正案（九）》，将组织考试作弊行为规定为犯罪，维护了公平诚信的道德底线。《民法总则》的制定是社会主义核心价值观融入立法的又一生动实践。针对现实生活中，一些人利用歪曲事实、诽谤抹黑等方式恶意诋毁侮辱英烈的名誉、荣誉等不良社会现象，《民法总则》明确增加一条规定：侵害英雄烈士的姓名、肖像、名誉、荣誉，损害社会公共利益的，应当承担民事责任。这对于促进社会尊崇英烈、抑恶扬善、弘扬社会主义核心价值观具有重大意义。此外，《民法总则》还充分体现了社会诚信、孝老慈幼等传统美德。[①]

在一个文明国家和礼仪之邦，应当坚持"法律的归法律，道德的归道德"，法律的"帝国"应当有所节制，道德的存在应当有合理空间。在现阶段，既要警惕"法律万能"，也要防止"道德至上"。不是法律越多越好，而应当是"法网恢恢，疏而不漏"；也不是道德越多越好，而应当是"管用的即是好的道德"。法律如果泛化并侵吞或取代了所有道德，就会导致"法律的专制和恐怖"；道德如果泛化并否定或取代所有法律，则会陷入乌托邦的空想、导致社会失序和紊乱。法律与道德之间，应当形成法主德辅、相互补充、相得益彰的最佳比例关系。

[①] 许安标：《将社会主义核心价值观融入立法，推进依法治国和以德治国相结合》，《人民日报》2017年4月18日。

二 从法律与道德作为社会行为准则看,法治与德治应当结合起来

法律和道德都是社会行为规范和行为准则,但就整体而言,法律和道德对人们社会行为要求的标准或尺度是不同的。社会主义道德追求的是真、善、美等价值,这是一种崇高的境界,一种高度的行为标准;法治追求的是公平、正义和利益等价值,这是一种普通而实在的境界,是大多数人可以做到的低度的行为标准。社会主义道德主要靠教育和自律,或通过教育感化和社会舆论的压力来实现,是一种内在的"软性"约束;法治的实现固然要靠教育和培养,但主要靠外在的他律,表现为以国家强制力为后盾对违法者予以"硬性"约束,对犯罪者施以惩治,直至剥夺生命,具有"刚性"特点。国家法律规定的,是人们社会行为的低度标准,包括禁止性行为,例如,禁止杀人、放火、投毒、抢劫、盗窃、强奸、贪污、受贿等;义务性行为,例如,纳税、服兵役、赡养父母、抚养子女、履行职责、承担合同义务等。社会道德规定的,则是人们社会行为的高度标准,例如见义勇为、拾金不昧、大义灭亲、公而忘私、舍己为人、扶危济困、不计名利、救死扶伤、助人为乐、团结互助等。

中国目前的实际情况是,国家法律规定的很多低度行为标准和要求都不能实现(做到),各种社会矛盾纠纷高发频发,各类案件数量节节攀升,违法犯罪案件不断增多,法律实施状况堪忧。在这种情况下,要求人们超越现阶段的思想道德水准,具备高素质的道德品行,自觉自愿地普遍做到社会主义道德所提倡的高度行为标准,是不切合实际的。对于社会大众而言,应倡导人们追求道德理想,努力用高尚的道德行为标准来严格要求自己,但在社会治理的实践层面上还是应

当从法律所规定的已体现许多道德要求的低度社会行为标准做起，从道德法律化的行为规范做起，经过不断的引导、教化、规制和反复实践，逐步树立对法治的信仰，养成依法办事的习惯，增强遵法守法的自觉，进而从法治国家逐渐过渡到德治社会。

　　道德的生命在于遵守。多数社会主义道德法律化以后，就要求各类社会主体认真实施宪法和法律，使法律化的道德要求在社会生活中付诸实现。例如，中国《婚姻法》规定，对拒不执行有关扶养费、抚养费、赡养费等判决和裁定的，人民法院得依法强制执行；《继承法》规定，遗弃被继承人的，或者虐待被继承人情节严重的，继承人则丧失继承权。从法律实施角度来看，执法机关和司法机关严格执行法律化了的道德规范，就能够从法治上有效地保证了社会公德、职业道德和家庭美德的充分实现；反之，国家的宪法和法律不能有效实施，有法不依，执法不严，违法不究，徇私舞弊，则必然严重损害社会主义道德体系和道德建设。对于执法司法人员而言，在实施法律的过程中，一方面要以事实为根据，以法律为准绳，严格依法办事，坚持法律面前人人平等，秉公执法，公正司法，不徇私情，刚直不阿，把法律化的社会主义道德要求落实到法律实践中；另一方面，又要统筹法律、伦理和人情的关系，关注普遍法律规则和复杂事实背后的道德伦理因素，使法律实施的结果（如法院裁判）尽可能与社会主义道德的要求评价相一致，至少不与社会主义道德的价值相冲突。如果一项法院判决有可能导致人们不敢见义勇为，不敢救死扶伤，不愿扶老携幼，不愿拾金不昧……那么，法官就需要特别审慎地对待，否则这种司法判决就可能陷入"赢了法律，输了道德"的困境。此外，执法司法人员要带头做社会主义道德的表率，坚决防止执法腐败和司法腐败，保证法律公器纯洁和神圣。英国政治哲学家培根说过，一次不公正的审判,其危害超过十次严重犯罪。因为严重犯罪污染的是水流,而不公正审判污染的是水源。社会主义道德是中国法治的"水源"之一,不公正的行政执法和司法审判,令人唾弃的执法腐败和司法腐败,不仅直接毁损了社会主义法治的权威性和公信力,而且严重破坏了社会主义道德的价值基础。

我们党领导人民治国理政,须臾离不开法律与道德的融合、法治与德治的并用、依法治国与以德治国的结合。2016年12月9日,习近平总书记在主持中央政治局第三十七次集体学习时强调,必须坚持依法治国和以德治国相结合,使法治和德治在国家治理中相互补充、相互促进、相得益彰,推进国家治理体系和治理能力现代化。[①] 这是对依法治国和以德治国关系的全面阐发,深刻揭示了中国特色社会主义法治建设和道德建设的重要准则。

法律是成文的道德,道德是内心的法律。法律是社会主义道德的底线和后盾,凡是法律禁止的,通常也是社会主义道德反对的;凡是法律鼓励的,通常也是社会主义道德支持的。社会主义道德是法律的高线和基础,是法律具有合理性、正当性与合法性的内在依据。法律的价值、精神、原则等大多建立在社会主义道德的基础上,道德所要求或者禁止的许多行为,往往是法律做出相关规定的重要依据,而多数调整社会关系和规范社会行为的立法,是道德法律化的结果。例如,国家立法规定:禁止杀人放火、禁止抢劫盗窃、杀人偿命、借债还钱、赡养父母、抚养子女等,总体上都反映或体现了道德的基本要求。社会主义道德是法律的源泉,是制定法律的内在要求和评价法律善恶的重要标准。正因为法律和道德在意志属性、规范特征、实现方

[①] 习近平:《习近平谈治国理政》第二卷,外文出版社2017年版,第133页。

式等方面的区别，所以法律不能取代道德，道德也不能取代法律，两者必须相互融合，相辅相成。法安天下，德润人心。国家法律和社会主义道德都具有规范社会行为、调节社会关系、维护社会秩序的作用，在国家治理中都有其地位和功能。

有效实施社会主义法律，自觉遵守社会主义道德，是法治与德治的必然要求。正因为法治是外在控制之治，德治是内在约束之治；法治是低度行为的规范之治，德治是高度行为的倡导之治；法治是国家的强制之治，德治是社会的教化之治；所以法治不能否定德治，德治不能取代法治，两者必须相互依存，取长补短。

◇ 第四节　全面推进社会主义法治文化建设

党的十九大和全国人大关于"七五"普法的决定，都提出了加强社会主义法治文化建设的历史任务。当前形势下，加强社会主义法治文化建设，应当认真研究和着力解决以下问题。

一　深刻把握社会主义法治文化建设的规律特征

现阶段建设中国特色社会主义的法治文化，应当把握以下规律特征。

1. 导向上的政治性。政治性是指涉及有关政治方面的、为了达到某种政治目的的一种属性特征。社会主义法治具有鲜明的阶级性、政治性和党性。习近平总书记一言中的地深刻指出："党和法的关系是政治和法治关系的集中反映。"①伯尔曼从西方宗教法文化的角度认为，法律包括以下几个方面的特性：法律有政治性，它能体现意志；法律有道德性；它是历史的一部分，也是神圣的一部分。②毫无疑问，在社会主义中国，推进全面依法治国实践，建设中国特色社会主义法治文化，应当坚持正确的政治立场、政治方向和政治导向，破除所谓"左"和右的不合时宜的传统思维桎梏，坚持正确政治方向和法治道路，既不走封闭僵化的老路也不走改旗易帜的邪路，坚定不移走中国特色社会主义法治道路；应当坚持政治与法治的有机统一，不能只讲法治不讲政治，更不能只讲政治不讲法治；应当坚持党的领导、人民当家作主和依法治国的有机统一，三者一体，相辅相成，缺一不可；应当围绕中心，服务大局，坚持以社会主义法治来实现政治效果、社会效果和法律效果的有机统一；应当以人为本，保障人权，坚持以社会主义法治来实现执法、司法、法律监督的政治性、人民性和法律性的有机统一；应当坚持社会主义方向，在社会主义法治文化建设中实现树立社会主义法治理念、弘扬社会主义法治精神、崇尚社会主义法治价值、增强社会主义法治观念、提高社会主义法治意识的有机统一。

2. 内容上的法律（法治）性。社会主义法治是以国家意志的形式并通过制度、规则等来调整社会关系的行为规范，法律（法治）性是其区别于道德、纪律、宗教戒律、乡规民约、党内规章等行为规范

---

① 习近平：《在省部级主要领导干部学习贯彻党的十八届四中全会精神全面推进依法治国专题研讨班上的讲话》（2015年2月2日），载中共中央文献研究室编《习近平关于全面依法治国论述摘编》，中央文献出版社2015年版，第34页。

② 罗杰安：《与大师对话——伯尔曼法学思想座谈会记录》，2006年5月18日于北京理工大学，http://www.docin.com/p-1065254019.html，2019年3月11日。

的重要特征。建设社会主义法治文化，必须充分体现其法律（法治）性的特征，形成并完善以宪法为核心的法律体系，构建并运行以法律为构建基础的各项制度（包括立法制度、执法制度、司法制度、法律监督制度、普法制度、依法办事制度、守法制度、诉讼制度等），遵循并创新以法学为学科支撑的各种法学原理、法律原则和理论学说，等等。建设社会主义法治文化，既要防止法治虚无主义和人治文化，也要防止法治万能主义和法治意识形态化。

3. 背景上的文化性。现代法治通常建立在三块基石之上，即市场经济、民主政治、理性文化。文化是法治的社会底色和历史基因，是法治文化生成的土壤和渊源，法治文化建设必须高度重视其文化传统、文化背景、文化内涵、文化基础等的培育和建设。一方面，中国特色社会主义法治文化形成和发展过程中，受到中华传统政治法律文化、苏联东欧社会主义法律文化、西方大陆法系和英美法系的法治文化的影响，吸收了道德文化、宗教文化、社会文化、政治文化、行为文化、管理文化等文化因素，是人类先进文化的集大成者；另一方面，社会主义法治文化本身是"文化建设"，必然具有"文化"软实力的特征，即民族的凝聚力、国际的影响力、社会的稳定力、道德的影响力、统一的向心力、历史的传承力、舆论的导向力、宗教的替补力、文艺的创新力、时空的定位力、信息的控制力、新潮的同化力、时尚的倡导力、知识的保护力、文明的扩散力、生态的平衡力、文化的主权力。[1] 建设社会主义法治文化，应当把文化软实力的一般特征与法治文化的专业特征结合起来，把文化建设的一般要求与法治文化建设的特殊要求结合起来，真正体现社会主义法治的文化性和文化软

---

[1] 朱相远：《首都文化建设与软实力》，载北京市人大常委会课题组编《推进全国文化中心建设》，红旗出版社2012年版，第194—196页。

实力的内在特征。建设社会主义法治文化，特别应当坚持古为今用、洋为中用，融通各种资源，不断推进知识创新、理论创新、方法创新。应当坚持不忘本来、吸收外来、面向未来，既向内看、深入研究关系治国理政的重大法治课题，又向外看、积极探索关系人类前途命运的重大法律问题；既向前看、准确判断中国特色社会主义法治发展趋势，又向后看、善于继承和弘扬中华优秀传统法文化精华。

4. 过程上的长期性。法治作为一种生活方式、一种行为习惯、一种精神信仰，必须久久为功，长期养成。中国特色社会主义的法治建设和法治文化建设，是相互依存、紧密结合的实践过程，由以下因素所决定，必然也是一个长期的发展和实践过程。首先，"旧中国留给我们的，封建专制传统比较多，民主法制传统很少"[①]。这个历史特征和现实国情，决定了加强社会主义法治文化建设，彻底否定和铲除人治文化，清除和改造非法治文化，将是一项长期艰巨的历史任务。其次，西方法治社会、法治文化的形成，经历了古代文明、古希腊文化、罗马帝国、神权统治等千年以上的历史，近代以来又经历了数百年的发展，至今尚不完善。罗马不是一天建成的，社会主义法治文化也不可能一蹴而就。再次，中国仍处在并将长期处于社会主义初级阶段，社会主义制度的不断完善，社会主义优越性的充分体现，生产力的高度发达，科技文化的全面发展，社会文明程度和道德素养的全面提高，社会公平正义的充分实现……都需要经历一个长期的实践和发展过程。最后，全面推进依法治国是国家治理领域一场广泛而深

[①] 邓小平：《党和国家领导制度的改革》，《邓小平文选》第二卷，人民出版社1983年版，第332页。

刻的革命,需要付出长期艰苦努力。① 社会大众真正认同法治、信仰法治,养成良好的法治行为习惯,必然是一个漫长的过程。

5. 受众上的实用性。"文化总是人文化,生活总是人的生活,历史总是人的历史。"② 社会主义法治文化建设离不开对人的影响和教化,离不开传播手段和传授过程。从个人和社会角度看,为什么要实行法律的统治、接受法治的约束、信仰法治的文化……在西方国家,主要是根据文艺复兴和启蒙运动传播的政治法律学说,在资产阶级革命成功后付诸实施而逐步形成法治社会和法治文化的。在中国,则主要是执政党和国家精英在对"文化大革命"等惨痛教训的反思和对实行"人治"的否定过程中,通过摸着石头过河的路径,选择了"发展社会主义民主,健全社会主义法制"的民主政治发展道路。如何把执政党和国家精英选择的法治道路变为社会大众的选择及其生活方式,法治如何才能被社会大众自觉遵守,主要靠外在的力量是行不通的。根据实际需要、从实际出发实行法治和依法治国,决定了要把国家法治的要求内化为社会大众的价值认同和信仰习惯,其内驱力必然主要是"实用主义"的,即法治的有用性和有利性。西方国家解决社会大众对法治的内需力问题,主要依靠大众化的宗教、文化教育和道德说教,辅之以利益诱导和国家强制力;在中国的法治文化中由于缺乏宗教文化的支撑,不得不更多地采用普法教育和强制执行的方式,并更多地采用趋利避害式的利益引导,在这个基础上再逐步从利益驱动转向内在需求,使之成为一种生活方式和行为习惯。

---

① 中共中央文献研究室编:《十八大以来重要文献选编》(中),中央文献出版社2016年版,第159页。

② 周熙明:《我国文化建设亟需解决的几个问题》,北京市人大常委会课题组编:《推进全国文化中心建设》,红旗出版社2012年版,第209页。

二 推进全民守法应当深化法治宣传教育

建设法治社会，推进全民守法，必须着力增强全民法治观念。习近平总书记强调指出："要坚持把全民普法和守法作为依法治国的长期基础性工作，采取有力措施加强法制宣传教育。要坚持法治教育从娃娃抓起，把法治教育纳入国民教育体系和精神文明创建内容，由易到难、循序渐进不断增强青少年的规则意识。"[①] 在法宣的主要措施上，要健全公民和组织守法信用记录，完善守法诚信褒奖机制和违法失信行为惩戒机制，"使尊法、守法、用法、护法成为全体人民的共同追求"[②]。

深化法治宣传教育，在全社会弘扬法治精神，实现全民守法，各级领导干部和国家公职人员以身作则是关键，立法执法司法等法律工作者严格依法办事是重点，全体公民自觉学法尊法守法用法是基础。其中，领导干部、国家公职人员、法律工作者等既具有特别职业和法律身份，又是中华人民共和国普通公民的一员。公民身份是他们担任各种公职的前提条件，他们不仅是依法执政、科学立法、严格执法、公正司法的主体，同时是全民守法的重要主体。因此，全民守法，首先是各级领导干部、国家公职人员和法律工作者要守法。我国是法治国家，不允许存在任何法治特区或治外法权，在中华人民共和国的主权范围内，全民守法不仅要求全体中国公民在法律面前人人平等地学法遵法守法用法，而且要求一切在华工作、学习、生活、旅游的外国人、外国公司企业以及其他无中国国籍者等，都必须遵守中国的宪法

---

① 习近平：《加快建设社会主义法治国家》，《求是》2015年第1期。

② 同上。

和法律，任何个人和社会组织都不得拥有法外特权，不得凌驾于宪法和法律之上、超脱于执法司法之外。

建设法治社会，推进全民守法，要不断提高公民守法的境界。在我国，公民守法大致有四种境界①。

第一，自觉守法的"悟法"境界，它体现的是广大公民对现行法治的信仰，对法律价值和法律精神的追求，是对守法的高度自觉和理性认同。自觉就是指自己有所理解、有所认识、有所觉悟而主动去做某些事情。自觉自愿守法，是全民守法的核心要义，也是全民守法的最高层次，是最难达到的境界。自觉守法的前提是心中有法。应当持续加强对公民的政治意识、法律意识、道德意识、文化教育、价值追求、公民意识等主观素质的培养，为自觉守法注入强大的精神文化动力。只有人人尊法、学法、知法，将法律铭刻于心，才有可能形成人人自觉守法的局面。

第二，不愿违法的"敬法"境界，它体现的是广大公民对国家法律价值的尊敬，对法治权威的崇拜，对国家公器的敬仰，是公民对守法的内心自愿和精神认同。自觉守法的基础是脑中认

---

① 但在实证研究层面，这四种守法境界在我国具体存在的量化状况，还有待于不断深入研究，并在实证研究中得到必要修正和完善。例如，通过一项数据来自6个省6个乡镇的3000名农村居民的问卷调查，对影响我国农民守法因素进行实证研究，就调查者分析发现："尽管法律的惩罚和农民的法律意识对他们遵守法律的行为有正面的影响，但总的来说，作用不是很大。在大多数情况下，即便没有法律惩罚的可能性，农民也不会选择违法行为；即便农民在主观上并不认同法律规范的价值，但仍然选择守法行为。相比较而言，法律工具性因素的作用略大于农民主观法律意识因素的作用；法律惩罚对涉及经营行为的作用略大于对刑事行为的作用。"（陆益龙：《影响农民守法行为的因素分析——对两种范式的实证检验》，《中国人民大学学报》2005年第4期）本书公民四种守法境界的观点，与该项农民守法因素实证研究得出的基本判断就不能吻合，需要进一步观察和分析。

法。应当持续加强对公民的国家认同、政治认同、法治认同、社会认同、公德认同的教育,为不愿违法提供良好的社会氛围和思想心理基础。

第三,不能违法的"信法"境界,它体现的是广大公民对现行法律制度的信任,对司法公正的信心,对法律责任和法律后果的确信,是公民对守法的行为自律和感性认同。美国学者昂格尔教授认为:"人们遵守法律的主要原因在于,集体成员在信念上接受了这些法律,并且能够在行为上体现这些法律所表达的价值观。"[1] 全民守法的关键是确信法治。应当持续加强对公民的法治文化、法治素养、立法民主、执法为民、司法公正、反腐治权的教育,为公民接受法律、确信法治创造积极的社会条件。

第四,不敢违法的"惧法"境界,它体现的是广大公民对现行法治权威性的畏惧,对法律强制性惩罚的害怕,对刑事制裁的恐惧,对法治给予负面评价的压力,表现的是公民对守法的底线要求和被动性接受。趋利避害,两害相权取其轻、两利相权取其重,都是不敢违法的心理基础。马克思在揭露和批判资本主义社会中资本对于国家法律的挑战时说:"如果有10%的利润,资本就会保证到处被使用;有20%的利润,资本就能活跃起来;有50%的利润,资本就会铤而走险;为了100%的利润,资本就敢践踏一切人间法律;有300%以上的利润,资本就敢犯任何罪行,甚至去冒绞首的危险。"[2] 尽管马克思描述的是资本主义社会的资本现象,但除去其阶级本质之外,马克思还揭示了利益(好处)与守法、利益与违法犯罪的一般规律性特

---

[1] [美] 昂格尔:《现代社会中的法律》,吴玉章、周汉华译,译林出版社2001年版,第29页。

[2] 《马克思恩格斯全集》第十七卷,人民出版社1962年版,第258页。

征。"法律系统通过提供惩罚和奖励机制,从而使人们能够从遵守法律的行为中获得收益,而违反法律规则的行为则要遭受惩罚。趋利避害,追求收益,避免惩罚,既是个人心理的本能反应,也是所有理性人的共性。"① 为利益所驱使,公民既可能为了更多更大的利益而守法或违法犯罪,也可能因为恐惧违法带来的不利后果而不得不守法。美国法律经济学代表人物波斯纳教授认为:"服从法律更多的是一个利益刺激问题,而不是敬重和尊重的问题。"② 在我国,不敢违法是全民守法的初级形态,也是当下社会上存在较多的一种守法心态。因此,推进全民守法"要坚决改变违法成本低、守法成本高的现象,谁违法就要付出比守法更大的代价,甚至是几倍、十几倍、几十倍的代价。要使公民都相信,只要是合理合法的诉求,通过法律程序就能得到合理合法的结果"③。

据国内学者对守法行为的学理因素分析,认为对守法行为倾向性的影响由大到小依次是:守法体验的印象深刻程度,违法行为惩罚的确定性程度,法律行为的负向认知程度,法律行为的正向体验程度,守法知识的可得性感知程度。④

国外有关守法心理动机的研究表明,公民守法的动因是多种多样的:有的是基于理性文化观念,有的是基于道德伦理,有的是基于宗教信仰,有的是基于习俗和行为习惯,有的是基于趋利

---

① 陆益龙:《影响农民守法行为的因素分析——对两种范式的实证检验》,《中国人民大学学报》2005年第4期。
② [美]波斯纳:《法理学》,苏力译,中国政法大学出版社1994年版,第297页。
③ 中共中央文献研究室编:《习近平关于全面依法治国论述摘编》,中央文献出版社2015年版,第88页。
④ 王晓烁、刘庆顺:《守法行为的心理因素分析》,《河北大学学报》(哲学社会科学版)2010年第6期。

避害的功利选择①，有的是基于心理精神恐惧，还有的是基于综合动因，等等。在我国，过去的法学理论认为，公民自觉守法，是因为社会主义公有制的经济基础保证了人民当家作主，国家法律是人民意志和利益的集中体现，公民遵守法律，就是维护自己的经济基础，尊重自己的意志选择，保障自己的政治经济利益。然而，随着改革开放的深化和社会主义市场经济的建立，就业方式、分配制度、社会保障体制等的深化改革，传统公有制基础上的社会生产关系和法律上层建筑发生了重大变化，公民与法律的内在联系发生了诸多新变化，遵守法律与公民自身意志和利益的联系变得日趋模糊和间接，公民自觉守法赖以支撑的经济、政治、社会和文化基础发生了诸多变化。实现公民自觉守法，必须研究上述深层次问题，从根本上解决自觉守法的动因问题。

建设法治社会，推进全民守法，要在全体公民中树立正确的法治观念和权利意识，努力处理好以下几个关系。

一是处理好学法与守法的关系，做到知行统一，学以致用。这里的关键是要从自己做起，从身边做起，从具体行为习惯做起。凡是法律禁止的，都不去做；凡是法律提倡的，积极对待，量力而行；凡是法律保护的，依法去做。学法是守法的重要前提条件，但不是唯一条件，不学法不懂法从来都不是不守法甚至违法犯罪的理由。中国传统社会数千年，众多老百姓是文盲，国家也没有普法运动，然而长期以来一直是奉公守法的社会（农民运动、造反，工人革命等特殊情况除

---

① 例如，霍布斯认为："下面这一点是不言自明的：人的行动出于他们的意志，而他们的意志出于他们的希望和恐惧。因此，当遵守法律比不遵守法律似乎给他们自己带来更大好处或更小坏处时，他们才会愿意去遵守。"[英] 霍布斯：《论公民》，应星、冯克利译，贵州人民出版社2003年版，第53页。

外)。学法是为了更好地明明白白地自觉理性守法,但守法未必需要都懂法(书本上的法),也不是非学会书本上的法不可①。生活就是最好的老师,伦理就是最好的法律,社会就是最好的课堂,懂生活、讲伦理、融入社会,就能够在更深层次上养成良好的守法习惯。

二是处理好权利与义务的关系,实现维权与守法的统一。任何人在享受法律权利的同时,必须履行法律义务。马克思说过:没有无义务的权利,也没有无权利的义务。② 在法治国家,尊重保障人权是国家的责任,为权利而斗争是公民的权利,但在任何情况下,公民争取权利的"维权"努力都必须合法、合情、合理地进行,决不允许以违法犯罪的方式、破坏法治和秩序的方式、侵害他人权益等方式进行所谓的"维权";既不允许存在只享受权利而不履行义务的公民,也不鼓励公民只履行义务而不享受权利。

三是处理好法律与道德的关系,做到守法与有德的统一。西方法谚说,法律是最低限度的道德,道德是最高标准的法律。法律和道德都是社会行为规范,而最高境界的自觉守法是恪守社会公德、职业道德和家庭美德,最低限度的自觉守法是做到法律的底线不能逾越、道德的红线不能触碰,法律的义务不能弃、道德的责任不能丢。法律是社会主义道德的底线和后盾,凡是法律明确禁止的,通常也是社会主义道德坚决反对的;凡是法律明文鼓励的,通常也是社会主义道德大力支持的,两者相辅相成、相互促进。

---

① 西方的守法习惯论者认为:"公民在社会化的过程中,反复被教导要尊重父母、知识、权威和法律,这样,服从一定的权威逐渐成为其心理的重要组成因素,于是,遵守法律就成了一种行为习惯。"参见丁以升、李清春《公民为什么遵守法律?(上)——评析西方学者关于公民守法理由的理论》,《法学评论》2003 年第 6 期。

② 马克思:《协会临时章程》,《马克思恩格斯全集》第十六卷,人民出版社 1964 年版,第 16 页。

四是处理好信法与信访的关系，坚持依靠法律解决矛盾纠纷。法律作为表现为国家意志的社会行为规范，是调整社会关系、分配社会利益、判断行为是非、区分法律责任的基本准据，是解决矛盾纠纷的根本圭臬。通过执法和司法机关的职权行为，依照程序法和实体法来维护权利、提出诉求、提起诉讼、解决矛盾、处理纠纷，是法治精神和法治社会对公民的必然要求，也是全民守法的基本要求。在人治社会中，信访取代法治；在法治社会中，信法否定人治，信访辅助法治。在人情（熟人）社会中①，关系重于法律；在法治社会中，法律优于关系。信访是公民的基本权利，但是打着信访旗号、采用闹访、群体性事件、暴力手段、违法手段等进行所谓"信访"，不仅是对公民基本权利的滥用和践踏，也是对国家法治秩序的蔑视和否定。在全面依法治国的新形势下，信访是实现信法的辅助手段和过渡措施，必须从属并服务于信法，必须依法维权、依法行使信访权利。决不能用信访冲击甚至否定公民对法治的信任和信仰，决不能用任何非法"信访"损害国家法治，否则就不可能建成法治中国。要把涉法涉诉信访纳入法治轨道解决，实行诉讼与信访分离，把涉及民事、行政和刑事等诉讼案件，由政法机关及相关政府部门依法处理，建立涉法涉诉信访依法终结制度。

五是处理好维稳与维权的关系。习近平总书记在 2014 年的中央政法工作会议上指出："要处理好维稳和维权的关系，要把群众合理

---

① 习近平总书记说："我国是个人情社会，人们的社会联系广泛，上下级、亲戚朋友、老战友、老同事、老同学关系比较融洽，逢事喜欢讲个熟门熟道，但如果人情介入了法律和权力领域，就会带来问题，甚至带来严重问题。"习近平：《严格执法，公正司法》(2014 年 1 月 7 日)，载中共中央文献研究室编《十八大以来重要文献选编》（上），中央文献出版社 2014 年版，第 721 页。

合法的利益诉求解决好……要重点解决好损害群众权益的问题,决不允许对群众报警求助置之不理,决不允许让普通群众打不起官司,决不允许滥用权力侵犯群众合法权益,决不允许执法犯法造成冤假错案。"[1] 维权是维稳的基础,维稳的实质是维权。维稳是维权的前提条件,没有稳定什么事也干不成,维权就无从谈起;有效保障公民权利是实现社会稳定的基础,如果公民权利受到损害、侵犯,就会激化社会矛盾,甚至会出现群体性事件,因此维稳与维权不可分割,辩证统一。[2] 各级领导干部要提高运用法治思维和法治方式深化改革、推动发展、化解矛盾、维护稳定能力,努力推动形成办事依法、遇事找法、解决问题用法、化解矛盾靠法的良好法治环境,用依法治国和法治方式维护社会稳定,保证党和国家长治久安。要坚决杜绝那些"高压维稳""运动维稳""花钱买平安""不惜一切手段维稳""摆平就是水平""搞定就是稳定"等违反法治精神的做法。建设法治社会,应当健全依法维权和化解纠纷机制,强化法律在维护群众权益、化解社会矛盾中的权威地位,引导和支持人们理性表达诉求、依法维护权益,解决好群众最关心最直接最现实的利益问题,把维稳和维权都纳入法治轨道。

三 进一步加强公民意识教育

社会主义法治文化是公民自觉尊法守法的文化。从一定意义上讲,加强社会主义法治文化建设、在全民中开展法制宣传教育,主要就是进行公民意识教育(简称"公民教育")。加强公民意识教育是

---

[1] 习近平:《习近平谈治国理政》第一卷,外文出版社2018年版,第148页。
[2] 参见陆德生《处理好维稳和维权的关系》,《红旗文稿》2014年第15期。

社会主义法治文化建设的基础。公民意识教育就是指通过适当的教育手段促使公民养成对自身主体身份的正确认识，从而塑造公民的政治态度和法律意识，使之能准确地把握自己同国家之间的关系，调整自己的心态和行为。公民意识教育是指培养公民参与管理社会公共事务的价值、知识和技能。

从政治学意义上是指通过公民意识教育，把公民培养成合格的社会公民，即"社会人""政治人"；从法学意义上是指通过公民意识教育，把公民培养成具有民主法治理念、自由平等和公平正义意识、能够享受权利、履行义务和承担责任的具有行为能力的公民。

公民意识教育的核心是公民的权利意识教育。每一个公民都应知道自己拥有宪法和法律保障的权利和基本自由，如生命权、财产权、思想言论自由权和参与权等。这是人之为人最起码的尊严。公民在享有宪法和法律规定的权利和基本自由的同时，负有宪法和法律规定的义务。公民是与国家相对应的概念，离开国家就无公民可言。公民意识教育的任务：培养公民对国家的归属感和认知感，提高公民对国家和宪法的认同，增强公民对国家的忠诚、信念与信心，让全体公民懂得，保卫国家、维护国家利益是公民的根本义务。公民意识教育的目的是培养国家、社会所需要的合格公民，即有积极生活态度、有政治参与热情、有民主法治素养、能与其他公民和社会组织合作的公民。

许多国家和地区没有法制宣传教育运动，但对公民意识教育都很重视（还有人权教育）。例如：韩国设有专门的道德课和国民伦理课，开展"国民精神教育"。新加坡在1960年就颁布了公民训练综合大纲，1992年使用《好公民》教材。《美国公民学》是美国的公民读本，内容涉及公民与政府的关系、经济义务、公民与社会的关系、公民与国际的关系等。德国公民意识教育的主要内容包括：公民的权利与义务教育、集体观念教育、权威感教育、民族感教育和劳作教育等。日本公民意识教育的宗旨是：具备成为符合民主主义原则的国民自觉意识，持有成为社会及国家未来建设者而努力的态度，培养起关心政治、经济、社会、国际关系的良好修养，作为权利和义务主体而自主行动的能力。在国际上提出了"世界公民教育"，国际政治社会化和教育研究委员会在1992年的圆桌会议上，把"制度转换中的政治意识和公民教育"列为主题。

中国香港教育署推出的《学校公民教育指南》，规定公民教育从幼儿园开始，在内容、形式、途径、模式等诸方面都有详尽的要求。中国台湾地区在高中设有"公民与道德"课，以公民道德为经，公民知识为纬，范围包括教育、社会、法律、政治、经济和文化等各个层面。中国台湾地区"国民教育法"明确规定，国民教育以养成德、智、体、群、美五育均衡发展之健全国民为宗旨。

加强公民意识教育是推进依法治国基本方略实施、加强法治文化建设的一项主体工程、基础工程，是全面落实依法治国基本方略重要举措。

加强公民意识教育，建设社会主义法治文化，必须坚决清除和改造公民中存在的非法治文化。当前，在中国公民中不同程度存在的非法治文化现象，其主要表现有以下几个方面。

1. 信权不信法、信访不信法、信闹不信法（小闹小解决，大闹大解决，不闹不解决）、信关系不信法、信钱不信法、信领导不信法、信谣言不信法。

2. 以规避法律、钻法律空子甚至违反法律获利致富为荣，以尊法守法为蠢，例如，笑贫不笑娼，不违法难致富，老实人吃亏，等等。

3. 在某些群体中偷税漏税、坑蒙拐骗、制假贩假、偷工减料以及暴力抗法、贿赂拉拢等所谓"非法经验",颇有市场,不胫而走。

4. 非法治的观念谚语通过某些影视文学作品、民间街谈巷议等渠道不断复制传播,例如,法不责众(法不罚众),偷书不算偷,有钱能使鬼推磨,"不拿白不拿、不打白不打",见钱不捡是傻瓜,不知者不为罪,打官司就是打关系,"砍头不过碗大个疤,20年后又一条好汉","坦白从宽,牢底坐穿,抗拒从严,回家过年",等等。

5. 对法治采取消极甚至负面态度,遇见违法犯罪行为,轻者麻木不仁、视而不见、姑息放任、躲之唯恐不及,重者包庇隐瞒、助纣为虐、起哄参与、趁火打劫,等等。

在公民意识教育中,有些内容是与正在进行的法治宣传教育的内容相同或相近的,有些内容则是法治宣传教育所没有的。加强公民意识教育,可以更好地夯实依法治国的思想文化、道德伦理、政治理念的基础,有利于扎实推进依法治国基本方略的实施。

四 进一步加强领导干部的法治教育

社会主义法治文化是各级领导干部率先垂范、以身作则的文化。毛泽东同志说:政治路线确定之后,干部就是决定的因素。[①] 在党和国家的各项事业中,包括落实依法治国基本方略和加强社会主义法治文化建设,都是如此。加强领导干部的法治教育是社会主义法治文化建设的关键。各级领导干部重视与否,关乎社会主义法治文化建设的成败。这是因为:第一,中国的法治国家建设,是一个从人治到法

---

① 《毛泽东选集》第二卷,人民出版社1991年版,第526页。

制、再从法制到法治的历史发展过程,必须依赖领导干部的重视、支持和参与,才能成功;第二,中国的领导干部是社会和公众的楷模,他们良好的言行举止,依法办事、遵纪守法的榜样,对社会具有极高的正面示范作用;第三,中国历史上的政治文化,历来是上行下效,"村看村、户看户,群众看干部",上梁不正下梁歪,他们的违法犯罪、贪污腐败,对社会法治文化具有较大的负面破坏作用。

加强社会主义法治文化建设,对于各级领导干部来说,就是应当牢固树立法治观念,提高法治素质,增强依法办事的能力,坚决反对和清除各种人治文化。在现实生活中,一些领导干部法治意识比较淡薄,有的存在有法不依、执法不严甚至徇私枉法等问题,影响了党和国家的形象和威信,损害了政治、经济、文化、社会、生态文明领域的正常秩序。

有些领导干部不同程度地存在"重人治、轻法治"的人治文化现象,主要表现形式有以下几个方面。

1. 权大于法,滥用权力,把个人意志凌驾于宪法法律之上,一个人或少数人说了算,领导人说的话就是"法",领导人的看法和注意力改变了,"法"也就跟着改变。

2. 朝令夕改,法律无稳定性、规范性、连续性和权威性,用政策、文件、命令、指示等取代法律规范,使法律和制度形同虚设。

3. 对司法案件"批条子""打招呼""做指示",随意干预法院依法独立行使审判权、检察院依法独立行使检察权。

4. 把法律和法治当作对付群众的手段和惩治他人的工具,以法治民、以法治群众、以法治人,而不是依法治权、依法治官、依法治己。

5. 贪腐文化盛行,以以权谋私为荣,以依法办事为傻,"丢掉一顶乌纱帽，抱回一个金娃娃"，"牺牲一人，幸福全家"，"当官不发财，请我也不来"，"有权不用，过期作废"，权力不受监督，滥用职权，徇私舞弊，贪污腐败。

6. 崇尚行政手段、长官意志和命令方式，轻视甚至放弃法治思维、法治原则、法治方式、法律手段、法律制度和民主方式。

7. 官本位、权本位，推崇特权享受，轻视人权保障，忽视群众法益，违背法律面前人人平等原则，等等。

各级领导干部的信念、决心、行动，对全面推进依法治国具有十分重要的意义。领导干部要做尊法学法守法用法的模范，带头厉行法治、依法办事。学法懂法是守法用法的前提。各级领导干部要带头学习法律，带头依法办事，带头遵守法律。通过对各级领导干部进行社会主义法治文化教育，要强化其四个意识：一是强化公仆意识，使各级领导干部铭记人民是真正的主人，自己永远是仆人，自己手中的权力来自人民并且属于人民；二是强化法治意识，努力提高各级领导干部依法决策、依法执政、依法行政、依法办事的能力和水平；三是强化服务意识，使各级领导干部铭记公仆的理念就是人民的利益高于一切，公仆的行为准则就是全心全意为人民服务，要坚持以人为本，执政为民；四是强化责任意识，使各级领导干部铭记掌握人民赋予的权力不是特权，而是义务和责任，必须对国家、对人民、对法律负责。如果滥用权力，将承担法律责任。

通过对领导干部进行社会主义法治文化教育，要求其牢固树立五种观念：一是立党为公、执政为民和依法执政的执政观念；二是以人为本、权为民所用、情为民所系、利为民所谋的民本观念；三是尊重和保障人权，法律面前人人平等的人权观念；四是民主立法、依法行政、公正司法和依法监督的法治观念；五是人民当家作主、民主选举、民主决策、民主管理、民主参与、民主监督的民主观念。

五 推进全民守法

全民守法作为弘扬社会主义法治精神、建设社会主义法治文化的重要环节，是推进全面依法治国、建设社会主义法治国家的一项基础性工程。在全社会弘扬社会主义法治精神，推进全民守法，"关键少数"的各级领导干部和国家公职人员率先垂范、以身作则是关键，立法执法司法等法律工作者严格依法办事是重点，全体公民自觉学法尊法守法用法是基础。

"推进全民守法，必须着力增强全民法治观念。要坚持把全民普法和守法作为依法治国的长期基础性工作……由易到难、循序渐进不断增强青少年的规则意识。要……形成守法光荣、违法可耻的社会氛围，使尊法守法成为全体人民共同追求和自觉行动。"[①] 改革开放以来，经过40多年的法治国家建设和30多年的全民法治宣传教育，广大群众的法律意识普遍增强、法治观念不断提高，全民自觉守法的形势越来越好。同时，应当看到公民守法状况的一些新变化：不知法而犯法者明显减少，知法懂法而犯法者明显增加，知法懂法而规避法律者日益增多。当前，公职人员尤其是"关键少数"中一些领导干部法治意识淡薄，不同程度地存在不屑学法，心中无法；以言代法，以权压法；执法不严，粗暴执法；干预司法，徇私枉法；利欲熏心，贪赃枉法；嘴上讲法，行动违法；等等现象。

针对上述现象和问题，要通过弘扬法治精神、推进全面依法治

[①] 习近平：《加快建设社会主义法治国家》，《求是》2015年第1期。

国、加强宪法和法律实施、深化法治宣传教育等综合性措施来解决。从公民守法的思想观念和心理基础来看，在全体公民中弘扬法治精神，要努力提升公民守法的层次和境界。有关研究表明，公民守法的动因是多种多样的：有的是基于理性（法治）文化观念，有的是基于道德（规范）伦理，有的是基于宗教（教义）信仰，有的是基于习俗和行为习惯，有的是基于趋利避害的功利选择，有的是基于心理恐惧，还有的是基于综合动因……建设法治中国，弘扬法治精神，要内外兼修、标本兼治，努力培育自觉守法的公民文化，推崇不愿违法的价值理念，编织不能违法的恢恢法网，形成不敢违法的社会氛围，构建全民守法的社会法治文化和道德信仰心理基础，尽快消除群众中流传的所谓"严格立法、选择执法、普遍违法"的不良现象。

从公民积极守法的角度来看，弘扬法治精神，要求公民不仅要独善其身，以不作为的方式消极守法，而且要兼善天下，以积极作为的国家主人态度，做到"信任立法，配合执法，倚赖司法，努力护法"。

信任立法，就是要切实坚持民主立法，使广大公民通过直接或间接参与立法，保证中国立法是公平正义和人民意志与利益的集中体现，进而确信尊重法律、遵守法治、维护司法权威，就是尊重自己的意志、维护自己的利益、保障自己的幸福。

配合执法，就是要在信任法律和法治的基础上，积极支持国家行政机关依法行政，配合行政执法机关认真履行职责。在执法与被执法的关系中，行政执法机关与公民之间绝不是猫鼠关系、警匪关系、敌我关系，也不是主仆关系、官民关系、爷孙关系，而是鱼水关系、服务与被服务关系、管理与被管理关系。只要行政执法机关及其执法人员摆正关系，定位好角色，严格公正执法，而不是钓鱼式执法、粗暴野蛮执法、寻租性执法、限制性执法、选择性执法、运动式执法、疲软式执法、滞后性执法等，广大公民一定会支持并配合行政机关的执法公正。

倚赖司法，就是要求全社会要信仰法治、广大公民要信任法律，遇到矛盾纠纷等问题时，依靠法律特别是倚赖司法制度和司法机制来解决。

努力护法，就是要求公民不仅自觉学法尊法守法，掌握法治的基本精神要义，而且要勇于拿起法治武器，同违法活动和犯罪分子做斗争，同损害国家利益、社会秩序和他人权利的违法行为做斗争，同国家机关及其公职人员渎职滥权、贪污腐败等行为做斗争。

六　完善中国法律体系，进一步加强文化立法

法律是治国之重器，良法是善治之前提。社会主义法治文化是有法可依的文化。有法可依不仅是实行法治的重要前提，也是加强社会主义法治文化建设的重要基础。中国特色社会主义法律体系形成，无法可依的问题总体上得到解决，但还不能完全满足经济、政治、社会、文化和生态文明建设的需要，中国的立法工作还需要进一步加强，法律体系还需要不断完善。

"我们在立法领域面临着一些突出问题，比如，立法质量需要进一步提高，有的法律法规全面反映客观规律和人民意愿不够，解决实际问题有效性不足，针对性、可操作性不强；立法效率需要进一步提高。还有就是立法工作中部门化倾向、争权诿责现象较为突出，有的立法实际上成了一种利益博弈，不是久拖不决，就是制定的法律法规不大管用，一些地方利用法规实行地方保护主义，对全国形成统一开

放、竞争有序的市场秩序造成障碍，损害国家法治统一。"① 因此在完善立法制度方面，一是要着力解决"国家立法部门化，部门立法利益化，部门利益合法化以及行政立法扩大化"等问题，从立法权的享有和行使上切实保障人民当家作主。二是要从制度上、程序上、机制上全面深入地推进民主立法，不仅要有公开征求意见、座谈会、论证会、听证会等民主立法形式，更要注重立法过程中的民意表达、利益博弈和相互妥协；不仅要坚持立法是党的主张和人民意志相统一的体现，也要坚持立法是人民内部各种利益诉求相整合的体现，真正使立法成为沟通信息、协调利益、平衡关系、调解矛盾、减少冲突的过程，成为通过人民民主实现分配正义的过程。三是尽快修改完善有关法律，进一步完善立法会期制度、立法公开制度、立法审议制度、立法表决制度、法律清理制度、法规备案审查制度、立法解释制度、授权立法制度，建立宪法委员会制度，推行立法助理制度、立法旁听制度，强化专职常委制度。

在完善法律体系方面，不仅要加强对"中国特色社会主义法律体系"和"中国特色法律体系"等问题的理论研究，而且要加强对法律体系中薄弱环节的立法工作，当前尤其需要加强文化立法。在中国法律体系的七个法律部门中，文化立法不仅数量少，而且没有成为单独的法律部门，分散于从宪法到其他部门法当中，许多文化立法是行政法规，层次不高。

根据北京市《文化法制环境建设调研报告》，目前中国文化法制环境建设存在的主要问题和需求有以下几个方面。一是文化立法总体薄弱，在一些重要领域尚属空白。例如，在公共文化服务保障、促进

---

① 中共中央文献研究室编：《十八大以来重要文献选编》（中），中央文献出版社2016年版，第149页。

文化创意产业发展、艺术品管理、专业文艺发展、对外文化交流、行为艺术等方面，处于无法可依的局面。二是文化领域出现的新问题、新型业态缺乏相应规范和促进。例如，互联网迅猛发展，网站数量和所载信息量远远超过传统媒体，如何通过立法加以规制，是薄弱环节；再如，对于微博、QQ、网络视听点播、室外视频广告、手机垃圾短信、电台和电视台频道分配等，也缺乏法律的约束和规范。三是有些法律法规的内容已不适应现实需要，亟待修订完善，还有的是立法规定比较原则，需要予以细化。例如，《卫星电视广播地面接收设施管理规定》《互联网上网服务营业场所管理条例》《水下文物保护管理条例》《营业性演出管理条例》等。[①]

应当根据党的十九大的要求，进一步加快社会主义文化立法，着力解决社会主义核心价值观融入法治建设等基本问题。

七 加强宪法和法律实施，维护社会主义法治的统一、尊严和权威

社会主义法治文化是有法必依、执法必严、违法必究的文化。改革开放以来，经过 40 多年的法治建设，我们已经形成了中国特色社会主义法律体系，无法可依的问题已基本解决，法治建设要解决的主要矛盾是如何确保宪法和法律实施。法律的生命在于实施，法治文化的价值在于行动。如果说，改革开放前 30 年，中国法治建设的重点是着力解决无法可依的问题，那么，在中国特色社会主义法律体系如

[①] 柳纪纲、张引等：《文化法制环境建设调研报告》，载北京市人大常委会课题组编《推进全国文化中心建设》，红旗出版社 2012 年版，第 70—78 页。

期形成的今天，中国法治建设的主要矛盾，是宪法和法律实施不好的问题，主要表现为存在比较严重的有法不依、执法不严、违法不究现象，许多法律形同虚设。因此，新时代中国法治发展的战略重点，应当是解决宪法和法律有效实施的问题，使宪法和法律实施与立法协调发展，与经济社会文化建设协调发展，与人民对法治的期待和要求协调发展。习近平总书记在"12·4"重要讲话中指出：全面贯彻实施宪法，是建设社会主义法治国家的首要任务和基础性工作。[①] "宪法是国家的根本法，是治国安邦的总章程……全国各族人民、一切国家机关和武装力量、各政党和各社会团体、各企业事业组织，都必须以宪法为根本的活动准则，并且负有维护宪法尊严、保证宪法实施的职责。要维护宪法权威，加强宪法监督，保证宪法实施。"[②] 要完善宪法监督制度，积极稳妥推进合宪性审查工作，加强备案审查制度和能力建设。党的十九大报告明确要求：必须"加强宪法实施和监督，推进合宪性审查工作，维护宪法权威"[③]。

切实加强宪法和法律的实施体现在以下几个方面。一是要求执政党始终坚持民主执政、科学执政和依法执政，自觉履行领导立法、保证执法、支持司法、带头守法的政治职能，切实在宪法和法律的范围内活动，支持国家机关依法（独立）行使职权，做依法治国和依法办事的表率。二是要求国家权力机关始终坚持"三者有机统一"，全面履行宪法规定的职能，切实行使宪法赋予的职权，推进民主立法、科学

[①] 中共中央文献研究室编：《十八大以来重要文献选编》（上），中央文献出版社2014年版，第88页。

[②] 习近平：《习近平谈治国理政》，外文出版社2014年版，第137页。

[③] 习近平：《决胜全面建成小康社会 夺取新时代中国特色社会主义伟大胜利——在中国共产党第十九次全国代表大会上的报告》，人民出版社2017年版，第38页。

立法、依法立法，强化宪法监督，保障宪法实施。当务之急是尽快设立全国人大的宪法委员会，加强全国人大常委会的宪法解释，制定国家机构编制法、国家监察法，修改预算法和监督法。三是以全面加强法治政府建设为契机，继续深化行政体制改革，切实转变政府职能，精简行政机关，进一步厘清政府的角色关系，把社会的归还社会、市场的归还市场、公民的归还公民，充分发挥市场在配置资源中的决定性作用，用法律和制度巩固行政体制改革的成果，确认和保障与社会主义市场经济体制相适应的行政权力的正当性，通过"良法善治"防杜行政体制改革倒退以及滥用行政权力的举措合法化。四是维护国家司法主权和司法制度的权威性和公信力，以法治为基础维护社会稳定，以法律为主要依据解决社会矛盾纠纷，从制度上根除"闹而解决"的顽疾，改革完善信访制度，取消领导人批示案件的做法。同时要深化司法体制配套改革，进一步消除司法中存在的地方保护主义，防止人民检察院、人民法院沦为地方保护主义的工具，避免它们成为为地方利益服务的"地方的检察院""地方的法院"，切实解决执行难的问题。

八 坚持以人民为中心，切实尊重和保障人权

人权是"人依其自然属性和社会本质所享有和应当享有的权利"[①]。人权是人类的共同追求，充分享有人权是人类社会的共同奋斗目标，法治则是实现人权的根本保障。古罗马政治法律思想家西塞罗认为："法律的制定是为了保障公民的福祉、国家的繁昌和人们的

[①] 王家福、刘海年主编：《中国人权百科全书》，中国大百科全书出版社1998年版，第481页。

安宁而幸福的生活。"① 在中国，人权不仅是一个政治话语和意识形态概念，更是一个宪法法律概念。人权是人民主体地位和根本利益的宪法化、法律化表现形式，是人民幸福、人民利益、人民尊严的具体化、条文化和法治化。"中国建设社会主义法治国家，以确保公民权利的实现、人性尊严的捍卫、基本人权的落实为根本目的。"② 我们党来自人民、植根人民、服务人民，一旦脱离群众，就会失去生命力。③ 我们党和国家的一切事业，全面依法治国的事业，归根结底是为了人民、依靠人民、造福人民和保护人民的事业，必须以保障人民根本权益为出发点和落脚点。

宪法是"保障公民权利的法律武器"，"我们要依法保障全体公民享有广泛的权利"，"要通过不懈努力，在全社会牢固树立宪法和法律的权威，让广大人民群众充分相信法律、自觉运用法律，使广大人民群众认识到宪法不仅是全体公民必须遵循的行为规范，而且是保障公民权利的法律武器"。④ "我们要随时随刻倾听人民呼声、回应人民期待，保证人民平等参与、平等发展权利，维护社会公平正义，在学有所教、劳有所得、病有所医、老有所养、住有所居上持续取得新进展，不断实现好、维护好、发展好最广大人民根本利益，使发展成果更多更公平惠及全体人民，在经济社会不断发展的基础上，朝着共同

---

① ［古罗马］西塞罗：《论共和国 论法律》，王焕生译，中国政法大学出版社1997年版，第219页。

② 《〈2014年中国人权事业的进展〉白皮书（全文）》，2015年6月8日，国务院新闻办公室网站，http：//www.scio.gov.cn/zxbd/tt/Document/1436898/1436898.htm。

③ 习近平：《决胜全面建成小康社会 夺取新时代中国特色社会主义伟大胜利——在中国共产党第十九次全国代表大会上的报告》，人民出版社2017年版，第66页。

④ 习近平：《习近平谈治国理政》，外文出版社2014年版，第141页。

富裕方向稳步前进。"① 把我们党全心全意为人民服务的政治承诺表达为法治话语，把党治国理政为了实现人民幸福和福祉的目标转化为法治话语，把人民主体地位和主体权利的诉求表述为法治话语，就是充分保障和实现人权。马克思指出："人们奋斗所争取的一切，都同他们的利益有关。"② 在现代法治社会，人权的宪法法律化程度越高，法治对人权实现保障得越彻底，司法对人权救济和保障得越充分，这个社会就越容易实现稳定和谐、公平正义、诚信有序。所以，尊重、保障和充分实现人权，必然是党领导人民治国理政、全面依法治国的重要内容。

　　党的十八大提出，要"保证人民依法享有广泛权利和自由"并把"人权得到切实尊重和保障"作为全面建成小康社会的一个重要目标。党的十八届四中全会提出，要"增强全社会尊重和保障人权意识，健全公民权利救济渠道和方式……加强人权司法保障"。党的十九大进一步强调，要"加强人权法治保障，保证人民依法享有广泛权利和自由"③。习近平总书记在祝贺"2015·北京人权论坛"开幕的致信中强调指出："近代以后，中国人民历经苦难，深知人的价值、基本人权、人格尊严对社会发展进步的重大意义，倍加珍惜来之不易的和平发展环境，将坚定不移走和平发展道路、坚定不移推进中国人权事业和世界人权事业……中国共产党和中国政府始终尊重和保障人权。长期以来，中国坚持把人权的普遍性原则同中国实际相结合，不断推动

---

　　① 中共中央文献研究室编：《十八大以来重要文献选编》（上），中央文献出版社2014年版，第236页。

　　② 《马克思恩格斯全集》第一卷，人民出版社1956年版，第82页。

　　③ 习近平：《决胜全面建成小康社会　夺取新时代中国特色社会主义伟大胜利——在中国共产党第十九次全国代表大会上的报告》，人民出版社2017年版，第37页。

经济社会发展，增进人民福祉，促进社会公平正义，加强人权法治保障，努力促进经济、社会、文化权利和公民、政治权利全面协调发展，显著提高了人民生存权、发展权的保障水平，走出了一条适合中国国情的人权发展道路。"[1] 习近平总书记把尊重保障人权与实现中国梦的战略目标密切联系起来，指出中国梦归根结底是人民的梦，必须不断为人民造福，不断实现更加充分的人权。"中国人民实现中华民族伟大复兴中国梦的过程，本质上就是实现社会公平正义和不断推动人权事业发展的进程。"[2]

社会主义法治文化是以人民为主体、以人民为中心、尊重保障人权的文化。尊重和保障人权是社会主义的本质要求，是中国宪法规定的重要原则，是全面依法治国的必然要求，应当予以高度重视。从社会主义法治文化来看，人权是以人民为主体的权利和法治表现形式，坚持人民至上、坚持以人为本，就必须尊重和保障人权。尊重和保障人权：一是应当把宪法宣示的各项基本权利法律化，全面完善人权保障的各项法律规定和制度；二是加强对《公民权利与政治权利国际公约》的研究工作，在充分准备的基础上加快审议批准这个公约；三是进一步修改刑法，大幅度减少死刑的刑种；四是深化司法体制改革，切实加强人权的司法保护；五是进一步加强对公民的经济、社会和文化权利保障，着力解决"上学难""看病难""住房难""两极分化""贫富不均"等老大难问题，着力保障弱势群体的权利。

---

[1] 《习近平致"2015·北京人权论坛"的贺信》，2015年9月16日，新华网，http://news.xinhuanet.com/politics/2015-09/16/c_1116583281htm，2018年11月12日。
[2] 《习近平同美国总统奥巴马举行会谈》，《人民日报》2015年9月26日第1版。

第 七 章

中国司法制度和司法改革

中国特色社会主义司法制度是马克思主义国家与法的普遍原理同中国革命和建设实践相结合的产物，是在中国化的马克思主义指导下不断完善和发展起来的社会主义类型的司法制度，是中国特色社会主义政治制度的重要组成部分。

何谓"司法"（Justice），以及由此派生出来的"司法权""司法机关""司法体制"？这些看似简单、耳熟能详的词语，却很难界定，也不容易达成共识。例如，在中国，"司法，同狭义的'法的适用'，指拥有司法权的国家机关按照诉讼程序应用法律规范处理案件的活动"[1]；"司法是对法律的适用，是特定机构运用法律处理诉讼案件的一种专门活动"[2]；"司法是指司法机关依照法定职权和程序，运用法律处理案件的专门活动"[3]；"司法又称之为'法的适用'，是法的实施的重要方式之一。司法是指国家司法机关依据法定职权和法定程序，具体应用法律处理案件的专门活动"[4]；等等。

---

[1] 曾庆敏主编：《法学大辞典》，上海辞书出版社1998年版，第372页。
[2] 钟玉瑜主编：《中国特色司法制度》，中国政法大学出版社2000年版，第2页。
[3] 卓泽渊主编：《法理学》，法律出版社2002年版，第339—340页。
[4] 张文显主编：《法理学》（第五版），高等教育出版社2018年版，第250页。

事实上,"司法"一词,主要有结构主义和功能主义两种解释。一是从结构主义来看,在国家政体结构意义上的司法,是指与立法、行政等相区别的权力、机关及其活动。在西方实行三权分立原则的国家,司法主要是指司法权、法院及其活动(司法有时也称为法的适用,即国家司法机关及其司法人员依照法定职权和法定程序,具体运用法律处理案件的专门活动);在中国人民代表大会制度下,司法主要是指审判权(人民法院)[①]、检察权(人民检察院)及其活动。二是从功能主义来看,在国家权力实际运行的功能意义上,司法不仅是司法机关的职能,立法机关、行政机关也都具有一定的司法功能,如英国的上院可以行使某些司法终审权,大陆法系的检察官多作为行政机关的一部分行使提起公诉的职能,而某些国家的法院(法官)却有"司法立法"或者"法官立法"的功能,行政机关有"行政立法"和"司法行政"的功能。从功能主义的意义上讲,"司法"的范围要相对宽泛一些。

英国著名学者詹宁斯勋爵曾经说:"要准确地界定'司法权'是什么,从来都不十分容易。"[②] 新中国的宪法中不使用"司法权"这个概念,中国的正式文件和社会日常话语中却广泛使用"司法"的概念,如"司法改革""司法体制改革""公正司法""司法行政""人

[①] 起草1954年宪法草案时,对于人民法院行使的是"审判权"还是"司法权",起草者有不同意见。原来草案中使用的是"司法权",即"中华人民共和国的司法权由……人民法院行使"。讨论中,基于两点理由,被改为"审判权":一是1936年苏联宪法的俄文原意重点在"审判"而不是"司法";二是"司法"的范围较宽,有些不属于法院职能范畴,大家倾向于用"审判"。参见韩大元编著《1954年宪法与新中国宪政》,湖南人民出版社2004年版,第168—171页。

[②] [英] 詹宁斯:《法与宪法》,龚祥瑞译,生活·读书·新知三联书店1997年版,第165页。

民司法"等。在当代中国的语境下,"司法"大致是结构主义与功能主义的结合,它包括人民法院、人民检察院①、人民公安机关(国家安全机关)、司法行政机关等国家机构行使审判权、检察权、侦查权等职权的活动。在中国宪法规定的人民代表大会制度下,国家行政机关、国家监察机关、国家审判机关、国家检察机关直接由人大产生,对人大负责,受人大监督。公安机关(国家安全机关)和司法行政机关隶属于国家行政机关,它们在宪法上与人民法院、人民检察院不是并列法律关系。当代中国的司法制度,主要是指上述国家机关及其公务员依法享有和行使司法职权、实施法律的相关制度和程序。

改革开放初期,中国执政党提出了社会主义法制建设的"十六字方针",即"有法可依、有法必依、执法必严、违法必究"。其中,似乎看不到"司法"的存在,因为按照当时法制理论的理解,"执法"是广义的,它既包括"行政执法"和"执法机关",也包括了"司法"和"司法机关"。西方近代历史上,英国的洛克在《政府论》(1689—1690年)中提出的所谓三权分立——立法权、执行权和对外权,实质上执行权和对外权都属于行政权的范畴,因此也可以说,洛克的三权分立实际上是"两权分工",即立法权和行政权。法国的孟德斯鸠在《论法的精神》(1748年)

---

① 在1982年修宪过程中,有领导同志提出,为了精简机构,可以不再设立独立于行政部门之外的最高人民检察院,而采取一些西方国家的做法,由司法部行使检察机关的职能,把最高人民检察院同司法部合并。经研究认为,中华人民共和国成立以来一直是检察机关独立于行政部门之外,多年的实践表明并没有什么大问题和不可行的地方;同时检察机关要监督行政机关的违法和渎职行为,它独立于行政机关之外,比较超脱,更有利于处理这类案件,还是不要改变为好。王汉斌和张友渔就向彭真同志写了书面意见,彭真同志审阅修改后,报小平同志审核。小平同志说:检察院仍维持现状,不与司法部合并。参见王汉斌《邓小平同志亲自指导起草一九八二年宪法》,《法制日报》2004年8月19日。

中，将国家权力分为立法权、行政权和司法权三种，强调三权分立、相互制衡。这种学说由于在美国的成功运用，一度被西方世界奉为政治和法治领域的经典。然而，美国政治学教授古德诺在《政治与行政》（1900年）中，一反西方三权分立传统理论的常态，认为国家实际上只有两种职能、两种权力：一是国家意志的表达，这就是立法职能和立法权；二是国家意志的执行，这就是行政和司法、行政权和司法权。在中国，当年孙中山先生看到了三权分立的局限和弊端，提出了五权宪法思想，即国家权力分为立法权、行政权、司法权、考试权和监察权的理论。2018年3月中国全国人大通过现行宪法的第五次修正案后，新加坡学者郑永年教授评价说：这次修宪的主要意义在于实现了中共和中国政府在制度安排上的一致性和合理性，体现中国政治体制从"党政分开"到"党政分工"，形成"内部三权分工"的思路转变。上述"党政一体"的体制理顺后，中国的内部三权——决策权、执行权、监督权的架构便成形了，构成一个政治过程中三个阶段，这不同于西方三权分立，是很深度的改革。他强调，中国将形成的"三权分工"，相比之下，西方的"三权分立"，是行政、司法、立法三块相互独立，彼此监督制衡。而由于中国的政治现实是一党主导，在一党主导下，中国不能有两个政治过程，它只是一个政治过程，所以，中国较合适采取的是"三权分工"，就是将一个政治过程分成决策、行政、监察，三个阶段。[1] 由此可见，一方面，西方的三权分立的理论既不是绝对真理，也不是理论神话，而是可以改变、突破、创新发展的一种适合于西方政治土壤的理论学说；另一方面，

---

[1] 郑永年：《本次修宪的合理性及其对中国政体的改变》，http://zhengyongnian.blogchina.com/524113446.html，2019年2月9日。

执行或者行政权概念当中包括"司法"和"司法权",执法必严包括"司法必严",并不是中国共产党和中国人的首创,在西方早有政治学理论论证过其存在的合理性和实在性,而且,当代中国的政体结构和国家权力关系有着自己的实践逻辑和理论解释。

值得一提的是,2012年党的十八大报告明确提出"全面推进依法治国……要推进科学立法、严格执法、公正司法、全民守法,坚持法律面前人人平等,保证有法必依、执法必严、违法必究"。不仅坚持了"有法必依、执法必严、违法必究"的提法,而且首次提出了"科学立法、严格执法、公正司法、全民守法"的"新十六字方针"。习近平总书记在纪念现行宪法颁布施行30周年大会上的讲话中,明确要求"落实依法治国基本方略,加快建设社会主义法治国家,必须全面推进科学立法、严格执法、公正司法、全民守法进程"[1]。在关于起草十八届四中全会决定要突出考虑的5个方面内容中,第3个方面就是要"反映目前法治工作基本格局,从立法、执法、司法、守法4个方面作出工作部署";在对《决定》框架结构的说明中,习近平总书记解释说:《决定》的"第二部分至第五部分构成第二板块,从目前法治工作基本格局出发,对科学立法、严格执法、公正司法、全民守法进行论述和部署"[2]。其中,科学立法是全面推进依法治国的前提条件,严格执法是全面推进依法治国的关键环节,公正司法是全面推进依法治国的重要任务,全民守法是全面推进依法治国的基础工程,四者前后衔接、环环相扣、相互依存、彼此支撑,共同推进依法治国基

---

[1] 习近平:《习近平谈治国理政》,外文出版社2014年版,第139—140页。
[2] 中共中央文献研究室编:《十八大以来重要文献选编》(中),中央文献出版社2016年版,第144—145页。

本方略的全面落实。

"新十六字方针"（科学立法、严格执法、公正司法、全民守法）与"原十六字方针"（有法可依、有法必依、执法必严、违法必究）相比，其中变化最小的提法，是从原来的"执法必严"改为"严格执法"；变化最大的提法，是把"公正司法"单独提了出来。把"公正司法"与"严格执法"区分开来、单列出来，意味着在执政党的政治理论和法治观念上，把当代中国的司法与行政区分开来，把行政权与司法权（审判权、检察权）区分开来，把行政机关与司法机关区分开来，把行政执法与法检司法区分开来，把行政体制改革与司法体制改革区分开来，无论是现在还是将来，对其深刻的理论与重大的实践意义都不可小觑。因为，尽管中国宪法只明确规定了立法权和立法机关、行政权和行政机关，却没有直接规定"司法权"和"司法机关"，中国现行法律中一般也不使用"司法权"的概念（从政治意识形态上的一种解读，是担心有实行"三权分立"之嫌），但在执政党的最高政治报告、领导人讲话和中央文件中广泛使用"司法""司法权""公正司法""司法机关""司法改革""司法体制改革""司法为民""司法制度"等以"司法"为核心词的概念，这无疑昭示着中国社会普遍承认司法与行政的区别，司法权与行政权的区分，司法规律与行政管理的不同，司法功能与行政功能的差异……"新十六字方针"这种关涉宪制和法治理念的深刻变化，如果在适当的时候，通过修宪载入现行宪法，它折射出来的很可能就是事关国体和政体的重大调整变化。

第一节　中国特色社会主义司法制度的建立和发展

一　中国古代传统司法制度的流变及其特征

中国古代，以国家权力为后盾，以解决社会纷争为主要内容的司法活动，早在夏代已出现，其后经历了数千年的发展，表现出富于特色的价值追求、制度设计和运行特征，内涵十分丰富，特色十分鲜明，被称为"中华法系"。中国古代的司法制度经历三个时期：萌芽发展的先秦时期、渐趋成熟的秦汉隋唐时期、发展变化的宋元明清时期。

据史书称，早在原始社会末期的帝舜时代，就出现了"造律""治狱"的著名人物皋陶（Gāo yáo），皋陶治狱时，以神兽獬豸帮助识别有罪疑者，"有罪则触，无罪则不触"，体现了神权裁判的痕迹。传说皋陶曾担任"士"和"大理"的职务，是中国历史上最早的一位最高法官。

夏朝实行由军法官兼理一般狱讼的制度，司法官吏称作"士"，或称为"理"，中央司法长官称为"大理"。

商代司法制度具有鲜明的天罚神判特色。商王为了假托神意，几乎无事不卜，无日不卜，定罪行刑也都要经过占卜决定。

周代基本建立起一套比较系统的司法机关体制，据《周礼》记载，周天子"立秋官司寇，使帅其属而掌邦禁，以佐王刑邦国"。司寇称秋官，因古人认为秋天草木凋零，有肃杀之气，所以以秋来喻刑。司寇有大、小之别，司寇以下还有士师、司刑、司圜、掌戮、司隶、布宪等中央司法官吏。地方上有乡士、遂士、县士、方士等司法官吏，各诸侯国也依照周王室设立司法官吏。周代有了民事和刑事的简单区分，民事案件称"讼"，所谓"以财货相告者"；刑事案件称"狱"，所谓"相告以罪名者"。诉讼要求"两造俱备"，即原、被两告，要一齐到司法官处。但"命夫命妇不躬坐狱讼"，即贵族大夫、贵妇不必亲自到官，派人代告即可。审判时法官"以五声听狱讼"①，这种审判方式是我国古代长期司法实践的总结，也是运用心理分析进行审判活动的一种尝试，应该说比夏商时代占卜鬼神有很大的进步。

秦、汉、隋、唐时期，在司法机关的设置上，各朝代在专制皇权之下，适应封建统治和司法实践的需要，设立了不同审级的司法机构，在审判的方式、审判程序、诉讼程序乃至司法官员的选拔、任用等方面也都有一些新的变化和发展。

秦朝建立了中央集权的皇帝制度，皇帝掌握最高司法权。廷尉是最高的司法机关，地方由行政长官行使司法的职权。秦行"法治"，废儒学仁义，专任刑罚，把道德与法律完全对立起来，使法律成了一种单一的刑罚手段。

汉代的司法制度，开始以秦朝司法制度为基础，到汉武帝时期，以董仲舒提倡《春秋》决狱为开端，开启了在司法审判层面封建法制儒家化的进程。

魏晋南北朝时期，司法机构最突出的变化是尚书台逐步发展成为正式的司法机关，尚书台与廷尉、御史台并列为三大司法机构，初步

---

① "五听"即辞听、色听、气听、耳听、目听。听，即审视察看（"观其出言，不直则烦；观其颜色，不直则赧；观其气息，不直则喘；观其听聆，不直则惑；观其眸子，不直则眊。"——《周礼·秋官·小司寇》，郑玄注）。

形成了审判、监察、司法行政"三司"并列格局。

隋唐两代，是封建社会的鼎盛时期，司法制度走向成熟。由秦汉廷尉演变而来的大理寺是中央最高审判机关、刑部为尚书省六部之一，是中央司法行政兼审判复核机关、御史台是中央监察机关。三大司法机关的确立，使司法已逐渐从行政体制中分离出来，成为相对独立的专业部门。这三个机关各有分工侧重，又互相监督制约，可以有效地保证司法审判的正常进行，又有利于皇帝对司法权的直接控制。在地方，州、县司法仍然由行政长官兼理，但其属下增设了专门掌管民事和刑事诉讼的官员。唐代审判制度中还要求严格依法判决，"诸断罪皆须具引律令格式正文，违者笞三十"，"若制敕断罪，临时处分，不为永格，不得引为后比。若辄致罪有出入者，以故失论"。唐代定型了"三法司"机构，创设了一系列的司法审判制度，司法相对完备，成为中国古代司法的典型代表，成为后世封建司法制度的范本，并为朝鲜、日本、琉球、安南等东亚国家所取法和效仿。

宋、元、明、清时期，司法制度基本上沿用唐制，但也出现了一些变化。

宋代在宫中增设审刑院，加强了皇帝对司法权的控制[①]。在司法审判制度方面建立了鞫（jū，审问）谳（yàn，议罪）分司制度。

元朝是中国历史上第一个由少数民族建立的全国统一的封建王朝，从总体上看，受儒家思想的影响比较少，保留了大量蒙古民族的习惯和制度，具有自己的特点。在审判机构的设置上，元朝仿宋制在中央设立了刑部，但没有设立大理寺，另设大宗正府、御史台、宣政

[①] 审刑院受命于皇帝，司法权力很大，不仅有权决定案件是否审理，而且是刑部之上的复审机构，限制了大理寺和刑部的权力。

院等机构①。总的来看，元朝的司法机构交错重叠，各机构各领其事，不相统摄。这种混乱的司法体系，一定程度上造成元代司法的混乱。

明代中央司法机关由刑部、大理寺和都察院组成②，明代三法司既各司其职，又相互制约，重大案件必须由三法司会审，以防止刑部独揽审判权。地方司法机关分为省、府、县三级③。明代审判制度的一个亮点是创设了一套会审制度，一大污点是厂卫干预司法。

清代的中央司法机构仍然沿用"三法司"制度，机构更为庞大。此外，清代专门设立了处理旗人案件的司法机构，在中央设立的理藩院专门管理少数民族地区事务，享有管辖少数民族地区司法审判事务的权力。清代的会审制度更加完备，如每年阴历八月在天安门前金水桥西由军机大臣、内阁大学士和各部院堂官等重要官员参加的秋审大典就是清代最重要的刑事审判制度。清代诉讼审判制度的另外一个突出特点是幕友、胥吏干预司法。

---

① 大宗正府，秩正一品，正官札鲁花赤，是与刑部对等的最高审判机构，大宗正府不同于前代的大理寺，地位上与中书省、枢密院并列，不受御史台的监察，司法审判完全独立。宣政院作为国家最高宗教管理机关与宗教审判机关，负责审理重大的僧侣案以及裁决各教派之间的纠纷。

② "刑部受天下刑名，都察院纠察，大理寺驳正。"（《明史·刑法志》）刑部与大理寺虽然在名称、组织上和唐宋相近，但其职权发生了很大的变化。大理寺不再像唐宋时期一样是审判机关，而是专掌复核。刑部也由唐宋时的司法行政机关转变为审判机关，其组织机构也相应扩大，由初所属四司，扩充为十三清吏司。都察院由唐宋的御史台演变而来，负责监督，但同时可受理通政使司送发的案件和京师击登闻鼓控诉的直诉案件。

③ 在省级专门设立提刑按察使，"掌一省刑名按劾之事"，并为府县的上诉机关。提刑按察使直接对皇帝负责，皇帝通过提刑按察使实际上直接控制了地方司法权。府（州）、县二级司法仍与行政机关结合在一起，由知府、知县兼理司法。府可判决杖刑以下的案件，县则杖八十以下案件可以自行判决。在乡设立申明亭，由长老里正负责调解民间纠纷、受理轻微刑事案件，"凡民间应有词状，许著老里长准受本亭剖理"，实际是明朝的基层司法组织。

纵观中国古代的司法制度，总结起来主要有以下一些基本特点。

1. 皇权至上，高度集权。皇权至上的思想原则是中国传统司法制度最本质的特征。

2. 司法与行政混同，司法从属于行政。司法权不具有独立的地位。

3. 统治阶层享有特权，实行公开的不平等。司法特权违背了法律应有的公平原则，是专制社会的产物。

4. 民刑不分，重刑轻民。刑事制裁成为调处社会关系的广泛手段。

5. 刑讯逼供，罪从供定。中国古代的刑讯制度是和偏重口供、罪从供定的证据制度联系在一起的。

6. 严明法官责任，重视官吏赏罚。刑法上明确规定"官司出入人罪"，法官如果判错了案子，轻者要丢官，重者要治罪，对保障司法的相对公正有积极作用。

7. 强化御史制度，注重司法监督。

8. 侧重基层调解，追求无讼。"无讼"是中国古代司法追求的最高价值目标，是国泰民安、民风淳朴的象征。孔子曾说："听讼，吾犹人也，必也使无讼乎。"①

9. 引礼入法，礼法综合为治。引礼入法、礼法综合为治对于增强民众的道德意识、预防犯罪、维护社会稳定起到了重要作用，一直为各朝代的统治者推崇、继承和发展。②

二 中国近代司法制度改革与转型

1840年以后，以英国为首的西方列强对中国进行的政治、经济、

---

① 《论语·颜渊》。
② 参见张晋藩《中国法律的传统与近代转型》，法律出版社1997年版，第27页。

文化、军事的全面侵略，引发了中国社会各个方面的深刻巨变。在法制方面，主要有两个表现：一是1843年以后西方列强在华领事裁判权的确立，是清朝政府司法制度半殖民地化的重要标志；二是1901年以后，清政府在民族危机、民主革命的多种压力下，被迫进行了内容广泛的变法修律活动，直接导致了绵延数千年的中华法系的解体。

清政府在实行预备立宪以后，首先进行了官制改革，司法机构发生了重要的变化。

1906年，清政府改"刑部"为"法部"，掌司法行政；改"大理寺"为"大理院"，为全国最高审判机关。地方上，改省按察使司为提法使司，掌地方司法行政及司法监督，分别设立高等审判厅、地方审判厅、初级审判厅，实行四级三审制，并采用公开审判原则和辩护、陪审、回避等制度。同时在大理院及各级审判机关中设检察机构，实行审检合署制，分别设总检察厅、高等检察厅、地方检察厅和初级检察厅。并明确规定了刑事案件和民事案件的区别，在各级审判机构内部分别设立民事厅和刑事厅。清末由沈家本主持修律，除编制《法院编制法》《各级审判厅试办章程》等司法组织法规以外，还编制了民法、刑法以及诉讼法等基本法律和草案。这些法律移植了日本、德国等国家的法律及司法原则与制度，是中国司法制度上向西方法制学习的一个转折点。但由于清王朝很快就覆灭了，清末司法改革的很多成果仅停留在纸面上而没有发挥多大的作用。

1911年的辛亥革命推翻了清王朝，结束了在中国延续了两千多年的封建君主专制制度，建立中华民国南京临时政府。这个新生的资产阶级民主共和政府，按照孙中山先生提出的三民主义理论、五权宪法思想和民主建国三时期的部署，进行资产阶级民主政权与法制建设。首先，以约法的形式首次肯定了近代司法独立原则并开始仿照西方建立独立的司法机构。建立了一个以参议院、临时大总统、最高法院相鼎立的中央机构。在中国司法制度史上，南京临时政府首次把审判机关称为法院。另设立司法部作为司法行政机关，管理民事、刑事诉讼事件，户籍、监狱、保护出狱人事务，并其他一切司法行政事务，监督法官。为厉行法治主义，南京临时政府强调一概不准体罚和刑讯逼供，实行公开审判制度、陪审和律师制度建设。

北洋政府及国民党政府时期，中国司法效仿西方的近代化进程仍在继续。到国民党败退大陆前夕，近代司法制度已基本确立。主要表现在以下几个方面。

1. 司法与行政不分的体制被打破，独立的司法体制初步确立。1928 年建立的南京国民政府体制的设计和运行是以孙中山"权能分治""五权分立"理论为指导的。

2. 独立的司法机构基本建立。国民党政府时期司法院为国家最高司法机关，司法行政部、最高法院、行政法院、官吏惩戒委员会成为其直属机构。实行审检合署制，将检察机关置于法院中，审级由四级三审改为三级三审。

3. 法院及法官独立审判的地位得到法律的保障，司法独立得到一定程度的推行。

4. 律师制度得到肯定并逐步推行。

5. 法官的选拔与培训开始制度化。

尽管中国近代的司法改革取得了一定进步，但从实际效果来看，在司法改革中始终存在名与实的矛盾和冲突。具体表现在以下几个方面。一是司法权始终未能摆脱对行政权的依赖及受行政权的控制。行政干预司法最突出的表现就是县知事兼理司法事务的普遍存在。二是军事干预司法现象突出。北洋时期司法制度的一个突出特点就是在普通法院之外广设军事法院，并以军事审判取代普通审判。南京国民政府专门颁行了《特种刑事案件诉讼条例》，明确指出其适用于"特别刑事审判程序之案件及条例施行前依法令规定由军事或军法机关审理之案件"。三是政党对司法的干预比较突出。国民党政权建立后，推行"以党治国"的方针，国民政府曾专门下达"党政各机关用人先尽党员裁人先尽非党员"的通知，司法机关成为清一色国民党的天下。四是财力、人力不足对法院建设影响较大。五是司法运作的腐败危害剧烈。

随着南京国民党政府在解放战争中的失败和中华人民共和国的成立，国民党政权的《六法全书》、伪法统和司法制度被彻底废除。《中国人民政治协商会议共同纲领》第十七条明确规定："废除国民党反动政府一切压迫人民的法律、法令，建立人民司法制度。"从此，中国近代司法制度变革的进程发生了根本转向，中国共产党领导的人民民主政权时期孕育的司法制度，开始进入新中国建设和发展的阶段。

三　中国特色社会主义司法制度的产生和发展

1840 年以后，西方列强对中国的入侵，引发了中国社会的深刻剧变，导致中华法系的解体。清政府效仿西方推行的司法制度改革与法制转型，未能挽救清王朝覆灭的命运。辛亥革命后旧中国学习西方建立的近代司法制度，也随着南京国民党政府在解放战争中的失败而告终。

新民主主义革命时期，中国共产党领导全国各族人民为争得民族解放、国家独立和人民民主，经历了 28 年浴血奋战。在这个历史发展过程中，中国共产党领导的人民司法制度建设，从无到有、从小到大，逐步产生、发展和建立起来。

1931年以前，在革命根据地的地方政权中，中国共产党领导初创了早期的司法机关，如闽西工农民主政府设立了裁判肃反委员会，鄂豫皖苏区工农民主政府及所属各县设立了革命法庭和革命军事法庭。①

1931年中华苏维埃共和国成立后，在中央执行委员会下设了人民委员会和最高法院，人民委员会下设有司法人民委员会，专管司法行政工作。在中央实行审判与司法行政"分立制"，在地方则采用审判与司法行政"合一制"，不专设司法行政机构，而由审判机关即各级裁判部兼理审判工作与司法行政工作。检察机关在民主革命时期并没有建立独立的体系，而是在各级法院内设立检察机构，而且处于时设时撤的状态。当时司法机关的组织状况是：各级设有政治保卫局、检察员、裁判部，分别行使侦查权、检察权、审判权。

1933年11月18日中华苏维埃全体代表大会通过《中华苏维埃共和国宪法大纲》，1934年1月第二次全国代表大会对宪法大纲作了修正。这是中国共产党领导人民制定的第一部宪法性文件，但这部宪法大纲没有对司法制度加以规定。这使得苏区内审判组织尤其是国家政治保卫局的设立及其运作缺乏相关的法律规范。保卫局甚至无须经过任何机关的批准就逮捕、审判、处决反革命案犯。对此，毛泽东同志就曾指出："由于错误的

---

① 临时最高法庭是中华苏维埃共和国最高法院成立前的最高审判机关，代行最高法院的职权。临时最高法庭设主席1人、副主席2人，由中央执行委员会任命。下设刑事、民事、军事法庭，各庭设庭长1人，分别处理不同性质的案件。临时最高法庭内还设有委员会，讨论和决定临时最高法庭职权范围内的一切重大问题和重要案件。临时最高法庭的职权为：解释一般法律；审查省裁判部及高级军事裁判所的判决书和决议，审判不服省裁判部及高级军事裁判所判决的上诉案件或抗议案件；审理重大政治案件及高级机关职员在执行职务期间的犯罪案件。参见韩延龙、常兆儒主编《中国新民主主义革命时期根据地法制文献选编》第2卷，中国社会科学出版社1981年版，第92—93页。

第七章　中国司法制度和司法改革 | 541

肃反政策和干部政策中的宗派主义纠缠在一起，使大批优秀的同志受到了错误的处理而被诬害，造成了党内极可痛心的损失。"①

中华苏维埃时期初创的司法制度具有鲜明的阶级性、彻底的革命性②和广泛的民主性，是中国特色社会主义司法制度的雏形。中华苏维埃司法制度有以下几个特点。一是司法机关多样化。这一时期，大部分革命根据地尚未与中央苏区打成一片，因此各个革命根据地只能结合本地区的实际情况和革命斗争的需要，灵活地确定本地区的司法体制。当时在根据地行使审判权的司法机关有革命法庭、裁判部和部队中的军事裁判所，此外肃反委员会和政治保卫局在一定程度上也拥有审判权。二是政治保卫局在红色政权区域的司法体制中占有重要地位。根据当时规定，政治保卫局在法律上是同反革命和其他重大刑事犯罪作斗争的预审机关，但在许多场合单独审理案件，其对案件提出的处理意见往往成为裁判部进行判决的依据。三是实行政审合一制度。彻底否定了资产阶级的三权分立原则，实行党和政府对司法工作的统一领导，在这一体制下，裁判部和革命法庭是同级政府的组成部分，如最高法院隶属于中央苏区的最高政权机关——中央执行委员会之下。

抗日战争时期，各革命根据地设立法院或司法处，作为行使审判

---

① 《毛泽东选集》第三卷，人民出版社1991年版，第1008页。
② 毛泽东同志说："苏维埃法庭以镇压地主资产阶级为目的，对于工农分子的犯罪则一般处置从轻，国民党法庭以镇压工农阶级为目的，对于地主资产阶级的犯罪则一般处置从轻，法庭的作用完全给政府的阶级性决定了。"毛泽东同志还说："苏维埃法庭一方面严厉镇压反革命分子的活动，苏维埃对这样的分子决不应该有丝毫的姑息。但是另一方面，对于已经就逮的犯人，都是禁止一切不人道的待遇。苏维埃中央政府已经明令宣布废止肉刑，这亦是历史上的绝大的改革。""消灭敌对阶级反革命阴谋，建立苏维埃内的革命秩序，而废弃司法范围内一切野蛮封建的遗迹，这是苏维埃法庭的目的。"参见中共中央文献研究院、中央档案馆编《建党以来重要文献选编（一九二一——一九四九）》（第十一册），中央文献出版社2011年版，第108—109页。

权的司法机关。陕甘宁边区的司法机关设置分为边区高等法院①和县司法处两级。高等法院为边区的最高司法机关，管理全区的审判工作和司法行政事宜。在各分区专员公署所在地设高等法院分庭，作为高等法院的派出机关，代表高等法院指导和管理该地区的审判工作、司法行政工作及属于高等法院管辖的诉讼案件。各县设立司法处，负责管理第一审民刑案件。在军队系统设立军法机关，负责审理违反军法的案件及其他依法由军法机关审判的案件。

这一时期由陕甘宁边区陇东分区专员兼边区高等法院分庭庭长马锡五首创的"马锡五审判方式"，充分体现了人民司法为人民的本质。② 1944年1月，陕甘宁边区政府发出了提倡马锡五同志的审判方式的号召，同年3月《解放日报》发表题为《马锡五同志的审判方式》的社论，马锡五审判方式在陕甘宁边区和其他抗日民主根据地普遍推广，有力地推动了抗日根据地司法审判的民主化和群众化。1944年5月，时任陕甘宁边区参议会副议长的谢觉哉在总结马锡五审判方式时说，这种方式"是审判，也是调解。这方式的好处，政府和人民共同断案，真正学习了民主；人民懂了道理，又学会了调解，以后争

---

① 边区高等法院受边区参议会的监督和边区政府的领导。设院长一人，由边区参议会选举产生，负责管理边区的司法行政。边区高等法院的职权为审理重要刑事第一审诉讼案件和不服地方法院的一审判决而上诉的案件，处理不服地方法院的裁定抗告的案件以及非讼案件。下设检察处、民事法庭、刑事法庭、书记室、总务科、看守所和劳动感化院。检察处设检察长一人和检察员若干人，在法院内独立行使检察权。民事法庭和刑事法庭各设庭长及推事若干人，独立行使审判职权。看守所负责收容未决人犯，羁押被处徒刑或拘役的犯人。

② 马锡五审判方式具有以下特点：第一，深入基层，调查研究，彻底查清案件真相，不轻信偏听，草率从事；第二，就地审判，不拘形式，在群众参与下处理案件，一切为了人民方便，审判案件公开；第三，诉讼手续简易方便，便利人民诉讼；第四，坚持原则，将法律精神与群众要求结合起来。

论就会减少"。调解很重要,因为"调解可使大事化小、小事化无;可使小事不闹成大事、无事不闹成有事"。审判与调解是什么关系?谢觉哉解释说:"审判是强人服从,调解是自愿服从。审判得好,赢的输的,都自愿服从。审判与调解是一件事的两面。"①

解放战争时期,各解放区的司法制度进一步发展和完善,为中华人民共和国人民司法制度的建设积累了经验、奠定了基础。解放战争初期,除东北解放区外,其他解放区基本沿用了抗日根据地的司法制度。随着人民解放战争的胜利发展,解放区不断扩大,在新解放区废除了国民党政府的司法制度,建立了新的人民司法制度,同时各个解放区逐渐连成一片,大解放区人民政府相继成立,相应建立了大解放区的司法机关。整体来看,这一时期各解放区的司法制度进一步发展和完善,但没有根本性的变化。

解放战争时期,由于各解放区最初处于分割状态,因而各个解放区的诉讼审判制度有所不同,有的地区实行两级终审制,有的地区实行三级终审制,随着人民解放战争的节节胜利,各个解放区逐渐连成一片,审判制度也渐趋统一。在连成片的大解放区,一般实行三级三审制。如在东北区,地方法院及县司法科管辖第一审,高等法院管辖第二审,最高法院分院管辖第三审。各级法院进行审判时,一般采取合议制。

新中国的司法制度是在彻底废除南京国民政府的"六法全书"和伪法统基础上建立的。1949年2月,中共中央发出了《关于废除国民党六法全书和确定解放区司法原则的指示》,明确指出:"在无产阶级领导的以工农联盟为主体的人民民主专政的政权下,国民党的六法全书应该废除,人民的司法工作不能再以国民党的六法全书作依据,而应该以人民的

---

① 谢觉哉:《关于调解与审判》,载《谢觉哉文集》,人民出版社1989年版,第593—596页。

新法律作依据。""在人民的法律还不完备的情况下，司法机关的办事原则应该是：有纲领、法律、命令、条例、决议规定者，从纲领、法律、命令、条例、决议之规定；无纲领、法律、命令、条例决议规定者，从新民主主义政策。"同时要求人民的司法机关"应该经常以蔑视和批判六法全书及国民党其他一切反动的法律法令的精神，以蔑视和批判欧美日本资本主义国家一切反人民法律法令的精神，以学习和掌握马列主义——毛泽东思想的国家观、法律观及新民主主义的政策、纲领、法律、命令、条例、决议的办法，来教育和改造司法干部"①。

中华人民共和国成立初期，根据《中央人民政府组织法》的规定，在中央设立了最高人民法院、最高人民检察署、公安部和司法部，并建立了地方的各级人民法院、各级人民检察署、各级公安机关和各大行政区司法部，分别行使审判、检察、公安和司法行政的职权。在中华人民共和国成立之初，人民法院积极开展审判工作，从1950年至1953年，共审判了900多万件刑事、民事案件。其中，各级人民法院在土改、镇反、"三反"、"五反"中，共判处了104万件反革命案件、100多万件严重刑事案件，严厉地惩办了一大批罪大恶极的反革命分子和刑事犯罪分子。②

1954年9月，第一届全国人民代表大会第一次会议召开，颁布了

---

① 华北人民政府也于1949年3月31日发布了专门训令，明确规定"废除国民党的六法全书及其一切反动法律"，要求"各级人民政府的司法审判，不得再援引其条文"，"各级人民政府，特别是司法工作者，要和对国民党的阶级统治的痛恨一样，而以蔑视和批判态度对待国民党六法全书及欧美、日本等资本主义国家一切反人民的法律，以革命精神来学习马列主义、毛泽东思想的国家观、法律观，学习新民主主义的政策、纲领、法律、命令、条例、决议，来搜集与研究人民自己的统治经验，制作出新的较完备的法律来"。

② 陈根发：《新中国的司法成就与展望》，《河南省政法管理干部学院学报》2008年第5期。

新中国第一部宪法，制定了人民法院组织法、人民检察院组织法。1954年宪法确立了人民代表大会制度下"一府两院"的政体结构，构建了新中国的司法制度，人民法院、人民检察院不再是同级人民政府的组成部分，检察机关改称人民检察院，中国司法制度建设进入了一个新的发展时期。中国现行司法制度的基本原则和基本制度，总体上还是沿袭了1954年宪法的体制。

中华人民共和国成立后，毛泽东同志高度重视新中国各项基本制度的建立和1954年宪法的制定，曾经比较重视法制和司法建设。例如，他强调："一定要守法，不要破坏革命的法制。法律是上层建筑。我们的法律，是劳动人民自己制定的。它是维护革命秩序，保护劳动人民利益，保护社会主义经济基础，保护生产力的。我们要求所有的人都遵守革命法制……肃反要坚持……法制要遵守。按照法律办事，不等于束手束脚。有反不肃，束手束脚，是不对的。要按照法律放手放脚。"[1] 他提出正确处理两类矛盾的理论，要求人民要守法，"人民中间的犯法分子也要受到法律的制裁"；特别要求高级领导干部要带头学习和遵守宪法。

在党的八大上，刘少奇同志代表党中央则更加明确地指出："现在，革命的暴风雨时期已经过去了，新的生产关系已经建立起来，斗争的任务已经变为保护社会生产力的顺利发展，因此，斗争的方法也就必须跟着改变，完备的法制就是完全必要的了……一切国家机关都必须严格地遵守法律，而我们的公安机关、检察机关和法院，必须贯彻执行法制方面的分工负责和互相制约的制度……在今后，我们的公安机关、检察机关和法院仍然必须同反革命分子和其他犯罪分子进行

---

[1] 中共中央文献研究室编：《毛泽东著作专题选编》，中央文献出版社2003年版，第1050—1051页。

坚决的斗争。但是如上所说，这一斗争必须严格地遵守法制……党中央委员会认为，除极少数的罪犯由于罪大恶极，造成人民的公愤，不能不处死刑以外，对于其余一切罪犯都应当不处死刑，并且应当在他们服徒刑的期间给以完全人道主义的待遇。凡属需要处死刑的案件，应当一律归最高人民法院判决或者核准。"① 刘少奇同志在《政法工作和正确处理人民内部矛盾》一文中进一步阐述了"执法为民"的思想，指出"公安机关、检察院、法院三个机关……对敌人是专政机关，对人民来说，要成为处理人民内部矛盾的机关。你们叫公安局嘛，名为公安，就是要管公共安宁。公共是谁呢？是人民。敌人怕公安机关，这是应该的。说人民也怕公安机关，那不一定，如果把工作做好了，人民就喜欢你们，认为你们可靠"②。

然而，自1957年开始的反右派斗争，把众多的律师打成"右派"，律师制度旋即也告夭折。1958年"大跃进"中刮起的"共产风"和"浮夸风"使司法工作进一步受到影响。当时错误地认为可以很快消灭一切反革命活动和其他刑事犯罪活动，司法机关在办理案件中，不再需要各司其职，遵循法律程序，进而推行了所谓的"一长代三长"，即由一人代行公安局长、检察长、法院院长的职权。"一员顶三员"，即由一人代行预审员、检察员、审判员的职权。许多地方的专区和县两级"公、检、法"机关一度合并为"政法公安部"，而且有的检察机关被合并为公安机关下面的"法制室"或"检察科"，实际上已名存实亡。1960年2月，第五次全国司法工作会议继续提出反右倾，倡导人民司法工作"全面跃进"。在紧接着召开的第六次全

---

① 中共中央文献研究室编：《建国以来重要文献选编》（第九册），中央文献出版社1994年版，第93—94页。

② 《刘少奇选集》（下卷），人民出版社1985年版，第451页。

国司法工作会议上又提出了"有事办政法,无事办生产""有案办案,无案生产"的口号。以后的第七次全国司法工作会议竟说司法程序是"烦琐哲学",按照程序办案是"旧法观点",因此要"打破陈规,改旧革新"。在"文化大革命"期间,砸烂公检法盛行,人民法院行之有效的组织系统、原则制度、工作方法、工作作风,统统被破坏,检察机关被取消,国家司法制度遭到了严重破坏。

"文化大革命"结束后,特别是党的十一届三中全会之后,中国的司法制度得到恢复重建。[①] 党的十八大以来,全面推进依法治国,不断深化司法改革,大力加强司法建设,中国特色社会主义司法制度不断发展完善。经过中华人民共和国成立70年尤其是改革开放40多年来的努力,在中国共产党的领导下,以1982年宪法及其五个修正案为基础,在人民法院组织法、人民检察院组织法、法官法、检察官法、人民警察法、刑事诉讼法、民事诉讼法、行政诉讼法、律师法、公证法、监狱法等法律的基础上,不断加强人民法院、人民检察院、公安机关、国家安全机关和司法行政机关建设,改革完善侦查制度、

---

① 我国的司法人事制度,最初是为了适应战争环境的需要而按照根据地政府的人事制度和人民军队的干部体制建立起来的。其特点是,只把政治素质的好坏作为选用司法人员的标准,党对司法干部具有绝对的领导权威;司法干部的业务水平较低;司法人员的选拔、录用、培训、任用等都缺少相应的制度和法律规定。从1957年起的20年间,我国的司法人事制度在"左"的思想和路线的冲击下,遭到更大的磨难。粉碎"四人帮"以后,随着党和国家对法制的重视,司法机关的人事制度才逐步恢复建立起来,司法人员也发展到相当规模,并具有一定的质量。截至1986年底,全国法院系统共有正副院长10217人、审判人员137066人、法医959人、法警14244人,人员总计162486人。全国检察系统共有正副检察长9932人、检察员55138人、助理检察员32260人、书记员24069人、法警9118人、其他人员9729人,人员总计140246人。上述人员在我国司法机关的建设中以及在国家的法制建设中,都起到了不可低估的作用。然而,由于现行司法体制不尽合理,司法人员的积极性、创造性还没有得到应有的发挥。参见吴大英等主编《政治体制改革与法制建设》,社会科学文献出版社1991年版。

检察制度、审判制度和行政司法制度，建成了中国特色社会主义司法制度体系，走出了一条符合中国国情、反映人民意愿、顺应时代潮流的中国特色社会主义法治建设道路。

表 7—1　　近代以来中国宪法上司法制度的演变（1908—1982）

宪法性文件	制定时间	司法机关名称	司法权归属	司法权来源及任命	独立性
《钦定宪法大纲》	1908 年 8 月 1 日	审判衙门、审判官	归属皇帝，由审判官代行司法	皇帝	司法从属于皇帝
《重大信条十九条》	1911 年 11 月 3 日	国务裁判机关	国务裁判机关	两院	司法独立于皇帝
《中华民国临时约法》	1912 年 3 月 11 日	法院、法官	法院	临时大总统、司法总长	司法独立
《中华民国宪法草案》（天坛宪草）	1913 年 10 月 31 日	法院	法院	总统任命	司法独立，无论何人不得干涉之
《中华民国约法》（袁记约法）	1914 年 5 月 1 日	大理院、法院、法官	大理院、法院	大总统任命	有限的司法独立
《中华民国宪法》（贿选宪法）	1924 年 10 月 10 日	法院	法院	大总统、参议院	法官独立审判，无论何人，不得干涉之
《中华民国训政时期约法》	1931 年 6 月 1 日	司法院	国民政府	主席提名，国民政府任命	司法从属于国民政府
《中华苏维埃共和国宪法大纲》	1934 年 1 月	宪法大纲没有对司法制度加以规定			
《中华民国宪法草案》	1936 年 5 月 5 日	司法院	司法院	总统任命、对国民大会负责	法官依法律独立审判

续表

宪法性文件	制定时间	司法机关名称	司法权归属	司法权来源及任命	独立性
《陕甘宁边区宪法原则》	1946年4月23日	司法机关、法院	司法机关	参议会选举	各级司法机关独立行使职权，除服从法律外，不受任何干涉
《中华民国宪法》	1946年12月25日	司法院、法院	司法院、法院	由总统提名，经监察院同意任命之	法官须超出党派以外，依据法律独立审判，不受任何干涉
《中国人民政治协商会议共同纲领》	1949年9月29日	人民司法机关	具体制度未作规定		
《中华人民共和国宪法》	1954年9月20日	人民法院、人民检察院	人民法院、人民检察院	人民代表大会	人民法院独立进行审判，只服从法律。地方各级人民检察院独立行使职权，不受地方国家机关的干涉
《中华人民共和国宪法》	1975年1月17日	人民法院、人民检察院	人民法院、检察机关的职权由各级公安机关行使	人民代表大会	检察和审理案件，都必须实行群众路线。对于重大的反革命刑事案件，要发动群众讨论和批判

续表

宪法性文件	制定时间	司法机关名称	司法权归属	司法权来源及任命	独立性
《中华人民共和国宪法》	1978年3月5日	人民法院、人民检察院	人民法院、人民检察院	人民代表大会	人民法院审判案件，依照法律的规定实行群众代表陪审的制度。对于重大的反革命案件和刑事案件，要发动群众讨论和提出处理意见
《中华人民共和国宪法》	1982年12月4日	人民法院、人民检察院	人民法院、人民检察院	人民代表大会	人民法院依照法律规定独立行使审判权，不受行政机关、社会团体和个人的干涉。人民检察院依照法律规定独立行使检察权，不受行政机关、社会团体和个人的干涉

四　中国特色社会主义司法制度的历史渊源

中国特色社会主义司法制度既不是空穴来风的臆想,也不是凭空设计的楼阁,而是从国情出发,在学习继承借鉴古今中外人类司法文明有益成果的基础上,逐渐形成和发展起来的。1958年之前,中国主要学习移植苏联社会主义法制模式和司法制度的相关内容;改革开放以后,尤其是20世纪90年代以来,中国又比较多地学习借鉴美国、德国、日本等西方国家法治模式和司法制度的有益内容。总体来看,中国司法制度大致有以下四个历史渊源。

一是苏联社会主义法制模式的影响。"十月革命帮助了全世界的也帮助了中国的先进分子,用无产阶级的宇宙观作为观察国家命运的工具,重新考虑自己的问题。走俄国人的路——这就是结论。"[1] 意识形态和国家制度倒向苏联,意味着对苏联模式的全盘接受,其中当然包括司法制度。1931年建立中华苏维埃的政权体制和司法制度,主要是苏联制度的搬用。当时制定的中华苏维埃共和国的《宪法大纲》《婚姻条例》《政府组织法》《中央组织法》《地方组织法》《选举法》《军事裁判所暂行组织条例》《处理反革命案件和司法机关暂行程序》《裁判部暂行组织和裁判条例》等,对中华苏维埃政权的建立及其司法制度的形成,奠定了法制基础。这些法律中的许多内容,是通

---

[1] 《毛泽东选集》第四卷,人民出版社1991年版,第1472页。

过梁柏台[①]等人从苏联法制中引进的。

中华人民共和国成立初期,我们"请进来""走出去""一边倒",全面学习移植苏联的司法制度。如中国 1954 年宪法基本上是以苏联 1936 年宪法为蓝本制定的。在起草五四宪法的过程中,毛泽东同志于 1954 年 1 月 15 日给刘少奇和中央其他同志写信,要求"各政治局委员及在京各中央委员从现在起即抽暇阅读下列各主要参考文件:(一) 1936 年苏联宪法及斯大林报告;(二) 1918 年苏俄宪法;(三)罗马尼亚、波兰、德国、捷克等国宪法……"[②] 可见,中国共产党人在中华人民共和国成立前后十分注重对苏联 1936 年宪法的学习和研究。刘少奇同志在关于 1954 年宪法草案的报告中指出,我们的宪法"参考了苏联的先后几个宪法和各人民民主国家的宪法。显然,以苏联为首的社会主义先进国家的经验,对我们有很大的帮助。我们的宪法草案结合了中国的经验和国际的经验"[③]。当时苏联的社会主义法制理论、法制模式和司法制度,成为建立新中国司法制

[①] 梁柏台(1899—1935),1920 年加入中国社会主义青年团。1922 年入莫斯科东方大学学习,同年转入中国共产党。1924 年到海参崴工作,在伯力法院当过审判员,致力于法律研究和司法工作。1931 年夏从苏联回国后在闽西苏维埃政府工作,曾任保卫局局长。在全国"一苏""二苏"大会上当选为中央执行委员。1933 年 4 月被任命为司法人民委员部副部长,7 月被任命为内务人民委员部副部长;1934 年 2 月被任命为中央司法人民委员部副部长,兼任最高法院主审之一。苏区时期他共同审理了一批重要刑事案件,为苏区的法制建设做出了贡献。1935 年 3 月,梁柏台在率部队通过国民党军队的封锁线时负伤被俘,后被敌人杀害。

[②] 《毛泽东文集》第六卷,人民出版社 1999 年版,第 320—321 页。

[③] 刘少奇:《关于中华人民共和国宪法草案的报告》,1954 年 9 月 15 日。

度非常重要的来源。① 新中国初期建立司法制度，基本上走了一条

---

① 对20世纪50年代以后中国移植苏联司法制度的历程作反思，可初步得出以下看法。1. 中国移植苏联司法制度，具有一定的功利主义色彩，符合阶级专政的，就吸收，不符合的，就排斥；适合于强化阶级斗争理论的，就吸收，不适合的，就拒绝。故苏联的司法制度，我们尽管学了不少，但保留下制度建设和法律专业知识的，并不多。至1966年"文化大革命"爆发，在我们的司法制度中，仅仅剩下"镇压反革命"这些内容（从苏联学过来的检察制度此时也被全部废除了）。2. 中国移植苏联司法制度，具有一定的形式主义的特点，只学表面，不学精神，如苏联司法制度中，实际上有许多体现人类法律发展之共同规律的，如无罪推定、审判（员）独立只服从法律、审判员的自由确信、检察机关的一般监督、检察机关实行垂直领导的机制等，1957年"反右斗争"以后，都被斥责为"旧法"，斥责为"右派言论"，斥责为资产阶级的东西而被否定、遭到批判。3. 中国移植苏联司法制度，具有教条主义的倾向，明显的"左"的倾向。表现为许多场合只死记硬背马克思列宁主义的一些词句，而不注意是否适合中国国情。比如，当时的苏联的工业化和公有化都比中国发达得多，苏联公民的文化程度和整体素质也比我国人民群众高得多，因此，在苏联推行得开的许多司法制度，在中国未必能实行。而中国当时对其学习则带有教条主义色彩。虽然，我们在学习时，也已经注意到这一点，如新中国的领导人当时就强调苏联的审判员和人民陪审员都是由公民无记名选举产生的这一点，暂时在中国未能做到，我们只能先采用任命方式。又如，在移植一般监督上存在的分歧，一定程度上也是苏联的国情与当时的中国有差距所致。4. 中国移植苏联司法制度，虽然从表面上看，有点轰轰烈烈、全面系统，但在精神实质上具有不完整性、不连续性，是一种零碎的、片面的移植。作为一个欧洲国家，苏联虽然创建了世界上第一个社会主义国家的法制，但它事实上吸收、改造了以往资产阶级所创造的各项法律文明成果，因此，苏联的法律体系，具有博大精深的特点，这一点在它的司法制度上表现得尤为突出。然而，我们因受20世纪50年代政治、经济、军事、外交等种种因素的制约，苏联法中许多好的东西，我们并没有学过来。5. 中国移植苏联司法制度，具有政治化的特点。向苏联学习与否、学习什么，完全受当时的政治气候左右。中国"反右斗争"中许多"右派言论"，居然就是苏联现行的司法制度与原则。20世纪60年代上半叶，中苏关系恶化之后，这一点就更加明显了。抱着批判修正主义、与苏联对着干的想法，苏联的一切制度包括法律，都在中国人的批判范围之内。6. 在移植苏联司法制度的过程中，中国法学界也曾努力结合中国自己的国情，有选择、有区别地对待苏联的经验。尽管这些带有中国特色的经验，在新中国法制以后的发展过程中，评价不一，但在当时，上述经验无疑是中国司法工作者在移植苏联经验之基础上所做出的创造，其历史贡献不可低估。参见何勤华《关于新中国移植苏联司法制度的反思》，《中外法学》2002年第2期。

"全盘苏化"的道路，苏联法制模式成为中国司法制度最主要的历史渊源。

中国政法大学的江平教授在回忆录中讲道：在一个"一边倒"的时代，日常生活里飘荡着苏联的气息，从国家建设到社会生活，凡事都向苏联老大哥学习。法学教育与法制建设当然也不会例外。众所周知，早在1949年2月，中央就批准发布了《中共中央关于废除国民党六法全书和确定解放区的司法原则的指示》，把国民党的一切法律制度都当作"旧法"予以废除。随后的"司法改革"运动，又把大约6000名旧法人员从司法部门清除出去。旧法已经废除，旧法人员与旧法思想一直在清理中，而新法尚需建立。为此，一场"求法苏联"的运动轰轰烈烈地展开了。[①]

二是中国共产党领导人民政权建设中的司法实践经验。从国情出发、从实践出发、从党的中心任务出发，学习苏联的法制模式，在构建人民民主政权司法制度的实践中不断积累经验，这是新中国司法制度历史渊源的实践基础和主要来源，中国特色社会主义司法制度的许多原则、制度和做法，都肇始于此。[②] 今天中国法制体系中独具特色的很多制度设计和司法原则，都能够从中华苏维埃共和国的法制中寻找到源头，如梁柏台倡导并确立的公开审判和巡回法庭制度，提倡在审判活动中"重视证据、重视程序"、审判要公开、调解制度等；抗

[①] 江平：《上个世纪五十年代的"学法苏联"运动》，http：//www.chinaruslaw.com/CN/History/liaoibls/20101015212453_752374.htm，2019年2月9日。

[②] 在1954年11月召开的认真贯彻执行人民法院组织法和人民检察院组织法的座谈会上，董必武指出，两个组织法的每一条都是我国五年来人民司法和人民检察工作的实践经验和马列主义理论的结合。尤其是人民法院组织法，还总结了我国土地革命以来人民司法工作的经验，同时吸收了苏联的先进经验，经过几次研究修改，送请毛主席审查，最后经全国人民代表大会讨论通过。

日战争时期创造的"马锡五审判方式"、调解与审判相辅相成的做法和原则，对新中国司法建设产生了重要影响，成为中国特色社会主义司法制度的重要渊源。一段时间以来，在中国的司法体制改革中，对于革命根据地时期行之有效的、体现人民司法本质特征的许多经验重视不够，研究和宣传不够，继承和发展也不够。

三是中国古代传统法律文化和司法制度传统的影响。中国是一个具有五千多年文明史的古国，中华法系源远流长，形成了较为完备的中华司法制度体系和以儒家"中庸"思想为核心的东方司法文化传统。中国特色社会主义司法制度的产生和发展，既要大革几千年封建专制制度和封建文化的命，又要古为今用、推陈出新，汲取中华法系源远流长的文化养分。过去我们对中国古代传统法律文化和司法制度的认识不深、重视不够，批判多于继承，否定多于认可，致使它对中国特色社会主义司法制度建设的影响十分有限。

四是西方法律文化和法律制度的影响。清末变法和国民党统治时期，主要是向西方大陆法系的日本、德国、法国等国家学习，但都没有成功①。共产党领导的人民司法建设，从革命根据地创建法制到中华人民共和国成立初期全国性人民司法制度的建立，多是全面向苏联老大哥取经学习的。20世纪50年代中苏关系交恶后，由于复杂的历

---

① 例如，《大清刑律草案》，是由日本东京帝国大学法律教授冈田朝太郎起草的。冈田朝太郎是日本著名法律专家，所谓"帝大七博士"之一。他的译著《刑法各论》和《刑法总论》在当时的中国很有影响。又如，《大清民律草案》，是由日本法学士、东京控诉院判事松冈义正起草的。《大清民律草案》，基本依《日本民法典》编订，采"五分法"体例。再如，《大清商律草案》，由日本东京帝国大学商科及法律教授志田钾太郎执笔起草，分为总则、商行为、公司法、海船法、票据法几个部分，基本是依《日本商法》写成。李鹏委员长在其工作日记中评价道：清末的法律改革是照搬西方，特别是日本的法律，走改良主义道路，是不成功的。

史原因和特定的历史条件，中国逐渐走上了忽视法制、崇尚人治的道路。1978年改革开放以后，尤其是1991年苏联解体、东欧剧变以来，中国在加强社会主义法治建设、落实依法治国基本方略、深化司法（体制）改革的过程中，比较多地注意吸收和借鉴西方发达国家法治建设的有益经验，在民商法领域，兼采普通法系和大陆法系国家的诸多基本制度；在刑事法领域，刑法和刑事诉讼法借鉴和吸收了国外罪刑法定和公开审判等现代刑事法治的基本原则和精神，参照国外刑事立法经验，在刑事法律中规定了资助恐怖活动罪、洗钱罪、内幕交易罪、操纵证券期货交易价格罪、妨害信用卡管理罪等新罪名。[①]

例如，1979年通过的《中外合资经营企业法》是中国第一部涉外经济法律。1990年全国人大第三次会议通过了修改后的上述法律。在审议修改草案过程中，在是否应规定有的合资企业可以不约定合营期限这个问题上，有不同意见。最后对修改后的《中外合资经营企业法》第12条作了这样的规定："合资企业的合营期限，按不同行业，不同情况，作不同的约定，有的行业的合营企业，应当约定合营期限；有的行业的合营企业，可以约定合营期限，也可以不约定合营期限。约定合营期限的合营企业，合营各方同意延长合营期限的，应在距合同期限六个月前向审查批准机关提出申请。审查批准机关应自接到申请之日起一个月内决定批准或不批准。"支持这一修改者认为，这一较灵活的规定能更好地体现对外开放的国策，也符合国际上通常做法，许多发达国家和一些发展中国家的法律对合资企业都没有规定期限。这样规定也有利于鼓励举办资金密集、技术密集的合资企业，有利于鼓励合资企业作长期打算。据中国全国人大常委会法律工作委

[①] 国务院新闻办公室：《中国的法治建设》白皮书，2008年2月28日。

员会的研究部门介绍，为研究中外合资企业的合营期限问题，曾查阅了 18 个国家和中国台湾地区有关外国投资企业的法律，其中美、日、法、德、荷、意、比、卢森堡等 8 个西方发达国家，并未制定专门的外国投资法，外国人在其境内投资设立企业适用公司法或民法的有关规定。苏联、罗马尼亚、波兰以及埃及、智利、印度尼西亚、泰国、新加坡等国和中国台湾地区制定了专门的外国投资法。这两类国家和地区的公司法、民法或外国投资法中对合资经营企业经营期限有不同规定。

又如，专利法保护范围和期限。1984 年全国人大常委会通过了中国第一部《专利法》。这一法律自 1979 年开始起草，经过 5 年反复修改。在审议过程中，对是保护发明、实用外形、外观设计三种专利，还是仅保护发明一种专利问题，一直有不同意见。不赞成规定保护实用新型和外观设计专利的人认为，中国实行专利尚无经验，一开始就搞三种专利不合适。但赞成三种专利的人认为，参加《巴黎公约》的国家都应保护外观设计专利。中国全国人大常委会法律工作委员会和国家专利局人员查阅了许多国外资料。据了解，在世界上实行专利制度的 158 个国家中，有 38 个国家只规定保护发明专利一种，有 13 个国家规定保护三种专利，有 97 个国家规定保护发明和外观设计专利，但这些国家大多是将发明专利与实用新型专利合并一起的。最后 1984 年《专利法》规定三种专利。

再如，劳动法的调整范围。1994 年 7 月，中国全国人大常委会通过《中华人民共和国劳动法》。在审议该法草案过程中有不少意见，其中一直有争论的一个问题是劳动法的调整范围。一种意见认为劳动法调整范围应包括所有劳动者。国家机关及其工作人员之间关系虽然是一种特殊的劳动关系，但仍是一种劳动关系。第二种意见认为，企业与其职工之间劳动关系，国家机关与其工作人员之间关系，两者在性质上是不同的，劳动法草案中许多规定不适用于公务员（例如，并不签订劳动合同，公务员是常任的）。大多数国家，如美、英、加、日等国的劳动法也不适用公务员。至于事业单位和社会团体，它们与其工作人员的关系情况比较复杂，应以它们与其工作人员是否订立劳动合同而定其是否适用劳动法，教师、医生、科研人员各有其专业特点，许多问题应由专门法律予以规定。

复如，起草《反不正当竞争法》时的一个难点。1992年初，根据全国人大常委会的立法规划，国家工商行政管理局独家承担《反不正当竞争法》的起草任务。为此该局成立了专门的起草小组，收集和研究国内外的有关法律资料分析国内外的有关案例，并派人赴国外考察，起草了《反不正当竞争法》。该草案由国务院提交全国人大常委会审议，于1993年通过。据介绍，起草者认为，从广义上说，所谓不正当竞争行为大体上可以划分为两类：一类是垄断或限制竞争行为；另一类是指狭义的不正当竞争行为，即经营者采用欺骗或违反公平交易商业惯例手段从事交易的行为。这两类行为既有联系又有区别，因此，在外国，有的在《反不正当竞争法》的法典中将这两类行为统一规定在内（如匈牙利），有的将两类行为糅在一起，分别规定在几个法律中（如美国），有的将垄断或限制竞争行为规定为一项法律，而将狭义的不正当竞争行为规定在另一项法律中（如德国、日本）。总之，各国在立法上都根据自己的情况作了灵活处理，或合并，或分立，或交叉，并无固定一致的做法。中国制定《反不正当竞争法》确定调整范围的原则是：借鉴国外立法经验，但主要从中国社会主义市场经济的发展水平和实际需要出发，规范那些在中国经济生活中亟须加以规范的不正当竞争行为。

2011年3月10日，第十一届全国人大常委会委员长吴邦国，在宣布中国特色社会主义法律体系如期形成的讲话中指出："我们还注意研究借鉴国外的立法经验，从中吸取那些对我们有益有用的东西，但绝不照抄照搬。各国的法律体系也不相同，我们不用西方某些国家的法律体系来套中国特色社会主义法律体系，外国法律体系中有的法律，但不符合中国国情和实际的，我们不搞；外国法律体系中没有的法律，但中国现实生活需要的，我们及时制定。"[①]

曾几何时，在司法领域和司法体制改革方面，中国也比较多地学习和借鉴了西方司法文明的一些经验和做法。中国司法改革向美国、德国、日本、英国等西方国家学习借鉴较多，而在从国情出发和坚持司法的政治性人民性等方面，则有所不足。我们应当十分清醒地看到，当代西方法律文化和法律制度对中国法治建设的作用是一柄"双刃剑"：一方面，我们大量吸收和借鉴包括西方法治文明在内的一切人类政治文明的有益成果，可以加快中国社会主义法治建设和推进司法改革的步伐；但另一方面，西方资产阶级法律观和政治意识形态中腐朽反动的东西，也会趁中国法治"改革开放"之机而入，影响中国的法治建设和司法改革的方向和进程。对此，我们应有高度警惕。

五　建设中国特色社会主义司法制度的基本经验

中国的司法制度建设尽管走过弯路、有过曲折，但我们最终走上了一条中国特色社会主义法治发展道路，司法工作取得了巨大成绩，司法制度建设积累了重要的历史经验。

[①] 中共中央文献研究室编：《十七大以来重要文献选编》（下），中央文献出版社2013年版，第125—126页。

一是始终坚持中国共产党的领导、人民当家作主和依法治国的有机统一，保证党在政法工作中充分发挥总揽全局、协调各方的领导核心作用，保证政法工作的正确政治方向，保证司法改革与司法建设的正确发展道路。

二是始终坚持人民司法为人民的原则和本质要求，以人为本，全心全意地执法（司法）为民，切实尊重保障人权和基本自由，保障广大人民群众依照宪法和法律的规定实现当家作主的各项权利。

三是始终坚持一手抓建设、一手抓政法，紧密结合经济社会发展的客观需要，密切联系改革开放和现代化建设的实际，切实尊重司法工作的客观规律和科学性，不断健全、改革和完善司法制度和工作机制，全力服务党和国家工作的大局。

四是始终坚持把人民司法建设植根于中国社会的实际，既注意汲取国外法治建设的有益经验，学习借鉴、洋为中用，又立足于中国国情，绝不照搬照抄别国的司法制度和政治体制；既注意发扬中华法系优秀法律文化传统，推陈出新、古为今用，又从当代中国现代化建设的实际出发，绝不因循守旧、复古倒退。

五是始终坚持把人民司法建设的基础放在司法队伍建设和增强社会主义法治理念上，不断提高全体司法人员的政治素质、专业水平和职业伦理，努力培育中国特色社会主义的司法文化，加强法学教育和法律职业培训，培养一支又红又专的强大的人民司法队伍。

六是始终坚持解放思想、实事求是的思想路线，坚持深入调查研究的工作方法，重视马克思主义法治原理和社会主义司法理论、司法政策研究，发扬理论联系实际的学风，以科学的法治理念、严谨的法治精神指导和服务中国特色社会主义法治建设和政法工作。

第二节　中国特色社会主义司法制度的主要特征

当代中国司法制度，是中国特色社会主义的司法制度，具有以下主要特征。

一　中国司法制度具有公开的政治性

马克思主义认为，司法制度作为上层建筑的重要组成部分，必然具有鲜明的阶级性。西方政治学者也认为，"颁布法律，进行审判，领导战争是典型的政治活动"[1]。在阶级斗争已经不是中国社会的主要矛盾的条件下，国家、政党、法律、法治、司法制度的阶级性，主要表现为它们的政治性。列宁说："法律是一种政治措施，是一种政治。"[2] 中国司法制度的政治性，最根本的，就是它与资本主义国家的司法制度有着本质区别，属于社会主义性质的司法制度。当代中国司法制度的政治性，集中体现在以下方面：一是始终坚持中国共产党对司法工作的政治领导、组织领导和思想领导，坚持走中国特色社会主义法治道路；二是始终坚持以中国化的马克思主义为指导，坚持习近平新时代中国特色社会主义思想及其全面依法治国的新理念新思想

---

[1]　［法］让-马克·夸克：《合法性与政治》，佟心平等译，中央编译出版社2002年版，第15页。

[2]　列宁：《论面目全非的马克思主义和"帝国主义经济主义"》，《列宁全集》第二十八卷，人民出版社1990年版，第140页。

新战略,坚持中国特色社会主义法治理论;三是始终坚持人民民主专政的国体和人民代表大会制度的政体,坚持宪法和法律至上,推进全面依法治国;四是始终坚持党的领导、人民当家作主和依法治国的有机统一,坚持司法为民,遵循司法规律,追求公正司法,努力让人民群众在每一个司法案件中感受到公平正义。

法律价值本质上具有鲜明的政治性,以追求公平正义为使命的司法,其政治性也是不言而喻的,"相对于立法和行政职能,司法活动自古就是比较强大的一种政治职能","一个国家可以没有议会……行政机关也可以萎缩到最低限度,但司法机关却不可没有或削弱。司法功能是国家最基本的政治职能之一,没有司法,国家就不能生存"。[1]法律和司法的政治性是十分明显的,在政党政治的条件下,法律价值和司法必然会强烈地表现出执政党的政治导向和政策倾向,或者说执政党必然会通过各种渠道和方式,把其执政的基本理念、政策要求等转化为法律的某些内容,落实到司法的具体过程中。英国《牛津法律大辞典》指出:"正如法理学的理论研究与政治理论总是紧密联系的一样,实践性更强的法律规则与现实的政治总是密切相关的。法律规则是由政治家和政治组织为实现某种政治理论、政治信念和政治目的而制定或废除的……公共管理的整个领域都充满着法律需要与政治需要、法律手段与政治手段、法律作用与政治作用的交互影响。"[2]列宁则深刻地指出:"法律是一种政治措施,是一种政治。"[3]所以宪法

---

[1] 王沪宁主编、胡伟著:《司法政治》,三联书店(香港)有限公司1994年版,第34页。

[2] [英]沃克编:《牛津法律大辞典》,邓正来等译,光明日报出版社1989年版,第520—521页。

[3] 列宁:《论面目全非的马克思主义和"帝国主义经济主义"》,《列宁全集》第二十八卷,人民出版社1990年版,第140页。

法律有时被称为"法典化的政治",而在宪法规制下政治则被简称为"宪治"。在法政治学的意义上,法律与政党政治、政党选举、执政党理论、执政党目标、执政党政策是密不可分的,法律与人民民主、人民主权、人民利益、人民权利是密不可分的,政治与司法权、政治与司法独立、政治原则与司法活动、政治体制与司法制度、政治体制改革与司法体制改革是密不可分的。

美国是十分强调司法独立的国家,其司法理念甚至认为司法应当与政治"无涉"。但在美国的司法生活中,"司法独立作为一个原则,必然要在现实政治生活中受到某种程度的扭曲"[①]。在美国,遴选法官的过程具有很强的政治性,"不管最高法院的法官们如何正直和无可指责,最高法院本身一般带有,并且无疑将继续带有鲜明的政治色彩,这种政治色彩来自时代色彩,而最高法院的大多数成员都是在那个时代里挑选出来的"[②]。民主党总统罗斯福任命了203名民主党人和8名共和党人为联邦法官;共和党总统艾森豪威尔任命了176名共和党人法官和11名民主党人法官;民主党总统肯尼迪任命了169名民主党人法官和11名共和党人法官;共和党总统尼克松任命了198名共和党人法官和15名民主党人法官;共和党总统福特则任命了52名共和党人法官和12名民主党人法官。[③]"几乎无一例外的是,(美国)那些被评为'伟大'或'近乎伟大'的法官,其风格向来更多的是

---

① 王沪宁主编、胡伟著:《司法政治》,三联书店(香港)有限公司1994年版,第63页。

② [美]威尔逊:《国会政体》,熊希龄、吕德本译,商务印书馆1986年版,第24页。

③ 参见王沪宁主编、胡伟著《司法政治》,三联书店(香港)有限公司1994年版,第63页。另参见[美]亚伯拉罕《法官与总统——一部任命最高法院法官的政治史》,刘泰星译,商务印书馆1990年版,第39—61页。

'政治的'而非'司法的'。从约翰·马歇尔到厄尔·沃伦,大多数最有影响的法官都曾出任过被选举或被任命的政治职务,而且他们常常是具有很强党派观念的政治人物。一旦进入最高法院,这种政治经历就会对他们的处事风格构成影响。"[1] 事实上,美国联邦最高法院并非超凡脱"政"的机构,它在美国政治生活中常常扮演重要角色,"联邦最高法院的确参与了政治进程","在美国政治史上,一些十分重大的决定不是由总统或国会作出的,而是由最高法院作出的"[2]。与此同时,联邦最高法院"作为一个兼有法律的、政治的和人的特点的机构,它具有与这些特点随之而来的种种优势和弱点"[3]。在美国学者诺内特和塞尔兹尼克推崇的自治型法律社会中,法律与政治的分离也是相对的。他们认为,法律是忠于现行政治秩序的保证,与国家密切一致地履行政治职能,致力于秩序、控制和服从,法律机构(法院等)以实体服从换得程序自治,以实体上与政治保持一致换来的程序上与政治的相对独立,而不是真正的法律与政治的分离。[4]

马克思指出:"人们奋斗所争取的一切,都与他们的利益有关。"[5] 利益是社会的原则。作为西方法社会学一个分支的利益法学,以强调法官应注意平衡各种相互冲突的利益为其理论基础,认为法是立法者为解决相互冲突的各种利益而制定的原则,因此,为了获得公正的判决,法官对一定

---

[1] [美]彼得·沃尔主编:《美国政府内幕——人物与政治》,李洪等译,社会科学文献出版社1992年版,第355页。
[2] [英]维尔:《美国政治》,王合等译,商务印书馆1981年版,第211页。
[3] [美]亚伯拉罕:《法官与总统——一部任命最高法院法官的政治史》,刘泰星译,商务印书馆1990年版,第270页。
[4] [美]诺内特、塞尔兹尼克:《转变中的法律与社会》,张志铭等译,中国政法大学出版社1994年版,第63—66页。
[5] 《马克思恩格斯全集》第一卷,人民出版社1956年版,第82页。

法律，必须首先确定什么是立法者所要保护的利益。法官绝不应像一台按照逻辑机械法则运行的法律自动售货机，而应是独立思考的立法者的助手，他不仅应注意法律条文的字句，而且要通过亲自对有关利益的考察去掌握立法者的意图。西方利益法学主张"社会效益"是法官裁判的重要目标，"强调法律适用的政治功能，也就是法学、法院实践和政治之间的关系"[①]。西方"利益法学的划时代的功绩就是考虑到了社会与政治现实以及法律规范的法政策学目的"[②]。

坚持司法制度的政治性是中国社会主义司法制度的本质要求，每一个司法工作者都要具有明确的政治意识、坚定的政治立场。曾任最高人民法院院长的谢觉哉同志针对司法工作中政治与法治的关系问题说过："我们的法律是服从于政治的，没有离开政治而独立的法律。我们的司法工作者一定要懂政治，不懂政治决不会懂得法律。司法工作者若不懂政治，有法也不会司。人民法院最重要的工作是审判。审判不仅具有高度的专业性，而且具有极强的政治性。""'审'是把案件的事实审查清楚，'判'是在搞清事实的基础上，做出裁判。'审'是客观事实，是什么就是什么，不是凭审判员的脑子想怎样就怎样。'判'是根据党的方针、政策，在一定的法律范围内考虑量刑幅度。客观事实是判的对象，搞清事实是第一步工作；在搞清事实的基础上，依靠党的政策和法律来判是第二步。"[③] 我们之所以称为"政法工作""政法委员会""政法机关""政法大学"而不是"法政……"一个重要原因，就是要强调并坚持政治对于法治工作的统领作用。旗

---

① [德]伯恩·魏德士：《法理学》，丁小春等译，法律出版社2003年版，第241页。
② 同上书，第247页。
③ 谢觉哉：《论审判》，《谢觉哉论民主与法制》，法律出版社1996年版，第156、159、223页。

帜鲜明地坚持中国司法制度的政治性、阶级性,才能从本质上划清与资本主义国家司法制度的界线,坚定不移地走中国特色社会主义法治道路;才能进一步加强和改善党对政法工作的领导,旗帜鲜明地反对司法改革的"全盘西化",坚持法治中国建设和司法改革的正确方向。

二 中国司法制度具有鲜明的人民性

中国司法制度的人民性是其政治性的内在要求和必然反映,是人民当家作主,成为国家、社会和自己主人的本质特征。人民民主专政是中国的国体,人民代表大会制度是中国的政体,中国的法院、检察院是人民法院和人民检察院,这些都决定并体现了中国司法制度的人民性特征。中国司法权来自人民,属于人民;中国司法制度反映的是最广大人民的意志,实现好维护好发展好最广大人民的根本利益,是中国特色社会主义司法制度的根本宗旨,是司法工作的根本出发点和落脚点。中国宪法和法律是党的主张和人民意志相统一的体现。宪法规定,中华人民共和国的一切权力属于人民,人民依照宪法和法律管理国家和社会事务,管理经济和文化事业。中国司法机关所"司"之法,是由人民制定的体现人民意志、保护人民利益的社会主义法律,中国司法制度本质上是人民司法,"人民法院""人民检察院""人民公安"的称谓,就充分体现了中国司法制度的人民性[①]。这种司法是

[①] 起草1954年宪法草案时,有人主张把人民法院和人民检察院前的"人民"两个字略去,理由是国务院等一些机构称谓上没有"人民"二字,并不会影响这些机构的人民性。这种意见最后未被采纳。参见韩大元编著《1954年宪法与新中国宪政》,湖南人民出版社2004年版,第236—237、379页。

坚持公平正义、以人为本、尊重保障人权的司法，是执法（司法）为民、全心全意为人民服务的司法，是由人民参与、人民监督、一切为了人民的人民司法。

坚持以人民为中心，坚持人民主体地位，把人民对美好生活的向往作为法治发展的奋斗目标，依靠人民创造法治中国建设的历史伟业。中国司法制度所具有的人民性，决定了它与资本主义国家司法制度的又一根本区别。坚定不移地坚持中国司法制度的人民性，应当最大限度地保障好、维护好人民的根本利益，不断满足人民群众日益增长的司法诉求，全面落实以人为本、执法为民的要求，实现司法的人民性与专业性的统一。习近平总书记在2013年2月23日下午中共中央政治局就全面推进依法治国进行第四次集体学习时发表的讲话中强调指出，"要坚持司法为民，改进司法工作作风，通过热情服务，切实解决好老百姓打官司难问题。特别是要加大对困难群众维护合法权益的法律援助"，"司法工作者要密切联系群众"，"规范司法行为，加大司法公开力度，回应人民群众对司法公正公开的关注和期待。要确保审判机关、检察机关依法独立公正行使审判权、检察权"，"要努力让人民群众在每一个司法案件中都感受到公平正义，所有司法机关都要紧紧围绕这个目标来改进工作，重点解决影响司法公正和制约司法能力的深层次问题"。[①] 针对全面依法治国中的司法体制改革，习近平总书记特别强调指出，司法体制改革必须为了人民、依靠人民、造福人民。司法体制改革成效如何，说一千道一万，要由人民来评判，归根到底要看司法公信力是不是提高了。司法是维护社会公平正义的

---

① 中共中央文献研究室编：《习近平关于全面依法治国论述摘编》，中央文献出版社2015年版，第67—69页。

最后一道防线。公正是司法的灵魂和生命。深化司法体制改革，要广泛听取人民群众意见，深入了解一线司法实际情况、了解人民群众到底在期待什么，把解决了多少问题、人民群众对问题解决的满意度作为评判改革成效的标准。[1]

然而，什么是公平正义，却需要运用法治思维和法治方式加以讨论和回答。公平正义是一个见仁见智的道德概念，在现实生活中往往缺乏统一的内涵共识和可操作实施的具体标准。鉴于当下中国多元社会中人们对社会公平正义的理解和诉求的多样性、复杂性和易变性；鉴于当代中国市场经济刺激并鼓励人们合法追求经济利益和其他利益的最大化，由此带来价值多元和利益多样的种种冲突，应更加重视通过法律和法治来实现公平正义。[2] 全面推进依法治国，应当以维护公平正义、增进人民福祉为出发点和落脚点。"公正是法治的生命线。公平正义是我们党追求的一个非常崇高的价值，全心全意为人民服务的宗旨决定了我们必须追求公平正义，保护人民权益、伸张正义。全面依法治国，必须紧紧围绕保障和促进社会公平正义来进行。"[3] 而"用法律的准绳去衡量、规范、引导社会生活，这就是法治"[4]。在当代中国，"要实现经济发展、政治清明、文化昌盛、社会公正、生态良好，必须更好发挥法治引领和规范作用"[5]。因此，中国特色社会主义的治国理政，应当更加注重通过法治思维和法治方式界定和实现社会公平正义。

---

[1] 习近平：《习近平谈治国理政》第二卷，外文出版社2017年版，第131页。
[2] 参见李林《通过法治实现公平正义》，《北京联合大学学报》2014年第3期。
[3] 中共中央文献研究室编：《习近平关于全面依法治国论述摘编》，中央文献出版社2015年版，第38页。
[4] 同上书，第9页。
[5] 同上书，第4—5页。

一要充分发挥法治的评判规范功能，重构我国社会公平正义的基本评判体系。"坚持在法治轨道上统筹社会力量、平衡社会利益、调节社会关系、规范社会行为，依靠法治解决各种社会矛盾和问题。"①

二要通过民主科学立法，将事关人民群众公平正义的利益需求，尽可能纳入法律调整范围，转化为法律意义上的公平正义，使其具有明确性、规范性、统一性和可操作性。

三要通过公平公正的实体法，合理规定公民的权利与义务、合理分配各种资源和利益、科学配置各类权力与责任，实现实体内容上的分配正义；通过民主科学有效的程序法，实现程序规则上的公平正义。

四要通过严格执法和公正司法，保障公众的合法权益。

五是政法机关要把促进社会公平正义作为核心价值追求，坚持严格执法、公正司法。"促进社会公平正义是政法工作的核心价值追求。从一定意义上说，公平正义是政法工作的生命线，司法机关是维护社会公平正义的最后一道防线。政法战线要肩扛公正天平、手持正义之剑，以实际行动维护社会公平正义，让人民群众切实感受到公平正义就在身边。要重点解决好损害群众权益的突出问题，决不允许对群众的报警求助置之不理，决不允许让普通群众打不起官司，决不允许滥用权力侵犯群众合法权益，决不允许执法犯法造成冤假错案。"②

---

① 中共中央文献研究室编：《习近平关于全面依法治国论述摘编》，中央文献出版社2015年版，第11页。
② 习近平：《把促进社会公平正义作为核心价值追求》，《中国青年报》2014年1月9日第1版。

六要营造良好法治环境,"努力推动形成办事依法、遇事找法、解决问题用法、化解矛盾靠法的良好法治环境","形成人们不愿违法、不能违法、不敢违法的法治环境"。① 公众在发生矛盾纠纷等利益冲突问题时,应通过法治方式理性维权,依法维护和实现自己表现为法定权利或权益的公平正义。

三 中国司法制度具有内在的合法性

中国特色社会主义的司法制度具有充分的不容置疑的合法性②。这是因为,它是在中国共产党领导新民主主义革命的长期实践中,历史的选择、人民的选择。2015年9月9日,王岐山同志会见参加"2015中国共产党与世界对话会"论坛的外国政要和知名学者说:

---

① 中共中央文献研究室编:《习近平关于全面依法治国论述摘编》,中央文献出版社2015年版,第45页。

② 人们对于什么是合法性的解释见仁见智。例如,法国政治学者让-马克·夸克认为,"最通俗地讲,合法性是对被统治者与统治者关系的评价。它是政治权力和其遵从者证明自身合法性的过程。它是对统治权力的认可"。[法]让-马克·夸克:《合法性与政治》,佟心平等译校,中央编译出版社2002年版,第1页。美国政治社会学家李普塞特认为:"合法性是指政治系统使人们产生和坚持现存制度是社会的最适宜制度之信仰的能力。"[美]李普塞特:《政治人:政治的社会基础》,张绍宗译,上海人民出版社1997年版,第55页。合法性是政治学上最重要的概念之一。政治学意义上的合法性与法学意义上的合法性是两个不同的概念。法学上的合法性,是指某种行为是否符合既定的法律规范。而政治学上的合法性,是指人们对某种政治权力秩序是否认同及其认同程度如何的问题,也称为"正统性""正当性"。合法性的基础是同意。当合法性受到侵蚀时,政治权力的行使或者政府的统治就会陷入危机。《王岐山:中共合法性源自于历史是人民的选择》,学习大国,http://news.cnr.cn/native/gd/20150911/t20150911_519843361.shtml,2019年2月3日。

"中国共产党的合法性源自于历史,是人心向背决定的,是人民的选择。"[①] 历史和人民在选择中国共产党领导和社会主义民主政治制度的过程中,就同时选择了社会主义的司法制度;它是在彻底废除国民党政权伪法统、"六法全书"和旧司法制度的基础上,由《中国人民政治协商会议共同纲领》和《中华人民共和国宪法》明确规定的人民司法制度,它的组织机构和主要人员是《中央人民政府组织法》《人民法院组织法》《人民检察院组织法》产生的司法制度;它是依照法定程序由人民代表大会产生、对人大负责、受人大监督的司法制度。判断和评价当代中国司法制度合法性最重要、最根本的依据和标准,就是中华人民共和国成立 70 年尤其是改革开放 40 多年的成功实践,充分证明了它是能够反映人民意志并保障人民利益,能够维护社会稳定和国家长治久安,能够服务改革开放和促进世界和平发展,能够代表中华法系文明并实现中华民族伟大复兴的,符合中国社会主义初级阶段基本国情的司法制度。

我们应当理直气壮地坚持中国司法制度的合法性,全面推进依法治国,努力提高依法办事和公正司法的能力和水平,在法治轨道上推进和深化司法体制改革,在人民的参与下完善司法体制,切实维护社会主义法制的统一和人民司法的权威。

四 中国司法制度具有充分的科学性

中国司法制度的科学性主要体现在以下方面。一是中国司法制度在设计、规范、程序和运行等方面,遵循了科学规律,体现了科学精

[①] 《王岐山会见出席"2015 中国共产党与世界对话会"外交代表》,《人民日报》2015 年 9 月 10 日第 1 版。

神，采用了科学方法。毛泽东同志说过："搞宪法是搞科学"[①]；搞立法也是搞科学。现阶段中国立法就必须坚持"民主立法、科学立法"的原则。根据科学宪法和法律构建的中国司法制度，当然也是科学的。二是中国司法制度中有关"司法机关分工负责、相互配合、相互制约"的制度、审判制度、法律监督制度、证据制度、司法鉴定制度、三大诉讼程序制度等司法制度，有关法律面前人人平等、罪刑法定、上诉不加刑、以事实为根据以法律为准绳、宽严相济等原则，都体现了科学性。三是中国司法制度从中国国情出发，继承、学习、借鉴或吸收了古今中外人类法治和司法文明的许多有益成果，这些成果反映了人类处理矛盾、解决纠纷、维护秩序、实现公平正义的人类社会发展规律，反映了人类认识世界、改造世界、人与自然和谐相处的基本规律，其科学性不言而喻。

2015年习近平总书记在主持中共中央政治局就深化司法体制改革、保证司法公正进行的第二十一次集体学习时强调，要坚持符合国情和遵循司法规律相结合……坚定不移深化司法体制改革，不断促进社会公平正义。[②] 司法规律的本质就是科学性。司法规律作为一种特殊的社会规律，是普遍性与特殊性相结合的司法运行法则。司法改革必须严格遵循司法规律，体现司法的独立性、职业性、公正性、权威性，体现司法活动的特点。司法建设和司法改革的各项措施必须遵循科学客观的司法规律，从而保持持久的生命力。中国司法制度建设和司法体制改革必须以习近平新时代中国特色社会主义思想为指导，坚持科学性与政治性、人

[①]《毛泽东文集》第六卷，人民出版社1999年版，第330页。
[②]《以提高司法公信力为根本尺度 坚定不移深化司法体制改革》，《人民日报》2015年3月26日第1版。

民性的有机统一，既反对只讲科学性，不讲政治性和人民性，也反对只讲政治性和人民性，不讲科学性。坚持中国司法制度的科学性，就是要秉持法治的科学精神，尊重司法的科学规律，坚持立法、执法、司法和法律监督的协调发展，科学合理配置司法职权，实现司法机关之间分工负责、互相配合、互相制约的协调性，用科学方法推进公正高效权威社会主义司法制度的建设。我们既要重视研究一般的司法规律，更要注意结合中国的国情，归纳和总结中国特色司法规律。既要在中央的统一部署下，自上而下地有序推进人民法院司法改革，做好顶层设计，确保改革符合中央要求，也要根据各地工作实际，加强对下指导，鼓励地方法院积极实践、大胆探索，为全面深化人民法院改革提供可复制、可推广的经验。既要注重借鉴国外法治有益经验，又要坚决划清与西方"司法独立""三权鼎立"的界限，绝不照搬照抄国外司法制度。①

五 中国司法制度具有积极的建设性

中国共产党领导的新民主主义革命时期的司法制度，是革命的司法制度，其根本任务在于推翻旧政权、废除伪法统和旧司法制度；社会主义的司法制度是建设的司法制度，其根本任务在于尊重保障人权，维护市场经济秩序，稳定社会治安大局，打击敌人、惩罚犯罪、教育人民，服务于社会主义现代化建设事业。"我们党历经革命、建设和改革，已经从领导人民为夺取全国政权而奋斗的党，成为领导人

---

① 《坚持符合国情和遵循司法规律相结合——学习贯彻习近平总书记关于司法改革重要讲话系列评论之三》，《人民法院报》2015年4月3日。

民掌握全国政权并长期执政的党。"① 这种转变，决定了中国共产党领导的法制和司法制度由推翻国民党政权旧法制、旧司法制度的"革命法制""革命司法"，向巩固全国政权、建设社会主义国家的"建设法制""人民司法"转变，由服务于革命斗争和"以阶级斗争为纲"的"革命法制""革命司法"，向服务于改革开放和现代化建设的"建设法治""建设司法"转变。

从"革命"转向"建设和改革"，是当代中国司法制度根本任务的历史性转向，它决定了中国司法工作必须转变以"革命"为主导的思维，牢固树立建设和服务的意识，服务于党和国家的大局和中心工作，服务于改革开放和现代化建设的战略部署，服务于国家、人民和社会。司法工作应当始终坚持建设性原则，在任何时候都要"帮忙而不添乱""增光而不抹黑""促进而不阻碍"。

六 中国司法制度具有与时俱进的实践性

实践性是马克思主义哲学异于其他哲学的根本特点之一，也是当代中国司法制度得以产生、发展和不断完善的重要属性。中国特色社会主义的司法制度不是空想的产物，而是在新民主主义革命斗争实践中产生，在新中国社会主义革命过程中发展，在改革开放新时期不断完善的司法制度，是历史的选择、人民的选择。"一个国家实行什么样的司法制度，归根到底是由这个国家的国情决定的。评价一个国家的司法制度，关键看是否符合国情、能否解决本国实际问题。实践证明，中国司法制度总体上是适应中国国情和发展要求的，必须增强对

---

① 江泽民：《全面建设小康社会，开创中国特色社会主义事业新局面——在中国共产党第十六次全国代表大会上的报告》，人民出版社 2002 年版，第 11 页。

中国特色社会主义司法制度的自信，增强政治定力。"① 改革开放以来我们所进行的司法改革，就是中国司法制度在实践中不断发展完善的集中体现。同中国的政治体制改革是社会主义政治制度的自我完善和发展一样，中国司法体制改革也是社会主义司法制度的自我完善和发展。中国司法体制自我完善和改革的动力，来自改革开放和现代化建设的伟大实践，来自全面落实依法治国基本方略的必然要求，来自广大人民群众对司法资源和司法服务日益增长的内在需求。

坚持中国司法制度的实践性品格，就要坚定不移地坚持改革开放，在党的领导下积极稳妥地推进司法体制和工作机制的完善发展和与时俱进的改革，始终保持中国司法制度的创新性、生命力和充满活力。"深化司法体制改革，是要更好坚持党的领导、更好发挥我国司法制度的特色、更好促进社会公平正义。凡是符合这个方向、应该改又能够改的，就要坚决改；凡是不符合这个方向、不应该改的，就决不能改。简单临摹、机械移植，只会造成水土不服，甚至在根本问题上出现颠覆性错误。"②

中国司法制度最大的优越性，是这种制度有利于集中力量办大事。在中国人民代表大会制度下，司法机关与其他国家机关之间是分工合作的关系，而不是西方三权分立体制下互相钳制的关系。中国司法机关与立法机关、行政机关有明确的分工，人民法院和人民检察院依法独立行使审判权、检察权，不受行政机关、社会组织和个人的干涉；司法机关作为人民代表大会制度的重要组成部分，按照民主集中制的原则，在国家政权体系中与其他国家机关一道，分工不分家，同

---

① 中共中央文献研究室编：《习近平关于全面依法治国论述摘编》，中央文献出版社2015年版，第76—77页。

② 同上书，第77页。

心协力履行国家政权机关的职责。在司法机关之间，中国司法机关分工负责，各司其职，依法行使职权；各司法机关在政法委的协调安排下，在党委的领导统筹下，在人大的监督支持下，相互配合，协同工作，集中力量共同解决一些重大问题，统筹安排携手应对重大突发事件。2008年抗击冰雪灾害、汶川抗震救灾、奥运安保中的政法工作，2009年应对世界金融危机、保增长保民生保稳定中的司法实践，都充分体现并一再证明了社会主义司法制度集中力量办大事的优越性。

党的十八大以来的五年，是党和国家事业取得历史性成就、发生历史性变革的五年，也是人民法院工作发生深刻变化、取得重大进展的五年，通过发挥审判职能，为统筹推进"五位一体"总体布局和协调推进"四个全面"战略布局提供有力司法服务和保障，不断增强人民群众获得感、幸福感、安全感。过去五年（2012—2017），全国各级法院依法惩治刑事犯罪，审结一审刑事案件548.9万件，判处罪犯607万人，努力保障社会安定有序、人民安居乐业。各级法院审结一审民事案件3139.7万件，同比上升54.1%。制定关于劳动争议、食品药品纠纷、消费者权益保护等司法解释，审结相关案件232.5万件。[①]

2018年，地方各级人民法院受理案件2800万件，审结、执结2516.8万件，结案标的额5.5万亿元，同比分别上升8.8%、10.6%和7.6%。其中，审结一审刑事案件119.8万件，判处罪犯142.9万人；审结黑恶势力犯罪案件5489件2.9万人；审结贪污贿赂、渎职等案件2.8万件3.3万人，其中被告人原为省部级以上干部的18人、

[①] 周强在第十三届全国人民代表大会第一次会议上作的《最高人民法院工作报告》，2018年3月9日。

厅局级339人、县处级1185人；严惩杀人、抢劫、绑架等严重暴力犯罪，严厉打击涉枪涉暴犯罪，审结相关案件4.1万件，判处罪犯5.1万人；严惩重大责任事故、危险驾驶等危害公共安全犯罪，审结相关案件34.2万件。审结毒品犯罪案件10万件，审结危害食品药品安全犯罪案件7092件。审结民间借贷案件223.6万件，妥善处理网络借贷、金融不良债权转让等纠纷，促进防范化解金融风险；审结金融借款、保险、证券等案件83.9万件；审结一审商事案件341.8万件；审结公司清算、企业破产等案件1.6万件；审结买卖合同案件99.5万件；审结房地产纠纷案件60.8万件；审结一审知识产权案件28.8万件，同比上升41.8%。审结一审民事案件901.7万件，同比上升8.7%；依法制裁恶意欠薪行为，帮助农民工追回劳动报酬95.3亿元；审结婚姻家庭案件181.4万件，发出人身安全保护令1589份。

最高人民法院2016年3月提出"用两到三年时间基本解决执行难问题"。三年来，全国法院共受理执行案件2043.5万件，执结1936.1万件，执行到位金额4.4万亿元，同比分别增长98.5%、105.1%和71.2%，解决了一批群众反映强烈的突出问题，基本形成中国特色执行制度、机制和模式，促进了法治建设和社会诚信建设，"基本解决执行难"这一阶段性目标如期实现。[①]

党的十八大以来，全国检察机关依法履行批准逮捕、提起公诉等职责，维护国家安全和社会稳定作用更加彰显。2013—2017年，全国检察机关共批捕各类刑事犯罪嫌疑人453.1万人，较前五年下降3.4%；起诉717.3万人，较前五年上升19.2%。坚决维护国家安全。

---

① 周强在第十三届全国人民代表大会第二次会议上作的《最高人民法院工作报告》2019年3月12日。

深入开展反分裂反渗透反间谍反邪教斗争,坚决维护国家政治安全特别是政权安全、制度安全。积极投入严厉打击暴恐活动专项行动,从最高人民检察院和浙江、山东、广东等地检察机关多次选派骨干力量赴反恐一线指导、参与办案,北京、云南、新疆等地检察机关依法批捕起诉天安门"10·28"、昆明"3·01"、莎车"7·28"等一批重大暴恐案件。立案侦查职务犯罪254419人,较前五年上升16.4%,为国家挽回经济损失553亿余元。其中,涉嫌职务犯罪的县处级国家工作人员15234人、厅局级2405人。党的十八大以来的五年,检察机关对周永康、郭伯雄、徐才厚、孙政才、令计划、苏荣等122名原省部级以上干部立案侦查,对周永康、薄熙来、郭伯雄、孙政才、令计划、苏荣等107名原省部级以上干部提起公诉。依法办理衡阳破坏选举案、南充拉票贿选案、辽宁拉票贿选案涉及的职务犯罪。坚持受贿行贿一起查,严肃查办国家工作人员索贿受贿犯罪59593人,严肃查办行贿犯罪37277人,较前五年分别上升6.7%和87%,让利益输送无处遁形,让权钱交易逃脱不了法律制裁。①

2018年,全国检察机关共批准逮捕各类犯罪嫌疑人1056616人,提起公诉1692846人,同比分别下降2.3%和0.8%;对刑事、民事和行政诉讼活动中的违法情形监督447940件次,同比上升22.4%;立案办理公益诉讼案件113160件。其中,严惩严重暴力犯罪,起诉59717人,同比下降5.9%。起诉多发性侵财犯罪361478人,同比下降6.9%。坚决惩治"套路贷""校园贷"所涉诈骗、敲诈勒索等犯罪,起诉2973人。起诉电信网络诈骗犯罪43929人,同比上升29.3%。批捕涉黑犯罪嫌疑人11183人,已起诉10361人;批捕涉恶犯罪嫌疑人

---

① 曹建明在第十三届全国人民代表大会第一次会议上作的《最高人民检察院工作报告》2018年3月9日。

62202 人，已起诉 50827 人。起诉涉众型经济犯罪 26974 人，同比上升 10.9%。加大知识产权司法保护力度，挂牌督办 32 起重大典型案件，起诉侵犯专利、商标、商业秘密等犯罪 8325 人，同比上升 16.3%。受理各级监委移送职务犯罪 16092 人，已起诉 9802 人，不起诉 250 人。依法对孙政才、王三运等 32 名原省部级以上人员提起公诉。①

◇ 第三节 人民法院依法独立审判的宪法原则

依法治国、建设社会主义法治国家是中国的治国基本方略和政治发展目标。推进司法体制改革，从制度上保证司法机关依法独立公正地行使审判权和检察权，是中国实行法治、建设政治文明的必然要求和重要内容。宪法作为国家的根本法，具有最高的法律权威，它规定的独立审判，不仅是中国法治的一项基本原则，也是中国司法体制的一个根本制度。

一 中国独立审判宪法原则的历史发展

独立审判作为中国的一项宪法原则，它的产生和发展经历了一个不断反复的历史过程。

1949 年中华人民共和国成立前，中国共产党领导建立的革命根据地 1931 年和 1934 年先后颁布的两部《中华苏维埃宪法大纲》，都没有规定革命政权的司法制度独立审判原则。较早见诸

---

① 张军在第十三届全国人民代表大会第二次会议上作的《最高人民检察院工作报告》2019 年 3 月 12 日。

革命政权有关独立审判的规定，是 1939 年《陕甘宁边区高等法院组织条例》第三条规定："边区高等法院独立行使其司法职权。" 1946 年《陕甘宁边区省宪》（基本法）第五十八条明确规定，"各级法官得依法独立进行其审判权"，但由于战争、资金等原因，独立审判的宪法原则也没有很好地实现。

1949 年中华人民共和国成立后，彻底废除了国民党时期建立的司法制度，起临时宪法作用的《中国人民政治协商会议共同纲领》在确立新中国宪制架构的同时，在第十七条明确规定，废除国民党反动政府一切压迫人民的法律、法令和司法制度，制定保护人民的法律、法令，建立人民司法制度。第十九条规定，在县市以上的各级人民政府内，设人民监察机关，以监察各级国家机关和各种公务人员是否履行其职责，并纠举其中之违法失职的机关和人员。在这时建立的监察机关是作为政府组成部分，其政治属性远远高于其法律属性。审判机关是人民民主专政的工具，具有准军事性质，是维护和巩固新生政权的"刀把子"。当时"司法独立"被视为西方资产阶级的反动东西，在思想观念上受到批判，在制度实践上被抛弃。

1951 年制定的《中华人民共和国人民法院暂行组织条例》第十条明确规定："各级人民法院（包括最高人民法院）为同级人民政府的组成部分，受同级人民政府的领导和监督。"这种认识和规定，与中华人民共和国成立初期的独特历史背景有关。"为了彻底消灭帝国主义、封建主义、官僚资本主义三大敌人的残余势力；扫清旧社会遗留下来的污毒，巩固新生的人民政权，在中共中央领导下，连续开展了镇反、土改、三反五反等大规模的社会改革运动。在运动中，要求各地人民法院在当地党政领导下，组织建立各种人民法庭，紧密配合当地的中心任务，积极开展审判工作。司法从属于行政的体制正好适应了当时形势的需要。"①中华人民共和国成立初期，保证新生政权的巩固稳定高于一切，司法制度的设计及其功能必须为这个现实而根本的目的服务。

1954年第一届全国人大通过的新中国第一部宪法，第一次将法院从同级政府中分离出来。《宪法》第七十八条规定："人民法院进行独立审判，只服从法律。"《宪法》的这一规定，明确了司法权与行政权、立法权的基本权力关系，确立了独立审判作为新中国的一项宪法性原则。按照当时的解释，1954年宪法规定的独立审判，是指"法院审判是不管对什么人，都要依照法律办事，只要犯了法，就要依法判决……法院独立进行审判活动是指其机关组织而言，而不是指审判员个人。同时，这种独立也只是相对的。法院要向本级人民代表大会和它的常委会负责并报告工作，下级法院要受上级法院的监督，还要受检察院的监督，所以说法院并不是什么特权机关"②。

中国宪法解释之所以使用"独立审判"概念而不是"司法独立"，也与1954年宪法的这一规定有关。"其理由有两点：（1）认为法院的主要活动是'审判'，而'司法'包括的范围很宽，容易和司法行政机关的职权混淆。（2）'司法'一词为旧宪法中所习惯使用，隐隐然有'三权分立'的意思。当时也有人认为审判未必能涵盖法院全部功能，但综合考虑后，最终采纳了审判一词。"③ 1954年宪法作

---

① 张憨、蒋惠岭：《人民法院独立审判问题研究》，人民法院出版社1998年版，第138页。
② 彭真：《论新中国的政法工作》，中央文献出版社1992年版，第113—114页。
③ 参见许崇德《中华人民共和国宪法史》，福建人民出版社2003年版，第378页。

为中华人民共和国成立后第一部社会主义宪法,就当时的历史背景下,从总体而言是一部适合中国国情的宪法,同时为以后的几部宪法确立了基本的模式。其规定的审判独立原则也有着极其重要的历史价值和现实意义。

从1957年下半年反右派斗争起,中国主要领导人对法制的态度改变了,从此不适当地强调阶级斗争和大搞群众运动,"司法独立""独立审判"被当作反党言论进行批判。整个"文化大革命"期间,随着彻底"砸烂'公、检、法'"以及"和尚打伞无法无天"革命运动的开展,人民法院独立审判的宪法原则遭到了彻底否认和破坏。

1975年宪法取消了独立审判原则,从国家根本法的依据上造成法制建设(尤其是司法制度)的严重倒退。

1978年宪法比1975年宪法前进了一步,但没有也不可能恢复独立审判的原则,而只规定了审判权由各级人民法院来行使。

1978年,党的十一届三中全会实现了中华人民共和国成立以来我们党历史上具有深远意义的伟大转折,中国进入改革开放和现代化建设新的历史时期,法学领域里一些"左"的思想得到纠正,已被"砸烂"的司法机构重新恢复。1979年,全国人大五届二次会议通过的《中华人民共和国法院组织法》重申了1954年宪法规定的独立审判原则,该法第四条明确规定"人民法院独立进行审判,只服从法律"。

1979年9月9日,中共中央在《关于坚决保证刑法、刑事诉讼法切实实施的指示》(中央64号文件)中指出:"党委与司法机关各有专责,不能互相代替,不应互相混淆。"为此,中央决定取消各级党委审批案件的制度。时任最高人民法院院长江华说：我认为这个文件是中华人民共和国成立以来甚至建党以来关于政法工作的第一个最重要的最深刻的最好的文件，是中国社会主义法制建设新阶段的重要标志。要贯彻执行四化建设的政治路线，就必须加强社会主义法制。中央指示，党委对司法工作的领导主要是方针、政策的领导，同时决定取消党委审批案件的制度，这是加强和改善党对司法工作领导的一次重大改革，改变了党委包揽司法业务的习惯做法。1954年宪法和人民法院组织法公布以后，人民法院依法独立审判的原则已经确立，就应该有步骤地改变党委审批案件的制度，但是由于种种原因没有做到这一点。

江华接着说：随着社会主义经济建设的不断发展和社会主义法制建设的不断完善，党委审批案件的制度已经没有必要了，应当取消。实现这样一项改革是不容易的。30年来一直是党委审批案件，实际上往往是党委书记或主管政法的书记一个人说了算，不是集体领导决定的。30年来人民法院独立审判没有真正实行过，法制的权威没有树立起来。中央这个文件要求各级党委切实保证人民检察院独立行使检察权、人民法院独立行使审判权。审判权是国家权力的一部分，只能由人民法院行使。人民法院独立行使审判权必须有两个基本条件，第一是党委保证，不仅自己不审批案件，而且使人民法院的审判工作不受行政机关、团体和个人的干涉。第二是人民法院认真贯彻执行党的思想路线和政治路线，在审判工作中严格依法办事，同时接受党和人民的监督。

1982年宪法第一百二十六条对独立审判原则加以确认，规定"人民法院依照法律规定独立行使审判权，不受行政机关、社会团体和个人的干涉"。与1982年宪法的上述规定相适应，《人民法院组织法》和《人民检察院组织法》都做了相似的规定。

1982年全面修改宪法时，考虑到司法工作要接受党的领导和人大的监督，认为"五四宪法"规定"人民法院独立进行审判，只服从法律"有些绝对，最后《宪法》第一百二十六条规定为"人民法院依照法律规定独立行使审判权，不受行政机关、社会团体和个人的干涉"。所谓"不受行政机关、社会团体和个人的干涉"，是指行政机关、社会团体和个人无权干涉人民法院的审判工作；至于国家权力机关、检察机关、政党，则可以通过合法途径对法院的审判工作进行干预。

党的十三大报告：我们必须一手抓建设和改革，一手抓法制。法制建设必须贯穿于改革的全过程。应当加强立法工作，改善执法活动，保障司法机关依法独立行使职权。

党的十四大报告：要严格执行宪法和法律，加强执法监督，坚决纠正以言代法、以罚代刑等现象，保障人民法院和人民检察院依法独立进行审判和检察。

党的十五大报告：推进司法改革，从制度上保证司法机关依法独立公正地行使审判权和检察权。

党的十六大报告：推进司法体制改革，从制度上保证审判机关和检察机关依法独立公正地行使审判权和检察权。

党的十七大报告：深化司法体制改革，优化司法职权配置，规范司法行为，建设公正高效权威的社会主义司法制度，保证审判机关、检察机关依法独立公正地行使审判权、检察权。

党的十八大报告：进一步深化司法体制改革，坚持和完善中国特色社会主义司法制度，确保审判机关、检察机关依法独立公正行使审判权、检察权。

党的十八届三中全会《决定》：深化司法体制改革，加快建设公正高效权威的社会主义司法制度，维护人民权益，让人民群众在每一个司法案件中都感受到公平正义。确保依法独立公正行使审判权检察权。

党的十八届四中全会《决定》：完善司法管理体制和司法权力运行机制，规范司法行为，加强对司法活动的监督，努力让人民群众在每一个司法案件中感受到公平正义。完善确保依法独立公正行使审判权和检察权的制度。各级党政机关和领导干部要支持法院、检察院依法独立公正行使职权。

党的十九大报告：深化司法体制综合配套改革，全面落实司法责任制，努力让人民群众在每一个司法案件中感受到公平正义。

2018年8月24日，中央全面依法治国委员会第一次会议：深化司法体制改革，深入研究司法责任制综合配套改革方案，加快构建权责一致的司法权运行新机制。

二　中国宪法关于独立审判原则的含义及内容

（一）独立审判原则的含义

习近平总书记指出，保证司法机关依法独立公正行使职权是我们党的明确主张。吸取"文化大革命"的教训，党的十一届三中全会就明确提出"检察机关和司法机关要保持应有的独立性"。中国《宪法》规定，人民法院、人民检察院依照法律规定独立行使审判权、检察权，不受行政机关、社会团体和个人的干涉。我们一些领导干部对怎么坚持党对政法工作的领导认识不清、把握不准，有的该管的不敢管、不会管，怕人家说以权压法、以言代法；有的对政法部门职责范围内的事情管得过多过细，管了一些不该管、管不好的具体业务工作；有的甚至为了一己私利，插手和干预司法个案。各级党组织和领导干部要适应科学执政、民主执政、依法执政的要求，支持政法系统各单位依照宪法法律独立负责、协调一致开展工作。①

独立审判不仅是法治国家的重要标志之一，而且是现代国家保障人民民主，尊重和保障人权与基本自由，实现社会正义的基本制度安排。在中国，人民代表大会制度是根本政治制度，国家权力在这个制度中得到分工与制约，人民法院的独立审判原则及其制度也衍生于并从属于人民代表大会制度。在坚持人民代表大会制度并结合中国国情的基础上，进一步发展和完善中国的司法体制，使法官能够依法独立行使审判权是中国司法改革的必由之路。

这里讲的独立审判，与司法独立是有区别的。司法这一概念要根据不同国家如何界定"司法权"和"司法机关"而定。但无论如何，司法的外延大于审判，审判只是司法活动的一部分，因此司法独立是一个大于独立审判的概念。中国《宪法》第一百三十一条和第一百三十六条分别明文规定，人民法院和人民检察院依据法律的规定独立行使审判权和检察权，不受任何的行政机关，社会团体，个人的干涉。因此中国宪法中司法独立的含义应是审判权和检察权的独立。

本着立足现实，着眼未来的原则，似可将中国宪法中的独立审判原则理解为：在坚持宪法基本原则的前提下，在人民代表大会制度的基础上，人民法院（或者更具体的人民法院中合议庭或法官）在审判各类案件时，忠实于事实和法律，根据自己对案件事实的判断和对法律的理解，独立自主地做出裁判，不受任何外

---

① 中共中央文献研究室编：《习近平关于全面依法治国论述摘编》，中央文献出版社 2015 年版，第 90 页。

来的影响和干涉。

独立审判原则包含两个方面的含义：一方面是指审判权只能由法院行使，其他任何机关都不能行使；另一方面是指合议庭或法官个人独立行使审判权，只服从宪法和法律，既不受行政机关、社会团体及以此为依托的各级党委等组织、机构和个人的干涉，不受其他法院或本院其他法官的影响。这里的审判权独立应作广义理解，包括法官对立法解释等问题的独立，否则将来建立宪法法院适用制度时就会有问题。

全面推进依法治国，必须坚持公正司法。公正司法是维护社会公平正义的最后一道防线……法律本来应该具有定分止争的功能，司法审判本来应该具有终局性的作用。要努力让人民群众在每一个司法案件中都感受到公平正义，所有司法机关都要紧紧围绕这个目标来改进工作，重点解决影响司法公正和制约司法能力的深层次问题。对执法司法状况，人民群众意见还比较多，社会各界反映还比较大，主要是不作为、乱作为特别是执法不严、司法不公、司法腐败问题比较突出。有的政法机关和干警执法随意性大，粗放执法、变通执法、越权执法比较突出，要么有案不立、有罪不究，要么违规立案、越权管辖；有的滥用强制措施，侵犯公民合法权益；有的办关系案、人情案、金钱案，甚至徇私舞弊、贪赃枉法；等等。这些问题，不仅严重败坏政法机关形象，而且严重损害党和政府形象。[①] 司法不能受权力干扰，不能受金钱、人情、关系干扰，防范这些干扰要有制度保障。

要提高司法工作者公正司法能力，加强忠诚教育和职业培训，特

---

① 中共中央文献研究室编：《十八大以来重要文献选编》（上），中央文献出版社2014年版，第717页。

别要加强基层队伍建设,加强司法干部体制和经费保障体制建设,改善司法干部特别是基层司法干部工作生活条件。

(二)独立审判原则的内容

中国宪法规定的独立审判原则包括以下内容。

1. 享有依法独立行使审判权的主体,只能是各级人民法院,其他任何机构、组织、团体和个人,都不能成为独立行使审判权的主体。而且,人民法院或法庭、法官,只有按照法律的规定(授权),才能成为独立行使审判权的主体。法院或者法庭、法官没有法律依据或者超出法律规定之外行使"审判权",将可能构成越权或者违法"司法";法院或者法庭、法官不履行其审判权主体的职责,面对案件而不作为,将可能构成对审判权的渎职。

2. 人民法院独立行使审判权,只需服从宪法和法律,按照法律的规定和程序的要求进行活动。忠实于宪法和法律,严格遵守宪法和法律是人民法院独立审判的前提条件,但绝对的独立审判,超出宪法和法律的独立审判是不允许的;同时,任何机构、组织、团体和个人干预人民法院依法独立行使职权的活动,也是独立审判所不允许的。

3. 人民法院是以独立的方式依照法律的规定行使职权的,其行使审判权的行为具有宪法赋予的排他性,一切必须以宪法和法律为根本活动准则的组织和个人,都不仅不能破坏或者干扰法院审判的独立性,而且负有维护法院依法独立行使审判权的义务。

4. 人民法院依法独立审判的范围、方式、程序,以其宪法法律的规定为限,不能超出法律允许的范围,不得违反法定的方式和程序。属于法官个人独立审判的案件,合议庭不得越俎代庖;

属于合议庭负责独立审判的案件，审判委员会、法院院长不得取而代之。

5. 按照宪法规定的独立审判原则，任何非法干涉人民法院依法独立行使审判权的行为，都是违反宪法和法律的。无论以什么方式或手段非法干涉人民法院依法独立行使审判权的行为，都应当承担法律责任，受到法律的追究。习近平总书记明确指出：做到严格执法、公正司法，还要着力解决领导机关和领导干部违法违规干预问题。这是导致执法不公、司法腐败的一个顽瘴痼疾。一些党政领导干部出于个人利益，打招呼、批条子、递材料，或者以其他明示、暗示方式插手干预个案，甚至让执法司法机关做违反法定职责的事。在中国共产党领导的社会主义国家里，这是绝对不允许的！各级领导干部要带头依法办事，带头遵守法律，始终对宪法法律怀有敬畏之心，牢固确立法律红线不能触碰、法律底线不能逾越的观念，不要去行使依法不该由自己行使的权力，更不能以言代法、以权压法、徇私枉法。不懂这个规矩，就不是合格的领导干部。如果领导干部不遵守法律，怎么让群众遵守法律？对来自群众反映政法机关执法办案中存在问题的举告，党政领导干部可以依法按程序批转，但不得提出倾向性意见，更不能替政法机关拍板定案。要把能不能依法办事、遵守法律作为考察识别干部的重要标准。要建立健全违反法定程序干预司法的登记备案通报制度和责任追究制度，对违反法定程序干预政法机关执法办案的，一律给予党纪政纪处分；造成冤假错案或者其他严重后果的，一律依法追究刑事责任。[①]

6. 人民法院依法独立行使审判权，意味着合议庭和法官在审理

---

① 习近平：《严格执法，公正司法》（2014年1月7日），中共中央文献研究室编：《十八大以来重要文献选编》（上），中央文献出版社2014年版，第721页。

案件过程中，不受上级法院及本法院行政领导或其他法官的干涉。①

中国司法制度也需要在改革中不断发展和完善。执法司法中存在的突出问题，原因是多方面的，但很多与司法体制和工作机制不合理有关。比如，司法机关人财物受制于地方，司法活动容易受到干扰；司法行政化问题突出，审者不判、判者不审；司法人员管理等同于一

---

① 笔者于1990年在承担国家"八五"重点项目"政治体制改革与法制建设"中有关"司法机关的建设"一章时，曾对地方管理司法财物的利弊做过如下论述：司法机关现行的财政体制是由地方财政负责人民法院、人民检察院的经费。这样做的好处是，在国家财政困难、无力负担司法经费的情况下，依靠地方财政的力量，提供本行政区域司法机关的活动经费，对于财政情况较好的地区，至少能解决一部分司法机关的困难。然而，现行司法财政体制也存在着严重弊端。其一，这种体制使司法机关过分地依赖地方财政，常常要靠人事关系来解决经费困难，因而从经济上束缚了司法机关的手脚，有碍于独立行使司法权。例如，"有个地区财政局长的亲属被判了刑，这个局长利用职权在经费上卡法院，以致法院40多天无法办公"。"河南省新县人民法院，曾挂牌告示：'因无办公经费暂停办公'"（参见《法官的困惑》，《人民日报》1988年8月8日）。其二，司法经费困难，致使司法机关的工作条件、生活条件难以改善，影响了司法机关开展工作。据统计，现在（1990年）全国仍有48%的法院没有审判法庭。"许多基层法院没有开庭审判的场所，有的法院墙壁裂缝，随时都会倒塌，群众戏称住在里面的法庭干部是'敢死队员'"（参见《法官的困惑》，《人民日报》1988年8月8日）。以四川省为例，四川省现有（1990年）法庭1407个，住房、工作条件解决较好的只有121个，占8.6%，其余大部分法庭是靠借用房子办公兼作宿舍，有的还在古庙或危房中办公、居住。河南省有40%的法院没有审判法庭。湖南省有921个法庭，其中有752个没有自己的办公用房。其三，现行司法财政体制，给司法人员在办案中搞不正之风留下了漏洞，不利于司法机关秉公办案。其四，这种财政体制，给司法机关办理行政诉讼案件造成反向压力。行政诉讼，一方当事人是行政机关，得罪了这些"财神爷"，司法机关在经费上将陷入更大的困境。其五，由于司法经费拮据，司法业务需要的各种基本物资装备得不到满足，影响了办案，也影响了司法人员队伍的稳定。实践证明，地方财政承担司法机关的经费，弊大于利。因此，应把司法机关现行的地方财政拨款制改为由国家单列预算分别向人民法院、人民检察院拨款的制度。国家的司法财政经费，可按司法机关实际测算提出的额度，由国家根据"富者多出"的原则向各省、自治区、直辖市统一征收，然后交由最高人民法院、最高人民检察院统一管理、使用和分配，同时由国家审计机关和银行部门监督使用情况。吴大英等主编：《政治体制改革与法制建设》，社会科学文献出版社1991年版。

般公务员管理，不利于提高专业素质、保障办案质量；司法不公开、不透明，为暗箱操作留下空间；等等。这些问题不仅影响司法应有的权利救济、定分止争、制约公权的功能发挥，而且影响社会公平正义的实现。解决这些问题，就要靠深化司法体制改革。①

三 坚持独立审判宪法原则要处理好几个关系

保障中国宪法的独立审判原则，需要处理好"独立"于谁和怎样"独立"的问题。

（一）独立审判原则与坚持党的领导

习近平总书记在"12·4"讲话中指出："要坚持党总揽全局、协调各方的领导核心作用，坚持依法治国基本方略和依法执政基本方式，善于使党的主张通过法定程序成为国家意志，善于通过国家政权机关实施党对国家和社会的领导，支持国家权力机关、行政机关、审判机关、检察机关依照宪法和法律独立负责、协调一致地开展工作。"② 为此，要从确保依法独立公正行使审判权、检察权，健全司法权力运行机制，完善人权司法保障制度三个方面，着力解决影响司法公正、制约司法能力的深层次问题，破解体制性、机制性、保障性障碍。③

---

① 中共中央文献研究室编：《习近平关于全面依法治国论述摘编》，中央文献出版社2015年版，第77页。

② 同上书，第19页。

③ 吴大英等主编：《政治体制改革与法制建设》，社会科学文献出版社1991年版，第78页。

中国的独立审判是在执政党的政治领导、组织领导和思想领导下的独立,独立审判不是排斥党的领导和执政,而恰恰是以适应司法专业特点的方式来维护和坚持执政党的领导地位,实施执政党的执政行为,贯彻执政党法律化的路线、方针和政策。独立审判制度是有利于坚持和维护执政党领导与执政的制度设计,也有利于执政党的自我发展与完善,实现共产党从革命党向执政党的转变。[①] 这是因为,中国的宪法和法律是执政党领导人民制定的,中国的司法机关是在执政党的政治、组织、思想领导下依据宪法和法律设置的,其活动是在人大民主监督下进行的,因此,法院的独立恰恰体现和维护了执政党的领导权威和地位。相反,如果法院完全受命于党委,地方法官的命运掌握党委手中,党委直接过问案件情况并参与案件的讨论和审理,凭自己的主观判断、个人情感给案件发指示、批条子,反而会使党在人民心目中的形象和威望大打折扣,动摇执政党的地位。董必武同志早在1957年全国军事检察院检察长、军事法院院长会议上的讲话中就明确指出:"党的领导不是每个具体案件都要党委管,如果这样,那还设法院这些机构干什么……整个工作的原则、方针、政策,那才是党委应该考虑的。"[②]

坚持党的领导与审判独立并不矛盾。但执政党对人民法院的领导主要是政治、组织、思想上的领导而不是工作业务上的领导和直接干涉。一是各级党委要更加重视和支持法院独立行使审判权,努力为公正司法提供更充分的制度政策和人财物保障;二是各级党委政法委要积极发挥三大领导的作用,同时尽可能减少对案件的干预和协调,全力支持法院独立审判,为法院独立行使审

[①] 参见李林《从领导党到执政党转变的宪政阐释》,《学术界》2002年第2期。
[②] 《董必武政治法律文集》,法律出版社1986年版,第527页。

判权遮风避雨；三是要更加信任、依靠并充分发挥各级法院党组的直接领导和监督作用；四是依法加强对法院独立行使审判权、实现司法公正的监督和问责。

2019年1月公布的《中国共产党政法工作条例》，明确提出政法工作应当坚持党的绝对领导，把党的领导贯彻到政法工作各方面和全过程。主要要求包括以下几个方面。

1. 党中央对政法工作实施绝对领导，决定政法工作大政方针，决策部署事关政法工作全局和长远发展的重大举措，管理政法工作中央事权和由中央负责的重大事项——坚持以习近平新时代中国特色社会主义思想为指导，为政法工作坚持正确方向提供根本遵循；确立政法工作的政治立场、政治方向、政治原则、政治道路，严明政治纪律和政治规矩，为政法工作科学发展提供政治保证；研究部署政法工作中事关国家政治安全、社会大局稳定、社会公平正义和人民安居乐业的重大方针政策、改革措施、专项行动等重大举措；加强政法系统组织建设和党风廉政建设，领导和推动建设忠诚干净有担当的高素质专业化政法队伍，为政法工作提供组织保证。

2. 县级以上地方党委领导本地区政法工作，贯彻落实党中央关于政法工作大政方针，执行党中央以及上级党组织关于政法工作的决定、决策部署、指示等事项。

3. 中央和县级以上地方党委设置政法委员会。中央政法委员会职能配置、内设机构和人员编制方案由党中央审批确定。地方党委政法委员会职能配置、内设机构和人员编制规定，由同级党委按照党中央精神以及上一级党委要求，结合本地区实际审批确定。党委政法委员会在党委领导下履行职责、开展工作，应当把握政治方向、协调各方职能、统筹政法工作、建设政法队伍、督促依法履职、创造公正司法环境，带头依法依规办事，保证党的路线方针政策和党中央重大决策部署贯彻落实，保证宪法法律正确统一实施。

4. 政法单位党组（党委）领导本单位或者本系统政法工作，贯彻党中央关于政法工作大政方针，执行党中央以及上级党组织关于政法工作的决定、决策部署、指示等事项。政法单位党组（党委）在领导和组织开展政法工作中，应当把方向、管大局、保落实，发挥好领导作用。

（二）独立审判原则与人大监督

根据1982年《宪法》的规定，最高人民法院应对全国人民代表大会及其常委会负责并受其监督，地方各级法院对产生它的国家权力机关负责，并受其监督。在这里的法院向人大负责，受它监督，就是指法院通过严格执行人大制定的法律，努力做到裁判公正，从而实现人民的意志和利益，履行人民的重托，而不能理解为法院在行使职权过程中应该接受人大的具体领导。尤其是法院在审理案件的过程中，人大不应当对具体案件的处理发表意见，施加压力，作出指示甚至下令更改法院的判决。

审判独立是人民代表大会制度的重要组成部分，在坚持人民代表大会制度的前提下，人大与法院的关系应具体体现在以下方面。

第一，国家权力机关通过立法，将执政党的主张和人民意志统一起来并上升为国家意志，为法院执行之根据，不得违反。

第二，人大通过决定任免同级法院院长、副院长、审判委员会委员和其他法官，通过对法院院长向人大所做的工作报告的审议，监督法院审判独立和其他履行职责的情况。

第三，通过立法甚至修宪，推进司法体制的深化改革，重点是改变司法辖区体制，提升法官任免层级，强化中央对全国司法人财物的保障。

第四，完善人大对法院审判的监督，杜绝人大代表的"个案监督"。

第五，建立和完善中国特色的合法性与合宪性审查制度，为公正司法提供强有力的制度保障。

党的十八届三中全会通过的《中共中央关于全面深化改革若干重大问题的决定》明确提出：宪法是保证党和国家兴旺发达、长治久安的根本法，具有最高权威。要进一步健全宪法实施监督机制和程序，把全面贯彻实施宪法提高到一个新水平。党的十八届四中全会通过的《中共中央关于推进全面依法治国若干重大问题的决定》明确提出：健全宪法实施和监督制度。宪法是党和人民意志的集中体现，是通过科学民主程序形成的根本法。坚持依法治国首先要坚持依宪治国。所有国家机关和社会主体都必须以宪法为根本的活动准则，并且负有维护宪法尊严、保证宪法实施的职责，一切违反宪法的行为都必须予以追究和纠正。要完善全国人大及其常委会宪法监督制度，健全宪法解释程序机制。加强备案审查制度和能力建设，把所有规范性文件纳入备案审查范围，依法撤销和纠正违宪违法的规范性文件，禁止地方制发带有立法性质的文件。党的十九大进一步明确提出，加强宪法实施和监督，推进合宪性审查工作，维护宪法权威……任何组织和个人都不得有超越宪法法律的特权。[1] 十三届全国人大一次会议通过宪法修正案，将全国人民代表大会下设的"法律委员会"更改为"宪法和法律委员会"。设立宪法和法律委员会，既体现了依宪治国与依法治

---

[1] 习近平：《决胜全面建成小康社会 夺取新时代中国特色社会主义伟大胜利——在中国共产党第十九次全国代表大会上的报告》，人民出版社2017年版，第38页。

国的统一，同时明确了我国宪法监督与合宪性审查工作的实施主体，完善了我国的宪法监督机制，为设区的市的地方立法权的运行提供了根本制度的保障，必将推动宪法的实施，提高宪法的尊严和权威。根据《深化党和国家机构改革方案》的说明，为弘扬宪法精神，维护宪法权威，加强宪法实施和监督，推进合宪性审查工作，将全国人大法律委员会更名为全国人大宪法和法律委员会。全国人大宪法和法律委员会在继续承担统一审议法律草案工作的基础上，增加推动宪法实施、开展宪法解释、推进合宪性审查、加强宪法监督、配合宪法宣传等职责。

新时代全国人大宪法和法律委员会进行合宪性审查，应当承担十项职能：

（1）起草宪法解释案，提交全国人大或常委会公开征求意见和审议表决；

（2）对提交全国人大及其常委会讨论的违宪问题提出审查意见；

（3）负责对中国特色社会主义法律体系的备案审查工作；

（4）对全国人大主席团或常委会交付的其他宪法性议案提出审议意见；

（5）对宪法实施状况进行定期总结评估，并向常委会报告；

（6）与执政党有关机构共同联动审查党内法规与国家法律相互交叉部分的合宪性；

（7）对我国同外国缔结的条约和重要协定在我国适用的合宪性、合法性提出审查意见；

（8）对有关全国或者个别省、自治区、直辖市进入紧急状态决定的必要性与合宪性提出审查意见；

（9）对个别地方、群体、党派或者民族等提出的涉宪问题进行调查研究，并向全国人大或常委会提出报告；

（10）全国人大及其常委会交付的其他事项。

（三）独立审判原则与行政机关的关系

为保证独立审判原则得到有效落实，法院应当从人、财、物等方面摆脱行政机关的控制和干预。另外，行政机关要为审判独立提供合理的服务和充分的保障。一要推进大部制改革，将法院的执行权移交行政机关行使。二要恢复20世纪50年代的做法，将法院人财物的相关事项交由司法行政机关管理和服务，全国性的事项交由司法部，地方性的事项交由省级司法厅局。三要强化行政诉讼功能，将抽象行政行为纳入行政诉讼范围；将行政机关干预司法纳入行政诉讼范围；将符合条件的行政问责内容纳入行政诉讼范围；强化行政主官出庭制度。四要把法官从公务员管理系列中剥离出来，使法官实至名归，使其待遇明显优于行政机关公务员待遇。为了理顺有关司法关系，甚至可以考虑设立中国特色的法务部。应当整合司法部、国务院法制办、国家信访局和最高人民法院执行局的职能，设立新的法务部来统一行使政府法制职能，对于贯彻落实十八大精神，全面推进依法治国，加快建设法治政府，不断优化政府法制职责配置，提升政府法制工作效能和效率，具有十分重要的意义。

尤其是，应当整合最高人民法院执行局和司法部的职能，把执行权划归法务部。原因如下。

1. 根据我国《宪法》规定，各级人民政府是行政机关，负责行政事务，包括司法行政事务，而人民法院是国家的审判机关，负责审判事务。执行权的内容是将生效法律文书所确定的内容运用强制力加以贯彻实施，其运行具有单向性、不平等性、主动性、强制性、效率取向与职权主义等特点，体现了行政权的本质特征和内在属性。由职司审判的人民法院负责执行，实行审执不分，是建立在对执行职能性质的误解之上，就根本而言违背了我国宪法确立的人民代表大会制度下"一府两院"体制。从实际效果来看，法院亲力亲为从事执行工作，站在社会矛盾的第一线，不仅有悖于公众对法院具有中立性、公正性的期待，而且因为频繁地与当事人发生直接利害冲突而损害法院的权威，削弱法院的公信力。并且，法院承担大量繁重而棘手的执行任务，必然占用宝贵的审判资源，使得法院处于顾此失彼的两难境地。法院执行自己作出的裁判，还使得外部监督难以进行，容易诱发腐败。我国近年来查处的法官违法违纪案件中，有相当大的比例都与执行有关，也证明了这一点。

2. 由政府法制机关统一承担执行任务，有利于实现国家执行权的统一行使和执行资源的统一利用，集中人力、物力和精力开展执行工作。目前，我国的民事裁判、行政裁判由人民法院负责执行，刑事裁判由司法行政部门、公安机关、人民法院分别负责执行，行政决定由行政机关和人民法院分享执行权。这种分散执行体制导致各自为政的局面，不利于建立统一的执行制度，也容易造成执行资源的浪费。此外，分散执行权的设计还导致执行权边界模糊，容易出现把握尺度上的不统一，损害法律权威。由政府法制机关统一行使执行权，有利于优化机构设置，集中执行资源，统一执行制度。

3. 由法院承担主要的执行工作，不符合国际上法治国家的通行做法。目前，世界上大多数法治国家的法院裁判执行，均由行政机关或者行政人员负责实施。英美法系国家完全将执行权从法院中分离出来，由司法行政机关负责。大陆法系的国家，如瑞典、瑞士等国家，设立专门的执行机构，负责执行工作；如德国、法国、日本等国家，虽然法院在不同程度上行使执行权，但主要的执行事项，尤其是强制措施，也是由独立于法院的行政官员来承担的。应当说明的是，这里的执行权仅指执行的实施权，例如，实际采取查封、扣押、冻结、拆除等强制措施的权力。而与司法裁判的执行有关的裁决权，包括执行中重大事项的决定权和纠纷的裁定权，在本质上属于司法权范畴，仍应由法院行使。将现设在最高人民法院的执行局划归法务部，与司法部现负责执行的司局进行整合后分别设立法务部执行总局，下设民事执行局、行政执行局与刑事执行局三个二级局（副局级），负责对执行工作的指导和监督，具体执行工作交由地方法务部门负责。

（四）独立审判原则与司法机关的内部监督

一要尽可能限制甚至取消法院的案件请示制度，以保证案件的独立审判和权责统一。二要建立与独立审判相适应的法官考核制度和错案问责制度，防止遇事推诿，职责不清，责任不明，切实解决法官不敢、不能或者不愿独立审判的问题。三要实现审级独立。下级法院的独立审判，不仅要摆脱外部干预，也要摆脱上级法院不合法的干预。上下级法院不是领导与被领导关系，更不是命令与服从的关系。除最高法院对某一法律或法律适用问题所做的司法解释全国各级法院都应当遵照执行外，上级法院依法不能干预下级法院的依法独立审判权。四要实现审判组织独立。《宪法》规定"人民法院依照法律规定独立行使审判权"，这就意味着审判委员会、合议庭和独任庭都享有独立的审判权。实践证明，一些法官不是不能依法判决，而是由于有了审委会和上级领导的干涉，才畏首畏尾，等待着不审而判的审委会来决断。

当然，在中国贯彻独立审判的宪法原则最根本的是要从理论观念、体制机制和实践工作等方面，切实解决司法的政治化、行政化、地方化和官僚化问题，回归宪法制度、法治原则和司法规律，双管齐下处理好司法的外部关系和内部关系，切实实现司法独立公正。

◇ 第四节　中国司法制度的自我完善和发展

一　中国司法制度建设中存在的不足

中国现行司法制度是根据宪法和法律设定的，是中国特色社会主义制度的重要组成部分，是中国特色社会主义事业的可靠法治保障，总体上与中国社会主义初级阶段的政治经济制度和基本国情相适应。但随着中国社会主义市场经济的发展和民主法治建设的推进，司法环境发生了许多新变化，司法工作出现了许多新情况，人民群众对司法工作提出了许多新的要求，司法体制和工作机制中存在的不完善、不适应的问题日渐显现。尤其是，中国是一个有着两千多年封建专制历史的国家，"旧中国留给我们的封建专制传统比较多，民主法制传统很少。解放以后，我们也没有自觉地、系统地建立保障人民民主权利的各项制度，法制很不完备，也很不受重视"[①]。改革开放以来，党

[①]《邓小平文选》第二卷，人民出版社1994年版，第332页。

和国家高度重视民主法治建设，取得了举世瞩目的成绩，但在法治建设的若干环节、法治理念和司法体制机制的若干方面，还存在一些不足和亟待解决的问题。目前，中国司法制度建设主要存在以下四个方面的不足或问题。

1. 思想认识和理论观念方面。主要存在两类问题。

一是思想认识偏离正确的政治方向或者脱离中国实际。例如，宣扬西方"三权分立""司法独立"等司法理念，否定司法权和司法制度的政治性、阶级性，主张全盘西化的司法改革、法官独立和宪法司法化、宪法私法化，取消政法委员会和人民检察院，等等。

二是一些司法理论观念缺乏科学全面和从国情出发的深入研究，误导司法体制改革。例如，宣传"没有司法独立就没有司法公正"，"司法是实现公平正义的最后一道防线"①，主张法官检察官的精英化去政治化，贬低甚至否定"无讼"和调解的现代法治价值，等等。

2. 司法体制和工作机制方面。司法体制和工作机制不能适应中

---

① 在西方三权分立体制下，司法拥有极大的权力，可以成为"最后一道防线"，但在中国人民代表大会制度和共产党领导的多党合作政治协商制度的政治体制中，司法不是也担当不起"最后一道防线"的职责，司法的功能不同于西方。尤其是，在中国的现实生活中，由于受到体制、机制、文化、经济社会条件、法官素质、职业伦理等多种内外部条件和因素的影响制约，我国司法的功能是比较有限的，在某些案件中甚至相当有限。于是，人们对我国司法应然功能的高期待与其实然功能的低现实之间，产生了明显反差，司法功能定位得越高，其反差就越大，人们对司法的失望也越大，司法受到的责难也就越多。因此，我们应当从中国特色社会主义民主政治和初级阶段的基本国情出发，不仅要谨慎使用"司法是实现公平正义最后一道防线"的提法，而且要承认我国司法功能的有限性和局限性，实事求是地对司法做出功能定位，赋予它实际能够承担和实现的功能。

国政治经济社会文化体制深化改革的需要，不能充分满足人民群众日益增长和不断扩大的司法需求，审判权、检察权的地方化、行政化、商业化问题在有些地方比较突出；刑事司法中刑讯逼供、超期羁押、律师辩护难，行政案件中行政机关对于审判的干扰和影响；某些司法人员办"关系案""人情案"；司法不公、司法腐败、打官司难、打官司怕、执行难等问题仍为群众所诟病，司法还没有成为公民信赖的权威有效的权利救济形式。

3. 司法队伍建设方面。法治发展存在地区不均衡现象，司法执法队伍的业务素质参差不齐，在东西部和城乡存在着较为明显的差异，中西部地区法律工作依然存在经费短缺、人才流失、法官断层等现象。

4. 对司法的监督和保障方面。法律监督的体制和机制不够健全，监督机构缺乏必要的独立性，某些地方党政干预比较严重，越是涉及公民切身利益和社会全局的执法部门，越是难以受到监督。

二 改革和发展中国司法制度的战略思考

人类法治文明发展的历史和现实情况表明，世界上并不存在唯一的、普适的和抽象的司法制度模式。衡量和评价一种司法制度的好坏优劣，关键要看它是否适应本国需要，符合本国国情，有利于本国的繁荣富强；是否充分反映人民意愿，有利于保障人民权益；是否有利于解决纠纷、化解矛盾，实现公平正义；是否有利于经济发展、社会和谐、民族团结和国家稳定；是否顺应时代潮流，有利于推动世界和平与发展。

1. 中国司法制度的改革与发展，应当努力实现"三个回归"。进行司法体制改革的顶层设计，应当按照党的十八大以来的新部署新要求，使司法体制改革进一步回归宪法原则和宪法体制，回归法治思维和法治方式，回归司法规律和司法属性，研究好、设计好、规划好、实施好、推进好新一轮司法体制改革。

一是回归宪法原则和宪法体制，就是要坚持宪法规定的依法治国基本方略和建设社会主义法治国家的政治发展目标，坚持以宪法的最高权威、最高法律效力和最高法律地位推进依宪治国和依宪执政，坚持宪法思维和宪法权威，增强宪法意识，全面贯彻实施宪法。在宪法思维看来，立法是以民主为核心价值取向的表达人民意志的"分配正义"，行政是以效率为核心价值取向的实现人民意志的"执行正义"，司法则是以公正为核心价值取向的保障人民意志的"矫正正义"。司法是实现社会公平正义的最后一道防线，是解决社会矛盾纠纷的最后终结机制。司法体制改革回归宪法，就是要按照宪法确立的民主集中制原则、国家政权体制和活动准则，坚持人民代表大会统一行使国家权力，切实保证国家机关依照法定权限和程序行使职权、履行职责，保证审判机关、检察机关依照宪法和法律独立负责、协调一致地开展工作。坚持法律面前人人平等的宪法原则，一切违反宪法和法律的行为，都必须予以追究。依法公正对待人民群众的诉求，努力让人民群众在每一个司法案件中都能感受到公平正义，绝不能让不公正的审判伤害人民群众感情、损害人民群众权益。深化司法体制改革，最根本的就是要从体制、机制和事实上切实保障人民法院、人民检察院作为国家审判机关和国家法律监督机关的国家属性，切实保障并依法监督它们依照法律规定独立行使审判权和检察权，依法保障人权，实现司法公正。

二是回归法治思维和法治方式，就是要坚持社会主义法治价值和法治原则，坚持宪法法律至上和社会主义法制统一。在中国，宪法和法律是党的主张和人民意志、国家意志相统一的集中体现，党的领导、人民当家作主和依法治国有机统一。在依法治国的和平时期和法治社会，法治思维在治理国家和管理社会过程中，是政治思维、意识形态思维、行政思维、经济思维以及社会思维的集大成者，法治方式在党领导人民治国理政过程中，是道德方式、政治方式、意识形态方式、行政方式、经济方式的集大成者。因此，依法办事，维护社会主义法治权威，就是维护党和人民共同意志的权威；严格执法，捍卫社会主义法治尊严，就是捍卫党和人民共同意志的尊严；依法独立行使审判权和检察权，保证公正司法，就是保证党的事业和人民根本利益的实现。应当按照党的十八大报告和"12·4"讲话精神，学会并善于运用法治思维和法治方式研究、设计和推进司法体制改革。

三是回归司法规律和司法属性，就是要在宪法和人民代表大会制度关于国家审判权、国家检察权的合理分工与科学定位的基础上，在社会主义法治思维和法治方式的轨道上，坚持人民司法的科学性、规律性和客观性，更加尊重司法规律，认同司法属性，保障司法权威，维护司法公信力，通过深化司法体制改革使司法制度及其功能真正体现司法的本质要求和属性特征，体现司法规律和基本国情相结合的内在要求。

"三个回归"是对前一阶段司法体制机制改革的补充、完善和发展，而不是对以往司法改革的全面否定和改弦更张。国家政体中之所以有权力机关、行政机关、审判机关和检察机关的不同分工，之所以有立法权、行政权、审判权和检察权的不同设计，就是因为它们有着不同的角色、功能、价值、职责和运行方式等的不同分工和属性特征。这些符合国情和人类政治文明发展规律的制度安排和权力分工，在得到国家宪法确认后，就具有宪法上的最高效力，应当得到全面落实。以往有关司法的某些提法和改革，存在与宪法、法治和司法规律内在要求不尽一致的现象。尽管这些现象在过去特定历史条件下有某些合理性和必要性，但在全面推进依法治国、依宪治国和依法执政的新形势下深化司法体制改革，应当尽快调整回归到宪法、法治和司法规律的轨道上来。

2. 中国司法制度的改革与发展，应当努力实现"四个转变"。一是在司法体制改革的方略上，从以司法改革为重点转向全面加强司法建设，确立建构主义的司法价值取向。[①] 二是在目标上，从以司法独立为目标的司法改革转向全面加强高效公正权威的司

[①] 中国在推进依法治国的进程中，对司法领域提出了司法体制改革的任务。为了证明司法体制改革的必要性、紧迫性和合理性，我们不得不指出甚至强化司法领域存在许多严重问题。而事实上，权力滥用、权力腐败、权力不作为等需要通过改革予以解决的体制和机制问题，并不是中国司法机关所特有独存的，其中很多问题是现行政治体制所共有共存的弊端，许多问题是现行公权力链条环环相扣的现象，但在设计和部署体制改革发展的任务时，执政党的任务是加强执政能力建设，国家权力机关的任务是加强立法，行政机关的任务是建设法治政府，只有司法机关的主要任务是司法体制改革。为了改革司法体制，司法机关不得不"自证其腐"，引火烧身。加之我们对司法在维护和实现公平正义方面的功能给予了过高评价、过高期待和过度宣传，在"反对腐败是关系党和国家生死存亡的严重政治斗争"面前，事实上赋予了司法以"救党救国"的神圣使命。在这种"司法腐败"和"司法拯救"的双重压力下，我们发起并实施了司法体制改革。十多年来，司法体制改革在许多方面取得了巨大成就，但由于司法体制改革的预设问题和司法功能的有限实现，无论司法体制改革取得如何成绩，只要不能全面达成"实现公平正义最后一道防线"的目标，只要还有相当数量的纠纷得不到解决，只要还有相当数量的群体性上访事件发生，只要权力腐败还没有得到真正遏制和减少，只要社会公平正义还没有得到普遍实现，人们就很容易对司法体制改革给出消极甚至负面的评价，司法公信力逐步减损就会成为司法体制改革的必然代价。

法建设，突出司法公正的价值取向。三是在方向上，从以学习借鉴西方司法模式为主导，转向立足国情、顺应时代潮流、更加坚定不移地坚持中国特色社会主义法治发展道路，突出中国司法制度的中国特色和社会主义性质的价值取向。四是在方法上，从以部门为主导设计和推进的司法改革，转向在党委领导下科学设计、协调推进、可持续地加强司法建设；从全面的司法改革，转向"有所为、有所不为"的改革；从重司法改革操作、轻科学理论论证，转向先科学理论论证再实施司法改革，突出积极稳妥推进改革的价值取向。

尤其是，应当根据习近平新时代中国特色社会主义思想和构建社会主义和谐社会的理论，来厘清和确立司法科学发展的思路，把深化司法体制改革的设计，纳入司法建设和法治发展的大格局之中，凸显"加强司法建设"的理念，以"建设人民司法"作为政法工作未来发展的主线和关键词，以深化司法体制改革作为实现司法建设的重要手段和途径之一。

3. 中国司法制度的改革与发展，应当努力做到"四个相结合"。

一是要与中国特色社会主义现代化建设整体战略任务、战略目标及其实践过程相结合；

二是要与深入学习贯彻习近平新时代中国特色社会主义思想，与"五位一体"战略布局和"四个全面"整体布局的各项要求相结合，把司法制度建设和司法体制改革融入全面依法治国的伟大实践，融入推进国家治理体制和治理能力现代化的国家战略；

三是要与发展中国特色社会主义民主政治，建设社会主义政治文明，深化政治体制改革的整体部署及其实践过程相结合；

四是要与全面落实依法治国基本方略、加快建设社会主义法治国家的战略部署及其实践过程相结合,① 为实现中华民族伟大复兴的法治强国梦、中国梦而奋斗。

4. 中国司法制度的改革与发展,应当努力做到"四个相适应"。

一是要与新时代中国经济社会文化发展尤其是与中国全面深化改革开放的新要求和新形势相适应;

二是要与中国深化政治体制改革的整体规划相配套,与政治体制改革的力度强度速度、与推进全面依法治国的整体部署相适应,避免司法体制"孤军深入"地"超前"改革、单项改革;

三是要从基本国情出发,与司法权的内在属性、司法发展规律以及司法机关的自身条件相适应;

四是要从坚持以人为本、执法为民出发,与广大人民群众日益增长的合理司法诉求②和新时代解决日益增多的社会矛盾纠纷的客观要求相适应。

---

① 司法权尤其是司法公信力与法治国家建设有着十分密切的内在联系。德国学者在论述德意志联邦共和国的法治国家问题时指出:"法治国家真正的内在力量很大程度上取决于人民在多大程度上信任国家的司法机关。这种信任正在减少,与其说是法官本身造成的,不如说是司法机关的模糊性和司法进程的长期性造成的。有时这种拖延无异于对法律补偿诉求的拒绝。"[德]沃纳·伯肯梅耶:《法治国家——德意志联邦共和国的法治意义、原则和风险》,载[德]约瑟夫·夏辛和容敏德编著《法治》,法律出版社2005年版,第34页。

② 人民群众日益增长的司法诉求与国家的司法能力、司法资源之间,永远存在一定张力。公众的司法诉求是无限的,而满足这种司法诉求的能力、资源和条件是有限的,国家应当通过各种渠道和方法把公众的司法诉求引导到合理的轨道上,从而尽量满足公众合理的司法诉求。国家放任一个社会中司法诉求的过快增多,对于公众和政府而言,都不是好事情。国家只应当努力满足公众合理的司法诉求,而不能迁就那些不合理的司法诉求。

5. 中国司法制度的完善与发展，应当努力处理好司法改革涉及的"三个方面"关系。

第一，司法机关外部的公权力关系。主要涉及司法权与党的权力、人大的权力、行政机关的权力的界定及关系。以往司法改革中提出的许多问题，如司法独立、司法辖区划分、司法保障、司法地方化、司法行政化等，都与这些公权力机关密切相关。而这里所涉及的问题，基本上是政治问题而非法律问题，只有通过政治体制改革才能解决。这个方面的司法改革实质上是政治体制改革，应当在中央的统一部署下，严格遵循我们党关于政治体制改革的基本原则、方针和部署，统一设计和实施，而不宜"另辟蹊径"，率先突破。

司法改革是落实依法治国基本方略诸多工作中的一项，是加强司法建设诸种方法中的一种，我们应当恰如其分地认识司法改革在落实依法治国基本方略和加强司法建设中的地位和作用，为司法改革适当"减负"，避免司法改革陷入"小马拉大车"的困境。

第二，司法机关内部的公权力关系。主要分为两个层面：一是法院、检察院、公安、司法行政、安全之间的分工负责、互相配合、互相监督、协同工作；二是各个司法机关内的体制、机制改革。落实党的十八大、十九大的要求，深化司法体制改革，优化司法职权配置，规范司法行为，建设公正高效权威的社会主义司法制度，保证审判机关、检察机关依法独立公正地行使审判权、检察权，应当主要在这个范围内积极稳妥地展开，同时配套加强中国特色社会主义的司法理论、司法理念和司法文化建设。

第三，司法机关与社会的关系。主要涉及与社会组织、媒体、公民个人等主体对于司法的知情权、参与权、监督权的关系，核心是司法公开和司法民主的问题。有关这个方面的司法改革，应当积极谨慎，尽可能与党和国家的民主政治建设的改革安排同步推进。

6. 应当为深化司法体制改革做好充分科学的理论准备。没有革命的理论，就没有革命的实践。而理论有多远，我们就能走多远。深化司法体制改革亦然。应当在深入调查研究的基础上，对1997年以来的司法改革进行全面评估和深刻反思，总结经验，客观评估，找出差距，调整思路，为进一步深化司法体制改革提供历史经验和实践依据。同时要立足国情，学习借鉴国外先进有益的司法经验，深入研究和确立中国特色社会主义的司法理论，科学回答宪法和人民代表制度下的司法、司法体制、司法职能、司法关系、依法独立行使职权、司法公正、司法权威、司法公信力等基本问题，例如，在中国宪法文本和宪政理论上，在中国不实行"三权分立"的政体下，什么是"司法"，什么是"司法体制"；深入研究新起点上司法体制改革的性质、动力、对象、目标、任务、方式、要解决的主要问题，例如司法工作机制、工作方法、工作态度的改革与转变，是否就是司法体制改革？从2009年到2012年的4年时间各类案件由700多万件骤增到1200多万件，截至2018年年底，人民法院一年受理的各类案件接近2800万件，中国社会快速提前进入"诉讼社会"，这种变化与司法改革的政策和举措有无以及有何相关性？例如，2015年5月1日人民法院把立案审查制改为立案登记制以后，截至2017年8月31日，全国法院登记立案数量超过3900万件，同比上升41.23%，由此带来的司法能力、入额法官数量、案件分流程序、滥用诉权等问题，是否有预见和应对之策？① 依宪治国和法治思维下制约或者阻碍中国司法独立公正权威的体制问题究竟是什么？只有实事求是地分析、认识和回答这些重要理论问题，才能为深化司法体制改革提供行之有效的科学理论指导。同时要立足国情，学习借鉴国外先进经验，深入研究和确立中国特色社会主义的司法理论，为新一轮司法体制改革提供科学的理论指导。

---

① 2015年5月1日实施的立案登记制降低了立案门槛，对于切实解决人民群众反映强烈的"立案难"问题，保障当事人诉权、发挥司法在解决社会矛盾中的主渠道作用起到了积极作用，与此同时带来了案件数量井喷等问题。法官人均办理案件又有多少呢？以西安市雁塔区法院为例，有关数据显示，2016年，雁塔区法院旧存案件5223件，新收17253件，结案19182件；2017年旧存3294件，新收23836件，结案22180件；2018年1—7月，旧存4950件，新收22616件，结案11549件。案件越收越多，而一线办案法官人数反而下降，2016年73人、2017年67人、2018年为65人，一线人均结案数分别为262.8件、331件、177.7件（2018年前7个月），法官最高结案数分别为656件、644件、500件（2018年前7个月），意味着前7个月，该院办案最多的法官即使不休息，日结案也达到2.38。参见《华商报》记者佘晖《"案多人少"矛盾突出"非诉讼"方式更重要》，http：//www.sohu.com/a/245409126_351301，2019年2月14日。换一个角度看，上海市二中院发布《关于进一步落实院庭长办案工作的若干意见（试行）》，明确规定院庭长的办案数量：院长、副院长、审委会专职委员审结案件量分别应达到本院法官上一年度平均结案量的5%、20%、30%，业务庭庭长、副庭长一般应达到本部门法官上一年度平均结案量的70%、90%，其中法官平均结案量较大的审判庭长可调整为50%。截至2016年年底，自2014年4月改革以来，院庭长共办案14276件，占同期结案总数的23.21%，2016年院庭长办案5544件，同比2015年的4611件，增幅达20.23%。由此可见，院庭长们虽然都是入额法官，但他们承办案件的数量是其他非院庭长入额法官的5%—90%，这就意味着，入额法官年均办案数，实际上院庭长要少许多，而其他法官则要"被平均"承担更多的案件。在湖南省岳阳市岳阳楼区法院，截至2017年9月30日，该院收案已突破13927件，结案达10216件，预计到年底收案将会突破18000件；而法官员额制推行以后，上级批准的能够独立办案的员额法官仅有46名，除10名院领导（含3名专职委员）和审管办、立案庭必须安排法官外，真正能全程办案的法官人数最多只有33名，使得办案压力成倍增大。参见《法官员额制如何消除"案多人少"的矛盾》，http：//www.sohu.com/a/211829703_695413，2019年2月14日。

应当根据宪法的政治架构和社会主义法治原则，从体制、机制和法律上理顺并处理好一系列重要关系。主要包括：人大与司法的宪法关系，政法委与司法的政治和法律关系，公众、媒体与司法的民主和法律关系，公、检、法三机关之间的宪法和法律关系，保证各类主体恢复其宪法法律、政党政治和社会监督的角色，使它们各归其位，各司其职；确保审判机关、检察机关依法独立公正行使审判权、检察权。习近平总书记在分析我国司法冤案发生的体制机制原因时指出："造成冤案的原因很多，其中有司法人员缺乏基本的司法良知和责任担当的问题，更深层次的则是司法职权配置和权力运行机制不科学，侦查权、检察权、审判权、执行权相互制约的体制机制没有真正形成。"[1] 在法院和检察院内部，要尽快建立和完善保障法官、检察官依法独立行使职权的权责利相统一的体制机制，真正做到有职有权、独立行使、权责统一、高效权威，从根本上树立和维护人民法院、人民检察院的司法公信力。

应当高度重视并充分发挥司法作为解决矛盾纠纷最后一道防线的功能，重建司法终结涉诉涉法矛盾纠纷的良性循环机制，不断强化司法公信力和权威性。当代任何社会要保持稳定和秩序，对于社会矛盾纠纷的解决，都必须设置终结机制，而不可能任由当事人无休无止地"诉求"或"纠缠"下去。宪法和法治是人类政治文明发明的解决社会矛盾纠纷的最好机制和方式。在宪法原理和法治思维下，矛盾纠纷解决的终结机制主要由纵横两方面构成。在横向结构上，通过宪法对国家权能做出立法权、行政权、审判权、法律监督权等的分工，把终结矛盾纠纷的职能和权力赋予审判权（司法或者法院），使司法成为

---

[1] 习近平：《加强党对全面依法治国的领导》，《求是》2019年第4期。

解决矛盾纠纷的最后一道工序；在纵向结构上，通过在审判权内部设置两审或者两审以上的审级制度，把终结矛盾纠纷的职能和权力赋予终审法院。如果国家没有一个解决社会矛盾纠纷的终结权力和终结机构，那么，这个国家必然不会有秩序、稳定与和谐，因为当事人可以无休无止地诉求下去，一代接一代地"讨要公道"；如果一个国家解决社会矛盾纠纷的终结权，既不在司法，也不在终审法院，而是由其他机构和人员代而为之，甚至由多种机构和人员行使之，那么，这个国家必然会出现国家权力职能分工紊乱、民众诉求紊乱和社会秩序紊乱的现象，其结果是欲求稳而不能稳、欲求治而不得治。应当承认，在法治思维下通过司法终结社会矛盾纠纷，并不意味着司法终审判决必然要使所有当事人都高兴和满意，这是不可能的。因为，人的高兴和满意具有极大的主观性、道德性和不确定性，在一定意义上讲是无止境、无标准、无原则的，而司法判决是依据法律圭臬对矛盾纠纷做出的裁决判断，只要法院（法官）依照法律做到使当事人胜败皆服、胜败皆认，就达到了司法判决的最高境界——司法公正，而不能苛求司法判决一定要让所有当事人都高兴和满意。例如，在死刑案件中，法院（法官）纵有天大的才能和本事，也几乎不可能使被行刑者及其家属"高兴和满意"。新时代深化司法体制改革，应当回归宪法、法治和司法规律，坚持宪法原则和法治思维、法治方式，把涉诉涉法信访全盘纳入法治轨道，依照程序法和实体法解决和终结矛盾纠纷。

应当在中国宪法框架下，以法治思维和法治方式进一步增强司法的透明度和公开性，强化司法的民主性和专业化，去除司法的行政化、地方化和官僚化色彩，更加注重发挥司法在国家和社会治理中的权利救济和定纷止争作用。近期司法改革应当围绕"一、二、三"展开，即一个中心——依法独立行使审判权检察权；两个目标——司法公正和司法公信；三个重点——法官制度（法官的选任制度、晋升制度、考评制度、薪酬制度）、法院制度（重点是与行政区划关系的制度）和司法预算制度。

三 司法如何成为维护社会公平正义的最后一道防线

随着依法治国的全面推进和司法体制改革的深入展开，司法之于保障人权、维护秩序、实现社会公正的必要性和重要性，越来越得到全社会的认同，尤其是得到各级领导干部的认可。在这个司法功能得到日益重视的过程中，一个十分重要的现代司法理念——"司法是维护社会公平正义的最后一道防线"，不胫而走，广为使用，被社会大众寄予厚望。

我们应当如何理解"司法是维护社会公平正义的最后一道防线"这个理念（以下简称"司法防线理念"）？"司法防线理念"对于当今中国社会的积极意义在于，它彻底颠覆了过去那种实现公平正义主要靠"真命天子"和"青天大老爷"，或者主要靠英明领袖和各级领导人的传统观念，颠覆了"以阶级斗争为纲"和"搞群众运动"的极"左"做法；它把维护和实现社会公平正义最后一道防线的重任，交给了司法权和司法机关，使社会大众希望凭借司法的权威、司法公信力、司法功能、司法属性等的特质，发挥司法权的中立性、被动性、专业性、独立性、裁断性、终局性等的独特作用，引领和维护社会公平正义的真正实现。这种愿望无疑是非常好的，但是为了切实有效地发挥司法在当今中国社会不可或缺的作用，我们有必要在中国国情和语境下对"司法防线理念"进行进一步辨析。

从渊源上看，"司法是维护社会公平正义的最后一道防线"这个命题，实质上是以美国为代表的三权分立政治体制及其司法社会为背景提炼出来的理念，这种理念的存在和运行是有特定政治、社会和文化条件的。在美国的三权分立体制下，国家层面的一切政治、经济、社会生活中产生的重大矛盾、冲突和纠纷问题，最后都可以通过司法权来裁断和解决；美国是一个"司法触角无所不及的社会"，公民和社会组织遇到的绝大多数矛盾纠纷，要诉诸司法程序，而官司打到最后往往也是通过法院的违宪审查来解决问题。正如托克维尔在《论美国的民主》一书中写的那样：美国所出现的社会问题很少有不转为司法问题的，因为或迟或早这些问题都要归结为司法问题，甚至在美国"没有一个政治事件不是求助于法官的权威"解决的。正是在托克维尔描述的美国"司法至上"的政治体制和司法社会中，司法成了维护和实现社会公平正义的最后一道防线。一旦美国法院尤其是美国联邦最高法院做出终审裁断，就是社会公平正义的最高裁判标准，就是社会公平正义的最终司法决定，哪怕这个决定事后因被证明是错误的而被联邦最高法院推翻，但在决定做出的当时它仍然被视为最终的和神圣的"公平正义"，联邦最高法院自然就成为三权分立体制中有效维护和实现"社会公平正义的最后一道防线"。正是在美国三权分立政治体制、政治文化和司法社会的土壤上，司法是维护社会公平正义最后一道防线的理念得以存在和成长。当然，与这种理念相配套的，还需要一整套相关的司法制度安排，包括司法（法官）独立、审级制度、法院中立、法官职业保障、法官终身制、违宪审查、陪审团等的制度安排，以及包括言论自由、法律面前人人平等、无罪推定、罪行法定、法不溯及既往、宪法法律至上、自由心证、遵循先例等在内的一整套司法原则。

由中国宪法和宪制体制所决定，对于"司法是维护社会公平正义的最后一道防线"的提法应当有条件地使用。首先，中国宪法序言明确规定了中国共产党的领导作用和领导地位，中华人民共和国成立以来的政治原则和政治实践则始终坚持党对政法工作的领导（甚至是绝对领导），党的十八届四中全会《决定》强调党的领导是建设中国特色社会主义法治体系的根本保障，习近平总书记指出"坚持党的领导……是全面推进依法治国的题中应有之义"[1]。这就充分表明，中国人民法院、人民检察院是在中国共产党领导下依法独立行使审判权、检察权的，而不是实行"政治中立""司法独立"的司法机关。其次，中国宪法规定实行人民代表大会制度，这是中国的根本政治制度，是人民法院、人民检察院赖以存在的根本制度平台。在人民代表大会制度下，政府、法院、检察院（"一府两院"）由人大产生、对人大负责、受人大监督，这就从国家政权组织原则和活动方式上表明了中国坚持的是民主集中制原则，从国家政体制度上明确了人民法院、人民检察院与同级人民代表大会的关系是从属关系，而不是彼此平行、相互制约的关系，人民法院、人民检察院与人民群众（选民）的关系是仆主关系，而不是超然独立、互不相干的法律关系。再次，中国宪法中没有独立存在的"司法"或者"司法权"这类概念，而只有"人民法院"和"人民检察院"、"审判权"和"检察权"等概念，这就从宪法设计的根本架构上表明，中华人民共和国不实行西方的三权分立政治体制。最后，中国宪法明确规定人民法院依法独立行使审判权、人民检察院依法独立行使检察权，不受行政机关和其他社会组织干预。中国宪法既没有规定"司法独立"，也没有规定"法院独立""检察院独立"，或者"法官独立""检察官独立"，这实质上

---

[1] 《中国共产党第十八届中央委员会第四次全体会议公报》，人民出版社2014年版，第6页。

就从国家宪法体制上排除了西方三权分立下的"司法独立"原则。亚里士多德曾经指出:"在争论不休的时候,人们就诉诸裁判者。去找裁判者就是去找公正,裁判者被当做公正的化身。诉诸裁判者就是诉诸中间,人们有时把裁判者称为中间人,也就是说,如果得到中间,也就得到了公正。公正就是某种中间,所以裁判者也就是中间人。"[①]以上特征,既是中国司法体制与西方司法制度的根本区别,也是理解和把握中国人民法院、人民检察院的司法属性和司法特征的重要依据,更是全面理解"司法是维护社会公平正义的最后一道防线"的关键和前提。

中国不实行西方的三权分立政治制度,不实行西方司法独立和司法至上的政治原则,没有普通法院违宪审查制度或者宪法法院的合宪性审查制度,缺乏司法社会的文化土壤,中国的"司法"(这里主要指人民法院)维护社会公平正义在什么情况下不是"最后一道防线",同时在什么情况下司法才能成为"最后一道防线",需要从中国国情和实际出发,做出实事求是的分析和把握。

中国司法在以下情况下很难成为"维护社会公平正义的最后一道防线"。一是在人民代表大会制度下,人民法院的工作受到同级人大及其常委会的监督,人大常委会可根据《中华人民共和国监督法》对人民法院的工作、司法解释、法律法规实施等情况进行监督,对人民法院负责人提出询问和质询,甚至撤销由它任命的人民法院的有关人员的职务。人大的监督对于中国法院发挥被动性、中立性、终局性等作用必然有重要影响。二是党委政法

[①] [古希腊]亚里士多德:《尼各马科伦理学》,苗力田译,中国人民大学出版社2003年版,第100页。

委对人民法院工作实施领导,这是中国政法体制的政治特色和政治优势,党的十八届四中全会之后党委政法委员会虽然不再干预具体案件,不再对个案发出决定、做出指示,各级党委政法委员会应当把工作着力点放在把握政治方向、协调各方职能、统筹政法工作、建设政法队伍、督促依法履职、创造公正司法环境上,带头依法办事,保障宪法法律正确统一实施,但是人民法院接受党委政法委直接的政治领导、组织领导和思想领导,这是不争的事实,而过去许多冤假错案的发生都与这种领导和协调机制密切相关,也与历史上曾经实行过的"党委审批案件"的惯性思维有关,今后能否完全杜绝类似情况发生,还需要时间检验。三是在媒体成为"第四种权力"越来越有分量地影响社会生活方方面面的今天,在媒体对于人民法院及其司法案件的监督、影响甚至左右的情况下,媒体(包括互联网)"审判"有时也可能是导致司法不能成为最后一道防线的重要外力。四是只有"良法善治"才能真正从制度上和法律上有效维护社会公平正义。良法是善治的前提,在某些立法不作为或者立法不良,而中国法院又没有违宪审查权的情况下,司法如何能够担当得起"维护社会公平正义最后一道防线"重任?

在中国,"司法是维护社会公平正义的最后一道防线",其实是公众对司法应然功能的一种期待,这种期待还包括人们通常说的司法应当"定分止争""惩奸除恶""止恶扬善""实现公正"等。在这种应然语境下,人们往往会误以为,立法权和行政权出现滥用和腐败并不可怕,只要司法权能够公正独立高效权威地发挥其功能,权力腐败、违法犯罪、冤假错案、定分止争等事关社会公平正义的诸多问题,最后都可以通过司法迎刃而解,因此把司法期待为"实现社会公平正义的最后一道防线"。然而，在现实生活中，中国司法只有在以下条件下才可能成为"维护社会公平正义的最后一道防线"。

一是，确保法院检察院依法独立公正行使审判权、检察权。独立行使司法职权是司法得以成为"最后一道防线"的前提条件，保证司法机关依法独立公正行使职权是我们党和国家的一贯主张。为此，在司法的外部关系上，必须用制度和法律排除各种权力、关系、金钱、人情、舆论等对司法过程和司法案件的不当影响和甚至干预，消除以往存在的某些地方党委审批案件、党委政法委决定（协调）案件、地方领导批示案件、人大代表政协委员过问个案、亲戚朋友同学情说案件、新闻媒体"裁判案件"等插手和干预司法个案的各种现象。司法不能受权力干扰，不能受金钱、人情、关系干扰，防范这些要有制度保障。党的十八届四中全会以后，尤其要防范发生违反《领导干部干预司法活动、插手具体案件处理的记录、通报和责任追究规定》和《司法机关内部人员过问案件的记录和责任追究规定》的各种行为。党的十八大报告明确提出，必须"确保审判机关、检察机关依法独立公正行使审判权、检察权"。因为，凡是存在不当干预司法的地方，司法最后一道防线就会被突破，司法公正和社会公平正义就难以实现。

二是，切实从体制上机制上解决司法不公、司法腐败的问题。为此，在司法的内部关系上，要通过深化司法体制改革，着力解决滥用侦察权、批捕权、审讯权、起诉权、审判权、执行权、法律监督权等司法权力的问题，着力解决打官司难、打官司贵、吃了原告吃被告、滥用自由裁量权、以案谋私、案件积压、久拖不决、执行难、刑讯逼供、有罪推定、出入人罪等司法专横和司法不公的体制、机制和程序问题。"如果司法不公、人心不服",司法最后一道防线的功能就难以实现。也可以说,凡是司法本身发生溃烂的地方,司法的最后一道防线必然不攻自破。

三是,明确区分法律问题与政策、福利、道德等非法律问题。如果说,立法是实现社会公平正义的第一道防线,其主要职能是通过分配正义将社会成员公平正义的某些诉求法律化,行政是实现社会公平正义的第二道防线,其主要职能是通过执行正义将法律化的社会公平正义付诸实施,那么,司法作为实现社会公平正义的最后一道防线,其主要职能则是通过矫正正义使偏离法律轨道的法定公平正义得到回归。司法的最后一道防线,是需要通过法院的司法程序、司法诉讼、司法活动等过程来实现的;而要成为法院最后一道防线意义上的司法诉讼案件,必须符合法院受理案件的范围和条件。如果社会成员公平正义的诉求尚未通过立法程序转化为法律诉求,成为法律可以具体维护和保障的公平正义(常常体现为公民的权利),那么,司法对于这种"公平正义"往往是爱莫能助的。过去有关房屋拆迁、土地征用、国企改制、上学就业、退休养老、工资福利、红头文件等诸多问题,往往不属于法律范畴(或者司法管辖范畴)的问题,法院通常情况下是不能受理的。对于法院依法没有受理的那些非法律问题的社会矛盾纠纷,尽管它们对于每个当事公民来说都是非常重要的"社会公平正义"问题,却难以通过法院来解决,因而法院的最后一道防线对于这些非法律问题常常是无能为力的。司法的最后一道防线只针对法律问题,全面实现社会公平正义有赖于国家和社会治理的系统工程。因此,法律(司法)的归法律(司法),道德的归道德,政策的归政策,法律(司法)不可能包打公平正义的天下。

四是，通过公正司法来维护社会公平正义。法律具有定分止争的功能，司法审判具有终局性的作用①。深化司法改革，应当引导公众把法律上公平正义的诉求纳入司法程序中来。但是，公众能否在每一个个案中实际体认到公平正义，需要具体分析。因为"正好相反的原则常常同时被人认为是公正的"②。因此，司法作为维护社会公平正义的最后一道防线，"人们要求法院所做的，并不是实施正义，而是提供某种保护以阻止重大的不正义"③。但无论如何，司法应当竭尽全力做到程序公正和实体公正，用公正的司法使其真正成为取信于民的"最后一道防线"。

五是，法院具有足够的权威性和公信力。司法之所以能够成为维护社会公平正义的最后一道防线，抽象地讲与法院的司法公信力、司法权威性正相关，具体地讲则与法院审级制度的终局性密切相关。在一些具体案件中，本来法院终审生效的判决就可以起到"最后一道防线"的作用，但在过去信访制度被误解滥用的情况下，当事人通过"小闹小解决、大闹大解决、不闹不解决"的思维和手段，常常突破

---

① 公正司法是社会主义社会对司法的本质要求：司法机关必须以事实为根据，以法律为准绳，严格依法办事，惩罚违法犯罪，保障公民合法权利。"价值观念或事实的冲突必须由某个第三方来解决……法官以明确、全胜或全败的方式对案件作判决，一方胜，一方输……所以第三者必须求助于事实、准则或标准。要约束双方当事人，他必须显得独立、公正并强大。"（[美]弗里德曼：《法律制度》，李琼英、林欣译，中国政法大学出版社1994年版，第264—265页）司法就是实现公平正义的一种救济方式，一道最后的防线，一切社会矛盾和纠纷在其他途径和方式不能解决时，应当通过司法渠道得到公正处理。

② [澳]欧根·艾利希：《法社会学原理》，舒国滢译，中国大百科全书出版社2009年版，第260页。

③ [英]弗里德利希·冯·哈耶克：《法律、立法与自由》（第二、三卷），邓正来等译，中国大百科全书出版社2000年版，第101页。

法治赋予司法的"最后一道防线"。而一些缺乏法治思维的领导干部和领导机关，随意过问案件，胡乱批示案件，动辄问责处理，任意干预司法审判，表面看这是关心民意、关注民生、贴近群众的举措，但这样做实质上往往弱化了司法的权威和公信力，破坏了司法的最后一道防线。司法的权威性和公信力，不仅需要司法机关本身来培养和维护，而且需要全体社会公众来尊重和呵护，需要一切能够对司法产生影响和制约的机构部门、团体组织来支持和尊重。对于司法机关而言，切实做到依法办案、秉公司法、独立审判、公正严明、不徇私情等就能够不断增强司法的权威性和公信力，从根本上筑牢"维护社会公平正义的最后一道防线"。凡是司法没有权威性和公信力的地方，就不可能有能够担当"维护社会公平正义最后一道防线"的司法。

四　推进司法公开，提高司法公信力

党的十八大以来，以习近平同志为核心的党中央高度重视在深化司法改革进程中深入推进司法公开、努力提升司法公正、不断加强司法公信建设，对此做出了一系列重要指示，提出了一系列基本要求，出台了一系列重大决策部署，为人民法院深入推进司法公开、强化司法公正、不断提高司法公信力指明了方向。司法公开、司法公正、司法公信力是新一轮司法改革的三个关键词，三者相互关联、相互依存、相互影响、相辅相成，共同引领人民法院的改革和建设事业。

司法公开是民主法治社会对司法机关及其活动的必然要求，是强化司法公正的重要路径依赖，是维护和提高司法公信力的重要手段。在法治社会中，公权力与私权利不尽相同的一个重要方面，是公权力运行要遵循尽可能公开透明阳光的原则，而私权利享有则要恪守尊重和保护隐私的原则。这是因为，公权力来自人民，它的行使必须为人民所知晓；而由于公权力具有不受监督制约必然产生腐败的本性，因此它的行使还必须受到人民的监督。私权利是宪法和法律赋予公民个人的资格和利益，它归根结底来自人权和基本自由，所以从本质上讲私权利是公民个人专属私有的，只要这种权利不影响他人、社会和国家，就应当作为隐私加以保护。司法公开是公权力公开的一个重要领域，但在具体制度设计上，司法公开与立法公开、行政公开有诸多区别，不能把它们混为一谈。司法公开的反义词是秘密、神秘、隐秘、保密等，是不为群众、社会和媒体所知晓的一种司法状态；司法公开的直接目的，是要在合理合法的范围内使他人、社会和媒体等能够观察、知悉、了解和监督司法的某些过程、方式和结果等。当下人民法院的司法公开，就要运用法治思维和法治方式打破司法还不够公开、不够透明的状态。提高司法公信力，必须深入推进司法公开。扩大司法公开是提升司法公信力的有效手段。通过司法公开，人民群众能够了解人民法院工作，能够明白案件处理的过程，从而有效化解对法院和法官工作的误解，增进人民群众对司法的信任、信赖和信心。人民法院必须深刻把握互联网时代人民群众对司法公开的迫切要求，坚定不移推进审判流程公开、裁判文书公开、执行信息公开三大平台建设，积极构建开放、动态、透明、便民的阳光司法新机制，更好地满足人民群众的知情权、参与权、表达权和监督权，不断提升人民群众对法院工作的满意度。坚持创新驱动，充分运用现代信息技术，加快智能化法院建设步伐，推进数据集中管理，加强司法信息资源开发，促进法院信息化转型升级，更好地服务当事人和社会公众。①

司法公正是包括司法公开在内的司法工作追求的最高价值目标，是司法公信力的内在价值和集中体现。党的十八大报告根据建设法治中国的整体战略布局，提出了"科学立法、严格执法、公正司法、全民守法"的"十六字方针"。党的十八届四中全会首次提出，公正不仅是司法工作的生命线，而且是法治的生命线，强调司法公正对社会公正具有重要的引领作用，司法不公对社会公正具有致命的破坏作用。司法改革的目的就是要不断提高司法公信力，实现全社会的公平正义。习近平总书记在中共中央政治局第 21 次集体学习时指出，"公正是司法的灵魂和生命"，"公正司法事关人民切身利益，事关社会公平正义，事关全面推进依法治国"，要"坚定不移深化司法体制改革，不断促进社会公平正义"。② 在新的历史起点上，更充分更全面更具体地实现公正司法，努力让人民群众在每一个司法案件中都感受到公平正义，不仅是党和国家对人民法院工作的新要求，是广大人民群众对司法为民的新期待，也是新一轮深化司法体制改革、不断提高司法公信力的新目标、新要求。

司法公信力是国家治理体系权威性和国家治理能力现代化在司法领域的重要体现，是国家司法权，司法体制和司法能力权威性、公正性和有效性的重要标志，是人民群众对司法制度、司法机关、司法人员、司法权运行过程及结果的信任程度，是人民群众对司法认知和认同状况的晴雨表。在深化司法体制改革、推进司法公开、保证司法公

---

① 周强：《以提高司法公信力为根本尺度 推进司法改革 确保公正司法》，《人民法院报》2015 年 6 月 24 日。
② 习近平：《习近平谈治国理政》第二卷，外文出版社 2017 年版，第 130—132 页。

正的进程中，不断提高司法公信力是协调推进"四个全面"的客观需要，是完成新时代政法工作三大任务的重要保障，是人民法院履行好职责任务的必然要求，是人民法院工作实现新发展的重要保障。党的十八大将提高司法公信力作为全面建成小康社会的一个重要目标。党的十八届四中全会将保证公正司法，提高司法公信力作为推进各项司法改革价值追求。习近平总书记在2014年1月的中央政法工作会议上曾明确指出："深化司法体制改革，一个重要目的就是提高司法公信力，让司法真正发挥维护社会公平正义最后一道防线的作用。"[①]要坚持司法体制改革的正确方向，坚持以提高司法公信力为根本尺度，坚定不移深化司法体制改革，不断促进社会公平正义。

司法公开、司法公正、司法公信力建设，三者统一于全面依法治国的战略部署之中，落实于全面深化司法改革的实践之中，贯彻于深入推进司法公开的改革之中。党的十八届三中全会明确提出，深化实施司法改革，深入推进司法公开，不断提高司法公信力，应当"健全司法权力运行机制，推进审判公开、检务公开，录制并保留全程庭审资料，推动公开法院生效裁判文书"。党的十八届四中全会进一步提出要"构建开放、动态、透明、便民的阳光司法机制，推进审判公开、检务公开、警务公开、狱务公开，依法及时公开执法司法依据、程序、流程、结果和生效法律文书，杜绝暗箱操作"的改革任务。

根据中央关于全面推进依法治国的整体战略部署和深化司法改革的具体要求，2013年10月，最高人民法院公开发布了《关于切实践行司法为民大力加强公正司法不断提高司法公信力的若干意见》，对

[①] 《加快深化司法体制改革》，《人民日报》2014年1月22日第2版。

新时期人民法院的宗旨目标、理念思路、体制改革、执法办案、队伍建设等做出了全面部署和具体安排，是人民法院深入贯彻落实党的十八大和十八届三中全会、四中全会精神、深化司法体制改革的重大举措，是人民法院践行司法为民、加强公正司法、提升司法公信力的纲领性文件。2014年7月，最高人民法院在《人民法院第四个五年改革纲要（2014—2018）》中，对构建开放、动态、透明、便民的阳光司法机制，持续提升司法公信力，作出了进一步的部署，明确要求"到2015年底，形成体系完备、信息齐全、使用便捷的人民法院审判流程公开、裁判文书公开和执行信息公开三大平台，建立覆盖全面、系统科学、便民利民的司法为民机制"。

在深入推进司法公开，强化司法公正，不断提高司法公信力的改革实践中，许多地方法院在中央政法委和最高人民法院统一部署的基础上，从实际出发，解放思想，积极探索，创新改革，取得了明显成效，积累了宝贵经验。

五　全面加强司法建设，改革和发展司法制度

在新的历史起点上，谋划和推进中国司法制度的自我完善和发展，深化司法改革，应当按照党中央的统一要求和部署，从全面加强司法建设的角度，主要抓好以下工作。

1. 进一步加强司法政治和思想建设。一是旗帜鲜明地坚持党对司法工作的政治领导和思想领导，人大对司法工作的监督和支持，政府对司法工作的支持和配合；牢牢把握正确的政治方向和改革方向，制定司法建设正确的方针、政策和相关制度。强化对司法人员进行社会主义的政治意识、法治理念、司法伦理和职业

道德的教育。二是进一步加强各级政法委员会在领导和协调政法工作方面的作用，明确职权、完善程序、加强监督，从制度上程序上既保障党对法院、检察院、公安、安全、司法行政等机关工作的领导，又保障和监督它们依法行使职权。充分发挥各司法机关党组织对于本部门司法工作的领导核心作用，不断提高对司法工作的领导能力和依法执政的水平。

尤其应当充分认识坚持党的领导与依法独立行使司法权的统一性。人民法院、人民检察院依法独立公正行使审判权检察权，是否与坚持党的领导相矛盾？理论与实践的回答都是否定的。那么，两者之间是什么关系？坚持党的领导与人民法院人民检察院依法独立公正行使审判权检察权是相互统一、彼此一致的关系。对此，可以从以下几个方面来理解。

首先，宪法与法律是党的主张与人民意志相统一并上升为国家意志的集中体现，宪法和法律是党的路线方针政策的条文化、规范化和法律化，这就在立法层面上落实了坚持党的领导、人民民主和依法治国的有机统一，保证了党的政策与国家法律的内在统一性和一致性。在这个前提下和基础上，实行依法治国，坚持宪法和法律至上就是坚持党的领导和人民至上，依法独立行使审判权和检察权就是依照党的主张和人民意志履行司法职责，因此从宪法和法律层面来看，坚持党的领导与依法独立行使司法权是统一的、一致的。

其次，在中国特色社会主义法律体系已经形成的背景下，在全面推进依宪治国和依宪执政、依法治国和依法执政，努力建设法治中国新的法治环境和社会条件下，中国共产党作为执政党，不仅它的基本路线方针政策而且它实行政治领导、组织领导和思想领导的大多数内容、要求和做法，已经通过国家宪法和宪法性法律、行政法、经济法、民商法、社会法、刑法等法律形式得到体现,它推进经济建设、政治建设、文化建设、社会建设和生态文明建设的一系列方针政策和主张,大多数已经通过国家立法程序得到法律化和法规化。在这种情况下,人民法院、人民检察院依法独立行使审判权和检察权,就是坚持党的领导、维护党的权威、巩固党的执政地位;人民法院人民检察院越是依法独立公正地行使司法权、履行职责、定分止争、案结事了、让人民群众在每一个案件中都感受到法治的公平正义,法官检察官越是"只服从事实,只服从法律,铁面无私,秉公执法",就越是体现了党的宗旨,贯彻了党的方针政策,就是从根本上坚持了党的领导。

再次,中国共产党是执政党而不是革命党,它领导人民制定了宪法和法律,也带领人民自觉遵守宪法和法律,自己在宪法和法律范围内活动;它支持和保障人民法院人民检察院依法独立行使司法权,实质上就是巩固党领导和执政的合法性权威性基础,就是运用法治思维和法治方式,尊重司法规律和司法属性,切实有效地坚持和维护党的领导。正如立法机关通过集体行使立法权的制度设计实现民主的核心价值,行政权通过行政首长负责制的制度设计实现效率的核心价值的原理一样,司法机关是通过独立行使审判权检察权的制度设计来实现公正的核心价值。没有审判和检察独立,就没有真正的公正司法,这是人类政治文明有益经验反复证明了的司法规律。中国宪法和法律规定的审判独立、检察独立,与坚持党的领导在理论逻辑上是有机统一的,在司法制度设计中是完全一致的,在司法实践中是互动发展的。从这种一致性的立场和逻辑出发,党的十八届三中全会、四中全会把确保依法独立公正行使司法权,作为深化司法体制改革的重要任务和目标;习近平总书记在中央政法工作会议上,特别强调"各级党组织和领导干部要支持政法系统各单位依照宪法法律独立负责、协调一致开展工作"①。

最后，中国共产党通过坚持依宪执政和依法执政，领导立法，带头守法，保证执法和司法，通过各级党委政法委以及人民法院人民检察院党组织的坚强领导，通过各级人大常委会党组织的有力支持和民主监督，通过政法队伍中广大共产党员的政治忠诚和在公正司法方面的模范带头作用，完全能够保证审判独立、检察独立与坚持党的领导的一致性和统一性。从政法战线和政法工作的角度来看，政法工作在任何时候都不能以确保依法独立公正行使司法权为由，来对抗、否定或者弱化党对政法工作的领导，而应当按照宪法和法治精神，根据中央政法工作会议的要求，从以下四个方面做到"旗帜鲜明坚持党的领导"：一是努力实施好依法治国这个党领导人民治理国家的基本方略，切实做到严格执法和公正司法；二是既要坚持党对政法工作的领导不动摇，又要加强和改善党对政法工作的领导，不断提高党领导政法工作能力和水平；三是党委政法委要明确职能定位，善于运用法治思维和法治方式领导政法工作，在推进国家治理体系和治理能力现代化中发挥重要作用；四是政法工作要自觉维护党的政策和国家法律的权威性，确保党的政策和国家法律得到统一正确实施。

2. 进一步加强司法理论和文化建设。一是着力加强中国特色社会主义法治道路的经验总结和理论研究，深化社会主义法治理念和司法理论研究，加强中外法律文化传统比较研究，构建中国特色社会主义法律理论体系。二是开展对中国法治国情、社会稳定情势和司法国情科学量化的调查研究，全面掌握中国法治实践、社会治安、司法实际的客观状况，为法治建设和司法改革的

---

① 习近平：《习近平谈治国理政》第一卷，外文出版社2018年版，第148页。

重大决策提供科学数据和依据。三是在制定全面落实依法治国基本方略战略规划的基础上，制定全面加强中国特色社会主义司法建设的战略规划和司法体制和工作机制改革的实施方案，制定司法建设评价指标体系。四是高度重视人民司法的文化建设，理直气壮地坚持中国司法制度的中国特色及其优越性，坚持中国司法制度的政治性、人民性和科学性，坚持党对司法工作的领导。事实上，某些西方法理学家也不得不承认马克思主义法学的以下法治和司法观点："任何法都是有利于统治阶级政党的法……它形成、培养、塑造意识，并保护既有统治关系不受敌对势力的攻击"，"社会主义法是在马列主义政党领导下获得国家权力的工人阶级的工具"，社会主义法的任务，首先是保护社会主义社会和马列主义政党的单独统治对外不受敌对势力的破坏，对内不受反革命的敌对破坏；其次是借助法律来建设社会主义并引导共产主义社会的建立。[①]"司法在本质上是国家活动的工具"，它"通过对统治者的合法性、意识形态和道德观的有效补充，来实现各种司法功能"[②]。

3. 进一步加强司法组织和队伍建设。司法队伍是政法工作和司法制度的主体，司法人员的素质、能力和水平状况，直接影响着司法制度的权威和功能。加强司法组织和队伍建设的主要内容是：进一步加强党对司法工作的组织领导，加强人民法院、人民检察院的机构和组织建设，按照"政治坚定、业务精通、作风优良、执法公正"的标准大力加强司法人才队伍建设。进一步完善司法考试，切实解决边远

---

① 参见［德］伯恩·魏德士《法理学》，丁小春等译，法律出版社2003年版，第226—228页。

② ［德］考夫曼、哈斯默尔主编：《当代法哲学和法律理论导论》，郑永流译，法律出版社2002年版，第443页。

地区司法人才缺乏的问题。完善司法官员的任用制度，上级司法官员原则上应当从下一级司法官员中产生。法官、检察官、律师都是人民司法工作者，他们的岗位应当可以交流互换。重视法学教育为政法机关输送人才的基础作用，把对司法人才队伍建设的要求延伸到法学院，抓好基础建设。司法组织和队伍建设的重点，是抓好政治立场、政治方向和马克思主义法治观与习近平新时代中国特色社会主义思想教育，抓好法官、检察官、律师等司法人员的考试、录用、任职、培训、奖惩等制度建设，通过多种途径和方法，把广大法官、检察官、律师等培养成"又红又专"的政法骨干。我们党在加强司法队伍建设方面具有优良传统，中华人民共和国成立之初，为肃清司法队伍中"六法全书"旧法观点的影响，划清新旧法律的原则界限，我们党进行了马列主义法律观教育。谢觉哉在题为《马列主义的法律观》等讲话中阐述了一系列在今天看来都有重要指导意义的观点[①]。

[①] 谢觉哉指出：(1) 国家是阶级的产物，法律是国家表现权力的工具。社会主义社会的国家和法律，就是为了保卫无产阶级的利益服务的。我们在打碎旧的国家机器的同时，要废除旧法律及其司法制度，建立崭新的有利于加强和巩固人民民主专政的法律和司法制度。(2) 我们的司法是新司法，我们已经把旧统治者的最复杂、最精巧的作为镇压人民的工具——法庭，变为以社会主义为基础的镇压反动阶级和教育人民的工具；我们的法律是反映人民大众意志的，法庭是人民的工具，法律是人民群众自己创造出来的，掌握在人民手中，人民群众自己也必须执行。(3) 我们的法律是服从于政治的，没有离开政治而独立的法律。我们的司法工作者一定要懂政治，不懂政治决不会懂得法律。司法工作者若不懂政治，有法也不会司。(4) 司法工作者要一面办案，一面考虑案件的社会原因。我们不但要办理案件，而且要把案件发生的原因以及对社会各方面的影响，加以注意和研究，求出诊治社会的方法。因此，司法一定要走群众路线，倾听群众的意见。(5) 法院最重要的工作是审判。"审"是把案件的事实审查清楚，"判"是在搞清事实的基础上，作出裁判。"审"是客观事实，是什么就是什么，不是凭审判员的脑子想怎样就怎样。"判"是根据党的方针、政策，在一定的法律范围内考虑量刑幅度。客观事实是判的对象，搞清事实是第一步工作；在搞清事实的基础上，依靠党的政策和法律来判是第二步。谢老的这些见解，对我们今天的司法队伍建设和政法工作，仍然有着十分重要的启发和教育意义。

4. 进一步加强司法制度和机制建设。一是优化司法职权配置，主要是完善侦查手段和措施，完善职务犯罪侦查监督，完善诉讼法律制度，完善民事执行体制，进一步保障审判机关、检察机关依法独立行使审判权和检察权，维护社会公平正义，维护人民群众合法权益。二是全面落实宽严相济刑事政策，把此政策上升为法律制度，转化为司法体制和工作机制，落实到执法实践之中。为此，应当适应新时期犯罪行为发生的变化，对严重危害社会秩序和国家安全的犯罪依法从严打击；对轻微犯罪、未成年人犯罪，按照教育为主、惩罚为辅的原则，实行宽缓处理，尽量教育挽救，增加社会和谐。三是建立和完善多元纠纷解决机制。正确处理司法与调解、信访以及其他社会纠纷解决机制的关系，强化国家的正式司法制度建设。调解和信访是中国自古以来解决争端的传统方式，在中国现代化建设中对于平息争端、维护社会稳定方面也起到了重要作用，但并不能因此把调解、信访以及其他纠纷解决机制作为司法的替代方式。应当在国家司法体制下发挥调解、信访等的补充辅助作用，而不是在其他社会纠纷解决机制下发挥司法的补充辅助作用。

5. 进一步加强对司法的物质保障和民主监督。一是改革和完善司法财政保障体制，建立由中央财政和省级财政单独向法院、检察院列支经费的保障体制，制定分类保障政策和公用经费正常增长机制，制定完善各类业务装备配备标准，规范基础设施建设的经费保障，以加大对中西部困难地区政法经费的支持力度，提高政法部门经费保障水平，保证政法部门依法履行职责的经费需要，促进司法公正。二是进一步加强司法民主建设，不断完善人民陪审员制度、人民监督员制度、审判公开制度、公民旁听制度、新闻发布制度、专家咨询制度、公众参与制度等。三是进一步加强司法监督：一要加强各个司法机关内部的政治思想、职业道德、工作制度、法律程序、纪检监察等有效的监督机制，筑好司法监督的第一道防线；二要进一步完善公检法三机关之间、上下级司法机关之间、司法活动各有关环节之间的相互制约和监督，加强检察院的法律监督；三要加强司法机关外部的党委和政法委监督、人大监督、纪检监察监督、新闻媒体监督、社会组织和人民群众的监督；四要避免出现司法监督的漏洞和"盲区"，尽量减少不必要的重复监督，努力在各种监督主体之间形成良性互动、相互监督制约的闭环机制，有效解决谁来监督监督者的问题。

◇ 第五节 中国新一轮司法改革

1978年改革开放以来，司法体制改革作为中国政治体制改革的重要组成部分，经历了一个逐步推进、不断深化的过程。20世纪80年代，中国实施了第一轮司法改革，改革的主要内容是强化庭审功能、扩大审判公开、加强律师辩护、建设职业化法官和检察官队伍。2004年，中国启动了第二轮司法改革，改革的重点是完善司法机关机构设置、职权划分和管理制度。2008年，中国开始了第三轮司法改革，改革的重点是优化司法职权配置、落实宽严相济刑事政策、加强司法队伍建设和司法经费保障。通过几轮司法改革，中国的司法制度不断完善，赢得了公众的认可与支持。2013年，中国在全面深化改革、全面依法治国的整体战略布局下，拉开了新一轮深化司法改革的序幕。

一　新一轮司法改革的依据和任务

（一）新一轮司法改革的依据

根据中央要求，重大改革必须于法有据。新一轮司法改革的主要依据包括以下四个方面。

第一个方面，是中共中央作出重大改革决策，主要体现在 2012 年 11 月的中共十八大报告；2013 年 11 月，中共十八届三中全会《关于全面深化改革若干重大问题的决定》，提出了 17 项司法改革任务；2014 年 10 月，中共十八届四中全会《关于全面推进依法治国若干重大问题的决定》提出了 190 多项制度改革措施，其中属于司法改革领域的有 84 项，主要体现在三大方面。一是在保证公正司法、提高司法公信力方面，共有 48 项改革举措。重点包括推进以审判为中心的诉讼制度改革，改革法院案件受理制度，探索建立检察机关提起公益诉讼制度，实行办案质量终身负责制和错案责任倒查问责制，完善人民陪审员和人民监督员制度等。二是在增强全民法治观念、推进法治社会建设方面，共有 18 项改革举措。重点包括发展中国特色社会主义法治理论……推进公共法律服务体系建设，构建对维护群众利益具有重大作用的制度体系，完善多元化纠纷解决机制等。三是在加强法治工作队伍建设方面，共有 18 项改革举措。重点包括完善法律职业准入制度，加快建立符合职业特点的法治工作人员管理制度，建立法官、检察官逐级遴选制度，健全法治工作部门和法学教育研究机构人员的双向交流与互聘机制，深化律师管理制度改革，等等。

党的十九大报告提出，过去五年民主法治建设迈出重大步伐，司法体制改革……有效实施；下一步的任务是继续深化司法体制改革，深化司法体制综合配套改革，全面落实司法责任制，努力让人民群众在每一个司法案件中感受到公平正义。

第二个方面，是中央全面深化改革领导小组①制定的有关司法改革的文件。2013年12月30日中央全面深化改革领导小组成立以来，截至2017年8月1日，共召开会议37次，作出决定、决议、意见等200多个，从顶层设计上把重大决策与法治化、制度化、规范化安排统一起来，为从立法、执法、司法等方面具体协调和统一改革与法治，提供了重要的政治前提和法治保障。其中，先后通过了40多个有关司法改革的规定、方案、意见等文件。另据周强院长向全国人大常委会作人民法院司法改革情况的报告，从2014年至2017年9月，习近平总书记主持召开38次中央全面深化改革领导小组会议，审议通过48个司法改革文件，其中涉及司法责任制改革、立案登记制改革、设立最高人民法院巡回法庭等法院领域的重要改革方案31个，

---

① 中央全面深化改革领导小组组长习近平，副组长李克强、刘云山和张高丽，成员有：马凯、刘延东、许其亮、汪洋、赵乐际、杜青林、王晨、周强、张庆黎、王正伟、王沪宁、刘奇葆、李建国、孟建柱、栗战书、赵洪祝、郭声琨、曹建明、周小川等。中央全面深化改革领导小组负责改革的总体设计、统筹协调、整体推进、督促落实，主要职责是研究确定经济体制、政治体制、文化体制、社会体制、生态文明体制和党的建设制度等方面改革的重大原则、方针政策、总体方案；统一部署全国性重大改革；统筹协调处理全局性、长远性、跨地区跨部门的重大改革问题；指导、推动、督促中央有关重大改革政策措施的组织落实。2018年3月，中共中央印发了《深化党和国家机构改革方案》。方案称：为加强党中央对涉及党和国家事业全局的重大工作的集中统一领导，强化决策和统筹协调职责，将中央全面深化改革领导小组、中央网络安全和信息化领导小组、中央财经领导小组、中央外事工作领导小组分别改为中央全面深化改革委员会、中央网络安全和信息化委员会、中央财经委员会、中央外事工作委员会，负责相关领域重大工作的顶层设计、总体布局、统筹协调、整体推进、督促落实。

为人民法院推进司法改革提供了根本遵循。主要包括：《关于深化司法体制和社会体制改革的意见及贯彻实施分工方案》《关于司法体制改革试点若干问题的框架意见》《上海市司法改革试点工作方案》《关于设立知识产权法院的方案》《最高人民法院设立巡回法庭试点方案》《设立跨行政区划人民法院、人民检察院试点方案》《中央全面深化改革领导小组2015年工作要点》《贯彻实施党的十八届四中全会决定重要举措2015年工作要点》《关于贯彻落实党的十八届四中全会决定进一步深化司法体制和社会体制改革的实施方案》《关于领导干部干预司法活动、插手具体案件处理的记录、通报和责任追究规定》《深化人民监督员制度改革方案》《人民陪审员制度改革试点方案》《关于人民法院推行立案登记制改革的意见》《党的十八届四中全会重要举措实施规划（2015—2020年）》《检察机关提起公益诉讼改革试点方案》《关于完善法律援助制度的意见》《关于完善国家统一法律职业资格制度的意见》《关于招录人民法院法官助理、人民检察院检察官助理的意见》《关于进一步规范司法人员与当事人、律师、特殊关系人、中介组织接触交往行为的若干规定》《关于完善人民法院司法责任制的若干意见》《关于完善人民检察院司法责任制的若干意见》《关于深化律师制度改革的意见》《法官、检察官单独职务序列改革试点方案》《法官、检察官工资制度改革试点方案》《关于加强和改进行政应诉工作的意见》《关于完善矛盾纠纷多元化解机制的意见》《关于深入推进城市执法体制改革改进城市管理工作的指导意见》《关于在全国各地推开司法体制改革试点的请示》《公安机关执法勤务警员职务序列改革试点方案》《公安机关警务技术职务序列改革试点方案》《关于实行国家机关"谁执法谁普法"普法责任制的意见》《关于办理刑事案件严格排除非法证据若干问题的规定》《关于完善反洗钱、反恐怖融资、反逃税监管体制机制的意见》《关于检察机关提起公益诉讼试点情况和下一步工作建议的报告》《关于设立杭州互联网法院的方案》《关于健全统一司法鉴定管理体制的实施意见》等改革文件。

此外，中央政法委还印发了《关于建立律师参与化解和代理涉法涉诉信访案件制度的意见（试行）》，中央政法委、财政部、两高、公安部、司法部印发了《关于建立完善国家司法救助制度的意见（试行）》等司法改革文件。中央政法委加强领导和顶层设计，强化改革督察，促进各项改革政策落实落地。

第三个方面，是全国人大常委会作出的有关立法决定。主要有：2014年4月，十二届全国人大常委会第八次会议通过的《关于刑法、刑事诉讼法有关规定的7个法律解释》，对刑事诉讼法关于违反取保候审、监视居住规定予以逮捕的解释，关于被害人对未成年人犯罪附条件不起诉的案件能否向人民法院起诉的解释，关于人民法院决定暂予监外执行和收监程序的解释；2015年4月，十二届全国人大常委会第十四次会议，通过了《全国人民代表大会常务委员会关于授权在部分地区开展人民陪审员制度改革试点工作的决定》；2015年6月，十二届全国人大常委会第九次会议，通过了《全国人大常委会关于授权最高人民法院、最高人民检察院在部分地区开展刑事案件速裁程序试点工作的决定》，两高根据授权，在北京、天津、上海、重庆、沈阳等18个城市开展刑事案件速裁程序试点工作；2015年7月，十二届全国人大常委会第十五次会议，通过了《关于授权最高人民检察院在部分地区开展公益诉讼试点工作的决定》；2016年，全国人大常委会通过了《关于授权最高人民法院、最高人民检察院在部分地区开展刑事案件认罪认罚从宽制度试点工作的决定》《关于在北京市、山西省、浙江省开展国家监察体制改革试点工作的决定》等 5 项授权决定来支持相关改革试点工作；2017 年，全国人民代表大会先后作出了《关于延长人民陪审员制度改革试点期限的决定》《关于增加〈中华人民共和国香港特别行政区基本法〉附件三所列全国性法律的决定》《关于增加〈中华人民共和国澳门特别行政区基本法〉附件三所列全国性法律的决定》《关于中国人民武装警察部队改革期间暂时调整适用相关法律规定的决定》等 7 项授权决定，以确保在法治轨道上推进改革。全国人大常委会通过听取专项报告、授权开展试点、修订完善法律等方式加强监督，为司法改革提供了坚强有力的法律保障。

第四个方面，是公检法司等机构制定的实施办法。例如，最高法院先后公布了《人民法院第四个五年改革纲要（2014—2018）》《关于深化人民法院司法体制综合配套改革的意见——人民法院第五个五年改革纲要（2019—2023）》，最高检察院先后印发了《关于深化检察改革的意见（2013—2017 年工作规划）》《2018—2022 年检察改革工作规划》，公安部制定了《关于全面深化公安改革若干重大问题的框架意见》和相关改革方案，司法部公布了《深化司法行政体制改革具体实施意见》《全面深化司法行政改革纲要（2018—2022 年）》，对新一轮司法改革和进一步深化司法体制改革做出具体部署和安排。

从 2014 年至 2017 年 10 月，最高人民法院单独或会同有关部门出台司法改革文件 137 件，开展 4 轮集中督察，加强政策解读、经验推广、宣传引导，促进改革持续深入发展。截至 2017 年 10 月，党的十八届三中、四中全会确定由最高人民法院牵头的 18 项改革任务已经完成，《最高人民法院关于全面深化人民法院改革的意见》（即《人民法院第四个五年改革纲要（2014—2018）》）提出的 65 项改革举措已全面推开，人民法院司法改革取得重大阶段性成效，审判质量效率、队伍能力素质和司法公信力进一步提高，人民群众的获得感不断增强。

截至2017年9月，中央部署由最高人民检察院承担的29项改革任务已基本完成或结项；检察改革规划提出的91项具体改革举措，82项已出台改革意见或结项。

这些决策、方案和意见，进一步规定了深化司法体制改革的目标、原则以及落实各项改革任务的路线图、时间表，明确了深化司法改革若干重点难点问题的政策导向。中国司法改革由此进入了顶层设计与实践探索相结合、整体推进与重点突破相结合的新阶段。

（二）新一轮司法改革的主要内容

党的十八届三中全会《决定》提出司法改革的17项任务。主要包括四个方面的内容。

（1）确保法院、检察院依法独立公正行使审判权、检察权。主要有两项内容。一是推动省以下地方法院、检察院人财物统一管理。地方各级法院、检察院和专门法院、检察院的经费由省级财政统筹，中央财政保障部分经费。二是探索与行政区划适当分离的司法管辖制度。通过提级管辖、集中管辖，审理行政案件或者跨地区民商事、环境保护案件。

（2）建立符合职业特点的司法人员管理制度。主要有四项改革举措。一是推进司法人员分类管理改革。突出法官、检察官的办案主体地位，健全有别于普通公务员的法官、检察官专业职务（或技术职称）序列。二是完善法官、检察官、人民警察选任招录制度。三是完善法官、检察官任免、惩戒制度。四是强化法官、检察官、人民警察的职业保障制度。

（3）健全司法权力运行机制。建立主审法官、合议庭办案责任制，探索建立突出检察官主体地位的办案责任制，让审理者裁判、由裁判者负责，做到有权必有责、用权受监督、失职要问责、违法要追究。改革审判委员会制度，审判委员会主要研究案件的法律适用问题，推进完善院长、副院长、审判委员会委员或审判委员会直接审理重大、复杂、疑难案件的制度。

（4）深化司法公开；改革人民陪审员制度，健全人民监督员制度；加强司法人权保障，严格规范减刑、假释和保外就医程序。

党的十八届四中全会提出84项司法改革任务，主要包括五个方面内容。

（1）完善确保依法独立公正行使审判权和检察权的制度。一是建立领导干部干预司法活动、插手具体案件处理的记录、通报和责任追究制度。规定"任何党政机关和领导干部都不得让司法机关做违反法定职责、有碍司法公正的事情，任何司法机关都不得执行党政机关和领导干部违法干预司法活动的要求。对干预司法机关办案的，给予党纪政纪处分；造成冤假错案或者其他严重后果的，依法追究刑事责任"。这些规定，为党政机关和领导干部违法干预司法划出了"红线"，为司法机关依法独立公正行使职权提供了有力的制度保障。二是健全维护司法权威的法律制度。规定"健全行政机关依法出庭应诉、支持法院受理行政案件、尊重并执行法院生效裁判的制度。完善惩戒妨碍司法机关依法行使职权、拒不执行生效裁判和决定、藐视法庭权威等违法犯罪行为的法律规定"。三是建立健全司法人员履行法定职责保护机制。要求"建立健全司法人员履行法定职责保护机制。非因法定事由，非经法定程序，不得将法官、检察官调离、辞退或者作出免职、降级等处分"。这有利于防止利用职权干预司法，保障和支持法官、检察官依法履行职责。

（2）优化司法职权配置。一是健全公安机关、检察机关、审判机关、司法行政机关各司其职，侦查权、检察权、审判权、执行权相互配合、相互制约的体制机制。首次明确提出"四机关"各司其职，互相配合、互相制约，是对中国司法管理体制的重大发展和完善。二是推动实行审判权和执行权相分离的体制改革试点。三是完善刑罚执行制度，统一刑罚执行体制。目前，中国刑罚执行权由多个机关分别行使。其中，死刑缓期两年执行、无期徒刑、有期徒刑由司法行政机关管理的监狱执行；被判处管制、宣告缓刑、假释或者被暂予监外执行的，由司法行政机关的社区矫正机构执行；死刑立即执行和罚金、没收财产的判决，由人民法院执行；拘役由公安机关执行。刑罚执行权过于分散，不利于统一刑罚执行标准。因此"统一刑罚执行体制"，有利于加强刑罚统一执行的管理和监督，更好地发挥刑罚教育人改造人的功能，保障罪犯合法权益，实现刑罚预防犯罪的目的。四是改革司法机关人财物管理体制，探索实行法院、检察院司法行政事务管理权和审判权、检察权相分离。

（3）完善司法管辖体制。一是最高人民法院设立巡回法庭。二是探索设立跨行政区划的人民法院和人民检察院，办理跨地区案件。这有利于排除地方保护主义对审判工作和检察工作的干扰、保障法院和检察院依法独立公正行使审判权和检察权，有利于构建普通案件在行政区划法院审理、特殊案件在跨行政区划法院审理的诉讼格局，有利于提高司法公信力。三是完善行政诉讼体制机制，合理调整行政诉讼案件管辖制度，切实解决行政诉讼立案难、审理难、执行难等突出问题。

（4）完善司法权力运行机制。一是改革法院案件受理制度，变立案审查制为立案登记制。二是完善刑事诉讼中认罪认罚从宽制度，探索在刑事诉讼中对被告人自愿认罪、自愿接受处罚、积极退赃退赔的，及时简化或终止诉讼的程序制度，落实认罪认罚从宽政策，以节约司法资源，提高司法效率。三是完善审级制度，进一步明晰了各审级功能定位，"一审重在解决事实认定和法律适用，二审重在解决事实法律争议、实现二审终审，再审重在解决依法纠错、维护裁判权威"。四是推进以审判为中心的诉讼制度改革。五是探索建立检察机关提起公益诉讼制度。

（5）加强对司法活动的监督。一是健全司法机关内部监督制约机制。建立司法机关内部人员过问案件的记录制度和责任追究制度；完善主审法官、合议庭、主任检察官、主办侦查员办案责任制，落实谁办案谁负责；实行办案质量终身负责制和错案责任倒查问责制。二是加强检察机关法律监督。三是加强人民群众监督和社会监督，进一步完善人民陪审员制度，完善人民监督员制度。四是依法规范司法人员与当事人、律师、特殊关系人、中介组织的接触、交往行为。对因违法违纪被开除公职的司法人员、吊销执业证书的律师和公证员，终身禁止从事法律职业，构成犯罪的要依法追究刑事责任。这一"终身职业禁止"的严厉措施，体现了对司法腐败的零容忍、坚决清除害群之马的坚定决心，有利于促进司法廉洁。

以上100多项改革措施，构成了新一轮司法改革的路线图和任务书，是深化司法改革必须按时完成的政治任务。

二　积极稳妥有序推进司法体制改革试点[①]

2014年6月，中央全面深化改革领导小组通过的《关于深化司法体制和社会体制改革的意见及贯彻实施分工方案》、《关于司法体制改革试点若干问题的框架意见》（以下简称《改革框架意见》）、《上海市司法改革试点工作方案》（以下简称《上海改革方案》），进一步规定了深化司法体制改革的目标、原则和落实改革任务的路线图、时间表，明确了有序推进改革试点若干重点难点问题解决的政策导向。由此，我国司法体制改革进入了顶层设计与实践探索相结合、整体推进与重点突破相结合的新阶段。

（一）在历史新起点上深化司法体制改革意义重大

改革开放以来，司法体制改革作为我国政治体制改革的重要组成部分，经历了逐步推进、不断深化的过程。20世纪80年代，实施了以强化庭审功能、扩大审判公开、加强律师辩护、建设职业化法官检察官队伍为主要内容的司法改革。2004年，启动了完善司法机关机构设置、职权划分和管理制度的司法改革。2008年，开始了以优化司法职权配置、落实宽严相济刑事政策、加强司法队伍建设和司法经费保障等为重点的司法改革。通过几轮司法改革，我国司法制度不断完善，赢得了公众的认可与支持。但在司法活动中，司法不公和司法腐败现象、司法权威性和公信力不足等问题仍然存在，暴露了司法行政化、地方化等体制性弊端。

---

① 本部分系笔者与中国社会科学院法学研究所熊秋红研究员共同撰写的，曾发表于《求是》2014年第16期，在此特别说明并向熊秋红研究员致谢。

从更深层面看，随着依法治国的不断推进，司法在国家和社会生活中的地位、作用、影响日益凸显，但司法仍难以满足社会和人民群众的需求。主要表现在：市场经济快速发展，要求司法维护与之相适应的经济秩序，但司法的回应能力明显不足；国家和社会治理对司法的依赖度不断加大，但司法的地位和作用使其难以承载这一使命；社会转型引发的矛盾冲突被越来越多地交给司法解决，但司法作为实现公平正义的最后一道防线，在应对这些矛盾冲突时常常力不从心；公民权利意识不断提高，公众对司法寄予更多期待，但司法现状与公众期待之间形成明显反差。凡此种种现象或问题，都迫切需要通过深化司法体制改革予以回应和解决。

深化司法体制改革有助于推进依法治国，实现国家治理现代化。依法治国是一项具有划时代意义的国家治理、政府治理、社会治理的系统工程。只有深化司法体制改革，确保审判机关、检察机关依法独立公正行使审判权、检察权，才能在全社会建立"有权必有责、用权受监督、失职要问责、违法要追究"的法治秩序，确保国家宪法和法律正确有效实施，切实维护国家法治的统一、尊严和权威。

深化司法体制改革有助于提高司法公信力，实现社会公平正义，维护社会和谐稳定。司法机关承载着保护人权、维护社会稳定和国家法律秩序的功能，是实现社会公平正义的最后一道防线。在法治社会，对于矛盾纠纷的处理，奉行"司法最终解决"原则。如果人们对司法制度丧失信心，觉得无处获得公平正义，就可能在国家法律制度之外寻找所谓"公道"和"说法"，以至于采取极端方式否定和反抗现行社会秩序和政治制度，侵害他人的人身和财产权利，破坏社会的和谐稳定。通过深化司法体制改革，建立公正独立高效权威的社会主义司法制度，才能切实保障公民的合法权益，让人民群众在每一起案件中都能感受到公平正义。

深化司法体制改革有助于满足人民群众日益增长的司法需求，维护人民群众根本利益。以人为本、司法为民，是司法工作的出发点和落脚点，也是司法体制改革的价值追求。司法体制改革要解决的问题，既是人民群众司法需求的难点、热点问题，也是影响司法公正和制约司法效能的关键环节。加快司法体制改革步伐，切实解决司法实践中的突出问题，才能不断满足人民群众的司法需求和对社会公平正义的期待。

（二）深化司法体制改革试点的主要内容

《改革框架意见》和《上海改革方案》将完善司法人员分类管理，完善司法责任制，健全司法人员职业保障，推动省以下地方法院、检察院人财物统一管理列为2014年司法改革的试点。这四项改革试点均属司法体制改革的基础性、制度性措施，对于保障法院、检察院依法独立公正行使职权意义重大，因此需要优先推进；这四项改革试点是相互关联的有机整体，体现了责权利相统一的原则，因此需要同步推进。

其一，完善司法人员分类管理。高素质的司法队伍是实现司法公正的重要保障。我国80%的案件在基层，80%的司法人员也在基层，基层司法机关人多职数少，基层法官、检察官、人民警察职级低、待遇差、发展空间有限，不利于提升专业素质，也不利于保证办案质量。完善司法人员分类管理，旨在提高司法队伍的职业化和专业化水平。将法院、检察院工作人员分为法官、检察官、司法辅助人员、司法行政人员，分别采取不同的管理方式，突出法官、检察官的办案主体资格，对法官、检察官实行有别于普通公务员的专业职务（或技术职称）序列，有利于解决法院、检察院内部一些人拥有法官、检察官头衔却不办案，内部行政管理部门越来越膨胀，优秀法官、检察官脱离办案一线，进行"逆向选择"等问题。

建立法官、检察官员额制，根据该地区的案件数量，确定法官、检察官人数，每名法官、检察官根据平均办案数量审理案件，这既能体现法院、检察院中法官、检察官的主体地位，打破法官、检察官与司法行政人员"不同工却同酬"的机制，也能让法官、检察官更科学合理地办案，避免出现"案多人少"的情况。为了改变目前法官、检察官队伍大、门槛低、素质参差不齐的局面，法官、检察官要通过专门的遴选委员会选举产生，由组织人事、纪检监察部门在政治素养、廉洁自律等方面考察把关，人大依照法律程序任免。建立逐级遴选制度，上级法院、检察院的法官、检察官原则上从下一级法院、检察院择优遴选，既可为优秀的基层法官、检察官提供晋升通道，又可保证上级法院、检察院的法官、检察官具有较丰富的司法经验和较强的司法能力，形成优秀人才有序流动的良性机制。

其二，完善司法责任制。权责明晰的司法权力运行机制，是公正高效廉洁司法的必要保障。近年来，司法机关为完善司法权力运行机制，进行了积极探索，但一些地方仍不同程度存在司法行政化的问题。例如，判审分离，审者不判、判者不审；审判工作内部层层审批，权责不明，错案责任追究难以落实；上下级法院之间的行政化报批，影响审级独立。司法行政化为行政权干涉司法提供了可能，影响了法官的独立审判，威胁到审级监督体系，进而对司法公正造成损害。因此，中央将强化司法责任制作为改革试点的重点内容之一，以完善主审法官责任制、合议庭办案责任制和检察官办案责任制为切入点，突出法官、检察官办案的主体地位，明确法官、检察官办案的权力和责任，对所办案件终身负责，严格错案责任追究，形成权责明晰、权责统一、管理有序的司法权力运行机制。

为了防止司法人员滥用权力，需要健全对司法权力的监督制约机制，运用科技化和信息化手段，加强和规范对司法活动的监督；加大司法公开力度，全面推进办案工作全程录音录像、生效裁判文书上网，构建开放动态、透明便民的阳光司法机制；优化律师执业环境，充分发挥律师在司法活动中的监督制约作用。

其三，健全司法人员职业保障。从职业特点看，司法权是对争议事实和适用法律的裁判权，要求司法人员具有良好的法律专业素养和司法职业操守，具备丰富的实践经历和社会阅历，只有通过国家司法资格考试和公务员考试，并从事一段时间的法律工作，才能被任命为法官、检察官。从职业风险看，我国正处于社会矛盾凸显期，矛盾的对抗性、敏感性增强，司法人员特别是人民警察的职业风险增大。现有的司法人员保障制度没有体现其职业特点和职业风险，不利于推动司法队伍的专业化、职业化、正规化建设。按照责权利相统一的原则，在提高司法人员入职门槛、强化司法人员办案责任的同时，要为法官、检察官、人民警察依法公正履职提供必要的职业保障。

对司法人员的职业保障，包括在薪俸、任期、豁免、惩戒、免职等方面，可以作出有别于普通公务员的特殊规定。试点地方可探索延迟优秀法官、检察官的退休年龄，下一步还将考虑适当提高初任法官、检察官的任职年龄，这是由法官、检察官的职业特点所决定的。法官、检察官的薪俸高于普通公务员，这体现了法官、检察官职务的社会尊严、职业特点和风险性，也是法官、检察官在国家公务员中享有较高社会地位的象征。

其四，推动省以下地方法院、检察院人财物统一管理。行使司法权的法院、检察院与立法、行政机构分开，自成体系，是司法机关独立行使审判权、检察权的组织保证。法院、检察院的组织机构独立要求其经费和工作条件由国家保障。长期以来，我国司法人员和地方法院、检察院经费按行政区域实行分级管理、分级负担的体制，不利于排除司法地方保护主义现象。我国是单一制国家，司法权是中央事权。考虑到我国正处于并将长期处于社会主义初级阶段的基本国情，将司法机关的人财物完全由中央统一管理，尚有一定困难。以法院为例，我国共有3500多个法院、20余万名法官，如果所有法院的人财物都由中央统一管理，操作上尚有一定难度。因此，推动省以下地方法院、检察院人财物统一管理，是相对务实之举。该举措将使法院、检察院更有能力摆脱地方保护主义的干扰，有效提升司法机关的独立性，保障公正司法。

省以下地方法院、检察院人财物统一管理，这并非法院、检察院内部的"垂直管理"。根据《改革框架意见》，对人的统一管理，主要是建立法官、检察官统一由省提名、管理并按法定程序任免的机制；对财物的统一管理，主要是建立省以下地方法院、检察院经费由省级政府财政部门统一管理机制。地方各级法院、检察院经费上收省级统一管理时，要考虑各地经济社会发展实际，使各地办公经费、办案经费和人员收入不低于现有水平，为办公办案提供必要的物质保障。这表明，司法管理体制改革旨在加强对司法机关依法独立行使职权的保障，而非相反。

（三）深化司法体制改革试点要于法有据有序推进

这次深化司法体制的改革试点工作，具有以下几个特点。

深化司法体制改革要于法有据。正确处理改革与法治的关系，应当坚持"重大改革要于法有据"，努力做到在法治下推进改革，在改革中完善法治。在操作层面应当遵循的原则是：需要修改法律法规的，应当先修改法律法规，先修后改；可以通过解释法律法规来解决问题的，应当及时解释法律法规，先释后改；需要废止法律法规的，要坚决废止法律法规，先废后改；对确实需要突破现行宪法和法律规定的改革试点，可以采取立法授权改革试点的方式，避免"违法改革"的发生。这次深化司法体制的改革试点，从中央全会作出改革的战略决策，到中央全面深化改革领导小组做出改革试点的具体部署，体现了党对深化司法体制改革的坚强领导核心作用。同时，坚持深化司法体制的改革试点要于法有据，对于改革中需要修改完善法律或者需要得到法律授权的问题，按照法定程序解决，坚持依法有序推进改革。十二届全国人大常委会第九次会议审议通过《关于授权在部分地区开展刑事案件速裁程序试点工作的决定》，开创了在司法领域进行立法授权改革试点的先河。

深化司法体制改革要试点先行。司法体制改革在性质上属于政治体制改革，在内容上涉及诸多重大利益调整和重要关系变更，牵一发而动全身，需要在中央统一领导下，部分地方省份先行试点，为全国整体推进改革积累经验。根据《改革框架意见》，在东、中、西部选择上海、广东、吉林、湖北、海南、青海6个省市先行试点。我国幅员辽阔，各个省份的情况不尽相同，此次试点省份的选择均具代表性。改革试点工作不宜各自为政，而要在中央顶层设计和政策指导下统一进行，各试点省份拟定改革的具体步骤和工作措施，明确责任单位、责任人、时间表、路线图。在坚持国家法治统一原则和司法体制改革中央统一领导的前提下,鼓励各个试点地方大胆实践、积极探索,总结可复制、可推广的改革经验,推动司法改革的制度创新。

深化司法体制改革要积极稳妥有序推进。按照中央的部署和有关要求,应当从以下方面积极稳妥有序推进司法体制的改革试点。

一是解放思想。深化司法体制改革要冲破思想观念的障碍,突破利益固化的樊篱。在深化改革问题上,一些思想观念障碍往往来自司法体制内部。思想不解放,就很难看清各种利益固化的症结所在,很难找准突破的方向和着力点,很难拿出具有创造性的改革举措。因此,一定要有自我革新的勇气和胸怀,跳出条条框框限制,克服部门利益掣肘,以积极主动精神研究和提出改革举措。

二是加强调研。司法体制改革涉及面广,各地情况千差万别,必须深入调查研究,摸清情况,找准问题,反复研究论证,既要找准影响司法公正、制约司法能力等突出问题的症结,又要充分估计推进改革过程中可能出现的阻力,做到谋定而后动。

三是循序渐进。既不迁就现状止步不前,又不脱离现阶段实际盲动冒进,确保改革的力度、进度与社会可承受的程度相适应。

四是分类推进。试点地方的改革方向和总体思路必须与中央保持一致,但在具体措施、改革步骤上,可以因地制宜,充分发挥地方的主观能动性,研究提出试点方案和进度要求。

五是加强指导。中央有关部门要加强对改革试点工作的指导,帮助地方解决试点中遇到的难题,确保改革部署落到实处。

三 新一轮司法改革的思考与评述

目前在法治建设"新十六字"方针——"科学立法、严格执法、公正司法、全民守法"这四个法治环节中，司法体制改革领域是中央出台改革文件最多、改革力度最大、改革推进速度最快、改革取得成效最明显的一个环节（部分），也是党中央、全国人民和法学法律界期待最高、信心满满、寄予厚望的一个重要改革领域。尤其是，新一轮司法改革在以下方面取得了举世瞩目的可喜成就：废止劳动教养制度；积极稳妥开展司法改革试点并在试点基础上全面推开各项改革；最高人民法院设立两个巡回法庭挂牌审案，确保司法机关依法独立行使审判权；北京、上海、广州先后设立知识产权法院；设立跨行政区划的法院、检察院，办理跨地区案件；改立案审查制为立案登记制，实现有案必立、有诉必理；推进以审判为中心的诉讼制度改革；推行法官检察官员额制改革；实行检察机关提起公益诉讼改革；完善人民陪审员制度，根治"陪而不审、审而不议"现象；推进人民监督员制度改革，提高群众司法参与度，提升司法公信力……所有这些已经进行、正在进行和即将进行的新一轮司法改革，其决心和力度、广度、深度，其举措和成效、困难、挑战等，都是前所未有的。

大家对新一轮司法改革的前景充满信心和期待，同时由于以下原因，也存有某些担心和忧虑。

（一）从全面依法治国的系统论看新一轮司法改革

党的十八大以来中央对中国法治建设的整体战略安排是"全面推进依法治国"。全面推进依法治国是一个系统工程，是国家治理领域一场广泛而深刻的革命。法治思维下的"全面"和"系统工程"，要求推进依法治国应当面面俱到，而不能片面偏狭；应当环环相扣，而不能相互脱节；应当层层相叠，而不能顾此失彼；应当是整体、系统和统一，而不能是局部、分散和对立的。全面推进依法治国，要求把依法治国事业视为一个庞大的系统工程，统筹考虑法治建设的内部方面要素与外部方面要素，使依法治国基本方略能够得到全面有效推进。

在法治建设的内部方面，"全面推进依法治国"应当坚持科学立法、严格执法、公正司法和全民守法的全面加强，坚持依法治国、依法执政、依法行政共同推进，法治国家、法治政府、法治社会一体建设，尽可能地把法治精神、法治价值、法治意识、法治理念、法治文化整合起来，把有法可依、有法必依、执法必严、违法必究统一起来，把法学研究、法学教育、法治宣传与法治实践紧密结合起来，系统地整合依法治国的各个要素，全面地畅通法治建设的各个环节，真正形成依法治国、建设法治国家的系统工程，切实使依法治国基本方略在实践中得以全面展开和具体落实。

在法治建设外部方面，"全面推进依法治国"需要政治、经济、文化、社会等多方面资源协调配合，需要教育、行政、经济、道德、纪律、习俗等多种手段协同辅助。为此，应当把依法治国与人民当家作主、坚持党的领导三者统一起来认识，而不是把法治与人民民主对立起来，把依法治国与党的领导对立起来；应当把推进依法治国与积极稳妥推进政治体制改革紧密结合起来，在全面落实依法治国基本方略的法治实践中，在法治的轨道上和社会主义宪法的框架下，实现积极稳妥改革政治体制的基本目标，在发展人民民主、推进各项政治体制改革的过程中，为依法治国提供良好的制度保障和政治环境。应当把推进依法治国与经济建设、政治建设、社会建设、文化建设和生态文明建设紧密结合起来，不仅把依法治国和法治建设内化为"五位一体"战略的重要组成部分，凸显民主政治是法治政治、市场经济是法治经济、和谐社会是法治社会、未来中国是法治中国等的价值取向，使法治与经济建设、政治建设、文化建设、社会建设、生态文明建设相适应，真正成为现代化建设的助推器和保护神。应当把依法治国与以德治国结合起来，充分发挥法律的外在约束作用和道德的内化教育作用。

习近平总书记指出，司法体制改革必须同我国根本政治制度、基本政治制度和经济社会发展水平相适应，保持我们自己的特色和优势。我们要借鉴国外法治有益成果，但不能照搬照抄国外司法制度。完善司法制度、深化司法体制改革，要遵循司法活动的客观规律，体现权责统一、权力制约、公开公正、尊重程序的要求。司法体制改革事关全局，要加强顶层设计，自上而下有序推进。要坚持从实际出发，结合不同地区、不同层级司法机关实际情况积极实践，推动制度创新。[①] 然而，当前的司法改革在速度和力度上与依法执政的制度建设和改革、立法体制机制改革、依法行政建设法治政府的体制改革、法治文化培育和社会治理的体制改革等相比，都过于超前、超猛。这种以司法改革为先导的"全面推进依法治国"的路径选择，必然是机遇与风险并存，且随着司法改革的不断深入，风险也将逐渐加大。我们必须从顶层设计上早作预测研判，未雨绸缪。

（二）从政治体制改革看新一轮司法改革

"司法体制改革是政治体制改革的重要组成部分。"党的十八届三中全会《决定》提出，要"紧紧围绕坚持党的领导、人民当家作主、依法治国有机统一深化政治体制改革"。深化司法体制改革是中国政

---

① 习近平：《习近平谈治国理政》第二卷，外文出版社2017年版，第132—133页。

治体制改革的重要组成部分，是社会主义司法制度的自我完善和发展。在中国，政治体制改革是一项牵一发而动全身的高度敏感、相当复杂的事业，必然涉及对国家和社会生活中一系列重要政治关系、社会关系进行调整和改变。例如，人大与行政机关、监察机关、审判机关、检察机关的关系，主要表现为立法权统领下的一府一委两院的分工合作；行政机关、监察机关、审判机关和检察机关的关系，主要表现为行政权、监察权、审判权与检察权的相互分工、相互配合、相互制约关系等；必然涉及党的领导和执政体制、干部组织人事体制、民主选举体制、民主决策体制、民主管理体制、财政预算体制、行政运行体制、监察体制、司法体制、守法体制、护法体制、民主监督体制、政治保障体制等方方面面的制度改革问题。

有人认为"司法体制改革是中国政治体制改革的突破口"或者"试验田"。这种说法不无道理。正因为如此，包括司法体制改革在内的政治体制改革必须有组织有领导、积极稳妥、循序渐进地协调推进，而司法体制改革如何与政治体制其他领域的改革相协调、相配套、相衔接、相适应，就是一个需要从宏观战略和顶层设计上研究和回答的重大问题。例如，在中国整个干部人事制度及其工资薪酬制度没有全面改革的情况下，实行法官、检察官员额制和法官、检察官工资制度改革能走多远；能否达成开展"法官、检察官单独职务序列和工资制度改革试点，工资不再与级别挂钩，促进法官、检察官队伍专业化、职业化建设"的目标；又如，中级和基层法院、检察院过去都有若干由同级政府提供编制的事业编制人员，在实行省以下地方法院、检察院人财物统归省管的改革进行后，这些事业编制人员是否需要，如果需要应当如何解决其编制；等等。

(三) 从经验教训看新一轮司法改革

改革开放以来，中国进行了多轮司法体制改革，但以往司法改革的成效如何，却有不同看法。例如，在2008年，当时社会上"有人认为，司法改革恰似'扭秧歌'，走三步退两步；还有人认为，一方面，司法改革'高歌猛进'，另一方面，公众对司法的不满并没有得到平息，二者之间形成了巨大的反差；还有人认为，司法改革需要更宽阔的社会视野，以及更本质意义上的突破，应当避免口号式改革和空洞化趋势；还有人提出'现在该是改革司法改革'的时候了"①。实践是检验真理的唯一标准，也是检验和评判司法改革成效的根本标准。那么，中国几十年司法改革的成效究竟如何，我们可以从中国执法司法状况管窥一斑。2014年1月7日习近平总书记在中央政法工作会议上语重心长地指出："对执法司法状况，人民群众意见还比较多，社会各界反映还比较大，主要是不作为、乱作为特别是执法不严、司法不公、司法腐败问题比较突出。有的政法机关和干警执法随意性大，粗放执法、变通执法、越权执法比较突出，要么有案不立、有罪不究，要么违规立案、越权管辖；有的滥用强制措施，侵犯公民合法权益；有的办关系案、人情案、金钱案，甚至徇私舞弊、贪赃枉法；等等。"② 显而易见，这些问题的明显存在，与中国以往司法改革不够成功、不够到位、不够理想有密切相关性。为什么以往几轮司法改革都不够理想和成功？是中央不重视不支持，是人民群众不理解不参与，是政法系统不推进不执行，是法学界法律界不努力不积极？……

---

① 熊秋红：《中国司法改革述评》，《学习时报》2008年6月16日。
② 中共中央文献研究室编：《习近平关于全面依法治国论述摘编》，中央文献出版社2015年版，第70页。

都不是！那么，原因何在？原因当然是非常复杂的，既有几千年文化传统深刻影响的历史原因，也有改革开放以来经济社会变迁的现实原因；既有体制机制不健全、不完善、不定型的制度原因，也有法治素质不高、法治观念不强、法治信仰缺失的人的原因；既有司法改革思路等顶层设计的原因，也有司法改革操作实施等的具体原因……总之，这一切与中国政治体制改革面临的困难、问题和挑战几乎是相同或者相似的。

如今，上述这些复杂的因素非但没有消除，有些甚至变得更加复杂，更加难以驾驭，更加难以克服。所以，新一轮深化司法体制改革，务必要深入科学系统地研究以往司法改革的经验教训，尽最大努力避免走弯路歧路，防止重蹈覆辙。

（四）从理论准备看新一轮司法改革

理论是实践的先导，是改革的指南。思想有多远，我们就能走多远。这个道理同样适用于中国新一轮司法改革。对于新一轮司法改革，有以下几个理论问题需要进一步反思和研究。

其一，关于"新一轮司法改革是先独立还是先公正"的问题。以往的司法改革，司法体制内的专家学者认为应当优先解决"依法独立行使审判权、检察权"的问题，因为众多冤案错案基本上是外部干预干涉的结果，而且越不让"司法独立"[①]，司法就越不可能长大成熟；而社会等司法体制外的人士认为，在存在民主监督、舆论监督、社会监督、人大监督、党的监督等制度制约条件下中国司法尚有如此多的冤案错案，有各种司法腐败发生，如果让其"真正独立行使职权"，

---

① 这里的"司法独立"是个借义词，意指人民法院、人民检察院依法独立公正行使审判权、检察权。

后果难以设想。新一轮司法改革，在思想理论上并没有对"司法改革是先独立还是先公正"的问题给出明确选择，从实践角度观察是采取了"边独立边公正"思路，但缺乏理论上的明确性。

其二，关于"司法是维护社会公平正义的最后一道防线"的理念。在中国，"司法是维护社会公平正义的最后一道防线"，是公众对司法应然功能的一种期待。然而，在现实生活中，司法只有在以下条件下才有可能成为"维护社会公平正义的最后一道防线"。

1. 确保法院检察院依法独立公正行使审判权、检察权。因为，凡是存在不当干预司法的地方，凡是"司法独立"得不到保障的地方，司法"最后一道防线"就会被突破，司法公正和社会公平正义就难以实现。

2. 切实从体制上机制上解决司法不公、司法腐败的问题。

3. 明确区分法律问题与政策、福利、道德等非法律问题。

4. 通过公正司法来维护社会公平正义。司法应当竭尽全力做到程序公正和实体公正，用公正的司法使其真正成为取信于民的"最后一道防线"。

5. 法院具有足够的权威性和公信力。凡是司法没有权威性、中立性、终局性和公信力的地方，就不会有能够担当"维护社会公平正义最后一道防线"的司法。

其三，关于新一轮司法改革要解决的主要问题的预设。中国新一轮司法改革坚持以针对问题、解决问题为导向，适应推进国家治理体系和治理能力现代化的要求，直面司法改革和司法领域存在的突出问题，有针对性地提出司法改革举措。基于这种理念，新一轮司法改革提出了要解决如下问题的理论和目标预设。

1. 针对司法本身存在的问题，要切实解决司法不公问题，即司法腐败、司法不公、冤假错案以及金钱案、权力案、人情案。司法不公的深层次原因在于司法体制不完善、司法职权配置和权力运行机制不科学、人权司法保障制度不健全。

2. 针对司法实践面临的困境，要切实解决以往司法存在的"两化"问题，即司法的地方化和司法的行政化。

3. 针对人民群众对司法改革的期待，要切实解决"三难"问题，即人民群众打官司面临的"立案难、胜诉难、执行难"的问题。

这其中，切实解决"司法地方化"问题，就值得进一步研究。一般认为，所谓"司法地方化"，是指设在地方的人民法院、人民检察院在人财物等方面受制于地方，难以依法独立公正行使审判权和检察权。"司法地方化"的问题肯定存在，在某些地方可能还很严重，这是毋庸置疑的。但是，"司法地方化"是否严重到了构成新一轮司法改革要解决的核心问题之一，成为新一轮司法改革顶层设计的基本立论依据，是需要研究的。换言之，在社会主义初级阶段的中国，"司法地方化"是一个真命题，还是一个有瑕疵的命题，甚至是一个"伪命题"，尚需实事求是地进行科学研究和深入分析才能作出客观判断。事实上，我们既没有看到通过社会学、统计学等科学方法实证调查研究得出的大量科学数据来支撑这个判断，也没有在法学界法律界对这个问题形成最大共识，甚至许多中基层法院、检察院的法官检察官们都不认可这种判断，许多地方党委、人大、政府的人士对此判断也有歧义。从目前的研究情况来看，既有地方利用人财物干预法院、检察院依法独立行使职权的若干实例，一些案例还触目惊心；也有更多的地方党委、人大、政府等支持法院、检察院依法独立行使审判权和检察权的正面实例。总体上来看，还是正面实例是绝大多数，是主流，否则就无法解释改革开放40多年来中国法治建设尤其是司法建设在地方层面取得的进步和成就。不说别的，在各个地方鳞次栉比的最气派宏伟的办公大楼中，一定能够找到法院、检察院的办公大楼（极个别地方除外），与20世纪90年代初期全国一些法院、检察院还在破庙烂屋里办案的情况形成鲜明对比。这应当是中央和地方共同支持的结果，但地方的主要作用不可抹杀。改革开放40多年来，随着社会主义法治建设的不断推进，整个法治环境的不断改善，司法队伍专业化成分的不断提高，司法体制的不断完善，我们党对政法工作领导能力和水平的不断提高，所谓"司法地方化"弊端存在的空间越来越小，影响越来越弱。在新形势下，干预和影响地方法院、检察院依法独立公正行使职权的主要因素，不一定是"司法地方化"，而很可能是"司法人情化"，即同学之情、朋友之情、同事之情、熟人之情、亲人之情、师生之情、战友之情等，在利益交换、礼尚往来、互相帮助、抹不开面子、哥们义气等因素的驱使下，越来越多、越来越巧妙、越来越深入地"渗入、干预甚至危害"司法机关依法独立公正行使职权，越来越成为制约和影响中国司法独立公正的核心因素。如果我们对于新一轮司法改革要解决的核心问题预设有误，或者研判不够科学准确，势必会影响到司法改革的顶层设计和若干改革措施的制度安排，影响到司法改革在某些方面的成败。

其四，关于新一轮司法改革的目标。根据中央司法改革有关文件表述和有关讲话精神，新一轮司法改革要达成的目标包括以下主要内容。

1. 从司法本身来评价，新一轮司法改革要实现党的十八大报告提出的"司法公信力不断提高"的目标，即司法体制改革必须为了人民、依靠人民、造福人民。司法体制改革成效如何，归根结底要看司法公信力是不是提高了。

2. 从司法体制来评价，新一轮司法改革要达成"坚持和完善中国特色社会主义司法制度，确保人民法院、人民检察院依法独立公正行使审判权、检察权"的目标。

3. 从社会公众来评价，新一轮司法改革要"让人民群众在每一个司法案件中感受到公平正义"，即深化司法体制改革，要让公平正义的阳光照进人民心田，让老百姓看到实实在在的改革成效，对司法改革有获得感、幸福感和认可度。

4. 从解决司法问题来评价，新一轮司法改革要切实解决三大问题：一是司法腐败和司法不公问题，二是司法地方化和司法行政化问题，三是老百姓打官司面临的"三难"问题。

以上新一轮司法改革目标的设定，有以下三个主要特点。

一是法律专业内外的评价有时不一致。人民群众对于司法改革好坏成败的法律专业外的感受、评价、认知的分量偏重，而法院、检察院以及法学界法律界的法律专业内评价、认知的分量偏轻，法律专业内部和法律专业外部对于同一事物、同一判决结果的理解和认知常常是不同的，有时甚至是矛盾的。这就注定了新一轮司法改革某些目标的达成，要以牺牲某些法律专业内部的认知、判断和评价作为代价。

二是司法改革好坏成败的主观评价比重大于客观评价。由于法律文化的不同，人们对于司法判决和司法改革的评判也会产生差异，甚至得出截然相反的判断。"我们可以区分外部和内部的法律文化。外部法律文化是一般人的法律文化，内部法律文化是从事专门法律任务的社会成员的法律文化。每个社会都有法律文化，但只有有法律专家的社会有内部法律文化。启动法律过程的是对制度的要求，利益必须转变成要求……在每个社会，有些要求是合法的，有些要求是非法的。"①新一轮司法改革设定的目标，诸如"说一千道一万，要由人民来评判"，解决"司法腐败和司法不公"和"司法地方化"问题，等等，都是偏重于主观感受和评判的，基本上属于"主观题"。司法体制改革这种目标的达成，既容易也很难。说其容易，是因为它们缺乏刚性标准，只要有所改进、有所完善、有所提高，就容易获得理解甚至好评。说其很难，是因为它们没有客观标准，如果一部分人群不理解、不认可，那么说什么都无济于事。

三是司法改革好坏成败的定性评价比重大于定量评价。例如，如何判断"司法公信力明显提高"；如何认定"法院检察院依法独立公正行使审判权检察权"得到确保；如何让人民群众在每一个司法案件中感受到公平正义……②新一轮司法改革应当引导公众把公平正义的诉求纳入司法程序中来，但是，公众能否在每一个案件中都感受到公平正义，需要具体分析，不能一概而论。

司法改革的目标之一，是要解决"执行难"问题。但经过充分调研和论证，目前周强院长只提出用3年左右时间"基本解决执行难"问题。就是这个改革目标，也非常难以达成，因为在执行难的案件中，有40%多是"执行不能"的案件。2018年周强院长曾经解释说：执行过程中，有相当一部分案件被执行人完全丧失履行能力，经核查确无财产可供执行，客观上不具备执行条件，即使法院穷尽一切措

---

① [美]弗里德曼：《法律制度》，李琼英、林欣译，中国政法大学出版社1994年版，第261页。
② [美]戈尔丁：《法律哲学》，齐海滨译，生活·读书·新知三联书店1987年版，第240—241页。

施，也无法实际执行到位。这类案件，一般称之为"执行不能"案件。近年来，我国生效裁判文书的自动履行率逐年提升，2016 年、2017 年分别为 51%、57%，剩余 40% 多未自动履行的案件进入执行程序。在进入执行程序的案件中，约有 5% 属于申请人民法院强制执行仲裁裁决、公证债权文书，约有 43% 属于确无财产可供执行的"执行不能"案件。换算下来，民商事案件中，约 18% 的案件是"执行不能"案件。实践中，许多当事人及社会公众认为生效法律文书是以国家信用作背书，只要有生效文书就一定要执行到位，要求法院兜底、承担化解一切风险的"无限责任"。从世界各国通例来看，"执行不能"案件都属于当事人应当承担的商业风险、法律风险、社会风险，并非法院执行不力所致，需要通过个人破产、社会救助等制度机制予以解决，不属于申请执行的范围，不能进入执行程序。但在我国，对于"执行不能"案件，人民法院并未置之不理，而是通过严格审查后终结本次执行程序，纳入"终本案件库"管理，公开接受社会监督，一旦发现有财产必须及时恢复执行，尽最大努力、穷尽一切措施兑现胜诉当事人合法权益。但是，从胜诉当事人权益得到实现的角度看，"执行不能"往往就被认为是"法律白条"。近年来执行案件每年都在 600 万件左右[①]，如果每年有 40% 多的需要执行案件的"执行不能"，意味着每年至少新增 240 万件案件的判决"不能兑现"，加之历史上遗留下来的数以千万计的"执行不能"案件，总数十分庞大。另外，最高人民法院大力解决消极执行、选择性执行、乱执行等问题，积极稳妥推进执行改革，完善符合执行规律的体制机制。截至 2019 年 3 月已制定财产保全、财产调查、执行担保等 37 件司法解释

---

① 周强在第十三届全国人民代表大会常务委员会第六次会议上作的《最高人民法院关于人民法院解决"执行难"工作情况的报告》，2018 年 10 月 24 日。

和规范性文件。发布规范执行行为"十个严禁",划定高压线,转变执行作风。加强无财产可供执行案件管理,严格认定标准,定期依职权调查,发现财产及时恢复执行。① 但这些规定的实际执行情况如何,还需要时间和实践来检验。总之,如果"执行难"这个问题不从观念、理论、法律、制度、机制、体制、政策等方面得到全面应对和解决,那么几乎可以说,司法改革要达成解决"执行难"问题的目标,是不可能实现的。

如果新一轮司法改革设定的目标,其评判标准过于"大众化"而缺少专业化,过于主观化而缺少客观化,过于定性化而缺少定量化,过于理想化而缺少充分条件,那么,当中央给司法改革提供了几乎所有所需要的政策、体制、经费等大力支持,满足了司法改革需要的各种基本条件,当司法改革进行5年甚至10年后,我们拿什么(或者根据什么)向世界宣告:"中国新一轮司法改革取得圆满成功!"站在治国理政的历史新起点上来思考,站在"四个全面"的战略布局上来观察,新时代新一轮司法改革无论如何都是一场只能前进而不能后退、只能成功而不能失败的"深刻革命"。

(五)从实施推进过程来看新一轮司法改革

党的十八届三中全会、四中全会上提出了100多项司法改革的任务,为中国司法体制的改革完善做出了顶层设计。顶层设计难,贯彻落实更难。用5年左右时间把司法改革的这些任务贯彻落到实处,达成既定目标,产生应有效果,是十分艰巨、复杂和困难的。为了保证新一轮司法改革的顺利推进,中央提出了司法

---

① 周强在第十三届全国人民代表大会第二次会议上作的《最高人民法院工作报告》,2019年3月12日。

改革应当遵循的基本原则，包括：一是有组织有领导、积极稳妥、循序渐进地推进司法体制改革，坚持依法有序，做到重大改革要于法有据，得到法律授权；二是坚持中国共产党的领导，坚持司法改革的中国特色社会主义方向；三是坚持人民主体地位，做到司法改革为了人民、依靠人民、惠及人民；四是坚持从国情出发，司法体制改革必须同中国根本政治制度、基本政治制度和经济社会发展水平相适应，保持我们自己的特色和优势，借鉴国外法治有益成果，但不能照搬照抄国外司法制度；五是坚持遵循司法活动的客观规律，体现权责统一、权力制约、公开公正、尊重程序的要求；六是坚持统筹协调，做到整体规划、科学论证，确保司法改革积极稳妥推进。

按照上述原则要求，积极稳妥有序推进司法改革，新一轮司法改革一定会取得成功。但是，我们也应当注意新一轮司法改革实施推进过程中的一些现象和细节，以免因忽视细节而付出不必要的"学费"。

1. 对中央提出的100多项司法改革措施能否在调查研究和实践试点的基础上进行修改、调整、变更，也就是说能否"以改革的精神对待新一轮司法改革"，理论上讲当然是可以的，但在实施推进过程中能否"修、调、变"就值得研究了。例如，中央提出"探索设立跨行政区划的人民法院和人民检察院，办理跨地区案件"的改革，"这项改革，只要对现有铁路运输法院和检察院略加改造，合理调配、充实审判人员、检察人员就可以做到"。问题是，如果撇开需要解决取消铁路运输法院和检察院的善后事宜的现实需要，这项改革措施在制度设计上有多少必要性与合理性，就需要实践来作出回答。又如，据一份基于2660份问卷的调查显示，"因工作时间长、强度大，审判风险高以及工资福利待遇低、晋职晋级慢等因素，57.11% 的受访法官对当前状态不满意，94.47% 的法官考虑过离开法院，其中 57.37% 的法官认真考虑过，而目前正着手进行的有 9.81%"。这其中与法院员额制改革不无关系。员额制改革是完全必要的，但是由于中国基本国情所决定，各个地方经济社会发展不平衡，司法案件、司法资源和法官队伍等不平衡，各地法院的实际情况差别较大，在这种背景下最高只有 39% 的法官可入额，而且这个比例不仅不能突破，在第一轮遴选时还要留有余地，为优秀人才留下入额空间。这样一来，出现了中青年法官流失的现象。① 为什么 39% 的比例不能突破，或者设立一个 3—5 年的员额制改革过渡期，在过渡期内能否突破？由此引出的一

---

① 在员额制改革中，法官离职是一个受到广泛关注的问题。改革前，2013 年，上海法院辞职的法官超过 70 名，其中，某基层法院有 10 名法官离职，某业务庭甚至出现"集体出走"现象。2013 年上海法官离职人数较 2012 年有明显增加，此前 5 年，上海法院平均每年有 67 名法官离职。据调查，2013 年离职的法官多为 35—45 岁的高学历男性，法学功底扎实、审判经验丰富，其中不乏中级人民法院副庭长之类的业务骨干。2014 年上半年，上海法院有 53 名法官离职。改革后，2014 年全年上海法院共有 105 人离职，其中法官 86 名；2014 年下半年有 33 名法官离职。2015 年，上海法院有 100 人离职。从上海的情况看，目前政法干警的流动率和公务员系统的流动率大体保持一致。在司法改革试点前后 1 年间，法官流动的确较往年高一些，但在改革中没有出现大批法官流失的现象。2017 年 7 月 3 日，最高人民法院召开新闻发布会介绍法院推进司法改革的情况。针对近年来法官辞职现象，最高法政治部法官管理部部长陈海光在回应《新京报》记者时表示，全国法官辞职人数占全国地方法院总人数的比例，近几年一直保持在 0.35% 以下，法官队伍总体稳定。陈海光部长介绍说："近期，我们对法院 2014 年以来全国地方法院人员流动情况进行了调查摸底，结果显示，目前法院新进人员和减少人员数基本持平，2015 年全国法院新增人员 1.9 万人，减少 1.77 万人。减少原因也是很复杂的，由高到低排序，包含退休、组织调动、辞职、死亡等各种原因。单就辞职这一原因里面，各类人员的辞职总数占人员减少总数比例不高，仅占 10% 左右。具体到法官来讲，全国法官的辞职数这几年也是低位运行。现在全国法官辞职人数占全国地方法院总人数的比例，近几年一直保持在 0.35% 以下。上述数据可以看出，法院队伍的总体情况是比较稳定的。"

个深层次问题是,西方国家关于法官与案件数、法官与地区总人口比例等经验,是否适用于测算并框定中国员额制法官的比例数?

2. 司法改革的某些具体设计,实际上是由部门主导进行的,由此提出的某些观点、形成的某些方案,在公正性、中立性和科学性上容易引起质疑。例如,中央提出要"推动实行审判权和执行权相分离的体制改革试点"。法学界一般认为,审判权与执行权相分离的体制改革,应当将执行权从法院剥离出来,交给行政机关行使;但法院方面的解释则是审判权与执行权是在法院系统内部的分离。这种具有部门保护主义色彩的解释,显然有悖于司法规律的常识,应当如何解决?

3. 新一轮司法改革采取积极稳妥、有组织有领导有序推进的方针,无疑是完全必要和正确的。但是另一方面,专家学者、社会公众和媒体等对于司法改革的关注、知晓、参与、评价和监督,似乎又受到一定程度的约束。如何在司法的民主改革、开门改革与司法的专业改革、内部改革之间达成平衡,是对新一轮司法改革的"改革治理能力"和司法改革政治智慧的一种挑战。

4. 假如经过 5 年的努力,中央给予了足够的政策制度以及人财物等各方面的大力支持,100 多项司法改革任务都如期完成了,那么,未来的司法体制机制、司法公信力、司法公正性、司法廉洁度、人民群众对于司法的满意度、基本解决执行难、法院检察院依法独立公正行使职权等,将是什么状况?我们需要对司法改革任务完成后的司法状况进行预测评估,需要对达成司法改革目标的标准进行量化分解和科学设计,需要对 100 多项司法改革措施之间的相互衔接、彼此匹配、整体协调状况进行统筹规划,需要对司法改革可能出现的短板和薄弱环节进行预判……

（六）从两高关于司法改革的报告看新一轮司法改革

2017年11月1日，最高人民法院院长周强、最高人民检察院检察长曹建明，向第十二届全国人民代表大会常务委员会第三十次会议分别作了《最高人民法院关于人民法院全面深化司法改革情况的报告》《最高人民检察院关于人民检察院全面深化司法改革情况的报告》。报告中，他们两人都坦陈，尽管人民法院、人民检察院的司法改革取得显著成绩，但仍然存在不少问题和困难。

在人民法院司法改革方面，仍然存在以下问题和困难。

一是个别地方落实主体责任不力。有的法院领导干部对改革认识不到位，决心不坚定，理解有偏差，存在不担当、不作为、慢作为的情况，导致有些地方改革进度滞后，发展不平衡。有的法院落实改革举措不到位，在科学配置法官员额、落实院庭长办案、实现有效放权和有力监督等方面还存在执行改革要求打折走样、政策不落地等问题。

二是改革中的一些瓶颈性问题仍然突出。改革后，新旧办案机制衔接转换过程中出现一些突出的瓶颈性问题，不利于改革长远发展。个别法院领导干部办简单案、挂名案的情况仍然存在，加之新增案件数量较大，加剧了一线法官办案负担，少数地方存在未入额法官实际承担办案任务的现象。有的法院审判辅助人员严重短缺，新型办案团队难以有效建立；有的法官司法能力与改革的要求不相适应，常态化的员额进退机制有待建立健全。

三是一些改革政策亟待完善。如省以下地方法院财物统管改革有待进一步加强制度设计；跨行政区划法院改革需要继续加强研究论证和顶层设计；实施法官单独职务序列后，原与行政职级挂钩的住房、医疗、差旅等待遇保障如何落实尚无明确文件依据；绩效考核奖金是否纳入养老保险缴存基数有待进一步研究论证。

四是部分改革举措的协同性不足。比如以审判为中心的刑事诉讼制度改革，需要进一步加强公检法配合制约，加强跨部门数据交换；各地法官单独职务序列等级晋升工作开展不平衡，一些地方至今没有落实法官等级按期晋升要求，严重影响了改革红利的及时释放；人员分类管理和内设机构改革后，受职务职级核定等因素影响，综合行政部门人员晋升空间受限，相关配套举措有待跟进；省级财物统管改革后，一些地方经费保障不足，法院资产管理和历史债务等问题有待配套解决；等等。[1]

在人民法院"基本解决执行难"工作方面，仍然存在问题和困难。

一是各地工作开展不够平衡。有的法院已经较早达到了核心指标要求，执行联动机制等工作开展得有声有色，目前主要任务是查漏补缺、固强补弱；有的法院则起步较晚，争取地方党委、政府等支持的力度不够，执行理念、模式、投入、进度相对滞后，目前仍在艰苦奋战。整体来看，在最后收官阶段，全国同步实现"基本解决执行难"目标，仍有不小的压力，仍需付出艰巨的努力。

二是执行信息化水平仍需提升。有的法院对执行信息化工作重视不够，统筹协调不到位，部门之间沟通不畅、协作不力。网络查控系统中冻结、扣划功能尚未实现全覆盖，仍需进一步扩大范围、拓展功能。有些信息化平台存在操作烦琐、运行不畅等问题，功能还有待进一步完善。执行指挥管理平台需要进一步优化升级，以提升实战

---

[1] 周强在第十二届全国人民代表大会常务委员会第三十次会议上作的《最高人民法院关于人民法院全面深化司法改革情况的报告》，2017年11月1日。

效果。

三是执行队伍仍然存在不适应问题。一些地方执行队伍老化,力量不足,知识储备滞后,能力素质跟不上形势任务需要。消极执行、选择性执行及乱执行等问题在一些地方仍然存在。少数执行人员吃拿卡要、作风不正、违法乱纪甚至贪腐渎职问题仍然时有发生。

四是联合惩戒体系还未能实现全覆盖。一些地区未设立专门机构和人员负责统筹协调联合惩戒工作,未就落实联动机制情况建立管理考核、责任追究等制度。一些协助执行单位未能将失信被执行人名单嵌入本单位管理、审批工作系统中,影响了失信惩戒的实际效果。

五是全社会对执行工作的理解认识不统一。[①]

在人民检察院方面,当前司法改革中仍然存在以下问题和困难。

一是思想政治工作存在不少薄弱环节。

二是有的改革尚未全面落地落实。跨行政区划检察院改革、省以下检察院人财物统一管理、检察职业保障等改革难度较大。新的办案模式和制度运行需要"磨合",有的入额检察官不能适应改革要求,"授权不敢用"。一些地方入额检察官人均办案量大幅上升,案多人少矛盾更加突出。有的未入额人员仍继续独立办案,有的入额领导干部不办案或办简单案、挂名案。一些地方对整合内设机构顾虑较多,内设机构改革力度不大且标准不统一。新型办案团队尚未完全建立,检察官助理和书记员配备严重不足。

三是一些配套改革措施有待跟进,改革的整体性、协调性、系统性需要进一步增强。在放权的背景下,如何实现对入额检察官和案件

[①] 周强在第十三届全国人民代表大会常务委员会第六次会议上作的《最高人民法院关于人民法院解决"执行难"工作情况的报告》,2018年10月24日。

质量的双重监督,亟须健全新机制。检察官单独职务序列、检察官助理和书记员职务序列相关配套政策亟须明确,员额退出、检察官交流任职、司法行政人员转任等机制有待完善。以审判为中心的刑事诉讼制度改革相关配套制度需要完善。

四是体制机制创新与现代科技应用有待深度融合。信息化建设和应用不平衡,各类信息系统跨领域共享共用不够。

五是一些领导干部运用改革创新办法破解难题的意识和能力不够强,改革担当不够,存在"等靠要"思想。一些检察人员司法观念、素质能力、工作方式不适应改革发展。[①]

新一轮司法改革事关全面建成小康社会的重要领域和法治保障,事关全面深化改革的重要内容和法治环境,事关全面依法治国的关键环节和整体推进,事关全面从严治党的司法底线和反腐斗争,事关党和国家的长治久安。以往我们已经在一定程度上错失了司法改革取得全面成功的良机,新时代进行的新一轮司法改革只能成功,不能失败;只能全面成功,不能部分成功,否则,我们将成为历史的"罪人"。正因为如此,新一轮司法改革需要有组织有领导、积极稳妥、循序渐进地推进,需要我们法学界法律界以高度负责任的科学态度和职业精神积极支持和主动参与司法改革的全过程,需要全社会和新闻界更多的理解、更多的宽容、更多的支持,需要我们大家形成最大共识与合力,共同稳妥促进新一轮司法改革顺利进行。

---

① 曹建明在第十二届全国人民代表大会常务委员会第三十次会议上作的《最高人民检察院关于人民检察院全面深化司法改革情况的报告》,2017 年 11 月 1 日。

◈ 第六节　司法体制改革彰显中国法治的生机与活力

董必武同志说过，现在世界上对于法制的定义，还没有统一的确切的解释。我们望文生义，国家的法律和制度，就是法制。[①] 法律制度是党和国家制度体系的法制化形式，不仅包括法律体系、法治体系、宪法制度、立法制度、选举制度、执法制度、司法制度、守法制度、监督制度、护法制度等，也包括在宪法法律基础上构建的人民代表大会制度、多党合作政治协商制度、民族区域政治制度、基层民主制度、"一国两制"制度和相关经济制度、社会制度、文化制度等制度体系。司法制度具有法律制度和政治制度的双重属性，是一个国家法律制度和政治制度的重要组成部分。一个国家实行什么样的司法制度，归根结底是由这个国家的国情决定的。习近平总书记在庆祝全国人民代表大会成立六十周年大会上的讲话中指出：六十年来特别是改革开放三十多年来，人民代表大会制度不断得到巩固和发展，展现出蓬勃生机活力。六十年的实践充分证明，人民代表大会制度是符合中国国情和实际、体现社会主义国家性质、保证人民当家作主、保障实现中华民族伟大复兴的好制度。[②] 评价一个国家制度的好坏优劣，关键要看这种制度能否立足和适应中国国情，能否增强党和国家活力，促进经济社会发展，调动人民积极性，保证党和国家长治久安；要看

[①] 董必武：《论社会主义民主和法制》，人民出版社1979年版，第153页。
[②] 中共中央文献研究室编：《十八大以来重要文献选编》（中），中央文献出版社2016年版，第53页。

这种制度是否能够实现历史和现实、理论和实践、形式和内容有机统一，是否具有稳定性、权威性、成熟性和自我修复、自我完善、自我调适机制，是否充满生机与活力，实现国家治理体制和治理能力现代化。只有扎根本国土壤、汲取充沛养分的制度，才最可靠、也最管用。评价一个国家的司法制度，关键看这种司法制度是否符合国情、能否解决本国实际问题。中国司法制度总体上是适应国情和发展要求的，我们必须增强对中国特色社会主义司法制度的自信，增强政治定力。

法律制度作为国家治理体系和治理体制的重要组成部分，是在党领导下管理国家、治理社会的制度体系。党和国家法律法规制度体系的集中表现和动态形式，主要是中国特色社会主义法治体系。中国法律制度的基本特点和优势，是坚持党的领导、人民当家作主和依法治国三者有机统一，实现民主与集中、民主与效率、改革与法治的统一，实现统一性与差别性、稳定性与可变性、原则性与适调性的统一，充满生机与活力。中国法律制度的这种优势和特点，体现在全面推进依法治国，特别是体现在深化司法体制改革的顶层设计、改革理念、组织实施、改革效果等方面，表现得尤为突出。

党的十八大以来，在全面建成小康社会、全面深化改革、全面依法治国、全面从严治党的战略布局下，在以习近平为核心的党中央高度重视和坚强领导下，在中央政法委统一部署和直接领导下，坚决贯彻落实党的十八届三中全会、四中全会提出的司法改革任务和中央深改领导小组作出的司法改革部署，积极稳妥推进新一轮司法体制改革，不断完善中国特色社会主义司法制度，提升司法公信力和权威性，司法改革取得前所未有的成效。

党的十八大以来五年的司法体制改革攻坚克难，极大地调动了司法队伍的积极性，进一步激发了司法体制机制的活力，使中国司法制度充满勃勃生机。五年司法改革，取得显著成果，在焕发生机与活力方面，具有以下特点和原因。

一　坚持以习近平为核心的党中央对司法体制改革的坚强领导

坚持党的领导，是社会主义法治的根本要求，是全面深化司法体制改革的题中应有之义，是司法体制改革取得成功的根本前提和政治保证。深化司法体制改革，是要更好坚持党的领导、更好发挥中国司法制度的特色、更好促进社会公平正义。[①] 必须毫不动摇地坚持党的领导，把党的领导贯穿到司法改革的全过程和各方面。深化司法体制改革的重大决策是党中央作出的，党的十八届三中全会《关于全面深化改革若干重大问题的决定》提出了 17 项司法改革任务，四中全会《关于全面推进依法治国若干重大问题的决定》提出了司法领域 84 项改革任务，对新一轮司法体制改革做出全面系统可行的顶层设计和战略部署。

为了顺利推进司法改革，中央全面深化改革领导小组制定了一系列司法改革的文件，从 2014 年 1 月至 2017 年 10 月，习近平总书记共主持召开中央深改领导小组会议 37 次，其中 20 多次会议研究讨论了有关司法改革的问题，先后通过了 40 多个有关

[①] 习近平：《在中央政法工作会议上的讲话》，《人民日报》2014 年 1 月 9 日第 1 版。

（或涉及）司法改革的规定、方案、意见等文件。例如，在深化司法体制的改革试点方面，从中央全会作出改革的战略决策，到中央全面深化改革领导小组做出改革试点的具体部署，体现了党对深化司法体制改革的坚强领导核心作用；全国检察系统认真贯彻党中央部署和全国人大常委会授权决定，13个省区市检察机关试点以来在生态环境和资源保护等领域共办理公益诉讼案件5109件；其中，向相关行政机关或社会组织提出检察建议、督促履行职责4562件；相关行政机关已履行职责或纠正违法3206件，相关社会组织提起公益诉讼28件，合计占70.9%；对仍不履行职责、公益继续受到侵害的，向人民法院提起诉讼547件。坚持党对司法改革的领导，既是中国司法体制改革取得成功的根本保证，也是通过改革使中国司法体制焕发生机与活力的一条基本经验。截至2017年3月，党的十八届三中、四中全会确定由最高人民法院牵头抓总的18项改革任务，已完成17项；人民法院"四五改革纲要"提出的65项改革举措，已全面推开60项，余下5项均在试点基础上有实质性进展。

二 坚持中国特色社会主义司法改革理论的正确指引

理论是行动的先导和指南。习近平总书记关于全面依法治国、建设法治中国的理论，关于公正司法及司法改革的理论，是新一轮司法体制改革取得成功并焕发巨大活力的指导思想和理论支柱。

在司法改革的方向上，必须坚持中国特色社会主义法治道路。深化司法改革，要有利于加强和改善党的领导，有利于巩固党的执政地位、完成党的执政使命，绝不是要削弱党的领导；必须有利于坚持和完善中国特色社会主义司法制度，确保审判机关、检察机关依法独立公正行使审判权、检察权；有利于维护司法权威、提高司法公信力，切实让人民群众在每一个司法案件中都能感受到公平正义。

在司法价值方面，司法公正对社会公正具有重要引领作用，司法不公对社会公正具有致命破坏作用。公正是司法的灵魂和生命，促进社会公平正义是政法工作的核心价值追求，司法机关是维护社会公平正义的最后一道防线；政法战线要肩扛公正天平……以实际行动维护社会公平正义。①

在司法规律方面，要尊重"司法权运行规律"和遵循"司法活动的客观规律"，确保审判机关、检察机关依法独立公正行使审判权、检察权，司法不能受权力干扰，② 不能受金钱、人情、关系干扰，司法人员办案只服从事实、只服从法律。

在司法改革举措方面，党的十八届三中全会针对司法领域存在的突出问题提出了一系列改革举措，司法体制和运行机制改革正在有序推进；这次全会决定在党的十八届三中全会《决定》的基础上对保障司法公正作出了更深入的部署——保证公正司法、提高司法公信力，从完善确保依法独立公正行使审判权和检察权的制度、优化司法职权配置、推进严格司法、保障人民群众参与司法，加强人权司法保障、加强对司法活动的监督。

---

① 习近平：《把促进社会公平正义作为核心价值追求》，《中国青年报》2014 年 1 月 9 日第 1 版。

② 中共中央文献研究室编：《习近平关于全面依法治国论述摘编》，中央文献出版社 2015 年版，第 69 页。

三　坚持在全面依法治国战略设计中深化司法体制改革

全面推进依法治国是一个系统工程，必须统筹推进科学立法、严格执法、公正司法和全民守法，四者前后衔接、相互依存、环环相扣、彼此支撑，共同推进依法治国基本方略全面贯彻落实。必须坚持依法执政，协调推进党领导立法、保证执法、支持司法和带头守法，切实把依法治国基本方略同依法执政基本方式统一起来。必须把司法改革与法治改革紧密结合起来，把司法建设与法治建设紧密结合起来，把司法公正与社会公正有机统一起来，在全面依法治国进程中实现司法改革目标，在司法改革实践中推进全面依法治国。

司法体制改革是政治体制改革的重要组成部分，是社会主义司法制度的自我完善和发展，对推进国家治理体系和治理能力现代化具有十分重要的意义，[1]必须把司法体制改革纳入全面推进依法治国，建设中国特色社会主义法治体系、建设社会主义法治国家的总目标。

四　坚持尊重和保障人权的基本原则

党的十八届三中全会在《关于全面深化改革若干重大问题的决定》中，把"完善人权司法保障制度"作为推进法治中国建设和深化司法体制改革的一项重要改革任务，具有十分重要的意义。中国是

---

[1]《习近平出席中央政法工作会议：坚持严格执法公正司法》，2014年1月8日，新华网，http://news.xinhuanet.com/politics/2014-01/08/c_118887343.htm，2019年2月14日。

一个法治统一的成文法国家，保障人权的充分实现，不仅要将人权入宪，还需要通过立法、执法和司法等制度安排和法律措施，才能把公民和政治权利、经济文化和社会权利的各项要求落到实处。在中国，人权的国家立法保障，主要是通过将人权的内容和诉求宪法化、法律化和法规化，使之进入国家法律保障制度体系，成为依宪依法保护的对象，从而为人权的实现提供基本前提和重要基础；人权的行政执法保障，主要是通过国家各级各类行政机关认真履行职责，严格依法行政，认真执行法律法规，从而将宪法、法律和法规规定在纸面上和条文中的各项人权具体付诸实现，使每一个公民都能够享受到社会主义人权的实惠和温暖；人权的司法保障，是实现人权不可或缺的救济手段和最后防线，它在中国的人权保障制度体系中，具有独特的重要地位和作用。

西方传统人权理论认为，人权只是一种能够通过司法诉讼程序得到救济和保障的权利，因此只有公民权利和政治权利属于人权范畴，而那些不能进入司法诉讼程序获得最后司法救济的诉求，如经济、社会和文化权利等只能是福利、利益或主张等，而不是人权，只有司法的可诉性才是区分人权与非人权的重要标志。我们不能同意这种观点，但从这种观点中可以看出，司法的可诉性、司法人权救济和司法人权保障等对于界定人权和实现人权的极端重要性。用亚里士多德的正义论来解读，立法的人权保障是针对全体公民的"分配正义"，哪些权利属于人权、哪些人权应通过立法配置给什么人等，都由立法来决定和分配；执法的人权保障是针对分配到人权的所有公民的"实现正义"，就是将立法人权保障的分配方案及时有效公平地付诸实现，使每一个在立法上分到人权的公民，能够依法拿到或者享受到自己的那些人权；司法的人权保障则是针对那些人权已经受到或者容易受到侵害的公民所给予的"矫正正义",这些公民通常是社会弱势群体,或因违法犯罪丧失人身自由等原因而处于不利地位的人。司法人权保障的一个重要出发点,是法律面前人人平等,即使违法犯罪的人也是人,依法享有人权和基本自由;司法人权保障的一个基本假设,是如果你自己处于法律上的不利地位,成为被监视或被逮捕的人、法庭的被告或者监狱的囚犯等,如何来保障和维护你自己的人权。

中国长期以来高度重视人权立法、执法、司法和宪法的保障,重视生存权、发展权与公民政治权利、经济社会文化权利的全面保障,重视对老人、妇女、未成年人、残障人、被告、囚犯等弱势人群的特别保障,在实践中取得了举世瞩目的成就。但是,毋庸讳言,与中国人权的立法、执法保障制度建设相比较,中国的人权司法保障制度建设还有一些需要改进和完善的地方。为此,《关于全面深化改革若干重大问题的决定》对到2020年全面建成小康社会时,如何在法治中国建设和深化司法体制改革过程中完善人权司法保障制度,从八个重要方面,作出了改革部署,明确了改革重点,是未来推进人权司法保障制度不断完善的重要指引。

如何深入理解"完善人权司法保障制度"的改革意义及其重要性?应当把"完善人权司法保障制度"的改革部署,放在《关于全面深化改革若干重大问题的决定》的整个战略部署中来认识,站在新的历史起点上来把握其基本特点和重大意义。

第一,把完善人权司法保障制度与增进人民福祉、维护人民权益紧密结合起来,有利于从司法为民的角度体现全面深化改革的出发点和落脚点。《关于全面深化改革若干重大问题的决定》明确提出,全面深化改革,必须"以促进社会公平正义、增进人民福祉为出发点和落脚点",体现了使发展改革成果更多更公平地惠及全体人民的执政理念。通过进一步规范查封、扣押、冻结、处理涉案财物的司法程序，健全错案防止、纠正、责任追究机制，严禁刑讯逼供、体罚虐待等改革措施，不断改进和完善人权司法保障的有关制度和程序，目的就是要使人民群众在司法过程中依法享有更加充分真实的人权，在每一个司法案件中都感受到公平正义。因此，完善人权司法保障制度，不仅体现了全面深化改革的指导思想，而且从人权司法保障和救济的重要方面贯彻了整个改革的战略部署。

第二，把完善人权司法保障制度与深化政治体制改革紧密结合起来，有利于从司法人权保障制度改革完善的角度推进政治体制改革。西方社会有人认为，中国本轮全面深化改革的部署中，关于政治体制改革的内容很少，让人失望。这种看法是值得商榷的。司法制度是各国政治制度的重要组成部分，中国也不例外。司法体制改革，尤其是司法体制中有关人权保障制度的改革完善，毫无疑问是政治体制改革的重要内容，而且是广大公民普遍关心、热切期待改革的重要领域。《关于全面深化改革若干重大问题的决定》将废止劳动教养制度、健全社区矫正制度、健全国家司法救助制度等改革，作为新一轮司法体制改革的具体任务，体现了以人权司法保障制度改革完善为重点和突破口之一的政治体制改革，这是一种在宪法框架下和法治轨道上积极稳妥扎实有效推进政治体制改革的有益实践。

2013年12月28日，第十二届全国人大常委会第六次会议通过了《关于废止有关劳动教养法律规定的决定》，废止了1957年8月1日第一届全国人民代表大会常务委员会第七十八次会议通过的《全国人民代表大会常务委员会批准国务院关于劳动教养问题的决定的决议》及《国务院关于劳动教养问题的决定》；废止了1979年11月29日第五届全国人民代表大会常务委员会第十二次会议通过的《全国人民代表大会常务委员会批准国务院关于劳动教养的补充规定的决议》及《国务院关于劳动教养的补充规定》，同时明确规定："在劳动教养制度废止前，依法作出的劳动教养决定有效；劳动教养制度废止后，对正在被依法执行劳动教养的人员，解除劳动教养，剩余期限不再执行。"这是执政党十八届三中全会后中国在完善人权司法保障制度方面采取的第一个重大改革举措。

第三，把完善人权司法保障制度与推进法治中国建设紧密结合起来，有利于从尊重保障人权的角度落实依法治国基本方略。建设法治中国，就是要坚持科学立法、严格执法、公正司法、全面守法的基本方针，坚持依法治国、依法执政、依法行政共同推进，坚持法治国家、法治政府、法治社会一体建设。建设法治中国的目的之一，就是维护人民权益，实现到2020年人权得到切实尊重和保障的目标。人权司法保障制度，既是法治中国制度体系的重要组成部分，也是司法体制和人权保障制度体系的重要组成部分，因此，按照《关于全面深化改革若干重大问题的决定》的要求，健全社区矫正和国家司法救助制度，完善法律援助和律师制度等人权司法保障制度，必然有助于完善法治中国的制度基础，有助于推进司法体制改革，有助于建立更加完善的人权保障体系。

第四，把完善人权司法保障制度与深化司法体制改革紧密结合起来，有利于从司法人权保障的角度推进司法体制的深化改革。《关于全面深化改革若干重大问题的决定》把维护宪法法律权威、深化行政执法体制和深化司法体制改革、确保依法独立公正行使审判权检察权、完善人权司法保障制度等列为现阶段法治中国建设的主要任务，实际上是在2010年中国特色法律体系如期形成后，将法治建设的重点从改革开放前 30 年的以立法为中心，转向宪法和法律实施的重大布局调整。当前法治中国建设的五大任务（维护宪法法律权威、深化行政体制改革、确保依法独立公正行使审判权检察权、健全司法权力运行机制、完善人权司法保障制度），有一个共同特点，都是围绕宪法和法律实施展开的。根据《关于全面深化改革若干重大问题的决定》的安排，深化司法体制改革是当下法治中国建设的重点，而完善人权司法保障制度，既是司法体制改革的一项艰巨任务，又是检验深化司法体制改革好坏成败的一个重要标准。也就是说，如果新一轮司法体制改革不能有效维护人民权益、保障司法人权、让人民群众在每一个司法案件中都感受到公平正义，人民群众就有理由认为这一改革是不成功的。例如，从 2013 年至 2018 年，人民法院出台防范刑事冤假错案指导意见，落实罪刑法定、证据裁判、疑罪从无等原则，对错案发现一起、纠正一起，再审改判刑事案件 6747 件，其中依法纠正呼格吉勒图案、聂树斌案等重大冤错案件 39 件 78 人，并依法予以国家赔偿；对 2943 名公诉案件被告人和 1931 名自诉案件被告人依法宣告无罪，确保无罪的人不受刑事追究、有罪的人受到公正惩罚；根据全国人大常委会决定，依法特赦罪犯 31527 人。[①] 因此，从某种意义上讲，完善人权司法保障制度的改革，是一场更加深刻的司法体制改革，我们必须站在全面深化改革和推进法治中国建设新的历史高度，来认识完善人权司法保障制度的重要性和必要性，从而更加积极稳妥、更加求真务实地参与并推进人权司法保障制度的完善和发展。

[①] 周强在第十三届全国人民代表大会第一次会议上作的《最高人民法院工作报告》，2018 年 3 月 9 日。

五　坚持司法体制改革的问题导向、路径依赖与目标指引相统一

（一）坚持司法体制改革的问题导向

从国情和实际出发，坚持问题导向，是新一轮深化司法体制改革的一项重要原则。习近平总书记在关于四中全会《决定》的说明中指出：全会决定直面中国法治建设领域的突出问题，立足中国社会主义法治建设实际……对科学立法、严格执法、公正司法、全民守法、法治队伍建设、加强和改进党对全面推进依法治国的领导作出了全面部署，有针对性地回应了人民群众呼声和社会关切。解决法治领域的突出问题，根本途径在于改革。如果完全停留在旧的体制机制框架内，用老办法应对新情况新问题，或者用零敲碎打的方式来修修补补，是解决不了大问题的。在司法领域要解决的主要问题是，司法不公、司法公信力不高问题十分突出，一些司法人员作风不正、办案不廉，办金钱案、关系案、人情案，"吃了原告吃被告"，等等。司法体制改革要针对这些主要问题，切实解决司法不公、司法腐败和司法公信力不高的问题，解决人民群众立案难、胜诉难、执行难的"三难"问题，解决司法地方化和行政化的问题。

（二）选择司法体制改革的正确路径

深化司法体制改革的路径依赖，就是要把中央顶层设计和政策指导与基层和地方的具体实践、积极探索、先行先试结合起来，推动司法改革的制度创新，激发司法体制的活力。要积极稳妥有序推进，坚持深化司法体制要于法有据，依法有序推进改革。例如，人民检察院

按照十二届全国人大常委会第九次会议审议通过了《关于授权在部分地区开展刑事案件速裁程序试点工作的决定》，组织沈阳、青岛、郑州、西安等18个城市217个检察院开展试点，对轻微刑事案件加快办案进度，并建议人民法院适用速裁程序，审查起诉周期由过去平均20天缩短至5天半。按照中央的部署，从以下方面积极稳妥有序推进司法体制的改革。一是解放思想，突破利益固化的樊篱，以自我革新的勇气和胸怀，找准司法改革的突破方向和着力点。二是加强调研，摸清情况，找准问题，反复研究论证，做到谋定而后动。三是循序渐进，既不迁就现状裹足不前，又不脱离现阶段实际盲动冒进，确保改革的力度、进度与社会可承受的程度相适应。四是分类推进，分批实施，稳扎稳打，全面落实。截至2017年3月，司法责任制改革在全国法院铺开，全国已有28个高级法院（含兵团分院）、363个中级法院、2644个基层法院完成员额法官选任工作，约占全国法院总数的86.7%，共产生入额法官105433名；全国已有205家试点法院结合自身实际，整合内设机构，精简行政职能，推动扁平化管理，取得良好成效。人民检察院全面推开检察官员额制改革，通过严格考试和审查，截至2017年3月已遴选出71476名员额制检察官；吉林、海南、青海等25个省区市检察机关开展内设机构改革，优化精简内设机构，化解案多人少矛盾，一线办案人员普遍增加20%以上。

（三）坚持司法体制改革的目标指引

从司法本身来看，司法体制改革必须为了人民、依靠人民、造福人民，司法体制改革成效如何，要由人民来评判。从司法体制来看，就是要坚持和完善中国特色社会主义司法制度，确保人民法院、人民检察院依法独立公正行使审判权、检察权。从人民群众的感受来看，司法体制改革就是要让人民群众在每一个司法案件中感受到公平正义，让公平正义的阳光照进人民心田，让老百姓看到实实在在的改革成效。为了让人民群众感受到公平正义，人民法院健全审判流程、庭审活动、裁判文书、执行信息四大公开平台，进一步拓展司法公开的广度和深度，让人民群众看得见、感受到公平正义；完善审判流程公开，实现全国法院全覆盖、各类案件全覆盖，当事人可随时查询案件进展；加强庭审公开，最高人民法院自2016年7月1日起所有公开开庭案件都上网直播，各级法院直播庭审62.5万次，观看量达到20.7亿人次；截至2017年2月底，中国裁判文书网公开裁判文书超过2680万份，访问量突破62亿人次，覆盖210多个国家和地区，成为全球最有影响的裁判文书网；在执行信息网公开信息4711万条。从着力解决司法问题来看，司法体制改革就是要切实解决司法腐败和司法不公问题、司法地方化和司法行政化问题和老百姓打官司"三难"问题。2016年基本解决执行难问题取得实质进展，在全社会大力支持下，各级法院向执行难全面宣战，共受理执行案件614.9万件，执结507.9万件，同比分别上升31.6%和33.1%，执行到位金额1.5万亿元，同比上升54%。

（四）实现问题导向、路径依赖与目标指引相统一

推进司法体制改革，根本目的在于解放和发展司法生产力，从体制机制和实际效果两个方面，真正实现人民群众满意和社会普遍认可的公正司法。新一轮司法体制改革之所以能够走出"进一步，退两步"的怪圈，之所以能够达成目标、产生实效、释放活力，一个重要原因就是把司法体制改革"改什么""如何改"

和"改去哪"紧密联系起来设计,把司法体制改革的问题、路径和目标三者统一起来考虑和安排,确保司法体制产生"系统改革"的良好效应。

六 坚持司法体制改革、司法队伍建设与司法环境改善统筹推进

(一)深化司法体制改革

推进公正司法,落实中央确定的101项司法改革任务,要以优化司法职权配置为重点,健全司法权力分工负责、相互配合、相互制约的制度安排。一是确保法院、检察院依法独立公正行使审判权、检察权,推动省以下地方法院、检察院人财物统一管理;探索与行政区划适当分离的司法管辖制度。二是优化司法职权配置,健全公、检、法、司四机关各司其职,侦查权、检察权、审判权、执行权相互配合、相互制约的体制机制;推动实行审判权和执行权相分离的体制改革试点;完善刑罚执行制度,统一刑罚执行体制;改革司法机关人财物管理体制,探索实行法院、检察院司法行政事务管理权和审判权、检察权相分离。例如,2016年全国法院基本完成法官员额制改革,85%以上的司法人力资源配置到办案一线,激发了法官工作积极性,上海、广东、海南法官人均办案数量同比分别增长21.9%、22.3%和34.8%。三是完善司法管辖体制,最高人民法院设立巡回法庭。2016年11月,中央深改组第29次会议审议通过了《关于最高人民法院增设巡回法庭的请示》,同意最高人民法院在深圳市、沈阳市设立第一、第二巡回法庭的基础上,在南京市、郑州市、重庆市、西安市增设第三、第四、第五、第六巡回法庭,六个巡回法

庭的整体布局顺利完成。第一、第二巡回法庭设立两年来共受理案件4721件，审结4573件，充分发挥改革"试验田""排头兵"作用；探索设立跨行政区划的人民法院和人民检察院，办理跨地区案件；完善行政诉讼体制机制。四是完善司法权力运行机制，改革法院案件受理制度，变立案审查制为立案登记制；完善刑事诉讼中认罪认罚从宽制度；完善审级制度，推进以审判为中心的诉讼制度改革；探索建立检察机关提起公益诉讼制度。2016年最高人民法院受理案件22742件，审结20151件，比2015年分别上升42.3%和42.6%；地方各级法院受理案件2303万件，审结、执结1977.2万件，结案标的额4.98万亿元，同比分别上升18%、18.3%和23.1%。截至2018年9月，全国法院通过网络查控系统，为5746万个案件提供查询冻结服务，共冻结资金2992亿元，查询房屋、土地等不动产信息546万条，车辆4931万辆，证券1085亿股，船舶119万艘，网络资金129亿元，有力维护了胜诉当事人合法权益。截至2018年9月，全国法院累计发布失信被执行人名单1211万例，322万名失信被执行人迫于信用惩戒压力自动履行了义务。[①] 五是加强对司法活动的监督，健全司法机关内部监督制约机制，建立司法机关内部人员过问案件的记录制度和责任追究制度，完善办案责任制，落实谁办案谁负责，实行办案质量终身负责制和错案责任倒查问责制；加强检察机关法律监督；加强人民群众监督和社会监督，完善人民陪审员制度，完善人民监督员制度；依法规范司法人员与当事人、律师、特殊关系人、中介组织的接触、交往行为。

[①] 周强在第十三届全国人民代表大会常务委员会第六次会议上作的《最高人民法院关于人民法院解决"执行难"工作情况的报告》，2018年10月24日。

（二）加强司法队伍建设

制度的生机与活力，归根结底要通过作为制度主体的人体现出来。在司法领域，司法体制改革是否具有生机、能否焕发活力，关键要看能否建设一支又红又专的司法队伍，充分调动最广大司法人员的积极性、主动性和创造性。一方面，司法人员必须信仰法律、坚守法治，端稳天平、握牢法槌，铁面无私、秉公司法。按照政治过硬、业务过硬、责任过硬、纪律过硬、作风过硬的要求，教育和引导司法工作者牢固树立社会主义法治理念，恪守职业道德，做到忠于党、忠于国家、忠于人民、忠于法律。另一方面，建立符合职业特点的司法人员管理制度。一是推进司法人员分类管理改革，健全有别于普通公务员的法官、检察官专业职务（或技术职称）序列；2016年6月27日，中央组织部、中央政法委、最高人民法院、最高人民检察院出台《法官助理、检察官助理和书记员职务序列改革试点方案》，对编制内法官助理、书记员原则上按综合管理类进行管理等作出明确规定。二是完善法官、检察官、人民警察选任招录制度（2016年5月，中央组织部、最高人民法院、最高人民检察院印发《关于建立法官检察官逐级遴选制度的意见》，明确了地市级以上人民法院法官一般通过逐级遴选方式产生；2016年6月，中央办公厅印发《从律师和法学专家中公开选拔立法工作者、法官、检察官办法》），进一步明确了参加公开选拔的律师、法学专家应当符合的条件、程序、应遵守的规定等。三是完善法官、检察官任免、惩戒制度。四是强化法官、检察官、人民警察的职业保障制度（2016年，中央深改领导小组第23次会议审议通过《保护司法人员依法履行法定职责的规定》，由中办、国办于7月21日印发；中央深改领导小组第26次会议审议通过《关于建立法官、检察官惩戒制度的意见（试行）》，由"两高"于10月12日印发）。

（三）改善司法环境

司法体制不是在真空中运行，司法活动必然会与社会外部环境有接触、有交流，外部因素也会以种种方式影响、制约甚至干扰司法过程。这就要求各级党组织和领导干部必须旗帜鲜明支持司法机关依法独立行使职权，绝不容许利用职权干预司法。为确保依法独立公正行使审判权和检察权，建立领导干部干预司法活动、插手具体案件处理的记录、通报和责任追究制度。[①] 同时要求司法人员应当刚正不阿，勇于担当，敢于依法排除来自司法机关内部和外部的干扰，坚守公正司法的底线。

---

① 2015年3月，中共中央办公厅、国务院办公厅印发了《领导干部干预司法活动、插手具体案件处理的记录、通报和责任追究规定》，明确规定，为了防止领导干部干预司法活动、插手具体案件处理，确保司法机关依法独立公正行使职权，根据宪法法律规定，结合司法工作实际，制定本规定。各级领导干部应当带头遵守宪法法律，维护司法权威，支持司法机关依法独立公正行使职权。任何领导干部都不得要求司法机关违反法定职责或法定程序处理案件，都不得要求司法机关做有碍司法公正的事情。领导干部有下列行为之一的，属于违法干预司法活动，党委政法委按程序报经批准后予以通报，必要时可以向社会公开：（一）在线索核查、立案、侦查、审查起诉、审判、执行等环节为案件当事人请托说情的；（二）要求办案人员或办案单位负责人私下会见案件当事人或其辩护人、诉讼代理人、近亲属以及其他与案件有利害关系的人的；（三）授意、纵容身边工作人员或者亲属为案件当事人请托说情的；（四）为了地方利益或者部门利益，以听取汇报、开协调会、发文件等形式，超越职权对案件处理提出倾向性意见或者具体要求的；（五）其他违法干预司法活动、妨碍司法公正的行为。领导干部干预司法活动，造成后果或者恶劣影响的，依照党政纪律规定给予纪律处分；造成冤假错案或者其他严重后果，构成犯罪的，依法追究刑事责任。领导干部干预司法活动、插手具体案件处理的情况，应当纳入党风廉政建设责任制和政绩考核体系，作为考核干部是否遵守法律、依法办事、廉洁自律的重要依据。

把司法改革作为一个系统工程,坚持司法体制改革、司法队伍建设与司法环境改善一体设计,统筹推进。其中,司法体制改革解决的是制度和机制问题,目的是要释放中国特色社会主义司法制度的"红利"和活力,充分发挥其制度优势,从体制机制上保障和推进公正司法。加强司法队伍建设,是司法改革的主体工程,是焕发司法制度活力的关键。建立符合职业特点的司法人员管理制度,在深化司法体制改革中居于基础性地位,是必须牵住的"牛鼻子"。改善司法外部环境,形成良好的法治氛围和公正司法土壤,是克服司法地方化弊端,防止外部力量干预司法活动、插手具体案件,切实保证法院检察院依法独立公正行使职权的重要条件。通过全面深化司法体制改革,整合制度、主体、环境三大要素,构建"良法善治"的司法制度体系,培养优秀专精的司法人员队伍,形成文明有序的司法运行环境,用现阶段最佳匹配的司法要素体系,促进司法体制和司法能力现代化,最大限度地激发中国特色社会主义司法制度的活力和潜能。

我们有理由相信,到新一轮司法体制改革的各项任务圆满完成后,全面依法治国和国家治理现代化顺利推进,司法改革的各项目标将全面实现,司法体制机制存在的主要问题和积弊将得以解决,人民群众对公正司法会有更多获得感和认同感,中国特色社会主义现代化司法制度将焕发出更多活力、展现蓬勃生机。

第八章

中国共产党党内法规

　　常识告诉我们，哲学社会科学深入研究和理论创新的一个重要切入点，是从基本概念开始。概念是人类思维的基本形式，反映了客观事物（认识对象）的一般的、本质的特征。按照一定规则，把事物的本质特征或者概念的内涵和外延简明扼要地表达描述出来，通常就成为定义。法学尤其是规范法学的研究，应当特别重视概念问题，深入研究法学概念（定义）的科学性、规范性、严谨性和周延性，并把它作为整个法学理论立论的基础和法学学科建设的前提。中国共产党"党内法规"（简称为"党内法规"）作为全面从严治党理论体系中国特色社会主义法治体系一个新生的核心概念，已经得到执政党文件的正式确认和普遍使用，也得到党建理论界、政治学界和法学界等的广泛关注和基本认同。与此同时，中国共产党"党内法规"作为中国政治生活中的一个热词，作为一个学术研究不可回避的重要名词术语和概念事实，在从严治党、制度建党、依规治党和依法治国、依法治权、建设中国特色社会主义法治体系等方面，越来越显示出它的既存性、重要性和影响力。当然，从法学学科角度并用科学严谨的法学思维和规范法学的研究方法来看，如何定义中国共产党"党内法规"这个概念，还有进一步深入研究的必要。

◈ 第一节　中国共产党党内法规的界定

何谓"党内法规"？《中国共产党党内法规制定条例》把"党内法规"定义为："党内法规是党的中央组织以及中央纪律检查委员会、中央各部门和省、自治区、直辖市党委制定的规范党组织的工作、活动和党员行为的党内规章制度的总称。"这是中共中央以党内立法的规范性文件形式作出的正式统一的表述，有关学者对党内法规的概念，也有多种研究和不同表述，在此不逐一介绍[①]。在法学、政治学以及汉语的语境下，如何科学界定"党内法规"，大致有以下问题需要进一步探讨和回答。

[①] 参见李忠《党内法规建设研究》，中国社会科学出版社2015年版，第13—14页。对党内法规概念的研究，为拓宽视角和深化研究奠定了基础。对党内法规概念的研究，虽角度不同、观点迥异、各有侧重，但学者普遍认为，党内法规这一名称具有中国特色，是一个约定俗成的概念。一是直接援引《中国共产党党内法规制定条例》第2条的规定，党内法规是党的中央组织以及中央纪律检查委员会、中央各部门和省、自治区、直辖市党委制定的规范党组织的工作、活动和党员行为的党内规章制度的总称。二是从语义学和词源学的视角进行分析，认为是由党的专门机关进行制定、认可和解释，规范党员的权利和义务，贯彻落实党内法规具有强制性。三是从法学视角加以概括，描述为规范党组织的工作、活动和党员行为的具有"法"位的党内制度的总称（姜明安：《论中国共产党党内法规的性质与作用》，《北京大学学报》（哲学社会科学版）2012年第3期）。四是从党内法规与国家法律关系的视角展开论述，认为党制定的自我管理、自我约束的各种规范制度统称为党内法规（王振民、施新州：《中国共产党党内法规研究》，人民出版社2016年版）。参见郭玮《十八大以来党内法规制度研究述评与展望》，《上海法学研究》2018年第2期。

一 关于党内法规的主词——"法规"

从汉语语法的构词学方法来看,"党内法规"是一个"偏正结构"的词语,修饰词是"党内",被修饰的主词是"法规"。为什么中国共产党制定和发布的诸多具有法的规范性特征的文件,要称为党内"法规",而不是"党的规矩"(简称"党规")、"党的纪律"(简称"党纪")、"党内律法"(简称"党法")等,以便于从名词概念上科学地与国法区别开来?从历史渊源来看,尽管1938年10月,毛泽东同志在党的六届六中全会所作的政治报告上指出,除了重申……中央四项最重要的纪律外,"还须制定一种较为详细的党内法规,以统一各级领导机关的行动"①。在这次会议上,刘少奇就起草关于中央委员会工作规则与纪律、各级党部工作与纪律、各级党委暂行组织机构3个决定作了《党规党法的报告》,这是党的领导人第一次使用"党规党法"的名称。但是,当时的中国共产党是领导人民进行新民主主义革命的政党,其中心任务是通过武装斗争夺取国家政权,除了革命根据地政权制定的某些地方性局部性革命性的法律法规外,我们党既没有"国法"也没有"国法"制定权。因此,当时的"党内法规"尤其是党章等基本党内法规,既是我们党加强党建工作的重要制度保障,也是我们党领导人民进行革命的根本遵循,它们既有革命党规范的属性也有革命政权法规的功能,与今天中国共产党已经成为领导全国政权的执政党制定的"党内法规"和党领导的国家立法机关制定的"国家法律"都不相同,不宜把毛泽东同志当时讲的"党内法

---

① 《毛泽东选集》第二卷,人民出版社1991年版,第528页。

规"与今天使用的"党内法规"概念简单等同、混淆起来。从国法意义上看，中国特色社会主义法律体系大致分为宪法（Constitution）、基本法律（Basic Laws）、法律（Laws）、行政法规（Administrative Regulations）、地方性法规（Local Regulations）等不同名称和不同层级，无论是行政法规还是地方性法规，它们（法规）（Regulations）在中国法律体系中都处于比较低的层级（位阶），用"党内法规"这一立法名词来涵盖和表达党章、准则、条例、规则等规范性文件，在法治思维和法治方式看来，显然有"矮化"党内法规地位或者"限缩"党内法规内涵之嫌。从党法意义上看，党章（Party Constitution）是党的根本法，是中国共产党立党、治党、管党、建党的总章程，相当于党内"宪法"的位阶，在党内具有最高地位、最高权威和最大效力。然而在国家层面甚至国际层面的法学话语体系中，尤其是对应于英文表述时，处于党内法规最高的"第一位阶"的"党章"（Constitution）被归属于"第三位阶"的党内"法规"（Regulations）范畴[①]，以至于出现"三代同堂"（党章＝宪法，准则、条例＝法律，规则＝法规）、辈分混乱、位阶不清的局面。这种用法，在法理上不利于我们党规范体系的理论化、科学化建构，在实践中不利于在依规治党和依法治国相统一的理念下保持党内规则体系与国家法律体系的区分、平衡和衔接。

[①] "反对者认为，党内法规的提法不能成立。主要理由：一是政党组织不享有立法权，我国《立法法》没有赋予政党立法权，政党不能成为立法主体；二是法规是我国《立法》法规定的专门法律术语，特指行政法规和地方性法规，不包括党内法规，党内法规的提法容易与国家法律产生混淆；三是党内法规的提法不能严谨、准确地反映党与法的关系，把法的适用对象区分为党内与党外，让人误以为国法之外存在党的另一套'法规'，有'法外有党''党大于法'之嫌，建议用'党的纪律'或'党内规范'取代'党内法规'。"李忠：《党内法规建设研究》，中国社会科学出版社2015年版，第13页。

与此相关的另一个基本问题，是党内之"法规"能否解释为"法律和法规"的简称？答案是否定的。我们认为，把党内之"法规"解释为"法律和法规"，既不符合中国《立法法》的规范用法，也与有关重要文件和领导讲话的用法相左。例如，《立法法》第二条明确规定："法律、行政法规、地方性法规、自治条例和单行条例的制定、修改和废止，适用本法。"党的十八届四中全会《决定》的表述是："完善立法体制机制，坚持立改废释并举，增强法律法规的及时性、系统性、针对性、有效性。"习近平总书记在《加快建设社会主义法治国家》一文中提出，全面推进依法治国"要坚持立法先行，坚持立改废释并举，加快完善法律、行政法规、地方性法规体系"；明确要求"党员不仅要严格遵守法律法规，而且要严格遵守党章等党规"[1]。由此可见，法律和法规是两个不同的概念，其中的"法规"（Regulations）就是一个由国家立法正式确认并约定俗成的名词，而不是"法律和法规"（Laws and Regulations）这两个概念名词合起来的简称。如果有人硬要望文生义地把党的"法规"解释为"法律和法规"的简称，那么，在理论上和实践中就难以区分、解释并回答什么是"党内法律"及什么是"党内法规"等问题。

二　关于党内法规的邻近属概念

形式逻辑的定义规则要求我们，下定义就是用简短明确的语句揭示概念所反映的对象的特点或本质，用公式来表示就是：被定义概念＝种差＋邻近属概念。这里的"邻近属概念"是指包含了一个概念

---

[1] 习近平：《加快建设社会主义法治国家》，《求是》2015年第1期。

全部外延的与该概念最相近的概念;"种差"则是指同一邻近属概念下的种概念之间的本质差别。那么,"党内法规"这个定义的邻近属概念是什么?根据《中国共产党党内法规制定条例》的定义:"党内法规是……党内规章制度的总称",在这里,"党内规章制度"成为党内法规的邻近属概念;另一个十分重要的党内法规——《中国共产党纪律处分条例》规定:"党的纪律是……行为规则","党章是……总规矩",在这里,"行为规则"或者"规矩"成为"党的纪律"的邻近属概念。在有关党内法规或者重要文件、领导人讲话中的其他表述还有:"党章是党的根本大法","党章是最根本的党内法规,是制定其他党内法规的基础和依据",等等。这些定义方法或许无可厚非,但根据形式逻辑下定义对于邻近属概念的基本要求,似乎又有商榷完善和统一使用党内法规之邻近属概念的必要。从政治学的"政理"来看,党内法规的邻近属概念到底是"规章制度""行为规则"还是"纪律"或"规矩",有关党内立法应当作出统一规定。从法学的"法理"来看,法理学通常把定义"法""法律"等概念的邻近属概念确定为"行为规范"或"行为规则",如"法是……行为规范"(例如,马克思主义理论研究和建设工程《法理学》对法作出这样一个马克思主义的定义:"法是由国家制定或认可并依靠国家强制力保证实施的,反映由特定社会物质生活条件所决定的统治阶级意志,规定权利与义务,以确认、保护和发展对统治阶级有利的社会关系和社会秩序为目的的行为规范体系。"[1]),"法律是……行为规则","民法是调整……关系的法律规范"(例如,《中国特色社会主义法律体系》白皮书规定:"民法是调整平等主体的公民之间、法人之间、公民和

---

[1] 本书编写组:《法理学》(马克思主义理论研究和建设工程重点教材),人民出版社、高等教育出版社 2010 年版,第 36 页。

法人之间的财产关系和人身关系的法律规范，遵循民事主体地位平等、意思自治、公平、诚实信用等基本原则。"[1])，而"法律规范是……社会规范（或社会行为准则）"，等等。无论从"政理"还是从"法理"来考察，采用"规章制度"作为党内法规的邻近属概念，都不太准确规范。

如果用法治思维和法学方式来定义"党内法规"，应当用"规矩"或者"规则"等作为其邻近属概念。换言之，从"政理"和"法理"相统一的角度来看，我们很难说"法律是……国家规章制度的总称"，因为在法治社会中，法律与制度往往是难分彼此的，许多法律就是制度，而制度就是法律；法律与制度往往是浑然一体的，统称为"法律制度"，如"民事法律制度""经济法律制度"等；"法律化"往往意味着"制度化"，"变法"往往就是制度改革（或者变革）。国务院新闻办公室发布的《中国特色社会主义法律体系》白皮书明确解释：全国人大及其常委会制定的法律，确立了国家经济建设、政治建设、文化建设、社会建设以及生态文明建设各个方面重要的基本的法律制度，构成了中国特色社会主义法律体系的主干，也为行政法规、地方性法规的制定提供了重要依据。[2] 行政法规在中国特色社会主义法律体系中具有重要地位，是将法律规定的相关制度具体化，是对法律的细化和补充。可见，法律法规与国家制度往往难解难分，法律法规通常规定了各种国家制度，是制度的法律化；而国家各

---

[1] 国务院新闻办公室：《中国特色社会主义法律体系》白皮书，2011年10月发布。

[2] "法律是中国特色社会主义法律体系的主干。中国《宪法》规定，全国人大及其常委会行使国家立法权。全国人大及其常委会制定的法律，是中国特色社会主义法律体系的主干，解决的是国家发展中带有根本性、全局性、稳定性和长期性的问题，是国家法制的基础，行政法规和地方性法规不得与法律相抵触。"国务院新闻办公室：《中国特色社会主义法律体系》白皮书，2011年10月发布。

种制度通常体现在法律法规之中，是法律的制度化，两者相互依存、辩证统一。因此，用"制度"作为"法律、法规"的邻近属概念，非但不能表明法律与制度的种属关系，还有"同义反复"之虞。规章制度是"制度"的一种类型或一个子概念，既然"制度"不宜作为"邻近属概念"，那么把"规章制度"作为定义"党内法规"的邻近属概念，当然也是不合适的。

况且，在国家法律层面，有一些法律法规的要求并不表现为严格的国家制度形式，而是以习惯法、惯例、习俗、理念、原则、精神等存在；在党规党法层面，"党在长期实践中形成的优良传统和工作惯例"等不成文的规矩，也不一定是严格的党内规章制度，但这些"规矩"在管党治党方面发挥着不可或缺的重要作用。可见，把"制度"或者"规章制度"作为界定"党内法规"的邻近属概念，在理论与实践、内涵与外延等方面，是不够严谨科学的。

还有一个需要讨论的深层次问题，就是国家法律和党内法规的核心功能是什么？一般来讲，国家法律的核心功能是调整社会关系、规范社会行为，例如，违反某某法律的规定，本质上是某社会行为侵害（危害）了某某社会关系，因此，国家法律要惩罚这种违法犯罪行为，故此国家法律是一种非常重要的社会行为规范。把法律归结为行为规范，这是法学理论从基本功能和运行方式来理解和界定国家法律法规概念的常规性做法，也是国内外法学界公认的基本方法。然而，我们党有权主体制定的党内法规，它们到底是一种行为规范（规矩），还是一种规章制度？这两者的侧重点是有明显区别的。在当代国家，规范、规矩、规则等概念是以约束、调控、规范社会行为为对象的，它不支配人们的精神和思想，所以，没有行为就没有规范、规矩、规则的用武之地；但在当代社会，制度不仅要管束人的行为活动，还要决定人的社会存在，引导人的价值追求，培养人的道德情操，支配人的宗教信仰，教化人的精神品格，改造人的思想观念，左右人的社会关系，掌控主流意识形态，等等，一切统治、管理和治理需要的经常性体制性安排，都可称之为"制度"；一切统治、管理和治理需要涉足的对象或客体，无论是行为活动还是思想精神，都可能纳入"制度"的调控范围之内。简言之，规范只适用于人们的行为，而制度不仅调控人们的行为，而且可以影响人们的思想。鉴于规范与制度的一般区分，我们认为应当把"党内法规"的定义归结到"法言法语"上，统一用"行为规矩"或"行为规范"作为党内法规的"邻近属概念"，把其界定为："党内法规是由……制定的……党内行为规矩（规范）的总称。"这样表述，更为科学合理，更符合法学和形式逻辑关于下定义的基本要求。

三 把"规矩"作为定义党内法规的邻近属概念

"欲知平直，则必准绳；欲知方圆，则必规矩。"没有规矩，不成其为方圆。中国古人常常把"规矩"形象地比喻为"法"，认为法者，准绳也，规矩也，尺度也，斗斛也。规矩往往与法度、法律相同甚至同义。习近平总书记高度重视并经常强调"规矩"的重要性。在党的十八届四中全会第二次全体会议的讲话中，习近平总书记从治国理政的战略高度指出：治理一个国家、一个社会，关键是要立规矩、讲规矩、守规矩。法律是治国理政最大最重要的规矩。[1] 在第十八届中央纪律检查委员会第五次全体会议上的讲话中，习近平总书记根据全面从严治党的战略任务强调指出：党的团结统一靠什么来保证？要靠共同的理想信念，靠严密的组织体系，靠全党同志的高度自觉，还

---

[1] 中共中央文献研究室编：《习近平关于全面依法治国论述摘编》，中央文献出版社 2015 年版，第 12 页。

要靠严明的纪律和规矩。因为"没有规矩不成其为政党,更不成其为马克思主义政党……我们党的党内规矩是党的各级组织和全体党员必须遵守的行为规范和规则。党的规矩总的包括什么呢?其一,党章是全党必须遵循的总章程,也是总规矩。其二,党的纪律是刚性约束,政治纪律更是全党在政治方向、政治立场、政治言论、政治行动方面必须遵守的刚性约束。其三,国家法律是党员、干部必须遵守的规矩,法律是党领导人民制定的,全党必须模范执行。其四,党在长期实践中形成的优良传统和工作惯例"①。

为什么说党在长期实践中形成的优良传统和工作惯例也是十分重要的党内规矩呢?这是因为,对我们这么一个大党来讲,不仅要靠党章和纪律,还得靠党的优良传统和工作惯例。这些规矩看着没有白纸黑字的规定,但都是一种传统、一种范式、一种要求。党内很多规矩是我们党在长期实践中形成的优良传统和工作惯例,经过实践检验,约定俗成、行之有效,反映了我们党对一些问题的深刻思考和科学总结,需要全党长期坚持并自觉遵循。由上可见,"党的规矩"不仅包括党章、党纪、党内法规、国家法律,而且包括党内不成文的优良传统和工作惯例,是一个内涵丰富、外延明确的概念。"党的规矩"概念包含了"党内法规",但党内法规不能取代党的规矩。在逻辑关系上,党的规矩是个大概念,它包括党内法规,党内法规从属于党的规矩;党内法规是由特定主体制定的具有明确性、规范性、统一性、强制性、成文性制度特征的党的规矩,是党的规矩的重要组成部分。在法治思维和法治方式下,法学界本来更认可并习惯于使用"规范"或"行为规范"作为法律法规的邻近属概念,因此可把法学领域的"规范"或

---

① 中共中央纪律检查委员会、中共中央文献研究室编:《习近平关于严明党的纪律和规矩论述摘编》,中国方正出版社、中央文献出版社2016年版,第9页。

"行为规范"定义原理,借用于定义"党内法规",但习近平总书记已对"规矩"作出相较于"纪律""规范""规则""法规"等名词概念更加清晰明确的解释和描述,鉴于"党内法规"已纳入"中国特色社会主义法治体系"进而具有了概念的原创性和中国特色,鉴于在中国语境下"规矩"一词可以生动完整地表达"规范"等词的含义,故把"规矩"作为定义党内法规的邻近属概念似乎更为妥帖合适。

四 党的法规是否分为"党内"和"党外"

在汉语中,许多词语的表述和运用是存在对应关系的,如好坏、上下、高低、多少、内外、左右、前后等,无论是直接指出这种对应关系,如国内国外、体制内体制外、省内省外、校内校外、党内党外,还是隐喻某种对应关系的存在,如当我们讲国外敌对势力敌对分子时,隐喻还有国内敌对势力敌对分子;当我们讲"体制内人员"时,隐喻还有体制外人员;当我们讲"党内民主"时,隐喻还有人民民主、社会民主等党外民主。那么,当我们使用"党内法规"这个概念时,是否意味着还存在"党外法规"?如果存在,"党外法规"指的是什么?如果不存在,为什么要称之为"党内法规"而不是"党的法规"?

我们注意到,纪律和规矩同样是我们党非常重要的行为规范,但对于"纪律",我们党称之为"党的纪律"而不是"党内纪律";党的纪律区别于立法机关、行政机关、司法机关、人民军队等的纪律,不同于民主党派、社会团体、企事业单位等的纪律。对于"规矩",我们党称之为"党的规矩"而不是"党内规矩";党的规矩区别于国家机关、武装力量、社会组织、企事业单位、民间团体等的规矩。但是，对于中国共产党制定的"法规"，我们称之为"党内法规"，而不是"党的法规"。如果主要是为了与国家法律、行政法规相区别，那么称之为"党的法规"即可达到目的；如果要把"党的法规"区分为"党内"和"党外"两类法规，那么应当在使用"党内法规"概念的同时，使用"党外法规"概念，并明确"党外法规"的内涵外延，即哪些党的法规属于党外法规？讲清楚"党外法规"的划分标准、调整对象、适用范围、表现形式、制定主体、制定权限、制定程序等，它与"党内法规"有何区别？如果使用"党内法规"概念主要是为了表明其制定主体、适用范围、适用对象等是在中国共产党党内，那么执政党的"纪律"和"规矩"同样是适用于党内，为什么可以用"党的纪律""党的规矩"，而我们党制定的法规不采用"党的法规"来表述。显然，如果不从"政理"和"法理"上回答和解释这些基本问题，"党内法规"概念就会缺乏立论的科学性与合理性。试想，如果在党的理论建设方面，我们采用"党的规矩""党的纪律""党的法规"来做排比式表述，简称为"党的规矩、纪律和法规"，这样使用既符合语词惯例、言简意赅，又清晰明确、少有歧义，何乐不为？

从"党内法规"的适用对象来看，它们是适用于党组织和党员的基本规范，但由于我们党是执政党，要通过治国理政承担管理国家、治理社会、发展经济、保障民生、维护稳定等职能，从中央到地方党组织从事的许多工作和事务，既是党务，也是国务、政务和社会事务，例如党中央作出关于全面深化改革、全面依法治国、全面建成小康社会等决定，中央深改领导小组作出一系列决策和部署，省委市委就本省市改革发展建设做出重大决策，都是事关国家和地方经济、政治、文化、社会的事项，而"党内法规"要保障、规范和约束党组织的这些领导活动和决策行为,很难说这些法规仅仅是"党内"的法规。由于我们党的党员尤其是党员领导干部,许多有双重身份,既是中共党员和党组织的领导者(干部),又是国家公职人员和国家机构、国家企事业单位的负责人,党内法规适用于这些党员领导干部时,很难区分哪些是适用于中共党员身份,哪些适用于国家公职人员身份;他们集党员领导干部和国家公职人员于一身,很难区分党的法规和国家法律对他们适用的"党内"和"党外"。执政党和党员领导干部的双重身份、双重职能,党内法规和国家法律对执政党组织和党员领导干部的双重适用,决定了采用"党内"法规提法的局限性。

五 党内法规概念的广义和狭义

党内法规概念有无狭义和广义之分,回答是肯定的。例如,对于"依规治党"之"规"的不同理解,这里的"规"是指"党内法规",还是指"党的规矩",由此引出了狭义和广义"党内法规"概念的问题。我们可以把《中国共产党党内法规制定条例》中关于"党内法规"的定义,理解为狭义的"党内法规"概念,因此依规治党就是依照党内法规管党治党。例如,2016 年 12 月习近平总书记对全国党内法规工作会议作出重要指示:"我们党要履行好执政兴国的重大历史使命、赢得具有许多新的历史特点的伟大斗争胜利、实现党和国家的长治久安,必须坚持依法治国与制度治党、依规治党统筹推进、一体建设。"[①] 时任中央纪委书记王岐山在《坚持党的领导 依规管党治党 为全面推进依法治国提供根本保证》一文中指出:"国

---

① 习近平:《对全国党内法规工作会议做出的重要指示》,《人民日报》2016 年 12 月 26 日第 1 版。

有国法，党有党规。依法治国、依法执政，既要求党依据宪法法律治国理政，也要求党依据党内法规管党治党……依规管党治党是依法治国的重要前提和政治保障。只有把党建设好，国家才能治理好。只有把党建设好，国家才能治理好。"① 这些重要讲话中提到的"依规治党"之"规"，可以认为是指狭义的"党内法规"。②

此外，还可以有广义的"党内法规"概念，即"依规治党"之

---

① 王岐山：《坚持党的领导 依规管党治党 为全面推进依法治国提供根本保证》，《人民日报》2014年11月3日。

② 党的十八大以来四年时间，按照"形成完善的党内法规体系"的要求，我们党制定、修订了66部中央党内法规，占168部现行有效中央党内法规的40%左右，出台了一批标志性、关键性、基础性的法规制度，为全面从严治党提供了坚实的制度保障，做到了有规可依。全面清理党内法规的实践。2013年8月，发布《中共中央关于废止和宣布失效一批党内法规和规范性文件的决定》，完成我们党历史上对党内法规和规范性文件的第一次全面系统清理。清理的范围包括从1978年至2012年6月期间中央制定的所有767件法规和规范性文件。到2014年年底，党中央部署完成了对第二阶段清理范围即中华人民共和国成立至1977年期间中共中央制定的411件党内法规和规范性文件的清理工作。至此，党中央系统全面清理了中华人民共和国成立至2012年6月期间中央出台的全部文件，共清理党内法规和规范性文件1178件，其中322件在清理中被废止、369件被宣布失效，二者合计占到58.7%。党的十八大以来，中央党内法规制定工作推进力度之大、质量之高前所未有。5年多来共制定修订140多部法规，约占220多部现行有效中央党内法规的64%。截至2018年8月底，现行有效的党内法规约4200部，其中规则、规定、办法、细则超过4100部，对贯彻落实基础主干法规起着重要作用，增强了主干法规的针对性和可操作性。其中数量最多的，一是党的监督保障法规1460多部，二是党的自身建设法规约1400部，三是党的组织法规450多部。目前，现行有效地方党内法规约3700部，约占法规总量的90%。参见宋功德《全方位推进党内法规制度体系建设》，《人民日报》2018年9月27日。2018年，党内法规制度体系建设步伐进一步加快，全年共印发中央党内法规74部。2018年2月，中共中央印发的"二五规划"着眼于到建党100周年时形成比较完善的党内法规制度体系，对今后5年党内法规制度建设进行顶层设计。2018年，党中央启动了第二次党内法规和规范性文件集中清理工作，并将于2019年6月前完成。参见《2018年共印发中央党内法规74部——党内法规制度建设成果丰硕》，《人民日报》2019年1月8日。

"规",不仅包括狭义的"党内法规",而且包括党的纪律、党的规矩等在内。例如,习近平总书记指出:"依规治党,首先是把纪律和规矩立起来、严起来、执行起来。"① 他强调坚持依规治党和以德治党相统一,是治党、管党、建党的重要理念和举措。两者相辅相成,相向而行,统一于全面从严治党的全过程。道德使人向善,是纪律的必要前提和基础;纪律用来纠错,是道德的坚强后盾和保障。② 从严治党要兼具道德感召力和纪律约束力,才能达到内外兼修、标本兼治的效果。由此可见,从包含了党的纪律、党的规矩、党内法规(狭义)的意义上来理解和阐释"依规治党"之"规",就可将党内法规做广义解释。

为了保证"党内法规"概念的科学性、规范性、统一性和唯一性,为了使党内法规概念能够与党的纪律、党的规矩、党的制度等概念区分开来,我们建议一般应在狭义上定义和使用"党内法规"概念。在外延方面,应当使"党内法规"与"党和国家政策""社会主义道德""国家法律法规""社会习俗惯例"等区分开来;在内涵方面,应当使"党内法规"与"党内道德""党的方针政策""党内决定意见""党的文件""无权主体制定的规范性文件"等区分开来;应当允许"党内法规"与党的纪律、党的规矩有一定合理而必要的交叉和重合,但党内法规不宜等同于党的纪律、党的规矩。

基于上述分析和认识,我们可将"党内法规"(党的法规)定义为:中国共产党党内法规(党的法规),是由党的特定主体依照程序

---

① 中共中央纪律检查委员会、中共中央文献研究室编:《习近平关于严明党的纪律和规矩论述摘编》,中国方正出版社、中央文献出版社2016年版,第60页。

② 习近平:《在十八届中央政治局常委会第一百一十九次会议关于审议中国共产党廉政准则、党纪处分条例修订稿时的讲话》,2015年10月8日。

制定，体现党的意志和要求，调整党内政治、组织、权利与义务、权力与责任等重要关系，规范党组织的工作、活动和党员行为，具有明确性、规范性和强制性的行为规矩的总称。

◇ 第二节　中国共产党党内法规的政理和法理

"党内法规"在社会科学的学科分类上，主要属于政治学尤其是政党政治学研究的范畴，但这个概念又使用了"法规"这一名词并且纳入了"中国特色社会主义法治体系"范畴，因而又成为法学尤其是法理学必须关注的问题。由于"党内法规"具有政治和法治、党内法规与国家法律、全面从严治党与全面依法治国的双重属性，因此，必须从政治学与法学两个方面、从"政理"与"法理"相结合的两个角度，才能深入阐释"党内法规"的中国特色社会主义民主政治和法治体系的理论内涵和实践特征。

一　党内法规的政理

中国古人对"政理"一词有多种解释。其一，指为政之道。例如《鬼谷子·本经阴符》："原人事之政理，不出户而知天下。"韩愈《应所在典帖良人男女等状》："鞭笞役使，至死乃休。既乖律文，实亏政理。"陈亮《书后》："公之文根乎仁义而达之政理，盖所以翼'六经'而载之万世者也。"黄绾《明道编》卷四："故当时政理清明，风俗淳厚。"其二，指有卓越的政绩。如《后汉书·张衡传》："衡下车，治威严，整法度，阴知奸党名姓，一时收禽，上下肃然，称为政理。"其三，指政治。如《管子·重令》："兵虽强，不轻侮诸侯，动众用兵必为天下政理。"

把"政理"一词用于解读和研究当代中国共产党的党内法规问题，主要是指应当运用中国特色社会主义政治学的基本立场、观点和方法，阐释处在国家体制、政党制度、法治体系和社会结构中的中国共产党党内法规的基本原理，解释执政党与国家、执政党与人民、执政党与参政党、党内法规与国家法律、依规治党与依法治国等重要关系，解读党内法规的价值、性质、特征、体系、结构、功能、规范、程序、运行等基本内容；从中国特色社会主义政治理论与政治实践相结合的角度，对"什么是党内法规""为什么要建设党内法规""怎样完善和实施党内法规"等问题做出政治原理、政治哲学、政党学理和规范道理等的解释。这种研究和解释必须立足中国国情，体现中国特色，符合中国政党政治实际，绝不能照搬照抄西方政治学概念、政党政治学说和政治模式理论。

党内法规的政理，是在中国共产党长期斗争、不断发展的实践中产生和形成的，它与中国共产党的产生、发展和壮大的历史进程密不可分，与中国共产党领导人民进行革命、建设、改革的伟大实践密不可分，与坚持党的领导地位、巩固党的执政基础、发挥党的领导作用密不可分，与中国特色民主政治体制的不断改革和日益完善密不可分，与全面从严治党和全面依法治国的不断推进密不可分。总之，党内法规的政理是中国共产党人把马克思主义普遍原理同中国共产党建设实践相结合的产物，是中国共产党对政治学做出的原创性理论。

党内法规的实践政理，有两条线索：一条是概念名词的线索，即以"党内法规"这个名词或者"党规、党法"等概念名词为主线，梳理中国共产党"党内法规"概念的提出和发展变化过程；另一条线索是以今天我们界定的党内法规的主要内容,如党章、党的纪律、党的规则等内涵为主线,回顾、检索党内法规的实践发展轨迹。两条线索有机统一、不可分割、相辅相成,是理论与实践相结合的有机整体。

从概念名词的历史和实践线索来看,"党内法规"是1938年毛泽东同志首次在党内提出的。毛泽东同志在党的六届六中全会上指出,鉴于张国焘严重破坏党内纪律的行为,为使党内关系走上正轨,除了重申个人服从组织、少数服从多数、下级服从上级、全党服从中央四项最重要的纪律外,"还须制定一种较为详细的党内法规,以统一各级领导机关的行动"①。1945年5月,刘少奇同志在中共七大上作关于修改党章的报告时指出:"党章、党的法规,不仅是要规定党的基本原则,而且要根据这些原则规定党的组织之实际行动的方法,规定党的组织形式与党的内部生活的规则。"②1955年3月,毛泽东同志在党的全国代表会议上指出了我们对待党的法规应当秉持的态度,他说:"对其他的问题,符合党的原则的,比如……正确的党内法规,这样一些言论、行动,当然要积极支持,打成一片。"③1962年2月,邓小平同志在扩大的中央工作会议上指出:"我们还有一个传统,就是有一套健全的党的生活制度……这些都是毛泽东同志一贯提倡的,是我们的党规党法。"④

改革开放以后,1978年12月邓小平同志在中央工作会议上不仅使用了"党规党法"的概念,而且对党规党法与国法的关系做了言简

---

① 《毛泽东选集》第2卷,人民出版社1991年版,第528页。
② 刘少奇:《论党》,《刘少奇选集》上卷,人民出版社1981年版,第316页。
③ 《毛泽东文集》第六卷,人民出版社1999年版,第400页。
④ 《邓小平文选》第一卷,人民出版社1994年版,第300页。

意赅的阐释，明确提出"国要有国法，党要有党规党法。党章是最根本的党规党法。没有党规党法，国法就很难保障"①。

1990年7月，中共中央首次以党内法规的形式——《中国共产党党内法规制定程序暂行条例》——专门定义了"党内法规"的概念，明确规定"党内法规是党的中央组织、中央各部门、中央军委总政治部和各省、自治区、直辖市党委制定的用以规范党组织的工作、活动和党员的行为的党内各类规章制度的总称"，并对党内法规的名称、适用范围、制定主体、制定程序等作了规定。

1992年10月，党的十四大修改通过新党章，第一次以党内根本大法的形式正式确认了"党内法规"这一概念，明确规定各级纪委负有维护党章和其他党内法规的重要职责。2001年7月，江泽民同志在《庆祝中国共产党成立八十周年大会上的讲话》中指出："各级党组织和每个党员都要严格按照党的章程和党内法规行事，严格遵守党的纪律。"② 2006年1月，胡锦涛同志在中央纪委六次全会上提出："要适应新形势新任务的要求，加强以党章为核心的党内法规制度体系建设。"③ 这是党的领导人首次提出党内法规制度体系建设目标任务，具有重大战略指导意义。

2013年5月27日发布的《中国共产党党内法规制定条例》，对1990年《党内法规制定程序暂行条例》规定的"党内法规"概念，进行了修改并做出新的界定。其中最明显的变化，是关于党内法规制定主体的规定。

---

① 《邓小平文选》第二卷，人民出版社1983年版，第147页。
② 《江泽民文选》第三卷，人民出版社2006年版，第291页。
③ 《学习党章 遵守党章 贯彻党章 维护党章深入开展党风廉政建设和反腐败工作》，《人民日报》2006年1月7日第1版。

2014年10月，党的十八届四中全会第一次在中央全会文件中提出"形成完善的党内法规体系"的战略任务。同月，习近平总书记在《加快建设社会主义法治国家》的重要讲话中，进一步明确提出"要完善党内法规制定体制机制，注重党内法规同国家法律的衔接和协调，构建以党章为根本、若干配套党内法规为支撑的党内法规制度体系，提高党内法规执行力"[1]。2016年12月，习近平总书记就加强党内法规制度建设作出重要指示，党的十八大以来，党中央高度重视党内法规制度建设，推动这项工作取得重要进展和成效……要按照十八大和十八届三中、四中、五中、六中全会部署，认真贯彻落实《中共中央关于加强党内法规制度建设的意见》，以改革创新精神加快补齐党建方面的法规制度短板，力争到建党100周年时形成比较完善的党内法规制度体系，为提高党的执政能力和领导水平、推进国家治理体系和治理能力现代化、实现中华民族伟大复兴的中国梦提供有力的制度保障。

从实践发展的线索来看，中国共产党成立伊始就高度重视党内法规制度建设。1921年8月5日，党的第一次全国代表大会通过了《中国共产党第一个纲领》。这是党的历史上第一个具有党章性质的党内法规。此后在中国共产党不断发展壮大的90多年尤其是改革开放以来近40年的历程中，党内法规建设经历了曲折辉煌的不同发展阶段[2]，呈现出以下主要特点：以党章及其与时俱进地修改完善为党内法规建设的核心和基础，以党的制度、党的纪律、党的规矩、党的作风、党的道德、民主集中制原则等为构建党内法规体系的基本框架，

---

[1] 习近平：《加快建设社会主义法治国家》，《求是》2015年第1期。

[2] 李忠：《党内法规建设研究》之"党内法规的历史沿革"部分，中国社会科学出版社2015年版，第31—78页。

以政治纪律、廉洁纪律、群众纪律、工作纪律、生活纪律等为完善党内法规体系的主要内容，以从严治党、依规治党、制度治党、把权力关进制度的笼子为创制和发展党内法规体系的基本取向，以依规治党与依法治国相结合、纪严于法、纪在法前、纪法衔接为处理党纪国法关系的基本原则，以民主化、科学化、规范化、法治化和系统化为全面推进党内法规体系建设的基本要求。

中国特色党内法规建设的基本轨迹，是中国共产党高度重视党内法规制度建设，在马克思主义党建学说指引下，紧密联系中国国情和党建实际，把党内法规的实践发展与理论创新相结合起来，在党内法规建设的实践中形成党内法规概念、发展党内法规理论和创新党内法规体系，以党内法规建设实践推进理论，以党内法规理论引导和发展实践，逐渐形成了中国特色的党内法规道路、党内法规理论、党内法规制度。

理解党内法规的政理，应着重把握以下几个向度。

其一，理想和目标。习近平总书记指出，要牢记我们党从成立起就把为共产主义、社会主义而奋斗确定为自己的纲领，坚定共产主义远大理想和中国特色社会主义共同理想，不断把为崇高理想奋斗的伟大实践推向前进。党的最高理想和最终目标是实现共产主义，在21世纪新阶段，我们党的战略目标是，到建党一百年时，建成惠及十几亿人口的更高水平的小康社会；到新中国成立一百年时，人均国内生产总值达到中等发达国家水平，基本实现现代化。如何把理想变成现实，把目标变成动力，把过程变成行动，一个十分重要的着力点，就是要保持党的先进性和纯洁性，着力提高执政能力和领导水平，着力增强抵御风险和拒腐防变能力，不断加强和完善党的领导。办好中国的事情，关键在党。坚持和完善党的领导，是党和国家的根本所在、命脉所在，是全国各族人民的利益所在、幸福所在。党内法规建设无疑是通向远大理想的制度桥梁，是实现奋斗目标的规范保障，是坚持和完善党的领导的必由之路。

其二，性质和宗旨。中国共产党是中国工人阶级的先锋队，同时是中国人民和中华民族的先锋队；党把人民放在心中最高位置，坚持全心全意为人民服务的根本宗旨，除了工人阶级和最广大人民群众的利益，没有自己特殊的利益。我们党坚持一切为了人民、一切依靠人民，充分发挥广大人民群众积极性、主动性、创造性，不断把为人民造福事业推向前进；我们党坚持权为民所用、情为民所系、利为民所谋，把人民拥护不拥护、赞成不赞成、高兴不高兴、答应不答应作为衡量一切工作得失的根本标准。一方面，我们党用党章等党内法规把党的性质、宗旨、目标、任务以及指导思想、基本原则、基本路线方针政策等为人民服务的承诺确认下来、表达出来，作为党带领人民实现奋斗目标的旗帜和指引；另一方面，通过严格执纪、依规治党、从严治党、全面实施党内法规等途径和方式，把我们党对人民的承诺变为行动，把对世界的宣示变为现实，用党的制度和法规切实保障人民根本利益、整体利益和长远利益的充分实现。

其三，建设和发展。中国共产党是中国各项事业的领导核心，是共和国的执政党："党的执政地位不是与生俱来的，也不是一劳永逸的。"我们党成为执政党，是靠长期的艰苦奋斗、几千万烈士流血牺牲打出来的，是党在推动中国历史前进的过程中经过不懈奋斗逐步奠定的，是历史和人民的选择。习近平总书记在纪念中国共产党成立95周年的重要讲话中指出，历史告诉我们，历史和人民选择中国共产党领导中华民族伟大复兴的事业是正确的，必须长期坚持、永不动摇。① 2015年9月9日时任中央纪委书记王岐山在京会见出席"2015中国共产党与世界对话会"的外方代表时指出："执政党的使命决定了必须从严治党，执政党对人民的承诺就是它的使命。要兑现承诺，执政党必须对自身严格要求。中国共产党的合法性源自于历史，是人心向背决定的，是人民的选择。办好中国的事情，就要看人民高兴不高兴、满意不满意、答应不答应。"②中国共产党领导和执政的合法性，不仅来自历史选择的合法性，而且来自党全心全意为人民的政绩合法性；不仅来自为人民谋幸福、求发展、共享改革成果的实质合法性，而且来自国家宪法法律和党内法规的法治合法性。我们党要保住并且发展这种行之有效的中国特色合法性模式和党的领导地位，就要在不断巩固其历史合法性的同时，创造一切条件开辟未来合法性；在提供造福人民的实质合法性的同时，完善和发展制度化、法规化、程序化的形式合法性；在用人民民主维护和强化国家权力的合法性时，用党内民主巩固和发展党的领导核心、领导权威和领导体制的合法性。用法治的力量和国家法律、党内法规等方式维护和保证我们党长期执政、长久领导，最终实现党的奋斗目标。

其四，治国和理政。中国共产党作为执政党，不仅要独善其身地"修身治党"，还要兼济天下地领导人民治国理政。法治是党治国理政的基本方式，依法治国是党治国理政的基本方略，而党内法规体系是中国特色社会主义法治体系的重要组成部分，因此党治国理政不仅要

---

① 习近平：《在庆祝中国共产党成立95周年大会上的讲话》，人民出版社2016年版，第5页。
② 《王岐山会见出席"2015中国共产党与世界对话会"外方代表》，《人民日报》2015年9月10日第1版。

依靠国家宪法法律法规，推进依宪治国和依法执政，而且要依靠党章和其他党内法规，推进依规治党和制度治党。在"东西南北中，党政军民学，党是领导一切的"政党模式下，党领导和实施治国理政，既要治党治国治军三位一体共同治理，也要党纪国法军规三位一体共同建设；既要把依法治国与依规治党紧密结合起来，也要把国家法律体系和党内法规体系有机统一起来，还要把国家治理现代化和党的治理现代化高度融合起来。这样，才能从根本上全面推进国家治理体系和治理能力现代化，推进党治理体系和治理能力现代化，保证和实现党和国家的良法善治。

其五，管党和治党。治国必先治党，治党务必从严。习近平总书记指出："党要管党，才能管好党；从严治党，才能治好党。"[①] 如果管党不力、治党不严，人民群众反映强烈的党内突出问题得不到解决，那我们党迟早会失去执政资格，不可避免被历史淘汰。管党和治党，必须严字当头，把严的要求贯彻全过程，做到真管真严、敢管敢严、长管长严。如何管党、怎样治党，一个十分重要的抓手，就是加强党内法规体系建设，全面推进依规治党、制度治党，用党内法规、党的纪律和党的规矩管权治吏，把权力关进法规制度的笼子里，构筑起不敢腐的高压惩治体系、不能腐的法规制度体系、不想腐的思想道德体系，保证党和国家长治久安。

二 党内法规的法理

在中国，"法理"一词早已有之。例如，"明帝以其明达法理，

[①] 中共中央文献研究室编：《十八大以来重要文献选编》（上），中央文献出版社2014年版，第349页。

有张释之风，超迁非次，拜廷尉。"① "蕴亦机辩，所论法理，言若悬河，或重或轻，皆由其口，剖析明敏，时人不能致诘。"② 王安石："尔造行不谨，陷於法理，比更赦宥，复序故官。"③ 李大钊："以新约法为物，无吾侪管窥法理之馀地。"④ 在近现代法学的意义上，法理即法的原理、法的理据，是指形成一个国家全部法律、某一部门法律或法治体系的基本精神、基本原则和学理依据。

党内法规具有法的某些特征和属性，是中国特色社会主义法治体系的重要组成部分，故而它不仅有"政理"，而且有"法理"；研究党内法规的理论问题，不仅要研究其蕴含的"政理"，而且要研究其内存的"法理"。党内法规的"法理"，主要是根据中国特色社会主义法治理论，运用马克思主义法理学的基本立场、观点、范畴和方法，运用法治思维和法治方式，对党内法规价值、性质、特征、体系、结构、功能、规范、程序、运行等作出法学理论阐释，对党内法规涉及的党法关系、党政关系，党内法规概念的内涵与外延，党内法规与国家法律、依规治党与依法治国的区别与联系，执政党依宪执政、依法执政，纪严于法、纪在法前等概念或问题，作出法理解释。

党内法规作为执政党的行为规则，具有制定主体的特定性、适用范围的普遍性、基本功能的规范性等基本特征⑤，是国家治理体系和中国特色社会主义法治体系不可或缺的重要组成部分。从法理学角度

---

① 《东观汉记·张禹传》。
② 《隋书·裴蕴传》。
③ 王安石：《未复旧官光禄寺丞赵瑾改大理寺丞制》。
④ 李大钊：《国情》。
⑤ 参见李忠《党内法规建设研究》，中国社会科学出版社2015年版，第1—7页。

来看，深入研究党内法规的概念，应当思考和回答党内法规的以下几个法理问题。

（一）关于"法"（或"法律"）的概念

党内法规不仅具有法的某些一般性特征，如规范性、普遍性、强制性等，而且被纳入中国特色社会主义法治体系，具有"法治"的某些属性。党内法规与"法"和"法治"的某些交叉或者共性特征，必然关涉传统法理学的某些根深蒂固的重大问题。事实上，如果法学界还是坚持长期以来中国教科书采用的"法是国家意志的体现"的观点和逻辑，坚持认为法具有国家意志性、国家强制性、阶级性[①]、社会性、规范性等特征[②]，那么，把其他那些"非国家意志""非国家强制"的规范性文件戴上"法"的桂冠（如软法、党规党法、党内法规、习惯法、判例法、民间法等，尽管这些行为规范在调整社会关系方面的作用都非常重要，甚至是不可或缺），就需要对传统"法"的概念以及马工程《法理学》教科书关于"法"的定义作出全面修订完善，否则在"法理"上不能自圆其说。

[①] 张友渔："在阶级社会里，法律具有鲜明的阶级性，而且是主要的属性。"张友渔：《法学理论要更新——记张友渔和张忠厚的一席谈》，《人民日报》1986年3月31日。

[②] 例如，马工程《法理学》教材对"法"给出的马克思主义定义是："法是由国家制定或认可的并依靠国家强制力保证实施的，反映由特定社会物质生活条件所决定的统治阶级意志，规定权利和义务，以确认、保护和发展对统治阶级有利的社会关系和社会秩序为目的的行为规范体系。""社会规范的种类繁多，法律规范只是其中的一种，其他的社会规范还有道德规范、宗教规范、礼仪规范、政治规范（政治集团的章程、政治生活准则）、经济规范（经济交往中应遵守的规则）、各种职业规范等。法律规范区别于其他社会规范的首要之点在于：法律规范是由国家制定或认可的普遍适用于一切社会成员的规范……必然具有国家意志的属性。"马克思主义理论研究和建设工程重点教材《法理学》，人民出版社、高等教育出版社2010年版，第33、34、36页。

(二) 关于"党内法规"概念的特定性

"党内法规"相对于国家"法"无疑具有某些特殊性或特定性,但相对于其他政党主体是否具有特定性,具有何种特定性?就是说,"党内法规"这个名词是否中国共产党的专属概念,只有中国共产党才能使用,中国的其他民主党派制定的民主党派的党内规范性文件能否称为"党内法规"?外国(无论是社会主义国家还是资本主义国家)的执政党或者反对党制定的规范性文件,能否称为"党内法规"?如果"党内法规"是一个普遍的学理概念,国内外任何政党主体都可以使用,那么,目前我们把"党内法规"规定为"党的中央组织以及中央纪委、中央各部门和省区市党委制定的",就需要重新界定,就需要提炼出一个普遍适用的学理概念;而如果"党内法规"是一个排他性的、只能由中国共产党制定规范性文件使用的特定概念,国内外其他政党主体一律不能使用这个概念,那么,我们就需要用充分的理由来作出说明和解释。无论"党内法规"是一个特定概念还是一个普遍概念,研究"党内法规"问题,都需要从"政理"和"法理"上做出令人信服地科学解释,否则"党内法规"这个概念的科学性、自洽性将大打折扣。

(三)"法"、"法治"与"法治体系"这三个概念如何与"党内法规"概念有机统一起来?

在中国传统法理学中,"法"和"法治"[①] 都具有国家意志和国家

[①] 马工程《法理学》:"法治即'法的统治',它是以民主为前提,以严格依法办事为核心,以确保权力正当运行为重点的社会管理机制、社会活动方式和社会秩序。"马克思主义理论研究和建设工程重点教材《法理学》,人民出版社、高等教育出版社2010年版,第344页。

强制力的属性,是由国家制定或者认可的行为规范(体系)及其运行方式。党的十八届四中全会提出的"中国特色社会主义法治体系",包含了"党内法规体系",尽管用"逗号"把党内法规体系与之前的四个体系隔开,但它毕竟被纳入了"法治体系"范畴。党的十八届四中全会对中国法治体系的事实确认和文件表述,具有中国特色的原创性和必要性,非但无可厚非,反而应当赞许。但是,中国法理学需要进一步研究回答的是,"法治"与"法治体系"的联系和区别,尤其是作为国家意志的"法治"变为"法治体系"后,为什么体现执政党意志的规范性文件可以被纳入国家法治体系范畴,从而使"法治体系"成为国家意志和执政党意志的"双意志"体系,成为国家强制力与执政党强制力的"双强制"规范治理结构体系。毫无疑问,国家的有效治理(良法善治),不仅需要国家法律体系①和党内法规体系,还需要道德规范体系、政治惯例体系、行政行为体系、社会习惯体系、乡规民约体系、民间自治体系、其他软法体系等,否则就难以形成多元多层组合的国家治理体系,而"法治体系"概念为什么不包括党内法规体系以外的其他社会规范体系?按照"法"—"法律"—"法律体系"—"法治体系"几个概念的逻辑线索,既然"法治体系"应当而且可以包括"党内法规体系",那么,中国特色社会主义法律体

---

① 根据中国《立法法》的规定和有关学理解释,中国特色社会主义法律体系,是指以宪法为统帅和根本依据,由部门齐全、结构严谨、内部协调、体例科学、调整有效的法律及其配套法规所构成,是保障我们国家沿着中国特色社会主义道路前进的各项法律制度的有机的统一整体。这个体系以宪法为统帅,由法律、行政法规、地方性法规三个层次,宪法及宪法相关法、民法商法、行政法、经济法、社会法、刑法、诉讼与非诉讼程序法七个法律部门组成。这种界定和解释,与中国法理学关于"法""法律"和"法律体系"的一般表述是一致的,故"党内法规体系"没有被纳入"中国特色社会主义法律体系",而是用","号隔开,纳入"中国特色社会主义法治体系",显然是有其学理上自洽性考虑的。

系是否应当而且可以做扩大解释，从而把"党内法规体系"涵盖进去？

（四）是否区分广义和狭义"法"的概念

研究和回答上述问题，必然关涉法理学讨论了数百年的核心问题——法的定义问题。根据全面依法治国和全面从严治党的新情况，根据党内法规体系已经纳入中国特色社会主义法治体系的既定事实，我们是否需要引入狭义的"法"和"法治"、广义的"法"和"法治"的概念。[①] 张友渔先生曾经说："就法律这个概念来说，我认为可以有两种理解，一种是广义的，即把原始社会、共产主义社会的每一成员都必须遵守的共同的行为规范叫做法律。毛主席就设想过一万年以后也有法庭。再一种是狭义的理解，即专门指阶级社会里的法律。后者是指阶级社会特有的现象。"[②] 然而，对于"法"和"法治"的概念的不同解读，必将进一步涉及法的产生与发展、法的阶级性、法的强制性、法的国家意志性、法的本质、法的功能等法理学基本范畴的核心问题。这是个"牵一发而动全身"的法理学问题，法学界应当认真对待、深入研究、谨慎回答之。

[①] 20世纪80年代中期，伴随着所谓中国"系统法学派"的崛起，钱学森就提出了"法治系统工程"的概念。根据钱学森的设想，法治系统工程首先要构筑中国社会主义的法治传统，即一个以宪法和党章为最高层次，以下由法律、法规、法令等组成的多层次规范控制系统；其次，是要防止法律漏洞和相互矛盾的条文，及时修改或补充法律。当时，钱学森和张友渔都用"广义的法"的概念，来解释法治体系工程或法律的阶级性问题。

[②] 张友渔：《法学理论要更新——记张友渔和张忠厚的一席谈》，《人民日报》1986年3月31日。

第三节　中国共产党党内法规与国家法律的比较

特征是通过比较而体现出来的事物的不同之处。没有异中求同、同中求异的比较，就没有事物的特征可言。通过与国家法律法规相比较，可以看出党内法规具有以下特征。

一　制定主体不同

中国法律法规的创制主体，是由《宪法》和《立法法》明确规定的国家机构（全国人大及其常委会，国务院等），通常称为"立法主体"，而党内法规是由中国共产党的有权机构制定的，为便于与国家"立法主体"概念区别，本书把它称为"制定主体"。根据《党内法规制定条例》的规定，有权制定党内法规的主体包括"党的中央组织以及中央各部门和省区市党委"。根据党章的规定，"党的中央组织"包括：党的全国代表大会和它产生的中央委员会、中央纪律检查委员会；由中央委员会全体会议选举产生的中央政治局、中央政治局常务委员会；由中央委员会决定的中央军事委员会，以及由中央政治局常务委员会提名、中央委员会全体会议通过的中央书记处。根据中国共产党新闻网的介绍，"党中央部门机构"包括：中央纪律检查委员会机关、中央办公厅、中央组织部、中央宣传部、中央统战部、中央对外联络部、中央政法委员会机关、中央政策研究室、中央台湾工作办公室、中央财经领导小组办公室、中央外事工作领导小组办公室、中央机构编制委员会办公室、中央直属机关工作委员会、中央国家机关工作委员会。

在党内法规制定主体方面，还有一些问题需要研究分析。第一，我们党的其他重要主体是否享有党内法规制定权？例如，中央深改领导小组审议通过的意见、方案、办法、报告、请示、规定、规则、规划、实施细则等，其中许多是规范性文件。这些文件是属于党的一般规范性文件，还是属于党内法规？从它们的权威性、规范性以及地位、作用等方面来看，无疑是当前最重要的"党内法规"，但从党内法规制定主体看，又值得商榷。换言之，根据制定党内法规的权力归属，除《党内法规制定条例》的法定"制定主体"外，如果没有有权机构的特别授权或许可，中国共产党的其他机构部门制定和发布的规范性文件，不属于"党内法规"范畴。第二，上述"制定主体"之间的权限如何进一步划分？根据主体和权限范围的不同，《党内法规制定条例》将党内法规分为"中央党内法规"和其他党内法规；称为"党章、准则、条例"的党内法规由中央党内法规制定，称为"规则、规定、办法、细则"的党内法规由中央纪律检查委员会、中央各部门和省、自治区、直辖市党委制定。但是，这只从党内法规的名称和制定技术的形式要件上做了区分，而实际内容和权限如何区分，除了党章和其他党内基本法规外，制定权限的划分尚不明确。第三，党内法规"制定主体"与国家（政府）的相关机构共同发布的规范性文件，如中共中央办公厅与国务院办公厅联合发布的规范性文件，中共中央办公厅、全国人大常委会办公厅、国务院办公厅联合发布的规范性文件等，具有"党"和"国家"的双重规范特征属性，对这种共同发布的规范性文件，是称为"党内法规",还是"党国法规",或是其他名称,应当予以明确。①

二 体现的意志主张不同

法律法规不仅是特定社会规律、经济基础和社会生活方式的要求,也是人民意志主张的集中体现。从根本上说,党内法规和国家法律法规都体现了人民的意志、党的主张和治国理政的要求,体现了建设社会主义现代化国家、实现两个一百年奋斗目标的整体战略。但是,具体来看,党内法规与国家法律法规体现的意志主张,大致有两种情形。一种情形是,党内法规与国家法律法规两者存在交叉或者重合。因为中国法律法规是党的主张和人民意志相统一并经国家立法程序上升为国家意志的体现,是党的路线方针政策的法律化、条文化,故有些国家法律法规与党内法规必然是重合的、相同的。例如,中国现行宪法的序言部分和《中国共产党章程》的总纲部分,许多思想内

---

① 据学者 2012 年对 332 件党内法规的量化分析,发现"在这 332 件党内法规中,由中国共产党代表大会、中共中央、中共中央办公厅制定发布的 148 件,占 44%,由中纪委、党中央各部门(如中组部、中宣部)制定发布的 184 件,占 55%。在中共中央、中共中央办公厅制定发布的法规中,有少量是与国务院、国务院办公厅共同制定发布的,如中共中央、国务院《关于切实做好减轻农民负担工作的决定》,中共中央、国务院《关于治理向企业乱收费、乱罚款和各种摊派等问题的决定》,中共中央办公厅、国务院办公厅《关于实行党政领导干部问责的暂行规定》,中共中央办公厅、国务院办公厅《关于领导干部报告个人有关事项的规定》等。另外,在中纪委、党中央各部门制定发布的法规中,也有少量是与国务院有关部门共同制定发布的,如中纪委、监察部《关于纪检监察机关接待处理集体上访的暂行办法》,中组部、劳动人事部《关于确定建国前干部参加革命工作时间的规定》等。这些由党政共同发布的规范性文件叫'党内法规'似乎不合适,认定其'党内法规'的性质应该说是不妥的。随着党内法规的法制化、规范化,这类形式的法规今后应该会越来越少,直至不再存在"。姜明安:《论中国共产党党内法规的性质与作用》,《北京大学学报》(哲学社会科学版)2012 年第 3 期。

容和表述要求是相同或相似的。由于党领导立法是中国立法工作必须坚持的一项基本原则，因此党代表大会和党中央委员会的许多重大决定，如党的十八大报告、十八届三中全会决定、四中全会决定、五中全会决定、六中全会决定等，往往成为国家法律法规立、改、废、释、授权的直接依据，有的甚至成为修改宪法依据（如设立国家监察委员会制度）。《纪律处分条例》规定，党组织和党员违反党章和其他党内法规，违反国家法律、法规……都必须受到追究。这一规定，既体现了纪法分开、纪严于法、纪在法前的原则，又体现了纪法衔接、法纪统一的理念。另一种情形是，许多党内法规与国家法律法规两者互不交集，前者体现的是执政党的主张和意志，后者体现的是国家意志。党内法规管党治党，适用于党组织和党员内部，如《党内监督条例》《党内法规制定条例》《党内政治生活若干准则》《党内法规和规范性文件备案规定》等，它们是执政党中央和地方领导机关对全党或者地方党组织的工作、活动或党员行为的规范性要求；国家法律法规是人民依法治国、管理国家和社会事务、管理经济和文化事业依据，适用于国家和社会范畴的一切社会主体，是人民意志的国家化、法律化表现形式。在全面依法治国和全面从严治党的新形势下，需要深入研究的问题有以下几个方面。一是党内法规的制定如何充分发扬民主（包括党内民主、人民民主和社会民主），把党内最大多数党员的意志汇集、统一起来，把人民的意愿和社会诉求吸纳进去，表达成党内法规的规范性制度形式，而不是由少数人甚至个别人说了算；国家法律法规的制定同样需要坚持党的领导，坚持民主立法，使广大人民群众真正成为民主立法主体，成为国家立法的参与者、制定者、受益者，使党的主张与人民意志及时地最大限度地有效统一起来，使法律法规切实有效真实全面地汇集民智、体现民意、维护民利。二是如何使党内法规体现的主张意志与国家法律法规表达的民意合理地区分开来，即纪法分开，党内法规不能取代国法，国法也不能取代党内法规，党规管党事、国法管国事，两者相互分工，各司其职，各管其事。三是如何避免党内法规与国家法律法规的冲突矛盾或者不一致。应当通过国家和党内有关审查机制，根据法治精神和法治原则，对两者可能发生矛盾或者不一致的情况进行审查监督。既要避免党内法规出现违宪违法的情况，也要防止国家法律法规与党内法规相抵触，用有效制度保证两者的一致性。

三　调整规范的对象不同

在法理上，法律调整对象是指一定的社会关系，社会行为则是法律规范作用的对象。社会关系反映的是法律调整对象的本质，社会行为体现的是法律所规范作用的对象本身。社会行为与社会关系互为表里，共同构成法律关系的重要内容。而根据《党内法规制定条例》，党内法规的调整对象，则被规定为"党组织的工作、活动和党员行为"。党内法规规范调整的客体，包括"党组织的工作、党组织的活动、党员的行为"三大类。两者调整规范对象的相同之处，是"行为"，即在国家法律法规方面，其调整规范的是公民、法人等法律关系主体的行为；在党内法规方面，其调整规范的是特定主体——中国共产党党员的行为，党组织的作为或者不作为等动态方式不叫"行为"，而是称为"活动""工作"。需要进一步讨论的问题是，一方面，公民和党员、公民行为和党员行为有哪些联系和区别。中共党员当然应是中国公民（特殊情况如在中国大陆之外的某些中共地下党员、白求恩等外国共产党员等除外），但中国公民不一定是中共党员

(中共只有8000多万党员，中国公民有近14亿人)；因此，党员行为通常是公民行为，而公民行为不一定是党员行为；党员行为既要符合国家法律法规的要求，也要遵守党规党纪党法的规定，公民行为则不受党规党纪党法的约束。另一方面，为什么国家法律法规把公民个人和国家机构、武装力量、政党和社会组织、企事业单位等法人，都规定为法律行为或者行为的主体，而不是"活动"主体或者"工作"主体，而党内法规要区分党员行为和党组织的活动、工作？法学、政治学、社会学和行为科学等学科，通常把社会主体的有关活动、动作、劳动、工作、劳作等都概括统称为"行为"，党内法规是否有必要区分"党员个人"的是行为，"党组织集体"的是活动或者工作，理据何在？需要进一步辨析的是，党组织的"工作"与其"活动"如何区分？在我们看来，党组织发展党员、收缴党费、做出决策、任免干部、处分党员、批评自我批评等，既是党组织的"工作"，也是其"活动"，"工作"只要动起来就成为"活动"，而似乎没有静止不动的"工作"。应当从法理和政理上统一把党内法规与国家法律法规的调整规范对象统称为"行为"，但特殊情况下可称为"活动"，如"党在宪法和法律范围内活动"，"一切国家机关和武装力量、各政党和各社会团体……都必须以宪法为根本的活动准则"，等等。

四 立法技术不同

立法技术是指在法的创制过程中所形成的一切知识、经验、规则、方法和技巧等的总和，同时包括法律文件的内部结构、外部形式、概念、术语、语言、文体以及立法预测、立法规划等方面的技术。从法理上讲，国家法律法规的立法技术与党内法规的立法技术，在基本原理原则、基本方式方法、主要技术规范和语言表达等方面，应当是大同小异的。现行《宪法》和《立法法》规定，国家法律体系主要包括宪法、基本法律、法律、行政法规、地方性法规、自治条例和单行条例；在部门法划分方面，国家法律体系分为宪法及宪法相关法、民商法、行政法、经济法、社会法、刑法、诉讼与非诉讼程序法等七个方面。根据《党内法规制定条例》的规定，党内法规体系主要包括党章、准则、条例、规则、规定、办法、细则七种。其中，党章对党的性质和宗旨、路线和纲领、指导思想和奋斗目标、组织原则和组织机构、党员义务和权利以及党的纪律等作出根本规定；准则对全党政治生活、组织生活和全体党员行为作出基本规定；条例对党的某一领域重要关系或者某一方面重要工作作出全面规定；规则、规定、办法、细则对党的某一方面重要工作或者事项作出具体规定。党内法规采取七种立法技术表现形式，意味着中国共产党有关机构的决议、决定、讲话、报告、意见、通知、政策宣示等规范性文件，虽然在管党治党中很重要，但不属于党内法规，而是党内规范性文件。采取明列"党章、准则、条例、规则、规定、办法、细则"七种法规形式的立法技术，既从形式上表明这七种党内法规立法形式的某种层级或范围的不同，又从实体上作了一定意义上的"立法权限"划分，使党内法规制定工作有章可循。在此基础上，借鉴国家法律体系的划分原则和分类方法，可将党内法规体系的内容结构大致分为八个部分：党章及相关方面法规，党的领导和党的工作方面法规，党的思想建设方面法规，党的组织建设方面法规，党的作风建设方面法规，党的反腐倡廉建设方面法规，党的民主集中制建设方面法规，党的机关工作方面法规。①

通过比较可以发现，除了党章的制定和修改是由特定主体承担外，其他六种党内法规的名称并不对应特定的制定主体。换言之，在国家法律体系方面，基本法律由全国人大制定、法律由全国人大常委会制定、行政法规由国务院制定、地方性法规由有立法权的地方人大及其常委会制定、民族自治条例和单行条例由民族自治地方的人大制定，它们的名称是与其立法主体、立法职权、法律位阶等相对应的；而党内法规体系的六种形式，可由享有党内法规制定权的主体根据内容需要选择使用，这六种立法形式的党内法规从名称上并不能必然反映出其制定主体、制定权限、法规位阶。换言之，党的中央组织以及中央纪律检查委员会，中央各部门和省、自治区、直辖市党委均有权制定准则、条例、规则、规定、办法、细则等党内法规。党内法规这种制定主体与名称不对应的立法技术，与国家法律法规名实相符的立法技术相比，似显得不够科学。

在立法技术上，党内法规制定条例明确划分出一个"中央党内法规"，虽然该条例没有规定省、自治区、直辖市党委制定的规范党组织的工作、活动和党员行为的党内法规是"地方党内法规"，但从该规定的隐含意思中，完全可以做出存在"地方党内法规"的判断。中央党内法规规定的事项包括：党的性质和宗旨、路线和纲领、指导思想和奋斗目标；党的各级组织的产生、组成和职权；党员义务和权利方面的基本制度；党的各方面工作的基本制度；涉及党的重大问题的事项；其他应当由中央党内法规规定的事项。这相当于国家立法中的"中央立法权保留事项"或者称为"中央专属立法权事项"。党内法

---

① 李忠：《党内法规建设研究》，中国社会科学出版社2015年版，第19—20页。

规的制定权限划分，除了上述六个方面专属中央党内法规的事项外，制定地方党内法规均可涉足。但在中央党内法规内部，具体由哪些（哪个）中央党内法规制定主体行使上述六个方面的制定权，以何种程序和形式行使中央党内法规制定权，还需要进一步明确划分和具体规定。

五　适用范围不同

国家法律法规适用于中华人民共和国主权管辖范围内的一切主体，宪法规定的主体包括：全国各族人民、一切国家机关和武装力量、各政党和各社会团体、各企业事业组织；在中国境内的外国企业和其他外国经济组织以及中外合资经营的企业，在中国境内的外国人，等等；党内法规仅适用于各级党组织和全体共产党员。国家法律法规适用于包括共产党员在内的一切社会主体，但是否适用于党组织，要具体情况具体分析，如刑法、民法、经济法、社会法等是否适用于党的某个或者某级组织就没有明确规定，尤其是刑法规定了法人犯罪，而党的中央或者地方组织不是法人，就可以不适用刑法；而党内法规只适用于中国公民和中国政党组织中的特定主体。

党内法规是在中国共产党党内发布和适用的规范性文件，属于"党内"而非"党外"的法规，但由于中国共产党是执政党，是领导我们各项事业的核心力量，建设中国特色社会主义必须坚持中国共产党的领导。党的十八届四中全会明确提出，坚持中国共产党的领导，必须坚持"三统一""四善于"应当善于运用民主集中制原则维护中央权威、维护全党全国团结统一；要求党要坚持依宪执政和依法执政，要领导立法、保证执法、支持司法、带头守法。由于中国共产党是执政党，由党在国家政治生活、经济生活和社会生活中的领导地位和领导方式、执政使命和执政方式所决定，由中共党员和国家公务员的双重身份、党员领导干部与国家官员双重角色等因素所决定，党内法规虽然定性为"党内"且主要适用于"党内"，但在价值理念、基本原则、主要内容、基本要求、适用主体、实施方式、执行效果等方面，有时很难绝对区分党内与党外、党内与国家、党内与政府、党内与政法、党内与社会、党员领导干部与国家公职人员。所以，从一定意义上讲，"党内法规"在名称上属于中国共产党"党内"，但在具体适用对象和功效上往往通过党的执政活动延伸到"党外"，进而对整个国家和社会发生直接或者间接的领导和规范作用。

六 责任后果不同

行为规范的意义之一，就在于任何违犯社会规范的行为、符合相关条件，必须承担相应的违规后果。国家法律法规如此，党内法规、行政纪律等规范亦是如此。否则，社会规范就会成为毫无意义的空气振动。中共党员如果违反了国家法律法规，通常必然违犯了党纪党规，应承担有关的违纪责任，但实践中或许也不尽然。例如，如果某个党员在公共场合吸烟，违反了国家的有关禁烟规定；在某些公共场合吐痰、喧哗、吃零食、乱扔垃圾，违反了国家有关公共卫生秩序的规定；过马路未走斑马线，或者半夜步行、跑步、骑自行车闯红灯，骑自行车带人、驾车停车轻微违章等，违反了国家的交通规则；还有就是（由于出差、生病、旅游、忘记等原因）轻微违反合同规定的缴费日期，未能按时（如滞迟若干天）缴纳水电费、房租、天然气费、电视费、物业费等。对于这类行为，党内法规通常没有明确具体对应的禁止性、惩罚性规定。从政理和法理上讲，纪严于法，对于共产党员而言，违法必然违纪，但违纪未必违法。因此，上述这些轻微违法行为实质上都是违犯党纪党规的，但从党纪党规的具体条文规定和采取组织措施的处理上看，又常常是于法（党内法规）无据。不过，党章明确规定"严重触犯刑律的党员必须开除党籍"，新颁布的《纪律处分条例》第四章进一步明确规定了"对违法犯罪党员的纪律处分"的多种情形。例如，该条例第二十七条规定，党组织在纪律审查中发现党员有贪污贿赂、失职渎职等刑法规定的行为涉嫌犯罪的，应当给予撤销党内职务、留党察看或者开除党籍处分。第二十八条规定，党组织在纪律审查中发现党员有刑法规定的行为，虽不涉及犯罪但须追究党纪责任的，应当视具体情节给予警告直至开除党籍处分。第二十九条规定，党组织在纪律审查中发现党员有其他违法行为，影响党的形象，损害党、国家和人民利益的，应当视情节轻重给予党纪处分。党内法规的这些制度安排，总体上实现了法纪分开、纪法衔接、纪严于法，达成了党内法规与国家法律法规的"法网恢恢、疏而不漏"的效果。

为了更好衔接党规党纪与国法，可否在党纪党规中明确规定，中共党员如有严重违法犯罪的行为，必须受到相应的党纪党规处分，并且根据"法无明文不为罪"的原则（在党内可以引申为"纪无明文不处理"原则），应当由党内法规明确列出"严重违法犯罪"应当受到党规党纪处理的具体细目。此外，根据"一罪不二罚"的法治原则，还可以在党规党纪中进一步细化区分哪些情况应当由国法党纪共同处罚，哪些情况在党内可以适用"一错不二罚"原则。

另外，国家机关、社会组织、企事业等单位，如果违反了有关法律法规，要承担行政、经济、民事甚至刑事法律责任。例如，中国《刑法》第三十条规定：公司、企业、事业单位、机关、团体实施的危害社会的行为，法律规定为单位犯罪的，应当负刑事责任；《刑法》第九十三条规定：本法所称国家工作人员，是指国家机关中从事公务的人员。国有公司、企业、事业单位、人民团体中从事公务的人员和国家机关、国有公司、企业、事业单位委派到非国有公司、企业、事业单位、社会团体从事公务的人员，以及其他依照法律从事公务的人员，以国家工作人员论；《宪法》第五条明确规定：一切国家机关和武装力量、各政党和各社会团体、各企业事业组织都必须遵守宪法和法律。一切违反宪法和法律的行为，必须予以追究。然而，某个或者某级党组织即使重大决策失误造成严重不利后果或者重大损失，作为集体的该党组织却无须承担任何宪法或者法律责任，似乎存在"国法不罚政党组织"的现象；在党纪方面，严重违犯党纪的党组织要承担改组、解散违纪后果，对于受到解散处理的党组织中的党员，应当逐个审查。其中，符合党员条件的，应当重新登记，并参加新的组织过党的生活；不符合党员条件的，宣布除名；有违纪行为的，依照规定予以追究。我们认为，党纪与国法衔接的基本要求：一是两者的衔接不能出现冲突和抵触，尤其是党内法规不能违反宪法和基本法律的规定，否则会落入"党规与国法自相矛盾"的陷阱；二是两者的衔接既要有具体实体规定的衔接，也要有严格程序的衔接，使实体和程序都完全符合法治精神；三是两者的衔接既要有惩罚性的义务和责任衔接，也要有保障性的权利和自由的衔接，切实体现权利与义务、权力与责任的一致性；四是两者衔接是以党纪与国法分开为前提和基础的。根据法治思维和法治精神，凡是国法能够处理解决的事项（行为），应以国法为主导；凡是国法不能解决、不宜处理、没有涵盖、没有涉及的事项（行为），可以党纪党规为主导。无论何者为主，都应当坚持全面依法治国与全面从严治党的统一，坚持依法治国与制度治党、依规治党相结合，坚持宪法原则、党章精神和法治思维、法治原则。

第四节 党内法规、党的纪律、党的规矩三个概念的关系

定义是对概念的内涵或语词的意义所做的简要而准确的描述。而概念的一个基本功能，是用科学定义的方法及其内涵外延的确定，划清彼事物与此事物之间的区别与联系，从而使该事物从有关事物的综合分类系统中彰显出来。实际上，定义的基本功能就相当于"GPS"在物理世界的坐标和定位，应当具有精准度、唯一性和排他性。基于上述认识，我们应当如何深入理解和科学认识"党内法规、党的纪律、党的规矩"这三个概念的关系。

一 问题的提出

当我们用法治思维和法治方式观察和研究"党内法规、党的纪律、党的规矩"这三个概念时，不难发现它们在实践中都有广义和狭义的不同解释和用法。这种状况的实际存在，使这三个概念在逻辑关系上具有（或者存在）十六种不同组合（参见表8—1）的可能性，极容易导致三个概念在实际使用中产生交叉、重

合、互换甚至混乱的现象，进而影响到党内法规概念及其理论体系的科学性和严谨性。

表8—1　党内法规、党的纪律、党的规矩三个概念不同组合的逻辑关系

党内法规	党的纪律	党的规矩	相互逻辑关系
广义	广义	广义	并列关系
狭义	狭义	狭义	并列关系
广义	狭义	狭义	包含与并列关系（一包二的并列关系）：法规包含纪律、规矩；纪律和规矩交叉
狭义	狭义	广义	包含与并列关系（一包二的并列关系）：规矩包含法规、纪律；法规和纪律并列
狭义	广义	狭义	包含与并列关系（一包二的并列关系）：纪律包含法规、规矩；法规和规矩并列
广义	狭义	广义	并列与包含关系（二包一的并列关系）：法规和规矩并列；法规和规矩包含纪律
广义	广义	狭义	并列与包含关系（二包一的并列关系）：法规和纪律并列；法规和纪律包含规矩
狭义	广义	广义	并列与包含关系（二包一的并列关系）：纪律和规矩并列；纪律和规矩包含法规
广义	广义		两者并列关系
狭义	狭义		两者并列关系
广义	狭义		前者包含后者
狭义	广义		后者包含前者
	广义	广义	两者并列关系
	狭义	狭义	两者并列关系
	广义	狭义	前者包含后者
	狭义	广义	后者包含前者

关于广义和狭义的党内法规，请参见本章第一节第五部分的讨论。需要注意的是，广义的党内法规，有时也包括道德的党内法规

化。例如，习近平总书记在十八届中央政治局常委会第一百一十九次会议关于审议中国共产党廉政准则、党纪处分条例修订稿时的讲话中指出："这些丰富的实践为党内法规制度创新奠定了坚实基础。新修订的《中国共产党廉洁自律准则》和《中国共产党纪律处分条例》，把这些从严治党的实践成果总结提炼出来，转化为道德和纪律要求，应该说是实现了党内法规建设的与时俱进。"① 中央审议通过的《中国共产党廉洁自律准则》和《中国共产党纪律处分条例》细化了党章对党员、干部的廉洁自律要求和纪律要求，实现了党内法规建设与时俱进。要认真贯彻落实这两项法规，真正把纪律和规矩挺在前面，拿起纪律这把戒尺，既要奔向高标准，以人格力量凝聚党心民心；又要守住底线，严格执行党的纪律，决不越雷池一步。②

关于广义的党的规矩。请参见本章第一节第三部分的讨论；关于狭义的党的规矩表述，例如，"政治纪律和政治规矩""讲纪律，守规矩"等。这里的纪律与规矩的表述，呈现出一种并列关系。

关于广义的党的纪律表述，例如，"纪律检查委员会""党纪国法""坚持纪严于法、纪在法前，实现纪法分开，以党章党规为尺子，靠严明的纪律管全党治全党"③ 等。

关于狭义的党的纪律表述。例如，习近平总书记强调说："在所有党的纪律和规矩中，第一位的是政治纪律和政治规矩。"又说："修订党纪处分条例，要体现党规党纪严于国家法律的要求，突出党纪特

---

① 中共中央纪律检查委员会、中共中央文献研究室编：《习近平关于严明党的纪律和规矩论述摘编》，中国方正出版社、中央文献出版社2016年版，第67页。
② 中共中央文献研究室编：《习近平关于全面从严治党论述摘编》，中央文献出版社2016年版，第112页。
③ 王岐山2017年3月5日参加十二届全国人大五次会议北京代表团全体会议审议政府工作报告时的讲话。

色，重点对违反党的政治纪律、组织纪律、财经纪律、工作纪律和生活纪律的行为作出处分规定。""要把党的纪律和规矩挺在前面，用纪律和规矩管住大多数，使所有党员干部严格执行党规党纪、模范遵守法律法规。"① 在这里，党的纪律与党的规矩就是两个并列使用的概念，纪不同于规，规不等于纪。

在中国，当执政党和国家两方面的规则体系概念同时出现用于治国理政时，为了避免党内规则体系与国家法律体系提法上的不协调，习惯上不得不把"党内法规"等提法转变为"纪律"，表述为"纪严于法、纪在法前、纪法衔接"等；或者转变为"规矩""规则""制度"等，表述为"依规治党""制度治党"等，以对应于"依法治国"而区别于"依宪执政、依法执政"，同时避免使用"依法治党""依宪治党"等提法，从而导致"党内法规"概念被湮没。但在实践中，同时使用的与"党内法规"名词含义相近或者相似的一些提法或名词也不在少数。例如，人们耳熟能详的"党纪②国法""遵纪守法""纪在法前""纪严于法""国法高于党纪""依规治党与依法治国"等。

当我们在"中国共产党纪律检查委员会"③"纪法分开""纪严于法""纪在法前""纪律处分""违纪""党纪国法""违法乱纪""遵

---

① 中共中央纪律检查委员会、中共中央文献研究室编：《习近平关于严明党的纪律和规矩论述摘编》，中国方正出版社、中央文献出版社 2016 年版，第 28、58、60 页。

② "党纪"即党的纪律，是指政党按照一定的原则，根据党的性质、纲领、任务和实现党的路线、方针、政策的需要而确立的各种党规、党法的总称，是党的组织和全体党员必须共同遵守的党内行为规范。其中，党的章程是党内的根本法规和制定各项具体纪律规范的基本依据——360 百科·党纪。

③ 人们通常把中央纪律检查委员会简称为"中纪委"，而不是"中法委""中规委"，其关键词还是广义的"纪律"。

纪守法"等意义上使用"党的纪律"概念时,"党的纪律"实际上是一个广义的概念,它不仅包括党的规矩,而且包括党章和其他党内法规,甚至还涉及(或者涵盖)国家法律和社会主义道德,一切应当受到纪律约束、纪律规范、纪律问责、纪律处分的行为和活动,执政党的所有与国家法律相对应的行为规范规则,都在此列。例如,《中国共产党纪律处分条例》明确规定,"违纪"是指"党组织和党员违反党章和其他党内法规,违反国家法律法规,违反党和国家政策,违反社会主义道德,危害党、国家和人民利益的行为,依照规定应当给予纪律处理或者处分的,都必须受到追究"。尤其是,党章明确规定,"党的纪律是党的各级组织和全体党员必须遵守的行为规则",而党的纪律检查机关的主要任务,是维护党的章程和其他党内法规,检查党的路线、方针、政策和决议的执行情况,协助党的委员会加强党风建设和组织协调反腐败工作。由此可见,从名称上看,党的纪律检查委员会虽然是一个负责监督执纪(纪律)的机关,但它依据的规范性文件不仅包括狭义的党的纪律,而且包括党内法规和党的规矩;它查处的范围不仅涉及一般违反党纪、党规、党内法规的行为,而且涉及违反国家法律法规、社会公德、公序良俗、行政纪律等行为规范的行为。在这里,党的纪律大致等同于党的规矩(国家法律除外),是一个广义的概念。

现在的问题是,当党的规矩、党的纪律、党内法规这三个概念同时做广义解释和使用时,或者在不同场合交叉做广义、狭义解释和使用时,就可能会引起不必要的概念紊乱和理论含混,以至于影响它们在理论上的科学性和严肃性、在实践上的统一性和权威性,进而从根本学理上影响全面从严治党、依规治党的理论基础和思想引领。因此,一方面,应当从广义和狭义两个角度更加科学严谨地界定党内法规、党的纪律和党的规矩这三个概念，赋予它们确定性内涵；另一方面，应当有所约定，尽可能避免在同时使用这三个概念时产生混乱现象。约定对一个概念做广义使用时，其他两个概念应做狭义使用。例如，当把"党的规矩"做广义使用时，那么，党的纪律、党内法规应做狭义解释，以免乱了它们之间的"辈分"或者逻辑关系。

二　党的纪律与党内法规

党的纪律（党纪）与党内法规这两个概念是什么关系？两者是并列关系、交叉关系还是包含关系？

1. 广义的"党纪"概念，包含了党内法规。按照《中国共产党纪律处分条例》第六条关于"违纪"的规定——"党组织和党员违反党章和其他党内法规，违反国家法律法规，违反党和国家政策，违反社会主义道德，危害党、国家和人民利益的行为，依照规定应当给予纪律处理或者处分的，都必须受到追究"——"违纪"所涉及的"党纪"概念范围，不仅包括党章和其他党内法规，而且包括国家法律法规、党和国家政策、社会主义道德，从这里的表述可以看出，"党纪"是一个广义的概念。

2. 狭义的"党纪"概念，"违纪"是指违犯党章、其他党内法规和国家法律法规的行为。该《条例》第四条第三款的规定又有所不同："对党组织和党员违犯党纪的行为，应当以事实为依据，以党章、其他党内法规和国家法律法规为准绳，准确认定违纪性质，区别不同情况，恰当予以处理。"该条款的规定，既与该条例第六条的规定不一致（这里关于评判是否违纪的"准绳"，并未包括"党和国家政策、社会主义道德"），也与该《条例》第三条的规定不一致（第三条要求"党组织和党员必须自觉遵守党章，严格执行和维护党的纪律，自觉接受党的纪律约束，模范遵守国家法律法规"，但第三条未明确规定要遵守"其他党内法规"），基本上可以算是一个狭义的"党纪"概念。

由上可见，"党纪"及其相关的"违纪"概念，在《中国共产党纪律处分条例》的所有规定中，大致有广义和狭义两种用法，其内涵和外延缺少同一性，使用起来具有一定的任意性；由此导致党纪与党内法规这两个概念，它们是并列关系、交叉关系或包容关系，充满了不确定性。然而，根据《党章》第七章关于"党的纪律"和第八章关于"党的纪律检查机关"的结构安排、内在逻辑和内容规定，根据《党章》关于纪委负有"维护党的章程和其他党内法规……经常对党员进行遵守纪律的教育，作出关于维护党纪的决定……检查和处理党的组织和党员违反党的章程和其他党内法规的比较重要或复杂的案件"职责的规定，可以推定并认为"党内法规"是从属于"党的纪律"的概念，"党纪"与党内法规是包容与被包容的关系。尤其是，中国共产党中央委员会的检查监督机关，被称为"中国共产党中央纪律检查委员会"，而不是"党内法规""党章""党规""党法"的检查委员会。可见，"党纪"是一个使用更多、外延广大、内涵更丰富的概念。

此外，在党的十八届六中全会通过的《中国共产党党内监督条例》中，从头至尾都没有使用"党内法规"这个概念。例如，《条例》第四条规定："党内监督必须贯彻民主集中制，依规依纪进行"；第五条规定："党内监督的任务是确保党章党规党纪在全党有效执行"，监督的主要内容是"遵守党章党规，坚定理想信念，践行党的宗旨，模范遵守宪法法律情况""严明党的纪律特别是政治纪律和政治规矩"；第十二条规定："中央委员会成员必须严格遵守党的政治纪律和政治规矩，发现其他成员有违反党章、破坏党的纪律、危害党的团结统一的行为应当坚决抵制，并及时向党中央报告。"换言之，实施党内监督，是"依规依纪"进行，而不是依照"党内法规"进行，至少在名词上"党内法规"未被党内监督条例正式使用。这里"依规"所依之"规"，应当解释为"党内规矩"，即习近平总书记一再强调的"讲规矩"，是我们党的优良传统、工作惯例，是不成文的"党内习惯法"。在党的主要文件中，规矩既不相同于纪律，也不等同于纪律，所以我们党反复强调要"讲规矩有纪律"，要"遵守党的政治纪律和政治规矩"。

党的十八届六中全会通过的另一个重要制度性文件——《关于新形势下党内政治生活的若干准则》明确提出："纪律严明是全党统一意志、统一行动、步调一致前进的重要保障，是党内政治生活的重要内容。必须严明党的纪律，把纪律挺在前面，用铁的纪律从严治党。坚持纪律面前一律平等，遵守纪律没有特权，执行纪律没有例外，党内决不允许存在不受纪律约束的特殊组织和特殊党员。每一个党员对党的纪律都要心存敬畏、严格遵守，任何时候任何情况下都不能违反党的纪律。党的各级组织和全体党员要坚决同一切违反党的纪律的行为作斗争。"但《准则》对"党内法规"这个概念只字未提。

尽管《关于新形势下党内政治生活的若干准则》和《中国共产党党内监督条例》这两个十分重要的规范性文件本身可归属为"党内法规"范畴，但它们在文本中只用了党章、党规、党纪、纪律、规矩等概念，而不直接使用"党内法规"做出概括性表述，至少在立法技术上是存在缺憾的。出现这种现象的一种解释，或许是起草者认为党内法规已经包含在党的纪律、党的规矩这些概念之中了，所以，不明确列出党内法规这个概念是无关宏旨的。

三　党的规矩和党的纪律

党的规矩和党的纪律都可以分为广义和狭义。如上所述，广义的党的规矩，包括了狭义的党的纪律；而广义的党的纪律则包括了狭义的党的规矩，如纪律检查委员会、遵纪守法、纪严于法等概念中的"纪律"，都是广义的。为了保持概念的同一性，避免产生歧义和混淆，建议仅对党的规矩使用广义概念，对党的纪律一般不做广义解释。党的规矩与党的纪律的区别在于以下几个方面。其一，从产生方式来看，党内很多规矩是我们党在长期实践中形成的经过实践检验、约定俗成、行之有效的优良传统和工作惯例，这些规矩看着没有白纸黑字的规定，但都是一种传统、一种范式、一种要求[1]；而党的纪律通常是由有权主体制定颁布的规范性文件。其二，从表现形式来看，党内规矩有的有明文规定、有的没有，党的纪律通常有明文规定，是

---

[1] 习近平总书记指出："没有明文规定一定要报的事项，报还是不报，关键看党的观念强不强、党性强不强。领导干部违纪往往是从破坏规矩开始的。规矩不能立起来、严起来，很多问题就会慢慢产生出来。很多事实都证明了这一点。讲规矩是对党员、干部党性的重要考验，是对党员、干部对党忠诚度的重要检验。""有些领导干部个人重大问题不报告。不是说非要家里出了命案才需报告。有的同志有重病不报，对所有人都隐瞒了，最后病危了组织还不知道，场面上的工作都干不了了，但就是不说，最后命都给耽误没了。有的子女家属长期在国外也不报告，在国外定居的按规定要报告，但他们也不是正式定居，就觉得可以不报告。有的家庭发生重大变故不向组织报告，离婚、结婚多少年了，组织都不知道。有的弄了很多证件，护照好几本，还有假身份证。这些事情不要报告吗？懂规矩就应该报告，隐情不报的，一是不懂规矩，二是这里面怕有不可告人的隐情。"习近平：《在第十八届中央纪律检查委员会第五次全体会议上的讲话》，2015年1月13日。

成文的规矩。其三,从相互关系来看,纪律是成文的规矩,一些未明文列入纪律的规矩是不成文的纪律;纪律是刚性的规矩,一些未明文列入纪律的规矩是自我约束的纪律。①

表8—2　　　　党内法规与党的纪律、党的规矩列表比较

主要内容	党内法规	党的纪律	党的规矩
定义	党的中央组织以及中央纪律检查委员会,中央各部门和省、自治区、直辖市党委制定的规范党组织的工作、活动和党员行为的党内规章制度的总称	党的各级组织和全体党员必须遵守的行为规则	党在长期实践中形成的优良传统和工作惯例

---

① 习近平总书记有时也把纪律和规矩这两个概念并列起来使用。例如,"在所有党的纪律和规矩中,第一位的是政治纪律和政治规矩。从近年来查处的高级干部严重违纪违法案件特别是周永康、薄熙来、徐才厚、令计划、苏荣等案件看,破坏党的政治纪律和政治规矩问题非常严重,务必引起重视"。习近平:《在第十八届中央纪律检查委员会第五次全体会议上的讲话》,2015年1月13日。又如,"要坚持问题导向,把严守政治纪律和政治规矩放在首位。加强党的纪律建设,要针对现阶段党纪存在的主要问题,更加强调政治纪律和政治规矩……讲政治、遵守政治纪律和政治规矩永远排在首要位置"。习近平:《在十八届中央政治局常委会第一百一十九次会议关于审议中国共产党廉政准则、党纪处分条例修订稿时的讲话》,2015年10月8日。再如,"依规治党,首先是把纪律和规矩立起来、严起来,执行起来。党的性质、宗旨都决定了纪严于法、纪在法前。要把党的纪律和规矩挺在前面,用纪律和规矩管住大多数,使所有党员干部严格执行党规党纪、模范遵守法律法规"。习近平:《在中央政治局常委会会议审议巡视工作条例修订稿时的讲话》,2015年6月11日。2016年1月12日,习近平总书记在第十八届中央纪律检查委员会第六次全体会议上指出:"各级党委要在思想认识、方法措施上跟上全面从严治党战略部署,把纪律挺在前面,发现问题就要提提领子、扯扯袖子,使红红脸、出出汗成为常态。对问题严重的,就要打手板、敲警钟,该组织处理的组织处理,该纪律处分的纪律处分。"

续表

主要内容	党内法规	党的纪律	党的规矩
制定主体	中央组织以及中央纪律检查委员会，中央各部门和省、自治区、直辖市党委	中央组织以及中央纪律检查委员会，中央各部门和省、自治区、直辖市党委	除党内法规和党的纪律制定主体外，一些规矩是实践形成的优良传统和工作惯例
客体	规范党组织的工作、活动和党员行为	党组织和党员违反党章和其他党内法规，违反国家法律法规，违反党和国家政策，违反社会主义道德，危害党、国家和人民利益的行为	党不仅要靠党章和纪律，还得靠党的优良传统和工作惯例。这些规矩没有白纸黑字的规定，但都是一种传统、范式和要求，都是规范工作、活动和行为的
名称或分类	党章、准则、条例、规则、规定、办法、细则	政治纪律、廉洁纪律、群众纪律、工作纪律、生活纪律	党内规矩是优良传统、工作惯例、不成文、相对柔性的规范和规则
邻近属概念	党内法规是……党内规章制度	党的纪律是……行为规则	党内规矩是……行为规范和规则
相互关系	党内法规包括大部分党的纪律，但规范党的执政方式和执政活动、确立党的各级组织架构、确认党员权利义务、调整党的机关工作等方面的党内法规，不属于党的纪律；党的规矩是上位概念，包含党内法规	1. 党的决议、决定、意见、通知和领导人讲话中出现的纪律，不属党内法规；党的纪律与党内法规是交叉关系；2. 纪律是成文的规矩，一些未明文列入纪律的规矩是不成文的纪律；纪律是刚性的规矩，一些未明文列入纪律的规矩是自我约束的纪律	党的规矩的外延要比党的纪律和党内法规大，它包括四个方面：1. 党章是全党必须遵循的总章程、总规矩；2. 党的纪律是刚性约束；3. 国家法律是党员、干部必须遵守的规矩；4. 党在长期实践中形成的优良传统和工作惯例

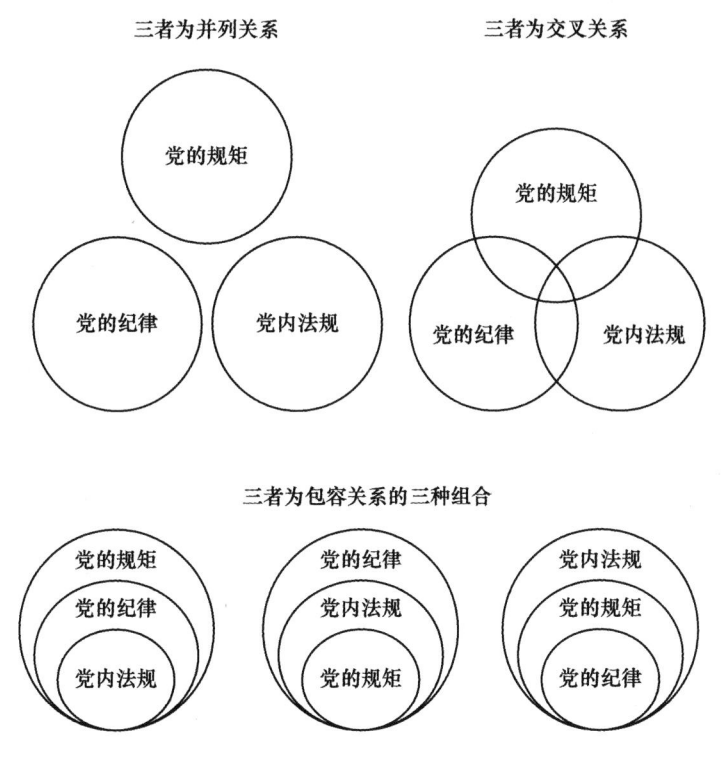

图 8—1 党内法规、党的纪律、党的规矩关系

四 党内法规"制度"和党内法规"制度体系"

与法学领域的"法律体系""法制""法治体系"等概念相比较，党内法规研究出现了两个重要提法：一是"党内法规制度"，二是"党内法规制度体系"。例如，2013年5月发布的《中国共产党党内法规制定条例》第一条，开宗明义地规定："为了规范中国共产党党内法规制定工作，建立健全党内法规制度体系，提高党的建设科学化水平，根据《中国共产党章程》，制定本条例。"同时发布的《中国共产党党内法规和规范性文件备案规定》也明确提出："为了规范党内法规和规范性文件备案工作，保证党内法规和规范性文件同党章和党的理论、路线、方针、政策相一致，同宪法和法律相一致，维护党内法规制度体系的统一性和权威性，根据《中国共产党党内法规制定条例》，制定本规定。"2017年6月，党中央印发《关于加强党内法规制度建设的意见》明确提出，党内法规制度体系，是以党章为根本，以民主集中制为核心，以准则、条例等中央党内法规为主干，由各领域各层级党内法规制度组成的有机统一整体。要坚持目标导向和问题导向，按照"规范主体、规范行为、规范监督"相统筹相协调原则，完善以"1+4"为基本框架的党内法规制度体系，即在党章之下分为党的组织法规制度、党的领导法规制度、党的自身建设法规制度、党的监督保障法规制度四大板块。完善党的组织法规制度，全面规范党的各级各类组织的产生和职责，夯实管党治党、治国理政的组织制度基础。完善党的领导法规制度，加强和改进党对各方面工作的领导，为党发挥总揽全局、协调各方领导核心作用提供制度保证。完善党的自身建设法规制度，加强党的思想建设、组织建设、作风建设、反腐倡廉建设，深化党的建设制度改革，增强党的创造力、凝聚力、战斗力。完善党的监督保障法规制度，切实规范对党组织工作、活动和党员行为的监督、考核、奖惩、保障等，确保行使好党和人民赋予的权力。这个《意见》还从指导思想、总体目标、构建完善的党内法规制度体系、提高党内法规制度执行力、加强组织领导等方面，对加强新形势下党内法规制度建设提出明确要求并做出统筹部署，对于深入推进全面从严治党、依规治党具有重要意义。

目前，"党内法规制度"和"党内法规制度体系"这两个概念在党内法规理论研究和实际运用中已被广泛使用，但它们的科学内涵是什么，如何理解"制度""体系""法规"（法律）等概念之间的关系，"党内法规制度"、"党内法规制度体系"与"党内法规体系"、"法律体系"、"法律制度"等概念是何关系，仍有进一步进行规范化和科学化研讨的必要。

"制度"（System，Institution）最一般的含义是要求大家共同遵守的办事规程或行动准则，是一定历史条件下的政治、经济、文化等方面的体系。例如，《党的建设制度改革"立柱架梁"》一文①，总结的是"党的建设制度改革"，而在列举的事例和内容中，基本上是讲有关党内法规、党的规矩和纪律的变化完善情况，如通过落实《关于新形势下党内政治生活的若干准则》，修订实施《县以上党和国家机关党员领导干部民主生活会若干规定》《中国共产党发展党员工作细则》《中国共产党地方委员会工作条例》，制定《中国共产党党组工作条例（试行）》，实现了"党的组织制度改革重在补空白"；通过制定实施《推进领导干部能上能下若干规定（试行）》和《关于县以下机关建立公务员职务与职级并行制度的意见》，实现了对长期在原地打转转的老大难问题，多管齐下、标本兼治；通过修订实施《领导干部报告个人有关事项规定》，制定《领导干部个人有关事项报告查核结果处理办法》和《关于组织人事部门对领导干部进行提醒、函询和诫勉的实施细则》，解决了领导干部个人有关事项只报告不核实等制度操作性不够的问题。可见，制度既是一种行为规则，也是一种规范体系；制度存在于规范体系之中，规范构成制度的基本要素和框架内容。

从某种意义上讲，规范就是制度，制度就是规范，同时也是体

---

① 姜洁：《党的制度建设改革"立柱架梁"》，《人民日报》2017年9月25日。

系。"制度"加"规范"形成的概念，会产生多种含义甚至歧义，难以界定。当"制度"等于"规则"、"规则"等于"制度"时，把规则与制度两个词合起来使用，除非有特别的限制和说明，否则就很容易成为"同义反复"；同理，当"制度"等于"体系"、"体系"等于"制度"时，往往也会成为"叠床架屋""画蛇添足"的累赘。

笔者曾对"法治制度"一词做过一点研究，发现法律制度（Legal Systems）在西文中是个多义词，在汉语里也是一个多义词，原因在于两方面。一方面，从西文译成中文时，"Legal Systems"一词就可以翻译为"法制""法系""法律体系""法律制度"等。这些译文都表达了某种法律群、法律的聚合体或者某类法律的存在形态，因而译文无论是"法制""法系""法律体系"还是"法律制度"，只要这些词在全文中保持译文的同一性，就都有一定的合理性。另一方面，汉语表达的"法律制度"一词，又有多种解释。这里试举几例如下。例一，认为"法律制度"是指一个国家或地区的所有法律原则、法律规范和法律文本的总称。在这种解释的意义上，法律制度就是特定空间范围内各种法律规则的总和，是"复数"的法律存在形式，大致等同于中国语境下的"法律体系"。由于在汉语中，"制度"一词有时被解释为"要求大家共同遵守的办事规程或行动准则，或者是在一定历史条件下形成的法令、礼俗等规范"，因此在构词法上，法律大致就是制度，或者说制度大致就是法律，把法律与制度合并起来使用，表达的不过是一种同义反复的强调。例二，认为"法律制度"是"法制"或者"法律和制度"的别称。例如，中国的法学院通常使用教材——"中国法律制度史"或者"中国法制史"、"西方法律制度史"或者"西方法制史"等，其"法律制度"表达的内容基本上等同于"法制"或者"法律和制度"的理念。例三，认为"法律制度"

是一个"法律系统",因为"Systems"一词在汉语里既可以指"制度"或者"体制",也可以指"系统"或者"体系"。当法律制度被解释为一个"法律系统"时,法律制度作为一个为社会输送行为规则与裁判标准的集合体,其主要的价值与地位就在于媒介了法学研究与实践。在静态意义上,它反映并记载着国家的社会体制与价值诉求,在动态意义上,它则通过法律制度的内部运作机制与外部表现结构将法学研究中的发现与成果输入的同时将法律制度的表达要素规则等要素输出。① 例四,认为"法律制度"是与宗教制度、经济制度、社会制度、政治制度、文化制度、道德体系等不尽相同的制度形态,是一种由法律规范构成的、规定权利与义务并具有国家强制性的制度体系。这是从法律制度的外延来解释"法律制度"的一种观点。例五,认为"法律制度"是由立法制度、执法制度、司法制度以及公法、私法、社会法、国际法等构成的制度体系。中国由于不采用西方罗马法以来关于公法与私法的划分理论和标准,而采用"中国特色社会主义法律体系"的构建理论和划分标准,因此在当代中国,法律体系在一定意义上就是指法律制度,是法律制度的规范化和条文化表现形式。

美国法学家弗里德曼在《法律制度》一书中指出,有许多方法可以观察法律制度,但对于"法律制度……没有学者和公众都同意的定义"②。弗里德曼认为,对"法律制度"难以下一个定义,但法律制度由各种公认的次要制度组成,这些次要制度的"共同点在于都是制

---

① 参见任立华《法律制度的界定——内在于法学研究与实践之间的张力》,《法治论坛》2006年第一辑。
② [美] 弗里德曼:《法律制度》,李琼英、林欣译,中国政法大学出版社1994年版,第1页。

度，以规范或规则运行，与国家相连，或有一个至少和国家行为相类似的权力机构"[①]。法律制度是一个系统，它的运行过程"是通过社会环境对法系统的'输入'系统对输入物的'处理'、作为处理结果的'输出'输出物对外部的'影响'和'效果'以及在此基础上社会环境对于系统的'反馈'等步骤而构成的"[②]，所以，可以把法律制度理解为一种"输入—处理—输出"的系统。

那么，在"党内法规制度""党内法规制度体系"作为一个被执政党正式使用的概念，是否对它们的科学性、规定性做出过统一界定和解释，是否考虑过这些概念如何与国家法律体系、法规体系、法律制度等一系列法学概念的协调统一？例如，为什么我们在使用"中国特色社会主义法律体系""中国特色社会主义行政法规体系""中国特色社会主义法治体系"等概念时，通常不用"法律制度体系""行政法规制度体系""法治制度体系"，因为"法律体系""行政法规体系""法治体系"这些概念，本身就包括了"制度"的含义，即在一般意义上，体系就是制度，制度即是体系。我们注意到，在构建中国特色党内法规体系、开展党内法规理论研究的过程中，基本上是以法学尤其是立法学的基本原理、基本概念、基本原则、基本方法等为原型、依据、方法和套路来展开的，但在套用或者借鉴法学原理和方法时，又有一些"创新"和"发展"，只不过这些"创新"和"发展"往往缺乏充分的学理论证和法理政理支撑，缺乏与既有法学原理和法学方法的继承、发展、创新的渊源关系（历史和学科基因）的观照，

[①] ［美］弗里德曼：《法律制度》，李琼英、林欣译，中国政法大学出版社1994年版，第12页。

[②] 季卫东：《法的根源与效果》，载［美］弗里德曼《法律制度》，李琼英、林欣译，中国政法大学出版社1994年版，代译序，第6页。

甚至有一定的主观性、随意性和实用主义，致使党内法规研究中的这些重要的基本的核心概念，一开始就埋下了理论根基或学理依据欠缺等先天不足的隐患。

应当借鉴法学的立法技术思路和方法，结合全面从严治党、依规治党、制度治党的成功经验和实践需要，对党的规矩、党的纪律、党内法规等概念进行全面梳理，用党内法规形式对若干核心名词概念统一表述、统一界定、统一定位、统一分类、统一使用，使其进一步制度化、规范化。建议：其一，将"党的规矩"规定为广义规范概念，在党内包括党章和其他党内法规、党的纪律、党的政策、党的优良传统和惯例等，在党外包括国家法律法规、国家政策、社会主义道德等；其二，将"党的纪律"和"党内法规"规定为从属于党的规矩的下位概念，一般不对党的纪律和党内法规做广义解释和使用；其三，将党的纪律和党内法规规定为并列存在的两个既不完全相同又有相互交集的交叉概念。

总之，目前国内关于中国共产党党内法规问题的研究如火如荼、轰轰烈烈，众多研究成果不乏真知灼见、体现中国特色、富有中国创见，但有些研究"成果"也需要注意科学精神、科学方法。只有打牢"党内法规"的政理之基，夯实"党内法规"的法理之本，其研究才能具有更强的科学性和普遍性、生命力和战斗力，才能成为真正中国特色的原创性成果。

第九章

网络社会治理的法治模式[*]

人类社会发展历经由原始社会向传统农业社会、传统工业社会、信息社会跨越转型，创造农业文明、工业文明、信息文明三大文明。① 第二次世界大战以来，以互联网为代表的新型技术日新月异，不断引领社会生产新变革，创造人类生活新方式和新空间，拓展国家治理新领域。当前，互联网发展的世界格局是以美国等现代发达国家为绝对主导的网络世界。互联网技术的发展轨迹和全球网络治理的经验教训都表明，谁负责全球互联网域名根服务器、域名体系和 IP 地址等的管理，② 谁就主导了"全球互联网大厦"之"根基"的管控权，亦是掌握了网络世界发展和治理规则的制定权，甚至获得了以互联网信息

---

* 本章由李林、周汉华（中国社会科学院法学研究所副所长、研究员）、于志刚（第十三届全国人民代表大会常务委员会委员，全国人民代表大会宪法和法律委员会委员，中国政法大学教授）共同完成，由李林最后全面修改、统稿和定稿。

① 徐汉明、张新平：《转型中国的腐败预防》，《法制日报》2015 年 11 月 11 日。

② 截至 2016 年年底，作为全球互联网架构支持基础的根服务器有 13 台，包括 1 台主根服务器（放在美国）和 12 台辅根服务器（9 个放置在美国，英国、瑞典、日本各 1 个），所有根服务器均由美国政府授权的互联网域名与号码分配机构 ICANN 统一管理，负责全球互联网域名根服务器、域名体系和 IP 地址等的管理，这意味着极端情况下，世界其他国家有被互联网抹掉或拒绝网络服务的危险。参见《全球互联网有望实现多边共治》，新华网，http：//news. xinhuanet. com/info/2015 - 06/24/c_134350099. htm；见《中关村加强话语权　将打破根服务器国际垄断》，人民网，http：//gz. people. com. cn/n/2015/0629/c222176 - 25400104 - 2. html，2016 年 11 月 24 日。

技术为代表全球新生产力发展的制控权。因此,在把握网络社会的本质、网络世界的发展轨迹和全球网络治理规律的基础上,梳理中国改革开放尤其是加入国际互联网 20 多年以来的网络治理曲折发展历程,总结依法"治网、办网、用网、护网"的有益经验,丰富发展中国特色社会主义网络治理理论,形成科学完备的网络社会治理制度体系,高效的网络社会治理实施体系,严密的网络社会治理监督体系,有力的网络社会治理法治保障体系。这对于实现网络社会在法治的轨道上健康有序发展,提高网络社会治理法治化水平,推进包括网络社会在内的国家治理体系法治化和治理能力现代化具有重大现实意义。

◇ 第一节　网络社会治理的基本范畴

有关对"网络"范畴的研究、界分并建构逻辑体系发端于理工科的理论体系。其对"网络"的界定一般是指由多个节点和连接构成的网状系统。[1] 理科学者认为,网络是一种图,一般是专指加权图,用带箭头的连线表示从一个节点到另一个节点存在某种顺序关系,认为网络是从同类问题中抽象出来的用数学中的图论来表达并研究的一种模型。[2] 工科学者界定,网络是从某种相同类型的实际问题中抽象出来的模型,[3] 如"在电的系统中,由若干元件组成的用来使电信号按

---

[1] 参见 Economides N., "The Economies of Network", *International Journal of Industrial Organization*, 1996, pp. 673–699。

[2] 中国大百科全书出版社编辑部编:《中国大百科全书》,中国大百科全书出版社 1998 年版,第 4985 页。

[3] 同上。

一定要求传输的电路或这种电路的部分,叫网络"[1]。信息工程学者认为,计算机网络是指把分布在不同地点且具有独立功能的多个计算机系统通过通信设备和线路连接起来,在网络软件的支持下实现彼此之间数据通信和资源共享的系统。[2] 理工学科有关"网络"理论的创建,为人文社会科学适应传统社会向网络信息社会跨越大背景下的"网络"理论研究提供了借鉴、引证,为建立网络核心范畴开辟了新视野,也为人文社会科学领域对"网络社会""网络社会治理""网络社会治理的模式"等核心范畴的研究和网络社会法治建设理论体系宏构提供了条件和可能。

一 网络社会

"网络社会"(network society)一词,由荷兰学者简·范戴克(Jan van Dijk)于1991年在其 *The Network Society* 一书中最早提出使用。戴克认为,网络社会是由各种不同网络交织所形成,而网络也决定了社会的走向与目标,影响的层次包括个人、组织以及社会。[3] 其后的发展进程中,"网络社会"理论研究逐渐成熟并呈现出越来越热的趋势,不同学者从社会形式、社会关系结构、社会系统、社会形态等不同角度对"网络社会"进行了界定。卡斯特在其2000年出版的《网络社会的崛起》一书中指出,具体的网络社会是指一个社会中关键的社会结构和社会行动都围绕着电子信息网络而展开的社会形式,

---

[1] 江天主编:《逆序现代汉语词典》,辽宁大学出版社1986年版,第446页。
[2] 徐红云等:《大学计算机基础教程》(第二版),清华大学出版社2014年版,第246页。
[3] 谢耘耕等:《网络社会治理研究综述》,《新媒体与社会》2014年第4期。

并认为这种基于互联网技术的发展而产生的网络空间中，人们的互动关系发生的社会形式是人们利用网络信息技术而多方位交往的新的共同体。① 中国学者围绕"网络社会"范畴做出多种界定阐释。比如，童星教授在《网络社会：一种新的、现实的社会存在方式》一文中主张把"网络社会"严格地界定为"通过网络（主要是互联网）联系在一起的各种关系聚合的社会系统"，并指出它与"虚拟社会""信息社会"的区别在于："虚拟社会"只是"网络社会"中的一部分，而"信息社会"的含义比较广，"网络社会"只是它其中的一部分。② 戚攻教授在《"虚拟社会"与社会学》一文中将"网络社会"界定为数字化的社会关系结构，认为其是一种数字化的社会结构、关系和资源和环境，关系网具有虚拟特征，但最终是一种客观现实，是一种新的、虚拟的人类生存状态与环境。③ "社会形态论"观点认为，网络社会有着与以前所有社会形态（包括农业社会和工业社会，传统社会和现代社会，伦理社会和法理社会，或是奴隶社会、封建社会、资本主义社会和社会主义社会，等等）都不相同的特点，这些特点足以使之成为有别于以前所有社会形态的一种新的社会形态。④

"360百科"对"网络社会"的界定，是指信息时代的社会，认为20世纪60年代世界上第一条电子信息网络在美国的悄然问世，不仅仅属于技术事件，更是社会事件。在新的历史条件下，网络技术作

---

① 祁宝生：《网络公共参与的社会功能分析》，硕士学位论文，东北师范大学，2012年。

② 童星、罗宇：《网络社会：一种新的、现实的社会存在方式》，《江苏社会科学》2002年第5期。

③ 戚攻：《"虚拟社会"与社会学》，《社会》2001年第2期。

④ 童星、罗宇：《网络社会：一种新的、现实的社会存在方式》，《江苏社会科学》2002年第5期。

为新经济的重要力量，成为信息时代的经济与社会的重要动力，只有融入全球的网络互动中，社会、经济和文化的持续发展与竞争才能得以实现。传统农业社会，人们主要依靠经验和体能来发展经济，是一种"经验社会"；工业社会，技术和能源逐渐成为经济发展的主要因素，是一种"技术社会"；信息时代，经济的发展主要取决于知识的传递，主要依赖对象既不是人的体能，也不是物质能源，而是知识和信息，网络化与信息化是社会的基本特征，塑造出一种崭新的社会经济形态"网络社会"，它以全球经济为主导力量，彻底动摇了以固定空间领域为基础的民族国家或组织的既有形式。①

这些对"网络社会"概念的界定，为从理论与实践结合上探明、分析、识别、适应和开展网络社会这一新型形态的社会活动，确认他人在这一社会结构中的地位作用提供了智力支持和现实指导，但也存在不足。当前面临的首要问题之一，是理论和实务界存在对"网络社会"这一基础概念的内涵和外延界定不清，直接带来的现实问题是概念使用不一，甚至出现混乱，导致相关理论的进一步研究和学术对话难以有效进行。主要表现在：有的把"网络社会"界定为一种社会形态，与农业社会、工业社会相对应；有的把"网络社会"界定为一种社会形态中的特定空间（互联网空间），与其他传统社会存在相对应，认为其是现实经济、政治、文化、社会、生态领域在网络空间的反映、延伸和表达。

本章认为，网络社会是指一种社会形态中各种关系基于互联网技术产生聚合而形成的特定空间，其本质是现实经济、政治、文化、社会、生态领域的反映、延伸和表达，是社会形态的特定空间。互联网

---

① 360百科，https://baike.so.com/doc/584721-618943.html，2019年1月17日。

技术的产生和应用并形成新的各种社会关系，但其本质并未改变。正如马克思在分析社会的本质时指出"社会是人们交互作用的产物"，即社会是人们相互交往的结果，是人们之间普遍联系的表现，无论社会表现为何种形式，它的这种本质不会改变。① 互联网表面上是无数终端的连接，从而形成多点快速、互联互通的网状结构，其实质连接的是作为生产、运用、管理信息的"人"，网络社会在其本质属性上并未超越马克思关于社会形态本质"人"的这一论断。这一本质也决定了网络社会治理必然选择法治治理这一模式。一方面，网络空间是虚拟的，但运用网络空间的主体是现实的②，其虚拟空间所构成的政府与网络社会组织及网民③的管理与被管理、合作与互动、自由与秩序、虚拟空间权力与责任、权利与义务等错综复杂的社会关系，其本质上仅仅是现实经济、政治、文化、社会、生态领域的反映、延伸和表达，因而同现实社会一样需要通过宪法法律、行政法规、行业自治规程、社会公约等规则予以调整与规范。另一方面，这些在虚拟社会所结成的社会关系又具有相对的独立性，它由网络社会治理基本法律制度、专门法律制度、行政法规、部门规章、规范性文件及地方性法规所确认、调整与保障。总之，网络社会是指一个国家或地区占有一定网络资源、机会的社会成员的组成方式及其网络关系格局，是公

---

① 《马克思恩格斯选集》第四卷，人民出版社1972年版，第320页。
② 习近平：《习近平谈治国理政》第二卷，外文出版社2017年版，第534页。
③ 据统计，截至2018年6月，中国网民规模为8.02亿人，仍旧以10—39岁群体为主，占整体的70.08%。其中10岁以下群体占比为3.6%，10—19岁群体占比为18.2%。截至2018年6月，中国手机网民规模达7.88亿人，较2017年增加4.7%。网民中使用手机上网的比例由2016年年底的95.1%提升至98.3%，手机上网比例持续提升。李林、支振锋主编：《中国网络法治发展报告（2018）》，社会科学文献出版社2018年版，第24、13页。

民、法人、国家及其他社会组织主体与以数字信息和通信技术为基础所构成的总线形、环形、星形、网状网络拓扑结构新技术之间相互作用、相互影响所形成的全新社会关系，是一种新的社会结构。"网络社会"的本质，是一种社会形态中公民、法人、国家及其他社会组织主体之间的各种关系基于互联网技术产生聚合而形成的新的社会关系格局和结构模式，是现实经济、政治、文化、社会、生态领域各种关系在网络空间的反映、延伸和表达，是社会形态的特定空间。网络社会中"互联网"要素的多点快速、交互连接等性征，决定了它与现实经济社会有着明显不同。

二 网络社会治理

网络社会治理的重要思想来源之一是治理理论。治理（governance）是相对于传统的统治（government）而言的，治理理论强调的是协调与合作，而不是统治与控制。同时，治理理论强调治理主体的多元化及治理主体与客体地位的相互转化。英国学者马克·怀特黑德（Mark Whitehead）认为："治理可以理解为，作为一种凭借正式治理结构进行的治理过程，它不再主要集中于公共部门治理形式（议会、市政厅、公务员）的政治领域，而是不断吸纳从私人部门到公民社会的一系列利益关联者。"[①] 联合国的全球治理委员会（the Commission on Global Governance）于 1995 年发表了一份题为《我们的全球伙伴关系》的研究报告，对"治理"一词作出如下界定：治理是各种公共的或私人的个人和机构管理其共同事务的诸多方式的总和。它是使

[①] Mark Whitehead, "'In the shadow of Hierarchy': Meta-governance, Policy Reform and urban regeneration in the West Midlands", *Area 3* (*March 2003*), pp: 6–14.

相互冲突的或不同的利益得以调和并且采取联合行动的持续的过程。它既包括有权迫使人们服从的正式制度和规则，也包括各种人们同意或以为符合其利益的非正式的制度安排。它有四个特征：治理不是一整套规则，也不是一种活动，而是一个过程；治理过程的基础不是控制，而是协调；治理既涉及公共部门，也包括私人部门；治理不是一种正式的制度，而是持续的互动。对西方治理理论的引入和中国化的阐释始于20世纪90年代末21世纪初。[1] 中国学者毛寿龙最早于1998年在《Governance：现代"治理"新概念》一文将 Governance 译成"治道"。[2] 俞可平教授则于1999年最先将 Governance 译成"治理"，并提出"善治"（Good Governance）的概念。他认为"治理"是指在一个既定的范围内运用权威维持秩序，满足公众的需要。[3] 对于丰富和发展现代网络社会治理理论、制度和实践都具有重大理论和现实意

---

[1] 有中国学者分析指出：治理一词在西方产生较晚，语义含混，但着重强调其与传统政府管理的区别。其背景是传统西方政治经济制度下国家失效、市场失灵，导致社会资源配置无法优化，因而寻求第三部门的参与合作。从民主发展的角度来看，治理的兴盛实际上也属于西式民主实现形式的更新和在社会领域的拓展。治理一词在引入中国时，也是作为政府传统管理的对立物，十分强调在权威来源、权力行使方式等方面与政府"统治"的区别，如对于治理的主体，突出强调各类非政府组织，如"没有政府的治理"，对于治理的方式，尤其强调限制政府的管制，并刻意忽视执政党组织的治理作用……党的十八届三中全会明确提出"国家治理体系与治理能力的现代化"，对于社会领域的改革，使用了"创新社会治理体制"的表述，治理在主体上被赋予"党委领导、政府主导、社会协同、公众参与"的规范性含义，在方式上融入了系统治理、综合治理、源头治理等实践内容。由此，治理一词成为中国特色社会主义政治话语体系中的关键性术语，主流意识形态也相应地在治理的相关话语论争中牢固地掌握了话语主导权。金太军、胡小君：《西式民主相关话语在中国的语义演化及反思》，《红旗文稿》2015年第18期。

[2] 毛寿龙：《西方政府的治道变革》，中国人民大学出版社1998年版。

[3] 俞可平：《治理与善治》，社会科学文献出版社2000年版。

义。① 随着治理理论的兴起与政府管理模式转变在实践层面的演进,一系列探索实现"良法善治"治理理论的大量涌现,这其中有许多理论正是基于网络社会对治理提出的新挑战而进行的理论探索与制度建构研究,它们为中国特色社会主义网络治理法治理论、法治道路与制度建设奠定了基石。②

网络社会治理是指运用网络技术与依托社会规则规范,对网络信息技术、物理、设施运行安全进行规范调整,对网络主体"治网""办网""用网""护网"的权力与责任、权利与义务进行界分,以维护网络主体合法权益,维护网络安全秩序,保障国家网络空间安全的网络社会治理关系的总和。有关网络社会治理范畴的界定,可综述概括为"实践说"、"工具说"和"治理说"等。"实践说"认为,网络社会治理是在借鉴并适当沿用现代社会治理的理念制度和手段方式等基础上,以互联网和网络社会为主要指涉对象,由政府、企业、社会组织以及个人等多方主体和多种社会力量参与其中,彼此通过协同努力来实施的社会治理的一种现实实践类型;③ "工具说"认为,虚拟社会治理在微观形态上表现为网民生活样态的范式化,在宏观形态上表现为网络合作关系的模式化,而其历史形态则是自由与秩序的网络均衡,是一种形成范式模式和实现自由秩序的工具;④ "治理说"认为,网络社会治理是指以网络社会为对象,通过借鉴治理的价值理

---

① 俞可平:《治理与善治》,社会科学文献出版社 2000 年版。
② 刘伟、杨益哲:《网络治理:网络社会视阈下治理范式跃迁的新愿景》,《晋阳学刊》2008 年第 4 期。
③ 参见李一《网络社会治理的逻辑起点、运作机制和界域指向》,《中共杭州市委党校学报》2015 年第 3 期。
④ 何明升:《虚拟社会治理的概念定位与核心议题》,《湖南师范大学社会科学学报》2014 年第 6 期。

念、制度架构和手段方式,由政府、企业、社会组织以及公民个人等多种社会力量共同参与、协同实施的社会治理。① 这些学说从不同角度对网络社会治理进行了阐释,对进一步明确网络社会的特点、形态、治理主体、治理范围等提供了一定的理论依据。

三 网络社会治理的法治模式

随着网络社会中出现的问题日益增多,对社会治理的挑战也随之增大。国外学者较早重视网络社会治理及其模式研究,认为治理的主体应当包含政府、行业组织、公民团体和个人,这样才能既对网络社会进行有效治理,又不妨碍公民权利的实现。中国学者则更多从网络社会面临的问题与挑战角度来阐释网络社会治理,也肯定网络社会治理主体的多元性。尽管这些观点有一定差异,但都强调多主体共同参与网络社会治理,形成治理的合作机制和协作效应。有关网络社会治理模式的探究,有诸多类型。主要有纯粹"自下而上"治理、"自下而上+第三部门"治理、纯粹"自上而下"治理、"自上而下+第三方机构"治理、"自上而下+自下而上"集合治理等模式。② 也有学者则将网络社会治理模式界分为"政府主导型""政府指导行业自律型""政府与行业共同管理型"等。③ 这些界分从政府指导与行业自律关系的视角进行,体现了网络社会治理过程中政府规制与行业自律

---

① 熊光清:《中国网络社会治理与国家政治安全》,《社会科学家》2015 年第 12 期。
② 张显龙:《中国互联网治理:原则与模式》,《新经济导刊》2013 年第 3 期。
③ 孙力:《互联网治理国际比较与监管政策研究》,《经营管理者》2014 年第 10 期。

之间的互动与博弈关系。在中国网络社会治理模式的选择方面，还有学者提出了和谐治理模式、① 多中心共同治理模式、② 综合治理模式等，③ 其强调坚持执政党的领导和发挥政府的主导作用，并充分考虑互联网的技术逻辑与网络治理主体的治理成本和效率。

　　法治是国家治理的基本形式，法治模式是网络社会治理的最佳选择。④ 网络社会本质上是现实经济、政治、文化、社会、生态领域在网络世界的反映、延伸和表达。网络空间不是"法外之地"，同现实空间一样，都是通过宪法法律、行政法规、行业自治规程、社会公约进行规制与调整，都需要且必须遵守法治，选择法治之治，走法治之路。法治是网络社会治理的基础，法治模式是网络社会治理的最佳选择。一方面，无论何种治理模式的研究探索，其出发点都是围绕网络社会治理的根本目标展开，即网络社会治理是以人类共同福祉为根本宗旨，治理主体通过保障网络物理安全、网络技术安全、网络运行安全以及网络空间活动良好秩序，推动全球互联网治理向更加公正合理的方向迈进，进而推动网络空间实现平等尊重、创新发展、开放共享、安全有序目标的实现。法治模式是网络社会治理的必然选择，也是公正合理、公平共享、安全有序等网络社会治理目标实现的最佳形式。另一方面，网络空间是虚拟的，但运用网络空间的主体是现实的，其与现实社会一样，既要提倡自由，也要保持秩序，既要尊重网

---

　　① 王佳炜、屠瑾：《和谐社会视野下中国互联网治理的路径分析》，《南华大学学报》（社会科学版）2007年第2期。
　　② 蔡翔华：《中国互联网治理的新思路》，《青岛行政学院学报》2007年第1期。
　　③ 谢俊贵：《中国特色虚拟社会管理综治模式引论》，《社会科学研究》2013年第5期。
　　④ 徐汉明、张新平：《社会治理法治建设指标体系的设计、内容及其评估》，《法学杂志》2016年第6期。

民交流思想、表达意愿的权利，也要依法构建良好网络秩序。① 法治作为国家治理的基本形式，其治理模式既是现实社会治理的最佳选择，也是网络社会治理的最佳选择。唯有实行法治，界分网络社会各方权利义务，坚持运用法治思维和法治方式，在法治范围内治网、办网、用网、护网，才能让互联网在法治轨道上健康有序运行。

网络社会治理法治模式，是指立足中国国情和实际，适应"四个全面"战略布局和推进国家网络治理法治化现代化需要，集中体现人民意志和社会主义属性，坚持运用法治思维和法治方式，将网络治理要素、治理结构、治理程序、治理功能纳入法治范围及运行轨道协调统一的有机综合体及其治理理论、制度与实践。其基本要求是运用法治思维和法治方式"治网、办网、用网、护网"。具体而言，"治网"要求国家治理网络在法定范围内进行。国家网络立法严格落实《立法法》规定，坚持立、改、废、释并举，完善网络治理行政法规、规章制定程序，健全政府网络立法立项、起草、论证、协调、审议机制，增强网络立法精细化、及时性、系统性、针对性、有效性；严守"法定职责必须为、法无授权不可为"的原则，建立治网权力清单、责任清单、负面清单制度并实行动态管理，将政府网络治理的法律依据、实施主体、职责权限、管理流程、监督方式等事项以权力清单的形式向社会公开，推进政府网络治理机构、职能、权限、程序、责任法定化。②

"办网"要求网络生产、运营、服务组织者在提供网络设施设备、技术平台及服务过程中，不仅仅要求其必须具有现实社会公司法人相

---

① 参见习近平《习近平谈治国理政》第二卷，外文出版社2017年版，第533—534页。
② 《中共中央关于全面推进依法治国若干重大问题的决定》，2014年10月。

同的适格法定从业资质、能力、条件（专利技术、场地、资金）等，接受行政许可审批、遵守法定义务、遵循市场规则，而且要求其所构建的网络虚拟空间及其提供的服务必须遵守国家法律、行政法规、行业规范、技术规程，不得违反公序良俗，使其"办网"活动始终在法治的范围与轨道上运行。

"用网"要求网络产品、技术和服务的制造者、销售者和消费者利用网络技术开展经济社会活动应当在法治范围内进行。网络产品、技术、服务制造者和销售者利用互联网技术在网络空间开展经济社会活动，必须遵守网络治理法律法规，在法治范围内，提供优质、合法、健康的网络产品和服务，依法享有使用网络权利和履行法定义务。网络消费者消费网络服务和产品，应遵守网络治理法律规则。依法用网要求所有用网主体在网络空间内依法、依规、依章行使知情权、表达权、参与权、监督权，使其实现法律所赋予的各项权利及履行法定义务都在法治轨道上进行。

"护网"要求全社会自觉树立法律意识，善于运用法治方式治网、办网、用网，自觉肩负保护网络空间、营造健康网络环境、共建良好网络秩序的神圣使命，形成全社会依法"护网自觉、护网有责、护网光荣"的时代主旋律，增强网络治理的法律意识和法律观念，使网络社会治理活动在法治轨道上健康有序运行发展。

第二节　网络社会治理的实践探索

中华人民共和国成立以来，中国经济社会历经从传统电信业时代向现代网络时代的飞速发展，取得了举世瞩目的成就。国家网络社会治理实践也经历了由传统"多元主体、上下统一、集中管控"体制向"分业管理、条块结合"管理体制跨越，再向运用法治思维和法治方式"治网、办网、用网、护网"的网络社会法治模式跨越的三次转型。总结中国网络社会治理的实践历程，可分为以下几个阶段。

一　传统电信、邮电、邮政、广播、电视事业管理体制及其运行实践

（一）"多元主体、上下统一、集中管控"的管理阶段（1949—1977年）

中国网络社会治理是传继传统电信、邮电、邮政、广播、电视"多元主体、上下统一、集中管控"体制与实践基础之上发展起来的。1949年《中央人民政府组织法》规定设立邮电部，采取"统一领导，分业管理，垂直系统"的管理体制。[1] 电信、邮电、邮政、广播、电视行业顺应时代潮流，围绕国民经济三年恢复计划、"一五""二五"国民经济及社会发展计划的实施而逐步发展起来。其后受历史影响，十年"文化大革命"期间，电信管理法律法规基本空白，行政规章寥寥无几，管理体制实行高度集中的行政管控模式。[2] 为了理顺中央与地方广播电台管理关系，严格管控无线电台的设置和使用，禁止国际电话与专线台混同设置，严格外事电信通信管理，国家先后颁布了《关于建立电影放映网与电影工业的决定》《关于地方人民广播电台

---

[1] 王鸥：《中国电信业的发展与体制变迁（1949—2000）》，博士学位论文，中国社会科学院研究生院，2001年。

[2] 尔泰：《中国广播电视管理史概说》，《视听界》1989年第1期。

管理办法的规定》《关于设置和使用无线电台的管理办法》《关于严格禁止国际电话与专线台设在一起的通知》《外事电信通信组织管理有关规定》等规范性文件，[①] 初步建立起传统电信、邮电、邮政、广播、电视事业管理制度。

（二）"分业管理、条块结合"的管理阶段（1978—1993年）

为适应改革开放党和国家工作重点转移到以经济建设为中心的任务要求，这一时期，国家对邮政、电信、广播、电视等行业实行"分业管理、条块结合"管理体制和运行模式。例如，在邮电管理领域，国务院确定实行邮电部和省、自治区、直辖市的"双重领导、以邮电部为主"的邮电管理体制[②]，强调地方政府与组织对通信的参与，明确了"国家、地方、集体、个人一起上"以及"统筹规划、条块结合、分层负责、联合建设"的方针。[③] 与此同时，为了健康有序发展邮政、电信和广播电视事业，确保通信线路、广播电视设施、卫星电视广播地面接收设施、邮电通信等安全，保护通信自由和通信秘密，保障邮政工作的正常进行，国家相继颁布了《邮政法》《关于保护通信线路的规定》《广播电视设施保护条例》《卫星电视广播地面接收设施管理规定》《电信通信指挥调度制度》《关于加强查处破坏邮政通信案件工作的通知》《关于严防发生爆炸破坏案件保卫邮电通信安

[①] 这一阶段，中国相继颁布的有：1954年政务院颁布了《关于建立电影放映网与电影工业的决定》；1955年国务院颁布了《关于地方人民广播电台管理办法的规定》；1963年《关于设置和使用无线电台的管理办法》；1974年邮电部颁布了《关于严格禁止国际电话与专线台设在一起的通知》；1977年的《外事电信通信组织管理有关规定》等规范性文件。

[②] 尔泰：《中国广播电视管理史概说》，《视听界》1989年第1期。

[③] 同上。

全的通知》等规范性文件。① 这为其后的网络社会治理法治建设奠定了基础，提供了发展的条件和发展环境。

二　网络社会治理法治模式的实践探索

（一）网络社会治理法治建设的起步阶段（1994—2003年）

以1987年9月中国学术网（CANET）发出中国第一封电子邮件为标志，揭开了中国人使用互联网的序幕。② 其后随着互联网在中国的逐步发展，国家开始重视网络社会治理法治建设。这一阶段，针对互联网领域网络犯罪活动猖獗、计算机病毒频发、盗版软件、垃圾信息、广播电视传输设施侵占破坏、电信垄断、隐私侵权等问题凸显。例如，在惩治和预防网络犯罪方面，针对计算机犯罪日趋严重的情况，全国人大常委会审议通过《刑法》（1997年修订），③ 明确对侵入计算机信息系统、故意制作、传播计算机病毒等破坏性程序等罪名及犯罪的刑事责任。针对利用互联网发布、传播有害信息、侵犯公民法人其他组织合法权益现象日渐突出，网络违法犯罪活动迅猛增长等问题，全国人大常委会审议通过了《关于维护互联网安全的决定》《计算机软件保护条例》《广播电视设施保护条例》《互联网信息服务管

---

① 这期间，中国相继颁布的有：1986年全国人大审议通过了《邮政法》；1982年国务院颁布《关于保护通信线路的规定》；1987年《广播电视设施保护条例》；1993年《卫星电视广播地面接收设施管理规定》；1979年邮电部颁布了《电信通信指挥调度制度》；1983年《关于加强查处破坏邮政通信案件工作的通知》；1989年《关于严防发生爆炸破坏案件保卫邮电通信安全的通知》；等等。

② 中国互联网信息中心：《中国互联网发展大事记（1986—1993年）》。

③ 王汉斌：《关于〈中华人民共和国刑法（修订草案）〉的说明》，第八届全国人民代表大会第五次会议，1997年3月。

理办法》《网上银行业务管理暂行办法》等法律法规，对软件著作权、网络基础设施、域名、网络产品与运营服务、网络信息管理、国际联网安全管理等网络违法行为的规范治理作出规定。从维护国家安全和社会稳定，保障网络安全，维护社会主义市场经济秩序和社会管理秩序，保护公民、法人和其他组织的合法权益等方面明确了利用互联网实施违法行为的法律责任。[①] 初步建立了网络社会治理相关法律制度。

（二）网络社会治理法治建设的重点突破阶段（2004—2013年10月）

信息技术飞速发展给网络安全管理提出诸多挑战。这一阶段，针对网上著作权保护的法律缺失、国内域名注册环境的变化、互联网服务单位和联网单位安全保护技术措施滞后、网络销售假药、垃圾电子邮件、网络游戏产品不良影响、网络游戏虚拟货币管理缺乏规范、网络金融安全缺乏保障、个人信息安全亟待加强保护、网络安全应急机制体系尚未完善等突出问题，中国相继颁布了《互联网著作权行政保护办法》《互联网络域名管理办法》《互联网安全保护技术措施规定》《互联网药品信息服务管理办法》《电子出版物管理规定》《电子银行业务管理办法》《电子签名法》《互联网网络安全应急预案》等相关法律、行政法规、部门规章及规范性文件。这些制度安排围绕网络著作权与传播权保护、网络域名备案管理、网络运营服务安全管理、网络信息管理、网络金融安全、个人信息安全保护、网络安全突发事件应对处置等方面，明确规定了保护重点、监管范围、应对处置程序、

[①] 杨景宇：《关于〈关于维护网络安全和信息安全的决定（草案）〉的说明》，第九届全国人民代表大会常务委员会第十八次会议，2000年10月。

网络社会治理方式等，为规范管理、保护个人信息安全、保护知识产权、促进网络金融发展、有效应对处置网络突发事件等提供了法律武器。在惩治和预防网络犯罪方面，针对计算机犯罪形式多样化，提供或利用非法程序实施互联网违法犯罪活动日趋增多等问题，全国人大常委会2009年审议通过了《刑法修正案（七）》，明确规定非法获取计算机信息系统数据、非法控制计算机信息系统，提供侵入、非法控制计算机信息系统程序、工具等犯罪行为的刑事责任，为惩治和预防网络犯罪提供了刑事法律保障。在网络信息保护方面，全国人大常委会2012年审议通过了《关于加强网络信息保护的决定》，明确保护个人电子信箱、网络身份管理、网络服务提供者义务、主管部门监管手段等，为加强个人电子信息保护、维护网络信息安全提供了法律依据。

（三）网络社会治理法治建设的快速发展阶段（2013年至今）

新时期，网络技术的飞速发展和广泛应用，在给中国经济社会带来诸多发展机遇的同时，也带来了许多现实挑战及难以预见的风险。网络空间非传统领域安全问题日益凸显，网络入侵、网络攻击等违法活动在网络上时有发生，宣扬恐怖主义、极端主义以及淫秽色情等违法与犯罪信息泛滥；用户账号数量巨大、账号管理乱象日益突出；网络交易信用障碍，客户资金安全隐患，客户身份识别机制不完善；互联网保险销售行为、"搜索推广"、P2P、B2B、B2C等网络新型业态监管不力等急迫问题。面对网络社会治理立法缺失、位阶较低、被动治理、被动立法的局面，国家先后颁布了《网络交易管理办法》《互联网用户账号名称管理规定》《互联网保险业务监管暂行办法》《网络出版服务管理规定》《网络安全法》。这些法律法规对于加强网络信息管理，维护网络金融安全，保障网民合法权益，维护网络空间主权和国家安全、社会公共利益，促进经济社会健康发展，保障运用法治思维和法治方式"治网、办网、用网、护网"，维护网络秩序，促进社会和谐稳定起到了积极作用。在惩治和预防网络犯罪方面，针对网络犯罪新的形式及其危害的惩治与预防，全国人大常委会2015年审议通过了《刑法修正案（九）》，界定侵犯公民个人信息、网络服务提供者不履行安全管理义务、扰乱无线电秩序、传播虚假信息、破坏计算机信息系统等犯罪行为的刑事责任，从刑事法律规范层面为惩治和预防网络犯罪提供了刑事法律保障。

◇ 第三节　中国网络社会治理的反思

中国网络社会的形成发展及其实践有着深刻经济社会发展时代背景，受到国际环境的影响。[①] 迄今，人类社会发展历经375万年之久，实现了三次历史性伟大转型跨越，带来的是人类社会演进的三大文明。

第一次跨越是，人类在漫长的野蛮时代、蒙昧时代向文明时代探

[①] 互联网技术研究起源于1961年，美国麻省理工学院的伦纳德·克兰罗克（Leonard Kleinrock）博士发表了分组交换技术的论文，该技术后来成为互联网的标准通信方式。随后1969年，伦纳德·克兰罗克教授通过远程联网把"LO"两个字母发送到斯坦福学院的计算机上，成功实现了世界上第一次互联网的通信，这次试验被认为是互联网诞生的标志。美国国防部高级研究计划管理局开始建立一个命名为ARPAnet的网络，把美国有关军事及研究运用电脑主机连接起来。1986年，美国国家科学基金会利用ARPAnet发展出来的NSFnet广域网使Internet向全社会开放。

索发展的阶段上，逐步学会利用自然资源，制造人力工具（打制石器、磨制石器、木器、骨器、陶器、青铜器、铁器），经济形态由采集经济、狩猎经济、原始畜牧经济、原始农业经济，实现向传统农业社会的跨越，创造农业文明，其历时374万年之久；这一漫长的历史时期，世界科技活动中心在中国唐代（628—907年），并掀起了第一次世界级的生产力高潮。[1]

第二次跨越是，以瓦特蒸汽机的问世（1769年）为标志，人类社会开始学会利用能量资源，制造能量工具（蒸汽机技术、化工技术、电力技术、高技术），经济形态由传统农业向传统工业跨越，创造工业文明，其历时仅177年，世界科技活动的中心由中国唐代通过西亚向欧洲移转，为意大利文艺复兴提供了强大推动作用，意大利、英国、德国相继成为世界科技活动的中心，掀起了四次世界级的生产力高潮，人类社会也为此付出了两次世界大战的沉重代价。

第三次跨越是，以1946年美籍匈牙利人冯·诺依曼制造第一台计算机为标志，人类社会开始学会利用信息资源，制造信息工具，经济形态由市场经济向经济全球化发展，人类社会正在进行由传统工业社会向信息社会跨越，创造以互联网技术为代表的信息社会文明，其历时仅70年；世界科技活动的中心由欧洲移转到美国，世界范围内掀起了以核能技术、空间物理技术、生物工程技术、微处理技术、IT产业技术、新型材料技术、大数据技术等为代表的七次生产力高潮，[2] 其世界级生产力高潮平均不到十年兴起一次，人类社会走向世界多极化、经济全球化、文化多样化、信息现代化交融发展的新时代。

---

[1] 宋健：《现代科学技术基础知识》，科学出版社1994年版。
[2] 徐汉明：《农民土地持有权制度研究》，社会科学文献出版社2004年版。

互联网让世界变成了"鸡犬之声相闻"的地球村,相隔万里的人们不再"老死不相往来"。① 与此同时,人类社会致力于全球治理道路的探索与实践。围绕国际政治事务治理,由主权国家创制了联合国;围绕货物、贸易、投资、知识产权等经济事务治理,国际社会创制了由关贸总协定到 WTO 组织;围绕国际金融事务治理,以发达国家为主导、发展中国家参与创制了国际货币基金组织及世界银行;围绕网络发展和治理事务,国际社会创设了互联网国际"互联互通"平台。

面对"二战"后,少数发达国家对中国实行政治上阻隔、经济金融上封堵、高新技术上封锁的局面,突破这些阻隔、封堵与封锁的世界环境,给中国融入世界,搭乘经济全球化信息技术的时代快车,中国共产党人治国理政和参与全球治理带来重大挑战,中国也开始了艰难而曲折的网络社会治理道路的实践探索,并于 1994 年作为第 73 个国家连入国际互联网而获得了"互联互通,共建共享"的成员资格。

反观中国网络社会治理的实践道路,基本形成了具有中国特色的网络社会治理体系,初步探索了网络空间治理法治建设之路,搭建了网络空间治理的法治模式,为推进中国网络社会治理法治化和全球网络社会治理提供了新鲜经验,但也存在运用法治思维和法治方式"治网、办网、用网、护网"的人文环境和法治模式形成困难诸多等薄弱环节。

一 中国网络社会治理的基本经验

(一)坚持从国情出发与有益借鉴相结合

新中国 70 年电信业曲折发展与管理,尤其是中国加入国际互

---

① 习近平:《互联互通·共享共治——构建网络空间命运共同体》,第二届世界互联网大会,《人民日报》2015 年 12 月 17 日第 1 版。

联网20多年来网络社会治理法治建设的历程，中国网络安全法治建设由"自我封闭、行政单一管控"，到逐步适应经济全球化、文化多样化、治理多元化、信息现代化的人类社会迅猛发展新形势。为应对以互联网技术为代表的信息社会给治国理政与经济社会发展带来的诸多挑战，中国坚持从国情出发与有益借鉴相结合，从网络社会治理面临的国情、世情出发，重视网络社会治理制度构建和互联网事业的发展。中华人民共和国成立初期，传统电信、邮电、邮政、广播、电视事业发展时期，国家从国民经济三年恢复计划，"一五""二五"国民经济及社会发展计划的实际情况出发，采取"统一领导，分业管理，垂直系统"的管理方式，使电信、邮电、邮政、广播、电视行业顺应时代潮流而逐步发展起来。改革开放后，面对十年"文化大革命"制度缺失和高度集中的行政管控的历史现实及改革开放的国家发展战略调整背景，中国借鉴前一时期的管理经验，实行邮政、电信、广播、电视的"分业管理、条块结合"管理模式，适应了改革开放党和国家工作重点转移到以经济建设为中心的任务要求，推动了广电事业的飞速发展；新时期，伴随互联网技术的飞速发展和广泛应用，世界出现政治多极化、经济全球化、文化多样化、信息现代化交融发展趋势，国内出现网络犯罪活动猖獗、计算机病毒频发、盗版垃圾信息泛滥、网络恐怖极端主义、国家安全威胁、网络虚假等新情况，中国从世情、国情和网络发展的现实出发，在关注全球网络法治建设的新成果、新制度、新方式，借鉴有关国家网络社会治理的成果与立法技术基础上，出台了一系列法律规范，形成了中国网络社会治理法治建设的"后发优势"，跟上并基本保持物理安全、技术安全、运行安全等基础性制度建设与国外通行做法基本一致，并且逐渐向体现网络社会治理法治建设时代性，把握网络社会治理法治建设规律性，具有网络社会法治体系科学性，维护国家网络空间主权坚定性的方向发展。

（二）坚持问题导向与法治治理相结合

中国网络社会治理始终坚持以问题为导向，面对不同时期出现的不同问题，始终重视治理制度的构建，坚持法治方式进行治理。传统广电行业时期，国家针对当时出现的邮政通信设备破坏、卫星电视设施破坏、电话和无线电台管理出现的问题，先后颁布了《关于设置和使用无线电台的管理办法》《关于严格禁止国际电话与专线台设在一起的通知》《外事电信通信组织管理有关规定》《关于保护通信线路的规定》《广播电视设施保护条例》《卫星电视广播地面接收设施管理规定》《电信通信指挥调度制度》等规范性文件；改革开放以来，面对网络领域出现的网络赌博、诈骗、淫秽、贩毒、计算机病毒、盗版垃圾信息泛滥、洗钱、网络攻击、网络突发事件、网络恐怖极端主义、国家安全威胁、网络虚假等新问题，国家先后出台《互联网著作权行政保护办法》《互联网安全保护技术措施规定》《互联网药品信息服务管理办法》《电子出版物管理规定》《电子银行业务管理办法》《互联网网络安全应急预案》《网络交易管理办法》《互联网用户账号名称管理规定》《互联网保险业务监管暂行办法》《网络出版服务管理规定》《网络安全法》等大量法规规范。

换一个角度看，中国政府高度重视加强个人信息保护和数据治理的法治建设。2012年全国人大常委会通过了《关于加强网络信息保护的决定》，从保护网络信息安全亟须解决的问题入手，确立了个人信息收集、使用的规则及网络服务提供者保护个人信息的义务等基本规范；

2013年全国人大常委会修改了《消费者权利保护法》，对消费者个人信息等保护做了专门规定；2009年、2015年通过《刑法修正案（七）》和《刑法修正案（九）》，专门增加了出售或者非法提供、窃取或者非法获取公民个人信息的犯罪及刑罚。2016年11月，全国人大常委会通过的《网络安全法》将保护个人信息安全作为重点内容，充实完善了网络运营者收集、使用个人信息的规则及其保护个人信息的义务，赋予了个人对其信息更多权利，确立了个人信息境内存储和向境外提供的安全评估制度，并规定了严格的法律责任。2017年3月全国人大通过的《民法总则》（第111条），将个人信息受到法律保护作为一项重要的民事权益，专门作出了规定。2018年8月，第十三届全国人民代表大会常务委员会第五次会议通过的《电子商务法》，使电子商务服务更加规范，电子商务经营将更加公开透明，不诚信经营行为将会得到有效遏制，电商平台对数据利用更加规范，垄断竞争将会得到逐步遏制。根据中国工商12345系统统计，2017年上半年全国电子商务投诉达18351件，占总投诉量的79.07%。[①] 初步统计，中国有近40部法律、30余部行政法规、200多部规章涉及个人信息保护和网络社会治理问题。为了进一步加强个人信息保护和数据安全治理，目前中国立法机关已把《个人信息保护法》和《数据安全法》列入国家五年立法规划第一序列。

针对不同时期网络社会出现的不同问题，国家始终坚持问题导向，重视网络治理法律法规、部门规章等规范性文件的制定，逐步形成从点到面的网络治理法规体系建设，不断走向从"被动性与跟进式"的行政法规体系的搭建到网络社会治理基本制度法律框架的空间

[①] 李林、支振锋主编：《中国网络法治发展报告（2018）》，社会科学文献出版社2018年版，第24页。

预留，取得了良好治理效果。

（三）坚持安全保障与发展并重相结合

"积极利用、科学发展、依法管理、确保安全"的方针的确定和贯彻落实，充分彰显了中国注重处理好网络安全与网络发展的关系，尽可能做到两者互为表里、协调一致、齐头并进。这既是中国网络社会治理实践探索的教训与反思，也是其成果经验的高度凝练与概括。通过保障网络空间主权安全为发展提供良好环境，注重对网络安全制度作出规范的同时，注意保护各类网络主体的合法权利，保障网络信息依法有序自由流动，促进网络技术创新和信息化持续健康发展。网络社会治理法治建设之道在于，始终坚持网络法治建设的核心要素，自觉把网络社会治理的基本原则贯彻到理论研究、制度安排、实践活动的全过程，成为推动中国网络社会治理法治体系构建、提高网络社会治理法治化水平的基本遵循。

二 中国网络社会治理实践探索的不足

（一）需要加强网络社会治理的立法

多年来，中国在借鉴西方现代流行的"多中心治理理论"[①] "网

[①] 以美国学者奥斯特罗姆夫妇为代表的制度分析学派创立的"多中心治理理论"提出处理国家与社会、政府与市场、公共部门与私人部门关系的一种新思路。该理论强调公共事务管理主体的多元化，政府不能，也无法垄断所有资源，成为管理的唯一主体和单一权威，而应由政府、社会组织、公民、家庭、社区、企业等多个主体共同参与治理，从而形成多主体参与和合作的社会管理格局和体系。

络化治理理论"①"新公共服务理论"②"合作共治理论"基础上，初步建立了以互联网专门性的法律、行政法规、部门规章、规范性文件及行业规范为内容的网络社会治理法律法规体系，但这一体系与中国网络社会治理实际和社会主义法治体系建设要求相比，仍存在一定不足。

1. 基础性法律规范存在缺位。一方面，中国现行宪法为构建科学完备的网络社会治理法律制度提供了宪法依据，但现有网络社会治理专门法律法规的法律效力级别低，难以构成科学完备的网络社会治理法律体系。这是因为，国家长期未把事关网络安全基础性法律制度建设摆到构建科学完备的网络社会治理法律制度体系的战略地位，而仅仅满足于典型试验、行政规范性文件发布、部门规章制定和些许行政法规的出台。面对网络社会治理日益复杂的新形势、新形态、新特点及新问题，网络社会治理顶层制度设计不是超前谋划、主动应对，而是"头疼医头、脚疼医脚"的被动跟进。2016年全国人大常委会通过的带有网络安全管理方面基础性地位的《网络安全法》，其框架结构设计存在诸多缺陷，而颇受理

---

① 网络化治理理论更加强调多元治理主体间互动合作的伙伴关系。该理论认为，治理过程中充满着利益冲突与合作的特质，治理目标的达成是多元行为者之间互动的结果，并主张通过政府部门与非政府部门以及私人部门共同建立一种相互依存的合作网络，通过面对面的合作，分享公共权力，承担公共责任，采取集体行动；在网络治理中，政府与其他主体是平等的关系，需要通过对话、建立伙伴关系和借助其他主体的资源来实现依靠自身无法实现的目标。

② 由美国公共行政学者登哈特夫妇倡立的新公共服务理论建立在民主公民权理论、社区与公民社会、组织人本主义和后现代公共行政的理论基石之上，倡导将公民置于整个治理的中心，推崇公共治理中的责任、公正、参与、回应等价值理念，强调建立有效的公民利益表达机制，勾勒了一幅政府与社区、公民之间平等对话、沟通协商与合作共治的治理新图式。

论界、实务界及社会的争论,① 其如何为制定配套法律法规预留接口,仍是加快建设网络社会治理法治体系悬而未决的重大问题。

2. 行政法规规章立法存在"部门化、碎片化"。当前,中国有关网络社会治理的行政法规、部门规章及规范性文件的制定和实施坚持"问题导向",对网络社会治理领域出现的网络侵权、网络诈骗、网络恐怖、人肉搜索等复杂形势,往往是"被动型""跟进式"立法与"应急性"治理,短时间里表现出一定的治理效果。但从长远看,这种"被动型""跟进式"立法与"应急性"治理方式,存在诸多问题。一是网络社会治理行政法规、规章的制定缺乏整体性,即出台却没有坚持"科学谋划、整体统筹、顶层设计、分步推进"法治治理原则,缺乏整体性、科学性、系统性,现存的网络社会治理法规"部门化、碎片化"和"被动跟进"现象,既无法从根本上有效治愈网络社会治理领域的种种顽疾,也无法适应中国特色社会主义法治建设的要求和国家治理体系治理能力现代化的目标。二是网络社会治理行政法规、规章的制定缺乏科学性,即网络社会治理法律法规的"部门化、碎片化"制定,致使规则的出台缺乏一定的民主性和科学性,有的甚至从起草论证到签署发布,自始至终没有听取过有关机构、社会组织、公民、第三方专业机构的意见建议。这不仅不符合现代行政法的控权精神,而且不利于网络社会治理良法善治的形成,容易造成部门规章、规范性文件相互打架,法律适用解释相互冲突,形成网络社会治理监管与行政执法尴尬局面。当前,应对诸如网络犯罪惩治、网络安全保障、网络侵权查究过程中出现的诸多法律障碍、体制机制漏洞、协调配合瓶颈,都是网络社会治理行政法规、部门规章及规范性

---

① 丁道勤:《"上天入地",还是"度权量利"——〈网络安全法(草案)〉述评》,《中国矿业大学学报》2016年第3期。

文件制定部门化、碎片化，缺乏科学性、民主性的现实表现。

3. 部分重要领域存在立法空白。一方面，网络技术迅猛发展催生网络新业态，网络经济组织层出不穷，这对国家治理网络社会的体制机制和网络社会立法、执法和司法机关网络社会治理法治保障能力带来挑战。诸如现实网络空间出现的网络虚假伪劣产品整治、电商微商准入、网络知识产权保护、网络运营商的义务和社会责任、网络消费者权益保护、网络执法司法管辖、电子证据规则、个人信息保护及数据保密等都存在立法缺位，甚至空白现象，这给立法机关科学立法、执法机关公正执法、司法机关严格司法、网络社会监管机关有效监管都带来崭新的挑战，直接影响政府的管理和服务网络社会的水平。另一方面，中国网络社会治理以"问题为导向"的"被动型、跟进式、应急性"立法，致使相关治理法律规则较多关注国内网络社会治理的现实问题，却忽视了网络空间全球"互联互通""地球村"的特性和国际背景，面对大量境外发起的网络安全威胁、技术入侵等现实问题，因为相关立法缺失甚至空白而无法有效应对与治理。

（二）网络社会治理执法面临诸多困境

1. 行政执法机关职权不清、权责不明。国家行政机关执行网络社会治理行政法规过程中，涉及职能机构、主管部门、协助单位的职能分工、职权设定、程序设置、监督制约、协调配合等，使中国行政机关在"治网"中出现了"九龙治水"现象。具体而言，根据各行政机关"治理网络"的动因，可将中国治网主体分为四大类。一是通信业管理部门，即工业和信息化部及对应地方机关，主要管理网络通信，指导推进网络信息化建设，协调维护国家网络信息安全，等等。二是网络犯罪打击和安全保护部门，即公安部及对应地方公安机关，主要负责网络犯罪预防、侦查和惩治，处置重大网络案件、治安事故和骚乱，指挥防范、打击网络恐怖活动，依法查处危害社会治安秩序网络行为，保障网络安全、国家安全和社会治安等工作。三是网络宣传管理部门，即各级网络安全和信息化领导小组办公室，主要负责创新改进网络宣传，运用网络传播规律，弘扬主旋律，激发正能量，大力培育和践行社会主义核心价值观。四是网络各领域对应的主管部门，如文化部、广电总局、教育部、卫生部、市场监督管理总局等部门及其对应地方机关，主要负责网络各个具体领域的规范和治理，网络行政执法机关多达近二十个。虽然为应对国际、国内网络治理挑战，国家于2014年2月27日适时成立了"中央网络安全和信息化领导小组"，明确"统一领导、统分结合、相对集中、职权确定、权责一致"的网络社会治理格局，要求建立"国信办"承担网络信息安全的指导、协调、督促工作，"工信部"主管互联网行业发展，"公安部"履行查处网络违法犯罪的治理格局。但实践中，中国长期以来实行的行政执法、部门林立、分段执法、分兵把口相互掣肘有余而协调配合不足的困境尚未根本改变。网警、交警、文化、工商、广电新闻出版、商务、检疫、海关、环保、安监、消防、林业、农资、水利、气象、国土、公共卫生防疫等众多行政执法部门，仍然存在职权不清、权责模糊的现象，出现相互推诿、揽功诿过的诸多弊病，尤其是在处理涉网重大、紧急、复杂且边界相对模糊的网络社会治理新情况、新问题时，容易滋生网络社会治理"各自打扫门前雪、不顾他人瓦上霜"的现象，以致"九龙治水水成龙"问题大量存在且难以有效根治。

2. 网络执法方式和执法队伍建设存在不足。首先，传统简单蛮管蛮控的方式与现代网络社会格格不入。长期以来，部分地方政府习惯简单采用"封、删、堵"等蛮管蛮控的方式应对网络社会治理问题，缺乏运用法治思维和法治方式对网民进行耐心引导和真诚沟通。这既不符合现代社会治理和法治政府的要求，更不能适应网络社会互联互通、资源共享、信息快速传输等新特点，往往使得"小问题"变成"大矛盾"，有的甚至演变成网络突发性、群体性事件。其次，互联网技术的快速更新发展以及其自身的专业性、技术性和复杂性特质，使得网络执法的难度加大，对网络执法方式专业化、规范化、多样化提出新的挑战。但目前，中国网络执法队伍素质水准参差不齐，网络执法专门人才相对缺乏，网络执法统一资格准入、统一考试、持证上岗制度没有形成，懂专业、讲法治的高素质网络执法队伍建设明显滞后，这不仅直接影响网络严格公正文明执法，而且影响网络执法公信力。最后，由于高端核心技术的开发应用，网络安全防御能力和威慑能力的提升直接挑战网络社会执法队伍建设和执法方式，这既是网络社会执法面临的挑战，也是网络执法整体水平不高的重要制约因素。

3. 合作共治机制不健全。政府与网络社会组织、网民之间的合作共治治理机制不够健全。现行网络政社合作共治中大多采用传统协作协商的方式，并通过单一"硬约束"方式要求网络业界组织接受强制性规制，被动承担责任等方式来实现，而少有通过政府与网络社会互信合作机制、网络购买服务、网络协商、网络互动、网络议事、网络要约与承诺等网络合作公约"软约束"方式进行合作共治。网络社会团体、网络业界组织和网民对网络合作共治事务的参与度有限。网络社会团体多是为了实现政府政策目标，其话语权有限，合作参与仅限于执行层面；网民对合作共治事务的参与渠道较窄，其对网络社会治理事务的知情权、参与权、表达权、监督权难以充分有效行使。网络社会治理事务的合作共治建设缺乏基本的指标体系及评价标准。在网络合作共治实践中，政府往往占据着主导地位，且由于网络合作治理事务的整体性、行政事务性较强，而网络社会组织、网民参与合作共治的价值目标、自身条件、参与治理方式又有各自的特殊性、自利性和差异性。因此，寻求网络合作共治事务整体性、行政事务性与特殊性、自利性的协调平衡，建立健全多元主体参与网络社会治理事务合作共治的指标体系和评价标准，成为填补网络社会治理事务合作共治制度及其运行机制空白的当务之急。① 当然，网络社会行业自治本身也存在问题。虽然中国已初步建立了以《行业自律公约》为主体，以《网络广告自律公约》《电子商务自律公约》等为具体行业规范的自律公约体系，但约束力缺乏，一些企业组织受利益驱使选择性适用，有的面对利益置自治规范之不理、不存，有的甚至公然违反，表面一套、背后一套，自治公约成为废纸甚至是挡箭牌，出现部分"只收费，不负责"互联网企业的扭曲现象，这些领域成为网络治理的"法外飞地"，甚至是网络执法的"真空"地带。这给合作共治执法机制的健全完善和网络社会治理本身都提出了巨大挑战。

（三）网络社会治理司法面临难题

1. 继续推进互联网法院和智慧法院建设。互联网法院旨在通过互联网方式审理互联网案件，起诉、立案、举证、开庭、送达、判决、执行全部在网上完成。2017年6月26日，中央深改组召开第三十六次会议，审议通过了《关于设立杭州互联网法院的方案》。会议提出，要探索涉网案件诉讼规则，完善审理机制。2017年8月18日，

---

① 匡文波、杨春华：《走向合作规制：网络空间规制的进路》，《现代传播》2016年第2期。

杭州互联网法院正式揭牌,成为中国首家互联网法院。目前,杭州互联网法院暂时受理杭州市涉网的一审民商事、部分知识产权案件,以及最高人民法院指定由杭州互联网法院审理的重大、疑难、复杂涉网案件。随着审判条件成熟和审判经验积累,杭州互联网法院将进一步扩大辖区范围和受案类型,将逐步审理全省范围内涉网刑事、民事、行政案件和全国范围内有重大意义的指定管辖案件。截至2018年8月底,杭州互联网法院共受理互联网案件12103件,审结10646件,线上庭审平均用时28分钟,平均审理期限41天,比传统审理模式分别节约时间3/5、1/2,一审服判息诉率98.59%。

2018年7月6日,中央全面深化改革委员会第三次会议审议通过了《关于增设北京互联网法院、广州互联网法院的方案》,决定设立北京、广州互联网法院。2018年9月9日,北京互联网法院挂牌成立;2018年9月28日,广州互联网法院正式挂牌成立。2018年9月7日,最高人民法院发布《最高人民法院关于互联网法院审理案件若干问题的规定》明确提出,互联网法院受理的第一审案件包括:通过电子商务平台签订或者履行网络购物合同而产生的纠纷;签订、履行行为均在互联网上完成的网络服务合同纠纷;签订、履行行为均在互联网上完成的金融借款合同纠纷、小额借款合同纠纷;在互联网上首次发表作品的著作权或者邻接权权属纠纷;在互联网上侵害在线发表或者传播作品的著作权或者邻接权而产生的纠纷;互联网域名权属、侵权及合同纠纷;在互联网上侵害他人人身权、财产权等民事权益而产生的纠纷;通过电子商务平台购买的产品,因存在产品缺陷,侵害他人人身、财产权益而产生的产品责任纠纷;检察机关提起的互联网公益诉讼案件;因行政机关作出互联网信息服务管理、互联网商品交易及有关服务管理等行政行为而产生的行政纠纷；上级人民法院指定管辖的其他互联网民事、行政案件。

智慧法院是依托现代人工智能，围绕司法为民、公正司法，坚持司法规律、体制改革与技术变革相融合，以高度信息化方式支持司法审判、诉讼服务和司法管理，实现全业务网上办理、全流程依法公开、全方位智能服务的人民法院组织、建设、运行和管理形态。[①] 2018年4月，最高人民法院发布的《智慧法院建设评价报告（2017年）》显示，在全国法院网络信息化"三大能力"中，基础支撑能力指数最高，达到90，基本形成以"云网一体化"为纽带的信息基础设施全覆盖格局；2017年全国法院智慧法院建设平均指数为72；智慧法院建设指数在80—90区间的法院达到847家，标志着全国智慧法院已初步形成。2018年3月周强院长在向全国人大所作的工作报告显示，中国法院以网络化、阳光化、智能化为特征的智慧法院初步形成，实现全业务网上办理、全流程依法公开和智能化服务；全国3525个法院和10759个人民法庭全部接入专网，实现"一张网"办公办案，全程留痕，全程接受监督。2019年1月17日，最高人民法院在全国高级法院院长会议上进一步明确提出，要积极推进大数据、人工智能、区块链等科技创新成果同审判执行工作深度融合，努力攻克以智慧法院人工智能技术为标志的一批关键技术，大力推动"智审、智执、智服、智管"建设，扎实推进电子卷宗随案同步生成及深度运用，以电子卷宗为基础全面推进智能化辅助办案工作，推动智慧法院建设向更高层次发展。

2. 着力解决网络社会治理司法管辖冲突。互联网技术无边界、

---

① 百度百科，https：//baike.baidu.com/item/%E6%99%BA%E6%85%A7%E6%B3%95%E9%99%A2/20829875，2019年1月18日。

超地域、全球互联互通等特点，使得人们对网络社会清晰边界的识别难度加大。在司法领域，其直接带来的是司法管辖界区的模糊。一方面，互联网技术无边界、超地域、全球互联互通特点直接带来的是网络社会治理司法管辖的"冲突"甚至是"空白"。网络新型技术的快速发展，给网络智能犯罪、高技术犯罪提供了土壤，带来国内网络犯罪国际化、国际网络犯罪国内化的新趋势。网络智能型、技能型犯罪使得网络犯罪行为地、结果地变得越来越不确定，这直接挑战传统的属地主义、属人主义、普遍管辖的管辖原则，尤其是网络跨国犯罪的迅猛增长，不仅挑战国内司法管辖，亦挑战国际司法管辖与合作。这些管辖"冲突"与"空白"问题，不仅容易造成网络司法管辖大量人力物力等司法资源的浪费，而且可能出现网络司法案件诉求无门甚至造成恶性上访、闹访问题。另一方面，互联网技术无边界、超地域、全球互联互通等特点对国际网络社会治理司法合作也提出了新的挑战，边界模糊、全球互联互通和司法管辖权冲突等问题，容易滋生网络社会治理国际司法合作调查协助取证难、收集固定证据难、提取转化运用证据难、司法裁判协助执行难、资产追缴返回难的"五难"棘手问题。

3. 切实解决网络社会治理司法资源配置薄弱问题。中国网络犯罪呈递增高发态势，类型向多样化发展。诺顿公司2015年发布的《诺顿网络安全调查报告》指出，在2014年接受调查的14个国家中，中国是网络犯罪最严重的受害国。仅在2014年，中国就有2.4亿网民成为网络犯罪的受害者，经济损失达7000亿元人民币。目前中国侵财犯罪，如电信网络诈骗犯罪，以及淫秽、赌博、黑客攻击、侵犯公民个人信息、网络制贩毒、网络制贩枪、网络制贩假币、传销、网络侮辱诽谤等犯罪，已成为当前的突出类型。① 另据统计，2015年中国每10万人中发生杀人案件0.67起，是世界上杀人案件发案率最低的国家之一，其中，网络犯罪已占犯罪总数的近三分之一，且每年增加近30%。②

网络犯罪形势严峻和网络违法犯罪呈现隐蔽性强、危害性大、犯罪主体年轻化、犯罪对象广泛化、犯罪形式多样化、网络违法犯罪监管滞后等特点，都为网络社会治理司法资源配置提出了新的挑战。③但网络司法实践中，中国为适应网络打击犯罪的需要，仅在公安机关设置了网络执法机构，但检察机关、审判机关、监狱均未设置配备专门机构、专门力量，检察、审判机关是否有必要建立及如何承担网络社会治理方面的民事纠纷、行政诉讼及网络犯罪案件的司法职能都是新时期的网络司法难题。司法程序上，民事、行政、刑事实体法与相匹配的程序法对网络民事合同纠纷、侵权行为、行政违法、刑事犯罪等都未制定专门的法律或者专章规定，而散见于各自的实体法或程序法之中。这虽然有利于节省立法资源，协调对实体社会与虚拟社会涉及民事、行政、刑事法律关系调整的一致性、统一性、防止相互冲突。但以网络技术广泛应用为表征的网络虚拟社会，其与现实社会的法律模式与行为规范的假定条件、行为模式、法律后果等内容千变万化，给执法司法人员对网络民事违法行为、行政违法行为、刑事犯罪行为的认定、裁断、处理、执行带来诸多困难。这些都与中国加快推

---

① 李林、支振锋主编：《中国网络法治发展报告（2018）》，社会科学文献出版社2018年版，第173页。

② 孟建柱：《网络犯罪已占犯罪总数近三分之一》，《北京青年报》2016年10月14日第8版。

③ 参见新华网、猎律网联合发布的《2011—2015年度网络违法犯罪大数据报告》报道。

进网络社会治理体系法治化，提高网络社会治理法治化水平的目标要求格格不入。①

4. 着力解决网络治理司法解释滞后问题。具有立法权的全国人大，具有司法解释权的"两高"对有关网络民事行为、网络行政行为、网络犯罪行为的认定及制裁适用相关法律的解释长期滞后，与网络社会治理立法模式配套的"被动型""跟进式"解释与"应急性"司法，问题诸多。同时，具有行政法规制定权的国务院对有关网络行政执法的解释亦未能跟上，而国家信息管理、工商部门虽无行政执法解释权却又越权各自解释，造成解释冲突，不仅使网络监管部门和行政执法机关无所适从，而且司法机关应有的"定分止争、权利救济、制约公权、保障人权、化解矛盾、促进和谐"的地位受到挑战，其作用难以有效发挥。

（四）网络社会治理法律监督出现崭新挑战

1. 网络社会监督制度不完善。监督既来自权力本身，又来自权力之外。具体而言，中国的监察委员会、司法系统，乃至人民代表大会制度都可以且理应成为网络监督的第一道防线，而外界尤其是报纸、电视等媒体和举报等监督，同样重要。与传统媒体监督相比，网络监督具有其独特优势和强烈的时代特征，网络自身的信息互联互通、传播便捷高速等特点，群众的知情权、参与权、表达权和监督权在网络监督过程中得到最大程度的实现，网络俨然成为监督的最主要形式之一。最典型的就是当前热门的网络反腐和网络治贪，网络成为反腐利器，价值和作用凸显。但也

---

① 孙午生：《网络社会治理法治化研究》，法律出版社2014年版，第132页。

应看到，网络舆论监督作为新的社会监督方式，一方面发挥着舆论引导的有益作用，架设网民与网络社会组织、网络监管机关、执法司法机关之间透明公开、理解支持、互动合作的桥梁；另一方面，一些媒体缺乏法治思维、法律约束及社会责任感，往往以猎奇视角对现实社会与虚拟社会中个别事件捕捉、放大、炒作，甚至时常发生"克里空现象"，从而引发和助长"网络暴力"等非理性网络活动。这种生长在传统监督机制堵塞的畸形土壤之上的监督方式，并未完全制度化，有其自身的局限性。因此，网络舆论监督应当且必须依法规范健康有序进行。

2. 网络社会诚信责任机制不健全。目前，一些规则涉及网络生产商、网络运营商、网络营销商、网络服务平台（网站）及网民的网络空间权利与义务边界界定不清晰，行使的方式和程序缺失，违反网络管理秩序的法律责任或失信于网络公约规则的道德责任义务界定不明确，导致网络诚信心理、网络诚信意识、网络诚信思维、网络诚信责任体系缺乏。由于没有国家统一权威的网络身份信任源，仅有分散的商业电子认证机构，从而严重制约了互联网诚信责任体系建设。网络社会中互联网企业相互排挤诋毁，坑蒙欺骗消费者的事件时有发生；部分网民沉溺于网络的开放性、匿名性和自由性，忽视法律责任归属感与社会责任约束感；不少网民网络心理脆弱，法治思维缺乏，遇有网络事件不是理性对待、冷静思考，而是盲目趋众；有的习惯以讨伐谩骂代替网络理性思维，有的以人肉搜索代替依法调查，有的以网络众议代替司法裁判，成为网络社会非法治心理、非法治文化的一种扭曲现象。

◇ 第四节　网络社会治理的指导思想与法治构建

推进中国特色社会主义法治体系建设，建设社会主义法治国家，必须加快推进网络社会治理法治建设，提高网络社会治理法治化水平，构建中国特色网络社会治理法律制度。

一　坚持习近平网络法治建设的指导思想

党的十八大以来，以习近平同志为核心的党中央对中国网信事业发展进行了全面部署。党的十八大报告提出，"加强网络社会管理，推进网络依法规范有序运行"。党的十八届三中全会《决定》明确对于互联网要坚持积极利用、科学发展、依法管理、确保安全的方针，加大依法管理网络力度，加快完善互联网管理领导体制，确保国家网络和信息安全。习近平总书记亲自担任中央网络安全和信息化领导小组组长，该小组规格之高超过以往。在中央网络安全和信息化领导小组第一次会议上，习近平总书记提出了努力把中国建设成为网络强国的战略目标，并要求建设网络强国的战略部署要与"两个一百年"奋斗目标同步推进。习近平总书记在主持中共中央政治局第三十六次集体学习时，进一步将中国网络强国战略提升到综合施策的新高度，并提出了六个加快的要求：加快推进网络信息技术自主创新，加快数字经济对经济发展的推动，加快提高网络管理水平，加快增强网络空间安全防御能力，加快利用网络信息技术推进社会治理，加快提升中国对网络空间的国际话语权和规则制定权。① 党的十九大报告提出，要加强互联网内容建设，建立网络综合治理体系，营造清朗的网络空间。2018年4月21日，习近平总书记在全国网络安全和信息化工作会议上强调指出，党的十八大以来，党中央重视互联网、发展互联网、治理互联网，统筹协调涉及政治、经济、文化、社会、军事等领域信息化和网络安全重大问题，作出一系列重大决策、提出一系列重大举措，推动网信事业取得历史性成就。这些成就充分说明，我们不断推进理论创新和实践创新，不仅走出一条中国特色治网之道，而且提出一系列新思想、新观点、新论断，形成了网络强国战略思想。②

互联网法治建设是网络强国战略的重要组成部分，对于习近平总书记提到的网络强国建设的六个重要方面，互联网法治已经并将继续发挥基础性支撑作用。网络强国战略为互联网法治建设明确了方向，需要充分发挥法律所具有的推动、规范、引领、保障等不同作用，在互联网立法规划制定、具体立法项目安排、法律原则、价值平衡、执法体制机制设计、法律实施与保障、参与国际规则制定等方面，体现建设网络强国这一战略目标，使互联网法治更好为网络强国建设目标保驾护航。

由于法律规则是对现实社会关系的反映，需要稳定和可预期，而生产力与社会关系始终处于不断的发展变化之中，法律因而一直具有一定的滞后性，需要通过立法、执法、司法活动在规则的稳定性与社会的不断变化之间寻求平衡，以减少两者之间的张力。在互联网时

---

① 《加快推进网络信息技术自主创新　朝着建设网络强国目标不懈努力》，《人民日报》2016年10月10日第1版。
② 《敏锐抓住信息化发展历史机遇　自主创新推进网络强国建设》，《人民日报》2018年4月2日第1版。

代，由于信息技术发展一日千里，商业模式创新层出不穷，生产关系与社会结构发生巨大变化，法律与社会之间的这种落差更大，传统法律理念、手段、制度、技术等面临全面挑战，很多法律规定已经不适应互联网时代的现实，要推动依法管网、依法办网、依法上网，确保互联网在法治轨道上健康运行，需要法律人熟悉互联网，跟上时代步伐。

在习近平总书记网信事业布局中，与"四个全面"战略布局相适应，全面推进互联网法治建设始终占据重要地位。习近平总书记运用唯物辩证法基本原理，既突出互联网法治建设的重点和主要任务，又强调互联网法治建设的全面性和系统性，确立了全面推进互联网法治建设的目标。当前互联网法治建设的重点任务在于规范网络信息传播秩序，维护国家安全、社会稳定。这一重点任务定位，与习近平总书记对互联网带来的主要挑战判断一脉相承，前后呼应。同时，互联网法治建设是一项系统任务，既涉及线上，也涉及线下；既要突出重点，又要全面推进，形成点面结合、两条腿走路的相互促进格局。习近平总书记提出的两个"决不能任其大行其道"[1]，体现了全面治理、系统治理的理念，对于立法部门与执法部门明确互联网法治建设的目标，避免片面化或者选择性执法，都具有重要的现实意义。习近平总书记对于不同类型网络违法犯罪行为打击、管控表述方式的区分，内涵丰富，既体现了法律制度本身的客观要求，也适应互联网分层分类治理的基本规律，对于防止实践中一些单位、部门胡子眉毛一把抓，采用简单、粗放式管理方式，或者懒政、怠政、不作为，都具有现实警示意义。

---

[1] 习近平：《习近平谈治国理政》第二卷，外文出版社2017年版，第336页。

明确全面推进互联网法治建设的目标之后，对于推进部署和工作布局，习近平总书记有许多具体而又明确的要求。关键有两点：一是要求全面规划，重点推进；二是要求互联网法治建设实现全覆盖，各方都要遵守法律。当前以及今后一个时期，互联网法治建设的任务首先在于制订立法规划，并加快互联网信息内容管理、关键信息基础设施保护等重点领域的立法，改变这些领域无法可依的局面，为依法治理网络空间奠定基础。这样的推进部署，既考虑网络空间法治化长远目标，抓好立法规划顶层设计，又聚焦当前主要矛盾和问题，突出重点，力求实效，体现了以习近平同志为核心的党中央求真务实的工作作风。同时，依法治网、依法办网、依法上网并列，与法治国家、法治政府、法治社会一体建设部署一脉相承，遥相呼应。依法治网对应的是依法行政与法治政府建设，依法办网、依法上网对应的是法治国家与法治社会建设。将互联网管理部门、互联网企业和网民一体纳入互联网法治建设轨道，大家都要遵守法律，不但有很强的现实意义，体现互联网法治建设全面推进的内在要求，也与法治中国建设"三位一体"工作布局形成联动，将网络空间法治化纳入全面推进依法治国总体部署之中。

党的十八大以后，互联网法治建设明显提速，进入全面推进阶段。习近平总书记关于互联网法治的重要论证在这些立法活动中均得到充分体现和贯彻，成为立法的指导思想。最为典型的当属《网络安全法》，集中体现了习近平总书记对互联网治理的新理念新思想新战略。在立法调整对象上，该法聚焦中国网络安全面临的两大挑战，分别规范网络运行安全与网络信息安全，指向性、针对性都非常强；在立法基本原则上，该法既立足于维护网络空间主权和国家安全、社会公共利益，又坚持网络安全和信息化发展并重，保护公民、法人和其他组织的合法权益,促进经济社会信息化健康发展;在基本制度设计上,该法借鉴国际有益经验,确立关键信息基础设施保护制度,努力打造网络与信息安全制度升级版;在管理理念与手段创新上,该法并未增设任何事前审批手段,也未设立常见的"监督检查"专章,更多依靠的是(第二章)"网络安全支持与促进"综合性手段以及(第五章)"监测预警与应急处置"实时管理制度,全面体现理念创新、手段创新、制度创新;在义务主体设定上,该法既包括网络运营者和网络运营辅助服务提供者,也包括网络用户和网络执法部门,各自都要遵守法律规定的相应义务,体现网络法治建设全覆盖要求,有利于全面推进依法治网、依法办网、依法上网。《网络安全法》的这些理念、手段与制度创新,堪称近年来互联网立法的典范,必将对中国互联网法治建设产生意义深远的影响。

规范网络信息传播秩序,营造良好的网上舆论氛围,贯穿习近平总书记关于互联网法治的重要论述始终。党的十八大之后,在习近平总书记的直接关心和部署下,互联网信息内容管理得到前所未有的重视。习近平总书记反复强调规范网络信息传播秩序,营造良好网上舆论氛围,既符合互联网在中国的发展实际,也抓住了当前阶段面临的最大问题与挑战,富有预见性。

对于网上舆论氛围的营造,习近平总书记非常强调辨证施治,扶正祛邪,一方面要弘扬正能量,另一方面要加强管理。正能量是总要求,管得住是硬道理。习近平总书记在多次讲话中反复指出,经济建设是党的中心工作,意识形态工作是党的一项极端重要的工作。[①] 要做强网上正面宣传,培育积极健康、向上向善的网络文化,用社会主

---

① 习近平:《习近平谈治国理政》第一卷,外文出版社2018年版,第153页。

义核心价值观和人类优秀文明成果滋养人心、滋养社会,做到正能量充沛、主旋律高昂,为广大网民特别是青少年营造一个风清气正的网络空间。同时,要依法加强网络社会管理,加强网络新技术新应用的管理,确保互联网可管可控,使网络空间清朗起来。

对于良好的网上舆论氛围与舆论监督两者之间的关系,习近平总书记一直坚持辩证唯物主义与历史唯物主义的科学认识方法,"舆论监督和正面宣传是统一的。新闻媒体要直面工作中存在的问题,直面社会丑恶现象,激浊扬清、针砭时弊,同时发表批评性报道要事实准确、分析客观"[1]。习近平总书记指出,"形成良好网上舆论氛围,不是说只能有一个声音、一个调子,而是说不能搬弄是非、颠倒黑白、造谣生事、违法犯罪,不能超越了宪法法律界限"[2]。

针对全球互联网发展不平衡、规则不健全、秩序不合理,难以反映大多数国家意愿和利益的现实,习近平总书记提出要共同构建网络空间命运共同体,推动互联网全球治理体系变革,共同构建和平、安全、开放、合作的网络空间,建立多边、民主、透明的全球互联网治理体系。[3] 在第二届世界互联网大会开幕式讲话中,习近平总书记全面阐释推进全球互联网治理体系变革需要坚持的尊重网络主权、维护和平安全、促进开放合作、构建良好秩序四项原则,系统提出共同构建网络空间命运共同体的五点主张。这一系列主张,既全面宣示了中国对于互联网治理的基本立场,表达了维护中国网络空间主权和参与推动国际互联网治理体系变革的决心,体现了作为互联网大国的责任与担当,也与中国长期倡导的国际关系和平共处五项原则一脉相承,

---

[1] 习近平:《习近平谈治国理政》第二卷,外文出版社2017年版,第333页。
[2] 同上书,第337页。
[3] 同上书,第532页。

代表着广大发展中国家的共同心声。

二 构建科学完备的网络社会治理法律体系

网络社会治理法律体系是以现行宪法关于网络社会治理原则规定为基础、以网络社会治理专门法律制度规范为主干、以与网络社会治理相关的行政法规、部门规章、规范性文件及地方性法规相协调相配套的治网、办网、用网、护网的法律规范体系。建立科学完备的网络社会治理法律体系的根本途径在于以下几个方面。

(一) 立法理念和制度设计层面

立法理念层面，立法者及职权机关都须贯彻职权法定与私权程序保护相一致原则，增强守卫网络秩序与保障网络自由统一的意识。增强网络社会治理立法科学性和民主性，实现法律制度安排对公权有效规制，与私权有力保护互动平衡。选择"治网、办网、用网、护网"法治模式，既需坚持法治思维和法治方式推进网络社会治理法治化，又需平衡公权与私权的冲突，严守实体正义、程序正当的统一；既需通过赋权、确权、限权、护权，破解网络监管"部门林立、执法壁垒"等困境，弥补协调统一高效，又需修复网络生态，根治网络乱象环生问题，保护个人网络空间合法权益，使法律赋予公民"被遗忘的权利"能够通过法定程序得到有效救济。顶层制度设计层面，网络社会治理法律制度顶层设计须遵循、体现、反映和符合中国现行宪法关于国家安全与社会秩序，保护通信自由和通信秘密，保护公民、法人和其他组织合法权益不受非法侵犯等根本大法的授权性规定，使网络社会治理法律体系与中国特色社会主义法律体系相配套。

(二) 加强网络社会治理的专门立法

理论上，网络社会治理基础性专门法律规范的制定，既关系到国家核心利益保护和国家空间主权安全守卫，又关系到公共利益、社会利益、个人利益之间的协调平衡。一定意义上，可能对公民、法人、其他组织的个人权利、社会权利带来某种程度的限制。因此，制定网络社会治理专门法律规范，需要寻求国家职权适度让渡与个人私权有序保护的统一，创新思维、比较借鉴、完善中国现有立法方式，通过网络社会治理立法成本效益前置评估、立法项目辩论、立法民主协商，拓宽公民、社会组织、基层网民群众实现网络立法的知情权、参与权、表达权、监督权的渠道，不断建立立法后评估机制，完善权力机关内部的制约协调机制、民意表达机制以及民意与立法的对接机制、实施效果评估机制等。[①] 实践中，由全国人大制定的关于数据安全、网络信息保护、电子签名三部法律规范，构成中国网络社会的基础性治理规则，处于基础性地位。[②] 当前，国家立法机关应在推动《网络安全法》全面实施，有效维护网络空间主权、规范网络产品服务提供者和网络运营者安全义务、确保关键信息基础设施安全保护与重要数据跨境传输规则规范运行的同时，加快个人信息保护法、数据保护法的立法步伐。在网络社会治理法律制度安排时，既要观照网络信息安全、数据保护、个人信息保护等法律制度的构建，又要关注网络行业规范、自治规则、自律公约等行业规程，使之相互

[①] 江必新：《怎样建设中国特色社会主义法治体系》，《光明日报》2014年11月1日。

[②] 于洋、李家鼎：《互联网法律体系将围绕网络社会管理等三方面构建》，《人民日报》2014年11月6日。

协调并有序衔接。立法机关应缜密规范立法，为相关下位法规制定预留接口，使数据保护法、个人信息保护法、"被遗忘的权利"等网络治理规则在整体上形成严密的逻辑结构体系。网络社会治理应科学民主立法，避免顶层制度安排的总规制体系出现以损害国家利益、公共利益、社会利益为代价，或者对公民、法人、其他组织的网络空间权益限制过多，形成网络监管和执法司法中职权滥用的源头性制度安排。

（三）职权法定与程序正当相协调

网络社会治理法治的核心要义之一在于规制公权，通过优化程序，防止其权力（利）滥用。科学完备的网络社会治理法律体系的建立不仅需要制定明确的实体权利规则，更要有与之对应和保障实体权利实现的程序性规则，实现职权法定与程序正当协调，网络社会治理实体规则与程序性规则匹配。如在《网络安全法》立法过程中，有一些学者对增设网络关键设备和安全专用产品的安全认证资格需要由有关机关审批许可，对侦查机关授予侦听、拦截权利及加大网络服务提供者提供必要侦听支持和协助义务等提出诸多批评意见。[①] 笔者认为，增设网络安全认证资格许可事项的必要性是不容置疑的，其不足之处在于规则的正当性和程序的可行性，如立法前的广泛调研、评估论证，力求寻找深化行政体制改革与强化国家网络空间主权安全之间的平衡点，提出合理的取舍方案；而授予侦查机关合法侦听权是国际惯例，问题在于需要制定专门严密且可操作的侦听程序，防止侦查权的滥用，避免公民的通信自由、通信秘密、个人信息受到不当侵犯。

[①] 丁道勤：《"上天入地"，还是"度权量利"——〈网络安全法（草案）〉述评》，《中国矿业大学学报》2016年第3期。

总之，应适时制定网络安全保护专门法如个人信息保护法、网络证据法，完善民事诉讼、行政诉讼、刑事诉讼中涉及网络诉讼的程序，考虑细化实化网络程序和实体法规使其具有可操作性，甚至可以考虑设专章、专篇或单列进行，形成网络空间治理的"门类齐备，结构合理，功能健全，保障有力"的科学完备的网络社会治理法律制度体系。

三　建立高效协调的网络社会治理法治实施体系

（一）多元主体保障实施

一方面，网络社会治理法治的实施是指各种网络社会治理法律规范被各治理主体实施贯彻、有效执行的活动及其过程。作为规范网络社会治理活动有序开展的网络社会治理法律制度，其实施通常需要"压制性资源"和"引导性资源"两种资源的整合运用，使强制性功能与引导性功能有机结合。这种"压制"和"引导"直接体现在网络社会治理法实施的主体上。另一方面，网络社会治理法律规范"硬法"属性与网络社会治理公约、民约"软法"属性的彰显，网络社会治理自律性和他律性的功效互动释放，网络社会治理法律的实施，既要求网络社会治理主体积极主动地行使权力（利）和消极被动地履行责任（义务），遵守网络社会治理法律规范；也要求国家行政机关、执法机关、司法机关以及经授权或委托的组织及其公职人员，须毫不例外地依照法定职权和程序，执行网络社会治理法律规范；还要求网络社会治理主体根据法定职权（权利）和法定程序，运用网络社会治理法律规范，处理网络社会治理事务、自治事务及个人事务的活动，适用网络社会治理法律规范。这都决定了应将网络社会治理主体界定为与《宪法》《民法总则》《侵权责任法》《合同法》等相一致，包括国家网信部门，有关行业主管部门及各级政府、行政执法、司法机关，公民（网民）、法人（网络组织）及其他组织等。进而建立政府主导、社会协同、公众（网民）参与的网络社会多元主体治理格局，形成国家专门机关实施与城乡基层自治组织、社会团体、行业组织、网络组织和网民通过自治自律、合作共治等模式来加以落实和执行，使网络社会治理主体多元性与共治性有机结合，保障网络社会治理法治实施。

（二）重点规范网络服务提供者行为

围绕建立高效协调的网络社会治理法治实施体系，一方面，法律规范本身具有可实施性、可接受性以及法律规范自我实现的动力与能力，这是网络社会治理法治高效实施之根本。另一方面，全面调整与重点规范，有序分步保障也是网络社会治理法治高效实施之重要途径。在网络"信源→信道→信宿"结构关系中，网络服务提供者对应的是"信道"这一网络信息传输中具有中枢地位和作用的信息桥梁和通道。通过规范网络服务提供者这一网络信息传输的中枢，即重点规范网络连线服务商、网络平台服务商和网络内容服务商等网络服务提供者，治理主体充分利用技术优势和监管优势，对设备、连线服务链接、搜索引擎、提供存储空间规避技术网络服务等网络服务提供者提供的服务和行为进行有效规制。对网络服务提供者违反现行法律、行政法规规定的网络信息安全管理义务，经监管部门通知采取改正措施而拒绝执行且达到法定严重情节的行为，依法追究其刑事责任，保障网络服务提供者严格依照网络社会治理法律规范提供服务，推动网络社会治理法的有效实施。

（三）强化行业自治

一方面，从事互联网及互联网相关产业的企事业单位、个人，都有遵守宪法、法律和法规关于网络社会治理的相关规定，弘扬社会道德风尚，净化网络空间，建设有序的健康网络社会环境的社会责任。另一方面，各网络组织、网络行业性协会、网络非营利社会团体既有组织制定网络行约、行规，维护行业整体利益，实现网络行业自律的利益驱使，也有自身优势。因此，应充分利用网络自治组织、网络行业协会自身优势，强调网络自治组织、网络行业协会依法自治，将互联网行业应当遵守的商业道德、相关技术标准等基本规则转化为具有一定约束力的行业自律规则，推动网络服务行业依法自治，实现自我管理、自我教育和自我服务。鼓励网络自治组织参与网络社会治理的监管和消费维权各个领域、各个环节，通过行业自律、社会协同的方式，规范网络交易行为，有效推动和提高网络社会治理法治化水平。同时，要充分发挥舆论和公众的监督作用，调动包括行业自治在内的一切积极因素，宣传贯彻国家网络社会治理政策、法律法规，提高互联网的应用水平和服务质量，促进网络社会实现自我管理、自我规范和自我净化。

当然，高效协调的网络社会治理法治实施体系的建立是一个系统工程，既需要强有力的体制及物质保障，又需要一支高素质的执法和司法队伍。如针对网络企业活动实施许可、对网络违法行为实施处罚或采取行政强制措施等执法活动，执法人员需要运用网络技术与科技设备对相应事实进行识别和判断，以进行执法活动。同时，网络社会治理法治实施的环境因素通常是互动与制约关系，这要求为网络社会治理法治实施创造必要的执法和司法环境，克服网络社会治理法治实施的阻碍和阻力，有针对性地进行程序设计、制度预防和机制阻隔，提升网络社会治理法治实施能力。如重点整治"人情""关系""金钱""权力"对网络社会治理法治实施的干扰，优化网络治理法治人文环境，推动国际执法合作，构建高效的国际执法体制和机制，共同打击网络跨国（境）犯罪活动，充分利用国际刑警组织、国与国之间的双边或多边合作机制，加强对跨国（境）网络犯罪活动的打击力度。

四　建立严密规范的网络监管体系

网络社会治理监管是指职权机关依照法定职责和程序，运用政策引导、行政许可、审批等手段，依法监督检查指导网络社会治理，有效处置各类违规违法行为，预防和惩治网络犯罪，维护信息系统安全运行，保障公民、法人和其他组织的网络空间合法权益，维护网络公共秩序与国家网络空间主权安全的活动。由于网络社会治理监管对象的广泛性，其监管内容不仅是保障网络基础设施的物理安全、网络核心技术、数据库等网络信息安全，而且须保障整个网络系统运行与网络空间主权安全，规范网络行为。网络社会治理监管内容的复杂性决定了其监管范围的拓展性。与网络社会治理法治建设起步、突破、发展三个阶段相对应，网络社会治理监管范围也经历了由对计算机信息系统安全保护、计算机软件保护、互联网信息服务管理，到网上银行业务管理第一阶段监管范围的基本划定；由互联网著作权行政保护、互联网络域名管理、互联网安全保护技术管理、互联网药品信息服务管理、电子出版物管理、电子银行业务管理，到互联网网络安全应急预案第二阶段监管范围的扩大；由网络交易管理、网络出版服务管理、互联网保险业务监管，到互联网用户账号名称管理第三个阶段监管范围的基本定型。网络社会治理监管的方式方法，如许可登记、网络安全技术标准认证、网络安全责任制、行政执法、行政处罚以及行政诉讼、民事诉讼、刑事诉讼，以及网络备案管理、日常管理、信息管理、风险监测预警、网络舆情引导、网络突发事件应对，等等，综合监管、协调一致的监管格局勾画出网络社会治理的多样性，折射出网络社会生活的丰富多彩性。而构建什么样的网络社会治理法治监管体系，如何构建严密规范的网络社会治理法治监管体系，这些都直接引导和规制着网络社会秩序，净化着网络社会治理空间，也会给网民提供自由交流思想、表达意愿的安全空间，给国家带来一个繁荣多彩、安全稳定的网络空间。梳理总结和反思20多年中国网络社会治理法治建设曲折历程，这个监管法治体系的核心要义是，构建"统一领导、政府主导、网信办协调、部门各司其职、社会组织参与合作、公众支持"的网络管理体制，形成"职责明晰、监管有力、协同合作、运行高效"的监管体系。

（一）网络监管的统一领导

中国网络社会治理管理体制正处在第三次转型跨越的关键节点上，破解网络监管体系建设面临的诸多问题，必须发挥中央网络安全与信息化委员会统一领导的体制优势，依靠网信办、工信部、公安部等主体力量，统筹谋划和扎实推进网络社会治理法治监管体系三个层级建设任务。第一个层级是，为实现由"网络大国"向"网络强国"跨越的目标愿景，必须立足于"四个全面"大布局，为构建中国特色治网之道提出新思路；谋划"网络强国"大战略，为实现中华民族伟大复兴的中国梦描绘新篇章；紧扣"网络安全"大主题，为实现国家总体安全和社会稳定提供新路径；对接"人类命运共同体"大格局，为推动全球"网络空间治理"提供新方案；[①] 加快制定国家网信事业中长期发展规划，优化网络行业发展政策，加快网络社会治理法律制度整体构建，推进网络良好生态建设。第二个层级是，必须以互联网核心技术创新团队协同攻关，"互联网+"行动计划实施，信息基础设施安全保障体系完善为抓手，加快修复网络生态，营造理性、规范、安全、文明的网络空间环境。第三个层级是，必须强化国家总体安全观、网络安全观，树立网络社会治理的创新思维、空间思维、网络思维及法治思维，加快建立网络风险预警防范指标体系及评价标准，建立健全网络执法与网络司法的证据标准、程序规范、执法司法责任制，优化网络突发事件风险预警机制与快速准确有效应对机制，提升网络安全防御能力与威慑能力。

（二）网络监管的政府主导

一方面，针对公共权力的监督和制约，须科学配置政府对网络社会治理监管的权力，使网络社会治理决策权、执行权、监督权相互制约又相互协调；明确设定权力运行的范围、条件、程序和界限，规范网络社会治理权的有序运行；设定权力行使的正当目的及合理基准与要求，防止权力的滥用。另一方面，有效运用人大监督、民主监督、行政监察、审计监督、司法监督、社会监督、舆论监督，既充分发挥其各自的独特监督作用，又形成协调互动、合力有序的监督格局，使网络社会治理监管权不当行使和违法乱用等情形，通过监督权的制衡得以及时有效纠正。健全网络权益的救济恢复机制，通过设定相关请

[①] 陈万球、欧阳雪倩：《习近平网络治理思想的理论特色》，《长沙理工大学学报》2016年第31卷第2期。

求权、救济程序与救济渠道，使遭受网络社会治理公权侵害的私益主体能够通过行使请求权、救济渠道而获得及时赔偿或补偿。再一方面，提升政府对网络社会的治理能力。由于政府在网络社会的主导角色，其成员的素质参差不齐，或者整体治理能力低下，常常出现网络社会治理"急病乱投医""头疼医头，脚疼医脚"的现象，有的甚至成为网络社会治理突发事件的"燃点"。这些都决定了维护政府在网络社会治理中的角色地位，其因制度禀赋与治理资源独占性所形成的主导地位及其作用能否充分发挥，其自身优势能否显示，其基本途径在于政府公务人员能够主动适应网络社会错综复杂、瞬息万变的新形势，自觉养成法治意识，强化网络法治思维，练就熟练掌握网络技术、灵活多变的本领，提高依法治网的能力和水平。

（三）网络安全技术标准认证体系

网络安全技术标准认证统一性，核心技术与普通技术认证的协调性，国内网络安全技术标准认证与国际网络安全技术标准认证衔接性，抑或端口预留衔接性，是构建科学化、标准化、规范化的网络安全技术认证指标体系的关键。通过构建网络安全技术标准认证体系，使之从基础设施、服务、应用三个层面发挥"安全阀""调控器""防控网"的关键作用。科学的认证体系一方面能够保障中国网络设施、产品、服务在安全标准上的可靠性和一致性，使执法机关能够依据统一的技术标准，依法对各类网络社会治理事件进行有效监管；另一方面可以通过相对明确的安全技术准入标准，对各类网络产品和技术的安全性进行评价，增强中国执法机关网络社会治理的主动可控性。

(四) 网络自治体系

网络自治是网络社会治理场域中与强制治理相对应，并在公权力治理主体与自治主体两种博弈力量此消彼长所形成的一种治理状态。无论是作为传统职权"强制管理模式"还是现代"合作共治管理模式"，由于经济社会发展的快捷性、多样化及其复杂性，政府作为社会治理乃至网络社会治理的角色不再具有垄断性与唯一性，而社会组织、公民参与网络社会治理，形成政社合作共治网络的格局，成为现代文明社会的典型表征。这是因为，网络空间的虚拟性、自主性、便捷性，网络技术传播的渗透性、穿透性、辐射性，使得网络自治成为必然选择，网络合作共治模式应运而生。观照到中国当下经济社会发展的不平衡性，在网络技术应用层面，大中城市的"云技术""数据块＋雄厚财力＋人文环境"等，使得这些城市率先向"智慧城市"跨越，形成了网络社会治理的巨系统；在经济较发达的县域地区及城乡社区，其网络社会治理的模式因观念形态、财力限制、人文环境尤其是人才制约，网络社会治理的运行系统则呈现出千差万别的景象；而在国家贫困地区，因为生存的压力和财力的困境加人才的拮据，其优先构建的必然是"互联网＋精准扶贫""互联网＋教育""互联网＋基层基本公共卫生与医疗服务"初级运行系统；等等。因此，经济社会的差异性既决定着职权机关的网络社会治理监管模式的类型分化，更决定着基层社区网民自治模式的多样性选择。无论何种差异性条件的制约，积极推动和探索不同层次的正式或非正式网络合作共治模式，不仅是必要的而且是可行的。当下，网络自治需要回应的重大关切是治理网络"法治飞地"、网络欺诈、网络色情、网络暴力以及其他网络垃圾文化污染等，网络社会治理须通过政府监管，行政执法、司法等公权力机关，社会组织和公民协力修复网络空间秩序、营造网络法治氛围、共建网络文化"精神家园"。

（五）网络社会监督

网络社会监督是实体社会各种监督形式在网络领域的延伸，也是社会监督新的发展形式。一方面，执政者、监管机关乃至公职人员需要拓宽新视野，把广大网民作为现实社会人民群众这一基本依靠力量在网络领域的延伸和表达，作为"治网、办网、用网、护网"的力量源泉，善于洞悉网络舆情、准确把握网络网脉，注意动员、挖掘、利用、释放众多网民的网智网慧，形成网络社会治理的正能量。另一方面，对一些网络意见领袖的牢骚、怪话之中含有理性思考及有益建议成分，或者一些虽"跟网风"的网民意见中带有建设性成分的，都要予以引导，采取包容、耐心的态度，注意吸纳其有益成分与建设性成分于网络生态修复与健康发展之补。再一方面，网络又是国际政治、经济、文化乃至军事领域激烈竞争博弈与斗争的一个重要场域。网上风起云涌是网下精心策划，网上"暴恐"勾连聚合、国际金融套利洗钱、"颜色革命"信息飞速传递，是网下某些超级大国和所谓"文明国家"滥用人类文明高技术成果，干着颠覆他国政权的种种勾当。对这些若隐若现的网上国际敌对势力活动的洞悉并与之斗争更需要高超的智慧、深谋的预断、精湛的技术、专业的队伍、快速反应的机制、精准的防御能力和威慑能力等。

（六）网络诚信体系

一方面，加快建立以身份证代码为信任根的现实社会与网络社会统一的住房、教育、医疗、卫生、劳动、就业、金融、投资、交易、旅行、出国等守信、用信、认信及信用等级评定的居民个人、企业、事业、机关、社会团体信用体系，形成以政府信用为主导，以企业及社会组织信用为重要补充，以居民个人信用等级为主体的现代信用管理制度，为根治当下诚信缺失、信用危机顽症，防范纠正和惩治失信失范行为提供科学的信用制度保障。另一方面，通过国家网络社会治理法律制度规范、行业网络自治规章、政府与网络组织合作共治规范、网络道德规范及网络文化建设一体推进，广泛深入开展尊信、守信、互信的"四讲四守"活动，形成全社会"讲法治、守章程，讲诚信、守规矩，讲文明、守秩序，讲发展、守底线"的良好网络社会治理法治环境，营造良好的网络法治文化氛围。

五 建立有力的网络法治保障体系

有力的网络法治保障体系，是网络社会治理法律制定、实施和监督的全过程，形成网络社会治理结构完整、机制健全、资源充分、富于成效的保障要素子系统。网络法治保障体系既是网络法治体系的重要组成部分，又是支撑网络法治大厦的根基，其关乎法治各环节的有序运行，为法治总目标的实现提供不竭的力量源泉。网络法治保障体系构建内在地要求技术保障、人才培养与支持、中国参与全球网络社会治理的国际话语体系构建的协调统一。

（一）紧扣技术保障的核心

技术保障是网络法治保障体系的核心。全面采用防火墙技术、数据加密技术、过滤技术、身份认证技术、数字签名技术等为主要关键技术措施的执纪执法保障。一方面，依靠国内力量自行开发网络防控新技术，政府应提供政策支持、加大资金投入、促进网络防控技术的研发与创新，同时政府应通过金融贷款额度支持、给予税收优惠减免政策、进出口退税等措施，鼓励网络企业、网络服务提供商参与网络管理技术的创新。另一方面，引进国外网络防控先进技术，可以节约自行开发新技术的成本，但引进新技术必须充分考虑中国国情以及现有法律制度，对引进的新技术进行必要的监测，防止新技术给中国国家安全带来潜在危害。国家应采取组建国家关键技术攻关重点实验室，引进出国留学高端人才回国组建高技术创新团队，创新科研管理体制，推行首席科学家、首席专家负责制等措施，加大对网络信息核心技术的研发攻关力度，形成由中国自主掌控的芯片、服务器根、操作根系统、搜索服务系统等关键技术体系，着力打破由少数发达国家对网络核心技术一统天下的局面，造就由中国完全自主掌握具有世界一流先进水平的新一代互联网。

（二）把握网络司法、网络军事现代化建设的关键

加快建立网络司法体制，强化网络军事现代化建设是网络社会治理法治保障的关键。加快建立与网络侦查相配套的网络检察、网络审判等网络司法机构，配备专门力量，承担网络社会治理方面的民事纠纷、行政诉讼及网络犯罪案件的司法职能。国家应尽快建立一支拉得出、调得动、反应快、现代化的网络军事部队，形成国家网络军事快速反应能力，守卫网络空间主权安全。

（三）强化人力支持和保障

人才培养与支持是网络法治保障体系的根本。倾力打造敢于担当、善于监督、敢于负责、忠诚干净、技术精湛的网络监管执法司法

人才队伍。网络空间的竞争,归根结底是人才的竞争。治理网络空间,建设网络强国,没有一支优秀的人才队伍,没有人才创造力迸发、活力涌流,则难以成功。念好了人才经,才能事半功倍。[①] 目前,中国网络社会治理法学教育相当薄弱,一定意义上是空白,这与"互联网是技术密集型产业,也是技术更新最快的领域之一"的特征完全不匹配。因此,培养网信人才与网络法治人才,要下大功夫、下大本钱,请优秀的老师,编优秀的教材,招优秀的学生,建一流的网络空间安全学院,[②] 这是当下改革中国法学教育,加快网络社会治理法学学科建设的重大课题。应组织专门班子梳理总结中华人民共和国成立70年尤其是改革开放以来网络社会治理起步、突破、发展阶段的曲折历程,挫折教训与基本经验,使之升华为科学的理论体系。这项理论建设须从发展完善国家治理体系上定位,从发展完善中国特色社会主义法治理论体系上着力。构建科学完备的网络治理法治基础理论是网络社会治理法治建设的基础性工程。这一理论需要回答什么是中国特色社会主义网络社会治理法学理论,中国特色社会主义网络社会治理法学理论的基本内容是什么,如何构建和诠释中国特色社会主义网络社会治理法学理论。中国特色社会主义网络社会法治理论应当包括:网络社会治理法治基础理论、网络社会治理法的部门法构成理论、网络社会治理法实施理论、网络社会治理法治建设指标体系和考核标准等维度。网络社会治理法律制度安排需要回应的问题是:网络社会治理法律制度的性质与特点,网络社会治理法在国家法律制度层面的地位和作用,网络社会治理法的基本范畴,网络社会治理法的价

---

① 习近平:《在网络安全和信息化工作座谈会上的讲话》,《人民日报》2016年4月19日。

② 同上。

值功能，网络社会治理法的历史演进，中外网络社会治理法比较借鉴。网络社会治理法律关系的逻辑结构，包括主体的类型化、对象的多样化、客体的清晰化、内容的完备化等。当务之急是，国家需把网络安全法治建设摆上重要战略地位，对现有法律制度安排进行梳理、整理和重构，构建反映实体社会和虚拟社会协调统一的现代网络安全法治体系。建立网络治理法治的"法福利"新范畴，并作为国家提供"公共品服务"理论创新、制度创新和实践创新的切入点。所谓网络社会治理法福利是指国家通过一定的基础性制度规则及其程序性安排，对公民、法人、社会组织的网络权利（义务）界分、授予、确认和保障，使其获得具有相对独立行使权利（履行义务）的主体资格、享有适格的行为能力，在网络社会资源优化配置的具体情境中，实现对这些资源在法律上平等、公正、有序地获得、享有、保护、保障及其预期实现最大化的状态与满足程度。[1] 政府的全部职责及其重心在于为全社会提供网络治理"法福利"的总供给，必须与包括网民在内的人民群众对"法福利"总需求协调平衡，彰显政府网络治理的现代化能力和水平。这要求适应由"网络大国"向"网络强国"伟大跨越的形势任务要求，修改调整和完善国民经济、社会发展中长期规划，教育行政机关、科研院所、理论工作者、网络监管机构、执法司法机关及全社会，让网络社会治理制度建设与治理实践形成"五进一出"的局面，即进理论、进学校、进教材、进课程、进头脑，培育和造就出一大批复合型、创新型、能力型的网络社会治理卓越人才，为网络空间领域的治国理政、治党治军、内政外交、社会发展提供源源不断的人才生力军。

---

[1] 徐汉明、王玉梅：《中国司法职权配置的现实困境与优化路径》，《法制与社会发展》2016年第3期。

（四）突出构建网络国际治理话语体系的重点

构建网络空间治理话语体系是构建全球网络治理法治保障体系的重点。遵守联合国关于互联网使用、互联网安全方面的国际规约是中国政府一贯主张的立场，也是作为互联网协议主权国家的应尽责任。积极参与联合国、国际组织有关网络技术运用规则的拟定、网络安全规则的制定，是作为一个"网络大国"向"网络强国"跨越的责任担当；参与网络安全国际突发事件处置与司法协助，惩治和预防国际网络犯罪尤其是国际网络恐怖活动，既是开展网络安全国际合作，协同推进国际网络社会治理，共享网络发展成果，维护国际网络社会治理新秩序，增进全球人类文明发展，提升全球网络治理科学化现代化水平的必然选择，也将成为中国参与国际网络事务的新形象。

总之，中国特色网络社会治理法治体系建设，有赖于网络社会治理法治精神的弘扬、网络法治文化的培育及其发展。亿万网民以饱满热情投身于人类社会有史以来前所未有的网络技术应用、网络空间的拓展、网络生活的丰富多彩这一伟大时代变革及其实践，必定会催生人们的网络法治思维、培育社会成员的网络法治意识、塑造全体社会成员的网络行为模式。在这一过程之中，亦必定会催生国家治理法治体系的优化发展，国家网络法律制度安排的科学构建，网络社会治理法治将成为社会生活的"新常态"。中国网络法治文化作为凝结网络社会治理现代法的精神及其观念，以现代法为基准所构建的法律制度安排，符合现代网络社会治理法治精神与网络法律制度规范相适应所构筑的网络行为模式，以及由此所形成的网络技术成果与网络法治文明物态成果，必将是这个时代的人们所共同一致选择的新型社会生活方式。因此，加快推进中国网络法治文化建设，树立网络法治思维，强化网络法治意识，修复网络生态空间，建设网络法治文化，共同打造人类网络法治空间的"精神家园"，使网络空间更加晴朗灿烂，才是推进国家网络社会治理体系和治理能力现代化的根本之道。

第十章

开启新时代法治中国建设新征程

◇ 第一节　以新思想指引法治中国建设新征程

党的十九大报告明确指出,"经过长期努力,中国特色社会主义进入了新时代,这是中国发展新的历史方位。中国特色社会主义进入新时代,意味着近代以来久经磨难的中华民族迎来了从站起来、富起来到强起来的伟大飞跃"[1],实现了从新纪元、新时期到新时代的历史巨变。1949 年中国共产党领导人民推翻了帝国主义、封建主义、官僚资本主义这"三座大山",取得了新民主主义革命胜利,成立了中华人民共和国,中国人民和中华民族从此"站起来",中国的历史从此进入一个新纪元;1978 年党的十一届三中全会,重新确立了解放思想、实事求是的思想路线,作出了把党和国家工作重点转移到社会主义现代化建设上来和实行改革开放的战略决策,实现了全党工作重点从"以阶级斗争为纲"到"以经济建设为中心"的战略转移,中华民族由此开始"富起来",中国的历史进入改革开放的新时期。

---

[1] 习近平:《决胜全面建成小康社会　夺取新时代中国特色社会主义伟大胜利——在中国共产党第十九次全国代表大会上的报告》,人民出版社 2017 年版,第 10 页。

如果说，进入"新纪元"的基本标志是成立中华人民共和国，根本目标是使中华民族站起来；进入"新时期"的基本标志是实行改革开放建设中国特色社会主义，根本目标是使中华民族富起来，那么，进入"新时代"的基本标志就是开启全面建设社会主义现代化国家新征程，根本目标是使中华民族强起来。从新纪元到新时期再到新时代，镌刻了中华民族从站起来、富起来到强起来的"三大历史坐标"，践行了马克思主义从政治民主、经济民主到社会民主的"三大民主构想"，标识了从人的政治解放、经济解放到社会解放进而实现人的全面自由发展的"三大解放轨迹"。党的十九大报告指出，中国特色社会主义新时代，就是在新的历史条件下继续夺取中国特色社会主义伟大胜利的时代，是决胜全面建成小康社会进而全面建设社会主义现代化强国的时代，是全国各族人民团结奋斗、不断创造美好生活、逐步实现全体人民共同富裕的时代，是全体中华儿女勠力同心、奋力实现中华民族伟大复兴中国梦的时代，是中国日益走近世界舞台中央、不断为人类作出更大贡献的时代。①

中国特色社会主义现代化建设进入新时代的重大战略判断，不仅确立了中国社会主义现代化建设和改革发展新的历史方位，而且进一步确立了全面推进依法治国、建设法治中国新的历史方位，不仅为法治中国建设提供了新时代中国特色社会主义思想的理论指引，而且对深化依法治国实践提出了一系列新任务新要求，指明了全面依法治国的战略发展方向和实践发展方略，开启了中国特色社会主义法治新征程。总体来看，党的十九大报告从历史与逻辑两个大的维度，对建设法治中国作出了战略安排和基本规定。一是历史维度——党的十八大

---

① 习近平：《决胜全面建成小康社会 夺取新时代中国特色社会主义伟大胜利——在中国共产党第十九次全国代表大会上的报告》，人民出版社2017年版，第10—11页。

以来的五年，中国共产党领导人民推进全面依法治国，中国特色社会主义民主法治建设迈出重大步伐，在八个方面取得显著成就；全面依法治国是"四个全面"战略布局的重要组成部分，未来要坚定不移推进全面依法治国，加快建设社会主义法治国家。二是逻辑维度——建设社会主义现代化强国，必须坚持全面依法治国，加快建设中国特色社会主义法治体系、建设社会主义法治国家，必须把党的领导贯彻落实到依法治国全过程和各方面，坚定不移走中国特色社会主义法治道路，发展中国特色社会主义法治理论，从八个方面深化依法治国实践。我们必须深刻领会党的十九大报告的逻辑体系和精神要义，立足新时代、坚持新思想、把握新矛盾、瞄准新目标，努力开启中国特色社会主义法治新征程。

一 开启法治中国建设新征程必须与中国共产党带领人民实现中华民族伟大复兴的崇高历史使命紧密结合起来、深度融合起来

马克思认为："社会不是以法律为基础的。那是法学家们的幻想。相反地，法律应该以社会为基础。法律应该是社会共同的、由一定物质生产方式所产生的利益和需要的表现，而不是单个的个人恣意横行。"[1] 恩格斯在阐述唯物史观的基本原理时亦说过："政治、法、哲学、宗教、文学、艺术等等的发展是以经济发展为基础的。但是，它们又都互相作用并对经济基础发生作用。"[2] 按照马克思主义的基本

---

[1] 《马克思恩格斯全集》第六卷，人民出版社1961年版，第291—292页。
[2] 《马克思恩格斯选集》第四卷，人民出版社1995年版，第732页。

观点，经济社会物质生活是法律上层建筑赖以生存和发展的基础和条件，法律的完善发展又作用于（服务于）经济社会的发展进步。中国特色社会主义法治不是孤立的社会存在，不是不食人间烟火的世外桃源，而是深深植根于中国经济社会文化土壤的法律上层建筑，是党和国家事业不可或缺的重要组成部分，是社会主义现代化建设休戚与共的有机组成部分。全面推进依法治国，建设中国特色社会主义法治，必须融入中国共产党进行伟大斗争、建设伟大工程、推进伟大事业、实现伟大梦想的历史洪流，成为实现中华民族站起来、富起来和强起来的法治守护神，成为统筹推进"五位一体"总体布局、协调推进"四个全面"战略布局的法治助推器，成为决胜全面建成小康社会、开启全面建设社会主义现代化国家新征程的法治定盘星。全面推进依法治国，"是关系我们党执政兴国、关系人民幸福安康、关系党和国家长治久安的重大战略问题，是完善和发展中国特色社会主义制度、推进国家治理体系和治理能力现代化的重要方面"[1]。中国特色社会主义法治的使命与新时代党的历史使命休戚与共，与新征程国家的兴衰强弱命运相连，与新矛盾人民的幸福安康唇齿相依。"法治兴则国家兴，法治衰则国家乱。什么时候重视法治、法治昌明，什么时候就国泰民安；什么时候忽视法治、法治松弛，什么时候就国乱民怨。"[2]开启中国特色社会主义现代化新征程，全面建成小康社会、实现中华民族伟大复兴的中国梦，全面深化改革、完善和发展中国特色社会主义制度，提高党的执政能力和执政水平，必须全面推进依法治国。正

---

[1] 中共中央文献研究室编：《十八大以来重要文献选编》（中），中央文献出版社2016年版，第142页。

[2] 中共中央文献研究室编：《习近平关于全面依法治国论述摘编》，中央文献出版社2015年版，第8页。

如习近平总书记深刻指出的那样，推进全面依法治国，既是立足解决中国改革发展稳定中的矛盾和问题的现实考量，也是着眼于长远的战略谋划，必须为实现"两个一百年"奋斗目标、实现中华民族伟大复兴的中国梦提供有力法治保障。[①] 把法治建设与新时代党的崇高历史使命紧密结合起来、深度融合起来，就要坚定不移推进全面依法治国，用法治思维和法治方式（包括宪法方式）确认党的十九大形成习近平新时代中国特色社会主义思想和一系列新理论、新制度、新方略、新目标等重大成果，通过立法把党的十九大提出的许多新决策、新任务、新要求转变为国家意志，纳入国家法律体系，表现为国家法律形式，获得全国各族人民、一切国家机关和武装力量、各政党和各社会团体、各企业事业组织共同遵守、一体遵循的规范性、普遍性和强制力。

二 开启法治中国建设新征程必须坚持以习近平新时代中国特色社会主义思想为指导思想和行动指南

开启中国特色社会主义法治新征程，必须坚持以习近平新时代中国特色社会主义思想为指导思想和行动指南。中国共产党紧密结合新的时代条件和实践要求，以全新的视野深化对共产党执政规律、社会主义建设规律、人类社会发展规律的认识，进行艰辛理论探索，取得重大理论创新成果，形成了新时代中国特色社会主义思想。党的十九大报告对习近平新时代中国特色社会主义思想，提出了"八个明确"。

[①] 中共中央文献研究室编：《习近平关于全面依法治国论述摘编》，中央文献出版社2015年版，第11页。

其中,"明确全面推进依法治国总目标是建设中国特色社会主义法治体系、建设社会主义法治国家"①,进一步坚持和重申了中国共产党全面推进依法治国的总目标。这表明,开启中国特色社会主义法治新征程,并不是要改弦更张、另起炉灶,而是要求我们必须一如既往地坚持中国特色社会主义法治道路,贯彻中国特色社会主义法治理论,在习近平新时代中国特色社会主义法治思想指导下,深入贯彻落实党的十八大以来以习近平同志为核心的党中央在全面依法治国方面作出的一系列战略决策、顶层设计和改革部署,把全面依法治国这项长期战略任务和系统工程持之以恒地深入推行下去,不达成建成中国特色社会主义法治体系、建成社会主义法治中国的目标绝不罢休。

习近平新时代中国特色社会主义思想提出的其他"七个明确",也都从不同角度不同方面对推进全面依法治国具有指导和引领作用,开启新时代中国特色社会主义法治新征程,应当全面系统深刻地理解和坚持。例如,"明确坚持和发展中国特色社会主义,总任务是实现社会主义现代化和中华民族伟大复兴,在全面建成小康社会的基础上,分两步走在本世纪中叶建成富强民主文明和谐美丽的社会主义现代化强国"②。这就要求法治建设必须紧紧围绕十九大提出的这个"总任务"和"两步走"的战略目标来设计和展开,进一步明确法治建设领域的总任务,确立法治中国建设"两步走"的法治战略。又如,"明确全面深化改革总目标是完善和发展中国特色社会主义制度、

---

① 习近平:《决胜全面建成小康社会 夺取新时代中国特色社会主义伟大胜利——在中国共产党第十九次全国代表大会上的报告》,人民出版社2017年版,第19页。

② 同上。

推进国家治理体系和治理能力现代化"①。这就需要根据党的十九大的新思想新要求，把全面依法治国与全面深化改革更加有机统一地结合起来，与时俱进地处理好改革与法治的关系，重大改革不仅要于法有据，而且更要于宪有据；处理好国家治理现代化与法治化的关系，以法治化确认、引领和保障现代化的实现；处理好完善和发展中国特色社会主义制度与通过全面依法治国推进政治体制改革的关系，在宪法框架下和法治轨道上实现有组织有领导积极稳妥循序渐进地深化政治体制改革，实现中国特色社会主义制度的自我完善、自我发展、自我更新。再如，"明确中国特色社会主义最本质的特征是中国共产党领导，中国特色社会主义制度的最大优势是中国共产党领导，党是最高政治领导力量，提出新时代党的建设总要求，突出政治建设在党的建设中的重要地位"②。这就要求根据党的十九大的新概括新表述进一步提高对社会主义法治建设坚持党的领导的认识，从"三个最"——"最本质的特征""最大优势"和"最高政治领导力量"来深化和拓展党领导全面依法治国的新理论内涵和新时代意义，把全面依法治国与党的政治建设紧密结合起来，把依法治国与依规治党有机统一起来，在"四个全面"战略布局中充分发挥全面依法治国对新时代中国特色社会主义现代化建设的引领、促进和保障作用。我们要处理好"一个明确"与"七个明确"的关系，绝不能把"八个明确"割裂开来或者分别孤立起来理解。"八个明确"是一个逻辑清晰、目标明确、主线突出、相互依存、不可分割的有机整体。坚持习近平新时代中国特色社

---

① 习近平：《决胜全面建成小康社会 夺取新时代中国特色社会主义伟大胜利——在中国共产党第十九次全国代表大会上的报告》，人民出版社2017年版，第19页。

② 同上书，第20页。

会主义法治思想对全面依法治国的指导地位，必须完整统一地理解"八个明确"的深刻内涵，全面准确地贯彻落实"八个明确"的核心要义。

开启中国特色社会主义法治新征程，自觉坚持习近平新时代中国特色社会主义思想对法治的指导，必须深刻领会新时代中国特色社会主义思想的精神实质和丰富内涵，在各项工作中全面准确贯彻落实"十四个坚持"和发展中国特色社会主义的基本方略。我们要正确理解和深刻把握习近平新时代中国特色社会主义思想中"八个明确"与"十四个坚持"的关系。"八个明确"主要是从理论层面来讲，是习近平新时代中国特色社会主义思想的基本内涵、四梁八柱、核心要义；"十四个坚持"主要是回答怎样坚持和发展中国特色社会主义，它告诉我们坚持和发展中国特色社会主义的目标、路径、方略、步骤等。"八个明确"和"十四个坚持"两者之间是相辅相成的关系，一个是从理论上回答"是什么"的问题，即我们要坚持和发展的是什么样的社会主义；一个是从实践层面回答"怎么办"的问题，即在新的历史方位中怎样坚持和发展中国特色社会主义，是讲方略、办法、路径的问题。①

三　开启法治中国建设新征程必须把党领导人民治国理政的依法治国基本方略与新时代坚持和发展中国特色社会主义的基本方略有机结合起来、完整统一起来

"依法治国是我们党提出来的，把依法治国上升为党领导人民治

---

① 《"八个明确"和"十四个坚持"是什么关系？新思想有哪些重大意义？权威专家解读》，http://news.cctv.com/2017/10/28/ARTIQBXt0a4wMdGRl9XAjckd171028.shtml，2017年11月2日。

理国家的基本方略也是我们党提出来的,而且党一直带领人民在实践中推进依法治国。"①党的十八大以来,中国共产党更加重视发挥依法治国在治国理政中的重要作用,更加重视通过全面依法治国为党和国家事业发展提供根本性、全局性、长期性的制度保障,专门作出全面推进依法治国若干重大问题的决定,提出并形成"四个全面"战略布局,把党领导人民治理国家的依法治国基本方略提到了"四个全面"战略布局的新高度。我们必须坚持把依法治国作为党领导人民治理国家的基本方略,把法治作为治国理政的基本方式,不断把法治中国建设推向前进。②在纪念现行宪法颁布施行30周年大会上的讲话中,习近平总书记明确要求:"落实依法治国基本方略……必须全面推进科学立法、严格执法、公正司法、全民守法进程。"③

党的十九大报告明确提出,新时代坚持和发展中国特色社会主义,必须坚持党对一切工作的领导,坚持以人民为中心,坚持全面深化改革,坚持新发展理念,坚持党的领导、人民当家作主、依法治国有机统一,坚持全面依法治国,坚持社会主义核心价值体系,坚持在发展中保障和改善民生,坚持人与自然和谐共生,坚持总体国家安全观,坚持党对人民军队的绝对领导,坚持"一国两制"和推进祖国统一,坚持推动构建人类命运共同体,坚持全面从严治党。这"十四条,构成新时代坚持和发展中国特色社会主义的基本方略。全党同志必须全面贯彻党的基本理论、基本路线、基本方略,更好引领党和人

---

① 习近平:《加快建设社会主义法治国家》,《求是》2015年第1期。
② 中共中央文献研究室编:《十八大以来重要文献选编》(中),中央文献出版社2016年版,第55页。
③ 习近平:《习近平谈治国理政》,外文出版社2014年版,第139—140页。

民事业发展"。①

那么,"十四个基本方略"与依法治国基本方略是什么关系?我们认为,依法治国是中国共产党领导人民当家作主、管理国家、治理社会、治国理政的基本方略,是坚持和发展中国特色社会主义若干方面中适用于一个方面的基本方略,是中国特色社会主义现代化建设采用若干基本方略中的一种基本方略。依法治国基本方略是党领导人民治国理政的基本方略,同时是新时代坚持和发展中国特色社会主义十四个基本方略的一个重要组成部分。依法治国基本方略与"十四个基本方略",两者的内涵外延不尽相同。前者是小概念,后者是大概念,前者是后者的有机组成部分、存在于后者之中、从属于后者、服从于后者,后者包括前者、统辖前者、规定前者;前者是一条基本方略,后者是十四个基本方略。任何时候都不能用依法治国基本方略取代或者否定新时代坚持和发展中国特色社会主义的基本方略,任何时候依法治国基本方略都统一于"十四个基本方略"之中。

"十四个基本方略"明确宣告,全面依法治国是中国特色社会主义的本质要求和重要保障,建设中国特色社会主义现代化国家,必须"坚持全面依法治国"。依法治国,是坚持和发展中国特色社会主义的本质要求和重要保障,是实现国家治理体系和治理能力现代化的必然要求,事关我们党执政兴国,事关人民幸福安康,事关党和国家长治久安。② 党的十八大以来民主法治建设迈出重大步伐、全面依法治国取得显著成就的实践充分证明,以习近平同志为核心的党中央作出全

---

① 习近平:《决胜全面建成小康社会 夺取新时代中国特色社会主义伟大胜利——在中国共产党第十九次全国代表大会上的报告》,人民出版社2017年版,第26页。

② 中共中央文献研究室编:《十八大以来重要文献选编》(中),中央文献出版社2016年版,第155页。

面推进依法治国若干重大问题的决定,把全面依法治国纳入"四个全面"战略布局,坚定不移地推进全面依法治国,解决了法治领域许多长期想解决而没有解决的难题,办成了法治建设许多过去想办而没有办成的大事,推动党和国家治国理政事业发生历史性变革。2017年7月10日习近平总书记在对司法体制改革重要指示中强调指出:"党的十八大以来,政法战线坚持正确改革方向,敢于啃硬骨头、涉险滩、闯难关,做成了想了很多年、讲了很多年但没有做成的改革,司法公信力不断提升,对维护社会公平正义发挥了重要作用。"① 党的十九大明确提出:中国特色社会主义进入新时代,不仅意味着近代以来久经磨难的中华民族迎来了从站起来、富起来到强起来的伟大飞跃,意味着科学社会主义在21世纪的中国焕发出强大生机活力,意味着中国特色社会主义道路、理论、制度、文化不断发展,而且意味着中国特色社会主义法治建设和全面依法治国进入新时代,"必须把党的领导贯彻落实到依法治国全过程和各方面,坚定不移走中国特色社会主义法治道路,完善以宪法为核心的中国特色社会主义法律体系,建设中国特色社会主义法治体系,建设社会主义法治国家,发展中国特色社会主义法治理论,坚持依法治国、依法执政、依法行政共同推进,坚持法治国家、法治政府、法治社会一体建设,坚持依法治国和以德治国相结合,依法治国和依规治党有机统一,深化司法体制改革,提高全民族法治素养和道德素质"②。

除了"坚持全面依法治国"这一个基本方略,其他十三个基本方

---

① 习近平:《坚定不移推进司法体制改革 坚定不移走中国特色社会主义法治道路》,《人民日报》2017年7月11日第1版。
② 习近平:《决胜全面建成小康社会 夺取新时代中国特色社会主义伟大胜利——在中国共产党第十九次全国代表大会上的报告》,人民出版社2017年版,第22—23页。

略对于推进全面依法治国、开启新时代中国特色社会主义法治新征程，同样具有十分重要的指导意义和统领作用。

例如，第一个基本方略明确要求，必须"坚持党对一切工作的领导"，强调党政军民学，东西南北中，党是领导一切的。必须完善坚持党的领导的体制机制，坚持稳中求进工作总基调，统筹推进"五位一体"总体布局，协调推进"四个全面"战略布局，确保党始终总揽全局、协调各方。这不仅是对全党和各项工作提出的新要求，也是对全面依法治国提出的新的更高的要求。党的领导是中国特色社会主义最本质的特征，是社会主义法治最根本的保证。坚持党的领导，是社会主义法治的根本要求，是党和国家的根本所在、命脉所在，是全国各族人民的利益所系、幸福所系，是全面推进依法治国的题中应有之义。坚持中国特色社会主义法治道路，最根本的是坚持中国共产党的领导。习近平总书记告诫我们："必须牢记，党的领导是中国特色社会主义法治之魂，是我们的法治同西方资本主义国家的法治最大的区别。离开了中国共产党的领导，中国特色社会主义法治体系、社会主义法治国家就建不起来。"① 要把党的领导贯彻到全面推进依法治国的全过程各方面，落实到法治建设的全方位各环节，用依法治国基本方略的全面落实、法治体系的加快建设、良法善治的实际成效，巩固和维护中国共产党的领导地位和执政权威，保障和促进新时代党的基本理论、基本路线、基本方略得到全面贯彻落实。

又如，第二个基本方略明确要求，必须"坚持以人民为中心"，强调必须坚持人民主体地位，把人民对美好生活的向往作为奋斗目标，依靠人民创造历史伟业。中国《宪法》明确规定：人民是国家的

---

① 中共中央文献研究室编：《习近平关于全面依法治国论述摘编》，中央文献出版社 2015 年版，第 35—36 页。

主人，国家的一切权力属于人民。《中国共产党章程》规定："党除了工人阶级和最广大人民群众的利益，没有自己特殊的利益。党在任何时候都把群众利益放在第一位，同群众同甘共苦，保持最密切的联系，坚持权为民所用、情为民所系、利为民所谋，不允许任何党员脱离群众，凌驾于群众之上。"人民是国家主人的政治定性和宪法定位，决定了人民必然是依法治国的主体而不是客体，必然是决定党和国家前途命运的根本力量，决定了一切国家权力和国家机构的人民性，国家法治必须以保障人民幸福安康为己任，切实保障和充分实现人权。人民对美好生活的向往，是党治国理政的奋斗目标，也是依法治国要达成的目标，两者殊途同归。党的十八届四中全会把"坚持人民主体地位"明确规定为全面推进依法治国必须坚持的一项基本原则，集中反映了中国法治的人民性，充分体现了人民在依法治国中的地位和作用；党的十八届五中全会从"五大发展理念"出发，再次确认了"坚持人民主体地位"的基本原则，指出："人民是推动发展的根本力量，实现好、维护好、发展好最广大人民根本利益是发展的根本目的。必须坚持以人民为中心的发展思想，把增进人民福祉、促进人的全面发展作为发展的出发点和落脚点，发展人民民主，维护社会公平正义，保障人民平等参与、平等发展权利，充分调动人民积极性、主动性、创造性。"坚持人民主体地位，必须坚持人民至上原则，保证人民在政治生活、经济生活和社会生活中的主体地位，实现人民当家作主的幸福生活。这是党的宗旨和国家性质的集中体现，是全面依法治国的必然要求。"我国社会主义制度保证了人民当家作主的主体地位，也保证了人民在全面推进依法治国中的主体地位。这是我们的制度优势，也是中国特色社会主义法治区别于资本主义法治的根本所在。"①

再如，第五个基本方略明确要求，必须"坚持人民当家作主"，强调坚持党的领导、人民当家作主、依法治国有机统一是社会主义政治发展的必然要求。习近平总书记说："我们强调坚持党的领导、人民当家作主、依法治国有机统一，最根本的是坚持党的领导。坚持党的领导，就是要支持人民当家作主，实施好依法治国这个党领导人民治理国家的基本方略。党的领导与社会主义法治是一致的，只有坚持党的领导，人民当家作主才能充分实现，国家和社会生活制度化、法治化才能有序推进。不能把坚持党的领导同人民当家作主、依法治国对立起来，更不能用人民当家作主、依法治国来动摇和否定党的领导。那样做在思想上是错误的，在政治上是十分危险的。"② 没有人民民主，就没有社会主义法治，就没有中国特色社会主义，就没有社会主义现代化强国。坚持人民当家作主，必须把中国特色社会主义法治建设与发展人民民主紧密结合起来，健全民主制度，丰富民主形式，拓宽民主渠道，保证人民当家作主落实到国家政治生活和社会生活之中；扩大人民有序政治参与，保证人民依法实行民主选举、民主协商、民主决策、民主管理、民主监督；加强人权法治保障，保证人民依法享有广泛权利和自由；完善基层民主制度，保障人民知情权、参与权、表达权、监督权。坚持"三者有机统一"，必须坚持人民代表大会制度和民主集中制，而绝不能搞西方宪政民主的三权分立。三权分立作为西方民主政治的组织活动原则，其本质是资产阶级内部的权力分工。资产阶级是从来不会把统治权分给工人阶级和广大劳动人

---

① 习近平：《加快建设社会主义法治国家》，《求是》2015年第1期。
② 中共中央文献研究室编：《习近平关于全面依法治国论述摘编》，中央文献出版社2015年版，第19页。

民的。在实践中,就连西方政治家也不否认三权分立的弊端。曾任国会参议员的富布莱特在指责美国三权分立体制的问题时指出:"我们的政治体制今天运转起来非常不灵……在民主党控制国会而总统是共和党人时,宪法规定的行政和立法之间的内在抗衡就要大大加剧……国会常常不能就预算达成一致意见,也不能有效地削减财政赤字……这在很大程度上要归咎于我们政府权力分立体制所固有的行政和立法之间的抗衡。"① 概括起来说,西方宪政民主的三权分立存在的主要弊端是:其一,西方宪政民主的三权分立没有解决国家权力凌驾于社会之上的基本矛盾,难以形成人民和社会对国家权力监督制约的制度化机制;其二,在三权分立之下,人民不是国家的主人和民主的主体,公民权利与国家权力形成对立状态,公民权利经常遭到国家权力的侵犯同时成为抵抗国家权力的力量;其三,以权力制约权力为特征的西方宪政民主的三权分立,互相掣肘,互相扯皮,降低甚至丧失了效率,使国家机器不能适应经济社会发展变化的需要;其四,西方宪政民主的三权分立在实践中正在发生嬗变,如行政权的扩张、立法权的式微、司法权的政治化等,西方宪政民主的三权分立体制正在走向衰落。

总之,"十四个基本方略"紧紧围绕新时代怎样坚持和发展中国特色社会主义这一重大时代课题,就治党治国治军、改革发展稳定、内政外交国防等各方面作出深刻的理论分析和具体的政策指导,是新时代夺取中国特色社会主义伟大胜利的任务表和路线图,是一个有机统一整体。坚持全面依法治国基本方略,必须与新时代坚持和发展中国特色社会主义的基本方略有机结合起来、完整统一起来,必须在

---

① [美]威廉·富布莱特:《帝国的代价》,简新亚译,世界知识出版社1991年版,第42页。

"十四个基本方略"的理论指引下和整体格局中,重新认识和把握依法治国基本方略的现实定位和科学内涵。

◇ 第二节 以新目标引领法治中国建设新征程

一 确立建设法治中国"两步走"的发展战略

新思想领航新时代,新时代开启新征程,新征程呼唤新实践。党的十九大报告指出:改革开放之后,中国共产党对中国社会主义现代化建设作出战略安排,提出"三步走"战略目标。解决人民温饱问题、人民生活总体上达到小康水平这两个目标已提前实现。在这个基础上,中国共产党提出,到建党一百年时建成经济更加发展、民主更加健全、科教更加进步、文化更加繁荣、社会更加和谐、人民生活更加殷实的小康社会,然后再奋斗三十年,到中华人民共和国成立一百年时,基本实现现代化,把中国建成社会主义现代化国家。[①] 道路决定方向、决定命运,目标决定实践、决定前途。在全面建成小康社会的基础上,把建设社会主义现代化强国分为"两步走",即从2020年全面建成小康社会,到2035年基本实现现代化,再到2050年前后全面建成社会主义现代化强国,是新时代坚持和发展中国特色社会主义的总体战略安排和时间表路线图,同时是新时代全面推进依法治国、努力建设法治中国、到2050年前后实现法治强国的根本战略引领和时间表路线图。

[①] 习近平:《决胜全面建成小康社会 夺取新时代中国特色社会主义伟大胜利——在中国共产党第十九次全国代表大会上的报告》,人民出版社2017年版,第27页。

建设法治中国，实现法治强国，是实现"两个一百年"奋斗目标和"两个阶段"发展战略的必由之路和题中应有之义。2013年习近平总书记首次提出了"建设法治中国"的宏伟目标。党的十八届三中全会明确提出了"推进法治中国建设"的战略任务。党的十八届四中全会把"向着建设法治中国不断前进"和"为建设法治中国而奋斗"作为法治建设的长期战略目标和治国理政的重大号召。建设法治中国，既是全面推进依法治国、建设社会主义法治国家的目标内涵，也是全面建成小康社会、实现中华民族伟大复兴中国梦的有机组成部分和重要法治保障，是完善市场经济、发展民主政治、建设先进文化、构建和谐社会、实现生态文明、加强执政党建设的内在要求，是维护国家统一与民族团结、维护社会秩序与公平正义、维护人的权利自由与尊严幸福、推进全面深化改革与创新发展、巩固党的执政地位与执政基础的根本法治基础。

推进国家治理体系和治理能力现代化，实现"两个一百年"奋斗目标和现代化建设"两步走"战略，到2050年把中国建设成为民主富强文明和谐美丽的社会主义现代化强国，必须加强和推进法治中国建设，全面实施法治强国战略。法治兴则国家兴，法治强则国家强。"法治强国战略"的基本含义是：一方面，坚定不移走法治强国之路，通过全面推进依法治国、加快建设中国特色社会主义法治体系和法治国家，不仅使中华民族富起来，而且要使中华民族和中华人民共和国强（强盛、强大、富强）起来；另一方面，把包括法治硬实力、软实力和巧实力在内的法治实力建设，作为建设社会主义现代化强国的一项十分重要的内容、作为国家治理现代化的一个不可或缺的重要指标，纳入现代化建设的评价指标体系，成为现代化强国建成与否的重要衡量标准。通过全面依法治国和中国特色社会主义法治的目标指引、规范促进、过程实施和根本保障，落实法治强国战略，实现法治强国梦想。

根据党的十九大报告要求和"两个一百年"国家发展总战略、中华民族伟大复兴中国梦的总目标，在新中国社会主义法治建设取得显著成就和成功经验、依法治国事业迈出新步伐的时代背景下，全面推进依法治国，努力建设法治中国，不断推进国家治理现代化和法治化，应当确立建设法治中国"两步走"的发展战略，开启新时代中国特色社会主义法治建设新征程。

从党的十九大到二十大（2017—2022 年），是"两个一百年"奋斗目标的历史交会期。我们既要全面建成小康社会、实现第一个百年奋斗目标，又要乘势而上开启全面建设社会主义现代化国家新征程，向第二个百年奋斗目标进军。在这个历史交会期，我们推进法治中国建设，到 2020 年全面建成小康社会时，应当首先实现"法治小康"。建设"法治小康"的基本目标是：科学立法、严格执法、公正司法、全民守法的基本要求得到贯彻落实，依法治国、依法执政、依法行政共同推进的国家治理体系得以初步建立，法治国家、法治政府、法治社会一体建设的主要指标基本达到，依法治国基本方略得到全面落实，中国特色法律体系更加完善，法治政府基本建成，司法公信力不断提高，人权得到切实尊重和保障，国家各项工作实现法治化。在实现"法治小康"的基础上，再用三十年的时间，全面推进依法治国，加快实施建设法治中国"两步走"的发展战略。

建设法治中国第一步，从 2020 年全面建成小康社会到 2035 年，在基本实现社会主义现代化的同时，基本建成法治中国。党的十九大报告指出，第一个阶段，从 2020 年到 2035 年，在全面建成小康社会的基础上，再奋斗十五年，基本实现社会主义现代化。到那时，中国经济实力、科技实力将大幅跃升，跻身创新型国家前列；人民平等参与、平等发展权利得到充分保障，法治国家、法治政府、法治社会基本建成，各方面制度更加完善，国家治理体系和治理能力现代化基本实现；社会文明程度达到新的高度，国家文化软实力显著增强，中华文化影响更加广泛深入；人民生活更为宽裕，中等收入群体比例明显提高，城乡区域发展差距和居民生活水平差距显著缩小，基本公共服务均等化基本实现，全体人民共同富裕迈出坚实步伐；现代社会治理格局基本形成，社会充满活力又和谐有序；生态环境根本好转，美丽中国目标基本实现。①

第一步基本建成法治中国的战略目标是：到 2035 年，中国共产党和国家顶层设计提出的全面建设法治中国的各项战略任务和重大改革举措顺利完成，新时代中国特色社会主义的法治道路建设、法治理论建设、法治体系建设、法治文化建设和全面依法治国事业达成预定目标，一整套更加完善的制度体系基本形成，党和国家治理体系和治理能力现代化基本实现。把经济建设、政治建设、文化建设、社会建设、生态文明建设纳入法治轨道，用法治思维和法治方式推进全面深化改革、全面依法治国、全面从严治党、全面从严治军取得新成就，在基本实现社会主义现代化的同时，基本建成法治国家、法治政府、法治社会，基本建成法治中国。

第一步基本建成法治中国的总体要求是：在价值层面追求的是以人民为中心的自由平等、民主法治、公平正义、幸福博爱、和谐有序，充分实现人权与人的尊严；在制度层面追求的是人民主权、宪法

---

① 习近平：《决胜全面建成小康社会 夺取新时代中国特色社会主义伟大胜利——在中国共产党第十九次全国代表大会上的报告》，人民出版社 2017 年版，第 28—29 页。

法律至上、依宪治国、依法执政、依法行政、公正司法、依法治权，完善以宪法为核心的中国特色社会主义法律体系，建成中国特色社会主义法治体系，努力实现国家治理现代化和法治化；在实践层面追求的是有法必依、执法必严、违法必究和依法办事，把权力关到法律制度的笼子里，让人民群众对公平正义有更多的获得感，努力实现良法善治。与此同时，法治中国建设又通过厉行法治等制度安排、规范手段、教育强制功能，为基本实现社会主义现代化提供良好的法治环境和有效的法治保障。

建设法治中国第二步，从2035年到21世纪中叶中华人民共和国成立一百周年时，在把中国建成富强民主文明和谐美丽的社会主义现代化强国的同时，全面建成法治中国。党的十九大报告指出，从2035年到21世纪中叶，在基本实现现代化的基础上，再奋斗十五年，把中国建成富强民主文明和谐美丽的社会主义现代化强国。到那时，中国物质文明、政治文明、精神文明、社会文明、生态文明将全面提升，实现国家治理体系和治理能力现代化，成为综合国力和国际影响力领先的国家，全体人民共同富裕基本实现，中国人民将享有更加幸福安康的生活，中华民族将以更加昂扬的姿态屹立于世界民族之林。[①] 党的十九大报告在描述到21世纪中叶建成社会主义现代化强国时，虽然没有直接提到"全面建成法治中国"等法治建设方面的目标，甚至与2035年"法治国家、法治政府、法治社会基本建成"的提法不衔接、不匹配，但是我们认为"法治属于政治建设、属于政治文明"，建设法治国家与建设政治文明是既有一定区别又有高度重合的两个概念：政治文明是一个上位概

[①] 习近平：《决胜全面建成小康社会　夺取新时代中国特色社会主义伟大胜利——在中国共产党第十九次全国代表大会上的报告》，人民出版社2017年版，第29页。

念，政治文明建设包括法治国家建设；法治国家是一个下位概念，从属于政治文明范畴，是现代政治文明的重要内容。政治文明的核心是制度文明，法治国家则既是各种政治制度的载体，又是政治制度的集中表现。因此，建设社会主义法治国家，主要意味着建设制度文明，意味着法治国家建设是社会主义政治文明建设不可或缺的重要组成部分。党的十九大报告提出的"三个文明全面提升"当然包括法治文明和法治中国全面提升；由于法治现代化是国家治理体系和治理能力现代化的重要内容和基本标志[①]，因此党的十九大报告提出的到21世纪中叶"实现国家治理体系和治理能力现代化"，必然包括建成法治国家、法治政府和法治社会等内容在内的中国法治现代化，全面建成法治中国。

第二步全面建成法治中国的战略目标是：国家科学立法、严格执法、公正司法、全民守法、有效护法的各项制度得到全面贯彻，党领导立法、保证执法、支持司法、带头守法、监督护法的各项要求得到全面落实，依法治国、依法执政、依法行政、依法办事共同推进的现代化国家治理体系全面建成，法治国家、法治政府、法治社会、法治经济一体建设的各项指标全面达到，国家治理能力显著提高，治党治

[①] 在法治国家，国家治理体系中的绝大多数制度、体制和机制，已通过立法程序规定在国家法律体系中，表现为法律规范和法律制度。因此，发展和完善国家法律体系，构建完备科学的法律制度体系，实质上就是推进国家治理制度体系的法律化、规范化和定型化，形成系统完备、科学规范、运行有效的国家制度体系。在法治国家，国家治理能力主要是依法管理和治理的能力，包括依照宪法和法律、运用国家法律制度管理国家和社会事务、管理经济和文化事业的能力，科学立法、严格执法、公正司法和全民守法的能力，运用法治思维和法治方式深化改革、推动发展、化解矛盾、维护稳定的能力。推进国家治理能力的法治化，归根结底是要增强治理国家的权力（权利）能力和行为能力，强化宪法和法律的实施力、遵守力，提高国家制度体系的运行力、执行力。参见李林《依法治国与推进国家治理现代化》，《法学研究》2014年第5期。

国治军的制度体系更加完善更加成熟更加定型更有效能,依法治国基本方略得到全面深入落实,法治体系、法治权威、法治秩序全面发展,法治文化、法治精神、法治思想深入人心,在把中国建成社会主义现代化强国的同时,全面建成富强民主文明和谐美丽幸福的法治中国。

二 坚定不移推进全面依法治国

立足中国特色社会主义新时代,站在中国发展新的历史方位上,着力决胜全面小康社会实现第一个百年奋斗目标,着眼国家富强、人民幸福、民族复兴中国梦实现第二个百年奋斗目标,我们比任何时候都充满中国特色社会主义的道路自信、制度自信、理论自信和文化自信,我们比任何时候都更有决心、更有信心、更有能力在党的领导下坚定不移推进全面依法治国,加快建成法治中国。

一要坚定不移走中国特色社会主义法治道路。党的十九大报告指出:"我们党团结带领人民进行改革开放新的伟大革命,破除阻碍国家和民族发展的一切思想和体制障碍,开辟了中国特色社会主义道路,使中国大踏步赶上时代。"习近平总书记在省部级主要领导干部学习贯彻党的十八届四中全会精神专题研讨班开班式上的讲话中阐释说:"我们要坚持的中国特色社会主义法治道路,本质上是中国特色社会主义道路在法治领域的具体体现。"[①] 坚持全面依法治国,必须坚定不移走中国特色社会主义法治道路。"中国特色社会主义法治道

[①] 习近平:《领导干部要做尊法学法守法用法的模范 带动全党全国共同全面推进依法治国》,《人民日报》2015年2月3日第1版。

路，是社会主义法治建设成就和经验的集中体现，是建设社会主义法治国家的唯一正确道路。"[1] 在走什么样的法治道路问题上，必须向全社会释放正确而明确的信号，指明全面推进依法治国的正确方向，统一全党全国各族人民认识和行动。全面推进依法治国，必须走对路。如果路走错了，南辕北辙了，那再提什么要求和举措也都没有意义了。党的十八届四中全会《决定》有一条贯穿全篇的红线，这就是坚持和拓展中国特色社会主义法治道路。中国特色社会主义法治道路是一个管总的东西。具体讲我国法治建设的成就，大大小小可以列举出十几条、几十条，但归结起来就是开辟了中国特色社会主义法治道路这一条。[2] 开启新时代中国特色社会主义法治新征程，建设社会主义现代化法治强国，必须坚定不移走中国特色社会主义法治道路，而绝不能走歪路、邪路，更不能走回头路。

二要坚定不移坚持党对社会主义法治的领导。党的十九大报告明确提出，党政军民学，东西南北中，党是领导一切的，必须坚持党对一切工作的领导；必须把党的领导贯彻落实到依法治国全过程和各方面。[3] 党的领导是中国特色社会主义最本质的特征，是社会主义法治最根本的保证。坚持中国特色社会主义法治道路，最根本的是坚持中国共产党的领导。[4] 只有在党的领导下依法治国、厉行法治，人民当家作主才能充分实现，国家和社会生活法治化才能有序推进。把党的领导贯彻到依法治国全过程和各方面，是我国社

---

[1] 中共中央文献研究室编：《十八大以来重要文献选编》（中），中央文献出版社2016年版，第147页。

[2] 习近平：《加快建设社会主义法治国家》，《求是》2015年第1期。

[3] 习近平：《决胜全面建成小康社会 夺取新时代中国特色社会主义伟大胜利——在中国共产党第十九次全国代表大会上的报告》，人民出版社2017年版，第20、22页。

[4] 习近平：《加快建设社会主义法治国家》，《求是》2015年第1期。

会主义法治建设的一条基本经验。①只有在党的领导下依法治国、厉行法治，人民当家作主才能充分实现，国家和社会生活法治化才能有序推进。党和法的关系是一个根本问题，处理得好，则法治兴、党兴、国家兴；处理得不好，则法治衰、党衰、国家衰。②党的领导和社会主义法治是一致的，社会主义法治必须坚持党的领导，党的领导必须依靠社会主义法治，两者相辅相成，高度统一。"坚持党的领导，不是一句空的口号，必须具体体现在党领导立法、保证执法、支持司法、带头守法上。"③党的领导和社会主义法治是一致的，是高度统一的，而"党大还是法大"是一个政治陷阱，是一个伪命题。"因为不论我们怎么回答'党大还是法大'的问题，都会陷入两难困境。我们回答说'党大'，人家就会攻击说你们主张'把党凌驾于法之上、以党代法、以党治国'；我们如果回答说'法大'，人家又会说既然如此，那还要党的领导干什么？"④从理论逻辑上说"党大还是法大"的确是一个伪命题，但从人民群众观察和感受到的法治建设还存在种种弊端和不足的角度看，从人民群众热切期待实现良法善治的角度看，"党大还是法大"以及"党与法"关系的问题，又不仅仅是一个理论认识问题，更是一个实践问题。"我们说不存在'党大还是法大'的问题，是把党作为一个执政整体而言的，是指党的执政地位和领导地位而言的，

---

① 中共中央文献研究室编：《十八大以来重要文献选编》（中），中央文献出版社2016年版，第147页。

② 中共中央文献研究室编：《习近平关于全面依法治国论述摘编》，中央文献出版社2015年版，第33页。

③ 习近平：《加快建设社会主义法治国家》，《求是》2015年第1期。

④ 参见李志昌《"党大还是法大"暗藏思维陷阱》，《中国社会科学报》2015年4月14日。

具体到每个党政组织、每个领导干部，就必须服从和遵守宪法法律，就不能以党自居，就不能把党的领导作为个人以言代法、以权压法、徇私枉法的挡箭牌。"① 换言之，如果我们不能在法治建设实践中切实解决一些在地方和部门、某些领导干部中依然存在的权大于法、以权压法、以言废法、有法不依、执法不严、违法不究、司法不公、贪赃枉法等问题，不能有效解决关乎人民群众切身利益的执法司法问题，那么，这些地方、部门和个人违反法治的言行就会被归责于国家政治体制、共产党的领导和社会主义法治，"党大还是法大"的问题就很难从现实生活中淡出。因此，在从理论上回答了"党大还是法大"问题的前提下，还要在制度和实践中下大力气解决好依法治权、依法治官、切实把权力关进法律和制度笼子里等重大问题。

三要坚定不移从中国基本国情和实际出发。习近平总书记在"7·26"重要讲话中指出，全党要牢牢把握社会主义初级阶段这个最大国情，牢牢立足社会主义初级阶段这个最大实际，更准确地把握中国社会主义初级阶段不断变化的特点。② 党的十九大作出了"中国特色社会主义进入了新时代"的重大政治判断，中国社会主要矛盾已经转化为人民日益增长的美好生活需要和不平衡不充分的发展之间的矛盾；同时，"必须认识到，我国社会主要矛盾的变化，没有改变我们对我国社会主义所处历史阶段的判断，我国仍处于并将长期处于社会主义初级阶段的基本国情没有变，我国是世界最大发展中国家的国际地位没有变。全党要牢牢把握社会主义初级阶段这个基本国情，牢牢

---

① 中共中央文献研究室编：《习近平关于全面依法治国论述摘编》，中央文献出版社2015年版，第37页。

② 习近平：《习近平谈治国理政》第二卷，外文出版社2017年版，第61页。

立足社会主义初级阶段这个最大实际,牢牢坚持党的基本路线这个党和国家的生命线、人民的幸福线,领导和团结全国各族人民,以经济建设为中心,坚持四项基本原则,坚持改革开放,自力更生,艰苦创业,为把我国建设成为富强民主文明和谐美丽的社会主义现代化强国而奋斗"。走什么样的法治道路、建设什么样的法治体系,是由一个国家的基本国情决定的。"全面推进依法治国,必须从我国实际出发,同推进国家治理体系和治理能力现代化相适应,既不能罔顾国情、超越阶段,也不能因循守旧、墨守成规。"① 要总结和运用党领导人民实行法治的成功经验,围绕法治建设重大理论和实践问题,不断丰富和发展符合中国实际、具有中国特色、体现社会发展规律的社会主义法治理论、法治体系,推进法治实践。推进全面依法治国,必须与时俱进、体现时代精神,借鉴国外法治有益经验。坚持从中国实际出发,不等于关起门来搞法治。法治是人类文明的重要成果之一,法治的精髓和要旨对于各国国家治理和社会治理具有普遍意义,我们要学习借鉴世界上优秀的法治文明成果,但绝不能搞"全盘西化",不能搞"全面移植",不能照搬照抄。②

四要坚定不移把法治放在党和国家工作大局中来考虑、谋划和推进。全面推进依法治国涉及改革发展稳定、治党治国治军、内政外交国防等各个领域,必须立足全局和长远来统筹谋划,必须着眼于中华民族伟大复兴中国梦、实现党和国家长治久安来长远考虑。必须进一步加强法治体系建设,加快推进国家治理体系和治理能力现代化,用不断完善的法律体系促进和保障党和国家治理体制更加成熟更加定型,为党和国家事业发展、为人民幸福安康、为社会和谐稳定提供一

---

① 习近平:《加快建设社会主义法治国家》,《求是》2015年第1期。
② 同上。

整套更完备、更稳定、更管用的制度体系。

　　五要坚定不移推进法治领域改革，坚决破除束缚全面推进依法治国的体制机制障碍。全面推进依法治国是国家治理领域一场广泛而深刻的革命，必然涉及各方面的重大利益，甚至触动某些部门和个人的"奶酪"。解决法治领域的突出问题，根本途径在于改革。法治领域改革涉及的主要是公检法司等国家政权机关和强力部门，社会关注度高，改革难度大，更需要自我革新的胸襟。[①] 如果心中只有自己的"一亩三分地"，拘泥于部门权限和利益，甚至在一些具体问题上讨价还价，必然是磕磕绊绊、难有作为。各部门各方面一定要增强大局意识，自觉在大局下思考、在大局下行动，跳出部门框框，做到相互支持、相互配合。要把解决了多少实际问题、人民群众对问题解决的满意度作为评价法治改革成效的标准。只要有利于提高党的执政能力、巩固党的执政地位，有利于维护宪法和法律的权威，有利于维护人民权益、维护公平正义、维护国家安全稳定，不管遇到什么阻力和干扰，都要坚定不移向前推进。[②] 不仅政法机关各部门要跳出自己的"一亩三分地"，而且全面依法治国关涉的其他各个领域、各系统、各部门、各地方、各单位，也要跳出"部门本位""地方本位""系统本位"等窠臼，在中央全面依法治国委员会的集中统一领导下，从党和国家工作大局和全局出发，用法治思维和法治方式推进政治体制改革，破除一切束缚全面推进依法治国的体制机制障碍。

[①] 习近平：《加快建设社会主义法治国家》，《求是》2015年第1期。
[②] 同上。

三 坚持和发展中国特色社会主义法治理论

党的十九大报告明确提出,坚持全面依法治国,必须发展中国特色社会主义法治理论。时代是思想之母,实践是理论之源。实践没有止境,理论创新也没有止境。习近平新时代中国特色社会主义思想,是马克思主义中国化最新成果,是党和人民实践经验和集体智慧的结晶,是中国特色社会主义理论体系的重要组成部分。[①] 习近平总书记关于法治的重要论述,是中国特色社会主义法治理论的重要组成部分。中国特色社会主义法治理论,本质上是中国特色社会主义理论体系在法治问题上的理论成果,[②] 是以中国特色社会主义法治道路、中国特色社会主义法治体系和全面推进依法治国的中国实践为基础的科学理论体系,是中国共产党领导核心从当代中国改革开放和社会主义现代化建设的实际出发,深刻总结中国社会主义法治建设的成功经验和沉痛教训,逐步形成的具有中国特色、中国风格、中国气派的社会主义法治理论体系,是全面推进依法治国、加快建设中国特色社会主义法治体系、建设社会主义法治国家的重要理论指导、思想基础和学理支撑。

习近平总书记曾经指出:社会主义法治理念,是我们党从社会主义现代化事业全局出发,坚持以马克思主义法学理论为指导,在总结中国社会主义民主法治建设的实践经验,吸收世界上其他社会主义国

---

① 习近平:《决胜全面建成小康社会 夺取新时代中国特色社会主义伟大胜利——在中国共产党第十九次全国代表大会上的报告》,人民出版社2017年版,第20页。

② 习近平:《领导干部要做尊法学法守法用法的模范 带动全党全国共同全面推进依法治国》,《人民日报》2015年2月3日第1版。

家兴衰成败的经验教训，借鉴世界法治文明成果的基础上形成的科学理念。这是对马克思主义法学理论的继承、发展和创新，是推进社会主义法治国家建设必须长期坚持的重要指针。① 中国特色社会主义法治理论，是以马克思列宁主义、毛泽东思想、邓小平理论、"三个代表"重要思想、科学发展观和习近平新时代中国特色社会主义思想为指导，坚持党的领导、人民当家作主、依法治国有机统一，坚定不移走中国特色社会主义法治道路，坚决维护宪法法律权威，依法维护人民权益、维护社会公平正义、维护国家安全稳定，为实现"两个一百年"奋斗目标、实现中华民族伟大复兴中国梦提供有力法治保障的理论体系。中国特色社会主义法治理论，是以习近平总书记关于法治的重要论述为核心内涵和根本标志的科学理论体系，深刻阐释了社会主义法治的理论依据、本质特征、价值功能、内在要求、中国特色、基本原则、发展方向等重大问题，系统阐述了什么是社会主义法治，如何依法治国、建设社会主义法治国家和中国特色社会主义法治体系，如何在法治轨道上推进国家治理现代化等一系列根本性问题，对于构建中国特色社会主义法学理论体系、全面推进依法治国、推进法治中国建设，具有重大的理论意义、历史意义和现实价值。

　　坚持和发展中国特色社会主义法治理论，最根本的是要深入学习和自觉坚持习近平新时代中国特色社会主义思想。习近平总书记关于法治的重要论述是习近平新时代中国特色社会主义思想的重要内容和在法治建设方面的集中体现，是新时代推进全面依法治国的指导思想和行动指南。习近平总书记关于法治的重要论述是中国特色社会主义

---

　　① 习近平：《干在实处　走在前列——推进浙江新发展的思考与实践》，中共中央党校出版社 2006 年版，第 356 页。

法治理论体系的核心和灵魂，是对中国特色社会主义法治建设理论的系统化坚持和与时俱进创新，是对中国特色社会主义法治实践经验的最新总结和理论升华，是传承中华法文化精华、汲取全球法治精髓的最新理论成果，是中华民族和中国共产党人对当代世界法治文明的原创性贡献。习近平总书记关于法治的重要论述高屋建瓴，内容丰富，观点鲜明，思想深邃，其中蕴含的基本法治观，即统筹布局的战略观，治国理政的方略观，党法统一的政治观，公平正义的价值观，人民为本的主体观，宪法至上的权威观，全面推进的系统观，法德结合的治理观，于法有据的改革观，依法治权的监督观，是习近平总书记关于法治的重要论述的精髓要义。开启中国特色社会主义法治新征程，深化全面依法治国实践，应当在习近平新时代中国特色社会主义思想指引下，根据党的十九大报告提出的新思想新判断新精神新要求，坚持和发展中国特色社会主义法治道路、法治理论、法治体系、法治文化"四位一体"的理论，增强中国特色社会主义的民主自信、法治自信、人权自信和政党自信，推进中国特色社会主义法治理论不断创新发展。

◇ 第三节　以新实践推进法治中国建设新征程

党的十九大对现阶段法治建设提出的基本任务，是"深化依法治国实践"。这是对改革开放新时期法治建设基本方针的继承和发展，更是对党的十八大以来新时代坚定不移推进全面依法治国战略部署的坚持和深化，是法学研究和法治建设当前和今后一段时间的主要任务和主攻方向。党的十八届四中全会《决定》指出：党的十一届三中全会以来，中国共产党和国家积极建设社会主义法治，取得了"中国特色社会主义法律体系已经形成，法治政府建设稳步推进，司法体制不断完善，全社会法治观念明显增强"的历史性成就。党的十八大以来的五年，"我们坚定不移全面推进依法治国，显著增强了我们党运用法律手段领导和治理国家的能力"[1]，民主法治建设迈出重大步伐，科学立法、严格执法、公正司法、全民守法深入推进，法治国家、法治政府、法治社会建设相互促进，中国特色社会主义法治体系日益完善，全社会法治观念明显增强；国家监察体制改革试点取得实效，行政体制改革、司法体制改革、权力运行制约和监督体系建设有效实施，[2] 全面推进依法治国取得了前所未有的新成就。

但是也应当看到，全面落实依法治国基本方略，深化依法治国实践，加快建设法治中国，还存在一些问题需要研究解决。一方面，全面推进依法治国前的一些法治建设的问题尚未真正解决，即党的十八届四中全会指出的"同党和国家事业发展要求相比，同人民群众期待相比，同推进国家治理体系和治理能力现代化目标相比，法治建设还存在许多不适应、不符合的问题"[3]，虽

---

[1] 习近平：《习近平谈治国理政》第二卷，外文出版社2017年版，第60页。

[2] 习近平：《决胜全面建成小康社会 夺取新时代中国特色社会主义伟大胜利——在中国共产党第十九次全国代表大会上的报告》，人民出版社2017年版，第4页。

[3] 主要表现为：有的法律法规未能全面反映客观规律和人民意愿，针对性、可操作性不强，立法工作中部门化倾向、争权诿责现象较为突出；有法不依、执法不严、违法不究现象比较严重，执法体制权责脱节、多头执法、选择性执法现象仍然存在，执法司法不规范、不严格、不透明、不文明现象较为突出，群众对执法司法不公和腐败问题反映强烈；部分社会成员尊法信法守法用法、依法维权意识不强，一些国家工作人员特别是领导干部依法办事观念不强、能力不足，知法犯法、以言代法、以权压法、徇私枉法现象依然存在——《中共中央关于全面推进依法治国若干重大问题的决定》。

然得到一定程度解决,但离人民的期待和党中央的要求还存在许多不足,与建成法治中国的宏伟目标相比还有相当大的差距;另一方面,进入新时代以来在全面推进依法治国、加强法治建设方面又出现了一些新情况新问题。例如,中国共产党作出全面推进依法治国的各项战略部署和改革举措,在实践中还存在发展不平衡、推进不协调、改革不深入、实施不到位等新问题;充分发挥法治对于社会主义现代化建设的引领、促进和保障作用有待进一步加强,宪法权威和宪法实施监督保障有待进一步强化;立法质量不高、立法数量不足的老问题未根本解决,又出现了违法立法(违背上位法、与上位法相抵触、违背立法程序规范等)、立法不作为等新问题;法治政府建设相对滞后,到2020年难以如期达成基本建成法治政府的目标;[①] 司法体制改革有待进一步巩固扩大成果、深入细致推进、深化综合配套改革;社会主义核心价值观融入法治建设刚刚起步,有待加快推进和拓展;法治文化建设进展缓慢,全民守法格局尚未形成,国家宪法和社会主义法治缺乏应有权威;等等。

2017年10月26日,时任国务院法制办公室党组书记、副主任袁曙宏在回答记者提问时说:"我们的法治建设还存在很多问题,相对于'四个全面'战略布局的其他三个全面——全面建成小康社会、全面深化改革、全面从严治党来说,全面依法治国相对比较薄弱。十九大报告当中有一句话:全面依法治国任务依然繁重,我认为这就留下了伏

[①] 党的十八报告、党的十八届五中全会报告、国家"十三五"规划纲要、国务院《法治政府建设实施纲要(2015—2020年)》,都明确要求(提出)到2020年全面建成小康社会时要"基本建成法治政府"。这一重要目标的实现在党的十九大报告中被表述为到2035年"法治国家、法治政府、法治社会基本建成"。2004年国务院颁布的《全面推进依法行政实施纲要》曾经明确提出"经过十年左右坚持不懈的努力,基本实现建设法治政府的目标",然而这一承诺没有得到实现。

笔,要对全面依法治国更加重视。"① 相对于深化司法体制改革、完善法律体系、加快党内法规体系建设而言,建设法治政府的力度和深度还有待加强;相对于整个司法体制改革而言,司法行政体制改革相对比较薄弱;相对于法治经济和法治社会建设而言,法治文化建设还是短板弱项。

习近平总书记在《关于〈中共中央关于全面推进依法治国若干重大问题的决定〉的说明》中指出:作出全面依法治国的顶层设计,要"坚持改革方向、问题导向,适应推进国家治理体系和治理能力现代化要求,直面法治建设领域突出问题,回应人民群众期待,力争提出对依法治国具有重要意义的改革举措",要"直面我国法治建设领域的突出问题……有针对性地回应了人民群众呼声和社会关切"。全面推进依法治国,是解决党和国家事业发展面临的一系列重大问题,解放和增强社会活力、促进社会公平正义、维护社会和谐稳定、确保党和国家长治久安的根本要求。要推动我国经济社会持续健康发展,不断开拓中国特色社会主义事业更加广阔的发展前景,就必须全面推进社会主义法治国家建设,从法治上为解决这些问题提供制度化方案。② 党的十九大报告在讲到"我们的工作还存在许多不足,也面临不少困难和挑战"时,对依法治国方面的不足和挑战表述为:"社会矛盾和问题交织叠加,全面依法治国任务依然繁重,国家治理体系和治理能力有待加强。"虽然寥寥数语,却对全面依法治国进入新时代、开启中国特色社会主义法治新征程提出了更高的要求,对推进全面依法治

---

① 袁曙宏:《成立中央全面依法治国领导小组十分必要》,2017 年 10 月 26 日答记者问,中国新闻网 https://finance.chinanews.com/gn/2017/10-26/8360936.shtml,2017 年 11 月 5 日。

② 中共中央文献研究室编:《十八大以来重要文献选编》(中),中央文献出版社 2016 年版,第 147 页。

国、建设社会主义法治国家提出了八个方面的"深化依法治国实践"新要求新任务。①

我们从党中央确立和推进依法治国 20 年的历史进程，可以更好理解党的十九大把"深化依法治国实践"作为法治建设领域新要求新任务的重大意义。习近平总书记指出，党的十五大提出依法治国、建设社会主义法治国家，强调依法治国是党领导人民治理国家的基本方略，是发展社会主义市场经济的客观需要，是社会文明进步的重要标志，是国家长治久安的重要保障。党的十六大提出，发展社会主义民主政治，最根本的是要把坚持党的领导、人民当家作主和依法治国有机统一起来。党的十七大提出，依法治国是社会主义民主政治的基本要求，强调要全面落实依法治国基本方略，加快建设社会主义法治国家。② 党的十八大强调，要更加注重发挥法治在国家治理和社会管理中的重要作用，全面推进依法治国，加快建设社会主义法治国家；党的十八届四中全会对全面推进依法治国若干重大问题作出史无前例的专门部署。党的十九大提出，坚定不移推进全面依法治国，深化依法治国实践。

---

① 党的十九大报告指出，全面依法治国是国家治理的一场深刻革命，必须坚持厉行法治，推进科学立法、严格执法、公正司法、全民守法。成立中央全面依法治国领导小组，加强对法治中国建设的统一领导。加强宪法实施和监督，推进合宪性审查工作，维护宪法权威。推进科学立法、民主立法、依法立法，以良法促进发展、保障善治。建设法治政府，推进依法行政，严格规范公正文明执法。深化司法体制综合配套改革，全面落实司法责任制，努力让人民群众在每一个司法案件中感受到公平正义。加大全民普法力度，建设社会主义法治文化，树立宪法法律至上、法律面前人人平等的法治理念。各级党组织和全体党员要带头尊法学法守法用法，任何组织和个人都不得有超越宪法法律的特权，绝不允许以言代法、以权压法、逐利违法、徇私枉法。习近平：《决胜全面建成小康社会 夺取新时代中国特色社会主义伟大胜利——在中国共产党第十九次全国代表大会上的报告》，人民出版社 2017 年版，第 38—39 页。

② 中共中央文献研究室编：《十八大以来重要文献选编》（中），中央文献出版社 2016 年版，第 147 页。

依法治国 20 年的历史，从 1997 年党的十五大确立依法治国基本方略，到 2002 年党的十六大提出"三者有机统一"基本方针，2007 年党的十七大提出全面落实依法治国基本方略，2012 年党的十八大提出全面推进依法治国，再到 2017 年党的十九大提出深化依法治国实践，不仅表明了中国共产党坚定不移走中国特色社会主义法治道路、始终不渝坚持和推进全面依法治国的决心信心、勇气能力，而且表明党的十九大以后全面依法治国的工作重点，不是要提出更多的新战略、作出更多的新部署、设计更多的新举措，而是要全面深入具体扎实地贯彻落实党的十八大以来关于全面依法治国的各项决策部署，尤其要深入贯彻落实《中共中央关于全面推进依法治国若干重大问题的决定》(《决定》明确了全面依法治国的总目标、总蓝图、路线图和施工图，按下了法治中国的"快进键")，把全面依法治国的总蓝图付诸实践，把法治建设的施工图付诸实施，把中国共产党对人民的法治承诺变成现实，这就是党的十九大对全面依法治国的根本期待、基本要求和主要部署。

深化依法治国实践，最有新意的顶层制度安排，是成立中央全面依法治国委员会。党的十九大报告提出：全面依法治国是国家治理的一场深刻革命，必须坚持厉行法治……成立中央全面依法治国领导小组，加强对法治中国建设的统一领导。[①] 成立中央全面依法治国委员会，是以习近平同志为核心的党中央适应把党的领导贯彻到全面推进依法治国全过程各方面新形势作出的顶层制度设计和重大战略安排，是全面推进党和国家治理体系和治理能力现代化的又一大动作和大手笔，具有重大意义。

其一，成立中央全面依法治国委员会是坚持习近平新时代中国特

---

① 习近平：《决胜全面建成小康社会 夺取新时代中国特色社会主义伟大胜利——在中国共产党第十九次全国代表大会上的报告》，人民出版社 2017 年版，第 38 页。

色社会主义思想的重要体现。党的十九大报告在新时代中国特色社会主义思想的科学内涵中，明确了中国特色社会主义事业总体布局是"五位一体"、战略布局是"四个全面"。全面依法治国作为"四个全面"战略布局的重要内容和战略地位得到充分肯定，依法治国作为党领导人民治国理政的治国基本方略得到充分肯定；明确了全面推进依法治国总目标是建设中国特色社会主义法治体系、建设社会主义法治国家。把坚持习近平新时代中国特色社会主义思想对全面依法治国的指导落实到制度上和行动中，就必须从党和国家工作大局和战略全局出发，加强党对全面推进依法治国的集中统一领导，从最顶层的制度设计上克服地方保护主义的障碍，冲破部门利益的樊篱，保证国家法治统一，维护党和国家集中统一的崇高法治权威。

其二，成立中央全面依法治国委员会是适应中国特色社会主义新时代法治建设作出的重大战略安排。党的十九大报告从深入分析中国和世界的历史方位和历史逻辑出发，基于党的十八大以来党领导人民取得改革开放和社会主义现代化建设的历史性成就的现实逻辑，着眼"两个一百年"的奋斗目标，做出了"经过长期努力，中国特色社会主义进入了新时代，这是我国发展新的历史方位"的重大判断。中国特色社会主义进入新时代，中国社会主要矛盾已经转化为人民日益增长的美好生活需要和不平衡不充分的发展之间的矛盾。中国稳定解决了十几亿人的温饱问题，总体上实现小康，不久将全面建成小康社会，人民美好生活需要日益广泛，在民主、法治、公平、正义、安全、环境等方面的要求日益增长。人民群众日益增长的美好生活七个方面的新诉求，都直接或间接关涉法治及其涵盖的民主自由、公平正义、安全环保等内容，实质上都是全面依法治国要关注、保障和解决的重大问题。成立中央全面依法治国委员会，统筹推进全面依法治国，不仅更加凸显了法治在治国理政中的重要地位，体现了党中央将全面依法治国向纵深推进的决心和勇气，而且更加体现新时代以人民为中心，更加关注人民福祉维护人民权利，针对人民群众对中国特色社会主义法治社会、法治秩序、法治公正等日益增长和不断丰富的新需求，超越部门和地方的局限，由党中央统一领导，统一规划，统筹安排，统一应对，有组织有领导循序渐进地加以满足和解决。

其三，成立中央全面依法治国委员会是全面推进依法治国政治体制改革性质的必然要求。"全面推进依法治国是一个系统工程，是国家治理领域一场广泛而深刻的革命。"[①] 全面推进依法治国，是关系党执政兴国、关系人民幸福安康、关系国家长治久安的重大战略问题，是完善和发展中国特色社会主义制度、推进国家治理体系和治理能力现代化的重要方面。全面依法治国归根结底是法律上层建筑的重大变革，是一场"法律的革命"，具有十分明显的政治体制改革的特征和性质。党的十八届三中全会在作出全面深化改革战略部署时，明确提出要"紧紧围绕坚持党的领导、人民当家作主、依法治国有机统一深化政治体制改革，加快推进社会主义民主政治制度化、规范化、程序化，建设社会主义法治国家，发展更加广泛、更加充分、更加健全的人民民主"。在全面深化改革覆盖的经济、政治、文化、社会、生态文明、党的建设等"六个紧紧围绕"的改革领域中，依法治国是与政治体制改革紧密联系在一起的，本质上属于政治体制改革的范畴。2014年1月习近平总书记在中央政法工作会议的讲话中明确指出："司法体制改革是政治体制改革的重要组成部分，对推进国家治理体系和治理能力现代化具有十分重要的意义。要加强领导、协力推

[①] 中共中央文献研究室编：《十八大以来重要文献选编》（中），中央文献出版社2016年版，第154页。

动、务求实效,加快建设公正高效权威的社会主义司法制度,更好坚持党的领导、更好发挥中国司法制度的特色、更好促进社会公平正义。"① 司法体制改革属于中国政治体制改革的重要组成部分,立法体制改革、行政执法体制改革、法律监督体制改革、全民守法体制改革、党领导法治建设的体制改革等,同样属于政治体制改革的性质。成立中央全面依法治国委员会,有助于确保执政党在宪法框架下和法治轨道上,通过法律上层建筑的立、改、废、释、授权等途径,有组织有领导积极稳妥循序渐进地推进中国政治体制的自我完善和改革发展。

其四,成立中央全面依法治国委员会是加强和深化党对法治中国建设领导的必然要求。党的领导是中国特色社会主义最本质的特征,是社会主义法治最根本的保证。坚持党对社会主义法治建设的领导,必须把党的领导贯彻到全面依法治国的全过程各方面,必须具体体现在党领导立法、保证执法、支持司法、带头守法上。② 党既要坚持依

---

① 习近平:《习近平谈治国理政》第一卷,外文出版社 2018 年版,第 150 页。
② 时任国务院法制办袁曙宏副主任在答记者问时说:"我个人理解,党的十九大报告之所以提出成立中央全面依法治国领导小组,主要有这样几个方面的考虑:第一,中国共产党作为执政党,对全面依法治国至关重要。党的领导是中国特色社会主义最本质的特征,是中国特色社会主义法治最根本的保证。我们要把党的领导贯彻到全面依法治国的全过程和各方面,坚持党领导立法、保证执法、支持司法、带头守法。要做到这些,迫切需要成立中央全面依法治国领导小组,来加强对法治中国建设的统一领导。第二,全面依法治国是一项涉及面十分广泛的系统工程,涉及到经济建设、政治建设、文化建设、社会建设、生态文明建设和国防军队建设、党的建设等各个领域,涉及到改革发展稳定、内政外交国防、治党治国治军等各个方面。这么大一个范围,这么宽的面,需要充分发挥党总揽全局、协调各方的领导核心作用。第三,全面依法治国是一项长期艰巨复杂的任务,它改变的是人们的观念、改变的是人们的行为……第四,党的十九大报告在调研起草过程中……很多地方和部门都提出,建议中央成立全面依法治国领导小组,加强对全面依法治国的集中统一领导。这四个方面可能是党的十九大报告提出成立中央全面依法治国领导小组的主要原因。"袁曙宏:《成立中央全面依法治国领导小组十分必要》,2017 年 10 月 26 日答记者问,中国新闻网 https://finance.chinanews.com/gn/2017/10-26/8360936.shtml,2017 年 11 月 5 日。

法治国、依法执政，自觉在宪法法律范围内活动，又要发挥好党组织和广大党员、干部在依法治国中的政治核心作用和先锋模范作用。全面依法治国必须加强和改善党的领导，充分发挥党总揽全局、协调各方的领导核心作用，提高党的领导水平和执政能力，才能确保全面依法治国的顺利推进，确保顺利建成法治中国。根据党的十九大报告的新部署，成立中央全面依法治国委员会，负责全面推进依法治国的总体设计、统筹协调、整体推进、督促落实，有利于从党领导依法治国事业的体制上机制上进行改革创新，把党领导一切工作的原则贯彻落实到全面依法治国的全过程和各方面；有利于强化以习近平同志为核心的党中央的权威和集中统一领导，强化宪法和法治的权威；有利于保证党和国家宪法法律的令行禁止，保证全面依法治国各项改革措施得以贯彻落实。

其五，成立中央全面依法治国委员会是推进全面依法治国基本方略、深化依法治国实践的重大举措。党的十八大以来全面依法治国的力度明显加大、范围明显拓展、内容明显增加。但在依法治国的具体实践中，中央层面的法治建设实际上被分为四个板块：一是全国人大及其常委会板块，主要负责推进民主科学立法、完善法律体系、履行宪法实施解释监督职能；二是国务院板块，主要负责推进依法行政、建设法治政府；三是政法系统板块（包括公安机关、检察院、法院、司法行政机关和国家安全机关），在中央政法委员会领导下主要负责推进司法体制改革、保证公正司法、建立公正高效权威的中国特色社会主义司法制度，让人民群众在每一个司法案件中感受到公平正义；四是党建系统板块，主要在中纪委和中央办公厅主导下负责推进依宪依法执政、全面从严治党、依规治党、加强党内法规体系建设。应当说，中央层面法治建设这种中央统一顶层设计、各板块分别负责实施推进的依法治国模式，能够把推进法治建设的权责统一起来，充分调动各板块积极性主动性。但是，这种推进模式也容易产生各板块的具体举措不协调、力度进度不统一、发展不平衡等弊端。成立中央全面依法治国委员会，有利于从领导体制和机制上防杜上述弊端，确保中央层面的法治统一。依法治国的根基在基层。① 在全面推进依法治国历史新起点上，各个地方进一步加强了党委对法治建设的领导，整合了地方法治建设的资源和力量，有力地领导和推动了地方法治建设和依法治理工作。然而，以各个地方党委为主导的地方层面法治建设，由于各个地方经济社会发展不平衡、面临的阶段性主要任务不一致、各个地方主要领导对法治建设认识安排不统一等原因，地方层面法治建设推进不统一、发展不平衡、成效不一致；更为突出的问题是，各个地方党委集中统一领导推进本地方法治建设的领导体制，与中央层面依法治国"板块状"实施形成不对称不衔接状况，地方法治建设遇到重大问题需要中央出面协调解决，往往是各个板块分别做出回应，中央缺少统筹中央与地方、地方与地方等方面的集中统一的领导体制和实施机制。时任国务院法制办袁曙宏副主任介绍说："党的十九大报告在调研起草过程中，征求了全国各省市自治区、中央国家机关各部门的意见，很多地方和部门都提出，建议中央成立全面依法治国领导小组，加强对全面依法治国的集中统一领导。"② 成立中央全面依法治国委员会，有利于加强以习近平同志为核心的党中央对全国各个系统、各个部门、各个地方、各个领域、各个环节的法治建设的集中

---

① 习近平：《习近平谈治国理政》第二卷，外文出版社 2017 年版，第 148 页。
② 袁曙宏：《成立中央全面依法治国领导小组十分必要》，2017 年 10 月 26 日答记者问，中国新闻网 https://finance.chinanews.com/gn/2017/10-26/8360936.shtml，2017 年 11 月 5 日。

统一领导，有利于从党和国家工作大局和战略全局角度加强对法治中国建设的坚强有力集中统一的规划、协调、推进、保障和监督，有利于统筹推进依法治国与从严治党、依规治党、制度治党，实现党内法规体系与国家法律体系的有机统一，有利于从体制上机制上解决科学立法、严格执法、公正司法以及法治国家、法治政府、法治社会建设中的某些部门保护主义和地方保护主义等问题。

习近平总书记在成立中央全面依法治国委员会第一次会议上强调指出：全面依法治国具有基础性、保障性作用……要坚持以全面依法治国新理念新思想新战略为指导，坚定不移走中国特色社会主义法治道路，更好发挥法治固根本、稳预期、利长远的保障作用。中共中央关于《深化党和国家机构改革方案》阐明：为加强党中央对法治中国建设的集中统一领导，健全党领导全面依法治国的制度和工作机制，更好落实全面依法治国基本方略，组建中央全面依法治国委员会，负责全面依法治国的顶层设计、总体布局、统筹协调、整体推进、督促落实，作为党中央决策议事协调机构。

全面依法治国委员会的职责，是统筹协调全面依法治国工作，坚持依法治国、依法执政、依法行政共同推进，坚持法治国家、法治政府、法治社会一体建设，研究全面依法治国重大事项、重大问题，统筹推进科学立法、严格执法、公正司法、全民守法，协调推进中国特色社会主义法治体系和社会主义法治国家建设等。

中央全面依法治国委员会办公室设在司法部。目前，全面依法治国工作 98 项任务，分解至立法、执法、司法、守法普法 4 个协调小组和中央全面依法治国委员会办公室。

1. 立法协调小组，承担工作任务 29 项。重点研究科学立法、民主立法、依法立法方面的重大问题，加强深化"三大攻坚战"、落实总体国家安全观、加强知识产权保护、全面深化改革等重点领域立法，推动完善中国特色社会主义法律体系。

2. 执法协调小组，承担工作任务14项。重点研究法治政府建设的重大问题，推进"放管服"改革，深化行政执法体制、行政复议体制改革，全面推行行政执法公示制度、执法全过程记录制度、重大执法决定法制审核制度，加强对食品药品、安全生产、环境保护、社会治安等重点领域执法工作，完善法律顾问和公职律师、公司律师制度，提高严格规范公正文明执法水平。

3. 司法协调小组，承担工作任务15项。重点研究制定关于政法领域全面深化改革的政策文件，深入研究司法体制综合配套改革方案，加快构建权责一致的司法权运行新机制。深化民事诉讼制度改革，加快构建立体化、多元化、精细化的诉讼程序体系，推进案件繁简分流，提高办案质量和效率。

4. 守法普法协调小组，承担工作任务12项。重点研究开展好宪法宣传教育，推广"枫桥经验"，创新人民调解，严格"谁执法谁普法"普法责任制，推进多层次多领域依法治理，加快建设公共法律服务体系，推进法治社会建设。加强法治工作队伍建设和法治人才培养，为全面依法治国提供人才支撑。

5. 中央全面依法治国委员会办公室，承担工作任务28项。重点研究法治中国建设重大问题，制定督察工作规则，开展宪法学习宣传实施、法治政府建设督察等。

我们坚信，按照党的十九大提出的战略目标和绘就的宏伟蓝图，坚持习近平新时代中国特色社会主义思想为指导，开启全面建设社会主义现代化国家新征程，在中央全面依法治国委员会的统一领导下，坚定不移推进全面依法治国，矢志不渝深化依法治国实践，加快建设社会主义法治体系和法治国家，一定能够全面开启中国特色社会主义法治新征程，赢得法治中国建设的新胜利。

第四节 新时代法治中国建设的根本遵循

2018年8月24日，习近平总书记在中央全面依法治国委员会第一次会议上的讲话中指出：全面依法治国具有基础性、保障性作用，在统筹推进伟大斗争、伟大工程、伟大事业、伟大梦想，全面建设社会主义现代化国家的新征程上，要加强党对全面依法治国的集中统一领导，坚持以全面依法治国新理念新思想新战略为指导，坚定不移走中国特色社会主义法治道路，更好发挥法治固根本、稳预期、利长远的保障作用。①

讲话提出了"十个坚持"：（1）坚持加强党对依法治国的领导；（2）坚持人民主体地位；（3）坚持中国特色社会主义法治道路；（4）坚持建设中国特色社会主义法治体系；（5）坚持依法治国、依法执政、依法行政共同推进，法治国家、法治政府、法治社会一体建设；（6）坚持依宪治国、依宪执政；（7）坚持全面推进科学立法、严格执法、公正司法、全民守法；（8）坚持处理好全面依法治国的辩证关系；（9）坚持建设德才兼备的高素质法治工作队伍；（10）坚持抓住领导干部这个"关键少数"。②

"十个坚持"是习近平总书记关于全面依法治国新理念新思想新战略的最新总结、最新表述和最新概括，是建设社会主义现代化法治

---

① 《加强党的全面依法治国的集中统一领导　更好发挥法治固根本稳预期利长远的保障作用》，《人民日报》2018年8月25日第1版。

② 同上。

强国的根本遵循。

一　坚持加强党对依法治国的领导

中国共产党是执政党，是国家的最高政治领导力量；中国共产党领导是中国特色社会主义最本质的特征，是中国特色社会主义制度的最大优势，是社会主义法治最根本的保证。

党的领导是中国特色社会主义最本质的特征，是社会主义法治最根本的保证。把党的领导贯彻到依法治国全过程和各方面，是中国社会主义法治建设的一条基本经验

第一，坚持三者有机统一最根本的是坚持党的领导。坚持党的领导、人民当家作主、依法治国有机统一，最根本的是坚持党的领导。坚持党的领导，就是要支持人民当家作主，实施好依法治国这个党领导人民治理国家的基本方略。不能把坚持党的领导同人民当家作主、依法治国对立起来，更不能用人民当家作主、依法治国来动摇和否定党的领导。那样做在思想上是错误的，在政治上是十分危险的。

第二，坚持党的领导，是社会主义法治的根本要求，是党和国家的根本所在、命脉所在，是全国各族人民的利益所系、幸福所系，是全面推进依法治国的题中应有之义。习近平总书记说："我们必须牢记，党的领导是中国特色社会主义法治之魂，是我们的法治同西方资本主义国家的法治最大的区别。离开了中国共产党的领导，中国特色社会主义法治体系、社会主义法治国家就建不起来。我们全面推进依法治国，绝不是要虚化、弱化甚至动摇、否定党的领导，而是为了进一步巩固党的执政地位、改善党的执政方式、提高党的执政能力，保

证党和国家长治久安。"①

第三，党和法的关系是政治和法治关系的集中反映。法治当中有政治，没有脱离政治的法治。每一种法治形态背后都有一套政治理论，每一种法治模式当中都有一种政治逻辑，每一条法治道路底下都有一种政治立场。西方法学家也认为公法只是一种复杂的政治话语形态，公法领域内的争论只是政治争论的延伸。

第四，党的领导和社会主义法治是一致的。"党和法的关系是一个根本问题，处理得好，则法治兴、党兴、国家兴；处理得不好，则法治衰、党衰、国家衰。"② 党的领导和社会主义法治是一致的，社会主义法治必须坚持党的领导，党的领导必须依靠社会主义法治。"党大还是法大"是一个政治陷阱，是一个伪命题。

第五，加强和改进党对法治工作的领导，把党的领导贯彻到全面推进依法治国的全过程，把坚持党的领导落实在党领导立法、保证执法、支持司法、带头守法上。基本要求：党既要坚持依法治国、依法执政，自觉在宪法法律范围内活动，又要发挥好党组织和党员干部在依法治国中的政治核心作用和先锋模范作用。

要在现行宪法框架下统筹处理好以下四个关系：（1）统筹党领导立法与立法机关民主科学依法立法；（2）统筹党保证执法与行政机关严格执法；（3）统筹党支持司法与司法机关独立公正司法；（4）统筹党带头守法与人民群众自觉守法。

第六，坚持党的领导要做到"三统一""四善于"。

---

① 中共中央文献研究室编：《习近平关于全面依法治国论述摘编》，中央文献出版社 2017 年版，第 31—32 页。
② 中共中央文献研究室编：《习近平关于社会主义政治建设论述摘编》，中央文献出版社 2017 年版，第 97 页。

"三统一"：一要把依法治国基本方略同依法执政基本方式统一起来；二要把党总揽全局、协调各方同人大、政府、政协、审判机关、检察机关依法依章程履行职能、开展工作统一起来；三要把党领导人民制定和实施宪法法律同党坚持在宪法法律范围内活动统一起来。

"四善于"：（1）善于使党的主张通过法定程序成为国家意志；（2）善于使党组织推荐的人选通过法定程序成为国家政权机关的领导人员；（3）善于通过国家政权机关实施党对国家和社会的领导；（4）善于运用民主集中制原则维护中央权威、维护全党全国团结统一。

坚持加强党对全面依法治国的领导，要加强和改善党的领导，不断提高党领导依法治国的能力和水平，巩固党的执政地位；必须坚持实现党领导立法、保证执法、支持司法、带头守法，健全党领导全面依法治国的制度和工作机制，通过法定程序使党的主张成为国家意志、形成法律，通过法律保障党的政策有效实施，确保全面依法治国正确方向。[①]

二 坚持人民主体地位

人民是全面依法治国的主体力量。人民民主是中国共产党治国理政的重要前提和基础。中国共产党执掌国家政权，治国理政，全面依法治国，必须依靠人民，确保人民当家作主。

坚持人民主体地位所要解决的是全面依法治国的治者与被治者之间的关系问题。无论在政治逻辑还是在宪法党章的规定上，人民都是

[①] 习近平：《加强党对全面依法治国的领导》，《求是》2019年第4期。

国家的主人和社会的主体，是党全心全意为之服务的主体，是治国理政、全面依法治国的主体，是党和国家一切权力的根本来源。

始终坚持法治建设为了人民、依靠人民、造福人民、保护人民，以保障人民根本权益为出发点和落脚点，保证人民依法享有广泛的权利和自由、承担应尽的义务，维护社会公平正义，促进共同富裕。充分发扬民主，保证人民在党的领导下，依照法律规定，通过各种途径和形式管理国家事务，管理经济文化事业，管理社会事务，让法律为人民所掌握、所遵守、所运用，让法治成为人民权利的保护神。

坚持人民主体地位，要求依法治国不是依法治民，而是依法治权、依法治官。坚持人民主体地位，必须贯彻到立法、执法、司法、守法、监督的各个方面，落实到尊重和保障人权的各项权利中；必须牢牢把握社会公平正义这一法治价值追求，努力让人民群众在每一项法律制度、每一个执法决定、每一宗司法案件中都感受到公平正义。

三 坚持中国特色社会主义法治道路

道路决定方向，道路决定命运。道路问题不能含糊，必须向全社会释放正确而又明确的信号。中国特色社会主义法治道路，是中国社会主义法治建设成就和经验的集中体现，是唯一正确的道路。

中国特色社会主义法治道路的核心，是坚持中国共产党的领导。走好这条道路，必须从中国实际出发，突出中国特色、实践特色、时代特色，既不能罔顾国情、超越阶段，也不能因循守旧、墨守成规。我们既不走封闭僵化的老路也不走改旗易帜的邪路，坚定不移走中国特色社会主义法治道路。

在坚持和拓展中国特色社会主义法治道路这个根本问题上，我们要树立自信、保持定力。走中国特色社会主义法治道路是一个重大课题，有许多东西需要深入探索，但基本的东西必须长期坚持。①

走中国特色社会主义法治道路，既要与时俱进、体现时代精神，注意研究借鉴国外法治的有益经验，吸收国外法治文明的先进成果，但又不简单照搬照抄，不能全盘移植。

四　坚持建设中国特色社会主义法治体系

全面推进依法治国，总目标是建设中国特色社会主义法治体系，建设社会主义法治国家。

1. 建设法治体系的任务：形成完备的法律规范体系、高效的法治实施体系、严密的法治监督体系、有力的法治保障体系，形成完善的党内法规体系。

2. 骨干工程：中国特色社会主义法治体系是一个内容丰富的有机整体，是中国法治建设的"纲"，是国家治理体系的骨干工程。

3. 总抓手：全面推进依法治国涉及很多方面，在实际工作中必须有一个总揽全局、牵引各方的总抓手，这个总抓手就是建设中国特色社会主义法治体系。

4. 主要任务：（1）坚持立法先行，坚持立、改、废、释、授权并举，加快完善法律、行政法规、地方性法规体系，为全面推进依法治国提供基本遵循；（2）加快建设包括宪法实施和执法、司法、守法等方面的体制机制，坚持依法行政和公正司法，确保宪法法律全面有效实施；（3）加强党内监督、人大监督、民主监督、行政监督、司法

---

① 习近平：《加快建设社会主义法治国家》，《求是》2015年第1期。

监督、审计监督、社会监督、舆论监督，形成科学有效的权力运行和监督体系，增强监督合力和实效；（4）完善党内法规制定体制机制，注重党内法规同国家法律的衔接和协调，构建以党章为根本、若干配套党内法规为支撑的党内法规制度体系，提高党内法规执行力。

五　坚持依法治国、依法执政、依法行政共同推进，法治国家、法治政府、法治社会一体建设

全面依法治国是国家治理领域的一场深刻革命，是一个系统工程。全面推进依法治国是一项庞大的系统工程，必须统筹兼顾、把握重点、整体谋划，在共同推进上着力，在一体建设上用劲。

依法治国是中国宪法确定的治理国家的基本方略，而做到依法治国，关键在于党能不能坚持依法执政，各级政府能不能依法行政。

法治国家、法治政府、法治社会一体建设、相互促进，三者各有侧重、相辅相成。地方上提出"率先建成法治政府"的口号要慎重。

根据2035年基本建成法治国家、法治政府、法治社会的战略目标，研究制定法治中国建设规划[①]，统筹考虑中国经济社会发展状况、法治建设总体进程、人民群众需求变化等综合因素，使规划更科学、

[①] 中央全面依法治国委员会第二次会议强调指出：法治建设规划，事关全面依法治国工作全局。党的十八届四中全会专题研究了全面推进依法治国重大问题。党的十九大描绘了2035年基本建成法治国家、法治政府、法治社会的宏伟蓝图。要贯彻中国特色社会主义法治理论，贯彻新发展理念，同我国发展的战略目标相适应，同全面建成小康社会、全面深化改革、全面从严治党相协同，扎扎实实把全面依法治国推向前进，确保制度设计行得通、真管用，发挥法治固根本、稳预期、利长远的保障作用。《完善法治建设规划提高立法工作质量效率　为推进改革发展稳定工作营造良好法治环境》，《人民日报》2019年2月26日第1版。

更符合实际。

六　坚持依宪治国、依宪执政

依法治国，首先是依宪治国；依法执政，关键是依宪执政。坚持依宪治国、依宪执政，就包括坚持宪法确定的中国共产党领导地位不动摇，坚持宪法确定的人民民主专政的国体和人民代表大会制度的政体不动摇。

宪法的生命在于实施，宪法的权威也在于实施。全面贯彻实施宪法，是建设社会主义法治国家的首要任务和基础性工作。一切国家机关和社会主体都负有维护宪法尊严、保证宪法实施的职责。

维护宪法权威，加强宪法监督，保证宪法实施。维护宪法权威，就是维护党和人民共同意志的权威。捍卫宪法尊严，就是捍卫党和人民共同意志的尊严。保证宪法实施，就是保证人民根本利益的实现。要加强宪法实施和监督，推进合宪性审查工作，维护宪法权威。

加强宪法学习宣传教育。弘扬宪法精神，普及宪法知识，为加强宪法实施和监督营造良好氛围。

增强宪法自信。人民对于宪法的自信源于对中国共产党坚强领导的自信，来源于对于中国特色社会主义的自信，坚定宪法自信是坚持中国特色社会主义道路、理论、制度、文化自信的重要体现。

七　坚持全面推进科学立法、严格执法、公正司法、全民守法

科学立法、严格执法、公正司法、全民守法作为法治工作的基本

格局，明确了全面依法治国的重点环节和主要任务。

其中：科学立法是推进全面依法治国的前提条件；严格执法是推进全面依法治国的关键环节；公正司法是推进全面依法治国的重要任务；全民守法是推进全面依法治国的基础工程。

推进科学立法，要围绕党的十九大做出的重大战略部署以及深化党和国家机构改革涉及的立法问题，完善全国人大常委会和国务院的立法规划，加强重点领域立法，抓住提高立法质量这个关键，完善以宪法为核心的法律体系，实现以良法促进发展，保障善治。

推进严格执法，重点是解决执法不规范、不严格、不透明、不文明以及不作为、乱作为等突出问题，推进依法行政，健全依法决策机制，深化行政执法体制改革，完善党政主要负责人履行推进法治建设第一责任人职责的约束机制，确保法律公正、有效实施，努力建设法治政府。

推进公正司法，要深化司法体制改革，深入研究司法责任制综合配套改革方案，加快构建权责一致的司法权运行新机制，建设公正高效权威的社会主义司法制度，努力让人民群众在每一个司法案件中感受到公平正义。

推进全民守法，要加强法治社会建设，依法防范风险、化解矛盾、维护权益，加快形成共建共治共享的现代基层社会治理新格局，建设社会主义法治文化，着力增强全民法治观念，形成守法光荣、违法可耻的社会氛围，使尊法守法成为全体人民的共同追求和自觉行动。

八　坚持处理好全面依法治国的辩证关系

全面依法治国是一个复杂的社会系统工程，涉及一系列内部和外部的辩证关系。

1. 法治系统的内部辩证关系：依宪治国与依宪执政、依法治国与依法执政的关系；科学立法、严格执法、公正司法、全民守法的关系；建设法治国家与建设法治政府、法治社会的关系；依法治国与依规治党的关系；良法与善治的关系；依法治权、依法治官与保障人权的关系；形式法治与实质法治的关系；自由与平等、公平与正义、安全与尊严等的关系；国内法治与国际法治的关系；等等。

2. 法治系统的外部辩证关系：坚持党的领导、人民当家作主和依法治国的关系；依法治国与以德治国的关系；全面从严治党与全面依法治国的关系；政治与法治的关系，党与法的关系；全面依法治国与全面深化改革的关系；国家治理现代化与法治化的关系；法治中国建设与平安中国建设的关系；维稳与维权的关系；法治与经济、社会、文化、民主等的关系；等等。

九　坚持建设德才兼备的高素质法治工作队伍

全面推进依法治国，建设一支德才兼备的高素质法治队伍至关重要。必须着力建设一支忠于党、忠于国家、忠于人民、忠于法律的社会主义法治工作队伍。要加强理想信念教育，深入开展社会主义核心价值观和社会主义法治理念教育，推进法治专门队伍正规化、专业化、职业化，提高职业素养和专业水平。要坚持立德树人，德法兼修，创新法治人才培养机制，努力培养造就一大批高素质法治人才及后备力量。①

---

① 习近平：《加强党对全面依法治国的领导》，《求是》2019 年第 4 期。

中国专门的法治队伍主要包括：在人大和政府从事立法工作的人员，在行政机关从事执法工作的人员，在司法机关从事司法工作的人员。全面推进依法治国，首先要把这几支队伍建设好。立法、执法、司法这3支队伍既有共性又有个性，都十分重要。

1. 立法队伍。立法是为国家定规矩、为社会定方圆的神圣工作，立法人员必须具有很高的思想政治素质，具备遵循规律、发扬民主、加强协调、凝聚共识的能力。

2. 执法队伍。执法是把纸面上的法律变为现实生活中活的法律的关键环节，执法人员必须忠于法律、捍卫法律，严格执法、敢于担当。

3. 司法队伍。司法是社会公平正义的最后一道防线，司法人员必须信仰法律、坚守法治，端稳天平、握牢法槌，铁面无私、秉公司法。

要按照政治过硬、业务过硬、责任过硬、纪律过硬、作风过硬的要求，教育和引导立法、执法、司法工作者牢固树立社会主义法治理念，恪守职业道德，做到忠于党、忠于国家、忠于人民、忠于法律。

律师队伍是依法治国的一支重要力量，要大力加强律师队伍思想政治建设，把拥护中国共产党领导、拥护社会主义法治作为律师从业的基本要求。

创新法治人才培养机制，要着力培养四方面的法治人才：一是培养造就一批熟悉和坚持中国特色社会主义法治体系的法治人才及后备力量；二是培养一支通晓国际法律规则、善于处理涉外法律事务的涉外法治人才队伍；三是打造一支政治立场坚定、理论功底深厚、熟悉中国国情的高水平法学家和专家团队；四是建设一支高素质学术带头人、骨干教师、专兼职教师队伍。

十　坚持抓住领导干部这个"关键少数"

1. 全面依法治国要抓住"关键少数"。领导干部具体行使党的执政权和国家立法权、行政权、监察权、司法权，是全面依法治国的关键。① 推进全面依法治国、建设社会主义法治国家，领导干部尤其是中高级领导干部是重点和关键，是推进全面依法治国系统工程的权力主体、实施主体、示范（或者腐败）主体、责任主体。因为"各级领导干部在推进依法治国方面肩负着重要责任，全面依法治国必须抓住领导干部这个'关键少数'"。

2. "关键少数"法治观念方面存在的主要问题。党的十八大以来，绝大多数落马官员忏悔时都说自己不懂党纪国法。为什么党内这么多高级干部走上犯罪的道路？根本原因在于理想信念动摇了，但对党纪国法没有敬畏之心也是一个重要原因。② 当前，"关键少数"法治观念淡薄缺乏的主要表现：一是不屑学法，心中无法；二是以言代法，以权压法；三是执法不严，粗暴执法；四是干预司法，徇私枉法；五是利欲熏心，贪赃枉法。领导干部必须带头尊崇法治、敬畏法律，了解法律、掌握法律，遵纪守法、捍卫法治，厉行法治、依法办事，不断提高运用法治思维和法治方式深化改革、推动发展、化解矛盾、维护稳定的能力，做尊法学法守法用法的模范，以实际行动带动全社会尊法学法守法用法。③

3. 领导干部要增强宪法和法治意识。领导干部都要牢固树立宪

---

① 习近平：《加强党对全面依法治国的领导》，《求是》2019年第4期。
② 同上。
③ 同上。

法法律至上、法律面前人人平等、权由法定、权依法使等基本法治观念，对各种危害法治、破坏法治、践踏法治的行为要挺身而出、坚决斗争。各级领导干部要对法律怀有敬畏之心，牢记法律红线不可逾越、法律底线不可触碰，带头遵守法律，带头依法办事，不得违法行使权力，更不能以言代法、以权压法、徇私枉法。

4. 领导干部要身体力行，做尊法学法守法用法的模范。领导干部要做尊法的模范，带头尊崇法治、敬畏法律；做学法的模范，带头了解法律、掌握法律；做守法的模范，带头遵纪守法、捍卫法治；做用法的模范，带头厉行法治、依法办事。法治素养是干部德才的重要内容。要把能不能遵守法律、依法办事作为考察干部的重要内容。要抓紧对领导干部推进法治建设实绩的考核制度进行设计，对考核结果运用做出规定。

5. 党纪国法不能成为"橡皮泥""稻草人"。领导干部要带头遵守法律、执行法律，带头营造办事依法、遇事找法、解决问题用法、化解矛盾靠法的法治环境。谋划工作要运用法治思维，处理问题要运用法治方式，说话做事要先考虑一下是不是合法。领导干部要做到在法治之下而不是法治之外，更不是法治之上想问题、做决策、办事情。党纪国法不能成为"橡皮泥""稻草人"，任何人违纪违法都要受到追究。

"十个坚持"深刻回答了全面依法治国的根本保证、力量源泉、发展道路、总体目标、工作布局、首要任务、基本方针、科学方法、重要保障、"关键少数"等重大问题，构成了一个系统完备、逻辑严密、内在统一的科学思想体系。"十个坚持"所蕴含的新理念新思想新战略，是全面依法治国、建设法治中国的根本遵循，必须长期坚持、不断丰富发展。

第五节　构建全面依法治国新理念新思想新战略的科学体系

党的十八大以来，围绕推进全面依法治国、建设中国特色社会主义法治体系、建设社会主义法治国家的基本方略和总目标，习近平总书记提出了一系列重要理念思想、做出了一系列战略决策，形成了内容丰富、思想深邃的习近平总书记全面依法治国新理念新思想新战略。

习近平总书记全面依法治国新理念新思想新战略（以下简称"法治三新"），是习近平新时代中国特色社会主义思想的重要组成部分，是对马克思主义法治理论中国化的最新贡献，是对中国特色社会主义法治理论的最新发展，是推进全面依法治国的指导思想、理论依据和根本遵循。

"法治三新"指明了全面依法治国的指导思想、发展道路、工作布局、重点任务，阐明了建设法治中国的理念思想、基本原则、奋斗目标、体系框架、战略部署，是一个具有原创性和时代性的科学体系。这个科学体系的主要内容和精神要义，不仅体现在党的十八大以来党中央对全面依法治国作出的一系列重大决策和战略部署中，贯彻在法治中国建设的一系列重大实践和具体行动中，而且概括为党的十九大报告提出的坚持全面依法治国的"十二个方面"，凝练为习近平总书记在中央全面依法治国委员会第一次会议上提出的"十个坚持"。从类型化、体系化角度来划分，习近平总书记全面依法治国新理念新思想新战略的科学体系，主要由"新时代法治思想理论体系""中国特色社会主义法治体系""推进全面依法治国实践战略体系""党对法治建设领导体系"等重要部分组成。

一 坚持新时代法治思想理论体系

新时代法治思想理论体系,是习近平总书记全面依法治国新理念新思想新战略科学体系的精神内核和理论基础,是全面依法治国系统工程的价值灵魂和思想引领。新时代法治思想理论体系,主要包括习近平总书记提出的建设法治中国的强国观、"四个全面"统筹布局的战略观、依法治国理政的方略观、公平正义的价值观、党法统一的政治观、人民为本的主体观、保障人权的幸福观、宪法至上的权威观、全面法治的系统观、良法善治的法治观、于法有据的改革观、依法治权的监督观、法德结合的治理观、命运共同体的全球观等重要思想理念,是全面依法治国一系列新理念新思想的精髓要义。

新时代法治思想理论体系,是党和人民实践经验和集体智慧的结晶,深刻阐释了新时代中国特色社会主义法治的理论依据、本质特征、指导思想、价值功能、内在要求、中国特色、基本原则、发展方向等重大问题,系统回答了为什么要全面依法治国,如何推进全面依法治国、建设中国特色社会主义法治体系和法治中国,如何运用法治方式和法治思维管理国家、治理社会、管理经济文化事业等一系列治国理政的根本性问题,对于推进全面依法治国、建设社会主义法治国家,推进国家治理体系和治理能力现代化,把中国建成富强民主文明和谐美丽的社会主义现代化法治强国,具有重大的理论意义、历史意义和现实价值。

新时代法治思想理论体系,是对马克思主义经典作家关于国家与法学说的中国化继承和最新发展，是对毛泽东同志关于人民民主法律思想的时代化丰富和实践性深化，是对中国特色社会主义法治观念的系统化坚持和理论化创新，是对推进全面依法治国和建设法治中国最新实践的科学总结和理论升华。新时代法治思想理论体系，坚持和体现了中国特色社会主义法治理论的继承性和民族性、原创性和时代性、系统性和专业性，是传承中华法文化精华、汲取全球法治精髓、借鉴国际法治经验的最新法治理论成果，是中华民族对世界法治文明和人类法治文化的原创性理论贡献，是全党全国人民为建设社会主义现代化法治强国而努力奋斗的指导思想和行动指南。

二　建设中国特色社会主义法治体系

中国特色社会主义法治体系是国家制度体系法治化的集中体现，是全面依法治国的总抓手和骨干工程，是"法治三新"科学体系的重要制度基础和体系平台。建设中国特色社会主义法治体系，必须坚定不移走中国特色社会主义法治道路。在我国，党的领导是中国特色社会主义最本质的特征，是社会主义法治最根本的保证；中国特色社会主义制度是中国特色社会主义法治体系的根本制度基础，是全面推进依法治国的根本制度保障；中国特色社会主义法治理论是中国特色社会主义法治体系的理论指导和学理支撑，是全面推进依法治国的行动指南。这三个方面实质上是中国特色社会主义法治道路的核心要义，规定和确保了中国特色社会主义法治体系的制度属性和前进方向。

全面推进依法治国涉及很多方面，在实际工作中必须有一个总揽全局、牵引各方的总抓手，这个总抓手就是建设中国特色社会主义法治体系。依法治国各项工作都要围绕这个总抓手来谋划、来推进。①党的十九大把建设中国特色社会主义法治体系、建设社会主义法治国家明确规定为全面依法治国的总目标,并把这个总目标与其他七个明确一道,纳入习近平新时代中国特色社会主义思想的范畴,提升到新时代指导思想的新高度。建设法治体系,有利于在法治轨道上推进国家治理体系和治理能力现代化,有利于在全面深化改革总体框架内全面推进依法治国各项工作,有利于在法治轨道上不断深化改革。

法治体系是国家治理体系的骨干工程,是推进全面依法治国的总抓手。推进全面依法治国,必须加快形成完备的法律规范体系、高效的法治实施体系、严密的法治监督体系、有力的法治保障体系,形成完善的党内法规体系。②党的十八大以来,以习近平同志为核心的党中央以前所未有的力度推进全面依法治国进程,加快推进中国特色社会主义法治体系建设,法律规范体系、法治实施体系、法治监督体系、法治保障体系和党内法规体系建设相互促进、共同发展,中国特色社会主义法治体系日益完善,社会主义法治国家建设取得了历史性成就。

我们要建设的法治体系,本质上是中国特色社会主义制度的法律表现形式。③从广义上来理解我国法治体系,不仅包括法律规范、法治实施、法治监督、法治保障和党内法规这"五个子体系",而且包括一整套由宪法和法律规定的国家治理现代化的制度体系,主要有社

---

① 中共中央文献研究室编:《十八大以来重要文献选编》(中),中央文献出版社2016年版,第147—148页。

② 习近平:《加快建设社会主义法治国家》,《求是》2015年第1期。

③ 中共中央文献研究室编:《习近平关于全面依法治国论述摘编》,中央文献出版社2015年版,第34—35页。

会主义政治制度、经济制度、文化制度、社会制度、生态文明制度，以及人民代表大会制度、中国共产党领导的多党合作和政治协商制度、民族区域自治制度、基层群众自治制度，还有国家宪法制度、立法制度、执法制度、司法制度、特别行政区制度等制度体系。我们是中国共产党执政，各民主党派参政，没有反对党，不是三权鼎立、多党轮流坐庄，我国法治体系要跟这个制度相配套；我国法治体系要与党和国家制度体系相适应，确保法治体系与党和国家制度体系相辅相成、相得益彰。

三　构建推进全面依法治国实践的战略体系

党的十八届四中全会《决定》指出："全面推进依法治国是一个系统工程，是国家治理领域一场广泛而深刻的革命，需要付出长期艰苦努力。"① 对于依法治国这个战略体系和"系统工程"，必须做到"全面"而不是"片面"或者"局部"推进依法治国。党的十九大明确要求，必须"坚定不移走中国特色社会主义法治道路，完善以宪法为核心的中国特色社会主义法律体系，建设中国特色社会主义法治体系，建设社会主义法治国家，发展中国特色社会主义法治理论……坚持依法治国和以德治国相结合，依法治国和依规治党有机统一，深化司法体制改革，提高全民族法治素养和道德素质"②。

法律的生命在于实施，法治的价值在于实践。构建推进全面依法

---

① 中共中央文献研究室编：《十八大以来重要文献选编》（中），中央文献出版社2016年版，第159页。
② 习近平：《决胜全面建成小康社会　夺取新时代中国特色社会主义伟大胜利——在中国共产党第十九次全国代表大会上的报告》，人民出版社2017年版，第22—23页。

治国实践的战略体系，就是要在战略部署上把依法治国作为一个庞大的社会系统工程，统筹考虑法治建设的各个环节、各种要素、各个领域和各个方面，使依法治国基本方略能够得到全面有效推进；就是要在全面依法治国的推进方式和实现途径上，把系统科学和系统工程的思想、战略和方法等运用于法治中国建设的顶层设计，科学设定依法治国目标，选择最佳法治路线，优化法治体系结构，完善法律体系内容，整合依法治国资源，协调依法治国力量，破除法治发展障碍，提升法制改革效能；就是要在推进全面依法治国的实践工程中，坚持依法治国、依法执政、依法行政共同推进，坚持法治国家、法治政府、法治社会一体建设，实现科学立法、严格执法、公正司法、全民守法，把依宪治国与依宪执政、依法治国与依法执政、依法治国与依规治党统一起来，把党领导立法、保证执法、支持司法、带头守法统一起来。"全面推进依法治国是一项庞大的系统工程，必须统筹兼顾、把握重点、整体谋划，在共同推进上着力，在一体建设上用劲。"[1]应当科学整合法治实施的各个要素，全面畅通法治运行的各个环节，综合发挥法治重器的各项功能，努力形成法治战略体系的合理格局，切实使依法治国基本方略全面展开、协调推进和完全落实。

习近平总书记全面依法治国新理念新思想新战略提出"十个坚持"，其中"第八个坚持"就明确要求，必须"坚持处理好全面依法治国的辩证关系"。[2] 构建推进全面依法治国实践的战略体系，要统筹处理好这个战略体系的一系列内部和外部关系，重点是处理好政治与法治、改革与法治、依法治国与以德治国、依法治国与依规治党的

---

[1] 袁曙宏：《开创中国特色社会主义法治新时代——深入学习习近平总书记关于全面依法治国的重要论述》，《求是》2016年第10期。

[2] 习近平：《加强党对全面依法治国的领导》，《求是》2019年第4期。

关系。习近平总书记指出：社会主义法治必须坚持党的领导，党的领导必须依靠社会主义法治。"改革与法治如鸟之两翼、车之两轮"，要坚持在法治下推进改革，在改革中完善法治。要坚持依法治国和以德治国相结合，实现法治和德治相辅相成、相得益彰。要发挥依法治国和依规治党的互补性作用，确保党既依据宪法法律治国理政，又依据党内法规管党治党、从严治党。①

构建推进全面依法治国实践的战略体系，要坚定不移推进法治领域改革，坚决破除束缚法治进步的体制机制障碍。尤其是，法治领域改革涉及的主要是公检法司等国家政权机关和强力部门，社会关注度高，改革难度大，更需要自我革新的胸襟。各部门各方面一定要增强大局意识，自觉在大局下思考、在大局下行动，跳出部门框框，做到相互支持、相互配合。要把解决了多少实际问题、人民群众对问题解决的满意度作为评价改革成效的标准。只要有利于提高党的执政能力、巩固党的执政地位，有利于维护宪法和法律的权威，有利于维护人民权益、维护公平正义、维护国家安全稳定，不管遇到什么阻力和干扰，都要坚定不移向前推进，决不能避重就轻、拣易怕难、互相推诿、久拖不决。②

四 强化党对法治建设的领导体系

党的领导是中国特色社会主义最本质的特征，是社会主义法治最根本的保证，是社会主义法治之魂。党章总纲规定，党的领导主要是政治、思想和组织的领导。这是我们党总结领导革命、建设和改革的

---

① 习近平：《加强党对全面依法治国的领导》，《求是》2019 年第 4 期。
② 习近平：《加快建设社会主义法治国家》，《求是》2015 年第 1 期。

历史经验特别是长期执政实践得出的基本结论。强化党对社会主义法治建设的领导体系，就是要坚持"中国共产党领导是中国特色社会主义最本质的特征"这一宪法原则，从政治、思想和组织上健全党领导全面依法治国的制度体系和工作机制，切实把党的领导贯彻到全面依法治国的全过程和各方面。

（一）加强党对全面依法治国的政治领导

从政治上加强党对全面依法治国的领导，主要体现在以下方面。一是保证全面依法治国的正确方向，坚定不移坚持中国特色社会主义法治道路。道路决定方向，决定命运。全面推进依法治国，必须走对路。如果路走错了，南辕北辙了，那再提什么要求和举措也都没有意义了……具体讲我国法治建设的成就，大大小小可以列举出十几条、几十条，但归结起来就是开辟了中国特色社会主义法治道路这一条。[①] 二是作出全面依法治国的战略决策。全面推进依法治国是关系我们党执政兴国、关系人民幸福安康、关系党和国家长治久安的重大战略问题。全面推进依法治国涉及改革发展稳定、治党治国治军、内政外交国防等各个领域，必须立足全局和长远来统筹谋划。习近平总书记对全面依法治国提出一系列新理念新思想新举措新战略，党的十八大和十八届四中全会、党的十九大和十九届二中全会对依法治国作出顶层设计，对法治建设作出一整套战略部署，党中央把全面依法治国纳入"四个全面"战略布局等，都是党对全面依法治国实施政治领导的集中体现。三是明确全面依法治国的指导思想、基本原则、根本目标和基本任务。例如，习近平总书记在关于党的十八届四中全会《决定》

[①] 习近平：《加快建设社会主义法治国家》，《求是》2015年第1期。

的说明中指出,《决定》直面我国法治建设领域的突出问题,立足我国社会主义法治建设实际……旗帜鲜明提出坚持走中国特色社会主义法治道路、建设中国特色社会主义法治体系、建设社会主义法治国家,阐述全面推进依法治国的重大意义、指导思想、总目标、基本原则等重大问题。四是制定一系列方针政策和法治改革的措施决定。例如,截至2018年1月,党的十八届三中、四中全会确定的131项司法体制改革任务中,除2项待条件成熟时推开,123项已出台改革意见,6项正在深入研究制定改革意见。五是加强监督和政治保障。尤其是推进全面从严治党,把依法治国与依规治党紧密结合起来,严格党的政治纪律、政治规矩,坚决防止党的各级组织和领导干部以言代法、以权压法、徇私枉法,从而为全面依法治国提供坚实基础,为建设社会主义现代化法治强国提供根本保证。

(二) 加强党对全面依法治国的思想领导

从思想上加强党对全面依法治国的领导,必须坚定不移坚持以"法治三新"作为法治建设的指导思想和行动遵循,贯彻中国特色社会主义法治理论,弘扬社会主义核心价值观和法治文化,切实从思想理论上解决好全面依法治国为什么必须坚持党的领导和怎样坚持党的领导等根本问题。

把党的领导贯彻到依法治国的全过程和各方面,是我国社会主义法治建设的一条基本经验。我国宪法确立了中国共产党的领导地位。坚持党的领导,是社会主义法治的根本要求,是党和国家的根本所在、命脉所在,是全国各族人民的利益所系、幸福所系,是全面推进依法治国的题中应有之义。应当按照党的十八届四中全会提出的"三统一"和"四善于",加强党对全面依法治国的集中统一领导。

坚持党的领导，不是一句空的口号，必须具体体现和落实在党领导立法、保证执法、支持司法、带头守法上。党领导立法，就是根据党和国家大局、人民群众意愿，党提出立法建议，立法机关制定体现人民根本利益和社会发展的根本要求的法。党保证执法，就是党通过政治领导、思想领导、组织领导和工作领导，监督和促进执法部门严格执法。党支持司法，就是各级党政机关和领导干部要支持法院、检察院依法独立公正行使职权，让人民群众在每一个司法案件中都感受到公平正义。党带头守法，就是各级党政机关和广大党员干部必须率先垂范、带头遵守宪法法律。[①] 党领导立法、保证执法、支持司法、带头守法，既是党坚持依法执政的"十六字方针"，也是党对法治建设实施领导的基本要求。贯彻依法执政的"十六字方针"，必须加强党对法治工作的全面领导，即党不仅要领导立法，也要领导执法、司法和守法普法工作；党不仅要支持执法，也要支持立法、司法和守法普法工作；党不仅要保证司法，也要保证立法、执法和守法普法工作。党对法治工作的领导、支持、保证和自己以身作则，这四个方面相互关联、相互作用、不可或缺，是一个有机整体，不能机械地片面地理解依法执政的"十六字方针"。应当从体制机制上统筹处理好以下四个关系：(1) 党领导立法与立法机关科学立法的关系；(2) 党保证执法与行政机关严格执法的关系；(3) 党支持司法与司法机关公正司法的关系；(4) 党带头守法与公民自觉守法的关系。这是加强党对法治工作基本格局的把握和领导，有效贯彻依法执政"十六字方针"的重要前提和基本要求。

党对法治建设的领导，应当是全面领导、统一领导、集中领导和

---

① 本刊编辑部：《新时代全面依法治国的根本遵循》，《求是》2019 年第 4 期。

战略领导，而不是以党代政、以党代法、以权压法；党的领导主要是政治领导、思想领导、组织领导和制度保障，是路线方针政策领导和思想理论引领，而不是事无巨细、事必躬亲、越俎代庖；党对法治工作的领导，主要是对全面依法治国的顶层设计、总体布局、统筹协调、整体推进、督促落实，而不是直接立法、亲自执法、取代司法。

（三）加强党对全面依法治国的组织领导

全面推进依法治国是一个系统工程，是国家治理领域一场广泛而深刻的革命，必须加强党对法治工作的组织领导。各级党委要健全党领导依法治国的制度和工作机制，履行对本地区本部门法治工作的领导责任，找准工作着力点，抓紧制定贯彻落实全会精神的具体意见和实施方案。党委要定期听取政法机关工作汇报，做促进公正司法、维护法律权威的表率。党政主要负责人要履行推进法治建设第一责任人职责。各级人大、政府、政协、审判机关、检察机关的党组织要领导和监督本单位模范遵守宪法法律，坚决查处执法犯法、违法用权等行为。要把全面推进依法治国的工作重点放在基层，发挥基层党组织在全面推进依法治国中的战斗堡垒作用，加强基层法治机构和法治队伍建设，教育引导基层广大党员、干部增强法治观念、提高依法办事能力，努力把全会提出的各项工作和举措落实到基层。

当前，推进全面依法治国到了攻坚克难的关键期，法治领域改革面临许多难啃的硬骨头，要充分发挥中央全面依法治国委员会的重要作用，加强党对全面依法治国的集中统一领导。应当像抓全面从严治党那样，进一步加大建设法治中国的力度，充分发挥委员会从顶层设计、总体布局、统筹协调、整体推进、督促落实等方面推进全面依法治国的重要作用，切实履行委员会坚持依法治国、依法执政、依法行政共同推进，法治国家、法治政府、法治社会一体建设，研究全面依法治国重大事项、重大问题，统筹推进科学立法、严格执法、公正司法、全民守法，协调推进中国特色社会主义法治体系和社会主义法治国家建设等各项职责。

（四）加强党领导全面依法治国的制度保障

习近平总书记明确提出，要健全党领导全面依法治国的制度和工作机制，强化党中央在科学立法、严格执法、公正司法、全民守法等方面的领导，[①] 继续推进党的领导制度化、法治化。应当以设立中央全面依法治国委员会及其办公室为契机，着力抓好以下体制机制建设。

一是完善领导机制。加强党对全面依法治国的集中统一领导，要优化党对中央层面横向法治工作以及中央与省层面纵向法治工作的领导体制机制。中央全面依法治国委员会应当按照"全面、统一、协调、同步"的原则，进一步统筹整合中央层面四个法治板块的横向关系，即立法板块、执法板块、政法板块、党规党法板块，四者之间既要有明确的分工，各司其职、各尽其责，也要有紧密的配合，相辅相成、浑然一体、有机运行。在具体实践中，四者要贯彻大局意识和整体性原则，四者的推进速度、力度和深度要同步协调，四者的交叉空隙衔接部分要主动担当、相互补台，特别要防止板块（部门）借法治改革扩权卸责或者不作为、乱作为。同时，要加强党中央对全面依法治省工作的统筹和集中统一领导，把党中央领导法治建设的纵向工作中心，落实到全面依法治省上，从领导体制机制上进一步理顺全面依

[①] 习近平：《加强党对全面依法治国的领导》，《求是》2019年第4期。

法治国与全面依法治省的关系，压实地方落实全面依法治国的责任，充分发挥地方法治实践在法治中国建设中的基础性、探索性、支撑性和主力军的作用，确保党中央全面依法治国的决策部署落到实处。

二是建立决策咨询机制。推进全面依法治国需要统筹协调，科学规划，重大决定的出台应经过认真研究，充分论证，应完善决策咨询程序，保证民主科学决策。同时，设立全面依法治国高端智库，由有关领导、专家学者和部门研究骨干等组成，为法治中国建设提供重大决策和智库服务。

三是建立法治系统反馈促进机制。全面依法治国的立法、执法、司法、守法、监督等，是一个相互依存、相互作用的法治系统，它们共同追求良法善治。法律法规是否属于良法，需要在执法、司法和守法的实践和具体个案中得到检验，并把有关信息及时反馈给立法机关；执法、司法、守法之间也应当互动起来，共同推动法治系统良性循环。目前由于四个法治板块的实际存在，以及宪法和有关制度对各机关职能分工，使我国法治系统的板块、环节、部门之间很难互动反馈，否则会有越权之嫌。委员会办公室应当打破法治板块、法治环节或者法治部门之间的壁垒，强化"国家法治机器"的理念，增强协调沟通职能，建立立法、执法、司法、普法守法互相反馈法治问题信息的机制。

四是建立法治评估机制。由全面依法治国委员会办公室牵头，制定法治中国建设科学实用的指标体系，实施法治评估。法治评估体系可以分为中央和地方两个层面，涵盖党的领导、科学立法、严格执法、公正司法、全民守法、队伍建设等领域，使全面依法治国的主要任务可以量化落实、量化检查、量化监督、量化评估。未来在试点探索取得成功经验的基础上，进一步完善和全面推行法治中国指标体系。在委员会办公室的领导下，可以具体委托中立的第三方对法治中国指标体系实施状况进行跟踪评估，以客观公正的量化评估为重要抓手，推动和促进各项法治工作顺利进行。

五是完善督察和巡视机制。坚持党领导全面依法治国，应当以制度化方式推进，建立法治督察巡视制度。针对法治工作中出现的重点、难点和焦点等问题，组织法治督察巡视检查，及时解决影响法治工作遇到的肠梗阻、老大难等关键问题。

尤为重要的是，"法治三新"的科学体系，坚持从国情和实际出发，尊重法治建设和司法发展基本规律，突出全面依法治国新理念新思想新战略的中国特色、实践特色、时代特色；坚持研究我国古代法制传统和成败得失，挖掘和传承中华法律文化精华，汲取营养、择善而用；坚持从我国实际出发，不等于关起门来搞法治。法治是人类文明的重要成果之一，法治的精髓和要旨对于各国国家治理和社会治理具有普遍意义。[①] 坚持开门搞法治，坚持以我为主、为我所用，认真鉴别、合理吸收，学习借鉴世界上优秀的法治文明成果。"法治三新"这个体系，是一个具有自我完善自我更新内在机制充满生机与活力的科学体系，是一个不忘本来、吸收外来、面向未来不断创新与持续发展的科学体系，是一个法治思想理论与治国理政制度实践紧密结合引领新时代法治中国建设的科学体系。

在"法治三新"的科学体系中，新时代法治思想理论体系是全面依法治国的理论基础和思想引领，中国特色社会主义法治体系是全面依法治国的制度基础和骨干工程，推进全面依法治国实践战略体系是法治中国建设的实践要求和系统工程，党对法治建设领导体系是全面

---

① 习近平：《加快建设社会主义法治国家》，《求是》2015年第1期。

依法治国的本质特征和根本保证，四个方面内在联系、相互作用，相辅相成、有机统一，共同构成习近平总书记全面依法治国新理念新思想新战略的科学体系，共同引领和推进全面依法治国的理论、制度和实践创新发展。

主要参考文献

《〈中共中央关于全面推进依法治国若干重大问题的决定〉辅导读本》，人民出版社2014年版。

《党的十八届三中全会〈决定〉学习辅导百问》，党建读物出版社、学习出版社2013年版。

《党的十九大报告辅导读本》，人民出版社2017年版。

《邓小平文选》第一卷，人民出版社1994年版。

《邓小平文选》第二卷，人民出版社1994年版。

《邓小平文选》第三卷，人民出版社1993年版。

《东观汉记·张禹传》。

《董必武政治法律文选》，法律出版社1986年版。

《管子·法法》。

《管子·禁藏》。

《管子·明法》。

《管子·七法》。

《管子·七主七臣》。

《韩非子·五蠹》。

《韩非子·心度》。

《韩非子·有度》。

《江泽民文选》第三卷，人民出版社2006年版。

《礼记·礼运》。

《列宁全集》第18卷，人民出版社1959年版。

《论语·颜渊》。

《马克思恩格斯全集》第1卷，人民出版社1995年版。

《马克思恩格斯选集》第4卷，人民出版社1972年版。

《毛泽东文集》第7卷，人民出版社1999年版。

《毛泽东著作选读（下册）》，人民出版社1986年版。

《拿破仑法典》，李浩培等译，商务印书馆1979年版。

《彭真传》第4卷，中央文献出版社2012年版。

《彭真文选》，人民出版社1991年版。

《商君书·君臣》。

《商君书·垦草令》。

《商君书·慎法》。

《商君书·算地第六》。

《商君书·壹言》。

《尚书·舜典》。

《史记·商君列传》。

《隋书·裴蕴传》。

《隋书·刑法志》。

中国社会科学院语言研究所词典编辑室编：《现代汉语词典》（第7版），商务印书馆2016年版。

《易经·乾卦》。

《张文忠公全集》奏疏三。

主要参考文献

《中共中央关于构建社会主义和谐社会若干重大问题的决定》，2006年10月11日。

《中国大百科全书·政治学》，中国大百科全书出版社1992年版。

《中国特色社会主义法律体系》白皮书，国务院新闻办公室2011年10月发布。

［阿根廷］卡洛斯·桑地亚哥·尼诺：《慎议民主的宪法》，赵雪纲译，法律出版社2009年版。

［奥］凯尔森：《法与国家的一般理论》，沈宗灵译，中国大百科全书出版社1996年版。

［德］约瑟夫·夏辛、容敏德编著：《法治》，法律出版社2005年版。

［法］卢梭：《社会契约论》，何兆武译，商务印书馆2003年版。

［法］孟德斯鸠：《论法的精神》上册，张雁深译，商务印书馆1961年版。

［古罗马］西塞罗：《论共和国　论法律》，王焕生译，中国政法大学出版社1997年版。

［古希腊］修昔底德：《伯罗奔尼撒战争史》，谢德风译，商务印书馆1978年版。

［古希腊］亚里士多德：《政治学》，吴寿彭译，商务印书馆1981年版。

［荷］亨利·范·马尔塞文、格尔·范·德·唐：《成文宪法的比较研究》，陈云生译，华夏出版社1987年版。

［加］A.布来顿等：《理解民主——经济的与政治的视角》，毛丹等译，学林出版社2000年版。

［美］E.博登海默：《法理学：法律哲学与法律方法》，邓正来译，中国政法大学出版社2004年版。

［美］E. 博登海默：《法理学—法哲学及其方法》，邓正来、姬敬武译，华夏出版社1987年版。

［美］昂格尔：《现代社会中的法律》，吴玉章、周汉华译，中国政法大学出版社1994年版。

［美］巴里·海格：《法治：决策者概念指南》，曼斯菲尔德太平洋事务中心译，中国政法大学出版社2005年版。

［美］本杰明·巴伯：《强势民主》，彭斌、吴润洲译，吉林人民出版社2006年版。

［美］波斯纳：《法理学》，苏力译，中国政法大学出版社1994年版。

［美］布坎南：《自由、市场与国家》，平新乔、莫扶民译，上海三联书店1989年版。

［美］道格拉斯·拉米斯：《激进民主》，刘元琪译，中国人民大学出版社2002年版。

［美］弗里德曼：《法律制度》，李琼英、林欣译，中国政法大学出版社1994年版。

［美］哈罗德·J. 伯尔曼：《法律与革命——西方法律传统的形成》，中国大百科全书出版社1993年版。

［美］凯斯·R. 孙斯坦：《设计民主：论宪法的作用》，金朝武等译，法律出版社2006年版。

［美］克鲁克洪等：《文化与个人》，高佳等译，浙江人民出版社1986年版。

［美］罗伯特·达尔：《多元主义民主的困境》，尤正明译，求实出版社1989年版。

［美］罗伯特·达尔：《论民主》，李柏光等译，商务印书馆1999年版。

［美］马克·E. 沃伦:《民主与信任》,吴辉译,华夏出版社 2004 年版。

［美］潘恩:《潘恩选集》,马清槐等译,商务印书馆 1981 年版。

［美］乔·萨托利:《民主新论》,冯克利、阎克文译,东方出版社 1998 年版。

［美］萨拜因:《政治学说史》（上册）,盛葵阳等译,商务印书馆 1986 年版。

［美］唐·布莱克:《社会学视野中的司法》,郭星华等译,法律出版社 2002 年版。

［美］威廉·富布莱特:《帝国的代价》,简新亚译,世界知识出版社 1991 年版。

［美］约翰·罗尔斯:《正义论》,何怀宏等译,中国社会科学出版社 1988 年版。

［美］约翰·梅西·赞恩:《法律的故事》,孙运申译,中国盲文出版社 2002 年版。

［美］约瑟夫·熊彼特:《资本主义、社会主义与民主》,吴良健译,商务印书馆 1979 年版。

［美］茱迪·史珂拉:《美国公民权寻求接纳》,刘满贵译,上海世纪出版集团 2006 年版。

［日］佐功藤:《比较政治制度》,刘庆林等译,法律出版社 1984 年版。

［英］爱德华·泰勒:《原始文化》,连树声译,上海文艺出版社 1992 年版。

［英］安东尼·阿伯拉斯特:《民主》,孙荣飞等译,吉林人民出版社 2005 年版。

［英］戴维·赫尔德:《民主的模式》,燕继荣等译,中央编译出版社1998年版。

［英］戴维·赫尔德:《民主与全球秩序——从现代国家到世界主义治理》,胡伟等译,上海世纪出版集团2003年版。

［英］弗朗西斯·培根:《论司法》,《培根论说文集》,水天同译,商务印书馆1983年版。

［英］弗里德利希·奥古斯特·冯·哈耶克:《法律、立法与自由》（第二、三卷）,邓正来等译,中国大百科全书出版社2000年版。

［英］弗里德利希·奥古斯特·冯·哈耶克:《通往奴役之路》,王明毅等译,中国社会科学出版社1997年版。

［英］霍布斯:《论公民》,应星、冯克利译,贵州人民出版社2003年版。

［英］马林诺夫斯基:《文化论》,费孝通等译,中国民间文艺出版社1987年版。

［英］梅因:《古代法》,沈景一译,商务印书馆1959年版。

［英］苏珊·马克斯:《宪政之谜:国际法、民主和意识形态批判》,方志燕译,上海世纪出版集团2005年版。

［英］詹宁斯:《法与宪法》,龚祥瑞等译,生活·读书·新知三联书店1997年版。

本书编写组:《法理学》（马克思主义理论研究和建设工程重点教材）,人民出版社、高等教育出版社2010年版。

本书编写组:《宪法学》（马克思主义理论研究和建设工程重点教材）,高等教育出版社、人民出版社2011年版。

蔡翔华:《中国互联网治理的新思路》,《青岛行政学院学报》2007年第1期。

陈独秀:《独秀文存》,安徽人民出版社 1988 年版。

陈万球、欧阳雪倩:《习近平网络治理思想的理论特色》,《长沙理工大学学报》2016 年第 31 卷第 2 期。

陈新民:《德国公法学基础理论》(上册),山东人民出版社 2001 年版。

陈一新:《加快建设更高水平的法治中国》,《求是》2018 年第 21 期。

丁以升、李清春:《公民为什么遵守法律?(上)——评析西方学者关于公民守法理由的理论》,《法学评论》2003 年第 6 期。

郭玮:《十八大以来党内法规制度研究述评与展望》,《上海法学研究》2018 年第 2 期。

国务院新闻办公室:《中国的法治建设》白皮书,2008 年 2 月 28 日。

何明升:《虚拟社会治理的概念定位与核心议题》,《湖南师范大学社会科学学报》2014 年第 6 期。

侯少文:《依法治国与党的领导》(第九章的标题:依法治国必须依法治党),浙江人民出版社 1998 年版。

胡锦涛:《高举中国特色社会主义伟大旗帜　为夺取全面建设小康社会新胜利而奋斗——在中国共产党第十七次全国代表大会上的报告》,2007 年 10 月 24 日。

胡锦涛:《坚定不移沿着中国特色社会主义道路前进,为全面建成小康社会而奋斗》,载中共中央文献研究室编《十八大以来重要文献选编》(上),中央文献出版社 2014 年版。

胡适:《我们对于西洋近代文化的态度》,《容忍与自由》,云南人民出版社 2015 年版。

江必新:《怎样建设中国特色社会主义法治体系》,《光明日报》2014 年 11 月 1 日。

江天主编:《逆序现代汉语词典》,辽宁大学出版社 1986 年版。

江泽民:《实行和坚持依法治国　保障国家的长治久安》,《人民日报》1996 年 2 月 9 日。

姜洁:《党的制度建设改革〈立柱架梁〉》,《人民日报》2017 年 9 月 25 日。

姜明安:《论中国共产党党内法规的性质与作用》,《北京大学学报》(哲学社会科学版) 2012 年第 3 期。

匡文波、杨春华:《走向合作规制:网络空间规制的进路》,《现代传播》2016 年第 2 期。

李德顺:《什么是文化》,《光明日报》2012 年 3 月 26 日。

李建国:《把经济社会发展纳入法治轨道》,《人民日报》2015 年 11 月 13 日。

李林、支振锋主编:《中国网络法治发展报告（2018）》,社会科学文献出版社 2018 年版。

李林:《党的领导是中国特色社会主义法治之魂》,《人民日报》2015 年 4 月 2 日。

李林:《开启新时代中国特色社会主义法治新征程》,《环球法律评论》2017 年第 6 期。

李林:《立法机关比较研究》,人民日报出版社 1991 年版。

李林:《立法理论与制度》,中国法制出版社 2005 年版。

李林:《依法治国与推进国家治理现代化》,《法学研究》2014 年第 5 期。

李铁映:《论民主》,人民出版社 2001 年版。

李一:《网络社会治理的逻辑起点、运作机制和界域指向》,《中共杭州市委党校学报》2015 年第 3 期。

李忠：《党内法规建设研究》，中国社会科学出版社 2015 年版。

梁漱溟：《东西文化及其哲学》，商务印书馆 2009 年版。

刘伟、杨益哲：《网络治理：网络社会视阈下治理范式跃迁的新愿景》，《晋阳学刊》2008 年第 4 期。

陆德生：《处理好维稳和维权的关系》，《红旗文稿》2014 年第 15 期。

陆益龙：《影响农民守法行为的因素分析——对两种范式的实证检验》，《中国人民大学学报》2005 年第 4 期。

罗豪才等著：《软法与公共治理》，北京大学出版社 2006 年版。

马奔：《协商民主与选举民主：渊源、关系与未来发展》，《文史哲》2014 年第 3 期。

毛寿龙：《西方政府的治道变革》，中国人民大学出版社 1998 年版。

潘维：《法治与"民主迷信"——一个法治主义者眼中的中国现代化和世界秩序》，香港社会科学出版有限公司 2003 年版。

彭真：《关于中华人民共和国宪法修改草案的报告》，载刘政等主编《人民代表大会工作全书》，中国法制出版社 1999 年版。

彭真：《论新中国的政法工作》，中央文献出版社 1992 年版。

戚攻：《"虚拟社会"与社会学》，《社会》2001 年第 2 期。

钱穆：《文化学大义》，台湾中正书局印行 1981 年版。

乔晓阳：《十八大以来立法工作的新突破》，《求是》2017 年第 11 期。

瞿同祖：《中国法律与中国社会》，中华书局 2003 年版。

沈春耀：《加强文化法制建设》，《光明日报》2011 年 11 月 10 日。

沈宗灵：《现代西方法律哲学》，法律出版社 1983 年版。

石泰峰、张恒山：《论中国共产党依法执政》，《中国社会科学》2003 年第 1 期。

宋功德：《全方位推进党内法规制度体系建设》，《人民日报》2018 年

9月27日。

宋健:《现代科学技术基础知识》,科学出版社1994年版。

孙力:《互联网治理国际比较与监管政策研究》,《经营管理者》2014年第10期。

孙午生:《网络社会治理法治化研究》,法律出版社2014年版。

佟德志:《在民主与法治之间》,人民出版社2006年版。

童星、罗宇:《网络社会:一种新的、现实的社会存在方式》,《江苏社会科学》2002年第5期。

汪海波:《我国发展非公有制经济的成就、意义和经验》,《中国浦东干部学院学报》2018年第5期。

王安石:《未复旧官光禄寺丞赵瑾改大理寺丞制》。

王沪宁:《美国反对美国》,上海文艺出版社1991年版。

王沪宁:《民主政治》,三联书店(香港)有限公司1993年版。

王岐山:《坚持党的领导　依规管党治党　为全面推进依法治国提供根本保证》,《人民日报》2014年11月3日。

王晓民主编:《世界各国议会全书》,世界知识出版社2001年版。

王晓烁、刘庆顺:《守法行为的心理因素分析》,《河北大学学报》(哲学社会科学版)2010年第6期。

王振民、施新州:《中国共产党党内法规研究》,人民出版社2016年版。

习近平:《把促进社会公平正义作为核心价值追求》,《中国青年报》2014年1月9日第1版。

习近平:《干在实处　走在前列:推进浙江新发展的思考与实践》,中共中央党校出版社2014年版。

习近平:《巩固执政基础　增强执政本领》,《党建研究》2005年第

2 期。

习近平:《关于〈中共中央关于全面推进依法治国若干重大问题的决定〉的说明》,载《〈中共中央关于全面推进依法治国若干重大问题的决定〉辅导读本》,人民出版社 2014 年版。

习近平:《和谐社会本质上是法治社会》,《之江新语》,浙江人民出版社 2015 年版。

习近平:《加快建设社会主义法治国家》,《求是》2015 年第 1 期。

习近平:《坚定不移推进司法体制改革 坚定不移走中国特色社会主义法治道路》,《人民日报》2017 年 7 月 11 日第 1 版。

习近平:《加强党对全面依法治国的领导》,《求是》2019 年第 4 期。

习近平:《决胜全面建成小康社会 夺取新时代中国特色社会主义伟大胜利——在中国共产党第十九次全国代表大会上的报告》,人民出版社 2017 年版。

习近平:《领导干部要做尊法学法守法用法的模范 带动全党全国共同全面推进依法治国》,《人民日报》2015 年 2 月 3 日第 1 版。

习近平:《全面贯彻实施宪法促进社会主义政治文明建设》,《浙江人大》2002 年第 12 期。

习近平:《全面深化改革全面推进依法治国为全面建成小康社会提供动力和保障》,《人民日报》2014 年 11 月 3 日第 1 版。

习近平:《使人民群众不断获得切实的经济、政治、文化利益》,《求是》2001 年第 19 期。

习近平:《习近平谈治国理政》第一卷,外文出版社 2018 年版。

习近平:《习近平谈治国理政》第二卷,外文出版社 2017 年版。

习近平:《习近平谈治国理政》,外文出版社 2014 年版。

习近平:《在庆祝全国人民代表大会成立 60 周年大会上的讲话》(单

行本），人民出版社 2014 年版。

习近平：《在庆祝中国共产党成立 95 周年大会上的讲话》，人民出版社 2016 年版。

习近平：《在十八届中央政治局第十五次集体学习时的讲话》，《人民日报》2014 年 5 月 28 日。

习近平：《在哲学社会科学工作座谈会上的讲话》，人民出版社 2016 年版。

习近平：《在中央全面深化改革领导小组第二次会议上的讲话》，《人民日报》2014 年 3 月 1 日。

习近平：《在中央全面深化改革领导小组第十次会议上的讲话》，《人民日报》2015 年 2 月 28 日。

习近平：《知之深爱之切》，河北出版传媒集团、河北人民出版社 2015 年版。

谢觉哉：《谢觉哉论民主与法制》，法律出版社 1996 年版。

谢俊贵：《中国特色虚拟社会管理综治模式引论》，《社会科学研究》2013 年第 5 期。

谢耘耕等：《网络社会治理研究综述》，《新媒体与社会》2014 年第 4 期。

熊光清：《中国网络社会治理与国家政治安全》，《社会科学家》2015 年第 12 期。

徐汉明、张新平：《社会治理法治建设指标体系的设计、内容及其评估》，《法学杂志》2016 年第 6 期。

徐汉明、王玉梅：《中国司法职权配置的现实困境与优化路径》，《法制与社会发展》2016 年第 3 期。

徐汉明：《农民土地持有权制度研究》，社会科学文献出版社 2004

年版。

徐红云等:《大学计算机基础教程》(第二版),清华大学出版社 2014 年版。

徐显明、李林主编:《法治中国建设的理论与实践》,中国社会科学出版社 2015 年版。

许崇德:《中华人民共和国宪法史》,福建人民出版社 2003 年版。

杨雪冬:《协商民主的认识误区和当代性》,《中国党政干部论坛》 2015 年第 5 期。

于洋、李家鼎:《互联网法律体系将围绕网络社会管理等三方面构建》,《人民日报》2014 年 11 月 6 日。

于一:《中外思想家论政治文明》,《政治学研究》2002 年第 3 期。

俞可平:《论国家治理现代化》,社会科学文献出版社 2014 年版。

俞可平:《治理与善治》,社会科学文献出版社 2000 年版。

虞崇胜:《政治文明论》,武汉大学出版社 2003 年版。

袁曙宏:《开创中国特色社会主义法治新时代——深入学习习近平总书记关于全面依法治国的重要论述》,《求是》2016 年第 10 期。

袁曙宏:《正确认识和处理新形势下改革与法治的关系》,《紫光阁》 2015 年第 9 期。

袁曙宏:《中国特色社会主义新时代的纲和魂——学习习近平新时代中国特色社会主义思想的认识和体会》,《求是》2017 年第 23 期。

张峰:《协商民主建设八个重要问题解析》,《中国特色社会主义研究》 2015 年第 2 期。

张文显:《二十世纪西方法哲学思潮研究》,法律出版社 1996 年版。

张显龙:《中国互联网治理:原则与模式》,《新经济导刊》2013 年第 3 期。

张泽乾:《法国文明史》,武汉大学出版社 1997 年版。

郑万通:《人民政协六十年的光辉历程和重要启示》,《人民政协报》2009 年 9 月 17 日。

中共中央办公厅、国务院办公厅印发《关于进一步把社会主义核心价值观融入法治建设的指导意见》,新华社,2016 年 12 月 25 日。

中共中央文献研究室编:《十八大以来重要文献选编》(上),中央文献出版社 2014 年版。

中共中央文献研究室编:《十八大以来重要文献选编》(中),中央文献出版社 2016 年版。

中共中央文献研究室编:《十一届三中全会以来党的历次全国代表大会中央全会重要文件汇编》(上),中央文献出版社 1997 年版。

中共中央文献研究室编:《十一届三中全会以来党的历次全国代表大会中央全会重要文件汇编》(下),中央文献出版社 1997 年版。

中共中央文献研究室编:《习近平关于全面依法治国论述摘编》,中央文献出版社 2015 年版。

中共中央文献研究室编:《习近平总书记重要讲话文章选编》,中央文献出版社、党建读物出版社 2016 年版。

中国大百科全书出版社编辑部编:《中国大百科全书》,中国大百科全书出版社 1998 年版。

最高人民法院中国特色社会主义法治理论研究中心:《法治中国——学习习近平总书记关于法治的重要论述》,人民法院出版社 2014 年版。

索　引

"三个代表"重要思想　34，51，176，180，465，837

"十六字方针"　337，360，361，486，528，623，873

"四个全面"　13，19，21，22，28，36，57，58，67，94，95，141，235，236，265，277，317，370，576，606，624，662，759，787，798，811，812，815，817，819，820，844，865，871

"文化大革命"　6，8，47－49，161，173，201，309，484，502，547，552，582，585，761，769

"五位一体"　21，28，36，57，80，141，248，277，317，576，606，651，812，820，844

《中共中央关于全面深化改革若干重大问题的决定》　12，595

《中共中央关于全面推进依法治国若干重大问题的决定》　10，13，94，759，839

1982年宪法　73，178，179，191，547，583

安全　27，30，34，35，39，48，66，116，118，164，194，208，214，240，243，246－248，250，258，260，262，266，267，269，273，274，276，283，284，295，296，298，303，311，336，343，347，349，351，353，

366，367，373，374，402，409，420，426，432，434，435，445，450，528，547，576－578，593，608，626，631，634，756－758，762－766，769－777，781，785－795，797－800，804－807，817，835，837，844，847，850，860，870

把权力关进制度的笼子　25，709

保障人权　2，9，46，51，62，66，71，88，115，147，158，188，189，197，202，211，223，225，228，229，256，288，302，328，335，385，399，402，459，474，484，489，491，499，508，515，522，524，525，560，567，573，586，603，613，675，676，679，783，855，860，865

备案审查　32，44，268，315，519，521，595，596

长治久安　9，32，37，57，72，115，202，206，257，337，338，347，510，571，595，669，670，701，712，812，818，834，841，842，845，852，871

从严治党　11，13，16，22－24，31，32，41，52，58，67，94，95，238，272，366，381，384，477，669，671，689，697，702－705，709－712，717，721，730，732，734，737，739，742，747，817，827，840，847，849，857，860，870，872，874

党的规矩　93，691，698－701，703，708，712，730－735，738－741，743，747

党的纪律　227，691，692，694，698－700，703，706－708，712，724，730－741，747

党的领导　10，12－14，17，18，23，25，28－31，38，40，50，51，56，65－68，71，72，75，86－92，115，

140，144，183－185，202，206－209，211，212，214，215，217，218，220，221，223－225，230，231，237，309，311，312，316，318，353，370，420，431，465，471，473，474，489，499，547，560，562，575，584，591－593，604，615，626－628，651－653，663，671－673，691，701，702，705，707，709－711，721，724，726，742，758，811，815，817，819，820，822，830－833，837，842，843，845－847，852－855，860，866，870－876

党的十八大　11，12，17，19，22，24－26，28，33，39，41，43，44，50－52，56，65，78，80，88，178，206，213，214，235，249，260，263，271，273，277，280，287，309，341，342，360－362，378，379，524，530，547，576－578，584，603，604，608，618，621，623－625，650，658，671，672，702，708，721，785，786，788，789，810，814，817－819，838，839，842－844，847，862－864，867，871

党的十九大　13，16，19，20，23，27，30－33，38－45，53，63，65，66，88，178，241，246，360，370，372，374－376，378－380，382，420，426，430，431，444，446，448，450，466，469，487，489，498，520，521，524，585，595，634，786，809－811，813，815，817，819，824，826，828－831，833，835，838，840－844，846－848，850，857，859，864，867，868，871

党和法治的关系　28

党纪国法　709，712，732，733，862，863

党内法规体系　23，24，43，

68，71，272，375，702，708，709，711，712，716，717，724，725，743，746，841，847，849，856，867

党章 22，32，45，95，238，309，315，487，691－694，698，706－708，710，712，717－721，724，725，728，730，732，734－737，740－742，747，821，854，857，870

道德 21，39，40，59，60，93，94，115，168，177，208，222，223，257，325，328，331，341，343，344，347，355，356，364，365，369，377，387－389，392，394－397，400－404，412，414，422，423，426，428－430，434，436，440，441，445，446，449－451，456，457，459，466，487－502，504，506，508，511－513，517，533，536，568，604，612，619，625，629，632，651，652，656，686，696，703，708，712，714，716，731，732，734，735，740，745，747，784，796，803，819，861，868

道德是法律的基础 488

邓小平理论 34，51，180，465，469，837

地方性法规 24，25，49，75，83，230，231，268，392，408，491，692，693，695，716，724，725，753，791，856

定分止争 414，587，591，617，620，627，783

多党合作政治协商制度 601，670

法定程序 29，78，90，163，183，218，219，255，257，315，318，345，400，526，527，571，589，591，640，647，648，687，791，794，854

法理 2，3，59，205，324，332，355，374，386，414，

420, 421, 424, 428, 432, 433, 481, 490, 506, 526, 562, 565, 629, 692, 694, 695, 700, 704, 712-717, 722, 723, 728, 746, 747, 751

法律 1, 2, 4-6, 8-12, 18, 22-25, 27, 29-32, 34, 35, 38-41, 43-51, 54-56, 59-86, 88-90, 93-97, 100, 104, 106-109, 115, 116, 118, 122-124, 126, 128, 129, 135, 137, 138, 141-165, 167, 168, 171, 173, 177, 181, 182, 184, 185, 190, 192, 196, 197, 199-216, 218-225, 227-231, 233, 236, 238-253, 255-276, 279-282, 286-291, 293-295, 297-300, 302-307, 309-339, 343-350, 352, 353, 355-370, 373, 375-381, 383-403, 405-424, 426, 429-438, 440, 442, 448-460, 462-467, 469-482, 484, 486-512, 514-528, 530, 531, 533, 536-552, 554-570, 572, 573, 578-589, 591, 592, 594-600, 602-604, 607, 608, 611, 612, 614-620, 622, 624, 626-633, 635-637, 639, 641, 643, 645, 646, 648, 650, 652, 654, 656, 657, 659-663, 669-671, 674, 676-680, 685-687, 690-698, 700-705, 708, 711-714, 716-718, 720-729, 732-737, 739-748, 753, 758-761, 764-766, 769, 771, 773-775, 782-796, 799, 803-807, 811-813, 819, 826-829, 833-835, 837, 839, 841, 842, 845-847, 849, 850, 853-857, 859-863, 866-870, 873, 874, 876, 877

法律底线 85, 370, 385, 589, 863

法律规范体系　43，68，71，
　　263，268，269，791，856，
　　867
法律红线　78，85，370，385，
　　589，863
法律解释　407，451，636
法律面前人人平等　6，43，45，
　　48，84，90，146，197，223，
　　230，303，313，322，329，
　　336，338，364，383，392，
　　417，431，432，448，449，
　　456，472，475，479，496，
　　503，515，530，572，603，
　　614，677，842，863
法律权威　31，34，43，64，
　　66，89，90，221，230，298，
　　310，315，362，384，464，
　　579，598，679，680，837，
　　874
法律效力　43，137，151，261，
　　295，392，432，472，603，
　　773
法律修改　213，397
法无授权不可为　237，302，
　　411，759

法制　2-10，18，25，46，48，
　　49，51，55，56，74，75，
　　89，90，109，118-120，
　　146，149，152，153，157，
　　173，175，184，201，202，
　　206，207，210-212，214，
　　231，232，236-238，244，
　　259，264，265，272，284，
　　287，289，309，311，329-
　　340，343，350，353，360-
　　362，419，445，453，455-
　　459，463，464，468-470，
　　484，486，490，501-503，
　　510，511，513，514，519，
　　520，528，533，537，539，
　　540，545-547，551，552，
　　554-556，565，571，574，
　　582-584，589，591，597，
　　598，600，604，669，670，
　　695，719，741，744，748，
　　806，840，846，848，850，
　　869，877
法制改革　207，210，211，
　　236，237，272，869
法制统一　214，265，331，604

索引

法治 1，2，4，5，7－98，100，103，104，110－118，120，146－160，162－164，167，168，175，179，183－186，188，189，194，196－218，220－223，225，227－232，234－242，244－250，252－263，265，266，268－273，276，278－287，289，293，295，296，301－310，312－315，318，319，321－341，343－349，352－386，389，391－393，396－400，405，406，410－414，416－422，424－437，439，440，442，448－489，491，493，495－505，507－518，520－525，527，529－531，533，538，548，551，556，559－562，565－574，577，579，586，597，598，600－607，610－612，615，621－623，625－630，633，634，637，643，648－652，655，658，663，669－673，675－681，686，688－690，692，693，695，698，699，704，705，708，709，711，713－717，722，728－730，741，744－746，748－750，753，756－761，763－766，768－775，777，781，783－789，791－822，824－853，855－877

法治保障体系 43，68，71，375，749，803，804，806，856，867

法治方式 12，21，32，41，52，58，59，61，79，82，83，85，86，155，204，209，211，212，214－217，235，238，254，259－261，271，285，304，309，310，313，333，352，355，362，374，380，385，400，428，432，436，510，515，568，570，603，604，612，622，627，628，692，698，713，730，759－761，766，768，770，777，791，813，827，829，835，862，863，865

法治氛围 247，301，302，333，688，802

法治轨道 2，13，21，22，25，41，42，44，58，78，79，82，83，85，92，97，160，185，207，209，211，217，234 - 238，260 - 263，270，272，280，281，296，301，307，308，310，312，318，385，400，419，426，428，433，509，510，569，571，612，637，678，759，760，787，815，827，837，846，867

法治国家 2，9，10，12，16 - 21，23，24，29，32，33，35，36，38，39，41，42，46，47，51，52，54 - 57，64 - 70，79，81，89，93，94，98，162，185，189，196，198，202 - 204，206，208，211，214，232，235，279，303，309，310，314，324，327，332，333，338，354，355，360 - 364，370 - 373，375，378 - 382，384，412，416，420，421，431，448，451，476，477，479 - 481，488，496，503，508，513，516，521，523，530，579，586，598，603，607，651，675，679，693，708，784，788，811，814，817，819 - 821，825 - 829，831，832，834 - 837，839 - 842，844，845，849，851，852，856 - 858，860，862，864，865，867 - 872，875，877

法治化 12，21，25，29，31，41，52，61，63，67，76，97，146，157，212，214，218，222，237，238，247，252，254，260，266，279 - 281，302，307，313，356，361，364，376 - 378，420 - 422，428 - 437，523，634，709，749，759，768，772，783，785，788，791，796，815，822，826，828，829，831，832，860，866，875

法治环境 16，30，86，237，238，240，244，246，247，249，254，261，262，269，279，287，293，295，296，302，357，358，370，419，420，428，437，461，462，510，570，626，658，669，803，828，857，863

法治监督体系 43，68，71，375，856，867

法治建设 2，7-10，12，15，16，19，21-23，26，28-34，38，39，41，46-50，52，54-57，59，60，63，65-67，69-71，77，78，86-88，90，92-94，96，97，201，206，207，211，213，214，229-231，237，238，242，244，246，254，258，259，263，268，269，272，279，309，310，314，319，333，352，354-361，369-372，375，380，381，410，452，453，457，462，465，468，470-474，476，480，481，484，486，487，493，497，501，520，521，548，556，559，560，577，600，601，628，634，649-651，658，675，680，681，750，758，763-765，768-770，772，774，785-789，797，798，805，806，811，813-815，818-820，822，825，826，828，831-834，836-844，846-848，852，855-857，859，863，865，869-875，877

法治教育 11，222，223，301，503，513

法治经济 9，13，21，35，56，58，235，236，239，241，244，247，262，273，312，339，373，375，380，421，652，829，841

法治精神 65，70，71，94，160，301，333，361-364，384，397，433，436，448，449，453，455，459-461，463，464，476-481，488，

499，503，509，510，516，
517，560，628，651，722，
729，807，830

法治理论　1，2，10，11，16，
17，28，34，39，41，53 -
57，60，66，69，71，87，
91，92，96，324，338，433，
449，459 - 461，475，476，
562，633，713，756，805，
811，814，819，827，834 -
838，857，864，866，
868，872

法治理念　43，45，55，56，
65，70，96，159，260，303，
321，333，355，362，383，
431，448，449，455，460，
461，471 - 477，499，511，
531，560，601，625，628，
651，686，836，842，860，
861

法治模式　2，44，471，480，
551，748，749，757 - 759，
761，763，768，791，853

法治强国　1 - 3，5，10，18，
19，33，34，40 - 43，66，

67，93，378，607，824 -
826，831，851，865，866，
872

法治权威　116，357，384，
461，462，504，505，604，
830，844

法治社会　12，13，16，20，
21，23，35，39，41，42，
52，56，58，60，65 - 68，
81，208，211，225，235，
236，254，255，262，273，
279，289，307，312，333，
343，345 - 348，356，357，
360，362 - 385，397，399，
416，419 - 421，457，479，
501，502，504，507，509，
510，524，604，621，633，
643，651，652，679，695，
788，819，826 - 829，839 -
841，845，849 - 851，857，
859，860，869，875

法治实践　11，33，41，57，
92，120，217，278，306，
333，414，459，464，476，
481，628，651，834，838，

876

法治实施体系 43，68，71，375，794－796，856，867

法治思维 12，21，31，32，52，58，61，79，80，82，83，85，86，209，211，212，214－217，235，237，238，254，259－261，271，286，302，304，307，310，313，314，333，352，355，362，374，380，385，411，413，420，428，432，433，436，510，515，568，603，604，610－612，621，622，627，628，650，692，695，698，713，729，730，759，761，766，768，777，784，791，799，800，807，813，827，829，835，862，863，865

法治文化 2，21，35，43，45，58，65，69－71，94，238，273，301，333，335，363，369，373，375，380，383，384，431，439，440，448－472，474，476，480－488，498－502，505，510－518，520，525，651，652，784，803，807，808，827，830，838，840－842，859，866，872

法治系统工程 237，379，717

法治信仰 369，374，460，461，655

法治宣传 159，237，301－303，305－307，352，363，383，384，502，503，513，516，517，651

法治与德治 59，94，377，488，489，495，497，498

法治政府 10－12，16，20，23，25，35，39，41－44，51，52，56，65－68，81，208，209，211，236，279－281，286，287，302，318，333，341，359，363，367，370－373，375，378，379，381，382，411，412，420，421，431，476，522，597，605，651，652，679，777，788，819，826－829，839－

842, 847, 849 – 851, 857, 859, 860, 869, 875

法治中国　2, 3, 6, 11 – 16, 19, 20, 30, 32 – 34, 36, 38, 39, 41, 43, 52, 53, 65 – 68, 71, 78, 80 – 82, 85, 93, 208, 279, 310, 333, 360, 369, 377 – 381, 386, 405, 406, 410, 509, 517, 566, 567, 623, 626, 652, 673, 675, 677, 679, 680, 788, 809 – 811, 813, 814, 816, 817, 824 – 830, 837 – 840, 842, 843, 846, 847, 849 – 851, 857, 860, 863 – 866, 869, 874, 876, 877

非公经济　244, 249, 250

改革开放　3, 7 – 11, 16, 17, 40, 46, 47, 50, 51, 54, 55, 69, 72, 74 – 76, 78, 83, 85, 86, 88, 89, 91 – 94, 96, 97, 136, 203, 207 – 209, 211 – 213, 217, 221, 236, 241, 242, 250, 259, 263, 267, 269, 280, 281, 308, 309, 311, 312, 357, 358, 361, 395, 423 – 426, 442, 443, 445, 457, 472, 474, 484, 486, 491, 507, 516, 520, 528, 547, 551, 556, 559, 560, 571, 574, 575, 582, 600, 607, 632, 642, 653, 655, 658, 670, 680, 706, 708, 749, 762, 769, 770, 805, 809, 810, 824, 830, 834, 836, 838, 844

改革与法治　44, 72 – 74, 76, 78 – 82, 84, 235 – 237, 634, 648, 671, 675, 815, 869, 870

革命　3 – 8, 20, 29, 43, 47 – 49, 54, 58, 63, 79, 104, 114, 118, 137 – 139, 150, 152 – 156, 161, 170, 173, 181, 185, 192, 195 – 197, 199 – 201, 207 – 210, 212, 216, 258, 272, 309, 322, 335, 338, 350, 352, 379, 423, 427, 428, 443, 453, 456, 463, 469, 484, 486,

492，501，502，507，526，537，539－541，544－547，549－552，554，555，570，573，574，579，582，585，592，609，627，629，650，662，691，705，719，761，769，802，809，830，835，842，843，845，857，868，870，874

根本法 29，51，82，173，201，521，579，582，595，692，733

公平 26，27，30，34，35，39，40，43，44，57，62，66，86，89，97，113，117，158，175，188，194，202，207，211，215，227，236，238－241，243，244，246，249，250，254，255，257，265－267，272，281，283，289，291，294，295，298，303，317，323，337，340，342，347，349，350，353，354，366，368，369，373－377，382，383，385－389，391－402，404，405，407－418，421，426，431，434，450，452，456，459，468，471，473，477，479，481，484，494，495，501，511，517，523－525，536，558，562，567－570，572，575，585，587，591，593，601－603，605，613－621，623，624，627，631，634，643，644，656，659，660，672，674，676－678，680，683，695，758，819，821，825，827，828，835，837，838，841，842，844，846，847，855，859－861，865，870，873

公平正义 2，26，30，34，35，40，43，44，57，62，66，86，89，97，113，117，158，175，188，207，211，215，236，238，254，267，272，281，283，289，291，298，317，340，349，350，354，366，368，369，373，376，

382，383，385－387，389，
391－398，400，402，405，
407－418，421，431，434，
456，459，468，471，473，
477，479，481，484，501，
511，517，523－525，562，
567－570，572，575，585，
587，591，593，601－603，
605，613－621，623，624，
627，631，634，643，644，
656，659，660，672，674，
677，678，680，683，819，
821，825，827，828，835，
837，838，841，842，844，
846，847，855，859，861，
865，870，873

公正司法　7，12，16，20，23，
30，31，35，43，52，60，
61，66，68，81，82，84，
89，147，160，208，209，
220，223，235，259，262，
287，289，337，347，352，
353，356，357，361－363，
366，370，371，373，374，
376，380，385，399，400，

407，410，412，414－416，
452，460，462，476，477，
484，486，496，503，509，
515，527，530，531，562，
569，571，587，589，592，
593，595，604，617，620，
622－625，627，628，633，
647，649，651，656，673－
675，679，681，683，684，
687，688，780，817，826，
828，829，839，842，847，
849，851，853，856，858－
860，869，873－876

共治　20，21，59，345，364，
365，376，377，382，424－
429，435，748，768，772，
773，777，778，795，801，
803，859

关键少数　238，303，384，
516，851，861－863

国家治理现代化　22，39，60，
61，63，67，262，271，307，
643，688，712，815，825，
826，828，829，837，860，
867

国体 5，64，105，109，114，121，122，141，148，150，151，153，156，159，162，186，207，216，531，562，566，858

合宪性审查 43，44，230，268，329，381，521，595，596，616，842，858

和谐社会 2，17，56，111，115，236，254-258，262，280，321，322，339-345，347，351，352，354，355，364，375，391，606，652，758，825

"互联网+" 799

坚持党的领导、人民当家作主、依法治国有机统一 12，29，66，67，87，90，91，140，206，652，817，822，837，845，852

坚持法治国家、法治政府、法治社会一体建设 12，52，279，363，371，372，382，420，679，819，849，869

坚持依法治国、依法执政、依法行政共同推进 12，39，52，66，208，651，679，819，849，851，857，869，874

监察委员会 14，421，721，783

监督权 104，106，142，164，205，223，225，227，228，280，312，319，408，416，529，608，611，618，622，760，777，783，792，799，822

检察权 214，216，228，231，336，417，475，514，527，528，531，540，541，550，567，575，579，583-586，591，602-604，608，611，613，615，618，626，627，631，638-640，643，647，653，655-657，659，660，674，679，680，683，684，687

精神文明 60，67，70，171-180，202，205，217，303，344，420，443-446，449，451-453，456，460-463，

490，503，828
科学立法 7，12，16，20，23，24，35，38，43，44，52，56，61，66，68，76，81 - 83，86，89，208，209，213，235，263，264，268，271，272，278，337，348，352，356，361 - 363，366，370，371，373，380，381，399，400，407，408，431，451，462，474，476，477，486，491，503，521，530，531，569，572，623，649，651，674，679，681，775，817，826，829，839，842，847，849，851，858 - 860，869，873，875，876
滥用权力 223，336，510，514，515，569，646
立法 4，6，7，11，12，15，16，20，23 - 25，27，29，35，36，38，43，44，47 - 50，52，56，60 - 62，66，68，72 - 76，78，80 - 84，86 - 89，95，104，105，120，127，128，139，141，145，150，158，160，161，165，170，171，182，190 - 194，201，202，204，205，207 - 209，213，214，216，218，220，223，224，227，229 - 231，235，236，242，243，245 - 248，253，254，257 - 261，263 - 279，305，310，316，317，319，325，328，331，332，336，337，346 - 348，352 - 354，356 - 363，365 - 371，373，375，380，381，385，389 - 392，395，398 - 410，412，415，421，429 - 431，437，451，452，454，458，460 - 462，465，470，472 - 474，476 - 478，482，483，486，490 - 494，497，500，503，505，515 - 522，527 - 531，541，556，558，559，562，564，565，569，572，573，575，581，584，587，594 - 596，599，603 - 605，611，617，619，620，622，

623，626 - 628，633，634，636，645，647 - 649，651 - 653，670，674 - 677，679 - 681，686，687，690 - 695，699，716，718，720，721，723 - 725，727，737，745 - 747，759，765，769，771，772，774，775，782，783，786 - 789，791 - 793，813，817，823，826，829，832，839，840，842，846，847，849 - 851，853 - 862，868，869，873 - 876

立法规划　76，82，88，227，248，265，275，276，279，347，558，723，771，786，788，859

立法权　24，25，83，104，170，171，190，191，193，205，216，220，223，265，271，277，305，407，412，451，519，528，529，531，581，596，604，611，617，627，653，692，695，724，725，783，823，862

立法体制　11，38，83，207，209，216，268，271，273，274，652，693，846

立法质量　24，44，75，209，245，263，264，268，270，272，275，277，279，305，317，347，406，407，518，840，859

立改废释并举　693

良法善治　24，34，44，60 - 62，67，73，247，258，262，263，337，347，348，357，366，382，399，405，426，448，459，492，522，617，688，712，716，756，774，820，828，832，865，876

领导立法　29，56，68，72，76，209，259，271，316，317，366，465，521，628，675，721，727，829，832，846，853，854，869，873

马克思主义　1，34，39，57，69，70，104，107 - 109，114，126，128，137，139，148，166，169，171，172，

177、180、181、184、198、210、221、402、445、466－468、474－476、480、526、560－562、574、629、630、694、698、705、709、713－715、810、811、836、837、864、865

毛泽东思想 34、465、544、837

民营企业 244、245、249－254

民主 1、3－10、12、17、19、23－25、27、29、35、38、39、42－44、46、48、49、51、55、56、61、63－67、70、76、82、83、86－89、97－164、166、170、171、173－188、190－193、195、196、198－202、206、208－218、220、222－226、229－231、254、256－259、263－265、268、270－272、274、276、280、297、302、304、307、309、312、317、319－322、324、329、330、332、335、336、338－344、346、347、350、352、366、367、370、373－375、381、385、389、398、400、403、406－408、412、416、425、429、431、432、436、443－445、449－453、456、458－463、466－469、471、473、474、476、477、479、480、483－486、488、489、491、500－502、504、505、511、512、515－517、519、521、523、524、537、539－544、552、554、562、563、565－567、569－575、580、586、592、595、600、601、603、606、609、611、612、614、615、621、626－628、630、631、634、651－653、655、663、665、670、671、691、699、704、705、708、709、711、715、721、724、726、736、742、743、755、772、774、775、790－793、799、809－811、814、818、820－825、827、828、830、834、836、838、839、842、

844，845，847，849，851，853－856，858，860，861，865，866，868，876

民主立法 24，38，43，44，56，83，89，213，223，224，258，263－265，268，271，272，352，366，373，375，381，385，400，403，406，408，431，451，452，460，462，474，515，517，519，521，572，721，793，842，849

民主权利 6，89，97，100，107，109，111，115，119，123，124，135，153，157－160，164，208，220，224，350，466，600

民族区域自治制度 164，213，224，461，868

全面从严治党 11，13，16，22－24，31，41，52，58，67，94，95，238，272，381，384，477，669，671，689，697，702－705，717，721，730，732，734，739，742，747，817，827，840，847，857，860，872，874

全面建成小康社会 13，16，21，22，25，31，36，41，52，57，58，63，67，79，80，91，234－236，301，302，341，342，360，370，373，374，377，378，380，381，420，444，446，448，451，466，469，477，521，523，524，595，624，669，671，677，700，809，810，812，814，817，819，824－828，831，836，839，840，842－844，857，868

全面深化改革 12，16，22，30，41，42，47，52，58，63，67，70，81－84，91，92，96，206，209，262，265，270－272，277，290，381，382，477，595，632－635，641，648，669，671－673，675，677－680，700，779，812，814，815，817，825，827，840，845，850，857，860，867

全面依法治国　2，3，7，8，11－24，26－29，31－43，46，47，51－55，57－63，65－72，76－78，80，81，83，85，87－90，92，94，95，141，207，208，212，221，235－238，247，253，260，269，271－273，276，279，302，303，334，337，348，352，360－362，370－372，375，376，380－385，406，414，416，428，431，433，437，487，489，498，499，506，509，516，523－525，561，562，567－570，574，585，586，591，595，606，607，611，624，632，650，654，669，671，673－675，688，697，700，704，705，717，721，730，810－823，825，827，830，832－835，837，838，840－852，854，855，857，859，860，862－878

全面依法治国新理念新思想新战略　15，17，33，34，39，849，851，864，865，869，877，878

全民守法　7，12，16，20，23，35，43，52，60，61，66，68，81，82，84，207，208，235，337，352，360－363，366－371，373，380，384，399，406，407，418，419，431，476，477，486，502－507，509，516，517，530，531，623，650，651，675，681，817，826，829，839，840，842，846，849，851，858－860，869，875，876

人民代表大会制度　63，64，87，105，109，110，115，123，124，126，140，141，150，151，164，186，209，213，216，223，451，461，469，474，527，528，545，562，566，575，586，594，598，601，604，615，616，670，783，822，858，868

人民当家作主　1，10，12，23，29，50，51，56，63，64，66，68，86－92，97，103，104，109，113－115，122，123，134，135，138，140，152－154，156，158，181－

183，185，186，188，202，
205，206，208，212，215，
220，221，223，225，228，
230，231，342，366，370，
454，466，468，473，474，
499，507，515，519，560，
562，566，604，651，652，
670，671，817，818，821，
822，831，832，837，842，
845，852，854，860

人民法院 5，26，27，77，
122，143，205，243，252，
270，284，289－295，297－
301，304，349，350，353，
421，454，481，482，484－
487，496，522，527，528，
544－547，549，550，554，
565，566，571，573，575－
577，579－586，588，589，
592，594，597－599，603，
609，611，615－617，621－
629，634－637，640，650，
655，657，659，661－668，
673，680，682－686，779，
780

人民检察院 26，27，77，122，
205，270，297，298，304，
318，350，421，522，527，
528，545，547，549，550，
554，566，571，575，578，
579，583，585，586，589，
601，603，611，615，616，
626－629，635，636，638，
640，655，657，659，663，
665，666，668，669，681，
682，685，686

人民主体地位 63－65，88，
523，524，567，663，820，
821，851，854，855

人权 2，9，12，23，41，46，
51，52，62，66，71，88，
89，100，112，115，116，
118，137，142－144，146，
147，149，158，170，188，
189，194，197，202，208，
211，215，223，225，228，
229，237，245，246，256，
288－290，298，302，304，
323，328，329，332，335，
341，347，368，370，378，

385，387，394，396，399，
402，404，412，428，449，
450，456，458－460，462，
468，470，474，476，480，
484，489，491，499，508，
511，515，518，522－525，
560，567，573，586，591，
603，613，622，639，643，
657，661，674－680，783，
792，821，822，826，827，
838，855，860，865

人治　2，7，8，46，51，54，
55，62，158，212，214，
257，304，307，321，330，
335，337，338，347，354，
356，450，456－459，462，
466，469，479，483，484，
492，500－502，509，513，
514，556，768

社会文明　9，60，73，168，
171，178－180，204，314，
341，420，444，445，450，
489，493，501，767，827，
828，842

社会治理　2，30，93，94，

128，208，238，255，260，
263，267，283，284，293，
305，307，310，345，354，
376，377，420－438，489，
495，612，619，643，652，
748－750，753－761，763－
766，768－778，781－785，
791－808，827，834，859，
877

审判机关　29，140，214，216，
225，228，231，336，416，
475，514，527，528，531，
534，535，537，538，540，
541，550，567，575，579，
580，582－589，591－593，
597，599，602－604，608，
611－613，615，618，626，
627，631，638－640，643，
647，650，653，655－657，
659，660，665，674，679，
680，683，684，687，782，
854，874

审判权　214

生态文明　17，21，41，57，
60，78，80，91，177－180，

207, 235, 259, 266, 269, 273, 286, 296, 342, 344, 353, 355, 373, 375, 381, 420, 425, 444, 514, 518, 627, 634, 651, 652, 695, 825, 827, 828, 845, 846, 868

十一届三中全会 6, 7, 46, 48, 49, 109, 173－175, 201, 206, 547, 582, 585, 809, 838

市场经济 9, 17, 50, 51, 56, 74, 75, 85, 100, 111, 147, 152, 215, 236, 239－241, 243, 244, 249, 251, 252, 254, 258, 262, 263, 280, 282, 283, 288, 302, 308－310, 313, 325, 338, 339, 342, 389, 397, 425, 426, 453, 469, 485, 500, 507, 522, 558, 568, 573, 600, 643, 652, 764, 767, 825, 842

市场经济法律体系 50, 51, 56

守法 7, 11, 12, 15, 16, 20, 23, 25, 29, 35, 36, 40, 43, 45, 52, 56, 60, 61, 65, 66, 68, 70, 72, 81, 82, 84, 85, 207－209, 214, 235, 238, 245, 253, 259, 280, 301－303, 305, 310, 314, 321, 331, 337, 352, 353, 357, 359－371, 373－375, 380, 383－385, 399, 406, 407, 410, 417－420, 431, 437, 449, 451, 452, 458－462, 464, 472, 475－477, 482, 483, 486, 496, 500, 502－510, 512, 514－518, 521, 530, 531, 545, 623, 628, 650, 651, 653, 670, 675, 679, 681, 727, 733, 738, 760, 817, 826, 829, 830, 832, 836, 839, 840, 842, 846, 849－851, 853－856, 858－860, 862, 863, 869, 873, 875, 876

司法 2, 4－7, 9－12, 15, 16, 20, 23－27, 29－31, 35, 36, 40, 41, 43－45,

48，51，52，56，60，61，66，68，72，77，81，82，84，85，89，104，105，117，118，143，147，150，156，160，170，171，183，191－194，197，200，202，203，205，207－212，214，216，220，223，230－233，235－237，243－248，251－253，256，258－262，266，268，270，272，276，284，287－298，300－302，304，310，311，318，319，324，325，336，337，341，346，347，349－354，356，357，359－363，366－371，373－376，378，380，382，383，385，387，391－393，395，397，399，400，406，407，410，412－418，421，423，431，436，437，444，445，450－452，454－456，458，460－462，467，469－474，476，477，480－484，486，487，496，497，499，500，503－505，509，514－518，521，522，524－552，554－556，559－576，579－595，597－688，699，727，745，775，778，780－784，786，793－796，799，801，804，806，807，817，819，823，826，828，829，832，833，839－842，845－847，849－851，853－856，858－862，868，869，872－877

司法腐败　202，289，395，416，452，496，497，587，589，602，605，618，641，642，654－656，659，660，681，683

司法改革　2，5，26，44，211，231，232，237，272，287，289，297，375，382，415，486，526，527，531，537，538，547，554，559，560，566，572，573，575，584，586，601，604－606，608，609，612，620－625，628，632－639，641，642，644，

649，650，652－660，662－669，671－675，681，682，684，688

司法公开　289，291，294，567，609，621－625，639，646，683

司法解释　150，205，268，295，300，350，353，460，462，576，599，616，661，783

司法权　104，118，171，191，193，205，220，412，416，451，476，526，527，529－531，533－536，538，548－550，563，566，581，585，586，589，599，601，607，608，613－615，617，623，626－628，646，647，674，823，850，859，862

司法审判　293，318，382，414，497，533－535，542，544，587，620，621，780

司法诉讼　391，393，436，619，676

司法体制　10，23，25－27，30，40，43，44，51，56，77，89，207－210，212，214，216，237，270，287，290，298，318，368，374，382，416，431，470，471，476，522，525－527，531，538，541，547，555，559，563，567，568，571，572，575，579，584－586，590，591，594，600－610，612，613，616，618，623－625，627，629，631，632，634，635，637，638，641－644，647－650，652，653，655，657－660，662，663，665，669，671－675，677－684，686－688，804，819，839－842，845－847，850，859，868，872

司法职权　26，237，318，368，528，573，580，584，608，611，618，631，632，640，642，657，674，684，806

他治　364，365，377，423－426，429，435

贪赃枉法　304，395，411，
　　516，587，654，833，862
网络社会　749－754，756－
　　759，761，766，770，771，
　　775－778，781，783－785，
　　790，792，795，796，798，
　　800，802，805，806
违法必究　7－9，48，334，
　　337，352，360，361，417，
　　458，475，486，520，528，
　　530，531，651，828
违法干预司法　639，687
维护稳定　12，32，52，61，
　　214，238，254，260，313，
　　362，489，510，700，829，
　　862
维护宪法权威　43，44，90，
　　381，521，595，596，842，
　　858
文化法制　456－459，519，520
文明　1，2，8，9，11，17－19，
　　21，25，35，41－44，51，54，
　　57，60，66，67，69－71，73，
　　78，80，82，91，93，95，96，
　　99，110，112，115，138，

　　149，166－191，193－207，
　　213，214，217，218，220－
　　227，230，232，235，245，
　　248，258，259，266，269，
　　273，286，296，303，314，
　　324，330，335，341，342，
　　344，349，352－355，359，
　　364，373－375，381，382，
　　384，411，416，420，422，
　　425，427，431，439－446，
　　449－454，456，459－464，
　　468，474，476，479，480，
　　487，489－491，493，494，
　　500，501，503，514，518，
　　551，552，555，559，571，
　　572，579，602，605，606，
　　611，627，634，651，652，
　　688，695，748，766，767，
　　777，790，799，801－803，
　　807，814，825，827－830，
　　834，837－839，842，845，
　　846，850，856，859，865，
　　866，868，877
物质文明　67，171－174，176－
　　179，202，205，217，344，

索引 | **919**

420，442－444，828

习近平 2，3，7，8，11，13－18，20，22，24，28－34，36－40，42，43，45，53－58，61，62，64，65，67，69，71，76－81，85，87－94，129，135，139，140，207，208，221，235，242，247，250，254，255，269，276，279，303，304，309，312，333，334，337，345，348，349，360－362，368，370－376，378，380－385，406，409，412，414，416，419，428，444，446，448，451，465，466，469，487，488，497，498，502，503，506，509，510，516，521，523－525，530，561，567－570，572－574，585，586，589，591，593，595，606，611，615，621，623，624，627，630，634，652，654，670－675，681，693，697－699，701，703，708－710，712，732，733，737－739，753，758，768，785－790，799，805，809，810，812－822，824，825，827，828，830－839，841－854，856，860，862，864，865，867－871，875，877，878

宪法 3－7，9，11，12，14，15，21－25，29，30，32，34，36，38，43－45，47，49，51，53，56，61，62，66，68，72－74，78，79，81－83，85，89－92，97，104，107，109，113，115，116，121－126，128，129，132－138，140－148，150，151，153－157，159，160，162，163，170，171，173－176，178，179，181，183－185，191，193，194，196，197，200－204，207，209，211－214，216，218－224，228－230，233，247，249，250，258－261，265，268，273－275，291，303，305－

307，309，310，312，314 -
316，319，323，324，332 -
334，343，345，352，353，
357，359，362 - 364，367，
371，380，381，383 - 385，
392，407，409，410，418 -
421，431 - 433，435，443，
444，448 - 451，454，460 -
462，466，468 - 470，472，
474 - 477，479 - 481，491，
496，500，503，504，511，
514，517，519 - 525，527 -
531，537，540，545，547 -
552，560，562，563，566，
571，572，579 - 589，591，
592，594 - 601，603 - 605，
609，611，612，614 - 617，
622，626 - 628，643，648，
651，670，676 - 680，687，
692，695，702，711，712，
716 - 718，720，721，723，
724，726，729，730，737，
742，748，753，758，773，
790，791，795，796，813，
815，817，819 - 821，823，
827 - 829，833，835，837，
838，840，842，846，847，
850，853，854，856 - 859，
862，865，867，868，870 -
874，876

宪法法律至上　43，45，56，
89，90，147，247，303，
314，343，364，380，383，
431，448，479，604，614，
827，842，862

宪法监督　44，315，381，521，
522，595，596，858

宪法权威　43，44，90，113，
381，521，595，596，603，
840，842，858

宪法实施　11，14，43 - 45，
83，90，91，193，219，230，
315，381，521，522，595，
596，840，842，847，856，
858

宪法修正案　9，14，51，53，
174，178，179，230，275，
443，595

宪法宣誓　11

宪法意识　45，381，603

宪法尊严 219，315，521，595，858

协商民主 97，100，120，121，126-129，132，134-139，141，143-146，162，163

新时代 2，3，6，10，11，13-17，19-22，27，30，31，34-43，51，53，56，57，71，92，178，221，241，247，248，254，269，273，275，277，360，370，372-380，406，411，420，428，429，431-434，444，446，448，451，465，466，469，486，521，523，524，561，572，593，595，596，606，607，612，624，630，662，669，767，809-820，823，824，826-828，830，831，833，836-845，850，851，864-869，873，877

新时期 2，3，7-10，24，35，46，48，49，55，90，235，314，319，360，574，624，631，765，769，782，809，810，838

新征程 2，6，14，19，24，33，34，36，53，91，360，376，380，809-814，816，820，824，826，831，838，841，850，851

新中国 1，4，5，7，48，49，78，124，125，129，132-135，141，152，155，156，201，255，333，369，378，423，424，457，469，486，527，539，543-545，552-555，566，574，580，581，709，768，826

行政法规 24，25，75，205，212，229，230，268，272，392，491，519，692，693，695，700，716，724，725，746，753，758-760，764，771，773-775，783，791，795，856

行政机关 36，77，84，135，140，160，190，192，194，216，220，225，227，248，261，276，277，280，281，

284，286，302，336，357，
367，368，373，410 - 412，
417，421，462，472，517，
518，522，527，528，531，
535，538，547，550，562，
575，581，583 - 587，589，
591，597 - 599，602，604，
605，608，615，639，640，
653，665，673，676，699，
775，779，794，806，847，
853，861，873

行政立法　519，527

行政权　104，191，193，205，
216，220，228，280，410，
412，416，451，528 - 531，
538，581，598，604，611，
617，627，645，653，823，
862

行政诉讼　213，297，358，
411，547，578，589，597，
640，685，782，794，798，
804

行政执法　25，207，209，252，
280，294，297，367，368，
394，411，476，497，517，

528，531，676，679，774 -
776，783，795，798，801，
846，850，859

选举民主　97，120 - 130，132，
134 - 146，162

选举权　106，122，123，126，
132，142，143，159，163，
164，170，224，319

选择执法　369，517

徇私枉法　12，27，43，90，
215，245，304，310，314，
384，385，437，514，516，
589，833，839，842，862，
863，872

严格执法　7，12，16，20，23，
30，35，43，52，60，61，
66，68，81，82，84，208，
209，235，262，317，337，
352，356，361 - 363，366，
370，371，373，380，400，
406，407，410，411，460，
462，476，477，486，503，
509，530，531，569，589，
604，623，628，649，651，
674，675，679，681，817，

826，829，839，842，849，851，853，858－861，869，873，875，876

依法办事　30，32，70，84，86，205，219，222，231，238，239，245，286，302，304，313－315，319，329，334，336，352，364，385，411，413，417，419，433，437，452，460，463，475，484，496，500，503，514－516，521，571，583，589，604，617，620，687，715，828，829，839，862，863，874

依法独立公正　214，231，304，368，567，579，584，585，591，608，611，618，626－628，638－640，643，644，655－660，665，674，679，680，683，684，687，688，873

依法行政　12，16，23，25，39，43，44，52，56，65－68，81，84，89，147，197，205，208，209，211，214，220，222，223，259，279，280，283，286，287，302，314，317，318，336，352，353，367，374，379，380，382，385，410－412，431，433，452，456，462，474，476，477，487，515，517，651，652，676，679，788，819，826，828，829，840，842，847，849，851，856，857，859，869，874

依法执政　11，12，16，23，29，31，39，40，43，44，46，52，56，65－68，72，76，81，90，94，153，204－206，208，209，214，218－220，222，223，231，259，308－314，316，317，319，352，353，366，373－375，380，411，433，452，462，474，476，487，503，515，521，586，591，605，626，628，651，652，675，679，702，712，713，726，733，

819，826，828，829，847，
849，851，853，854，857，
858，860，869，873，874

依法治国　2，3，7－29，31－
44，46，47，50－72，76－
78，80－83，85，87－96，
98，104，113，115，140，
141，147，149，151，166，
167，175，180，185，198，
199，202－223，225，227，
228，230，232－238，247，
253，255，259，260，263，
269，271－273，276，279，
280，301－303，309－313，
317，319，332－334，337，
338，340，341，345，348，
349，352，354，355，360－
363，365，366，368，370－
373，375，376，378－386，
399，406，410，411，414，
416，418，420，421，426，
428，431，433，437，448，
459，465，468，471－477，
479，481，484，486－494，
497－499，501－503，506，
509，510，512，513，515，
516，521，523－525，530，
547，556，560－562，567－
571，574，575，579，585－
587，591，595，597，603－
608，611，613，615，623，
624，626，628，629，632，
633，643，650－652，654，
669，671－675，679，681，
688，689，692，693，697，
700－702，704，705，709，
711－713，717，721，730，
733，759，788，810－827，
829－878

依法治理　92，211，232，233，
259，306，307，313，345，
364，788，848，850

依规治党　13，22－24，31，
32，40，52，58，59，68，
72，93－95，273，365，366，
374，476，689，692，701－
703，705，709，710，712，
713，730，733，734，739，
742，747，815，819，847，
849，860，868－870，872

依宪执政 43，90，219，366，476，603，626，628，713，726，733，851，858，860，869

依宪治国 11，43，90，91，211，364，472，595，603，605，610，626，712，828，851，858，860，869

以德治国 2，39，56，59，68，93，94，344，365，487-491，493，494，497，652，819，860，868-870

以权谋私 226，249，304，452，491，492，514

以权压法 12，43，90，215，245，304，310，314，384，385，437，516，585，589，833，839，842，862，863，872，874

以言代法 12，43，90，215，231，245，304，310，314，384，385，437，516，584，585，589，833，839，842，862，863，872

有法必依 7-9，48，334，337，352，360，361，417，458，475，486，520，528，530，531，651，828

有法可依 7-9，24，48，78，79，213，236，337，352，358，360，409，438，458，475，486，518，528，531，651

于法有据 24，34，44，76-78，80，82，85，236，260，272，397，632，647，648，663，681，815，838，865

正义 2，26，27，30，34-36，39，40，43，44，57，62，66，86，89，97，113，117，158，160，161，175，188，197，207，211，215，227，236，238，247，254，257，258，267，272，278，281，283，289，291，298，317，323，325，326，329，337，340，347，349，350，354，366，368，369，373-377，382，383，385-418，421，425，431，434，449，450，

455，456，459，468，471，
473，476，477，479，481，
484，495，501，511，517，
519，523－525，562，567－
570，572，575，585－587，
591，593，601－603，605，
613－621，623，624，627，
631，634，643，644，656，
659，660，672，674，676－
678，680，683，791，819，
821，825，827，828，835，
837，838，841，842，844，
846，847，855，859－861，
865，870，873

政法　26，30，31，34，37，
44，49，65，154，203，207，
245，246，251，252，257，
289，318，386，392，403，
413，414，416，442，467，
472，483，506，509，522，
526，544，546，547，554，
560，564－566，569，576，
581，583，585－587，589，
592－594，601，606，611，
615，617，618，620，624－

632，636，654，658，660，
664，671，672，674，675，
686，687，718，727，745，
746，748，762，819，835，
845，847，850，874，875

政法机关　30，31，37，44，
252，467，472，483，509，
565，569，587，589，630，
654，835，874

政法委员会　30，49，252，
565，593，601，617，626，
718，847

政理　694，695，700，704，
705，709，713，715，723，
728，746，747

政权　1，4－6，29，79，81，
99，104，105，109，110，
114，122－126，128，130，
134，135，137－142，148，
152，153，155－157，160，
161，181－184，186，187，
194，196，199－201，210，
215，218－220，224，308，
315，316，331，338，422，
423，469，486，537，539－

541，543，551，554，571，573－576，578－581，591，603，615，691，802，820，835，854，862，870

政体 64，99，100，105，109，110，114，121－123，125，139－141，148，150，151，153，156，159，161，162，183，186，188，191，216，311，321，322，449，478，483，527，529－531，545，562，563，566，589，604，609，615，653，858

政治 1－6，8－10，12－14，17，20，21，23，24，27，28，30，31，34－36，41，47，51，53，54，57－60，63，64，67，69，70，72，73，75，76，78－80，85－92，94，96，97，99－113，115－118，120－130，132－153，155－158，161－164，166－227，229－234，237，245，251，254，256－259，261，262，271，273，276，287，302，308，309，311，312，314，321－324，326，329，332，335，336，338－340，342－344，347，351－356，359，361，365，369，371，373－375，378，381，385，387，390，391，393，394，396，399，402，404，407，410，416－418，420，423－426，429，435，437，442－445，449，451，453，458－461，463，465，466，468，473－478，480，482，483，485，490，496－500，502，504，505，507，511－514，518，521－526，529－531，536，539－541，547，549，552，559－568，570－575，578－580，583，586，589，591－593，600，601，603－609，611，614－617，623，625－630，632，634，641－643，645，648，651－653，655，663－665，668，670－672，675－678，686，

689 – 691，694，695，698，700，702 – 705，707，708，714，716，718，721，723，724，727，732，733，737，739，740，743，745，752 – 755，757，758，768，769，785，786，802，810，811，815，821 – 823，825，827 – 829，832，833，835，838，842，845 – 847，852 – 854，860，861，865，868 – 874

政治体制改革　2，12，92，97，134，157，174，175，203，204，206 – 213，215 – 217，225，237，445，463，547，563，575，589，591，606 – 608，632，642，648，651 – 653，655，675，678，815，835，845，846

政治文明　8，35，51，54，67，110，112，115，149，166 – 191，193，194，196 – 206，213，217，218，220 – 223，225 – 227，230，232，258，342，344，352，354，420，443 – 445，474，559，579，605，606，611，627，828，829

知法犯法　245，310，411，437，839

知识产权　26，27，77，244，248，252，253，269，283，288，293，294，445，470，577，579，635，650，765，768，775，779，850

执法　4，7 – 9，11，12，15，16，20，23，25，26，29，30，35，36，43，44，48，52，56，60，61，66，68，72，77，81，82，84，85，89，160，207 – 209，214，227，230，231，235 – 237，245，247，249，250，252 – 254，258 – 260，262，276，280，286，294，297，304 – 306，310，317，331，334，337，352，354，356，357，359 – 363，366 – 371，373 – 375，380，382，394，396，400，406，407，410，411，

417，431，437，449，451，452，454，458，460，462，467，469，471－473，475－477，482，486，496，497，499，500，503－505，509，510，514，516－518，520，521，528，530，531，546，560，567，569，573，584，587，589，590，602，604，607，623－625，627－629，631，634，635，649，651，654，670，675－677，679，681，727，745，774－778，782－784，786，787，789，791，793－801，803，804，806，817，826，828，829，832，833，839，842，846，849－851，853－856，858－862，868，869，873－876

执法必严　7－9，48，85，236，334，337，352，360，361，417，458，475，486，520，528，530，531，651，828

执法不公　589

执行难　231，248，252，298－301，350，416，522，577，602，618，640，657，660－662，665，667，668，681，683，685，781

执政党　7，36，76，82，111，115，122，152－154，160，183，184，187，194，195，198，207，209，212，217－220，228，230，258，261，262，271，352，361，366，374，410，421，454，461，462，465，467，472，502，521，528，531，562，563，592，594，596，605，626，627，679，689，691，700，701，705，710，711，713，715，716，721，726，727，733，734，746，755，825，846，852

治国方略　21，51，59，113，175，199，202－204，232，233，331，481，492

治国理政　2，7，12，19，20，22，23，29，32，34，37，39，43，46，51，54，56，

58，59，61，63，64，66，
70，78，86，90，93－95，
206，207，213，235，255，
262，263，271，308，312，
334，345，352，365，371，
374，378，409，424，429，
448，468，479，481，488，
492，497，501，510，521，
523，524，530，568，604，
623，627，652，662，697，
700，702，711，712，720，
733，742，753，758，768，
769，787，789，790，806，
816－819，821，825，833，
838，839，844－846，848，
854，855，865，870，877

治理　1，2，6，8，9，12，15，
17，19，20，22，27，30，
34，37，39，41－44，46，
53－55，59－64，66，67，
70，77，78，83，91－95，
100，107，120，125，127，
128，134，139－141，146，
161，175，185，204，207－
209，211，214，218，232，
233，235，238，255，258－
260，262，263，266，267，
271，272，280，283，284，
291，293，295，298，302，
305－308，310，313，316，
329，331，332，334，345，
354，363－365，371，376－
379，381，387，410，420－
438，459，466，479，488，
489，495，497，498，501，
513，531，562，604，606，
612，619，623，628，643，
650，652，656，665，671，
675，688，697，700，702，
705，708，712，713，716，
719，748－750，753－761，
763－766，768－778，780－
788，790－808，812，814－
818，822，825－829，834，
835，837－839，841－843，
845，848，850，852，853，
856，857，859，860，865，
867，868，874，877

中共中央　4，5，7，8，10，
12－14，48，54，55，61，

索 引 | **931**

62，64，69，76-78，80，85，87，90-92，94，125，141，144，145，156，171，173-175，200，204，220，235，254，255，280，302，316，331，343，348，349，361-363，368，371，378，379，381，383，385，406，414，416，428，437，444，448，453，477，493，498，501，506，509，518，521，523，530，541，543，545，546，554，559，567-570，572，574，580，582，586，587，589，591，595，623，633，634，654，670，674，687，690，697，698，702，703，707，708，712，719，732，733，759，785，812，813，817，818，820，822，831-833，837，839，841-843，845，849，852，853，866-868

中国共产党 1-5，7，14，17，20，21，30，31，36，44，54，64，69，93，121，125，129，132，138，139，141，145，152-154，156，163，172，180，195，196，200，207，213，217，218，309，315，316，319，320，360，361，370，373，374，378，380，425，444，446，448，451，465-467，469，472，475，481，486，487，489，521，523，524，530，539，540，551，552，554，561，570，571，573，574，579，589，593，595，615，626-628，689-692，694，700，701，703-705，707-711，715，717-719，722，724，726，727，732-737，739，741-743，747，768，809-815，817-819，824，827，828，831，836，838-840，842，843，846，852，854，858，861，868，871

中国特色社会主义法律体系 9，11，23-25，38，41，51，

56，68，74，75，78，208，
213，230，348，358，378，
409，410，460，462，475，
491，493，518－520，559，
596，626，692，694，695，
716，745，746，791，819，
828，839，850，868

中国特色社会主义法治道路　1，
4，7－11，13，14，16－18，
29，33，34，38，42，53－
56，59，69－71，87，88，
93，94，235，431，465，
476，499，561，566，628，
673，811，814，819，820，
830，831，836－838，843，
849，851，855，856，866，
868，871，872

中国特色社会主义法治理论
10，16，17，28，34，39，
41，53－57，66，69，71，
87，91，92，475，476，562，
633，713，805，811，814，
819，835－838，857，864，
866，868，872

中国特色社会主义法治体系
10，17，18，20，22，23，
33，36，38，39，42，47，
67，68，70，71，87，92－
94，235，236，238，268，
272，303，310，360，363，
370，375，476，615，671，
675，689，699，704，711，
713，714，716，717，746，
784，792，811，814，819，
820，825，828，836，837，
839，844，849，851，852，
856，861，863－868，872，
875，877

中国特色社会主义法治文化
70，71，467－469，471，
474，480，499，500

中华法律文化　96，877

中华法系　2，469，486，487，
532，537，539，555，560，
571

中央全面依法治国委员会　15，
16，18，22，31－33，67，
253，269，279，585，835，
843－851，857，864，874，
875

自由　6，35，89，91，100，101，103，108，110，118，119，141－143，146，148，149，158，159，161，164，170，175，188，194，199，209，214，215，223，228，229，240，244，270，288，323，325，326，328，329，332，340，356，359，364，365，373，382，389－392，394，395，399，401，402，404，405，408，409，411，415，416，419，423，425，432，441－443，450，454，456，458，459，468，477－481，491，511，524，552，560，586，614，618，620，622，677，729，753，756，758，762，772，784，791，793，798，810，822，825，827，844，855，860

自治　49，115，153，164，183，212，213，224，225，230，240，281，351，355，364，365，376，377，382，421－426，429，435，436，461，489，564，589，596，690，693，695，707，716，719，724，725，739，740，753，758，762，778，792，794－796，800，801，803，848，868

遵守宪法　45，160，194，219，305，319，362，363，418，419，472，545，588，627，687，729，737，795，833，873，874